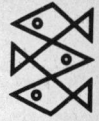

Über dieses Buch

In diesen Briefen setzt Kafka sich weniger mit seiner Epoche und ihren Strömungen auseinander; sie spiegeln vielmehr seine Auseinandersetzung mit sich selbst. Ein großer Teil ist an Max Brod, den Herausgeber dieses Bandes, gerichtet, andere gelten seinem Freund Klopstock, der jungen Gärtnerin Minze E., dem Jugendfreund Oskar Pollack, dem Prager Dichter Oskar Baum, dem Prager Philosophen Felix Weltsch, dem Verleger Kurt Wolff.
»Die Sprache dieser Briefe ist kristallinisch rein wie die Prosa der Erzählungen und Romane.« (Gerhard F. Hering)

Der Autor

Franz Kafka wurde am 3. Juli 1883 als Sohn eines jüdischen Kaufmanns in Prag geboren. Von 1901 bis 1906 studierte er Jura. Nach der Promotion zum Dr. jur. absolvierte er eine einjährige ›Rechtspraxis‹, trat dann in die ›Assicurazioni Generali‹ ein und ging 1908 zur Prager ›Arbeiter-Unfall-Versicherungs-Anstalt‹, wo er bis zu seiner frühzeitigen Pensionierung (Juli 1922) blieb. 1917 wurde eine Tuberkulose festgestellt, an der er einige Jahre später, am 3. Juni 1924, starb. Seine unveröffentlichten Romane hatte er testamentarisch zur Verbrennung bestimmt. Sein naher Freund und Nachlaßverwalter Max Brod (gestorben 1968) führte diesen Wunsch jedoch nicht aus und rettete so einige der größten Dichtungen unseres Jahrhunderts.
Im Fischer Taschenbuch Verlag sind außerdem erschienen: ›Das Urteil und andere Erzählungen‹ (19), ›Amerika‹ (132), ›Der Prozeß‹ (676), ›Briefe an Milena‹ (756), ›Das Schloß‹ (900), ›Sämtliche Erzählungen‹ (1078), ›Tagebücher 1910 — 1923‹ (1346); ferner: ›Das Kafka-Buch. Eine innere Biographie in Selbstzeugnissen‹, hrsg. von Heinz Politzer (708) und Max Brod: ›Über Franz Kafka‹ (1496).

Franz Kafka

Briefe
1902-1924

Fischer Taschenbuch Verlag

Fischer Taschenbuch Verlag
April 1975
Ungekürzte Ausgabe
Umschlagentwurf: Jan Buchholz/Reni Hinsch
Fischer Taschenbuch Verlag GmbH, Frankfurt am Main
Lizenzausgabe mit freundlicher Genehmigung des
S. Fischer Verlags GmbH, Frankfurt am Main
© 1958 by Schocken Books Inc., New York City, USA
Gesamtherstellung: Ebner Ulm
Printed in Germany
ISBN 3 436 02048 6

INHALT

Briefe	9
Aus den Gesprächblättern	484
Anhang	493
Anmerkungen	495
Zeittafel	522
Namenregister	525

BRIEFE

1900

An Selma K.[1]

[Eintragung in ein Album]

Wie viel Worte in dem Buche stehn!
Erinnern sollen sie! Als ob Worte erinnern könnten!
Denn Worte sind schlechte Bergsteiger und schlechte Bergmänner. Sie holen nicht die Schätze von den Bergeshöhn und nicht die von den Bergestiefen!
Aber es gibt ein lebendiges Gedenken, das über alles Erinnerungswerte sanft hinfuhr wie mit kosender Hand. Und wenn aus dieser Asche die Lohe aufsteigt, glühend und heiß, gewaltig und stark und Du hineinstarrst, wie vom magischen Zauber gebannt, dann – – –
Aber in dieses keusche Gedenken, da kann man sich nicht hineinschreiben mit ungeschickter Hand und grobem Handwerkszeug, das kann man nur in diese weißen, anspruchslosen Blätter. Das that ich am 4. September 1900. Franz Kafka

1902

An Oskar Pollak [1]

[Prag, 4. Februar 1902]

Als ich Samstag mit Dir ging, da ist es mir klar geworden, was wir brauchen. Doch schreibe ich Dir erst heute, denn solche Dinge müssen liegen und sich ausstrecken. Wenn wir miteinander reden: die Worte sind hart, man geht über sie wie über schlechtes Pflaster. Die feinsten Dinge bekommen plumpe Füße und wir können nichts dafür. Wir sind einander fast im Wege, ich stoße mich an Dir und Du – ich wage nicht, und Du –. Wenn wir zu Dingen kommen, die nicht gerade Straßensteine oder »Kunstwart«[2] sind, sehn wir plötzlich, daß wir Maskenkleider mit Gesichtslarven haben, mit eckigen Gesten agieren (ich vor allem, ja) und dann werden wir plötzlich traurig und müde. Warst Du schon mit jemandem so müde wie mit mir? Du wirst oft erst recht krank. Dann kommt mein Mitleid und ich kann nichts tun und nichts sagen und es kommen krampfhafte, läppische Worte heraus, die Du beim nächsten

besten bekommst und besser bekommst, dann schweige ich und Du schweigst und Du wirst müde und ich werde müde und alles ist ein dummer Katzenjammer und es lohnt nicht, die Hand zu rühren. Aber keiner will es dem andern sagen aus Scham oder Furcht oder – Du siehst, wir fürchten einander, oder ich –.
Ich verstehe es ja, wenn man jahrelang vor einer häßlichen Mauer steht und sie so gar nicht abbröckeln will, dann wird man müde. Ja aber sie fürchtet für sich, für den Garten (wenn einer), Du aber wirst ärgerlich, gähnst, bekommst Kopfschmerzen, kennst Dich nicht aus.
Du mußt doch gemerkt haben, immer wenn wir nach längerer Zeit einander sehn, sind wir enttäuscht, verdrießlich, bis wir uns an die Verdrießlichkeit gewöhnt haben. Wir müssen dann Worte vorhalten, damit man das Gähnen nicht sieht.

Ich habe Angst bekommen, daß Du den ganzen Brief nicht verstehst, was will er? Ohne Schnörkel und Schleier und Warzen: Wenn wir miteinander reden, sind wir behindert durch Dinge, die wir sagen wollen und nicht so sagen können, sondern so herausbringen, daß wir einander mißverstehn, gar überhören, gar auslachen (ich sage: der Honig ist süß, aber ich sage es leise oder dumm oder schlecht stilisiert und Du sagst: Heute ist schönes Wetter. Das ist schon eine schlechte Gesprächswendung), da wir das fortwährend versuchen und es niemals gelingt, so werden wir müde, unzufrieden, hartmäulig. Wenn wir es zu schreiben versuchten, würden wir leichter sein, als wenn wir miteinander reden, – wir könnten ganz ohne Scham von Straßensteinen und »Kunstwart« reden, denn das Bessere wäre in Sicherheit. Das will der Brief. Ist das ein Einfall der Eifersucht?

Ich konnte nicht wissen, daß Du auch die letzte Seite lesen wirst und so habe ich dieses Eigentümliche hergekritzelt, obwohl es nicht zum Brief gehört.
Wir reden drei Jahre miteinander, da unterscheidet man bei manchen Dingen nicht mehr das Mein und Dein. Ich könnte oft nicht sagen, was aus mir oder aus Dir ist, und Dir wird es vielleicht auch so gehn.
Nun bin ich wunderbar froh, daß Du mit dem Mädchen umgehst. Deinetwegen, mir ist sie gleichgültig. Aber Du sprichst oft mit ihr, nicht nur des Sprechens wegen. Da kann es geschehn, Du gehst mit

ihr irgendwo da oder dort oder in Rostok[3] und ich sitze am Schreibtisch zu Hause. Du sprichst mit ihr und mitten im Satz springt einer auf und macht eine Verbeugung. Das bin ich mit meinen unbehauenen Worten und viereckigen Mienen. Das dauert einen Augenblick und schon sprichst Du weiter. Ich sitze am Schreibtisch zu Hause und gähne. Mir ist es schon so gegangen. Kämen wir da nicht von einander los? Ist das nicht seltsam? Sind wir Feinde? Ich habe Dich sehr lieb.

An Oskar Pollak

[Liboch, Ankunftstempel: 12. VIII. 1902]

Wenn einer durch die Welt fliegt mit Siebenmeilenstiefeln, von böhmischen zu thüringischen Wäldern, da kostets rechte Mühe, ihn zu fassen oder auch nur sein Mantelzipfelchen zu betupfen. Darob mag er nicht böse sein. So ist es jetzt auch für Ilmenau zu spät. Aber in Weimar – ist am Ende auch dabei eine Absicht? – wird Dich ein Brief erwarten, vollgestopft mit seltsamen Dingen, die gar durch das lange Liegen am besagten Ort kräftiger und feiner werden. Wir wollens hoffen,
Dein Franz

An Oskar Pollak

[Prag, Ankunftstempel: 24. VIII. 1902]

Ich saß an meinem schönen Schreibtisch. Du kennst ihn nicht. Wie solltest Du auch. Das ist nämlich ein gut bürgerlich gesinnter Schreibtisch, der erziehen soll. Der dort, wo gewöhnlich die Knie des Schreibers sind, zwei erschreckliche Holzspitzen. Und nun gib acht. Wenn man sich ruhig setzt, vorsichtig, und etwas gut Bürgerliches schreibt, dann ist einem wohl. Aber wehe, wenn man sich aufregt und der Körper nur ein wenig bebt, dann hat man unausweichlich die Spitzen in den Knien und wie das schmerzt. Ich könnte Dir die dunkelblauen Flecken zeigen. Und was will das nun bedeuten: »Schreibe nichts Aufgeregtes und laß Deinen Körper nicht zittern dabei.«

Ich saß also an meinem schönen Schreibtisch und schrieb den zweiten Brief an Dich. Du weißt, ein Brief ist wie ein Leithammel, gleich zieht er zwanzig Schafbriefe nach.

Hu, flog da die Tür auf. Wer kam da herein, ohne anzuklopfen.

Ein unhöflicher Patron. Ah, ein viellieber Gast. Deine Karte. Es ist eigentümlich mit dieser ersten Karte, die ich hier bekam. Unzählige-mal habe ich sie gelesen, bis ich Dein ganzes a-b-c kannte, und erst, als ich mehr herauslas, als darin stand, dann war es Zeit aufzuhören und meinen Brief zu zerreißen. Ritz-ratz machte er und war tot.
Eines las ich freilich, was breit darinnen stand und gar nicht schön zu lesen war: mit dem bösen verfluchten Kritikus im Leib fährst Du durchs Land und das soll man niemals tun.
Aber ganz und gar verkehrt und falsch scheint mir das, was Du vom Goethe-Nationalmuseum schreibst. Mit Einbildungen und Schulgedanken bist Du hineingegangen, hast gleich am Namen zu mäkeln angefangen. Freilich der Name »Museum« ist gut, aber »National« scheint mir noch besser, aber beileibe nicht als Geschmacklosigkeit oder Entheiligung oder dergleichen, wie Du schreibst, sondern als feinste wunderfeinste Ironie. Denn was Du vom Arbeitszimmer, Deinem Allerheiligsten, schreibst, ist wieder nichts anderes als eine Einbildung und ein Schulgedanke und ein klein wenig Germanistik, in der Hölle soll sie braten[4].
Das war, beim Teufel, eine Leichtigkeit, das Arbeitszimmer in Ordnung zu halten und es dann zu einem »Museum« für die »Nation« zu arrangieren. Jeder Zimmermann und Tapezierer – wenn es ein rechter war, der Goethes Stiefelknecht zu schätzen wußte – konnte das und alles Lobes war es wert.
Weißt Du aber, was das Allerheiligste ist, das wir überhaupt von Goethe haben können, als Andenken ... die Fußspuren seiner einsamen Gänge durch das Land ... die wären es. Und nun kommt ein Witz, ein ganz vortrefflicher, bei dem der liebe Herrgott bitterlich weint und die Hölle ganz höllische Lachkrämpfe bekommt – das Allerheiligste eines Fremden können wir niemals haben, nur das eigene – das ist ein Witz, ein ganz vortrefflicher. In ganz winzigen Stücklein habe ich Dir ihn schon einmal angebissen – in den Chotek-schen Anlagen, Du hast weder geweint noch gelacht, Du bist eben weder der liebe Herrgott noch der böse Teufel.
Nur der böse Kritikus (Verhunzung Thüringens) lebt in Dir und das ist ein untergeordneter Teufel, den man aber doch loswerden sollte. Und so will ich Dir zu Nutz und Frommen die absonderliche Geschichte erzählen, wie weyland..., den Gott selig habe, von Franz Kafka überwunden wurde.
Lief mir der immer nach, wo ich lag und stand. Wenn ich auf der

Weinbergsmauer lag und übers Land sah und vielleicht etwas Liebes schaute oder hörte dort weit hinter den Bergen, so kannst Du sicher sein, daß sich plötzlich jemand mit ziemlichem Geräusch hinter der Mauer erhob, feierlich mäh mäh sagte und gravitätisch seine treffende Ansicht zum Ausdruck brachte, daß die schöne Landschaft entschieden einer Behandlung bedürftig sei. Er explizierte den Plan einer gründlichen Monographie oder einer lieblichen Idylle ausführlich und bewies ihn wirklich schlagend. Ich konnte ihm nichts entgegensetzen als mich und das war wenig genug.

―――――――――――――――――――――――――――
―――――――――――――――――――――――――――

...Du kannst Dir nicht denken, wie mich das alles jetzt quält. Galgenlustigkeit und Landluft ist alles, was ich Dir geschrieben habe, und greller Tag, der in die Augen sticht, ist das, was ich Dir schreibe. Der Onkel aus Madrid (Eisenbahndirektor) war hier, seinetwegen war ich auch in Prag. Kurz vor seiner Ankunft hatte ich den wunderlichen, leider sehr wunderlichen Einfall, ihn zu bitten, nein nicht zu bitten, zu fragen, ob er mir nicht zu helfen wüßte aus diesen Dingen, ob er mich nicht irgendwohin führen könnte, wo ich schon endlich frisch Hand anlegen könnte. Nun gut, ich fing vorsichtig an. Es ist unnötig, Dir das ausführlich zu erzählen. Er fing salbungsvoll zu sprechen an, obwohl er sonst ein ganz lieber Mensch ist, tröstete mich, gut, gut. Streusand drauf. Ich schwieg sofort, ohne es eigentlich zu wollen, und ich habe in den zwei Tagen, die ich seinethalben in Prag bin, obwohl ich die ganzen Tage bei ihm bin, nicht mehr davon gesprochen. Heute Abend fährt er weg. Ich fahre noch auf eine Woche nach Liboch, dann auf eine Woche nach Triesch, dann nach Prag wieder und dann nach München, studieren, ja studieren. Warum schneidest Du Grimassen? Ja, ja, ich werde studieren. Warum schreibe ich Dir eigentlich das alles. Ich wußte ja vielleicht, daß das hoffnungslos war, wozu hätte man seine eigenen Füße. Warum schrieb ich Dirs? Damit Du weißt, wie ich zu dem Leben stehe, das da draußen über die Steine stolpert, wie die arme Postkutsche, die von Liboch nach Dauba humpelt. Du mußt eben Mitleid und Geduld haben mit   Deinem Franz

Da ich sonst niemandem geschrieben habe, so wäre es mir unangenehm, wenn Du zu jemandem von meinen endlosen Briefen reden würdest. Du tust es nicht. – Wenn Du mir antworten willst, was gar lieb wäre, so kannst Du das noch eine Woche unter der alten Adresse, Liboch-Windischbauer, später Prag, Zeltnergasse Nr. 3.

An Oskar Pollak

[Herbst 1902]

Es ist eine wunderliche Zeit, die ich hier verbringe, das wirst du schon bemerkt haben und ich habe so eine wunderliche Zeit gebraucht, eine Zeit, in der ich stundenlang auf einer Weinbergmauer liege und in die Regenwolken starre, die nicht weg wollen von hier oder in die weiten Felder, die noch weiter werden, wenn man einen Regenbogen in den Augen hat oder wo ich im Garten sitze und den Kindern (besonders eine kleine blonde sechsjährige, die Frauen sagen, sie sei herzig) Märlein erzähle oder Sandburgen baue oder Verstecken spiele oder Tische schnitze, die – Gott sei mein Zeuge – niemals gut geraten. Wunderliche Zeit, nicht?

Oder wo ich durch die Felder gehe, die jetzt ganz braun und wehmütig dastehen mit den verlassenen Pflügen und die doch ganz silbrig aufleuchten, wenn dann trotz allem die späte Sonne kommt und meinen langen Schatten (ja meinen langen Schatten, vielleicht komm ich noch durch ihn ins Himmelreich) auf die Furchen wirft. Hast Du schon gemerkt, wie Spätsommerschatten auf durchwühlter dunkler Erde tanzen, wie körperhaft sie tanzen. Hast Du schon gemerkt, wie sich die Erde entgegenhebt der fressenden Kuh, wie zutraulich sie sich entgegenhebt? Hast Du schon gemerkt, wie schwere fette Ackererde unter den allzu feinen Fingern zerbröckelt, wie feierlich sie zerbröckelt?

An Oskar Pollak

[Prag, Stempel: 20. XII. 1902]

Prag läßt nicht los. Uns beide nicht. Dieses Mütterchen hat Krallen. Da muß man sich fügen oder –. An zwei Seiten müßten wir es anzünden, am Vyšehrad und am Hradschin, dann wäre es möglich, daß wir loskommen. Vielleicht überlegst Du es Dir bis zum Karneval.

Du hast schon viel gelesen, aber die vertrackte Geschichte vom schamhaften Langen und vom Unredlichen in seinem Herzen kennst

Du nicht. Denn sie ist neu und sie ist schwer zu erzählen.

Der schamhafte Lange war in einem alten Dorf verkrochen zwischen niedrigen Häuschen und engen Gäßchen. So schmal waren die Gäßchen, daß, wenn zwei zusammen gingen, sie sich freundnachbarlich aneinander reiben mußten, und so niedrig waren die Stuben, daß, wenn der schamhafte Lange von seinem Hockstuhl sich aufreckte, er mit seinem großen eckigen Schädel geradewegs durch die Decke fuhr und ohne sonderliche Absicht auf die Strohdächer niederschauen mußte.

Der Unredliche in seinem Herzen, der wohnte in einer großen Stadt, die betrank sich Abend für Abend und war rasend Abend für Abend. Dieses ist nämlich der Städte Glück. Und wie die Stadt war, so war auch der Unredliche in seinem Herzen. Dieses ist nämlich der Unredlichen Glück.

Vor Weihnachten einmal saß der Lange geduckt beim Fenster. In der Stube hatten seine Beine keinen Platz; so hatte er sie bequem aus dem Fenster gestreckt, dort baumelten sie vergnüglich. Mit seinen ungeschickten magern Spinnenfingern strickte er wollene Strümpfe für die Bauern. Die grauen Augen hatte er fast auf die Stricknadeln gespießt, denn es war schon dunkel.

Jemand klopfte fein an die Plankentür. Das war der Unredliche in seinem Herzen. Der Lange riß das Maul auf. Der Gast lächelte. Und schon begann sich der Lange zu schämen. Seiner Länge schämte er sich und seiner wollenen Strümpfe und seiner Stube. – Aber bei alledem wurde er nicht rot, sondern blieb zitronengelb wie zuvor. Und mit Schwierigkeit und Scham setzte er seine Knochenbeine in Gang und streckte schämig dem Gast die Hand entgegen. Die langte durch die ganze Stube. Dann stotterte er etwas Freundliches in die wollenen Strümpfe hinein.

Der Unredliche in seinem Herzen setzte sich auf einen Mehlsack und lächelte. Auch der Lange lächelte und seine Augen krabbelten verlegen an den glänzenden Westenknöpfen des Gastes. Der drehte die Augenlider in die Höhe und die Worte gingen aus seinem Mund. Das waren feine Herren mit Lackschuhen und englischen Halsbinden und glänzenden Knöpfen, und wenn man sie heimlich fragte: »Weißt du, was Blut aus Blut ist?«, so antwortete einer anzüglich: »Ja, ich habe englische Halsbinden.« Und kaum waren die Herrchen aus dem Munde draußen, stellten sie sich auf die Stiefelspitzen und waren groß, dann tänzelten sie zum Langen hin, kletterten zwickend

und beißend an ihm hinauf und stopften sich ihm mühselig in die Ohren.
Da begann der Lange unruhig zu werden, die Nase schnupperte in der Stubenluft. Gott, was war die Luft so stickig, muffig, ungelüftet!
Der Fremde hörte nicht auf. Er erzählte von sich, von Westenknöpfen, von der Stadt, von seinen Gefühlen –, bunt. Und während er erzählte, stach er nebenbei seinen spitzen Spazierstock dem Langen in den Bauch. Der zitterte und grinste, – da hörte der Unredliche in seinem Herzen auf, er war zufrieden und lächelte, der Lange grinste und führte den Gast manierlich bis zur Plankentür, dort reichten sie sich die Hände.
Der Lange war wieder allein. Er weinte. Mit den Strümpfen wischte er sich die großen Tränen ab. Sein Herz schmerzte ihn und er konnte es niemandem sagen. Aber kranke Fragen krochen ihm von den Beinen zur Seele hinauf.
Warum ist er zu mir gekommen? Weil ich lang bin? Nein, weil ich…?
Weine ich aus Mitleid mit mir oder mit ihm?
Hab ich ihn am Ende lieb oder haß ich ihn?
Schickt ihn mein Gott oder mein Teufel?
So drosselten den schamhaften Langen die Fragezeichen.
Wieder nahm er die Strümpfe vor. Fast bohrte er sich die Stricknadeln in die Augen. Denn es war noch dunkler.

Also überleg es Dir bis zum Karneval.   Dein Franz

1903

An Oskar Pollak

6. 9. [1903?]

Es wäre vielleicht klug gewesen, wenn ich mit diesem Brief gewartet hätte, bis ich Dich sähe und wüßte, was die zwei Monate aus Dir gemacht haben, denn mich – glaube ich – bringen diese Monate im Sommer am meisten merklich von der Stelle. Und dann habe ich in diesem Sommer auch nicht ein Kärtchen von Dir bekommen, und dann habe ich auch das letzte halbe Jahr kein Wort mit dir gesprochen, das der Mühe wert gewesen wäre. Es ist also wohl möglich, daß ich den Brief da an einen Fremden schicke, der sich über Zudringlichkeit ärgert, oder an einen Toten, der ihn nicht lesen kann, oder an einen Klugen, der über ihn lacht. Aber ich muß den Brief schreiben, darum warte ich nicht erst, bis ich etwa sähe, daß ich den Brief nicht schreiben darf.

Denn ich will von Dir etwas, und will es nicht aus Freundschaft oder aus Vertrauen, wie man vielleicht denken könnte, nein, nur aus Eigennutz, nur aus Eigennutz.

Es ist möglich, daß Du merktest, daß ich in diesen Sommer mit blauen Hoffnungen ging, es ist möglich, daß Du auch von ferne merktest, was ich wollte von diesem Sommer, ich sage es: das, was ich in mir zu haben glaube (ich glaube es nicht immer), in einem Zug zu heben. Du konntest es nur von ferne merken und ich hätte Dir die Hände küssen müssen dafür, daß Du mit mir gingst, denn mir wäre es unheimlich gewesen, neben einem zu gehn, dessen Mund böse verkniffen ist. Aber er war nicht böse.

Die Lippen nun hat mir der Sommer ein wenig auseinandergezwängt – ich bin gesünder geworden – (heute ist mir nicht ganz wohl), ich bin stärker geworden, ich war viel unter Menschen, ich kann mit Frauen reden – es ist nötig, daß ich das alles hier sage –, aber von den Wunderdingen hat mir der Sommer nichts gebracht.

Jetzt aber reißt mir etwas die Lippen ganz auseinander, oder ist es sanft, nein, es reißt, und jemand, der hinter dem Baum steht, sagt mir leise: »Du wirst nichts tun ohne andere«, ich aber schreibe jetzt mit Bedeutung und zierlichem Satzbau: »Einsiedelei ist widerlich, man lege seine Eier ehrlich vor aller Welt, die Sonne wird sie ausbrüten; man beiße lieber ins Leben statt in seine Zunge; man ehre den Maulwurf und seine Art, aber man mache ihn nicht zu seinem Heiligen.« Da sagt mir jemand, der nicht mehr hinter dem Baume ist: »Ist das am Ende wahr und ein Wunderding des Sommers?« (Hört nur, hört eine kluge Einleitung eines listigen Briefes. Warum ist sie klug? Ein Armer, der bisher nicht gebettelt hatte, schreibt einen Bettelbrief, in dessen breiter Einleitung er mit seufzenden Worten den so mühseligen Weg beschreibt, der zu der Erkenntnis führte, daß Nichtbetteln ein Laster sei.)

Du, verstehst Du das Gefühl, das man haben muß, wenn man allein eine gelbe Postkutsche voll schlafender Menschen durch eine weite Nacht ziehn muß? Man ist traurig, man hat ein paar Tränen im Augenwinkel, schleppt sich langsam von einem weißen Meilenstein zum andern, hat einen krummen Rücken und muß immer die Landstraße entlang schauen, auf der doch nichts ist als Nacht. Zum Kuckuck, wie wollte man die Kerle aufwecken in der Kutsche, wenn man ein Posthorn hätte.

Du, jetzt kannst Du mir zuhören, wenn Du nicht müde bist.

Ich werde Dir ein Bündel vorbereiten, in dem wird alles sein, was ich bis jetzt geschrieben habe, aus mir oder aus andern. Es wird nichts fehlen, als die Kindersachen (Du siehst, das Unglück sitzt mir von früh an auf dem Buckel), dann das, was ich nicht mehr habe, dann das, was ich auch für den Zusammenhang für wertlos halte, dann die Pläne, denn die sind Länder für den, der sie hat, und Sand für die andern, und endlich das, was ich auch Dir nicht zeigen kann, denn man schauert zusammen, wenn man ganz nackt dasteht und ein anderer einen betastet, auch wenn man darum auf den Knien gebeten hat. Übrigens, ich habe das letzte halbe Jahr fast gar nichts geschrieben. Das also, was übrig bleibt, ich weiß nicht, wieviel es ist, werde ich Dir geben, wenn Du mir ein Ja schreibst oder sagst auf dieses hin, was ich von Dir will.

Das ist nämlich etwas Besonderes, und wenn ich auch sehr ungeschickt im Schreiben solcher Dinge bin (sehr unwissend), vielleicht weißt Du es schon. Ich will von Dir keine Antwort darauf haben, ob es eine Freude wäre hier zu warten oder ob man leichten Herzens Scheiterhaufen anzünden könnte, ja ich will nicht einmal wissen, wie Du zu mir stehst, denn auch das müßte ich Dir abzwingen, also ich will etwas Leichteres und Schwereres, ich will, daß Du die Blätter liest, sei es auch gleichgültig und widerwillig. Denn es ist auch Gleichgültiges und Widerwilliges darunter. Denn – darum will ich es – mein Liebstes und Härtestes ist nur kühl, trotz der Sonne, und ich weiß, daß zwei fremde Augen alles wärmer und regsamer machen werden, wenn sie darauf schauen. Ich schreibe nur wärmer und regsamer, denn das ist gottsicher, da geschrieben steht: »Herrlich ist selbständig Gefühl, aber antwortend Gefühl macht wirkender.«

Nun warum soviel Aufhebens, nicht – ich nehme ein Stück (denn ich kann mehr, als ich dir gebe, und ich werde – ja) ein Stück von meinem Herzen, packe es sauber ein in ein paar Bogen beschriebenen Papiers und gebe es Dir.

An Oskar Pollak

[9. November 1903]

Lieber Oskar!

Ich bin vielleicht froh, daß Du weggefahren bist, so froh wie die Menschen sein müßten, wenn jemand auf den Mond kletterte, um sie von dort aus anzusehen, denn dieses Bewußtsein, von einer solchen Höhe und Ferne aus betrachtet zu werden, gäbe den Menschen eine wenn auch winzige Sicherheit dafür, daß ihre Bewegungen und Worte und Wünsche nicht allzu komisch und sinnlos wären, solange man auf den Sternwarten kein Lachen vom Monde her hört.

– –

...Verlassen sind wir doch wie verirrte Kinder im Walde. Wenn Du vor mir stehst und mich ansiehst, was weißt Du von den Schmerzen, die in mir sind und was weiß ich von den Deinen. Und wenn ich mich vor Dir niederwerfen würde und weinen und erzählen, was wüßtest Du von mir mehr als von der Hölle, wenn Dir jemand erzählt, sie ist heiß und fürchterlich. Schon darum sollten wir Menschen vor einander so ehrfürchtig, so nachdenklich, so liebend stehn wie vor dem Eingang zur Hölle.

– –

...Wenn man so wie Du auf eine Zeit lang stirbt, hat man den Vorteil, alle Verhältnisse, die, wenn man in ihnen steht, notwendig verschwommen sein müssen, plötzlich klar in einem gütigen und bösen Licht zu sehn. Aber auch dem Überlebenden geht es so merkwürdig.

Unter allen den jungen Leuten habe ich eigentlich nur mit Dir gesprochen, und wenn ich schon mit andern sprach, so war es nur nebenbei oder Deinetwegen oder durch Dich oder in Beziehung auf Dich. Du warst, neben vielem andern, auch etwas wie ein Fenster für mich, durch das ich auf die Gassen sehen konnte. Allein konnte ich das nicht, denn trotz meiner Länge reiche ich noch nicht bis zum Fensterbrett.

Jetzt wird das natürlich anders. Ich rede jetzt auch mit andern, ungeschickter, aber beziehungsloser, und ich sehe, eigentlich ganz unvorbereitet, wie Du hier gestanden bist. Es gibt hier in dieser Stadt, die Dir fremd ist, einige recht kluge Leute, denen Du etwas Verehrungswürdiges warst. Ganz in Wahrheit. Und ich bin so eitel, daß es mich freut.

Ich weiß nicht, warum das so war, ob darum, weil Du verschlossen warst oder verschlossen schienest oder willig aufnahmst oder ahnen ließest oder wirklich wirktest, jedenfalls glauben einige, Du seist ihnen weggefahren, obwohl Du am Ende nur dem Mädchen weggefahren bist.

Dein Brief ist halb traurig und halb froh. Du bist eben nicht zum Jungen gefahren, sondern zu den Feldern und zum Wald. Aber Du siehst sie, während wir zur Not ihr Frühjahr und ihren Sommer sehn, aber von ihrem Herbst und ihrem Winter wissen wir nur gerade so viel wie von Gott in uns.

Heute ist Sonntag, da kommen immer die Handelsangestellten den Wenzelsplatz hinunter über den Graben und schreien nach Sonntagsruhe. Ich glaube, ihre roten Nelken und ihre dummen und jüdischen Gesichter und ihr Schrein ist etwas sehr Sinnvolles, es ist fast so, wie wenn ein Kind zum Himmel wollte und heult und bellt, weil man ihm den Schemel nicht reichen will. Aber es will gar nicht zum Himmel. Die andern aber, die auf dem Graben gehn und dazu lächeln, weil sie selbst ihren Sonntag nicht zu nutzen verstehn, die möchte ich ohrfeigen, wenn ich dazu den Mut hätte und nicht selbst lächelte. Du aber auf Deinem Schloß[1] darfst lachen, denn dort ist der Himmel der Erde nahe, wie Du schreibst.

Ich lese Fechner, Eckehart[2]. Manches Buch wirkt wie ein Schlüssel zu fremden Sälen des eigenen Schlosses.

Die Dinge, die ich Dir vorlesen wollte und die ich Dir schicken werde, sind Stücke aus einem Buch, »Das Kind und die Stadt«, das ich selbst nur in Stücken habe. Will ich sie Dir schicken, so muß ich sie überschreiben, und das braucht Zeit. So werde ich Dir immer ein paar Blättchen mit jedem Briefe schicken (wenn ich nicht sähe, daß die Sache sichtbar vorwärts geht, verginge mir bald die Lust daran), Du magst sie dann im Zusammenhang lesen, das erste Stück kommt mit dem nächsten Brief.

Übrigens ist schon eine Zeit lang nichts geschrieben worden. Es geht mir damit so: Gott will nicht, daß ich schreibe, ich aber, ich muß. So ist es ein ewiges Auf und Ab, schließlich ist doch Gott der Stärkere und es ist mehr Unglück dabei, als Du Dir denken kannst. So viele Kräfte sind in mir an einen Pflock gebunden, aus dem vielleicht ein grüner Baum wird, während sie freigemacht mir und dem Staat nützlich sein könnten. Aber durch Klagen schüttelt man keine Mühlsteine vom Halse, besonders wenn man sie lieb hat.

Hier sind noch einige Verse. Lies sie in guten Stunden

    Kühl und hart ist der heutige Tag.
    Die Wolken erstarren.
    Die Winde sind zerrende Taue.
    Die Menschen erstarren.
    Die Schritte klingen metallen
    Auf erzenen Steinen,
    Und die Augen schauen
    Weite weiße Seen.

    In dem alten Städtchen stehn
    Kleine helle Weihnachtshäuschen,
    Ihre bunten Scheiben sehn
    Auf das schneeverwehte Plätzchen.
    Auf dem Mondlichtplatze geht
    Still ein Mann im Schnee fürbaß,
    Seinen großen Schatten weht
    Der Wind die Häuschen hinauf.

   Menschen, die über dunkle Brücken gehn,
     vorüber an Heiligen
     mit matten Lichtlein.

> Wolken, die über grauen Himmel ziehn
> vorüber an Kirchen
> mit verdämmernden Türmen.
> Einer, der an der Quaderbrüstung lehnt
> und in das Abendwasser schaut,
> die Hände auf alten Steinen.

Dein Franz

An Oskar Pollak

[1903]

Lieber Oskar!
... Kühle Morgennachschrift zu einer schmerzlichen Abendverrücktheit. Ich sehe nichts Unnatürliches darin, daß Du dem Weib nicht geholfen hast, das hätten vielleicht unverfälschte Menschen auch nicht getan. Aber unnatürlich ist, daß Du das durchgrübelst und Dich noch an diesem Durchgrübeln und an diesem Gegensatz freust, Dich noch an Deinem Zerhacken freust. So spießt Du Dich an jedem kurzen Gefühlchen für lange Zeit auf, so daß man endlich nur eine Stunde lebt, da man noch hundert Jahre über die Stunde nachdenken muß. Freilich, vielleicht leb ich dann überhaupt nicht. Irgendwo hab ich einmal die Frechheit aufgeschrieben, daß ich rasch lebe, mit diesem Beweis: »Ich sehe einem Mädchen in die Augen und es war eine sehr lange Liebesgeschichte mit Donner und Küssen und Blitz«, dann war ich eitel genug, aufzuschreiben: »Ich lebe rasch«. So wie ein Kind mit Bilderbüchern hinter einem verhängten Fenster. Manchmal erhascht es etwas von der Gasse durch eine Ritze und schon ist es wieder in seinen kostbaren Bilderbüchern.
– Bei Vergleichen bin ich gnädig gegen mich.

An Oskar Pollak

[Prag, Stempel: 21. XII. 1903]

Nein, geschrieben will ich Dir noch haben, ehe Du selbst kommst. Wenn man einander schreibt, ist man wie durch ein Seil verbunden, hört man dann auf, ist das Seil zerrissen, auch wenn es nur ein Bindfaden war, da will ich es also rasch und vorläufig zusammenknüpfen.
Gestern abend hat mich nämlich dieses Bild gepackt. Nur dadurch,

daß die Menschen alle Kräfte spannen und einander liebend helfen, erhalten sie sich in einer leidlichen Höhe über einer höllischen Tiefe, nach der sie wollen. Untereinander sind sie durch Seile verbunden, und bös ist es schon, wenn sich um einen die Seile lockern und er ein Stück tiefer sinkt als die andern in den leeren Raum, und gräßlich ist es, wenn die Seile um einen reißen und er jetzt fällt. Darum soll man sich an die andern halten. Ich habe die Vermutung, daß die Mädchen uns oben halten, weil sie so leicht sind, darum müssen wir die Mädchen lieb haben und darum sollen sie uns lieb haben.

Genug, genug, mit einem guten Grund fürchte ich mich, einen Brief an Dich anzufangen, denn er dehnt sich dann immer so und findet kein gutes Ende. Darum habe ich Dir auch von München nicht mehr geschrieben, obwohl ich so viel zu schreiben hatte. Aber außerdem kann ich in der Fremde gar nicht schreiben. Alle Worte sind mir dann wild zerstreut und ich kann sie nicht in Sätze einfangen und dann drückt alles Neue so, daß man ihm gar nicht wehren und daß man es nicht übersehn kann.

Jetzt kommst Du ja selbst. Ich will doch nicht den ganzen Sonntagnachmittag an dem Schreibtisch versitzen – ich sitze hier schon seit zwei Uhr, und jetzt ist es fünf –, wenn ich so bald mit Dir reden kann. Ich freue mich so. Du wirst eine kalte Luft mitbringen, die wird allen dumpfen Köpfen gut tun. Ich freue mich so. Auf Wiedersehn.

Dein Franz

1904

An Max Brod

[1903 oder 1904]

Lieber Max,

besonders da ich gestern nicht im Kolleg war, scheint es mir notwendig, Dir zu schreiben, um Dir zu erklären, warum ich an dem Redoutenabend nicht mit euch gegangen bin, trotzdem ich es vielleicht versprochen hatte.

Verzeih es mir, ich wollte mir ein Vergnügen machen und Dich und Přibram¹ für einen Abend zusammenbringen, denn ich dachte, es müßten hübsche Gruppierungen entstehn, wenn Du, vom Augenblick gezwängt, überspitzte Bemerkungen machst – so tust Du es unter mehreren – er dagegen aus seinem vernünftigen Überblick, den er fast über alles außer Kunst hat, das Entsprechende entgegenzeigte.

Aber als ich daran dachte, hatte ich Deine Gesellschaft, die kleine Gesellschaft, in der Du warst, vergessen. Dem ersten Anblick eines Fremden zeigt sie Dich nicht vorteilhaft. Denn teilweise ist sie von Dir abhängig, teilweise selbständig. Soweit sie abhängig ist, steht sie um Dich als empfindliches Bergland mit bereitem Echo. Das macht den Zuhörer bestürzt. Während seine Augen sich mit einem Gegenstand vor ihm ruhig beschäftigen möchten, wird sein Rücken geprügelt. Da muß die Genußfähigkeit für beides verloren gehn, besonders wenn er nicht ungewöhnlich gewandt ist.

Soweit sie aber selbständig sind, schaden sie Dir noch mehr, denn sie verzerren Dich, Du erscheinst durch sie an unrechter Stelle, Du wirst dem Zuhörer gegenüber durch Dich widerlegt, was hilft der schöne Augenblick, wenn die Freunde konsequent sind. Freundliche Masse hilft nur bei Revolutionen, wenn alle zugleich und einfach wirken, gibt es aber einen kleinen Aufstand unter verstreutem Licht an einem Tisch, dann vereiteln sie ihn. Es ist so, Du willst Deine Dekoration »Morgenlandschaft« zeigen und stellst sie als Hintergrund auf, aber Deine Freunde glauben, für diese Stunde wäre »Wolfsschlucht« passender und sie stellen als Seitenkulissen Dir zur Seite Deine »Wolfsschlucht«. Freilich es sind beide von Dir gemalt und jeder Zuschauer kann das erkennen, aber was für bestürzende Schatten sind auf der Wiese der Morgenlandschaft und über dem

Feld fliegen ekelhafte Vögel. So glaube ich, ist es. Es geschieht Dir selten, aber doch bisweilen (nun ich verstehe das noch nicht ganz), daß Du sagst: »Hier im Flaubert sind lauter Einfälle über Tatsachen, weißt Du, kein Gemütsschwefel«. Wie könnte ich Dich damit häßlich machen, wenn ich es bei einer Gelegenheit so anwende: Du sagst »Wie schön ist Werther«. Ich sage: »Wenn wir aber die Wahrheit sagen wollen, so ist viel Gemütsschwefel drin«, das ist eine lächerliche unangenehme Bemerkung, aber ich bin Dein Freund, während ich es sage, ich will Dir nichts Böses tun, ich will dem Zuhörer nur Deine runde Ansicht über dergleichen Dinge sagen. Denn oft kann es Zeichen der Freundschaft sein, den Ausspruch des Freundes nicht mehr zu durchdenken. Aber inzwischen ist der Zuhörer traurig, müde geworden.
Ich habe das geschrieben, weil es mir trauriger wäre, Du verzeihtest mir nicht, daß ich den Abend nicht mit Dir verbracht habe, als wenn Du mir diesen Brief nicht verzeihst. – Ich grüße Dich schön –
Dein Franz K.

Leg es noch nicht weg, ich habe es noch einmal durchgelesen und sehe, es ist nicht klar. Ich wollte schreiben: Was für Dich unerhörtes Glück ist, nämlich in ermatteter Zeit nachlässig werden zu dürfen und doch durch Hilfe des ganz Gleichgesinnten ohne eigenen Schritt dahin geführt zu werden, wohin man strebte, dieses gerade zeigt Dich bei Gelegenheit einer Repräsentation – das dachte ich mir bei P. – nicht so, wie ich will. – Jetzt ist es genug.

An Oskar Pollak

[10. Januar 1904]
Abends, halb elf.
Ich schiebe den Marc Aurel zur Seite, ich schiebe ihn schwer zur Seite. Ich glaube, ich könnte jetzt ohne ihn nicht leben, denn schon zwei, drei Sprüche, im Marc Aurel gelesen, machen gefaßter und straffer, wenn auch das ganze Buch nur von einem erzählt, der mit klugem Wort und hartem Hammer und weitem Ausblick sich zu einem beherrschten, ehernen, aufrechten Menschen machen möchte. Aber man muß gegen einen Menschen ungläubig werden, wenn man immerfort hört, wie er zu sich redet: »Sei doch ruhig, sei doch gleichgültig, gib die Leidenschaften dem Wind, sei doch standfest,

sei doch ein guter Kaiser!« Gut ist es, wenn man sich vor sich selbst
mit Worten zuschütten kann, aber noch besser ist es, wenn man sich
mit Worten ausschmücken und behängen kann, bis man ein Mensch
wird, wie man es im Herzen wünscht.
Du machst Dir in Deinem letzten Brief ungerechte Vorwürfe. Mir
tut es gut, wenn mir einer eine kühle Hand reicht, aber wenn er sich
einhängt, ist es mir schon peinlich und unverständlich. Du meinst,
weil es zu selten geschehen ist? Nein, nein, das ist nicht wahr. Weißt
Du, was an manchen Leuten Besonderes ist? Sie sind nichts, aber sie
können es nicht zeigen, nicht einmal ihren Augen können sie es
zeigen, das ist das Besondere an ihnen. Alle diese Menschen sind
Brüder jenes Mannes, der in der Stadt herumging, sich auf nichts
verstand, kein vernünftiges Wort herausbrachte, nicht tanzen
konnte, nicht lachen konnte, aber immer krampfhaft mit beiden
Händen eine verschlossene Schachtel trug. Fragte ihn nun ein Teil-
nehmender: »Was tragen Sie so vorsichtig in der Schachtel?«, da
senkte dann der Mann den Kopf und sagte unsicher: »Ich verstehe
mich zwar auf nichts, das ist wahr, ich kann zwar auch kein vernünftiges Wort herausbringen, ich kann auch nicht tanzen, auch
lachen kann ich nicht, aber was in dieser, wohlgemerkt verschlossenen Schachtel ist, das kann ich nicht sagen, nein, nein, das sage
ich nicht.« Wie natürlich, verliefen sich nach diesen Antworten alle
Teilnehmenden, aber doch blieb in manchen von ihnen eine gewisse
Neugier, eine gewisse Spannung, die immer fragte: »Was ist denn
in der verschlossenen Schachtel?«, und um der Schachtel willen
kamen sie hin und wieder zu dem Mann zurück, der aber nichts verriet. Nun, Neugierde, derartige Neugierde wird nicht alt und Spannung lockert sich, niemand hält es aus, nicht endlich zu lächeln,
wenn eine unscheinbare, verschlossene Schachtel mit ewiger unverständlicher Ängstlichkeit gehütet wird. Und dann, einen halbwegs
gutartigen Geschmack haben wir ja dem armen Mann gelassen,
vielleicht lächelt er selbst endlich, wenn auch ein wenig verzerrt. –
Was an Stelle der Neugier jetzt kommt, ist gleichgültiges fern-
stehendes Mitleid, ärger als Gleichgültigkeit und Fernstehn. Die
Teilnehmenden, die kleiner an Zahl sind als früher, fragen jetzt:
»Was tragen Sie denn so vorsichtig in der Schachtel? Einen Schatz
vielleicht, he, oder eine Verkündigung, nicht? Na, machen Sie nur
auf, wir brauchen beides, übrigens lassen Sie es nur zu, wir glauben
es Ihnen auch ohnedem.« Da schreit es plötzlich einer besonders

grell, der Mann schaut erschrocken, er war es selbst. Nach seinem
Tode fand man in der Schachtel zwei Milchzähne.   Franz

An Oskar Pollak

[27. Januar 1904]

Lieber Oskar!

Du hast mir einen lieben Brief geschrieben, der entweder bald oder
überhaupt nicht beantwortet werden wollte, und jetzt sind vierzehn
Tage seitdem vorüber, ohne daß ich Dir geschrieben habe, das wäre
an sich unverzeihlich, aber ich hatte Gründe. Fürs erste wollte ich
nur gut Überlegtes Dir schreiben, weil mir die Antwort auf diesen
Brief wichtiger schien als jeder andere frühere Brief an Dich – (geschah leider nicht); und fürs zweite habe ich Hebbels Tagebücher
(an 1800 Seiten) in einem Zuge gelesen, während ich früher immer
nur kleine Stückchen herausgebissen hatte, die mir ganz geschmacklos vorkamen. Dennoch fing ich es im Zusammenhange an, ganz
spielerisch anfangs, bis mir aber endlich so zu Mute wurde wie
einem Höhlenmenschen, der zuerst im Scherz und in langer Weile
einen Block vor den Eingang seiner Höhle wälzt, dann aber, als
der Block die Höhle dunkel macht und von der Luft absperrt,
dumpf erschrickt und mit merkwürdigem Eifer den Stein wegzuschieben sucht. Der aber ist jetzt zehnmal schwerer geworden und
der Mensch muß in Angst alle Kräfte spannen, ehe wieder Licht und
Luft kommt. Ich konnte eben keine Feder in die Hand nehmen
während dieser Tage, denn wenn man so ein Leben überblickt, das
sich ohne Lücke wieder und wieder höher türmt, so hoch, daß man
es kaum mit seinen Fernrohren erreicht, da kann das Gewissen nicht
zur Ruhe kommen. Aber es tut gut, wenn das Gewissen breite
Wunden bekommt, denn dadurch wird es empfindlicher für jeden
Biß. Ich glaube, man sollte überhaupt nur solche Bücher lesen, die
einen beißen und stechen. Wenn das Buch, das wir lesen, uns nicht
mit einem Faustschlag auf den Schädel weckt, wozu lesen wir dann
das Buch? Damit es uns glücklich macht, wie Du schreibst? Mein
Gott, glücklich wären wir eben auch, wenn wir keine Bücher
hätten, und solche Bücher, die uns glücklich machen, könnten
wir zur Not selber schreiben. Wir brauchen aber die Bücher, die
auf uns wirken wie ein Unglück, das uns sehr schmerzt, wie der
Tod eines, den wir lieber hatten als uns, wie wenn wir in Wäl-

der verstoßen würden, von allen Menschen weg, wie ein Selbstmord, ein Buch muß die Axt sein für das gefrorene Meer in uns. Das glaube ich.
Aber Du bist ja glücklich, Dein Brief glänzt förmlich, ich glaube, Du warst früher nur infolge des schlechten Umganges unglücklich, es war ganz natürlich, im Schatten kann man sich nicht sonnen. Aber daß ich an Deinem Glück schuld bin, das glaubst Du nicht. Höchstens so: Ein Weiser, dessen Weisheit sich vor ihm selbst versteckte, kam mit einem Narren zusammen und redete ein Weilchen mit ihm, über scheinbar fernliegende Sachen. Als nun das Gespräch zu Ende war und der Narr nach Hause gehen wollte – er wohnte in einem Taubenschlag –, fällt ihm da der andere um den Hals, küßt ihn und schreit: danke, danke, danke. Warum? Die Narrheit des Narren war so groß gewesen, daß sich dem Weisen seine Weisheit zeigte. –
Es ist mir, als hätte ich Dir ein Unrecht getan und müßte Dich um Verzeihung bitten. Aber ich weiß von keinem Unrecht.

Dein Franz

An Max Brod

[Prag,] 28. August [1904]

Es ist sehr leicht, am Anfang des Sommers lustig zu sein. Man hat ein lebhaftes Herz, einen leidlichen Gang und ist dem künftigen Leben ziemlich geneigt. Man erwartet Orientalisch-Merkwürdiges und leugnet es wieder mit komischer Verbeugung und mit baumelnder Rede, welches bewegte Spiel behaglich und zitternd macht. Man sitzt im durcheinandergeworfenen Bettzeug und schaut auf die Uhr. Sie zeigt den späten Vormittag. Wir aber malen den Abend mit gut gedämpften Farben und Fernsichten, die sich ausdehnen. Und wir reiben unsere Hände vor Freude rot, weil unser Schatten lang und so schön abendlich wird. Wir schmücken uns in der innern Hoffnung, daß der Schmuck unsere Natur werden wird. Und wenn man uns nach unserm beabsichtigten Leben fragt, so gewöhnen wir uns im Frühjahr eine ausgebreitete Handbewegung als Antwort an, die nach einer Weile sinkend wird, als sei es so lächerlich unnötig, sichere Dinge zu beschwören.
Wenn wir nun ganz enttäuscht würden, so wäre es zwar für uns betrübend, aber doch wieder wie eine Erhörung unseres täglichen

Gebetes, die Folgerichtigkeit unseres Lebens möge der äußern Erscheinung nach uns gnädigst erhalten bleiben.

Wir werden aber nicht enttäuscht, diese Jahreszeit, die nur ein Ende, aber keinen Anfang hat, bringt uns in einen Zustand, der uns so fremd und natürlich ist, daß er uns ermorden könnte.

Wir werden förmlich von einer wehenden Luft nach ihrem Belieben getragen und es muß nicht ohne Scherzhaftigkeit sein, wenn wir uns im Luftzug an die Stirne greifen oder uns durch gesprochene Worte zu beruhigen suchen, die dünnen Fingerspitzen an die Knie gepreßt. Während wir sonst bis zu einem gewissen Maße höflich genug sind, von einer Klarheit über uns nichts wissen zu wollen, geschieht es jetzt, daß wir sie mit einer gewissen Schwäche suchen, freilich in der Weise, mit der wir zum Spaße so tun, als wollten wir mit Anstrengung kleine Kinder fangen, die langsam vor uns trippeln. Wir durchwühlen uns wie ein Maulwurf und kommen ganz geschwärzt und sammethaarig aus unsern verschütteten Sandgewölben, unsere armen roten Füßchen für zartes Mitleid emporgestreckt.

Bei einem Spaziergang ertappte mein Hund einen Maulwurf, der über die Straße laufen wollte. Er sprang immer wieder auf ihn und ließ ihn dann wieder los, denn er ist noch jung und furchtsam. Zuerst belustigte es mich und die Aufregung des Maulwurfs besonders war mir angenehm, der geradezu verzweifelt und umsonst im harten Boden der Straße ein Loch suchte. Plötzlich aber als der Hund ihn wieder mit seiner gestreckten Pfote schlug, schrie er auf. Ks, kss so schrie er. Und da kam es mir vor – Nein es kam mir nichts vor. Es täuschte mich bloß so, weil mir an jenem Tag der Kopf so schwer hinunterhing, daß ich am Abend mit Verwunderung bemerkte, daß mir das Kinn in meine Brust hineingewachsen war. Aber am nächsten Tag hielt ich meinen Kopf wieder hübsch aufrecht. Am nächsten Tag zog sich ein Mädchen ein weißes Kleid an und verliebte sich dann in mich. Sie war sehr unglücklich darüber und es ist mir nicht gelungen, sie zu trösten, wie das eben eine schwere Sache ist. Als ich an einem andern Tage nach einem kurzen Nachmittagsschlaf die Augen öffnete, meines Lebens noch nicht ganz sicher, hörte ich meine Mutter in natürlichem Ton vom Balkon hinunterfragen: »Was machen Sie?« Eine Frau antwortete aus dem Garten: »Ich jause im Grünen.« Da staunte ich über die Festigkeit, mit der die Menschen das Leben zu tragen wissen. An einem andern Tage freute ich mich mit einem gespannten Schmerz über die Erregung eines Tages, der bewölkt war. Dann war eine verblasene Woche oder zwei oder noch mehr. Dann verliebte ich mich in eine Frau. Dann tanzte man einmal im Wirtshaus und ich ging nicht hin. Dann war ich wehmütig und sehr dumm, so daß ich stolperte auf den Feldwegen, die hier sehr steigend sind. Dann einmal las ich in Byrons Tagebüchern diese Stelle (Ich schreibe sie in dieser beiläufigen Art, weil das Buch schon eingepackt ist): »Seit einer Woche habe ich mein Haus nicht verlassen. Seit drei Tagen boxe ich täglich vier Stunden mit einem Fechtmeister in der Bibliothek bei offenen Fenstern, um meinen Geist zur Ruhe zu bringen.« Und dann und dann war der Sommer zu Ende und ich finde, daß es kühl wird, daß es Zeit wird die Sommerbriefe zu beantworten, daß meine Feder ein wenig ausgeglitten ist und daß ich sie deshalb niederlegen könnte.   Dein Franz K.

An Max Brod[2]

[Visitenkarte, wahrscheinlich 1904]

Bitte warte ein bischen. Um halb elf bin ich sicher hier. Weißt Du, ich habe vergessen, daß heute ein Feiertag ist und da läßt mich der Přibram nicht los. Aber ich komme sicher.   Dein Franz K.

An Max Brod

[1904?]

Mein lieber Max,
es tut mir leid, es muß gestern wirklich sehr à la Cabaret gewesen sein, denn als ich um halb zehn nach der Italienischstunde dort war, war schon alles zu.

Meine Mutter hat in ihrem von Walzern geschüttelten Gedächtnis eine unsichere Erinnerung daran, daß Du gesagt hast, Du werdest heute zu mir kommen. Willst Du das, so laß mich heute lieber zu Dir kommen, denn wir haben eine operierte Tante in der Wohnung und wir würden am Abend zu oft über Schlafende stolpern. Also antworte mir und das umso freundlicher, weil ich Dir den Lukian schicke.   Dein Franz

An Max Brod

[1904]

Ich wunderte mich, daß Du mir nichts über Tonio Kröger geschrieben hast. Aber ich sagte zu mir: »Er weiß, wie froh ich bin, wenn ich einen Brief von ihm bekomme, und über Tonio Kröger muß man etwas sagen. Offenbar hat er mir also geschrieben, aber es gibt Zufälle, Wolkenbrüche, Erdbeben, der Brief ist verloren gegangen.« Gleich darauf aber ärgerte ich mich über diesen Einfall, da ich nicht in Schreiberlaune war, und schimpfend darüber, einen vielleicht ungeschriebenen Brief beantworten zu müssen, begann ich zu schreiben: Als ich Deinen Brief bekam, überlegte ich in meiner Verwirrung, ob ich zu Dir gehn oder Dir Blumen schicken sollte. Aber ich tat keines von beiden, teils aus Nachlässigkeit, teils weil ich fürchtete, Dummheiten zu begehn, da ich ein wenig aus meinem Schritt gekommen bin und traurig bin wie ein Regenwetter.

Da hat mir aber Dein Brief gut getan. Denn wenn mir jemand eine Art von Wahrheit sagt, so finde ich das anmaßend. Er belehrt mich dadurch, erniedrigt mich, erwartet von mir die Mühsal eines Gegenbeweises, ohne aber selbst in Gefahr zu sein, da er doch seine Wahrheit für unangreifbar halten muß. Aber so zeremoniell, unbesonnen und rührend es ist, wenn man jemandem ein Vorurteil sagt, noch rührender ist es, wenn man es begründet und gar wenn man es wieder mit Vorurteilen begründet.

Du schreibst vielleicht auch von der Ähnlichkeit mit Deiner Geschichte »Ausflug ins Dunkelrote«[3]. Ich habe auch früher an eine solche ausgebreitete Ähnlichkeit gedacht, ehe ich »Tonio Kröger« jetzt wieder gelesen habe. Denn das Neue des »Tonio Kröger« liegt nicht in dem Auffinden dieses Gegensatzes (Gott sei Dank, daß ich nicht mehr an diesen Gegensatz glauben muß, es ist ein einschüchternder Gegensatz), sondern in dem eigentümlichen nutzbringenden (der Dichter im »Ausflug«) Verliebtsein in das Gegensätzliche.

Wenn ich nun annehme, daß Du über diese Gegenstände geschrieben hast, so verstehe ich nicht, warum Dein Brief im ganzen so aufgeregt und ohne Atem ist. (Es ist möglich, daß das bei mir bloß eine Erinnerung daran ist, daß Du Sonntag Vormittag so gewesen bist.) Ich bitte Dich, laß Dich ein wenig in Ruhe.

Ja, ja es ist gut, daß auch dieser Brief verloren gehen wird.

Dein Franz K.

Nach zwei verlernten Tagen.

1905

An Max Brod
[Prag, Stempel: 4.V.1905]
Da Du Hübsches erlebt hast, woran ich gar keinen Anteil habe, so darfst Du über mich nicht ärgerlich sein. Besonders da ich bei dem unruhigen Wetter denken mußte, die Zusammenkunft sei im Kaffeehaus, und da Du die Zeit bei Stefan George schon ein wenig besänftigt verbracht hast. Und dann ist jetzt um elf Uhr das Wetter so schön, ohne daß mich jemand darüber tröstet. Dein F. K.

An Max Brod
[Ansichtskarte. Zuckmantel, Ankunftstempel: 24.VIII. 1905]
Lieber B.
Sicher, ich hätte Dir geschrieben, wenn ich in Prag geblieben wäre. So aber bin ich leichtsinnig, schon die vierte Woche in einem Sanatorium in Schlesien, sehr viel unter Menschen und Frauenzimmern und ziemlich lebendig geworden. Franz K.

1906

An Max Brod
[Prag, Stempel: 16. III. 1906]
Lieber Max,
ich hätte Dir eigentlich noch während meiner Prüfung schreiben sollen, denn es ist sicher, daß Du mir drei Monate meines Lebens zu einer andern Verwendung gerettet hast als zum Lernen der Finanzwissenschaft. Nur die Zettelchen haben mich gerettet, denn dadurch erstrahlte ich dem M. als seine eigene Spiegelung mit sogar interessanter österreichischer Färbung, und trotzdem er in dieser großen Menge befangen war, die er dieses halbe Jahr gesprochen hat, ich dagegen nur Deine ganz kleinen Zettelchen in der Erinnerung hatte, kamen wir doch zu der schönsten Übereinstimmung. Aber auch bei den andern war es sehr lustig, wenn auch nicht kenntnisreich.
Viele Grüße   Dein F. K.
Přibram ist es sehr gut gegangen.

An Max Brod
[wahrscheinlich Mai 1906]
Lieber Max –
Da ich schon so lange nicht bei Dir gewesen bin (Kisten tragen und abstauben, denn wir übersiedeln das Geschäft, kleines Mädchen, sehr wenig Lernen, Dein Buch[1], Dirnen, Macaulay »Lord Clive«[2]; auch so ergibt sich ein Ganzes) nun da ich so lange nicht bei Dir gewesen bin, komme ich heute, um Dich nicht zu enttäuschen und weil, ich glaube, Dein Geburtstag ist, in der lächerlich schönen Verwandlung der »Glücklichen«[3]. Du nimmst mich gut auf.
                                                              Dein Franz K.

An Max Brod
[Prag, Stempel: 29. V. 1906]
Lieber Max,
Da ich jetzt doch zu lernen habe (kein Mitleid, es ist so schön Überflüssiges für schön Überflüssiges) und da es für mich eine Anstrengung ist, während des Tages meine Lumpen auszuziehn und

einen Straßenanzug zu nehmen, so muß ich als Nachttier leben. Nun möchte ich Dich aber gerne wieder einmal, also an einem Abend sehn, morgen Mittwoch vielleicht oder wann Du sonst willst. – Übrigens schreibe ich vor allem deshalb, weil ich wissen will, wie es Dir geht, denn Montag warst Du immerhin noch bei Deinem Doktor. Franz

An Max Brod

[Zuckmantel, Stempel: 13. VIII. 1906]

Lieber Max – Ich bin lange verschwunden gewesen, jetzt erscheine ich wieder, wenn auch mit schwerem Atem noch. – Zuerst kurze Nachricht, also bezüglich euerer Wohnung. Gasthaus »Edelstein« zwei Minuten vom Sanatorium entfernt, knapp beim Wald gibt es ein Zimmer für 5 fl wöchentlich, Zimmer mit guter Pension für 45 fl monatlich für eine Person. Vom achtzehnten an ist es vielleicht noch billiger. In der Dependance, einem Haus des Sanatoriums sind Zimmer für 7 bis 8 fl wöchentlich zu haben. Dein Franz

An Max Brod

[Rohrpostkarte. Prag, Stempel: 11. XII. 1906]

Lieber Max,

mein sehr interessanter Cousin aus Paraguay, von dem ich Dir schon erzählt habe und der während dieses europäischen Aufenthaltes einige Tage in Prag war zu einer Zeit, da Du gerade vor Deiner Staatsprüfung warst, ist heute wieder auf der Rückfahrt in Prag angekommen. Er wollte gleich heute abend wegfahren; da ich Dir ihn aber zeigen wollte, habe ich ihn mit großer Mühe dazu gebracht, erst morgen früh wegzufahren. Ich bin sehr froh und hole Dich heute abend zur Zusammenkunft ab. Dein Franz

An Max Brod

16/12 [1906?]

Mein lieber Max

wann gehn wir zu der indischen Tänzerin, wenn uns schon das kleine Fräulein entlaufen ist, dessen Tante vorläufig noch stärker ist als sein Talent. Franz

1907

An Max Brod

[Prag,] 12. 2. 1907

Lieber Max,
ich schreibe Dir gern, noch ehe ich mich schlafen lege; es ist erst vier Uhr.
Ich habe gestern die »Gegenwart«[1] gelesen, allerdings mit Unruhe, da ich in Gesellschaft war und das in der »Gegenwart« Gedruckte ins Ohr gesagt sein will.
Nun, das ist Fasching, durchaus Fasching, aber der liebenswürdigste. – Gut, so habe ich in diesem Winter doch einen Tanzschritt gemacht.
Besonders freue ich mich, daß nicht jeder die Notwendigkeit meines Namens an dieser Stelle erkennen wird. Denn er müßte den ersten Absatz schon daraufhin lesen und sich die Stelle, die vom Glück der Sätze handelt, merken. Dann würde er finden: eine Namengruppe, die mit Meyrink (offenbar ist das ein zusammengezogener Igel) endet, ist am Anfang eines Satzes unmöglich, wenn die folgenden Sätze noch atmen sollen. Also bedeutet ein Name mit offenem Vokal am Ende – hier eingefügt – die Lebensrettung jener Worte. Mein Verdienst dabei ist ein geringes.
Traurig ist nur – ich weiß, Du hattest diese Absicht nicht –, daß es mir jetzt zu einer unanständigen Handlung gemacht worden ist, später etwas herauszugeben, denn die Zartheit dieses ersten Auftretens würde vollständigen Schaden bekommen. Und niemals würde ich eine Wirkung finden, die jener ebenbürtig wäre, die meinem Namen in Deinem Satze gegeben ist.
Allerdings ist das nur eine nebensächliche Erwägung heute, mehr suche ich Sicherheit über den Kreis meiner jetzigen Berühmtheit zu bekommen, da ich ein braves Kind bin und Liebhaber der Geographie. Mit Deutschland, glaube ich, kann ich hier nur wenig rechnen. Denn wieviele Leute lesen hier eine Kritik mit gleicher Spannung bis in den letzten Absatz hinein? Das ist nicht Berühmtheit. Anders aber ist es bei den Deutschen im Auslande, zum Beispiel in den Ostseeprovinzen, besser noch in Amerika oder gar in den deutschen Kolonien, denn der verlassene Deutsche liest seine Zeitschrift ganz und gar. Mittelpunkte meines Ruhmes sind also Dar-es-Salam,

Udschidschi, Windhoek. Aber gerade zur Beruhigung dieser rasch interessierten Leute (schön ist es: Farmer, Soldaten) hättest Du noch in Klammern schreiben sollen: »Diesen Namen wird man vergessen müssen.«
Ich küsse Dich, mach die Prüfung bald, Dein Franz

An Max Brod

[wahrscheinlich Mai 1907]

Lieber Max – ruhigere Goetheforschung! Sicher ist, daß Goethe nie geschrieben hätte: »Das hätte Goethe nie gemacht«, aber vor dem Tor hätte er nicht im letzten Augenblick einmal seinen Geburtstag eingestehen können? Ich bitte Dich! Im Gegenteil, Goethe hättest Du dann schreiben dürfen, daß ich es nie getan hätte. Ich hätte es auch nicht getan (Geburtstag ist doch noch etwas mehr ärgerlich als gleichgültig), wenn es sich nicht gerade getroffen hätte, daß es sich ahnungsvoll anschloß an die Erwähnung der Dreiundzwanzigjährigen (was für ein kolossales Alter schien uns das!), die mir tags darauf ein Wunder von einem Sonntag verschafft hat. Das war ein Sonntag.
Sag, warum ärgerst Du mich immerfort mit den zwei Kapiteln? Sei mit mir glücklich, daß Du unbegreifliche Sachen schreibst, und laß das andere Zeug in Ruh. Dein Franz

An Max Brod

[Triesch, Mitte August 1907]

Mein lieber Max,
als ich gestern abend von dem Ausflug (lustig, lustig) nachhause kam, war Dein Brief da und hat mich verwirrt, trotzdem ich müde war. Denn Unentschlossenheit kenne ich, ich kenne nichts anderes, aber dort wo etwas nach mir verlangt, da falle ich hin, ganz müde der halben Neigung und des halben Zweifels in tausend frühern Kleinigkeiten; der Entschlossenheit der Welt könnte ich nicht widerstehn. Deshalb würde nicht einmal der Versuch Dich umzustimmen für mich passen.
Deine Verhältnisse und meine sind ganz andere und deshalb ist es von keiner Bedeutung, wenn ich bei der Stelle »entschloß ich mich nicht anzunehmen« vor Schrecken wie bei einem Schlachtbericht

nicht gleich weiterlesen konnte. Doch hat mich bald wie in allem auch hier die verdammte Unendlichkeit der Nachteile und Vorteile jeder Sache beruhigt.

Ich sagte mir: Du brauchst viel Tätigkeit, Deine Bedürfnisse in dieser Hinsicht sind mir sicher, wenn auch unbegreiflich; ein Jahr lang würde Dir ein Wald als Ziel eines Spazierganges nicht genügen und ist es am Ende nicht fast gewiß, daß Du Dir während des städtischen Gerichtsjahres eine literarische Stellung verschaffst, die alles andere unnötig macht.

Ich allerdings wäre wie ein Verrückter nach Komotau gelaufen, allerdings brauche ich keine Tätigkeit, besonders da ich ihrer nicht fähig bin, und wenn mir auch ein Wald vielleicht nicht genügen würde, so habe ich doch – das ist klar – während des Gerichtsjahres nichts fertig gebracht.

Und dann, ein Beruf ist machtlos, sobald man ihm gewachsen ist, ich würde mich unaufhörlich während der Arbeitsstunden – es sind doch nur sechs – blamieren und ich sehe, daß Du jetzt alles für möglich hältst, wie Du schreibst, wenn Du glaubst, daß ich zu einem ähnlichen Unternehmen fähig wäre!

Dagegen das Geschäft und der Trost am Abend. Ja, wenn man durch Trost schon glücklich würde und nicht auch ein wenig Glück zum Glücklichsein nötig wäre.

Nein, wenn sich bis Oktober in meinen Aussichten nichts bessert, mache ich den Abiturientenkurs an der Handelsakademie und lerne zu Französisch und Englisch noch Spanisch. Wenn Du das mit mir machen wolltest, das wäre schön; was Du beim Lernen mir gegenüber vor hast, würde ich durch Ungeduld ersetzen; mein Onkel müßte uns einen Posten in Spanien verschaffen oder wir würden nach Südamerika fahren oder auf die Azoren, nach Madeira.

Vorläufig darf ich noch bis zum 25. August hier leben. Ich fahre viel auf dem Motorrad, ich bade viel, ich liege lange nackt im Gras am Teiche, bis Mitternacht bin ich mit einem lästig verliebten Mädchen im Park, ich habe schon Heu auf der Wiese umgelegt, ein Ringelspiel aufgebaut, nach dem Gewitter Bäumen geholfen, Kühe und Ziegen geweidet und am Abend nachhause getrieben, viel Billard gespielt, große Spaziergänge gemacht, viel Bier getrunken und ich bin auch schon im Tempel gewesen. Am meisten Zeit aber – ich bin sechs Tage hier – habe ich mit zwei kleinen Mädchen verbracht, sehr gescheiten Mädchen, Studentinnen, sehr sozialdemokratisch, die ihre Zähne aneinanderhalten müssen, um nicht gezwungen zu sein, bei jedem Anlaß eine Überzeugung, ein Prinzip auszusprechen. Die eine heißt A., die andere H.W. ist klein, ihre Wangen sind rot ununterbrochen und grenzenlos; sie ist sehr kurzsichtig und das nicht nur der hübschen Bewegung halber, mit der sie den Zwicker auf die Nase – deren Spitze ist wirklich schön aus kleinen Flächen zusammengesetzt – niedersetzt; heute Nacht habe ich von ihren verkürzten dicken Beinen geträumt und auf diesen Umwegen erkenne ich die Schönheit eines Mädchens und verliebe mich. Morgen werde ich ihnen aus den »Experimenten« vorlesen, es ist das einzige Buch, das ich außer Stendhal und den »Opalen«[2] bei mir habe.

Ja, wenn ich auch die »Amethyste«[2] hätte, würde ich Dir die Gedichte abschreiben, aber ich habe sie im Bücherkasten zuhause und den Schlüssel habe ich bei mir, um ein Sparkassabuch nicht entdecken zu lassen, von dem niemand zu Hause weiß und das für mich meinen Rang in der Familie bestimmt. Hast Du also bis zum 25. August nicht Zeit, dann schicke ich Dir den Schlüssel.

Und jetzt bleibt mir nur übrig, Dir mein armer Junge, für die Mühe zu danken, die Du hattest, um Deinen Verleger von der Güte meiner Zeichnung[3] zu überzeugen.

Heiß ist und nachmittag soll ich im Wald tanzen.

Grüße, ich bitte, Deine Familie von mir   Dein Franz

[Es folgen in Abschrift einige Gedichte[4] von Max Brod.]

An Max Brod

[Postkarte. Prag, Stempel: 28.VIII. 1907]

Mein lieber Max – Das war nicht gut, denn schon unrecht ist es, daß Du mir nicht schreibst, wie es Dir in Komotau[5] geht, aber daß Du mich fragst, wie es mir geht, wie ich den Sommer verbracht habe – Der Anblick des Erzgebirges mag schön sein, selbst über das grüne Tuch des Tisches weg, und ich hätte Dich gerne besucht, wenn die Fahrt nicht so teuer wäre. – Daß Du einen Menschen mit meiner frühern Schrift gefunden hast, ist möglich, jetzt aber schreibe ich anders und nur beim Schreiben an Dich erinnere ich mich an die jetzt vergangenen Bewegungen meiner Buchstaben. Kommst Du nicht Sonntag? Ich wäre froh.   Dein Franz K.

An Hedwig W.[6]

[Prag,] 29. August [1907]

Du, Liebe, ich bin müde und vielleicht bin ich ein wenig krank.
Jetzt habe ich das Geschäft aufgemacht und versuche dadurch, daß ich im Bureau Dir schreibe, dieses Bureau ein bischen freundlicher zu machen. Und alles, was um mich ist, unterliegt Dir. Der Tisch preßt sich fast verliebt an das Papier, die Feder liegt in der Senkung zwischen Daumen und Zeigefinger, wie ein bereitwilliges Kind, und die Uhr schlägt wie ein Vogel.
Ich aber glaube, ich schreibe Dir aus einem Krieg oder sonst woher aus Ereignissen, die man sich nicht gut vorstellen kann, weil ihre Zusammensetzung zu ungewöhnlich und ihr Tempo das unbeständigste ist. Verwickelt in die peinlichsten Arbeiten trage ich so –

abend 11 Uhr

jetzt ist der lange Tag vergangen und er hat, trotzdem er dessen nicht würdig ist, diesen Anfang und dieses Ende. Aber im Grunde hat sich, seitdem man mich unterbrochen hat, nichts geändert, und trotzdem jetzt links von mir die Sterne des offenen Fensters sind, läßt sich der beabsichtigte Satz vollenden.
– – trage ich so von dem einen festen Entschluß meine Kopfschmerzen zum andern, ebenso festen, aber entgegengesetzten. Und alle diese Entschlüsse beleben sich, bekommen Ausbrüche der Hoffnung und eines zufriedenen Lebens, diese Verwirrung der Folgen ist noch ärger, als die Verwirrung der Entschlüsse. Wie Flintenkugeln fliege ich aus einem ins andere und die versammelte Aufregung, die in meinem Kampf Soldaten, Zuschauer, Flintenkugeln und Generäle unter einander verteilen, bringt mich allein ins Zittern.
Du aber willst, ich soll Dich gar nicht entbehren, ich soll durch einen großen Spaziergang meiner Gefühle sie ermüden und zufrieden machen, während Du Dich fortwährend aufstörst und im Sommer Dir den Pelz anziehst nur deshalb, weil im Winter Kälte möglich ist.
Übrigens habe ich keine Geselligkeit, keine Zerstreuung; die Abende über bin ich im kleinen Balkon über dem Fluß, ich lese nicht einmal die Arbeiterzeitung und ich bin kein guter Mensch.
Vor Jahren habe ich einmal dieses Gedicht geschrieben.

In der abendlichen Sonne
sitzen wir gebeugten Rückens

> auf den Bänken in dem Grünen.
> Unsere Arme hängen nieder,
> unsere Augen blinzeln traurig.
>
> Und die Menschen gehn in Kleidern
> schwankend auf dem Kies spazieren
> unter diesem großen Himmel,
> der von Hügeln in der Ferne
> sich zu fernen Hügeln breitet.

Und so habe ich nicht einmal jenes Interesse an den Menschen, welches Du verlangst.
Du siehst, ich bin ein lächerlicher Mensch; wenn Du mich ein wenig lieb hast, so ist es Erbarmen, mein Anteil ist die Furcht. Wie wenig nützt die Begegnung im Brief, es ist wie ein Plätschern am Ufer, zweier durch eine See Getrennter. Über die vielen Abhänge aller Buchstaben ist die Feder geglitten und es ist zu Ende, es ist kühl und ich muß in mein leeres Bett. Dein Franz

An Hedwig W.

[Prag, Anfang September 1907]

Trotz allem, Liebe, dieser Brief ist spät gekommen, Du hast Dir gründlich überlegt, was Du geschrieben hast. Ich habe ihn auf keine Weise früher erzwingen können, nicht dadurch, daß ich in der Nacht aufrecht im Bett saß, nicht dadurch, daß ich auf dem Kanapee in Kleidern schlief und während des Tages öfter nachhause kam, als es recht war. Bis ich heute abend davon abließ und Dir schreiben wollte, vorher aber mit einigen Papieren in einem offenen Fache spielte und Deinen Brief darin fand. Er war schon früh gekommen, aber man hatte ihn, als man abstaubte, aus Vorsicht ins Fach gesteckt.
Ich meinte, einen Brief schreiben sei wie ein Plätschern im Uferwasser, aber ich meinte nicht, daß man das Plätschern hört.
Und nun setze Dich und lies ruhig und lasse mich statt meiner Buchstaben in Deine Augen schauen.
Stelle Dir vor, A bekommt von X Brief und Brief und in jedem sucht X die Existenz des A zu widerlegen. Er führt seine Beweise mit guter Steigerung, schwer zugänglichen Beweisen, dunkler

Farbe, bis zu einer Höhe, daß sich A fast eingemauert fühlt und selbst und ganz besonders die Lücken in den Beweisen ihn zum Weinen bringen. Alle Absichten des X sind zuerst verdeckt, er sagt nur, er glaube, A sei recht unglücklich, er habe diesen Eindruck, im Einzelnen wisse er nichts; übrigens tröstet er den A. Allerdings wenn es so wäre, so müsse man sich nicht wundern, denn A sei ein unzufriedener Mensch, das wisse auch Y und Z. Man könne ja am Ende einräumen, er habe Grund zur Unzufriedenheit; man sehe ihn an, man sehe seine Verhältnisse an und man wird nicht widersprechen. Wenn man sie aber recht beobachtet, wird man sogar sagen müssen, A ist nicht unzufrieden genug, denn wenn er seine Lage so gründlich untersuchen würde, wie X es tut, könnte er nicht weiterleben. Jetzt tröstet ihn X nicht mehr. Und A sieht, sieht es mit offenen Augen, X ist der beste Mensch und er schreibt mir solche Briefe, was kann er um Gotteswillen anderes wollen, als mich ermorden. Wie gut er in dem letzten Augenblick noch ist, da er, um mich vor einem Schmerz zu verschonen, sich nicht verraten will, aber vergißt, daß das einmal entzündete Licht wahllos beleuchtet.

Was hat dann der Satz aus Niels Lyhne zu bedeuten und der Sand ohne das Glücksschloß. Natürlich hat der Satz recht, aber hätte nicht recht, der von rinnendem Sand spricht? Aber wer den Sand sieht, ist nicht im Schloß; und wohin rinnt der Sand?

Was soll ich jetzt? Wie werde ich mich zusammenhalten? Ich bin auch in Triesch, gehe doch mit Dir über den Platz, jemand verliebt sich in mich, ich bekomme noch diesen Brief, ich lese ihn, verstehe ihn kaum, jetzt muß ich Abschied nehmen, halte Deine Hand, laufe weg, und verschwinde gegen die Brücke zu. Oh bitte, es ist genug.

Ich habe deshalb nichts für Dich in Prag gekauft, weil ich vom 1. Oktober an wahrscheinlich in Wien sein werde. Verzeih es mir.

Dein Franz K.

An Hedwig W.

[Prag, Anfang September 1907]

Mein liebes Mädchen, es ist wieder spät abend, ehe ich schreiben kann, und es ist kühl, weil wir doch Herbst haben, aber ich bin ganz durchwärmt von Deinem guten Brief. Ja, weiße Kleider und Mitleid kleiden Dich am schönsten, jedoch Pelzwerk verdeckt das ängstliche Mädchen zu sehr und will für sich zu sehr bewundert werden und leiden machen. Und ich will doch Dich und selbst Dein Brief ist nur eine verzierte Tapete, weiß und freundlich, hinter der Du irgendwo im Gras sitzt oder spazieren gehst und die man erst durchstoßen müßte, um Dich zu fangen und zu halten.

Aber gerade jetzt, da alles besser werden soll und der Kuß, den ich auf die Lippen bekommen habe, alles künftigen Guten bester Anfang ist, kommst Du nach Prag, gerade da ich Dich besuchen und bei Dir bleiben möchte, sagst Du unhöflich adieu und gehst weg. Ich hätte doch schon meine Eltern hier gelassen, einige Freunde und anderes, was ich entbehren müßte, jetzt wirst Du noch in dieser verdammten Stadt sein und es scheint mir, es wird mir unmöglich sein, mich durch die vielen Gassen zum Bahnhof hinaus zu drücken. Und doch ist Wien für mich notwendiger, als Prag für Dich. Ich werde an der Exportakademie ein Jahr lang studieren, ich werde in einer ungemein anstrengenden Arbeit bis an den Hals stecken, aber ich bin sehr zufrieden damit. Da mußt Du mein Zeitunglesen noch ein wenig verschieben, denn ich werde doch auch spazieren gehn und Dir Briefe schreiben müssen, sonst werde ich keine Freude mir erlauben dürfen.

Nur an den Deinigen werde ich immer so gerne teilnehmen, nur mußt Du mir mehr Gelegenheit dazu geben als beim letzten Kränzchen. Denn da gibt es noch viele für mich sehr wichtige Dinge, von denen Du gar nichts schreibst. Um wieviel Uhr Du hinkamst, wann Du weggingst, wie Du angezogen warst, an welcher Wand bist Du gesessen, ob Du viel gelacht hast und getanzt, wem hast Du eine Viertelminute lang in die Augen geschaut, warst Du am Ende müde und hast gut geschlafen? Und wie konntest Du schreiben und einen Brief – das ist das ärgste – unterschlagen, der mir gehört. Nur das hat Dich an diesem schönen Neujahrswetter bedrückt, als Du mit Mutter und Großmutter zum Tempel über das Pflaster, die zwei Stufen und die Steinplatten gingst. Wobei Du nicht bedachtest, daß mehr Mut zum Nichthoffen als zum Hoffen gehört und daß, wenn aus einem Temperament ein solcher Mut möglich ist, schon der sich wendende Wind dem Mut die günstigste Richtung geben kann. Ich küsse Dich mit allem Guten, was ich an mir kenne.

Dein Franz

An Hedwig W.

[Prag, Anfang September 1907]

Liebste,

sie haben mir die Tinte genommen und schlafen schon. Erlaube es dem Bleistift, daß er Dir schreibt, damit alles, was ich habe, irgendwie Teil an Dir hat. Wärst Du nur hier in diesem leeren Zimmer, in dem nur zwei Fliegen oben Lärm machen und ein wenig das Glas, könnte ich Dir ganz nahe sein und meinen Hals an Deinen legen.

So aber bin ich unglücklich bis in Verwirrung hinein. Ein paar kleine Krankheiten, ein wenig Fieber, ein wenig gestörte Erwartung hatten mich für zwei Tage ins Bett gelegt, da habe ich einen niedlichen Fieberbrief an Dich geschrieben, den ich freilich an diesem schönen Sonntag über der Fensterbrüstung zerrissen habe, denn Du Arme, Liebe hast Aufregungen genug. Nicht wahr, Du hast viel geweint in vielen Stunden in der Nacht, während ich bei Sternenlicht in den Gassen herumgelaufen bin, um alles für Dich vorzubereiten (bei Tag mußte ich lernen), da ist es am Ende gleichgültig, ob man eine Gasse weit von einander wohnt oder eine Provinz. Wie verschieden war alles um uns. Da bin ich sicher Donnerstag früh am Bahnhof gestanden, dann Donnerstag nachmittag (der Zug kommt nicht um $^1/_2 3$, erst um 3 und hatte $^1/_4^h$ Verspätung) und Du hast in Triesch gezittert und dann jenen Brief geschrieben, den ich Freitag bekommen habe, worauf ich nichts Besseres zu tun wußte, als mich ins Bett zu legen. Das ist nicht schlimm, denn ohne mich aufrechtzusetzen sehe ich vom Bett aus das Belvedere, grüne Abhänge.

Nun am Ende ist nichts anderes geschehn, als daß wir ein bischen zwischen Prag und Wien eine Quadrillefigur getanzt haben, bei der man vor lauter Verbeugungen nicht zu einander kommt, wenn man es auch noch so wollte. Aber endlich müssen auch die Rundtänze kommen.

Mir geht es gar nicht gut. Ich weiß nicht, wie es werden wird. Wenn man jetzt früh aufsteht und einen schönen Tag beginnen sieht, dann ist es zu ertragen, aber später –

Ich schließe die Augen und küsse Dich   Dein Franz

An Hedwig W.

[Prag,] 15. Sept. [1907]

Du, Liebe, man lebt merkwürdig in Triesch und darum muß man sich darüber nicht wundern, daß ich heute auf meinem Globus auf dem beiläufigen Platz von Triesch einen roten Punkt gemacht habe. Es war ja heute regnerisch, ich nahm den Globus herunter und schmückte ihn so.

In Triesch ist man verweint, ohne früher geweint zu haben, man geht in ein Kränzchen und will dort nicht gesehen werden, man hat einen mir ganz unbekannten Seidengürtel angezogen, man schreibt einen Brief dort und schickt ihn nicht weg. Wo schreibt man diesen Brief? Mit Bleistift wohl, aber im Schoß oder an der Mauer, an der Kulisse? Und war die Beleuchtung im Vorzimmer genügend, um darin einen Brief zu schreiben? Neugierig aber bin ich nicht, neugierig wäre es, um ein Beispiel zu geben, wenn ich dringlich wissen wollte, mit wem Fräulein Agathe getanzt hat. Das wäre unpassend und Du würdest recht tun, mir nicht zu antworten.

Aber so geschieht es, daß Du – sei es auf dem Umweg über andere Personen – mit allen Leuten in Triesch in irgend einer unmittelbaren Beziehung stehst, selbst mit dem Diener im Hotel oder irgend einem Feldhüter, auf dessen Feld Du Rüben stiehlst. Du gibst ihnen Befehle oder läßt Dich von ihnen zum Weinen bringen, ich aber habe das zu lesen, so wie man in der Verbannung – eine andere kenne ich noch nicht – Nachrichten über wichtige Veränderungen in der Heimat lesen will und doch kaum lesen kann, weil man unglücklich ist, dort nichts tun zu können, und so glücklich, jetzt etwas zu erfahren. Hier darf ich es sagen, daß ich mit Kranken, die Du pflegst, kein Mitleid habe.

Die Entscheidung über mich, die letzte, kommt morgen, aber dieser Brief ist ungeduldig, sobald ich »Liebe« darauf schreibe, wird er lebendig und will nicht mehr warten. Du verkennst mich hübsch, wenn Du glaubst, daß Streben nach idealem Nutzen meiner Natur angemessen ist, denn es genügt zu sagen: Nachlässigkeit gegen praktischen Nutzen.

Ich weiß es, Du mußt von Wien weg, aber ganz so ich von Prag, wobei wir allerdings gut dieses Jahr in Paris zum Beispiel verbringen könnten. Aber folgendes ist richtig: Wir fangen damit an, das zu tun, was wir brauchen, und werden wir, wenn wir das fortsetzen, nicht notwendig zu einander kommen müssen?

Ich bitte, schreibe mir genau über Deine Prager Zukunft, ich werde vielleicht etwas noch vorbereiten können, ich tue es gern.

Dein Franz

An Hedwig W.

[Prag,] 19. September [1907]

Liebe,

wie Du mich verkennst und ich weiß nicht, ob nicht eine leichte Abneigung gegen jemanden dazu nötig ist, um ihn so verkennen zu wollen. Ich werde Dich nicht überzeugen können, aber ich bin gar nicht ironisch gewesen; alle Dinge, die ich wissen wollte und die Du mir geschrieben hast, sind für mich wichtig gewesen und sie sind es. Und gerade die Sätze, die Du ironisch nennst, wollten nichts als das Tempo nachahmen, mit dem ich an ein paar schönen Tagen Deine Hände streicheln durfte, ob darin von Feldhütern oder von Paris die Rede war, das ist fast nebensächlich gewesen.

Wieder früh unterbrochen worden und jetzt nach Mitternacht recht müde fortgesetzt:

Ja, es hat sich entschieden, aber erst heute. Andere Menschen entschließen sich nur selten und genießen dann den Entschluß in den langen Zwischenräumen, ich aber entschließe mich unaufhörlich, so oft wie ein Boxer, nur boxe ich dann nicht, das ist wahr. Übrigens sieht das nur so aus und meine Angelegenheiten werden hoffentlich bald auch das ihnen entsprechende Aussehn bekommen.

Ich bleibe in Prag und werde sehr wahrscheinlich in einigen Wochen einen Posten bei einer Versicherungsgesellschaft[7] bekommen. Diese Wochen werde ich unaufhörlich Versicherungswesen studieren müssen, doch ist es sehr interessant. Alles andere werde ich Dir sagen können, bis Du kommst, nur muß ich natürlich vorsichtig sein und die jetzt mit mir beschäftigte Vorsehung nicht nervös machen, darum darfst Du niemandem, auch nicht dem Onkel, davon sagen.

Wann kommst Du also? Über Wohnung und Kost schreibst Du undeutlich. Meine Bereitwilligkeit Dir zu helfen wird – Du weißt es und doch sagst Dus nicht – dadurch daß das Papier einen Rand hat, nicht kleiner, aber, ich habe es Dir gesagt, meine Bekanntschaft ist leider sehr klein, und wo ich angefragt habe, war es umsonst, denn man hat Lehrerinnen aus früheren Jahren. Jedenfalls werde

ich Sonntag im »Tagblatt«[8] und in der »Bohemia«[8] diese Annonce einstellen lassen:
»Ein junges Mädchen, welches die Matura abgelegt hat und früher an der Wiener, jetzt an der Prager Universität Französisch, Englisch, Philosophie und Pädagogik studiert, sucht Stunden als Lehrerin zu Kindern, die sie nach ihren bisherigen Unterrichtserfolgen sehr gut behandeln zu können glaubt, oder als Vorleserin oder als Gesellschafterin.«
Zuschriften hole ich dann aus der Administration. Ich würde als Adresse Triesch postlagernd angeben, aber vielleicht bist Du nächste Woche schon in Prag.
Ich werde natürlich noch weitersuchen, denn viel darf man sich darauf nicht verlassen, es müßte denn der Prager Zufall Dir so Glück wünschen, wie ich.   Dein Franz

An Max Brod

[Prag,] 22. 9. 1907

Mein lieber Max!
Das ist nun so. Andere Leute entschließen sich einmal von Zeit zu Zeit und inzwischen genießen sie ihre Entschlüsse. Ich aber entschließe mich so oft wie ein Boxer, ohne dann allerdings zu boxen. Ja, ich bleibe in Prag.
Ich werde in der nächsten Zeit wahrscheinlich hier einen Posten bekommen (durchaus nichts Ungemeines) und nur um die arbeitende Vorsehung nicht nervös zu machen, habe ich nichts Genaueres darüber geschrieben und tue es auch nicht.
Ich freue mich auf Dich.   Dein Franz

An Hedwig W.

[Prag,] 24. Sept. [1907]

Dein Brief kam merkwürdigerweise am Abend, Liebe, deshalb nur das in Eile, damit Du es rechtzeitig bekommst.
Der Einfall, der Onkel soll an Mama schreiben, ist sehr gut und man darf nur mir Vorwürfe machen, daß ich nicht selbst darauf gekommen bin.
Wie ist denn das, Du willst mir wieder entlaufen oder drohst es doch? Genügt es, daß ich in Prag bleibe, um Deine Pläne zu ent-

mutigen? Ich bitte komm, gerade ehe Dein Brief kam, dachte ich daran, daß es schön wäre, wenn wir immer am Sonntag Vormittag jenes französische Buch zusammen lesen würden, das ich jetzt manchmal lese (ich habe jetzt sehr wenig Zeit) und das in einem frierenden und doch zerfaserten Französisch geschrieben ist, wie ich es liebe, also komm, ich bitte.

Deine Meinung, daß Du alles bezahlen sollst, was ich für Dich zu meinem Vergnügen unternehme, hat mich gefreut. Doch ist die Ausgabe für die Annoncen, die ich beilege, (damit Du siehst, wie ungeschickt und schlecht sie sich ausnehmen) zu unbedeutend, aber die Rechnung für den Champagner, den ich gestern nacht auf Dein Wohl getrunken habe – hast Du nichts gemerkt? – werde ich Dir schicken lassen.

Die Kleinigkeiten, die Dich jetzt ärgern und müde machen, sind nur beim erstenmal so schlimm, beim zweitenmal erwartet man sie schon und deshalb sind sie dann schon interessant. Zum Mut gehört nur eine halbe Wendung. Komm.   Dein Franz

An Hedwig W.

[Prag,] 24. Sept. [1907]

Immerhin ein matter Erfolg, wie Du siehst, Liebe.

Ich habe die Briefe aufgemacht, weil ich dachte, ich könnte Dir mit Erkundigungen helfen. Nun das eine sieht ja vertrauenerweckend jüdisch aus und ich werde nachfragen, was für Leute es sind, jedenfalls schreibe ich ihnen.

Das andere ist ein bischen romanhaft. Du sollst – ich übersetze es – unter der bezeichneten Chiffre schreiben, unter welchen Bedingungen Du deutsche Conversation mit einem 21jährigen Fräulein treiben würdest, dreimal in der Woche ev. auf Spaziergängen. Antworten könntest Du doch, um des Spaßes willen.

Beides müßte aber schnell sein; ich glaube nicht, daß noch irgendeine Zuschrift kommt, jedenfalls werden wir es in den nächsten Tagen wiederholen.

Ich grüße Dich bestens; laß Mama schreiben, vergiß nicht und komm   Dein Franz

An Max Brod
[Postkarte. Prag, Stempel: 8. X. 1907]
Lieber Max – Auf der Gasse geschrieben, um Dir rasch zu antworten. – Warum hast Du für Deine freie Zeit ein so schlechtes, für ausgeliehene Bücher ein so gutes Gedächtnis. Ich komme immerhin Freitag. – Von der Operation wußte ich nichts. Ich frage nur (deshalb schreibe ich nur auf einer Karte), warum straft so der liebe Gott Deutschland, Blei und uns. Besonders mich, der ich doch bis $^1/_4 7$ abends – Dein Franz

An Hedwig W.
[Prag, Anfang Oktober 1907]
Nun soll ich Dir wieder mit braunen Strichen schreiben, weil die schon zum Schlafen Eingesperrten die Tinte haben und der in Dich verliebte Bleistift sich gleich finden läßt. Liebe, Liebe, wie schön ist es, daß das Sommerwetter mitten im Herbste kommt, und wie gut ist es, denn wie schwer wäre es, den Wechsel der Jahreszeiten zu ertragen, wenn man ihnen nicht innerlich das Gleichgewicht halten würde. Liebe, Liebe, mein Nachhauseweg aus dem Bureau ist erzählenswert, besonders, da er das einzige von mir Erzählenswerte ist. Ich komme im Sprunge um $6^1/_4$ Uhr aus dem großen Portal, bereue die verschwendete Viertelstunde, wende mich nach rechts und gehe den Wenzelsplatz hinunter, treffe dann einen Bekannten, der mich begleitet und mir einiges Interessante erzählt, komme nachhause, mache meine Zimmertüre auf, Dein Brief ist da, ich gehe in Deinen Brief hinein, wie einer von den Feldwegen müde ist und jetzt in Wälder kommt. Ich verirre mich zwar, aber ich bin deshalb nicht ängstlich. Möchte jeder Tag so enden.

8. 10.

Liebes Kind, wieder ein Abend nach ein paar so schnell vergangenen Abenden. Mag die Aufregung des Briefeschreibens deutlich mit einem Klecks anfangen.
Mein Leben ist jetzt ganz ungeordnet. Ich habe allerdings einen Posten mit winzigen 80 K Gehalt und unermeßlichen 8-9 Arbeitsstunden, aber die Stunden außerhalb des Bureaus fresse ich wie ein wildes Tier. Da ich bisher gar nicht gewohnt war, mein Tagesleben auf 6 Stunden einzuschränken, und ich außerdem noch Italienisch lerne und die Abende dieser so schönen Tage im Freien verbringen

will, komme ich aus dem Gedränge der freien Stunden wenig erholt heraus.

Nun im Bureau. Ich bin bei der Assicurazioni-Generali, und habe immerhin Hoffnung, selbst auf den Sesseln sehr entfernter Länder einmal zu sitzen, aus den Bureaufenstern Zuckerrohrfelder oder mohammedanische Friedhöfe zu sehn, und das Versicherungswesen selbst interessiert mich sehr, aber meine vorläufige Arbeit ist traurig. Und doch ist es manchmal hübsch, die Feder dort hinzulegen und sich vielleicht vorzustellen, daß man Deine Hände aufeinanderlegt, sie mit einer Hand umfaßt, und jetzt zu wissen, man würde sie nicht loslassen, selbst wenn einem die Hand im Gelenk ausgeschraubt würde.

Adieu   Dein Franz

An Max Brod

[Postkarte. Prag, Stempel: 26. X. 1907]

Lieber Max – Ich kann erst frühestens um ¹/₂11 oder 11 Uhr kommen, denn man will sich dort meinen Körper ansehn9. Da es jetzt fast sicher ist, daß ich unglücklich bleiben soll, unglücklich mit Lachen meinethalben, so schaut man sich meinen Körper nur aus uneigennützigstem Vergnügen an.   Dein Franz

An Hedwig W.

[Prag, wahrscheinlich November 1907]

Liebes Mädchen, verzeihe mir, wenn ich nicht gleich geantwortet habe, aber ich verstehe es noch nicht, die paar Stunden gut auszunützen, denn gleich ist Mitternacht wie jetzt. Glaube nicht, daß das schöne Wetter Dich bei mir verdrängt, nur die Feder verdrängt es, Liebe. Aber Deine Fragen werde ich alle beantworten.

Ob ich bald und weit versetzt werde, weiß ich nicht, vor einem Jahr wohl kaum, am hübschesten wäre es, wenn ich von der Gesellschaft wegversetzt würde, das ist nicht ganz unmöglich.

Über die Arbeit klage ich nicht so, wie über die Faulheit der sumpfigen Zeit. Die Bureauzeit nämlich läßt sich nicht zerteilen, noch in der letzten halben Stunde spürt man den Druck der 8 Stunden wie in der ersten. Es ist oft wie bei einer Eisenbahnfahrt durch Nacht und Tag, wenn man schließlich, ganz furchtsam geworden, weder an die Arbeit der Maschine des Zugführers, noch an das hügelige oder flache Land mehr denkt, sondern alle Wirkung nur der Uhr zuschreibt, die man immer vor sich in der Handfläche hält.

Ich lerne Italienisch, denn zuerst komme ich wohl nach Triest.

In den ersten Tagen muß ich für den, der dafür empfindlich ist, sehr rührend ausgesehn haben. Wie es auch wirklich gewesen ist, ich kam mir deklassiert vor; Leute, die nicht bis zum 25ten Jahr wenigstens zeitweise gefaulenzt haben, sind sehr zu bedauern, denn davon bin ich überzeugt, das verdiente Geld nimmt man nicht ins Grab mit, aber die verfaulenzte Zeit ja.

Ich bin um 8 Uhr im Bureau, um $^1/_2$7 geh ich weg.

Voraussetzungslos lustige Menschen? Alle Menschen, die einen ähnlichen Beruf haben, sind so. Das Sprungbrett ihrer Lustigkeit ist die letzte Arbeitsminute; leider verkehre ich gerade nicht mit solchen Menschen.

»Erotes« werden bald unter dem Titel »Weg eines Verliebten« erscheinen, aber ohne mein Titelblatt, das sich als nicht reproduzierbar erwiesen hat.

Was Du von dem jungen Schriftsteller schreibst, ist interessant, nur übertreibst Du die Ähnlichkeiten. Ich versuche bloß mich beiläufig und vorläufig gut anzuziehn, aber vielen Menschen in vielen Ländern aller Erdteile ist es schon gelungen; eben diese pflegen ihre Nägel, manche schminken sie. Spricht er wunderschön französisch, so ist das schon ein bedeutender Unterschied zwischen uns, und daß er mit Dir verkehren kann, ist ein verdammter Unterschied.

Das Gedicht habe ich gelesen, und da Du mir das Recht gibst es zu beurteilen, so kann ich sagen, daß viel Stolz darin ist, der aber, wie ich glaube, leider sehr allein spazieren geht. Im ganzen scheint es mir eine kindliche und deshalb sympathische Bewunderung bewunderungswürdiger Zeitgenossen zu sein. Voilà. Aber aus übertriebener Empfindlichkeit für das äußere Gleichgewicht einer Wage, die Du in Deinen lieben Händen hältst, schicke ich eine schlechte, vielleicht ein Jahr alte Kleinigkeit[10] mit, die er unter denselben Umständen (Du nennst keinen Namen und auch sonst nichts, nicht wahr?) beurteilen soll. Ich werde große Freude haben, wenn er mich ordentlich auslacht. Du schickst mir dann das Blatt wieder zurück, wie ich es auch tue.

Jetzt habe ich alles beantwortet und mehr, jetzt kämen meine Rechte. Was Du mir über Dich schreibst, ist so unklar, wie es Dir

auch sein muß. Bin ich schuld daran, daß man Dich quält, oder quälst Du Dich und man hilft Dir bloß nicht? »Ein mir sehr sympathischer Mann« »beide hätten Conzessionen machen müssen.« In dieser großen mir ganz undeutlichen Stadt Wien bist nur Du mir sichtbar und ich kann Dir jetzt gar nicht helfen, wie es scheint. Darf ich da den Brief nicht schließen, während es traurig eins schlägt?
Dein Franz

An Hedwig W.

12 Uhr [Prag, November 1907]
Also müde, aber gehorsam und dankbar: ich danke Dir. Nicht wahr, es ist alles gut. So sind die Übergänge vom Herbst zum Winter oft. Und da jetzt Winter ist, so sitzen wir – es ist doch so – in einem Zimmer, nur daß die Wände, an denen jeder von uns sitzt, ein bischen weit von einander sind, aber das ist bloß merkwürdig und es müßte nicht sein.
Was für Geschichten, wie viele Menschen Du kennst und die Spaziergänge und die Pläne. Ich weiß keine Geschichten, sehe keine Menschen, mache täglich Spaziergänge in Eile durch vier Gassen, deren Ecken ich schon abgerundet habe, und über einen Platz, zu Plänen bin ich zu müde. Vielleicht werde ich von den erfrorenen Fingerspitzen aufwärts – ich trage keine Handschuhe – allmählich zu Holz, dann wirst Du einen netten Briefschreiber in Prag haben und an meiner Hand ein schönes Besitztum. Und deshalb, da ich so viehisch lebe, muß ich Dich zweifach deshalb um Verzeihung bitten, daß ich Dich nicht in Ruhe lasse.
22 Um Gotteswillen, warum habe ich den Brief nicht geschickt?! Du wirst böse sein, oder bloß unruhig. Verzeih mir. Sei auch gegen meine Faulheit oder wie Du es nennen willst, ein bischen freundlich. Aber es ist nicht nur Faulheit, auch Furcht, allgemeine Furcht vor dem Schreiben, dieser entsetzlichen Beschäftigung, die jetzt entbehren zu müssen mein ganzes Unglück ist. Vor allem aber: nur zitternde Dinge soll man hin und wieder durch irgendeine Veranstaltung zur Ruhe bringen, dahin gehören doch unsere Beziehungen nicht, möchte ich glauben.
Und trotz allem, ich hätte Dir längst geschrieben, statt den angefangenen Brief klein zusammengelegt bei mir zu tragen, aber ich bin jetzt ganz plötzlich unter eine Menge Leute gekommen. Offi-

ziere, Berliner, Franzosen, Maler, Coupletsänger, und die haben mir die paar Abendstunden nun ganz lustig weggenommen, freilich nicht nur die Abendstunden, gestern in der Nacht z. B. habe ich dem Kapellmeister eines Orchesters, für das ich keinen Kreuzer Trinkgeld hatte, statt dessen ein Buch geborgt. Und so ähnlich. Man vergißt dabei, daß die Zeit vergeht und daß man die Tage verliert, darum ist es zu billigen. Meine Grüße, Liebe, und mein Dank
Dein Franz

An Max Brod

[Prag, Ende 1907]

Mein lieber Max,
in der Freude euch getroffen zu haben, habe ich einige Unvorsichtigkeiten gesagt und erst, als ich von euch wegging, habe ich mich plötzlich vor folgendem zu fürchten angefangen, nicht wahr, Du schaust zu, daß es nicht geschieht.
Daß Dein Vater bei H. Weißgerber sich für Herrn Bäuml[11] verwenden soll, das bleibt bestehn, er kann auch mich nennen, wenn es mir auch nicht sehr angenehm ist, aber auf keinen Fall, ich bitte Dich, soll er sagen, daß ich unzufrieden bin, den Posten lassen werde, einen Posten bei der Post bekomme und ähnliches. Das wäre mir ungemein leid, denn Herr Weißgerber hat mich mit nicht kleiner Mühe in die Assicurazioni gebracht und ich war, wie es sich nach meiner frühern Verzweiflung schickte, über die Maßen begeistert und habe ihm irrsinnig gedankt. Er hat sich auch gewissermaßen bei der Gesellschaft für mich verbürgt und gleich die ersten Worte der Oberbeamten in Gegenwart des Herrn Weißgerber haben davon gehandelt, daß es selbstverständlich sei, daß ich für immer bei der Gesellschaft bleibe, wenn ich, was damals noch gar nicht sicher war, einmal aufgenommen würde. Ich habe natürlich mehr als genickt.
Natürlich, wenn ich eine Stelle bei der Post bekomme, was noch genügend zweifelhaft ist, wird es doch zu solchen Erklärungen kommen müssen, aber vorläufig möchte ich, bitte, meine vergangene Vorsehung nicht mit der Fingerspitze verletzen.

Dein Franz

An Felix Weltsch

[Visitenkarte, wahrscheinlich 1907]
Schließlich hat man doch die ganze Stadt in seinem Gefühl. Und da hat es mich an der Stelle Ihres Zimmers immer schmerzlich gezogen, weil Sie dort so verzweifelt gelernt haben. Jetzt ist es vorüber. Gott sei Dank!
                                           Ihr Franz K.

1908

An Max Brod
[Prag, Stempel: 11. I. 1908]
Ich bitte Dich, mein lieber, lieber Max, selbst wenn Du früher den Abend anders verwenden wolltest, warte auf mich, damit ich niemanden vom Theater abholen, nicht im Gummiradler fahren, auf keinem Kaffeehausbalkon sitzen, in keine Bar gehn, jenes gestreifte Kleid nicht ansehn muß. Hättest Du jeden Abend für mich Zeit!

An Hedwig W.
[Prag, vermutlich Anfang 1908]
Liebe, einmal im Bureau bei Schreibmaschinenmusik, in Eile und mit graziösen Fehlern. Ich hätte Dir ja längst schon für Deinen Brief danken sollen und jetzt ist es wieder schon so spät. Aber ich glaube, Du hast mir schon für immer in solchen Dingen verziehen, denn wenn es mir gut geht, dann schreibe ich schon – es ist schon lange her und ich hatte es damals nicht nötig – sonst langsam. Und wie gut Du mich auch in Deinem Brief behandelt hast, so hast Du doch versäumt, mir ein Kompliment zu machen, wegen der Energie, mit der ich meinen Kopf so gerne in irgend einen Straßenboden graben und nicht wieder herausziehen wollte. Ich habe bisher, wenn auch in Pausen, doch rechtmäßig gelebt, denn es ist in gewöhnlicher Zeit nicht zu schwer, sich eine Sänfte zu konstruieren, die man von guten Geistern über die Straße getragen werden fühlt. Bricht dann, (so wollte ich weiterschreiben, aber es war schon 8 $^{1}/_{4}$ und ich ging nachhause) bricht dann aber ein Hölzchen, gar bei schlechterem Wetter, so steht man auf der Landstraße, kann nichts mehr zusammenbringen und ist noch weit von der gespenstischen Stadt, in die man wollte. Erlaube mir, solche Geschichten über mir zusammenzuziehen, wie ein Kranker Tücher und Decken über sich wirft.
Das war schon längst geschrieben, da kam heute Dein Brief, Liebe.
Mag jetzt die dritte Schrift anfangen, eine von dreien wird doch vielleicht das aufgeregte überreizte Kind beruhigen können. Nicht wahr, jetzt setzen wir uns unter diese Dreischriftfahne blau braun schwarz und sagen zusammen dieses auf und geben acht, daß jedes Wort sich deckt: »Das Leben ist ekelhaft«. Gut, es ist ekelhaft, aber

es ist nicht mehr so arg, wenn man es zu zweien sagt, denn das Gefühl, das einen zersprengt, stößt an den andern, wird durch ihn gehindert, sich auszubreiten, und sicher sagt man: »Wie hübsch sie ›ekelhaftes Leben‹ sagt und mit dem Fuß aufstampft dabei«. Die Welt ist traurig, aber doch gerötet traurig, und ist lebhafte Trauer von Glück so weit?

Weißt Du, ich hatte eine abscheuliche Woche, im Bureau überaus viel zu tun, vielleicht wird das jetzt immer so sein, ja man muß sich sein Grab verdienen, und auch anderes kam noch dazu, was ich Dir später einmal sagen werde, kurz man hat mich herumgejagt wie ein wildes Tier, und da ich das gar nicht bin, wie müde mußte ich sein. Ich paßte vorige Woche wirklich in diese Gasse, in der ich wohne und die ich nenne »Anlaufstraße für Selbstmörder«, denn diese Straße führt breit zum Fluß, da wird eine Brücke gebaut, und das Belvedere auf dem andern Ufer, das sind Hügel und Gärten, wird untertunelliert werden, damit man durch die Straße über die Brücke, unter dem Belvedere spazieren kann. Vorläufig aber steht nur das Gerüst der Brücke, die Straße führt nur zum Fluß. Aber das ist alles nur Spaß, denn es wird immer schöner bleiben, über die Brücke auf das Belvedere zu gehn, als durch den Fluß in den Himmel.

Deine Lage verstehe ich; es ist ja närrisch, was Du zu lernen hast und Du darfst nervös werden, ohne daß man Dir jemals nur mit einem Wort einen Vorwurf machen dürfte. Aber schau, immerhin Du kommst doch sichtbar vorwärts, Du hast ein Ziel, das Dir nicht entlaufen kann wie ein Mädchen und das Dich doch jedenfalls, auch wenn Du Dich wehren wirst, glücklich machen wird; ich aber werde ein ewiger Brummkreisel bleiben und ein paar Leuten, die mir vielleicht nahe kommen werden, das Trommelfell ein Weilchen quälen, sonst nichts.

Es hat mich sehr gefreut, daß in Deinem Brief ein offenbarer Fehler vorkommt, den Du selbst gleich zugeben mußt, denn diese Woche ist nur ein Feiertag bei uns, der andere muß ein niederösterreichisches Glück sein; in diesen Sachen darfst Du mit mir nicht streiten, denn ich kenne alle Feiertage schon auswendig bis Anfang Mai. In allem andern darfst Du mit mir streiten oder noch ärger, Du kannst mir sogar den Streit verweigern, aber ich bitte Dich noch hier am Rande, tue es nicht.
                             Dein Franz

An Max Brod

[Briefkopf der Assicurazioni Generali*.
Prag, Stempel: 29. III. 1908]

Mein lieber Max,
einen wie unvorteilhaften Anfangsbuchstaben hast Du! Bei meiner Federhaltung kann ich ihm, wenn ich es auch gerne möchte, nichts Gutes tun.
Aber da ich zu viel zu tun habe und hier Sonnenschein ist, habe ich im leeren Bureau eine fast vorzügliche Idee bekommen, deren Ausführung äußerst billig ist. Wir könnten statt unseres geplanten Nachtlebens von Montag zu Dienstag ein hübsches Morgenleben veranstalten, uns um fünf Uhr oder um halb sechs bei der Marienstatue treffen – bei den Weibern kann es uns dann nicht fehlen – und ins Trocadero[1] oder nach Kuchelbad gehn oder ins Eldorado[1]. Wir können dann, wie es uns passen wird, im Garten an der Moldau Kaffee trinken oder auch an die Schulter der Joszi gelehnt. Beides wäre zu loben. Denn im Trocadero würden wir uns nicht übel machen; es gibt Millionäre und noch Reichere, die um sechs Uhr früh kein Geld mehr haben, und wir kämen so, durch alle übrigen Weinstuben ausgeplündert, jetzt leider in die letzte, um, weil wir es brauchen, einen winzigen Kaffee zu trinken, und nur weil wir Millionäre waren – oder sind wir es noch, wer weiß das am Morgen –, sind wir imstande, ein zweites Täßchen zu zahlen.
Wie man sieht, braucht man zu dieser Sache nichts als ein leeres Portemonnaie und das kann ich Dir borgen, wenn Du willst. Solltest Du aber zu diesem Unternehmen zu wenig mutig, zu wenig knickerig, zu wenig energisch sein, dann mußt Du mir nicht schreiben und triffst mich Montag um neun; wenn Du es aber bist, dann schreibe mir gleich eine Rohrpostkarte mit Deinen Bedingungen.

An Max Brod

[Prag, wahrscheinlich Mai 1908]
Da hast Du, lieber Max, zwei Bücher und ein Steinchen. Ich habe mich immer angestrengt, für Deinen Geburtstag etwas zu finden, das infolge seiner Gleichgültigkeit sich nicht ändern, nicht verloren gehn, nicht verderben und nicht vergessen werden kann. Und nach-

---

* [Vor dem Vordruck »... Abteilung« handschriftlich:] Traurige Sonntag-Vormittagarbeits-

dem ich dann monatelang nachgedacht habe, wußte ich mir wieder nicht anders zu helfen, als ein Buch zu schicken. Aber mit den Büchern ist es eine Plage, sind sie von der einen Seite gleichgültig, dann sind sie von der andern um dieses wieder interessanter und dann zog mich zu den gleichgültigen nur meine Überzeugung hin, die bei mir bei weitem nicht den Ausschlag gibt, und ich hielt am Ende, noch immer anders überzeugt, ein Buch in der Hand, das vor Interessantheit nur so brannte. Einmal habe ich auch absichtlich Deinen Geburtstag vergessen, das war ja besser als ein Buch schicken, aber gut war es nicht. Darum schicke ich jetzt das Steinchen und werde es Dir schicken, solange wir leben. Behältst Du es in der Tasche, wird es Dich beschützen, läßt Du es in einem Schubfach, wird es auch nicht untätig sein, wirfst Du es aber weg, dann ist es am besten. Denn weißt Du, Max, meine Liebe zu Dir ist größer als ich, und mehr von mir bewohnt als daß sie in mir wohnte, und hat auch einen schlechten Halt an meinem unsichern Wesen, so aber bekommt sie in dem Steinchen eine Felsenwohnung und sei es nur in einer Ritze der Pflastersteine in der Schalengasse[2]. Sie hat mich schon seit langem öfter gerettet, als Du weißt, und gerade jetzt, wo ich mich weniger auskenne als jemals und mich bei ganzem Bewußtsein nur im Halbschlaf fühle, nur so äußerst leicht, nur gerade noch – ich gehe ja herum wie mit schwarzen Eingeweiden –, da tut es gut, einen solchen Stein in die Welt zu werfen und so das Sichere vom Unsichern zu trennen. Was sind Bücher dagegen! Ein Buch fängt an, Dich zu langweilen, und hört damit nicht mehr auf, oder Dein Kind zerreißt das Buch oder, wie das Buch von Walser, es ist schon zerfallen, wenn Du es bekommst. An dem Stein dagegen kann Dich nichts langweilen, so ein Stein kann auch nicht zugrundegehn und wenn, so erst in späten Zeiten, auch vergessen kannst Du ihn nicht, weil Du nicht verpflichtet bist, Dich an ihn zu erinnern, endlich kannst Du ihn auch niemals endgültig verlieren, denn auf dem ersten besten Kiesweg findest Du ihn wieder, weil es eben der erste beste Stein ist. Und noch durch ein größeres Lob könnte ich ihm nicht schaden, denn Schaden aus Lob entsteht nur daraus, daß das Gelobte beim Lob zerdrückt, beschädigt oder verlegen wird. Aber das Steinchen? Kurz, ich habe Dir das schönste Geburtstagsgeschenk ausgesucht und überreiche es Dir mit einem Kuß, der den unfähigen Dank dafür ausdrücken soll, daß Du da bist.   Dein Franz

An Max Brod
[Briefkopf der Assicurazioni Generali]
Lieber Max, Prag, 9. 6. 1908
ich danke Dir. Sicher verzeihst Du mir Unglücklichem, daß ich Dir nicht früher gedankt habe, wenn ich Sonntag Vormittag und Nachmittaganfangs mich ganz nutzlos, schrecklich nutzlos, allerdings bloß durch meine Körperhaltung nur, um einen Posten bewarb, den weitern Nachmittag bei meinem Großvater gesessen bin, doch oft ergriffen von den freien Stunden, und dann in der Dämmerung freilich im Sopha neben dem Bett der lieben H. gewesen bin, während sie unter der roten Decke ihren Bubenkörper schlug. Abends in der Ausstellung mit der andern, in der Nacht in Weinstuben, um ¹/₂6 zuhause. Da erst habe ich zum erstenmal Dein Buch³ gesehn, für das ich Dir wieder danke. Gelesen habe ich nur wenig, das was ich schon kannte. Was für ein Lärm, ein wie beherrschter Lärm.
Dein Franz

An Max Brod
[Postkarte. Prag, Stempel: 22. VIII. 1908]
Ich danke Dir aufrichtig, mein lieber Max, nur daß mir noch immer die Unklarheit der Tatsachen klarer ist als Deine Belehrung. Das einzige was ich aber überzeugend daraus erkenne, ist, daß wir noch lange und oft den Kinema, die Maschinenhalle und die Geishas zusammen uns ansehen müssen, ehe wir die Sache nicht nur für uns, sondern auch für die Welt verstehen werden. Montag aber kann ich nicht, dagegen von Dienstag ab jeden Tag. Ich erwarte Dich Dienstag um 4 Uhr. Dein Franz

An Max Brod
[Ansichtskarte. Tetschen a. E., Stempel: 2. IX. 1908]
Mein lieber Max,
Jetzt um 5 Uhr die Langweile von 6 Stunden Arbeit mit Milch in sich hinuntertrinken, das hat noch beiläufigen Sinn. Aber sonst. Sonst gibt es noch einiges: sehr gutes Essen früh, mittag, abend und im Hotelzimmer wohnen. Hotelzimmer habe ich gerne, im Hotelzimmer bin ich gleich zu Hause, mehr als zu Hause, wirklich.
Dein Franz
Ich komme schon Donnerstag Nachmittag.

An Max Brod
[Ansichtskarte. Černošic, Stempel: 9. IX. 1908]
Damals lag ich bis zwölf im Bett und nachmittag ist es nicht besser gewesen. Der vorige Tag mit der Nacht war daran schuld. Daß ich in Černošic bin, ist nicht merkwürdig. Möchte es euch noch besser gehn als mir.   F. K.

An Max Brod
[Ansichtskarte. Spitzberg/Böhmerwald, September 1908]
Mein lieber Max,
ich sitze unter dem Verandendach, vorn will es zu regnen anfangen, die Füße schütze ich, indem ich sie von dem kalten Ziegelboden auf eine Tischleiste setze und nur die Hände gebe ich preis, indem ich schreibe. Und ich schreibe, daß ich sehr glücklich bin und daß ich froh wäre, wärest Du hier, denn in den Wäldern sind Dinge, über die nachzudenken man Jahre lang im Moos liegen könnte. Adieu, ich komme ja bald.   Dein Franz

An Max Brod
[Prag, September 1908]
Mein lieber Max, – es ist halb eins Nacht, also eine ungewöhnliche Zeit zum Briefschreiben, selbst wenn die Nacht so heiß wie heute ist. Nicht einmal Nachtfalter kommen zum Licht.
– Nach den glücklichen acht Tagen im Böhmerwald – die Schmetterlinge fliegen dort so hoch wie die Schwalben bei uns – bin ich jetzt vier Tage in Prag und so hilflos. Niemand kann mich leiden und ich niemand, aber das Zweite ist erst die Folge, nur Dein Buch, das ich jetzt endlich geradenwegs lese, tut mir gut. So tief im Unglück ohne Erklärung war ich schon lange nicht. So lange ich es lese, halte ich mich daran fest, wenn es auch gar nicht Unglücklichen helfen will, aber sonst muß ich so dringend jemanden suchen, der mich nur freundlich berührt, daß ich gestern mit einer Dirne im Hotel war. Sie ist zu alt, um noch melancholisch zu sein, nur tut ihr leid, wenn es sie auch nicht wundert, daß man zu Dirnen nicht so lieb wie zu einem Verhältnis ist. Ich habe sie nicht getröstet, da sie auch mich nicht getröstet hat.

An Max Brod

[Postkarte. Prag, Stempel: 25. X. 1908]
Ja mein lieber Max, wie gern komme ich Dienstag und sehr bald.
Ich habe jetzt nur eine Frage, wenn Du sie mir gleich beantworten
könntest. Wenn z. B. acht Personen im Horizont eines Gespräches
sitzen, wann und wie hat man da das Wort zu nehmen, um nicht
für schweigend angesehen zu werden. Das kann doch um Himmels-
willen nicht willkürlich geschehn, gar wenn man an der Sache geradezu wie ein Indianer unbeteiligt ist. Hätte ich Dich doch früher
gefragt! Dein Franz

NB. Mein Papa hat mir keinen Balkonsitz zur »sorcière« gekauft!

An Oskar Baum

[Prag,] 6. II. 1908
Sehr geehrter Herr Baum!
Sie machen mir gleichzeitig Freude durch das Erscheinen Ihres
Buches[4] (ich habe es noch nicht gelesen, ich bin begierig es zu tun)
und durch Ihre Einladung von gestern, ich danke schön, natürlich
werde ich kommen. Nehmen Sie es mir nicht als Undank, wenn ich
ein Buch mitbringe und nicht sehr wenig vorlesen will.
Hoffentlich ist es Ihnen nicht ungelegen, wenn wir statt Montag
Mittwoch kommen, wie Ihnen Max schon geschrieben hat.
Ihrer liebenswürdigen Frau küsse ich die Hand. Ihr F. Kafka

An Max Brod

[Postkarte. Prag, Stempel: 21. XI. 1908]
Mein lieber Max, nach den Zeitungen scheint sich ja alles herrlich
für Dich zu machen und ich beglückwünsche deshalb natürlich
Dich und mich und alle; wenn ich auch, wie ich schon gesagt habe,
nicht weiß, wo hier das Glück steckt, so muß ich mich doch freuen,
daß man Dir zu einer ähnlichen Einsicht die Möglichkeit geben
wird. Dein Franz

An Max Brod
[Kartenbrief. Prag, Stempel: 10. XII. 1908]
Mein lieber Max – Wenn ich heute zu Dir gekommen wäre – es tut ja nichts, ich komme eben morgen – so hätte ich Dich gebeten – wie ich es jetzt tue, denn eine solche Überraschung hätte keinen Sinn – es irgendwie und nicht boshaft einzurichten, daß ich morgen abend nicht hingehen muß. Denn ich bin, wie ich heute früh vor dem Waschen eingesehen habe, seit zwei Jahren verzweifelt und nur die größere oder kleinere Begrenzung dieser Verzweiflung bestimmt die Art der gegenwärtigen Laune. Und ich bin im Kaffeehaus, habe ein paar hübsche Sachen gelesen, bin wohlauf und schreibe daher nicht so überzeugt, wie ich es zuhause wollte. Aber das beweist nichts dagegen, daß ich seit zwei Jahren beim Aufstehn früh keine Erinnerung habe, die für mich, den zum Trost Kräftigen, zur Tröstung kräftig genug wäre. Franz

Ich gehe nirgends hin, auf keinen Fall.

An Max Brod
[Prag,] 15. XII. 1908
Mein lieber Max,
ich muß Dir vor morgen noch für »Diderot«[5] danken. Ein solches Vergnügen habe ich wirklich gebraucht, das immer vor einem bleibt, wenn man darauf losgeht, das aber auch zugleich immer mehr um einen sich schließt, je weiter man kommt.
Ich habe mir schon letzthin über Kassner und einiges andere den folgenden Satz aufgeschrieben:
Es gibt nie von uns gesehene, gehörte oder auch nur gefühlte Dinge, die sich außerdem nicht beweisen lassen, wenn es auch noch niemand versucht hat, und hinter denen man doch gleich herläuft, trotzdem man die Richtung ihres Laufes nicht gesehen hat, die man einfängt, ehe man sie erreicht hat und in die man einmal fällt mit Kleidern, Familienandenken und gesellschaftlichen Beziehungen, wie in eine Grube, die nur ein Schatten auf dem Wege war.
Doch soll das nur Gelegenheit sein, Dich zu grüßen und Deiner Arbeit viel Glück zu wünschen. Dein Franz

An Elsa Taussig[6]

[Prag, 28. Dezember 1908]

Gnädiges Fräulein,
erschrecken Sie nicht, ich will Sie nur, wie ich es übernommen habe, rechtzeitig daran erinnern (und möglichst spät, damit Sie nicht mehr daran vergessen), daß Sie heute abend mit Ihrer Schwester ins »Orient« gehen wollten.

Schreibe ich mehr, ist es überflüssig und verringert gar noch die Bedeutung des Vorigen, aber ich habe immer noch leichter das Überflüssige getan als das fast Notwendige. Dieses fast Notwendige habe ich nämlich immer leiden lassen, gestehe ich. Ich kann es gestehn, weil es natürlich ist.

Denn man ist so froh, daß man das ganz Notwendige fertig gebracht hat (dieses muß selbstverständlich immer gleich geschehn, wie könnten wir uns sonst am Leben erhalten für den Kinematographen – vergessen Sie nicht an heute abend – für Turnen und Duschen, für allein Wohnen, für gute Äpfel, für Schlafen, wenn man schon ausgeschlafen ist, für Betrunkensein, für einiges Vergangene, für ein heißes Bad im Winter, wenn es schon dunkel ist und für wer weiß was noch), man ist dann so froh, meine ich, daß man, weil man eben so froh ist, das Überflüssige eben macht, aber gerade das fast Notwendige ausläßt.

Ich führe das nur deshalb an, weil ich nach dem Abend in Ihrer Wohnung wußte, daß es für mich fast notwendig sei, Ihnen zu schreiben. Ich versäumte dies endgiltig, denn nach der letzten Kinematographenvorstellung – Sie müssen das auseinanderhalten – war jener Brief noch immer fast notwendig, doch war diese beiläufige Notwendigkeit schon etwas vergangen, aber natürlich nach einer andern, förmlich wertloseren Richtung, als es jene ist, in der das Überflüssige liegt.

Als Sie mir aber letzthin sagten, ich solle Ihnen schreiben, um meine Schrift zu zeigen, gaben Sie mir gleich alle Voraussetzungen des Notwendigen und damit des Überflüssigen in die Hand.

Und doch wäre jener fast notwendige Brief nicht schlecht gewesen. Sie müssen bedenken, daß das Notwendige immer, das Überflüssige meistens geschieht, das fast Notwendige wenigstens bei mir nur selten, wodurch es, allen Zusammenhanges beraubt, leicht kläglich, will sagen unterhaltend werden kann.

Es ist also schade um jenen Brief, denn es ist schade um Ihr Lachen über jenen Brief, womit ich aber – Sie glauben mir bestimmt – gar nichts gegen Ihr übriges Lachen sagen will, auch nicht z. B. gegen jenes, das Ihnen heute der »galante Gardist« bereiten wird oder gar der »durstige Gendarm«.　　　　　　　　　　　　　　Ihr Franz K.

An Max Brod

[Prag,] 31. XII. 1908

Mein lieber Max, nein, ich danke Dir, das nicht, das lieber nicht.
(Übrigens bekam ich Deine Karte erst um vier Uhr, als ich schon zu Dir gehen wollte, ich legte mich schlafen, bin jetzt um viertel sieben aufgestanden und wenn man will, noch ein wenig verschlafen.)
Es sind ja Gäste bei euch, wer hat Dir gesagt, daß sie mich haben oder auch nur ertragen wollen; dann tröste ich mich schon seit vier Tagen beim Aufwachen mit der Aussicht auf den heutigen Schlaf; und vor allem zum Thee kämen wir zwar, aber zum heiligen Antonius[7] sicher nicht und an »die Glücklichen« wäre gar nicht zu denken.
Nun gibt es aber gegenwärtig nichts, was mir wichtiger wäre als »die Glücklichen«, und deshalb wünsche ich Dir besonders ernsthaft ein glückliches Neujahr und bitte Dich, nicht lange aufzubleiben und zu arbeiten.
Adieu mein lieber Max, sage Deiner Familie einen Neujahrsglückwunsch von mir und schreibe mir, wann ich wieder zuhören kann.

Dein Franz

An Max Brod

[Prag, 1908]

Mein lieber Max,
möchtest Du Dich nicht morgen, Mittwoch abends, von mir abholen lassen; Du wirst Dich doch auch von Přibram verabschieden und so könntest Du es gut machen. Aus meiner Bewußtlosigkeit in der Nacht am Samstag bin ich schon herausgekommen, Du kennst das nicht, es ist natürlich auch das daran schuld, daß ich schon so lange nicht in Gesellschaft gewesen bin, aber nicht nur das, dem wäre zu helfen; genau so ist mir auch damals im »London«[8] gewesen, bei der Joszi und Maltschi. Sonntag aber war ich wieder hoch. Ich war beim »Vizeadmiral«[9] und ich behaupte, daß man, wenn ein Stück

geschrieben werden muß, nur bei Operetten lernen kann. Und selbst wenn es einmal oben gleichgültig und ohne Ausweg wird, fängt unten der Kapellmeister etwas an, hinter der Meerbucht schießen Kanonen aller Systeme ineinander, die Arme und Beine des Tenors sind Waffen und Fahnen und in den vier Winkeln lachen die Choristinnen, auch hübsche, die man als Seeleute angezogen hat.
Übrigens werde ich auch, wenn Du morgen kommen willst und mir so schreibst, Dir meinen neuen Überzieher zeigen, wenn er fertig sein wird und wir Mondschein haben. Dein Franz

1909

An Hedwig W.

[Prag,] 7. I. 1909

Geehrtes Fräulein,
Hier sind die Briefe, ich lege auch die heutige Karte bei und habe keine Zeile mehr von Ihnen.
Deshalb darf ich Ihnen sagen, daß Sie mir eine Freude machen würden, durch die Erlaubnis, mit Ihnen zu reden. Es ist Ihr Recht, das für eine Lüge zu halten, doch wäre diese Lüge gewissermaßen zu groß, als daß Sie sie mir zutrauen dürften, ohne hiebei eine Art Freundlichkeit zu zeigen. Dazu kommt noch, daß gerade die Meinung, es handle sich um eine Lüge, Sie notwendig noch aufmuntern müßte, mit mir zu reden, ohne daß ich damit sagen will, meine mögliche Freude über die Erlaubnis könne Sie zu deren Verweigerung bewegen.
Im Übrigen kann Sie (ich hätte Freude, vergessen Sie das nicht) keine Überlegung zwingen. Sie können ja Ekel oder Langweile befürchten, vielleicht fahren Sie schon morgen weg, es ist auch möglich, daß Sie diesen Brief gar nicht gelesen haben.
Sie sind für morgen mittag bei uns eingeladen, ich bin kein Hindernis für die Annahme der Einladung, ich komme immer erst um $^1/_43$ Uhr nach Hause; wenn ich höre, daß Sie kommen sollen, bleibe ich bis $^1/_24$ weg; es ist übrigens auch schon vorgekommen und man wird sich nicht wundern. F. Kafka

An Max Brod

[Postkarte. Prag, Stempel: 13. I. 1909]
Mein lieber Max, ich war gestern bei B., war also durch Deine und der schönen Nacht Schuld lange auf und bin so müde, daß ich blödsinnig vor Schläfrigkeit bin; Gott weiß warum, aber ich halte nichts mehr aus. Ich werde also schlafen und *komme gegen sechs;* abend will ich zu Příbram studieren gehn, nicht nur, daß ich die Sache brauche, daß sie mich ein wenig interessiert, daß ich P. in seiner Eile jetzt wirklich helfen muß, will ich ihn auch wegen des Postens[1] immer im Auge haben. Es wäre ja nicht viel, aber doch etwas und Du bist in der letzten Zeit – scheint mir – nervös geworden, trotzdem ich es für Dich nicht begreifen kann. Dein Franz

An Max Brod

[Postkarte. Prag, Stempel: 21. I. 1909]

Mein lieber Max, ich habe Dir, Du erinnerst Dich, von der »Bohemia« erzählt, etwas zu zuversichtlich, finde ich jetzt. Nun würde mir eine Zurückweisung sehr leid tun, nicht so sehr wegen der Zurückweisung, als wegen der Sache selbst. Deshalb will ich alles tun, um mich zu sichern und ich kann nicht dafür, daß dieses »ich will alles tun« nur bedeutet »bitte, hilf mir«. Ich komme also zwischen vier und fünf, glaube ich, morgen, Freitag nachmittag zu Dir. Das Ganze wird höchstens eine viertel Stunde dauern, das ist ja jetzt viel Zeit für Dich, ich weiß, verzeihe es mir aber doch, denn ich verzeihe es mir nicht. Dein Franz

An Max Brod

[Postkarte. Prag, Stempel: 13. III. 1909]

Mein lieber Max, heute abend kann ich nicht kommen. Weißt Du denn das nicht? Heute abend gehn wir, eine kleine Gesellschaft von drei Betrogenen ins Varieté uns unterhalten. Was ist das mit dem Zweifeln? Als ich Donnerstag zu Dir ging, wollte ich zuerst von meinem Leiden absehn und Dir zur Post glückwünschen. Denn Zweifel lassen sich in dieser Sache nicht vermeiden, aber den Entschluß muß man doch schon längst vorher haben. Die Post, ein Amt ohne Ehrgeiz, ist das einzige, was Dir paßt. In einer Woche hast Du Dir das viele Geld und die hohe Stellung abgewöhnt und dann ist alles gut. Bitte keine Zweifel mehr. Übrigens werde ich meine Schulden zahlen und Du hast wieder Geld.
Montag um sechs komme ich. Dein Franz

An Hedwig W.

[Prag, Mitte April 1909]

Liebes Fräulein,

Sie sind, als Sie jenen Brief geschrieben haben, in einem schlechten, aber keinem dauerhaften Zustand gewesen. Sie sind allein, schreiben Sie, vielleicht sind Sie es nicht ganz ohne Absicht – solche Absichten haben natürlich keinen Anfang und kein Ende – und Alleinsein ist arg von außen gesehn, wenn man so manchmal vor sich sitzt, aber es hat gewissermaßen auf der Innenwand seinen Trost. Lernen-

müssen allerdings sollte es nicht ausfüllen, das ist schrecklich, wenn man gar sonst noch zittert, das weiß ich. Man glaubt dann, ich kann mich gut erinnern, man stolpere unaufhörlich durch unvollendete Selbstmorde, jeden Augenblick ist man fertig und muß gleich wieder anfangen und hat in diesem Lernen den Mittelpunkt der traurigen Welt. Für mich ist es aber im Winter immer schlimmer gewesen. Wenn man so im Winter schon nach dem Essen die Lampe anzünden mußte, die Vorhänge heruntergab, bedingungslos sich zum Tisch setzte, von Unglück schwarz durch und durch, doch aufstand, schreien mußte und als Signal zum Wegfliegen stehend noch die Arme hob. Mein Gott. Damit einem ja nichts entging, kam dann noch ein gutgelaunter Bekannter, vom Eisplatz meinetwegen, erzählte ein bischen, und als er einen ließ, machte sich die Türe zehnmal zu. Im Frühjahr und Sommer ist es doch anders, Fenster und Türen sind offen und die gleiche Sonne und Luft ist in dem Zimmer, in dem man lernt und in dem Garten, wo andere Tennis spielen, man fliegt nicht mehr in seinem Zimmer mit den vier Wänden in der Hölle herum, sondern beschäftigt sich als lebendiger Mensch zwischen zwei Wänden. Das ist ein großer Unterschied, was aber noch an Verfluchtem bleibt, das muß man doch durchreißen können. Und Sie werden es sicher können, wenn ich es konnte, ich, der förmlich alles nur im Fallen machen kann. – Wenn Sie etwas von mir wissen wollen: das vom Fräulein Kral ist ein Märchen, ob schön, weiß ich nicht, meine Mutter wird nächste Woche operiert, mit meinem Vater geht es immer mehr herunter, mein Großvater ist heute schwer ohnmächtig geworden, auch ich bin nicht gesund.
Ihr Franz K.

An Max Brod

[Prag, Mitte April 1909]

Mein lieber Max,
ja ich konnte gestern abend nicht kommen. In unserer Familie ist eine förmliche Schlacht, meinem Vater geht es schlechter, mein Großvater ist im Geschäft schwer ohnmächtig geworden.
Heute am Anfang der Dämmerung um sechs so habe ich »Steine, nicht Menschen«[2] beim Fenster gelesen. Es führt aus dem Menschlichen auf eine schmeichlerische Weise hinaus, es ist nicht Sünde und nicht Sprung, sondern ein öffentlicher, wenn auch nicht breiter

Auszug, dessen einzelne Schritte immer Berechtigung begleitet. Man glaubt, wenn man das Gedicht fest umarmt, kann man ohne eigene Mühe, mit der Freude der Umarmung und wirklicher als wirklich aus dem Unglück herauskommen.
Wir haben gestern von einer Geschichte von Hamsun gesprochen, ich erzählte, wie der Mann sich vor dem Hotel in eine Droschke setzt, das war nicht das Eigentliche. Der Mann sitzt vor allem mit einem Mädchen, das er liebt an einem Tisch irgendwo in einem Restaurant. In diesem Restaurant sitzt aber an einem andern Tisch ein junger Mensch, den wieder das Mädchen liebt. Durch irgendein Kunststück bringt der Mann den jungen Menschen zu seinem Tisch. Der junge Mann setzt sich zum Mädchen, der Mann steht auf, nach einem Weilchen jedenfalls, wahrscheinlich hält er die Sessellehne dabei und sagt mit möglichster Annäherung an die Wahrheit: »Meine Herrschaften – es tut mir sehr leid –, Sie, Fräulein Elisabeth haben mich heute wieder ganz und gar bezaubert, aber ich sehe schon ein, daß ich Sie doch nicht haben kann – es ist mir ein Rätsel –« Dieser letzte Satz, das ist doch eine Stelle, wo die Geschichte in der Gegenwart des Lesers sich selbst zerstört oder wenigstens verdunkelt, nein verkleinert, entfernt, so daß der Leser, um sie nicht zu verlieren, in die offenbare Umzingelung hineingehn muß. – Sollte Dir nicht gut sein, schreib mir gleich.   Dein Franz

An Max Brod
      [Postkarte. Prag, Stempel: 21. IV. 1909]
Mein lieber Max, im Bergabwärtsgehn. Die Operation ist gut vorüber, soviel man jetzt wissen kann – Ich danke Dir schön, aber Du weißt doch, daß ich so vorläufig bin. Den W. hab ich von der Altneusynagoge bis zur Brücke begleitet, hätte mich der Mautheinnehmer angesprochen, hätte ich gleich wieder angefangen. Meine Sucht dazu ist nicht besonders groß, ein kleiner Widerstand würde genügen, aber den kann ich nicht aufbringen. Rechne dazu das Vergnügen, in grenzenlosen Allgemeinheiten gerade über sich reden zu können.
Adieu   Dein Franz
Ja Donnerstag, aber ich werde dann zur Mutter gehn müssen.

An Max Brod

[Postkarte. Prag, Stempel: 8. V. 1909]

Mein lieber Max, da es Dir in den letzten Tagen in jeder Richtung gut gegangen ist, wirst Du mir es leicht verzeihn, daß ich schon zwei an sich allerdings ganz wertlose Versprechen nicht gehalten habe. Ich bin zu müde. Ich bin so müde, daß ich mich zu allem lieber gleich entschließe, um nicht nachdenken zu müssen, ob es gehn wird. So ist es ja auch mit dem Sonntag, so rasch wird es sich oben nicht bessern, wenn es sich überhaupt bessern will. Gestern nach dem Nachtmahl wollte ich mich für eine viertel Stunde auf das Kanapee schlafen legen, schlief aber, um zehn vom Vater einigemal nutzlos halb geweckt, bei ausgelöschtem Licht bis halbzwei Uhr und übersiedelte dann ins Bett. Wenn Dich das Warten auf mich gestern abend gestört hat, tut es mir sehr leid.   Dein Franz

An Max Brod[3]

[Kartenbrief. Prag, Stempel: 2. VI. 1909]

Mein lieber Max – Deine Karte bekomme ich jetzt abend. Das ist ja unverständlich. Wie sollen wir das auffassen? Sorgt sich der Kalandra um Beschäftigung für die kleinen Praktikanten oder betreiben hohe Kreise, einmal in Bewegung gebracht, jetzt freiwillig Deine Karriere? Die Sache überrascht natürlich, aber erschrecken muß sie doch nicht. Dein ein bischen luderhaftes Leben wird aufhören, am Vormittag wirst Du geregelter faulenzen als bisher und an den meisten Nachmittagen schreiben, was endlich doch die Hauptsache ist für Dich und uns. Im ganzen hat es sich ja nur um die Sommermonate gehandelt, die knapp bevorstehen und an denen man, glaube ich, niemals arbeiten kann. Dafür hast Du die Nachmittage und die Abende mit der Dämmerung ungestört, mehr kann man zwar haben, aber verlangen darf man nicht mehr und einen gesetzlichen Anspruch auf Ferien bekommst Du jetzt offenbar auch. So bleibt als Wirkung des Dekrets, daß das eine Fräulein zeitweilig ein bischen verdrießlich sein wird. Mein Gott!   Dein Franz

An Max Brod

[Prag, Anfang Juli 1909]

Mein lieber Max – rasch, weil ich so schläfrig bin. Ich bin schläfrig! Ich weiß nicht, was ich im Augenblick vorher gemacht habe und was ich einen Augenblick später machen werde und was ich gegenwärtig mache, weiß ich schon gar nicht. Ich löse den Knoten einer Bezirkshauptmannschaft eine Viertelstunde lang auf und räume dann sofort mit plötzlicher Geistesgegenwart einen Akt weg, den ich lange gesucht habe, den ich brauche und den ich noch nicht benützt habe. Und auf dem Sessel liegt ein solcher Haufen Reste, daß ich meine Augen nicht einmal so groß aufmachen kann, um den Haufen mit einem Blick zu sehn.

Aber Dein Dobřichowitz[4]. Das ist ja förmlich ganz neu. Was Dir aus diesem Gefühl heraus noch gelingen kann. Nur der erste Absatz ist vielleicht für die Gegenwart wenigstens etwas unwirklich. »Alles ist wohlriechend u.s.w.« da wendest Du Dich in eine Tiefe der Geschichte, die noch nicht besteht. »Die Stille aus einer großen Gegend – – u.s.w.« das haben die Freunde in der Geschichte nicht gesagt, glaube ich; wenn man sie zerreißt, haben sie das nicht gesagt. »Die Villen dieser Nacht«

Aber dann ist alles gut und wirklich, man schaut hinein wie auf die Entstehung der Nacht. Am besten hat mir gefallen: »Er suchte noch ein Steinchen, fand es aber nicht. Wir eilten u.s.w.«

Der Roman, den ich Dir gegeben habe, ist mein Fluch, wie ich sehe; was soll ich machen. Wenn einige Blätter fehlen, was ich ja wußte, so ist doch alles in Ordnung und es ist wirkungsvoller, als wenn ich ihn zerrissen hätte. Sei doch vernünftig. Dieses Fräulein ist doch kein Beweis. Solange sie Deinen Arm um Hüften, Rücken oder Genick hat, wird ihr in der Hitze je nachdem alles mit dem einheitlichsten Ruck sehr gefallen oder gar nicht. Was hat das zu bedeuten gegenüber dem mir sehr gut bekannten Zentrum des Romans, das ich in sehr unglücklichen Stunden noch irgendwo in mir spüre. Und jetzt nichts mehr darüber, darin sind wir einig.

Ich sehe, daß ich ewig weiterschreiben möchte, nur um nicht arbeiten zu müssen. Das sollte ich doch nicht.   Franz

BRIEFE AUS DEM JAHRE 1909

An Oskar Baum

[Prag,] 8. 7. 1909

Lieber Herr Baum, nein, nein, ich habe gar nicht wenig zu tun und wenn Sie dies annehmen, so tun Sie es wahrscheinlich nur deshalb, weil man, wenn man faulenzt, sich Arbeit nicht gut vorstellen kann und weil in der Hitze auf dem Lande Arbeiten und Faulenzen faul in eins zusammen gehen will. Aber es macht nichts, daß ich viel zu tun habe, denn auch sonst wüßte ich nichts zu sagen, als daß ich gerne auf dem Lande wäre, weil es dort ähnlich wie im Himmel ist, wie ich das manchmal am Sonntag überprüfe und wie Sie mit Ihrer lieben Frau es jetzt am besten wissen.

Daß der Epilog nicht fertig werden will[5], ist schon ganz gut. Lassen Sie nur diesen Epilog in jedem Sinn sich in der Sonne strecken und verabschieden Sie sich vom Leser mit einem großartig abgebrannten Gesicht. Das sage ich ein bischen aus Eigennutz, denn jener Schluß »Daß Sie aber keinen Roman darüber schreiben usw.« hat mir nicht eingeleuchtet. Es ist ja schön, sehr schön, wenn am Schluß einer solchen Geschichte ein paar Leute zusammenkommen und herzlich zu lachen anfangen, aber nicht so, das ist nicht das richtige Lachen für eine Geschichte, die sich so ruhig heraufgearbeitet hat und hier mit einem Ruck ein Stückchen zurück in ein ungesundes Dunkel geschoben wird. Was hat Ihnen denn der Leser getan, dieser gute Mensch, dieser zumindest jetzt noch gute Mensch.

Am meisten in Ihrer Karte hat mich die Erwähnung der »Reue« gefreut, denn diese Reue ist natürlich nichts anderes als Lust zu anderer Arbeit, wie Sie es ja im Grunde auch verstehn. Ruhen Sie sich aber nur ein Weilchen gut aus, Sie verdienen es. Auch einen langen Brief verlange ich nicht, denn alles ist besser als Briefe schreiben, auf einer Wiese liegen und Gras essen ist besser; allerdings ist es wieder sehr hübsch, Briefe zu bekommen, gar in der Stadt.

Seien Sie weiter glücklich, Sie und Ihre liebe Frau.

Ihr Franz Kafka

An Max Brod

[Prag, Stempel: 15. VII. 1909]

Liebster Max, nicht weil es an und für sich unaufschieblich gesagt werden muß, aber weil es doch immerhin auf Deine Frage eine Antwort ist, für deren Gegenantwort der gestrige Weg schon zu

kurz geworden war. (Nicht »gestrig«, es ist nämlich viertel drei in der Nacht.) Du sagtest sie liebt mich. Warum das? War das Spaß oder Ernst des Verschlafenseins? Sie liebt mich und es fällt ihr nicht ein zu fragen, mit wem ich in Stechowitz gewesen bin, was ich so mache, warum ich an einem Wochentag einen Ausflug nicht machen kann u.s.w. In der Bar war vielleicht nicht genug Zeit, aber auf dem Ausflug war Zeit und was Du willst und doch war ihr jede Antwort gut genug. Aber alles kann man scheinbar widerlegen, bei dem Folgenden aber kann man eine Widerlegung gar nicht versuchen: Ich hatte in D. Angst davor die Weltsch zu treffen und sagte es ihr, worauf sie sofort auch Angst hatte, für mich Angst hatte, die Weltsch zu treffen. Daraus ergibt sich eine einfache geometrische Zeichnung. Wie sie zu mir steht, das ist die größte Freundlichkeit, so entwicklungsunfähig als nur möglich und von der höchsten wie von der geringsten Liebe gleich weit entfernt, da sie etwas ganz anderes ist. Mich brauche ich natürlich gar nicht in die Zeichnung zu mischen, soll sie klar bleiben.
Jetzt habe ich mir den Schlaf ganz verdient.   Dein Franz

An Max Brod
    [Postkarte. Prag, Stempel: 19. VII. 1909]
Lieber Max, zur sofortigen Richtigstellung, ich habe jenen Druck im Magen; wie wenn der Magen ein Mensch wäre und weinen wollte; ist es so gut? Dabei ist die Ursache nicht tadellos, wie erst, wenn sie tadellos wäre. Überhaupt ist dieser ideale Druck im Magen etwas, über dessen Fehlen ich mich nicht zu beklagen habe, wären nur alle andern Schmerzen auf gleicher Höhe.   Franz

An Max Brod
    [Briefkopf der Arbeiter-Unfall-Versicherungs-Anstalt.
    Prag, Sommer 1909]
    Auch im Bureau, aber um $^1/_2$ 5h
Mein liebster Max, gerade wie ich über Deinen Brief nachdachte, den ich mittag bekommen hatte und mich so wunderte, daß ich Dir diesmal gegen alle Regel nicht zu ihr verholfen hatte und wie ich so studierte, auf welche Weise ich Dich trösten würde, wenn ich Deine Mutter wäre und davon wüßte (mittag Erdbeeren mit

verzuckertem sauerem Schmetten, nachmittag in den Wald zwischen Mnichovic und Stranschitz zum Schlafen geschickt, abend ein Liter Pschorr) da ist gerade Deine Karte gekommen mit guten Nachrichten und der allerbesten, daß das Fräulein Sängerin vierzehn Tage lang den Roman in Ruhe läßt, denn selbst der beste Roman könnte das nicht lange vertragen, daß das gleiche Mädchen ununterbrochen und zugleich von innen und außen auf ihn drückt. Auch daß das andere Fräulein aufatmen wird, ist gut, denn sie leidet durch die andere, ohne es zu wissen, ohne es verdient, ohne es verschuldet zu haben.

Daß ich Donnerstag zu Baum soll, habe ich aus Deinem Briefe hingenommen, aus Deiner Karte sehe ich gern die Möglichkeit, nicht kommen zu müssen, denn ich werde Donnerstag ebenso unfähig sein, wie ich es Montag gewesen wäre. Sein Roman freut mich ja so, und wenn ich mich aus meinem Zeug herausgearbeitet habe, tue ich Donnerstag nichts lieber als hingehn, aber er und seine Frau sollen nicht böse sein, wenn ich vielleicht wieder nicht komme. Denn was ich zu tun habe! In meinen vier Bezirkshauptmannschaften fallen – von meinen übrigen Arbeiten abgesehn – wie betrunken die Leute von den Gerüsten herunter, in die Maschinen hinein, alle Balken kippen um, alle Böschungen lockern sich, alle Leitern rutschen aus, was man hinauf gibt, das stürzt hinunter, was man herunter gibt, darüber stürzt man selbst. Und man bekommt Kopfschmerzen von diesen jungen Mädchen in den Porzellanfabriken, die unaufhörlich mit Türmen von Geschirr sich auf die Treppe werfen. Montag habe ich vielleicht das Ärgste hinter mir. Schon vergesse ich fast: Komm wenn Du kannst morgen Mittwoch gegen acht zu mir ins Geschäft, um mir wegen des Novak[6] zu raten.

Aus dem Gelage machen wir, wenn Du einverstanden bist, einen Wanderpreis und halten es nächstens nach dem Abschluß Deines Romans ab. Und jetzt in die Akten.   Dein Franz

An Max Brod

[Prag, August 1909]

Lieber Max – das gestern abend war nichts. Wenn mir jemand einen Abend lang solche Geschichten machen würde, wie gestern ich, würde ich es mir überlegen, ob ich ihn nach Riva mitnehmen soll. Überlege es Dir nicht. Sie war es natürlich nicht und eine andere auch nicht, aber das Glück, es benennen zu dürfen!   Dein Franz

An Max Brod
[Prag, Ende August 1909]
Mein lieber Max, ich kann heute abend nicht kommen, bis heute mittag konnte ich glauben, meine Familie käme nachmittag um drei, ich wäre dann mit Mühe, aber doch gekommen. Nun kommen sie aber erst um sieben, ginge ich gleich wieder weg, der Lärm wäre nicht auszudenken. Ich komme also morgen abend, bist Du zuhause und hast Du Zeit, ist es sehr gut, wenn nicht, habe ich kein Recht mich zu ärgern. – Ja die Reise. Wir fahren also erst Dienstag, da Du damit sicher zufrieden bist und ich mich von dem einen Menschen, der erst Montag kommt, verabschieden kann.
Dein Franz

An Max Brod
[Postkarte. Prag, Stempel: 11. X. 1909]
Mein lieber Max, den »Besuch«[7] habe ich zuerst auf dem Weg ins Bureau Samstag gelesen, und wie ich es so in Neugier und Eile gelesen habe, schien mir vieles etwas zu heiß gekocht, stellenweise geradezu verbrannt. Als ich es aber gestern abend noch einmal und noch einmal gelesen habe, da war es eine Freude, wie sich die eigentliche Sache in dem Lärm dieser vielen Punkte ruhig und richtig verhielt. Besonders die Geschichte vom Bankett, die Frage nach Bouilhet und dort weiter, der Abschied. Einem allerdings auch nur ein wenig unvollständig informierten Leser dürfte diese Leidenschaft ein wenig zu plötzlich und zu nah ans Gesicht gebracht sein, so daß er vielleicht gar nichts sieht. Was liegt daran.
Adieu Franz
Mittwoch komme ich, es wäre zu überlegen, ob wir nicht zum Kestranekprozeß[8] gehn sollten.

An Max Brod
[Postkarte. Prag, Stempel: 13. X. 1909]
Mein lieber Max, ärgere Dich nur nicht auf mich, ich kann es nicht anders machen. Dr. F.[9] fängt schon fast an, mir Vorwürfe zu machen, daß ich seine, unsere Sache liegen lasse, trotzdem mir noch nicht viel Vorwürfe zu machen sind, höchstens wegen des Sonntags, denn Montag war ich allerdings aus anderem Grunde im Bureau. Ich habe heute angefangen, aber solange mir davon nicht heiß wird,

bringe ich es nicht zustande, und soll mir davon heiß werden, darf ich den heiligen Antonius nicht einschalten und darf morgen nicht zu Dir kommen. Ja, Samstag nach so vielen Nachmittagen wie heute könnte ich mir einen guten Nachmittag erlauben, aber da wirst Du wieder keine Zeit haben. Im übrigen drohn neue Unterhaltungen, Rauchberg[10] hält ein Seminar über Versicherung ab. – Baum hat mir ein kleines sehr schönes Romanstück vorgelesen.

An Oskar Baum

[Prag, Ende 1909]

Lieber Herr Baum, das schreibe ich um 12 Uhr im Kontinental[11], dem ersten ruhigen Platz des heutigen Samstags. Was ist das für ein schönes Buch, wie sehr man es erwartet hat, so sehr überrascht es doch. Und in seinem festen ernsten Aussehen scheint es auch der Absicht zu entsprechen, mit der es gemacht worden ist. Dafür dürfen Sie dem Verleger alles verzeihen, es ist gegen seine Natur und vielleicht gegen seinen Willen gelungen. Jetzt soll nur die Welt die Arme ausbreiten, die lieben Kinder aufzufangen. Sie wird nicht anders können, sollte man glauben.
Auf Wiedersehn

An Max Brod

[Ansichtskarte. Pilsen, Stempel: 21. XII. 1909]

Mein lieber Max, es ist gut, daß es[12] schon fast zu Ende ist und wir morgen abend nach Prag kommen. Ich habe es mir anders gedacht. Die ganze Zeit über ist mir schlecht gewesen und Einreihung von der Morgenmilch bis zum Abendmundausspülen ist keine Kur. Gut nur, daß Du Deinen Roman im Pult hast und arbeitest.

Dein Franz

An Direktor Eisner[13]

[Prag, wahrscheinlich 1909]

Lieber Herr Eisner, ich danke Ihnen für die Sendung, mit meiner Fachbildung steht es sowieso schlecht. Walser kennt mich? Ich kenne ihn nicht, »Jakob von Gunten«[14] kenne ich, ein gutes Buch. Die anderen Bücher habe ich nicht gelesen, teils durch Ihre Schuld, da Sie trotz meines Rates »Geschwister Tanner«[15] nicht kaufen wollten.

Simon ist, glaube ich, ein Mensch in jenen »Geschwistern«. Läuft er nicht überall herum, glücklich bis an die Ohren, und es wird am Ende nichts aus ihm als ein Vergnügen des Lesers? Das ist eine sehr schlechte Karriere, aber nur eine schlechte Karriere gibt der Welt das Licht, das ein nicht vollkommener, aber schon guter Schriftsteller erzeugen will, aber leider um jeden Preis. Natürlich laufen auch solche Leute, von außen angesehen, überall herum, ich könnte Ihnen, mich ganz richtig eingeschlossen, einige aufzählen, aber sie sind nicht durch das Geringste ausgezeichnet als durch jene Lichtwirkung in ziemlich guten Romanen. Man kann sagen, es sind Leute, die ein bischen langsamer aus der vorigen Generation herausgekommen sind, man kann nicht verlangen, daß alle mit gleich regelmäßigen Sprüngen den regelmäßigen Sprüngen der Zeit folgen. Bleibt man aber einmal in einem Marsch zurück, so holt man den allgemeinen Marsch niemals mehr ein, selbstverständlich, doch auch der verlassene Schritt bekommt ein Aussehen, daß man wetten möchte, es sei kein menschlicher Schritt, aber man würde verlieren. Denken Sie doch, der Blick vom rennenden Pferde in der Bahn, wenn man seine Augen behalten kann, der Blick von einem über die Hürde springenden Pferde zeigt einem sicher allein das äußerste, gegenwärtige, ganz wahrhaftige Wesen des Rennbetriebs. Die Einheit der Tribünen, die Einheit des lebenden Publikums, die Einheit der umliegenden Gegend in der bestimmten Jahreszeit usw., auch den letzten Walzer des Orchesters und wie man ihn heute zu spielen liebt. Wendet sich aber mein Pferd zurück und will es nicht springen und umgeht die Hürde oder bricht aus und begeistert sich im Innenraum oder wirft mich gar ab, natürlich hat der Gesamtblick scheinbar sehr gewonnen. Im Publikum sind Lücken, die einen fliegen, andere fallen, die Hände wehen hin und her wie bei jedem möglichen Wind, ein Regen flüchtiger Relationen fällt auf mich und sehr leicht möglich, daß einige Zuschauer ihn fühlen und mir zustimmen, während ich auf dem Grase liege wie ein Wurm. Sollte das etwas beweisen? [fragmentarisch]

An Max Brod [Ansichtskarte mit Jeschken-Rodelbahn. Maffersdorf, 1909]
Lieber Max, ich habe wieder ein paar Tage hinter mir! Aber schreiben will ich darüber nicht, ich hätte selbst in ihnen nur mit An-

strengung darüber richtig schreiben können. – Heute halb sieben bin ich nach Gablonz gefahren, von Gablonz nach Johannesberg, dann nach Grenzendorf, jetzt fahre ich nach Maffersdorf, dann nach Reichenberg, dann nach Röchlitz und gegen Abend nach Ruppersdorf und zurück.

An Max Brod

[Prag, wahrscheinlich 1909]

Mein lieber Max – Wie wäre es, wenn Du gleich ein bischen ins »Arco«[16] kämest, nicht auf lange, Gott behüte, nur mir zu Gefallen weißt Du, der Př. ist dort. Bitte gnädige Frau, bitte Herr Brod, seien Sie so gut und lassen Sie den Max hingehn.   Franz K.

1910

An Max Brod
[Prag, Stempel: 5. I. 1910]
Mein lieber Max, (im Bureau, wo man mich bei den zehn Zeilen zehnmal erschrecken wird, macht nichts.) ich habe es damals so gemeint: Wer Deinen Roman¹ billigt – wie er in seiner Größe so neu heraufkommt, wird er viele Menschen blenden, also betrüben müssen – wer Deinen Roman billigt – billigen heißt hier mit aller Liebe, deren man fähig ist, ihn erfassen – wer Deinen Roman billigt, muß während der ganzen Zeit das wachsende Verlangen nach einer Lösung haben, wie Du sie in dem vorgelesenen halben Kapitel vorgenommen hast. Nur mußte ihm diese Lösung in der gefährlichsten Richtung des Romans gelegen scheinen – nicht gefährlich für den Roman, nur gefährlich für seinen seligen Zusammenhang mit ihm – und daß nun diese Lösung, wie er überzeugt fühlt, gerade in jener äußersten Grenze erfolgt ist, wo der Roman noch erhält, was er verlangen muß, aber auch der Leser das erhält, was zu vermissen er sich noch nicht bezwingen kann. Und nur die Vorstellungen der möglichen Lösungen, zu denen Du allerdings, der Du das Innerste des Romans so durchdringst, berechtigt gewesen wärest, scheinen ihn noch immer von der Ferne zu erschrecken. Es wird kein schlechter Vergleich sein, wenn man später den Roman mit einem gotischen Dom vergleichen wird, kein schlechter Vergleich unter der Voraussetzung natürlich, daß für jede Stelle der dialektischen Kapitel die Stelle in den übrigen nachgewiesen wird, die jene erste trägt, und wie sie für sich gerade jene Belastung fordert, welche die erstere ausübt. Mein liebster Max, wie glücklich bist Du und wie wirst Du es am Schlusse erst sein und wir durch Dich.
Dein Franz
Ich wollte noch von Milada schreiben, aber ich fürchte mich.

An Max Brod
[Postkarte. Prag, Stempel: 29. I. 1910]
Lieber Max, damit ich nur nicht daran vergesse, – sollte Deine Schwester Montag schon in Prag sein, mußt Du es mir noch heute schreiben, kommt sie später, hat es natürlich Zeit, wenn Du es mir

Montag sagst. Morgen spendiere ich mir ein Magenauspumpen, meinem Gefühl nach werden ekelhafte Sachen herauskommen.

Dein Franz

An Max Brod

[Postkarte. Prag, Stempel: 18. II. 1910]

Lieber Max, Du hast ganz an mich vergessen. Du schreibst mir nicht –

Franz

An Max Brod

[Postkarte. Prag, Stempel: 10. III. 1910]

In die Lucerna² komm ich nicht, Max. Jetzt um vier Uhr bin ich im Bureau und schreibe und morgen nachmittag werde ich schreiben und heute abend und morgen abend und so fort. Auch reiten kann ich nicht. Gerade noch das Müllern bleibt mir. Adieu

Dein Franz

An Max Brod

[Prag, Stempel: 12. III. 1910]

Mein lieber Max, stürze Dich nicht in Kosten wegen einer Rohrpostkarte, in der Du mir schreiben wirst, daß Du um 6^{05} nicht auf der Franz-Josefs-Bahn sein kannst, denn das mußt Du, da der Zug, mit dem wir nach Wran fahren, um 6^{05} fährt. Um $^1/_4$ 8 machen wir den ersten Schritt gegen Davle, wo wir um 10 Uhr bei Lederer ein Paprika essen werden, um 12 Uhr in Stechowitz mittagmahlen, von 2 – $^1/_2$ 4 gehn wir durch den Wald zu den Stromschnellen, auf denen wir herumfahren werden. Um 7 Uhr fahren wir mit dem Dampfer nach Prag. Überlege es Dir nicht weiter und sei um $^3/_4$ 6 auf der Bahn. –

Übrigens kannst Du doch eine Rohrpostkarte schreiben, daß Du nach Dobřichowitz oder anderswohin fahren willst. –

[Zeichnung, die eine Schreibfeder darstellt:] Das ist eine Feder von Soennecken; die gehört nicht zur Geschichte.

An Max Brod

[Postkarte. Prag, Stempel: 18. III. 1910]

Lieber Max – ich sehe aus Deiner Karte nicht recht, ob Du die meine bekommen hast, Baum auch zu schreiben konnte ich mich die gan-

zen Tage nicht zusammennehmen. Schrieb ich nicht letzthin, daß mir gerade noch das Müllern bleibt. Also auch das kann ich nicht mehr. Ich bekam nämlich rheumatische Schmerzen in den Rücken, dann rutschten sie ins Kreuz, dann in die Beine, dann nicht vielleicht in die Erde hinein, sondern in die Arme hinauf. Dazu paßt es weiter ganz gut, daß die für heute erwartete Gehaltserhöhung nicht gekommen ist, auch nächsten Monat nicht kommen wird, sondern erst dann, bis man vor Langweile auf sie spuckt. An der Novelle[3], lieber Max, freut mich am meisten, daß ich sie aus dem Haus habe. Morgen gegen sieben Uhr (jetzt ist sechs Uhr und ich bin noch im Bureau) komm ich zu Dir (auch wegen der Bohemia). Du wirst mir Gedichte zeigen, es wird ein schöner Abend sein.
Adieu   Dein Franz

An Max Brod

[Postkarte. Prag, wahrscheinlich März 1910]

Lieber Max – ich hätte es wissen sollen, die Realisten[4] hören erst auf, wenn sie fertig sind und Dr. Herben war erst nach viertel elf fertig. Ich bin dann in die Stockhausgasse gegangen, habe die Beleuchtung der Baumschen Fenster revidiert und bin nach Hause gegangen. Hätte ich noch hinaufkommen sollen? Ich brauche den Schlaf so sehr. Du weißt vielleicht nicht, daß ich vorher ein einhalb Tage, von ein bischen Thé abgesehen, gefastet habe. Über die Smolová im Čas: Její útlý, čistý procitlivělý hlásek arci příjemně se poslouchal*. Und das nachdem der schon geahnte Dreck des Abends ausdrücklich und mit Vergnügen konstatiert worden ist.

An Max Brod

[Prag, April 1910]

Lieber Max – wenn das nicht rasch schreiben heißt, es geht schon allerdings gegen eins. Schick das also bitte an den Matras, die »Deutsche Arbeit«[5] würde den Marschner natürlich besonders freuen, aber es wird auch besonders schwer sein, es hinein zu bringen, fürcht ich. Jedenfalls möchtest Du dem Matras schreiben, er soll möglichst rasch antworten, ob ja oder nein. Ändern kann er natür-

---

* Ihr zartes reines durchfühltes Stimmchen hörte sich freilich angenehm an.

lich, was er will, kann es auch selbst von neuem schreiben, wenn es ihm Spaß macht, aber über das Buch etwas zu bringen ist seine Pflicht (sollst Du ihm sagen). Also ich danke schön. Dein Franz

An Max Brod
[Kartenbrief. Prag, Stempel: 30. IV. 1910]
Viel Glück zum Schreiben, mein liebster Max, um unser aller willen! Hast Du noch nicht daran gedacht, daß die Kraft, mit der Du Dich auf Deine Geschichte geworfen hast, ebenso wie sie das erste Mädchen krank gemacht hat, das zweite unverständlich machen konnte. Nur diese Hitze, die noch am Mittwoch um Dich herum war! In der Luft des Mediziners ist sie Dir ja während dieser Zeit so gut aufgehoben. Kühl nur aus und sie wird wieder gelaufen kommen und das Bewußtsein dessen gebe Dir den Mut, erst auszukühlen, bis Du es anders nicht ertragen kannst. Aber was weiß ich denn, vielleicht ist Dir schon inzwischen das dumme Mädchen mitten in die Geschichte hineingelaufen, könnte ich sie doch hinten an ihren Röcken zurückhalten! Dein Franz

An Max Brod
[Postkarte. Prag, Stempel: 11. V. 1910]
Mein lieber Max – Ich habe erst mittag Deine Karte zu lesen bekommen, nun dann mache ich erst Samstag meinen Besuch. Mein Gott, die Zeichnungen[6]! Dein Franz

An Max Brod
[Ansichtskarte. Saaz, Stempel: 22. VIII. 1910]
Es ist doch trotz allem nicht schlecht, schon einem Garbenhaufen ein Weilchen an der Brust zu liegen und das Gesicht dort zu verstecken! Franz

An Max Brod
[Prag, September 1910]
Lieber Max, ich wollte erstens sehn, wie es Dir geht – Dein Bett hat tatsächlich einen nervösen Ausdruck – und zweitens Dich bitten,

morgen wieder allein zur Französin zu gehn, denn meine Gablonzer[7] Sache wird immer ernster (die Ankündigung steht in der Zeitung zwischen den »Schurken und Lumpenhunden« des Wahlaufrufes und einer Ankündigung der Heilsarmee) kurz – wie wird das werden, schon auf diesem Zettel verschwindet mir der Zusammenhang – ich habe mehr Angst, als zu einem Erfolg nötig ist.

An Max und Otto Brod

[Drei Ansichtskarten[8], adressiert nach Paris an Otto Brod.
Prag, Stempel: 20. X. 1910]
Lieber Max, ich bin gut angekommen[9], und nur weil ich von allen als eine unwahrscheinliche Erscheinung angesehen werde, bin ich sehr blaß. – Um die Freude, den Doktor anzuschrein, bin ich durch eine kleine Ohnmacht gebracht worden, die mich bei ihm auf das Kanapee nötigte und während welcher ich mich – merkwürdig war das – so sehr als Mädchen fühlte, daß ich mich meinen Mädchenrock mit den Fingern in Ordnung zu bringen bemühte. Im übrigen erklärte der Doktor über meinen rückwärtigen Anblick entsetzt zu sein, die fünf neuen Abszesse sind nicht mehr so wichtig, da sich ein Hautausschlag zeigt, der ärger als alle Abszesse ist, lange Zeit für seine Heilung braucht und der die eigentlichen Schmerzen macht und machen wird. Meine Idee, die ich dem Doktor natürlich nicht verraten habe, ist, daß mir diesen Ausschlag die internationalen Prager, Nürnberger und besonders Pariser Pflaster gemacht haben. – So sitze ich jetzt zuhause am Nachmittag wie in einem Grab (herumgehn kann ich nicht, wegen meines festen Verbandes, ruhig sitzen kann ich der Schmerzen wegen nicht, welche die Heilung noch stärker macht) und nur am Vormittag überwinde ich dieses Jenseits des Bureaus halber, in das ich fahren muß. Zu Euren Eltern gehe ich morgen. – In der ersten Prager Nacht träumte mir, ich glaube die ganze Nacht durch (um diesen Traum hing der Schlaf herum, wie ein Gerüst um einen Pariser Neubau), ich sei zum Schlaf in einem großen Hause einquartiert, das aus nichts anderem bestand als aus Pariser Droschken, Automobilen, Omnibussen u. s. w., die nichts anderes zu tun hatten, als hart aneinander vorüber, übereinander, untereinander zu fahren und von nichts anderem war Rede und Gedanke, als von Tarifen, correspondancen, Anschlüssen,

Trinkgeldern, direction Pereire, falschem Geld u. s. w. Wegen dieses Traumes konnte ich schon nicht schlafen, da ich mich aber in den notwendigen Fragen nicht ordentlich auskannte, hielt ich selbst das Träumen nur mit der größten Anstrengung aus. Ich klagte im Innern, daß man mich, der ich nach der Reise Ausruhn so nötig hatte, in einem solchen Hause einquartieren mußte, gleichzeitig aber gab es in mir einen Parteigänger, der mit der drohenden Verbeugung französischer Ärzte (sie haben zugeknöpfte Arbeitsröcke) die Notwendigkeit dieser Nacht anerkannte. – Bitte zählt euer Geld nach, ob ich euch nicht bestohlen habe, nach meiner allerdings nicht ganz zweifellosen Rechnung habe ich so wenig verbraucht, daß es ausschaut, als hätte ich die ganze Zeit in Paris mit dem Auswaschen meiner Wunden verbracht.

Pfui, das schmerzt wieder. Es war höchste Zeit, daß ich zurückgekommen bin, für Euch wie für mich. Euer Franz K.

An Max Brod
[Ansichtskarte. Berlin, Stempel: 4. XII. 1910]
Liebster Max,
der Unterschied ist der: in Paris wird man betrogen, hier betrügt man, ich komme aus einer Art Lachen nicht heraus. Fast aus dem Coupé bin ich Samstag in die Kammerspiele gefahren, man bekommt Lust Karten im Vorrat zu kaufen. Heute geh ich zu Anatol[10]. Aber nichts ist so gut wie das Essen hier im vegetarischen Restaurant. Die Lokalität ist ein wenig trübe, man ißt Grünkohl mit Spiegeleiern (die teuerste Speise), nicht in großer Architektur, aber die Zufriedenheit, die man hier hat. Ich horche nur in mich hinein, vorläufig ist mir freilich noch sehr schlecht, aber wie wird es morgen sein? Es ist hier so vegetarisch, daß sogar das Trinkgeld verboten ist. Statt Semmeln gibt es nur Simonsbrot. Eben bringt man mir Grießspeise mit Himbeersaft, ich beabsichtige aber noch Kopfsalat mit Sahne, dazu wird ein Stachelbeerwein schmecken und ein Erdbeerblätterthé wird alles beenden.
Adieu:

An Max Brod
> [Ansichtskarte (Selbstbildnis Goethes im Frankfurter
> Arbeitszimmer). Berlin, Stempel: 9. XII. 1910]

Ein gut eingerichtetes Schreibzimmer, lieber Max, nicht wahr? Im Grunde nur ausgestattet mit fünf Möbelstücken und ihren Schatten. Auf dem Schreibtisch ist jedenfalls ungesund viel Licht. Bequem ist die Flasche auf dem Seitentisch aufgestellt, vom Schreibtisch durch Hinüberbeugen zu erreichen. Die Füße ruhn auf den Tischleisten, nicht auf dem Boden. Wird gemalt, so kommt die Staffelei auf die Stelle des Tisches.   Dein Franz

An Oskar Baum
> [Ansichtskarte (»Kind des Meisters« ⟨mit dem Vogel⟩
> von Rubens). Berlin, Stempel: 9. XII. 1910]

Herzliche Grüße und dem kleinen Leo diesen Konkurrenten ins Haus. Daß er ihn nicht fürchten muß, das weiß ich, vielmehr soll er durch ihn noch selbstbewußter werden.   Ihr Franz K.

An Max Brod
> [Ansichtskarte. Berlin, Stempel: 9. XII. 1910]

Max, ich habe eine Hamletaufführung gesehn oder besser den Bassermann gehört. Ganze Viertelstunden hatte ich bei Gott das Gesicht eines andern Menschen, von Zeit zu Zeit mußte ich von der Bühne weg in eine leere Loge schauen, um in Ordnung zu kommen.
   Dein Franz

An Max Brod
> [Prag, 15. resp. 17. Dezember 1910]

Mein lieber Max, um über diese Woche nicht mehr reden zu müssen: Ich wiederhole zuerst noch, was Du schon weißt, damit Dir alles gleichzeitig bewußt ist. – Alles in dieser Woche war so gut für mich eingerichtet, wie es meine Verhältnisse nur jemals ermöglicht haben und wie sie es allem Anschein nach kaum mehr ermöglichen werden. – Ich war in Berlin gewesen und stand jetzt nach meiner Rückkehr in meiner gewöhnlichen Umgebung so locker drin, daß ich mich, wenn es in meiner Anlage wäre, ohne Hindernis selbst wie ein Tier hätte aufführen können. – Ich hatte acht vollkommen freie Tage.

Vor dem Bureau habe ich mich erst gestern abend zu fürchten angefangen, so zu fürchten angefangen allerdings, daß ich gern mich unter dem Tisch versteckt hätte. Aber das nehme ich selbst nicht ernst, denn es ist keine selbständige Furcht. – Mit meinen Eltern, die jetzt gesund und zufrieden sind, habe ich fast niemals Streit. Nur wenn der Vater mich spät abend noch beim Schreibtisch sieht, ärgert er sich, weil er mich für zu fleißig hält. – Ich war gesünder als Monate vorher, wenigstens am Anfang der Woche. Das Grünzeug ist so gut und still in mich hineingegangen, daß es aussah, als füttere mich ein glücklicher Zufall eigens für diese Woche. – Bei uns zuhause war es fast ganz ruhig. Die Hochzeit[11] ist vorüber, man verdaut die neue Verwandtschaft. Ein Fräulein unter uns, das mit ihrem Klavierspiel hie und da zu hören war, soll auf einige Wochen verreist sein. – Und alle diese Vorteile waren mir jetzt gegen Ende des Herbstes gegeben, also zu einer Zeit, in der ich mich seit jeher am kräftigsten gefühlt habe.

17. XII.

Diese Leichenrede von vorgestern kommt nicht zu Ende. Von ihr aus gesehen kommt jetzt allerdings zu allem Unglück noch die Jämmerlichkeit hinzu, daß ich offenbar nicht imstande bin, ein trauriges vollkommen beweisbares Gefühl ein paar Tage lang festzuhalten. Nein, das bin ich nicht imstande. Jetzt, wo ich schon acht Tage über mir sitze, bin ich in einer Eile des Gefühls, daß ich fliege. Ich bin einfach von mir betrunken, was in dieser Zeit auch beim dünnsten Wein kein Wunder ist. Dabei hat sich wenig seit zwei Tagen geändert und was sich geändert hat, ist schlechter geworden. Meinem Vater ist nicht ganz gut, er ist zu Hause. Wenn links der Frühstückslärm aufhört, fängt rechts der Mittagslärm an, Türen werden jetzt überall aufgemacht, wie wenn die Wände aufgebrochen würden. Vor allem aber die Mitte alles Unglücks bleibt. Ich kann nicht schreiben; ich habe keine Zeile gemacht, die ich anerkenne, dagegen habe ich alles weggestrichen, was ich nach Paris – es war nicht viel – geschrieben habe. Mein ganzer Körper warnt mich vor jedem Wort, jedes Wort, ehe es sich von mir niederschreiben läßt, schaut sich zuerst nach allen Seiten um; die Sätze zerbrechen mir förmlich, ich sehe ihr Inneres und muß dann aber rasch aufhören.

Das Stückchen der Novelle, das beiliegt, habe ich vorgestern abgeschrieben und lasse es jetzt schon dabei. Es ist schon alt und sicher

nicht fehlerlos, aber es erfüllt sehr gut die nächste Absicht der Geschichte.
Heute abend komme ich noch nicht, ich will bis Montag früh bis zum letzten Augenblick noch allein bleiben. Dieses mir auf den Fersen sein, das ist noch eine Freude, die mich heiß macht, und eine gesunde Freude trotz allem, denn sie macht in mir jene allgemeine Unruhe, aus der das einzig mögliche Gleichgewicht entsteht. Wenn es weiter so ginge, ich könnte dann jedem ins Auge schauen, was ich z. B. Dir gegenüber vor der Berliner Reise, ja selbst in Paris nicht konnte. Du hast es bemerkt. Ich habe Dich so lieb und habe Dir nicht ins Auge schauen können. – Ich komme mit meinen Geschichten und Du hast vielleicht Deine Sorgen, könnte ich Montag im Bureau eine Karte von Dir über Deine Sache haben? Auch Deiner Schwester habe ich noch nicht gratuliert. Das mach ich Montag. Dein Franz

An Max Brod
[Prag, wahrscheinlich 1910]
Lieber Max, ich will Dich weder stören noch warten lassen und komme, da ich um fünf nicht kommen kann, morgen um fünf, versuchsweise, ohne jede Verpflichtung für Dich. Ich bin heute für viertel sechs zum Doktor bestellt, ja, Du kennst ja nicht alle meine Leiden (verrenkte Daumenzehe). F

An Max Brod
[Briefkopf der Arbeiter-Unfall-Versicherungs-Anstalt. Prag, vermutlich 1910]
Lieber Max!
Ich lag schon ausgestreckt auf dem Kanapee mit meinem kranken Bein, als ich Deinen Brief bekam. Es sieht nicht sehr hübsch aus, ist besonders am Fuß hochaufgeschwollen, schmerzt aber nicht sehr. Es ist gut verbunden und wird schon besser werden; ob aber schon Samstag mein Bein reisefertig ist, das weiß ich nicht; wenn das Verlangen nach einer Reise so stark sein kann, dann bin ich Samstag gesund, das kannst Du mir glauben, denn ich [bricht hier ab.]

1911

An Max Brod

[Postkarte. Prag, Stempel: 27. I. 1911]

Lieber Max – ich fahre Montag nach Friedland. Heute hat sich gezeigt, daß ich morgen zum Zahnarzt muß, ich komme also kaum vor sechs zu Dir. Kleist bläst in mich wie in eine alte Schweinsblase. Damit es nicht zu arg wird und weil ich es mir vorgenommen habe, gehe ich jetzt in die Lucerna. Franz

An Max Brod

[Ansichtskarte (Schloß Friedland). Stempel: 1. II. 1911]

Das Schloß ist mit Epheu vollgestopft, in den Loggien reicht er bis zu halber Höhe. Nur die Zugbrücke gleicht jenen Nippsachen, um deren Ketten und Drähte man sich nicht kümmern will, weil es eben Nippsachen sind und trotzdem man sich in allem sonst Mühe gegeben hat. Dem roten Dach unten mußt Du nicht glauben.

Franz

An Max Brod

[Ansichtskarte. Friedland, Stempel: 2. II. 1911]

Kannst Du Dir auch, wie ich, eine fremde Gegend dann am besten vorstellen, wenn Du von einer ruhigen, sonst in der ganzen Welt möglichen Beschäftigung hörst, mit der jemand in jener Gegend seine Zeit zugebracht hat? Ich erkläre es mir damit, daß hiebei einerseits die Gegend nicht verlassen, andererseits aber auch kein einzelnes Charakteristisches herausgerissen wird und daher das Ganze bestehen bleibt. – Ich war im Kaiserpanorama und habe Brescia, Mantua und Cremona gesehn. Wie der glatte Fußboden der Kathedralen einem vor der Zunge liegt! Franz K.

An Oskar Baum

Friedland, 25. 2. 1911

Heute war ich in Neustadt an der Tafelfichte, einem Ort, wo man in den Hauptgassen mit unaufgeklappten Hosen ganz im Schnee

stecken bleibt, während, wenn die Hosen aufgeklappt sind, der Schnee unten durch bis an die Knie steigt. Hier könnte man glücklich sein.
Beste Grüße

An Max Brod
[Ansichtskarte. Grottau, Stempel: 25. II. 1911]
Einige Neuigkeiten lieber Max: Leute haben schon Amseln im Volksgarten singen hören – die Karosserie der Hofequipagen muß man wenn die Herrschaften aussteigen, hinten festhalten wegen der starken Federung – heute sah ich auf der Herfahrt eine Ente im Wasser am Flußrand stehn – ich bin mit einer Frau gefahren, die der Sklavenhändlerin aus »die weiße Sklavin« sehr ähnlich gesehen hat u. s. w.

An Sophie Brod[1]
[Ansichtskarte »Aus dem vegetarischen Speisehaus ›Thalysia‹, Reichenberg«. Stempel: 26. II. 1911]
Für die neue Hausbibliothek, liebes Fräulein Sophie, rate ich Ihnen den Roman »Der Tag der Vergeltung« von A. K. Green an, den heute im Waggon ein Mann mir gegenüber gelesen hat. Hat es nicht einen bedeutungsvollen Titel? Der »Tag« ist eine Fahnenstange, das erste »der« sind die Pflöcke unten, das zweite »der« ist die Seilbefestigung oben, die »Vergeltung« ist ein, wenn schon nicht schwarzes, so dunkles Fahnentuch, dessen Sichdurchbiegen vom »e«. zum »u« durch einen mittelstarken Wind (besonders das »ng« schwächt ihn) hervorgerufen wird. – So sehe ich mich, müde wie ich bin, selbst während der Fahrt nach Dingen um, die Ihnen nützlich sein könnten, und wäre natürlich sehr stolz, wenn Sie bei meinem nächsten Besuch den Tag der Vergeltung schon hätten.

Franz K.

An Max Brod
[Ansichtskarte. Prag, Stempel: 2. III. 1911]
Lieber Max, sei so gut und bring mir, wenn Du morgen kommst, den Hyperion[2] mit. Ich möchte ihn dem Eisner borgen. Seine Rundschauhefte[3] haben sich wieder einmal bei mir aufgehäuft und es tut

meinem Gewissen wohl, wenn ich bei der endlichen Rückgabe etwas beilegen kann, was ihn vielleicht interessiert.   Franz

An Max Brod

[Ansichtskarte. Prag, Stempel: 5. III. 1911]
Danke, mein lieber Max. Was das Zeug wert ist, weiß ich. Es ist ja wie immer. Seine Fehler stecken tiefer in meinem Fleisch als sein Gutes. Aber etwas Wichtigeres, was die Welt angeht: die Zeitrechnung stimmt nicht mehr. Die Rohrpost, welche meine Karte vor zehn Uhr bekommen hat, konnte das Wegborgen am Nachmittag nicht mehr verhindern. Als Postbeamter bist Du nebenbei mitverantwortlich.   Dein Franz K.

An Max Brod

[Ansichtskarte. Zittau, Stempel: 23. IV. 1911]
Hier auf dem Berg Oybin sitzen über 200 verdrießliche Gäste, verhältnismäßig schreibe ich meine Ansichtskarten noch wie ein Südländer. Aber nur Karten, den Aufsatz habe ich noch nicht.

Franz

An Max Brod

[Prag,] 27. V. 1911
Mein lieber Max, Du hast heute Geburtstag, aber ich schicke Dir nicht einmal das gewöhnliche Buch, denn es wäre nur Schein; im Grunde bin ich doch nicht einmal mehr imstande, Dir ein Buch zu schenken. Nur weil ich es so nötig habe, heute einen Augenblick und sei es nur mit dieser Karte in Deiner Nähe zu sein, schreibe ich und mit der Klage habe ich nur deshalb angefangen, damit Du mich gleich erkennst.   Dein Franz

An Max Brod

[Sanatorium Erlenbach, Schweiz. 17. September 1911]
Mein lieber Max, wenn Du von mir verlangt hast, ich soll hier die Geschichte schreiben, so hast Du nur Deine Unkenntnis der Einrichtungen eines Sanatoriums gezeigt, während ich, der ich zu schreiben versprochen habe, die mir doch gut bekannte Lebensweise in den

Sanatorien irgendwie vergessen haben muß. Denn der Tag ist hier ausgefüllt von den Anwendungen, wie das Baden, Massiertwerden, Turnen usw., heißt und von der Vorbereitungsruhe vor diesen Anwendungen und von der Erholungsruhe nach ihnen. Die Mahlzeiten allerdings nehmen nicht viel Zeit weg, da sie als Apfelmus, Kartoffelpurée, flüssiges Gemüse, Obstsäfte usw. sehr rasch, wenn man will ganz unbemerkt, wenn man aber will auch sehr genußreich hinunterrinnen, nur ein wenig aufgehalten von Schrotbrot, Omeletten, Puddings und vor allem Nüssen. Dafür aber werden die Abende, besonders da es jetzt sehr regnerisch war, gesellig verbracht, sei es, daß man sich einmal mit Grammophonvorträgen unterhält, wobei wie im Züricher Münster Damen und Herren getrennt sitzen und bei lärmenderen Liedern z. B. beim Sozialistenmarsch das Hörrohr mehr den Herren zugewendet wird, während bei zarten oder besonders genau zu hörenden Stücken die Herren auf die Damenseite gehn, um nach Beendigung wieder zurückzukehren oder in einzelnen Fällen dortzubleiben für immer, sei es (willst Du den Satz grammatisch überprüfen, mußt Du das Blatt umdrehn), daß ein Berliner Trompetenbläser zu meinem großen Vergnügen bläst oder irgendein unsicher stehender Herr aus den Bergen ein Dialektstück nicht von Rosegger, sondern von Achleitner[4] vorliest und schließlich ein freundlicher Mensch, der alles hergibt, einen selbstverfaßten humoristischen Roman in Versen vorträgt, wobei mir nach alter Gewohnheit Tränen in die Augen kommen. Nun meinst Du, bei diesen Unterhaltungen müßte ich nicht dabei sein. Das ist aber nicht wahr. Denn erstens muß man sich doch irgendwie für den teilweise wirklich guten Erfolg der Kur bedanken (denk Dir, ich habe noch abend in Paris das Mittel genommen und die Folgen sind heute am dritten Tag schon beseitigt) und zweitens sind hier schon so wenig Gäste, daß man wenigstens absichtlich sich nicht verlieren kann. Endlich sind aber auch die Beleuchtungsverhältnisse ziemlich schlechte, ich wüßte gar nicht, wo ich allein schreiben sollte, selbst bei diesem Brief geht etwas Augenlicht drauf.

Natürlich, wenn ich den Zwang zum Schreiben in mir fühlen würde, wie für längere Dauer einmal in langer Zeit, wie für einen Augenblick in Stresa, wo ich mich ganz als eine Faust fühlte, in deren Innern die Nägel in das Fleisch gehn – anders kann ich es nicht sagen –, dann allerdings bestünde keines jener Hindernisse. Ich müßte mir einfach die Anwendungen nicht machen lassen, könnte mich gleich nach Tisch empfehlen, als ein ganz besonderer Sonderling, dem man nachschaut, in mein Zimmer hinaufgehn, den Sessel auf den Tisch stellen und im Licht der hoch an der Decke angebrachten schwachen Glühlampe schreiben.

Wenn ich jetzt daran denke, daß man nach Deiner Meinung – nach Deinem Beispiel will ich nicht sagen – auch nach bloß äußerem Belieben schreiben solle, dann hast Du freilich mit Deiner Aufforderung an mich schließlich doch Recht gehabt, ob Du nun Sanatorien kennst oder nicht, und es fällt wirklich trotz meiner angestrengten Entschuldigung alles auf mich zurück oder besser gesagt, es reduziert sich auf eine kleine Meinungs- oder eine große Fähigkeitsdifferenz. Übrigens ist es erst Sonntag abend, mir bleiben also noch rund eineinhalb Tage, obwohl die Uhr hier im Lesezimmer, in dem ich jetzt endlich allein geworden bin, einen merkwürdig schnellen Schlag hat.

In einem nützt mir, abgesehen von der Gesundheit, mein Aufenthalt hier auf jeden Fall. Das Publikum besteht hauptsächlich aus ältern Schweizer Frauen des Mittelstandes, also aus Menschen, bei denen sich ethnographische Eigentümlichkeiten am zartesten und verschwindendsten zeigen. Wenn man sie daher an diesen konstatiert, dann sollte man sie doch schon sehr fest halten. Auch meine Unkenntnis ihres Deutsch hilft mir, glaube ich, bei ihrer Betrachtung, denn sie sind dadurch für mich viel enger gruppiert. Man sieht dann doch mehr, als wir vom Waggonfenster aus sahen, wenn auch nicht eigentlich anders. Um es vorläufig kurz zu sagen, würde ich mich bei der Beurteilung der Schweiz lieber als an Keller oder Walser, an Meyer halten.

Für Dein Kriegsfeuilleton habe ich in Paris den Titel eines Buches samt Waschzettel abgeschrieben: »Colonel Arthur Boucher: ›La France victorieuse dans la guerre du demain.‹ L'auteur ancien chef des operations démontre que si la France était attaquée elle saurait se défendre avec la certitude absolue de la victoire.« Ich schrieb das vor einer Buchhandlung auf dem Boulevard St. Denis als deutscher Literaturspion ab. Möchte es Dir nützen. Wenn Dir Dein Markensammler nicht lieber ist als mir der meine, dann hebe mir das Couvert auf.

Dein Franz

An Oskar Baum

Erlenbach, 19. 9. 1911

Lieber Herr Baum, unsere Reise[5] war, wie Max Ihnen sicher schon erzählt hat, so mannigfaltig, daß keine Zeit blieb, sich an zuhause zu erinnern, jetzt aber, da meine Erholung zu Ende geht, eine meiner Krankheiten unter dem erstaunten Zuschauen meiner andern sich aufzulösen beginnt und die ganze Welt der Ansicht ist, daß ich wieder ins Bureau gehen soll, da ist mir gestern an diesem regnerischen kalten Abend bei offenem Fenster unter der dünnen Decke warm geworden.

An Max Brod

[Postkarte. Prag, Stempel: 12. X. 1911]

Lieber Max; das haben wir aber getroffen! Sulamit[6] von Goldfaden wird gespielt! Mit Freude verschwende ich eine Karte, um Dir zu sagen, was Du schon gelesen hast. Ich hoffe nur, daß Du mir auch geschrieben hast.
Franz

An Max Brod

[Prag, wahrscheinlich 1911]

Mein lieber Max, ich kann ja morgen wieder nicht kommen; wer weiß, ob ich abend kommen kann. Komme ich nicht um sechs zu Dir, gehe ich direkt zum Vortrag, bin ich nicht beim Vortrag, hole ich Dich vom Rudolphinum ab. Schade daß Du nicht zuhause bist, ich hätte, trotzdem mein Böhmisch-Lehrer auf mich wartet, so gerne ein paar Gedichte gelesen. »Die Kinder, ein ewiger Ball« gehn mir nicht aus den Ohren. Arbeite, lieber Max, arbeite!

Dein F

1912

An Max Brod
[Postkarte. Prag, Stempel: 19. II. 1912]
Mein lieber Max, das Geld Deines Onkels, das ich schon heimlich betrauert habe, habe ich zuhause in meiner Brusttasche gefunden. Deine erste Bemerkung, er hätte es mit der Postsparkassa geschickt, hatte eben auf mich einen solchen Eindruck gemacht, daß daneben das Couvert in der Hand nicht mehr gelten konnte. – Bitte danke noch einmal Deinen Eltern, ich habe nur so herumgefuchtelt, sie aber haben den Abend[1] zustandegebracht. – Welchen Abend kann ich zu Dir kommen? Ich habe Dich schon so lange nicht gründlich gesehn.
                                                                                              Franz

An Max Brod
[Postkarte. Prag, wahrscheinlich Anfang 1912]
Lieber Max, kaum bin ich gestern nachhause gekommen, habe ich mich erinnert, daß im »Unglücklichsein«[2] einige kleine aber häßliche Schreib- und Diktierfehler sind, die ich aus meinem Exemplar entfernt habe, während sie in Deinem geblieben sind. Da sie mir Sorgen machen, schick es mir gleich zurück. Du bekommst es verbessert wieder.
                                                                                         Dein Franz

An Max Brod
[Prag, Ende März 1912]
Lieber Max, ich habe die Sache[3] hin und her überlegt. Eine Klage von Deiner Seite scheint mir sehr unvorteilhaft, klage nicht! Dann bliebe die Möglichkeit, die Sache zu dulden, ich würde es machen, Du nicht. Schon besser als zu klagen wäre geklagt werden, Du könntest ihn, da Du die nötige Abscheu vor ihm hast, öffentlich Lügner nennen; nach der Erklärung bei der Bohemia wärest Du, wenn er nicht nachgibt, dazu berechtigt. Das beste meiner Meinung nach ist aber, Du schickst an die Zeitungen als Inserat eine Erklärung, z. B. so: »Wie ich erfahre, zeigt jemand einen anonymen Brief herum, in welchem ihm skandalöses Benehmen während eines von mir veranstalteten Konzertes vorgeworfen wird, und erzählt

hiebei, ich hätte diesen Brief geschrieben oder veranlaßt. Ich habe weder Zeit noch Lust, diese Angelegenheit vor Gericht zu bringen. Auch für eine andere Austragung scheint mir die Sache zu geringfügig. Ich beschränke mich daher darauf, öffentlich zu erklären, daß jener Brief weder von mir, noch auf meine Veranlassung, noch mit meinem Wissen geschrieben worden ist.« – Jedenfalls kann ich das Ganze nicht für arg halten. Nur Dein Gesicht gestern hat mich erschreckt. Franz

An Max Brod

[Kartenbrief. Prag, Stempel: 7. V. 1912]

Lieber Max, Ich habe eine solche Freude von Deinem Buch[4] gehabt, noch gestern abend, als ich es zuhause durchblätterte. Die gesegnete Eisenbahnfahrt, von der Du erzählt hast, wirkt darin sichtbar. Du hast gefürchtet, es sei zu ruhig, aber es ist drin Leben, man möchte sagen, bei Tag und Nacht. Wie alles hintereinander zu Arnold hinaufrückt und mit ihm wieder herkommt, alles lebt ohne die geringste eingeblasene Musik. Es ist sicher eine Zusammenfassung und gleichzeitig ein Anschluß an »Tod den Toten«[5], von oben her. Ich küsse Dich. Dein Franz

An die Eltern

[Ansichtskarte: Goethes Sterbezimmer.
Weimar, Stempel: 30. VI. 1912]

Liebste Eltern und Schwestern, wir sind glücklich in Weimar angekommen, wohnen in einem stillen schönen Hotel mit der Aussicht in einen Garten (alles für 2 M) und leben und schauen zufrieden. Wenn ich nur schon eine Nachricht von euch hätte.

Euer Franz

An Max Brod

[Ansichtskarte (Gleims Haus in Halberstadt).
Halberstadt, Stempel: 7. VII. 1912]

Wie gut es diese deutschen Dichter hatten! Sechzehn Fenster auf die Gasse! Und soll das ganze Haus auch voll Kinder gewesen sein, was meinem literarhistorischen Gefühle nach bei Gleim wahrscheinlich ist.

An Max Brod

[Ansichtskarte. Halberstadt, Stempel: 7. VII. 1912]

Lieber Max, den ersten Morgengruß im Bureau. Nimms nicht zu schwer. Geradezu selig bin ich auch nicht, trotz dieser unbegreiflich alten Stadt. Ich sitze auf einem Balkon über dem Fischmarkt und verschlinge die Beine ineinander, um die Müdigkeit aus ihnen herauszuwinden.

Grüße alle.   Dein Franz

An Max Brod

[Briefkopf: Rudolf Just's Kuranstalt, Jungborn i/Harz, Post Stapelburg,] 9. VII. [1912]

Mein lieber Max, hier ist mein Tagebuch[6]. Wie Du sehen wirst, habe ich, weil es eben nicht nur für mich bestimmt war, ein wenig geschwindelt, ich kann mir nicht helfen, jedenfalls ist bei einem solchen Schwindel nicht die geringste Absicht, vielmehr kommt es aus meiner innersten Natur und ich sollte eigentlich mit Respekt da hinunterschaun. Es gefällt mir hier ganz gut, die Selbständigkeit ist so hübsch und eine Ahnung von Amerika wird diesen armen Leibern eingeblasen. Wenn man auf den Feldwegen geht und seine Sandalen neben die schweren Stulpenstiefel eines vorübergehenden alten Bauern setzt, dann hat man keine besonders stolzen Gefühle, aber wenn man allein im Wald oder auf den Wiesen liegt, dann ist es gut. Nur Lust zum Schreiben bekommt man vorläufig davon nicht; wenn sie herankommt, dann ist sie jedenfalls noch nicht im Harz; vielleicht ist sie in Weimar. Eben habe ich 3 Ansichtskarten an sie geschrieben.

Lebe wohl und grüße alle   Dein Franz

An Max Brod

Jungborn, den 10. Juli 1912

Mein liebster Max, weil mir Dein Brief vor Freude in den Händen brennt, antworte ich gleich. Dein Gedicht wird der Schmuck meiner Hütte bleiben, und wenn ich in der Nacht aufwache, was oft vorkommt, denn an die Geräusche in Gras, Baum und Luft bin ich noch nicht gewöhnt, so werde ich es bei der Kerze lesen. Vielleicht bringe ich es einmal dazu, es auswendig hersagen zu können, dann werde ich mich, und sei es auch nur im Gefühl, wenn ich verkannt bei meinen Nüssen sitze, damit erheben. Es ist rein (nur mit den »schweren Trauben« kommt in die zwei Zeilen ein nicht ganz sicherer Überfluß, da solltest Du noch mit der Hand hineingreifen), aber außerdem und vorher noch hast Du es für mich bestimmt, nicht wahr, schenkst es mir vielleicht, läßt es gar nicht drucken, denn, weißt Du, noch die erträumteste Vereinigung ist für mich das Wichtigste auf dieser Welt.

Der brave, der kluge, der tüchtige Rowohlt! Wandere aus, Max, wandere von Juncker aus, mit allem oder mit möglichst vielem. Er hat Dich aufgehalten, nicht in Dir, daran glaube ich nicht, da bist Du auf dem guten Weg, aber vor der Welt bestimmt. Die Schrift der Kleist-Anekdoten paßt ganz genau, aus dieser trockenen Schrift wird man die »Höhe des Gefühls«[7] um so besser rauschen hören.

Vom Jahrbuch[7] und vom »Billig«[7] schreibst Du nichts. Nimmt Rowohlt den »Begriff«[7] umsonst? Daß er an mein Buch denkt, ist mir natürlich recht, aber ihm von hier aus schreiben? Ich wüßte nicht, was ich ihm schreiben sollte.

Wenn das Bureau Dich ein wenig plagt, so tut das nichts, dazu ist es hier, man kann nichts anderes verlangen. Dagegen kann man verlangen, daß aber schon in nächster Zeit Rowohlt oder irgendein anderer kommt und Dich aus Deinem Bureau herauszieht. Er soll Dich dann aber nur in Prag lassen und Du sollst dort bleiben wollen! Hier ist es schon schön, aber ich bin unfähig genug und traurig. Das muß nicht endgiltig sein, das weiß ich. Jedenfalls reicht es zum Schreiben noch lange nicht. Der Roman[8] ist so groß, wie über den ganzen Himmel hin entworfen (auch so farblos und unbestimmt wie heute) und ich verfitze mich beim ersten Satz, den ich schreiben will. Daß ich mich durch die Trostlosigkeit des schon Geschriebenen nicht abschrecken lassen darf, das habe ich schon herausgebracht und habe von dieser Erfahrung gestern viel Nutzen gehabt.

Dagegen macht mir mein Haus viel Vergnügen. Der Fußboden ist ständig mit Gräsern bedeckt, die ich hereinbringe. Gestern vor dem Einschlafen glaubte ich sogar Frauenstimmen zu hören. Wenn man das Klatschen nackter Füße im Gras nicht kennt, so ist, wenn man im Bett liegt, ein vorüberlaufender Mensch wie ein dahineilender Büffel anzuhören. Mähen kann ich nicht erlernen.

Lebe wohl und grüße alle.   Dein Franz

BRIEFE AUS DEM JAHRE 1912

An Max Brod

[Jungborn,] 13. Juli 1912

Mein lieber Max, wer verlangt denn, daß Du mir Briefe schreibst! Ich mache mir die Freude, Dir zu schreiben und so die Verbindung zwischen Dir und mir zusammenzuziehn (wobei ich allerdings auch an Weltsch und Baum denke, zu selbständigem Schreiben an sie bringe ich mich nicht; ich müßte so vieles wiederholen, um das Besondere zu finden) und sollte Dich außerdem noch aufhalten wollen? Du wirst mir eben, bis ich nach Prag komme, die Stellen aus Deinem kurzen Tagebuch mit Erklärungen vorlesen und ich werde vollständig zufrieden sein. Nur eine kleine Karte schicke mir hie und da, damit ich meine Briefe nicht gar so verlassen auf dem Felde singe.

Du hast das Fräulein Kirchner[9] für dumm gehalten. Nun schreibt sie mir aber 2 Karten, die mindestens aus einem unteren Himmel der deutschen Sprache kommen. Ich schreibe sie wörtlich ab:
»Sehr geehrter Herr Dr. Kafka!
Für die liebenswürdige Sendung der Karten und freundliches Gedenken, erlaube ich mir Ihnen besten Dank zu sagen. Auf dem Ball habe ich mich gut amüsiert, bin erst mit meinen Eltern morgens ¹/₂ 5 Uhr nach Hause gekommen. Auch war der Sonntag in Tiefurt ganz nett. Sie fragen, ob es mir Vergnügen macht, Karten von Ihnen zu erhalten; darauf kann ich nur erwidern, daß es mir und meinen Eltern eine große Freude sein wird, von Ihnen zu hören. Sitze so gern im Garten am Pavillon und gedenke Ihrer. Wie geht es Ihnen? Hoffentlich gut.
Ein herzliches Lebewohl und freundliche Grüße von mir und meinen Eltern sendet   Margarethe Kirchner«
Es ist bis auf die Unterschrift nachgebildet. Nun? Bedenke vor allem, daß diese Zeilen von Anfang bis zu Ende Literatur sind. Denn wenn ich ihr nicht unangenehm bin, so bin ich ihr doch gleichgültig wie ein Topf. Aber warum schreibt sie dann so, wie ich es wünsche? Wenn es wahr wäre, daß man Mädchen mit der Schrift binden kann? Das Jahrbuch wird in Deiner Karte nicht erwähnt. Über Weltsch bitte ich Dich um eine kurze Nachricht. Streichle ihn für mich! Und grüße das Fräulein Taussig und die Baumischen.

Dein Franz

Nicht weniger als 7 Tagebuchblätter

An Max Brod

[Jungborn,] 17. VII. 12

Mein lieber Max! Du bist nicht gerade lustig, wie ich aus Deinem Brief zu lesen glaube. Aber was fehlt Dir? Du arbeitest an der Arche Noah und bringst sie vorwärts und machst sie in meiner Erwartung so schön, daß ich Dich bitte, mir sie in einem Abzug zu schicken; außerdem sitzt Du bei Rowohlt fest und gut. Daß Lissauer Dich beschimpft, bewegt Dir doch wohl kein Härchen. Beneidest Du mich vielleicht?

Mein Hauptleiden besteht darin, daß ich zu viel esse. Ich stopfe mich wie eine Wurst, wälze mich im Gras und schwelle in der Sonne an. Ich habe die dumme Idee, mich dick machen zu wollen und von da aus mich allgemein zu kurieren, als ob das zweite oder auch nur das erste möglich wäre. Die gute Wirkung des Sanatoriums zeigt sich darin, daß ich mir bei dem allen den Magen nicht eigentlich verderbe, er wird bloß stumpfsinnig. Es ist damit nicht ohne Zusammenhang, daß meine Schreiberei langsamer weiter geht als in Prag. Dagegen, oder besser: überdies sind mir gestern und heute über das Minderwertige meines Schreibens einige Erkenntnisse aufgegangen, die, wie ich fürchte, nicht vergehen werden. Es macht aber nichts. Zu schreiben aufhören kann ich nicht, es ist also eine Lust, die ohne Schaden bis auf den Kern geprüft werden kann.

Das Jahrbuch hast Du also in der Hand? »Arcadia« würde ich es nicht nennen, so wurden bisher nur Weinstuben genannt. Aber es ist leicht möglich, daß der Name, wenn er einmal feststeht, bezwingend sein wird.

Warum sitzt Du Sonntag abend allein im Louvre? Warum bist Du nicht in Schelesen bei Baum? Das würde Dir besser passen.

Weltsch werde ich also schreiben, aber sag Du ihm auch noch ein gutes Wort für mich. Es ist wahrscheinlich eine Krankheit ähnlich der, welche seine Schwester letzthin hatte?

Lebwohl, mein lieber Max, und sei nicht traurig! Wahr ist es schon, das Leben, das ich jetzt führe, ist zum großen Teil geeignet, um die Traurigkeit herumzuführen, aber ich will doch tausendmal lieber mitten in sie hineinfahren, wie ich es fast jeden Abend in dem Schreibzimmer tue, wo ich 1½ Stunden meist allein, und ohne zu schreiben, versitze. Es ist ein Gedanke des Jungborn, der mir wichtiger ist als seine eigentlich grundlegenden, daß nämlich im Schreibzimmer nicht gesprochen werden darf. Allerdings besteht wieder der

Befehl oder der Aberglaube, daß um 9 die Fenster geschlossen werden müssen. Man kann dort noch fast bis 10 bleiben, aber um 9 kommt ein Mädchen – manchmal scheint es mir, als wartete ich von 8 Uhr an auf diese Weiblichkeit – und schließt die Fenster. Ein Mädchen hat kurze Arme und ich muß ihr helfen. Besonders still ist es hier, wenn der Doktor im Vortragsaal (3 mal in der Woche) vorträgt, vor die Wahl der zwei Genüsse gestellt, wähle ich die Stille, trotzdem ich sehr gerne zu den Vorträgen ginge. Letzthin erklärte er, daß die Bauchatmung zum Wachsen und Reizen der Geschlechtsorgane beitrage, weshalb die auf Bauchatmung hauptsächlich beschränkten Opernsängerinnen so unanständig sind. Es ist aber auch möglich, daß gerade die zur direkten Brustatmung gezwungen sind. Nimm es nach Belieben! Grüße auch alle
Dein Franz
Drei Beilagen

An Max Brod
[Jungborn im Harz, Juli 1912]
Mein liebster Max! Nach langer Plage höre ich auf. Ich bin außer Stande und werde es kaum in nächster Zeit im Stande sein, die noch erübrigenden Stückchen[10] zu vervollkommnen. Da ich es nun nicht kann, es aber zweifellos in guter Stunde einmal können werde, willst Du mir wirklich raten – und mit welcher Begründung, ich bitte Dich – bei hellem Bewußtsein etwas Schlechtes drucken zu lassen, das mich dann anwidern würde, wie die zwei Gespräche im »Hyperion«[11]? Das, was bisher mit der Schreibmaschine geschrieben ist, genügt ja wahrscheinlich für ein Buch nicht, aber ist denn das Nichtgedrucktwerden und noch Ärgeres nicht viel weniger schlimm als dieses verdammte Sichzwingen. Es gibt in diesen Stückchen ein paar Stellen, für die ich zehntausend Berater haben wollte; halte ich sie aber zurück, brauche ich niemanden als Dich und mich und bin zufrieden. Gib mir recht! Dieses künstliche Arbeiten und Nachdenken stört mich auch schon die ganze Zeit und macht mir unnötigen Jammer. Schlechte Sachen endgültig schlecht sein lassen, darf man nur auf dem Sterbebett. Sag mir, daß ich recht habe, oder wenigstens, daß Du es mir nicht übelnimmst; dann werde ich wieder mit gutem Gewissen und auch über Dich beruhigt etwas anderes anfangen können.
Dein Franz

BRIEFE AUS DEM JAHRE 1912

An Max Brod

[Jungborn,] 22. VII. 1912

Mein liebster Max, spielen wir wieder einmal das Spiel der unglücklichen Kinder? Einer zeigt auf den andern und sagt seinen alten Vers. Deine augenblickliche Meinung über Dich ist eine philosophische Laune, meine schlechte über mich ist keine gewöhnliche schlechte Meinung. In dieser Meinung besteht vielmehr meine einzige Güte, sie ist das, woran ich, nachdem ich sie im Verlaufe meines Lebens ordentlich eingegrenzt habe, niemals, niemals zweifeln mußte, sie bringt Ordnung in mich und macht mich, der ich Unübersichtlichem gegenüber sofort niederfalle, genügend ruhig. Wir stehn einander doch nahe genug, um in die Begründung der Meinung des andern hineinsehn zu können. Mir sind ja Einzelheiten gelungen und ich habe mich über sie mehr gefreut, als selbst Du für recht halten würdest – könnte ich sonst die Feder noch in der Hand halten? Ich bin niemals ein Mensch gewesen, der etwas um jeden Preis durchsetzt. Aber das ist es eben. Was ich geschrieben habe, ist in einem lauen Bad geschrieben, die ewige Hölle der wirklichen Schriftsteller habe ich nicht erlebt, von einigen Ausnahmen abgesehn, die ich trotz ihrer vielleicht grenzenlosen Stärke infolge ihrer Seltenheit und der schwachen Kraft, mit der sie spielten, aus der Beurteilung rücken kann.

Ich schreibe auch hier, sehr wenig allerdings, klage für mich und freue mich auch; so beten fromme Frauen zu Gott, in den biblischen Geschichten wird aber der Gott anders gefunden. Daß ich Dir das, was ich jetzt schreibe, noch lange nicht zeigen kann, mußt Du, Max, begreifen, und wäre es nur mir zu Liebe. Es ist in kleinen Stücken mehr aneinander als ineinander gearbeitet, wird lange geradeaus gehn, ehe es sich zum noch so sehr erwünschten Kreise wendet, und dann in jenem Augenblicke, dem ich entgegenarbeite, wird nicht etwa alles leichter werden, es ist vielmehr wahrscheinlich, daß ich, der ich bis dahin unsicher gewesen bin, dann den Kopf verliere. Deshalb wird es erst nach Beendigung der ersten Fassung etwas sein, wovon man reden kann.

Hast Du denn die Arche nicht mit der Schreibmaschine schreiben lassen? Kannst Du mir nicht doch noch einen Abzug schicken? Und verdient ihr Gelingen nicht ein Wort?

Weltsch liegt noch immer? Hat ihn das aber hingeworfen! Und ich schreibe ihm nicht und schreibe ihm nicht. Bitte sag doch dem Frl. T.

und dem Weltsch und wenn es geht, den Baumischen, daß ich sie alle liebe und daß Liebe mit Briefschreiben nichts zu tun hat. Sag es ihnen so, daß es besser ist und freundlicher aufgenommen wird, als drei wirkliche Briefe. Wenn Du willst, so kannst Du's.
An unserer gemeinsamen Geschichte[12] hat mich außer Einzelheiten nur das Nebendirsitzen an den Sonntagen gefreut (die Verzweiflungsanfälle natürlich abgerechnet) und diese Freude würde mich sofort verlocken, die Arbeit fortzusetzen. Aber Du hast Wichtigeres zu tun und wenn es nur der Ulysses wäre.
Mir fehlt jedes organisatorische Talent und darum kann ich nicht einmal einen Titel für das Jahrbuch erfinden. Vergiß nur nicht, daß in der Erfindung gleichgültige und selbst schlechte Titel durch wahrscheinlich unberechenbare Einflüsse der Wirklichkeit ein gutes Ansehn bekommen.
Sag nichts gegen die Geselligkeit! Ich bin auch der Menschen wegen hergekommen und bin zufrieden, daß ich mich wenigstens darin nicht getäuscht habe. Wie lebe ich denn in Prag! Dieses Verlangen nach Menschen, das ich habe und das sich in Angst verwandelt, wenn es erfüllt wird, findet sich erst in den Ferien zurecht; ich bin gewiß ein wenig verwandelt. Übrigens hast Du meine Zeitangaben nicht genau gelesen, bis 8 Uhr schreibe ich wenig, nach 8 aber nichts, trotzdem ich mich dann am befreitesten fühle. Darüber würde ich mehr schreiben, wenn ich nicht gerade den heutigen Tag ganz besonders dumm mit Ball- und Kartenspielen und Umhersitzen und Liegen im Garten verbracht hätte. Und Ausflüge mache ich gar keine! Es ist die höchste Gefahr, daß ich den Brocken gar nicht sehen werde. Wenn Du wüßtest, wie die kurze Zeit vergeht! Wenn sie so deutlich verginge wie Wasser, aber sie vergeht wie Öl.
Samstag nachmittag fahre ich von hier weg (hätte aber noch sehr gerne bis dahin eine Karte von Dir), bleibe Sonntag in Dresden und komme Abend nach Prag. Nur aus weithin sichtbarer Schwäche fahre ich nicht über Weimar. Ich habe einen kleinen Brief von ihr bekommen mit eigenhändigen Grüßen der Mutter und 3 beigelegten Photographien. Auf allen dreien ist sie in verschiedenen Stellungen zu sehn, in einer mit den frühern Photographien unvergleichbaren Deutlichkeit und schön ist sie! Und ich fahre nach Dresden, als wenn es sein müßte, und werde mir den zoologischen Garten ansehn, in den ich gehöre! Franz
9 Tagebuchblätter

Kennst Du, Max, das Lied »Nun leb wohl...«? Wir haben es heute früh gesungen und ich habe es abgeschrieben. Die Abschrift heb ich mir ganz besonders gut auf! Das ist eine Reinheit und wie einfach es ist; jede Strophe besteht aus einem Ausruf und einem Kopfneigen.
Außerdem noch ein vergessenes Blatt von der Reise.

An Max Brod

[Kafkas Schwester Ottla diktiert.
Wahrscheinlich aus der zweiten Jahreshälfte 1912]
Liebster Max, ich weiß wirklich nicht, ob ich morgen Sonntag zu Dir komme, höchstens mit einer Lüge, denn ich habe Angst vor Dir. So ein Gesicht wie Du es am Abend vor Deiner Abreise gemacht hast, vertrag ich nicht. Ich schlafe jetzt immer regelrecht bis viertel neun und ich habe auch richtig den Auftrag gegeben, daß man mich heute um sieben Uhr schon weckt und man hat mich auch um sieben geweckt, wie ich beim endgültigen Aufwachen um viertel neun dunkel mich erinnern konnte. Aber dieses Aufwecken hat mich nicht mehr gestört als meine jetzt wütend deutlichen Träume. (Gestern habe ich z. B. ein rasendes Gespräch mit Paul Ernst gehabt, es ging Schlag auf Schlag, er war dem Vater vom Felix ähnlich. Von morgen ab wird er täglich zwei Geschichten schreiben.) Seit zwei Tagen habe ich auch keinen Brief bekommen, Du hast mir auf zwei Karten und einen Brief nicht geantwortet, und wenn auch beides nicht schwer erklärlich ist, so führe ich es doch an, weil ich eben für meine Unpünktlichkeit keine bessere Entschuldigung habe.

An Max Brod

[14. VIII. 1912]
Guten Morgen! Lieber Max, ich stand gestern beim Ordnen der Stückchen[13] unter dem Einfluß des Fräuleins, es ist leicht möglich, daß irgendeine Dummheit, eine vielleicht nur im Geheimen komische Aufeinanderfolge dadurch entstanden ist. Bitte, schau das noch nach und laß mich den Dank dafür in den ganz großen Dank einschließen, den ich Dir schuldig bin.   Dein Franz
Es ist auch eine Anzahl kleiner Schreibfehler drin, wie ich jetzt bei

dem leider ersten Lesen einer Kopie sehe. Und die Interpunktion! Aber vielleicht hat die Korrektur dessen wirklich noch Zeit. Nur dieses: »Wie müßtet ihr aussehn?« in der Kindergeschichte streich und hinter dem vier Worte vorhergehenden »wirklich« mach ein Fragezeichen.

An Ernst Rowohlt[14]

Prag, am 14. August 1912

Sehr geehrter Herr Rowohlt!
Hier lege ich Ihnen die kleine Prosa vor, die Sie zu sehen wünschten; sie ergibt wohl schon ein kleines Buch. Während ich sie für diesen Zweck zusammenstellte, hatte ich manchmal die Wahl zwischen der Beruhigung meines Verantwortungsgefühls und der Gier, unter Ihren schönen Büchern auch ein Buch zu haben. Gewiß habe ich mich nicht immer ganz rein entschieden. Jetzt aber wäre ich natürlich glücklich, wenn Ihnen die Sachen auch nur soweit gefielen, daß Sie sie druckten. Schließlich ist auch bei größter Übung und größtem Verständnis das Schlechte in den Sachen nicht auf den ersten Blick zu sehen. Die verbreitetste Individualität der Schriftsteller besteht ja darin, daß jeder auf ganz besondere Weise sein Schlechtes verdeckt.
Ihr ergebener: Dr. Franz Kafka
Manuscript folgt separat per Postpaquet

An den Rowohlt-Verlag

[Briefkopf: Arbeiter-Unfall-Versicherungs-Anstalt]
Prag, am 7. September 1912

Sehr geehrter Herr!
Ich danke Ihnen bestens für das freundliche Schreiben vom 4. d. M. Da ich mir die geschäftlichen Aussichten der Veröffentlichung einer derartigen kleinen ersten Arbeit beiläufig vorstellen kann, bin ich gerne mit den Bedingungen einverstanden, die Sie mir selbst stellen wollen, solche Bedingungen, die Ihr Risiko möglichst einschränken, werden auch mir die liebsten sein. – Ich habe vor den Büchern, die ich aus Ihrem Verlage kenne, zuviel Respekt, um mich mit Vorschlägen wegen dieses Buches einzumischen, nur bitte ich um die größte Schrift, die innerhalb jener Absichten möglich

ist, die Sie mit dem Buch haben. Wenn es möglich wäre, das Buch als einen dunklen Pappband einzurichten, mit getöntem Papier, etwa nach der Art des Papieres der Kleistanekdoten, so wäre mir das sehr recht, allerdings wieder nur unter der Voraussetzung, daß es Ihren sonstigen Plan nicht stört.
In angenehmer Erwartung Ihrer nächsten Nachrichten
Ihr ergebener: Dr. Franz Kafka

An Elsa Taussig
Prag, am 18. IX. 1912
Liebes Fräulein! Besten Dank. Das ist eben der Süden. Schon beim Lesen dieses Tagebuchs fängt mir das Blut zu kochen an, wenn auch nur schwach, nach seiner Art.
Schreiben Sie mir doch nur ein Wort, wann und wo ich Sie sehen kann und ich komme mit Freuden hin. Nur überraschen will ich Sie nicht, es gibt keine angenehmen Überraschungen. – Wie wäre es übrigens, wenn wir einmal zusammen zum alten Onkel gingen; da Max uns allen weggefahren ist, gehören wir doch zusammen.
Ihr herzlich ergebener Franz K.

An Felix Weltsch und Max Brod
[Briefkopf: Arbeiter-Unfall-Versicherungs-Anstalt]
Prag, 20. September 1912
Meine lieben Glücklichen!
Ich mache mir die allerdings sehr nervöse Freude, euch mitten in den Bürostunden zu schreiben. Ich würde es nicht tun, wenn ich noch Briefe ohne Schreibmaschine schreiben könnte. Aber dieses Vergnügen ist zu groß. Reicht einmal und meistens die Laune nicht ganz aus, die Fingerspitzen sind immer da. Ich muß annehmen, daß euch das sehr interessiert, weil ich euch das so in Eile schreibe.
Danke, Max, für das Tagebuch. Dein Fräulein war so lieb, es mir gleich zu schicken, es kam gleichzeitig mit Deiner ersten Karte an. Ich habe mich aber auch gleich schön bedankt und offen gesagt gleich um ein Rendezvous gebeten, für das ich, hoffentlich in Deinem Sinn, die Wohnung Deines Onkels vorgeschlagen habe, damit wir drei Verlassenen einmal beisammen sind.
Mit dem Tagebuch darfst Du nicht aufhören! Und besser wäre es

noch, wenn ihr alle Tagebücher führtet und schicktet. Wenn wir uns schon im Neide wälzen, wollen wir wissen, warum. Schon aus den paar Seiten ist mir der Süden ein wenig eingegangen und die Italiener im Kupee, an die Du Dich im ununterbrochenen Wohlleben wahrscheinlich gar nicht mehr erinnerst, haben mich stark gepackt.

Gestern abend war ich, Max, bei Deinen Eltern. Dein Vater war allerdings in einem Verein und ich fühlte mich gerade zu schwach, um das Auspacken Deiner Briefschaften bei Deinem Bruder durchzusetzen. An Neuigkeiten soll es [hier bricht die Maschinenschrift ab]

Bei dieser spannenden Stelle wurde ich unterbrochen, eine Deputation des Landesverbandes der Sägewerksbesitzer kommt, – nichts weniger, des Eindrucks halber, den das auf euch macht – und wird ewig bleiben.

Also lebt wohl!   Euer Franz

Grüße für Herrn Süssland

Meine Schwester Valli hat Samstag Verlobung gehabt, macht ihr die Freude und gratuliert ihr auf einer Ansichtskarte, ohne zu schreiben, woher ihr es wißt.

An den Rowohlt-Verlag

                [Briefkopf: Arbeiter-Unfall-Versicherungs-Anstalt]
                                  Prag, am 25. September 1912

Sehr geehrte Herren!

In der Beilage erlaube ich mir Ihnen das eine Vertragsformular, unterschrieben, mit bestem Danke zurückzuschicken. Ich hielt es deshalb paar Tage zurück, weil ich Ihnen gleichzeitig eine bessere Lesart für das Stückchen »Der plötzliche Spaziergang« mitschicken wollte, denn in dem bisherigen Schluß des ersten Absatzes steckt eine Stelle, die mich anwidert. Leider habe ich diese bessere Lesart noch nicht ganz, schicke sie aber bestimmt in den nächsten Tagen.

Noch eine Bitte: Da im Vertrag der Erscheinungstermin nicht genannt ist – ich lege auch nicht den geringsten Wert darauf, daß es geschieht – da ich aber natürlich sehr gerne wüßte, wann Sie das Buch herauszugeben beabsichtigen, bitte ich Sie so freundlich zu sein, und es mir bei Gelegenheit zu schreiben.

Ihr herzlich ergebener: Dr. Franz Kafka

BRIEFE AUS DEM JAHRE 1912

An Max Brod
[Prag, Herbst 1912]
Liebster Max, wo bleibst Du denn? Ich wollte Dich auf dem Kanapee schlafend erwarten, aber ich bin weder eingeschlafen, noch bist Du gekommen. Jetzt muß ich schon nachhause, aber morgen vormittag will ich Dich endlich sehn. Ich bin bis zwölf im Bureau und will nicht sagen, daß Du mich dort besuchen oder abholen sollst, aber ich würde Dich dann immerhin früher sehn und vielleicht kannst Du Deine Wege so einrichten. Jedenfalls aber komme ich nach zwölf zu Dir. Wenn Du zuhause sein könntest – ich würde Dich dann in unserer Sonne spazieren führen. – Frl. B. läßt Dich grüßen und ich leihe ihr gerne meinen Mund.   Franz

An Max Brod
[Prag, Herbst 1912]
Lieber Max, hier schicke ich Dir das zweite Kapitel ohne mich. Es war die einzige gute Stunde, die ich seit Samstag damit verbracht habe. Ich kann deshalb nicht kommen, weil meinem Vater nicht gut ist und er will, daß ich bei ihm bleibe. Vielleicht komme ich abends zum Besuch.   Dein Franz

An den Rowohlt-Verlag
[Briefkopf: Arbeiter-Unfall-Versicherungs-Anstalt]
Prag, am 6. Oktober 1912
Sehr geehrte Herren!
In der Beilage übersende ich Ihnen die bessere Lesart des Stückchens »Der plötzliche Spaziergang«, die Sie an Stelle der bisherigen freundlichst in das Manuskript einlegen wollen.
Gleichzeitig bitte ich neuerlich um die vor einiger Zeit schon erbetene Auskunft über den Erscheinungstermin, den Sie für die »Betrachtung« in Aussicht genommen haben. Ich wäre Ihnen für eine gefällige baldige Auskunft sehr verbunden.
Ihr herzlich ergebener: Dr. F. Kafka

BRIEFE AUS DEM JAHRE 1912

An Max Brod

[Prag, 8. Oktober 1912]

Mein liebster Max!

Nachdem ich in der Nacht von Sonntag auf Montag gut geschrieben hatte – ich hätte die Nacht durchschreiben können und den Tag und die Nacht und den Tag und schließlich wegfliegen – und heute sicher auch gut hätte schreiben können – eine Seite, eigentlich nur ein Ausatmen der gestrigen zehn ist sogar fertig – muß ich aus folgendem Grunde aufhören: Mein Schwager, der Fabrikant, ist, was ich in meiner glücklichen Zerstreutheit kaum beachtet hatte, heute früh zu einer Geschäftsreise ausgefahren, die zehn bis vierzehn Tage dauern wird. In dieser Zeit ist die Fabrik tatsächlich dem Werkmeister allein überlassen und kein Geldgeber, um wie viel weniger ein so nervöser wie mein Vater, wird an der vollkommen betrügerischen Wirtschaft zweifeln, die jetzt in der Fabrik vor sich geht. Im übrigen glaube ich dasselbe, zwar nicht so sehr aus Angst um das Geld, als aus Uninformiertheit und Gewissensunruhe. Schließlich aber dürfte auch ein Unbeteiligter, soweit ich mir ihn vorstellen kann, an der Berechtigung der Angst meines Vaters nicht besonders zweifeln, wenn ich auch nicht vergessen darf, daß *ich* im letzten Grunde es gar nicht einsehe, warum nicht ein reichsdeutscher Werkmeister auch in Abwesenheit meines Schwagers, dem er in allem Technischen und Organisatorischen himmelweit überlegen ist, alles in der gleichen Ordnung führen könnte, wie sonst, denn schließlich sind wir Menschen und nicht Diebe.

Nun ist außer dem Werkmeister noch der jüngere Bruder meines Schwagers da, zwar ein Narr in allen Sachen außer dem Geschäftlichen und auch noch weit ins Geschäftliche hinein, aber doch tüchtig, fleißig, aufmerksam, ein Springer möchte ich sagen. Der muß aber natürlich viel im Bureau sein und außerdem das Agenturgeschäft führen, zu diesem Zweck den halben Tag in der Stadt herumlaufen und für die Fabrik bleibt ihm also wenig Zeit.

Wie ich einmal in letzter Zeit Dir gegenüber behauptet habe, daß mich von außen her nichts im Schreiben stören könne (was natürlich keine Prahlerei, sondern Selbsttröstung war), dachte ich nur daran, wie die Mutter mir fast jeden Abend vorwimmert, ich solle doch einmal hie und da zur Beruhigung des Vaters in die Fabrik schauen und wie mir das auch von seiner Seite der Vater mit Blicken und sonst auf Umwegen viel ärger gesagt hat. Solche Bit-

ten und Vorwürfe gingen zwar zum größten Teil nicht auf Unsinn heraus, denn eine Überwachung des Schwagers würde ihm und der Fabrik sicher sehr gut tun; nur kann ich aber – und darin lag der nicht aus der Welt zu schaffende Unsinn jenes Geredes – eine derartige Überwachung auch in meinen hellsten Zuständen nicht leisten.
Darum handelt es sich aber für die nächsten vierzehn Tage nicht, für die ja nichts anderes nötig ist, als zwei beliebige Augen, und seien es auch nur die meinen, in der Fabrik herumgehn zu lassen. Dagegen, daß diese Forderung gerade an mich gestellt wird, ist nicht das geringste zu sagen, denn ich trage nach der Meinung aller die Hauptschuld an der Gründung der Fabrik – ich muß diese Schuld halb im Traum übernommen haben, scheint mir allerdings – und außerdem ist auch niemand da, der sonst in die Fabrik gehen könnte, denn die Eltern, an die übrigens auch sonst nicht zu denken wäre, haben jetzt gerade die stärkste Geschäftssaison (das Geschäft scheint auch in dem neuen Lokal besser zu gehn) und heute war z. B. die Mutter gar nicht beim Mittagessen zuhause.
Als heute abend die Mutter also wieder mit der alten Klage anfing und abgesehen von dem Hinweis auf die Verbitterung und das Krankwerden des Vaters durch meine Schuld, auch diese neue Begründung von der Abreise des Schwagers und der vollständigen Verlassenheit der Fabrik vorbrachte und auch meine jüngste Schwester, die doch sonst zu mir hält, mit richtigem, von mir in der letzten Zeit auf sie übergegangenem Gefühl und gleichzeitig mit ungeheurem Unverstand mich vor der Mutter verließ, und mir die Bitterkeit – ich weiß nicht, ob es nur Galle war – durch den ganzen Körper rann, sah ich vollkommen klar ein, daß es für mich jetzt nur zwei Möglichkeiten gab, entweder nach dem allgemeinen Schlafengehen aus dem Fenster zu springen oder in den nächsten vierzehn Tagen täglich in die Fabrik und in das Bureau des Schwagers zu gehn. Das erstere gab mir die Möglichkeit, alle Verantwortung sowohl für das gestörte Schreiben als auch für die verlassene Fabrik abzuwerfen, das zweite unterbrach mein Schreiben unbedingt – ich kann mir nicht den Schlaf von vierzehn Nächten einfach aus den Augen wischen – und ließ mir, wenn ich genug Kraft des Willens und der Hoffnung hatte, die Aussicht, in vierzehn Tagen möglicherweise dort anzusetzen, wo ich heute aufgehört habe.
Ich bin also nicht hinuntergesprungen und auch die Lockungen, diesen Brief zu einem Abschiedsbrief zu machen (meine Ein-

gebungen für ihn gehn in anderer Richtung), sind nicht sehr stark. Ich bin lange am Fenster gestanden und habe mich gegen die Scheibe gedrückt und es hätte mir öfters gepaßt, den Mauteinnehmer auf der Brücke durch meinen Sturz aufzuschrecken. Aber ich habe mich doch die ganze Zeit über zu fest gefühlt, als daß mir der Entschluß, mich auf dem Pflaster zu zerschlagen, in die richtige entscheidende Tiefe hätte dringen können. Es schien mir auch, daß das Amlebenbleiben mein Schreiben – selbst wenn man nur, nur vom Unterbrechen spricht – weniger unterbricht als der Tod, und daß ich zwischen dem Anfang des Romans und seiner Fortsetzung in vierzehn Tagen mich irgendwie gerade in der Fabrik, gerade gegenüber meinen zufriedengestellten Eltern im Innersten meines Romans bewegen und darin leben werde.

Ich lege Dir, mein liebster Max, das Ganze nicht vielleicht zur Beurteilung vor, denn darüber kannst Du ja kein Urteil haben, aber da ich fest entschlossen war, ohne Abschiedsbrief hinunterzuspringen – vor dem Ende darf man doch müde sein – so wollte ich, da ich wieder als Bewohner in mein Zimmer zurücktreten soll, an Dich dafür einen langen Wiedersehensbrief schreiben und da ist er. Und jetzt noch einen Kuß und Gute Nacht, damit ich morgen ein Fabrikschef bin, wie es verlangt wird.   Dein Franz
Dienstag ¹/₂1 Uhr, Oktober 1912

Und doch, das darf ich jetzt am Morgen auch nicht verschweigen, ich hasse sie alle der Reihe nach und denke, ich werde in diesen vierzehn Tagen kaum die Grußworte für sie fertig bringen. Aber Haß – und das richtet sich wieder gegen mich – gehört doch mehr außerhalb des Fensters, als ruhig schlafend im Bett. Ich bin weit weniger sicher als in der Nacht[15].

An Max Brod

[Prag, Herbst 1912]

Lieber Max – an eine Hauptsache habe ich gestern ganz vergessen: an unser Telephon. Du kannst Dir gar nicht vorstellen, wie dringend wir es brauchen, wenigstens wie dringend wir es vor vierzehn Tagen gebraucht haben, als ich zum letzten Mal in der Fabrik war. (Im Bureau bin ich öfter.) Weißt Du, ich möchte auch, so gut es geht, die Ausreden für das Eintreten eines Mißerfolges ein-

schränken, dessen Möglichkeit ich in den Tatsachen noch gar nicht erkenne, während ich sie in den Gesichtern meiner Schwäger zu ahnen anfange.
Dein Franz

An den Rowohlt-Verlag
[Briefkopf: Arbeiter-Unfall-Versicherungs-Anstalt]
Prag, am 18. Oktober 1912

Sehr geehrter Herr!
Die Satzprobe, die Sie so freundlich waren, mir zu schicken, ist allerdings wunderschön. Ich kann gar nicht genug eilig und genug rekommandiert diesem Druck zustimmen und danke Ihnen von Herzen für die Teilnahme, die Sie dem Büchlein erweisen.
Die Seitenzahlen in der Satzprobe sind hoffentlich nicht die endgiltigen, denn »Kinder auf der Landstraße« sollten das erste Stück sein. Es war eben mein Fehler, daß ich kein Inhalts-Verzeichnis mitgeschickt habe, und das Schlimme ist, daß ich diesen Fehler gar nicht gutmachen kann, da ich, abgesehen von dem Anfangsstück und dem Endstück »Unglücklich sein« die Reihenfolge nicht recht kenne, in der das Manuskript geordnet war.
»Der plötzliche Spaziergang« in verbesserter Form ist wohl richtig angekommen?
Ihr herzlich ergebener: Dr. F. Kafka

An Max Brod
[Postkarte. Prag, Stempel: 7. XI. 1912]

Liebster Max! Warum mischt sich der Mensch zwischen uns, wenn ich Dich nach langer Zeit wieder einmal allein sehen und sprechen soll. Interessiert hätte er mich allerdings, schon deshalb, weil er in meiner Korrespondenz einmal erwähnt worden ist; aber er stand mir doch nicht dafür, mich in meiner schon sterbemäßigen Müdigkeit aus dem Bett zu schleppen. So kam ich erst um neun zum Arco, erfuhr, daß ihr schon weggegangen seid, machte kehrtum und ging nachhause. Du arbeitest nicht? Ich bin traurig darüber, daß sich mit der Zeit so viele Abhaltungen um Dich angesammelt haben. Du wirst einmal mit einem großen Schwung des Armes den Platz um Dich herum räumen müssen. Deine Gedichte in den Herderblättern[16] stehn sehr schön da. – Freitag komme ich also.
Dein Franz

An Max Brod

[Prag,] 13. XI. 12

Liebster Max, (vom Bett aus diktiert, aus Faulheit und damit der im Bett ausgekochte Brief vom gleichen Ort her auf das Papier kommt.) Ich will Dir nur sagen, Sonntag lese ich bei Baum nicht vor. Vorläufig ist der ganze Roman unsicher. Ich habe gestern das sechste Kapitel mit Gewalt, und deshalb roh und schlecht beendet: zwei Figuren, die noch darin hätten vorkommen sollen, habe ich unterdrückt. Die ganze Zeit, während der ich geschrieben habe, sind sie hinter mir her gelaufen, und da sie im Roman selbst die Arme hätten heben und die Fäuste ballen sollen, haben sie das gleiche gegen mich getan. Sie waren immerfort lebendiger als das, was ich schrieb. Nun schreibe ich heute außerdem nicht, nicht weil ich nicht will, sondern weil ich wieder einmal zu hohläugig herumschau. Von Berlin[17] ist allerdings auch nichts gekommen. Welcher Narr hat aber auch etwas erwartet? Du hast ja dort das äußerste gesagt, was man aus Güte, Verstand und Ahnung sagen konnte, aber wenn dort statt Deiner ein Engel ins Telephon gesprochen hätte, gegen meinen giftigen Brief hätte auch er nicht aufkommen können. Nun, Sonntag wird ja noch der Laufbursch einer Berliner Blumenhandlung einen Brief ohne Überschrift und Unterschrift überreichen. Um meiner sonstigen Quälerei aus Eigenem noch nachzuhelfen, habe ich dieses dritte Kapitel ein wenig durchgelesen und gesehen, daß da ganz andere Kräfte nötig sind, als ich sie habe, um dieses Zeug aus dem Dreck zu ziehen. Und selbst diese Kräfte würden nicht hinreichen, um sich zu überwinden, das Kapitel im gegenwärtigen Zustand Euch vorzulesen. Überspringen kann ich es natürlich auch nicht, und so bleibt Dir nur übrig, die Zurücknahme meines Versprechens mit zweierlei Gutem zu vergelten. Erstens, mir nicht bös zu sein, und zweitens, selbst vorzulesen.
Adieu (ich will noch mit meiner Schreiberin Ottla spazieren gehn; sie kommt am Abend aus dem Geschäft und ich diktiere ihr jetzt als Pascha vom Bett aus und verurteile sie überdies auch noch zur Stummheit, denn sie behauptet zwischendurch, sie wolle auch etwas bemerken). Das Schöne an solchen Briefen ist, daß sie am Schluß nach vorne hin unwahr werden. Mir ist jetzt viel leichter als am Anfang.   Dein Franz

An Willy Haas

[Prag,] 25. XI. 1912

Lieber Herr Haas!
Ich nehme die Einladung der Herdervereinigung natürlich an, es macht mir sogar große Freude vorzulesen. Ich werde die Geschichte aus der »Arkadia«[18] lesen, sie dauert nicht ganz eine ½ Stunde. Was für ein Publikum gibt es da? Wer liest noch? Wie lange dauert das Ganze? Genügt Straßenanzug? (Unnötige Frage, die letzte, ich habe keinen andern.) Auf die andern Fragen aber antworten Sie mir bitte.
Mit den herzlichsten Grüßen   Dr. F. Kafka

An Max Brod

[Ende 1912]

Liebster Max, ich weiß nicht, ob Du meinen gestrigen Brief schon hast, nun für jeden Fall: Die Beschreibung der Hauptsache darin ist heute schon falsch und alles ist unausdenkbar gut geworden.

Franz

An Oskar Baum

[Ansichtskarte, wahrscheinlich 1912]

Lieber Herr Baum,
Max muß am Montag das Abschiedsfest eines Kollegen mitfeiern und ich muß meinen Vater wegen einer Sache zu versöhnen suchen, von der ich Ihnen noch erzählen werde. Wir kommen also nächsten Montag doppelt.
Leben Sie wohl   F. Kafka

1913

An Elsa und Max Brod
[Ansichtskarte. Prag, Stempel: 4. II. 1913.
Adressiert nach Monte Carlo]
Ihr Lieben, den Nachtwächter brauche ich nicht, ich bin doch selbst einer an Verschlafenheit, Abendwanderungen und Verfrorenheit. Wärmt Ihr Euch dort ordentlich unter der Sonne? Sucht mir bitte für den Sommer oder Herbst einen Ort aus, wo man vegetarisch lebt, unaufhörlich gesund ist, wo man auch allein sich nicht verlassen fühlt, wo selbst einem Klotz das Italienische eingeht u. s. f., kurz einen schönen unmöglichen Ort. Lebt wohl. Man denkt viel an Euch.
                                                                                                Franz

An Elsa und Max Brod
[Ansichtskarte. Prag, Stempel: 14. II. 1913.
Adressiert nach St. Raphael]
Erst vor ein paar Tagen habe ich erfahren, daß Ihr 18 Tage wegbleiben werdet. So lange! Das nimmt ja kein Ende. Führt Ihr wenigstens ein Tagebuch? Wenn Ihr es bis jetzt nicht getan habt, dann setzt Euch heute irgendwohin ans Meer und macht zusammen eine Beschreibung der bisherigen Reise und sollte es vom Morgen bis zum Abend dauern. Ich sage Euch, Ihr werdet Kämpfe mit uns zu bestehen haben, wenn Ihr es nicht tut. Und kommt bald!
                                                                                                Franz

An Gertrud Thieberger
[Postkarte. Prag, Stempel: 20. II. 1913]
Sehr geehrtes Fräulein,
nun kann ich doch nicht zu Carmen gehen, ich habe heute Nachmittagsdienst. Ich hatte es vor dem Telephon vergessen, wie ich überhaupt vor dem Apparat immer geradezu alles vergesse. Nochmals besten Dank für Ihre Freundlichkeit. Ist es übrigens ökonomisch, die Erinnerung an eine gute Aufführung durch die Erinnerung an eine wahrscheinlich mangelhafte zu verwischen? Mit herzlichstem Gruße für Sie und Ihr Fräulein Schwester
                                                                                                F. Kafka

An den Verlag Kurt Wolff

[Prag,] 8. III. 12[1]

Sehr geehrter Herr Verleger!
Hier schicke ich postwendend die Korrektur für die »Arkadia« zurück. Ich bin glücklich darüber, daß Sie mir noch die zweite Korrektur geschickt haben, denn auf Seite 61 steht ein schrecklicher Druckfehler: »Braut« statt »Brust«.
Mit bestem Dank Ihr herzlich ergebener   Dr. F. Kafka

An Kurt Wolff

[Postkarte. Charlottenburg, Stempel: 25. III. 1913
Von einer Vollversammlung Ihrer Verlagsautoren die besten Grüße
Otto Pick   Albert Ehrenstein   Carl Ehrenstein]

Sehr geehrter Herr Wolff!
Glauben Sie Werfel nicht! Er kennt ja kein Wort von der Geschichte[2]. Bis ich sie ins Reine werde haben schreiben lassen, schicke ich sie natürlich sehr gerne.
Ihr ergebener   F. Kafka

[Herzl. Gruß Paul Zech; mit einer Zeichnung von Else Lasker-Schüler, unterzeichnet: Abigail Basileus III.]

An Max Brod

[Prag,] 3. IV. 1913

Liebster Max!
Wenn es nicht gar zu dumm aussehn würde ohne genügende Erklärung – und wie brächte ich dafür eine genügende Erklärung in Worten zusammen! – einfach zu sagen, daß ich, so wie ich bin, am besten tue, mich nirgends sehen zu lassen, – so wäre das die richtigste Antwort. Sonst hielt ich mich, wenn es schon nirgends sonst ging, wenigstens am Bureau fest, heute dagegen wüßte ich, wenn ich nur meiner Lust folgen würde, und viele Hemmungen gibt es nicht, nichts Besseres, als meinem Direktor mich zu Füßen zu werfen und ihn zu bitten, mich aus Menschlichkeit (andere Gründe sehe ich nicht, die Außenwelt sieht heute noch glücklicherweise fast nur andere) nicht hinauszuwerfen. Vorstellungen wie z. B. die, daß ich ausgestreckt auf dem Boden liege, wie ein

Braten zerschnitten bin und ein solches Fleischstück langsam mit der Hand einem Hund in die Ecke zuschiebe –, solche Vorstellungen sind die tägliche Nahrung meines Kopfes. Gestern habe ich nach Berlin das große Geständnis geschrieben, sie ist eine wirkliche Märtyrerin und ich untergrabe ganz deutlich den Boden, auf dem sie früher glücklich und in Übereinstimmung mit der ganzen Welt gelebt hat. Ich würde heute kommen, liebster Max, nur habe ich heute einen wichtigen Weg. Ich gehe nach Nusle und werde versuchen, bei einem der Gemüsegärtner auf der Nusler Lehne für Nachmittagsarbeit aufgenommen zu werden. Also morgen komme ich, Max.
Franz

An Kurt Wolff

[Prag,] 4. IV. 13

Sehr geehrter Herr Wolff!
Eben spät abend bekomme ich Ihren so liebenswürdigen Brief. Natürlich ist es mir auch beim besten Willen unmöglich, bis Sonntag die Manuscripte in Ihre Hände kommen zu lassen, wenn ich es auch viel leichter ertragen würde eine unfertige Sache wegzugeben, als auch nur den Anschein aufkommen zu lassen, daß ich Ihnen nicht gefällig sein will. Ich sehe zwar nicht ein, auf welche Weise und in welchem Sinn diese Manuscripte eine Gefälligkeit bedeuten könnten; um so eher sollte ich sie eben schicken. Das erste Kapitel des Romans werde ich auch tatsächlich gleich schicken, da es von früher her zum größten Teil schon abgeschrieben ist; Montag oder Dienstag ist es in Leipzig. Ob es selbständig veröffentlicht werden kann, weiß ich nicht; man sieht ihm zwar die 500 nächsten und vollständig mißlungenen Seiten nicht gerade an, immerhin ist es wohl doch nicht genug abgeschlossen; es ist ein Fragment und wird es bleiben, diese Zukunft gibt dem Kapitel die meiste Abgeschlossenheit. Die andere Geschichte, die ich habe, »die Verwandlung«, ist allerdings noch gar nicht abgeschrieben, denn in der letzten Zeit hielt mich alles von der Litteratur und von der Lust an ihr ab. Aber auch diese Geschichte werde ich abschreiben lassen und frühestens schicken. Für späterhin würden vielleicht diese zwei Stücke und »das Urteil« aus der Arkadia ein ganz gutes Buch ergeben, das »die Söhne« heißen könnte.
Mit herzlichem Dank für Ihre Freundlichkeit und den besten Wünschen für Ihre Reise Ihr ergebener
Franz Kafka

An Kurt Wolff

[Prag,] 11. IV. 13

Sehr geehrter Herr Wolff!
Meinen besten Dank für Ihren freundlichen Brief, mit den Bedingungen für die Aufnahme des »Heizers« in den »Jüngsten Tag«³ bin ich vollständig und sehr gerne einverstanden. Nur eine Bitte habe ich, die ich übrigens schon in meinem letzten Briefe ausgesprochen habe. »Der Heizer«, »die Verwandlung« (die 1½ mal so groß wie der Heizer ist) und das »Urteil« gehören äußerlich und innerlich zusammen, es besteht zwischen ihnen eine offenbare und noch mehr eine geheime Verbindung, auf deren Darstellung durch Zusammenfassung in einem etwa »Die Söhne« betitelten Buch ich nicht verzichten möchte. Wäre es nun möglich, daß »der Heizer« abgesehen von der Veröffentlichung im »Jüngsten Tag« später in einer beliebigen, ganz in Ihr Gutdünken gestellten, aber absehbaren Zeit mit den andern zwei Geschichten verbunden in ein eigenes Buch aufgenommen wird und wäre es möglich eine Formulierung dieses Versprechens in den jetzigen Vertrag über den »Heizer« aufzunehmen? Mir liegt eben an der Einheit der drei Geschichten nicht weniger als an der Einheit einer von ihnen.
Ihr herzlich ergebener   Dr. F. Kafka

An Kurt Wolff

[Prag,] 20. IV. 13

Sehr geehrter Herr Wolff!
Schon habe ich gefürchtet, daß ich zu viel forderte, und nun haben Sie mir so freundlich nachgegeben, ohne sich eigentlich überzeugt zu haben, ob meine Bitte innere Berechtigung hätte. Ich danke Ihnen herzlichst.
Ihr ergebener   Dr. F. Kafka

*An Gertrud Thieberger*⁴

[Widmung in der Erstausgabe von »Betrachtung«, wahrscheinlich Frühjahr 1913]

Für Fräulein Trude Thieberger mit herzlichen Grüßen und einem Rat: In diesem Buche ist noch nicht das Sprichwort befolgt worden »In einen geschlossenen Mund kommt keine Fliege« (Schlußwort aus »Carmen« von Mérimée). Deshalb ist es voll Fliegen. Am besten es immer zugeklappt halten. F. Kafka

An Kurt Wolff

[Prag,] 24. IV. 13

Sehr geehrter Herr Wolff!
Beiliegend schicke ich die Korrekturbogen des »Heizers« zurück und bitte nur, auf jeden Fall mir eine zweite Revision zu schicken. Es sind, wie Sie sehen, so viele wenn auch nur kleine Korrekturen notwendig geworden, daß diese Revision unmöglich genügen kann. Ich werde aber die zweite Revision, wann immer ich sie bekomme, umgehend zurückschicken. Könnte ich dann nicht auch das innere Titelblatt zu sehen bekommen? Es würde mir sehr viel daran liegen, daß wenigstens auf dem inneren Titel, wenn es nur irgendwie angeht, unter dem Titel »Der Heizer« der Untertitel »Ein Fragment« steht.

Ihr herzlich ergebener Dr. F. Kafka

An Max Brod

[Ansichtskarte. Prag, Stempel: 14. V. 1913]

Liebster Max, ich muß morgen nach Aussig fahren, muß mich noch vorbereiten und will bald schlafen gehn. Zum Erzählen dessen, was ich in Berlin gemacht habe, wird es sowieso niemals spät genug sein. Franz

An Kurt Wolff

[Prag,] 25. V. 13

Sehr geehrter Herr Wolff!
Meinen herzlichsten Dank für die Sendung! Geschäftlich kann ich natürlich den »Jüngsten Tag« nicht beurteilen, aber an und für sich scheint er mir prachtvoll.

Als ich das Bild[5] in meinem Buche sah, bin ich zuerst erschrocken, denn erstens widerlegte es mich, der ich doch das allermodernste New York dargestellt hatte, zweitens war es gegenüber der Geschichte im Vorteil, da es vor ihr wirkte und als Bild konzentrierter als Prosa und drittens war es zu schön; wäre es nicht ein altes Bild,

könnte es fast von Kubin sein. Jetzt aber habe ich mich schon längst damit abgefunden und bin sogar sehr froh, daß Sie mich damit überrascht haben, denn hätten Sie mich gefragt, hätte ich mich nicht dazu entschließen können und wäre um das schöne Bild gekommen. Ich fühle mein Buch durchaus um das Bild bereichert und schon wird Kraft und Schwäche zwischen Bild und Buch ausgetauscht. Von wo stammt übrigens das Bild?
Nochmals meinen besten Dank!   Ihr ergebener F. Kafka

Gleichzeitig bestelle ich: 1 Schönheit häßlicher Bilder[6] ungebunden, 5 »Heizer« gebunden und für später 3 »Arkadia« gebunden.

An Max Brod
      [Ansichtskarte. Prag, Stempel: 31. V. 1913]
Lieber Max, wenn Du nicht ins Tagblatt gehst, ist der Artikel[7] verloren. Wenigstens war das mein Eindruck. Also bitte, bitte.
      Franz

An Lise Weltsch[8]
      [Prag,] 5. VI. 13
Gnädiges Fräulein!
Das kann nur ein Irrtum sein, Sie sind dem Löwy gar nichts mehr schuldig, die Rechnungen sind schon längst abgeschlossen und da sie vollständig stimmen, kann ich nichts mehr annehmen und muß die Marken zurückschicken. Seien Sie mir bitte deshalb nicht böse. Wenn Sie aber Ihrer irrtümlichen Meinung nach noch immer glauben, gegenüber dem Löwy, mit dem ich in dieser Sache identisch bin, noch eine Verpflichtung zu haben, dann lösen Sie sie bitte auf die Weise ein, daß Sie ein kleines Buch, das ich Ihnen gleichzeitig schicke freundlich annehmen. Ich hatte schon lange Lust zu einem derartigen Unternehmen, fand aber keine rechte Gelegenheit und benütze nun diese, trotzdem es wie ich fürchte auch nicht die rechte Gelegenheit und nicht beim richtigen Buch ist. Aber Freude macht es mir trotz dieser Einschränkungen doch.
Mit den herzlichsten Grüßen
Ihr ergebener   Franz Kafka

An Max Brod

[Postkarte. Prag, Stempel: 29. VIII. (1913?)]

Liebster Max, es scheint mir, ich hätte gestern zuletzt den Eindruck eines fürchterlichen Menschen auf Dich machen müssen, gar durch das Lachen beim Abschied. Gleichzeitig aber wußte ich und weiß ich, daß es gerade Dir gegenüber keiner Richtigstellungen bedarf. Trotzdem muß ich, sei es auch mehr für mich als für Dich sagen: das was ich gestern zeigte und wovon übrigens in dieser Form nur Du, F. und Ottla wissen (aber auch euch gegenüber hätte ich es verbeißen müssen), ist natürlich nur der Vorgang in einem Stockwerk des innern babylonischen Turmes, und was oben und unten ist, weiß man in Babel gar nicht. Immerhin es ist übergenug, selbst wenn ich, wie ich es leicht könnte, mit der darin so geübten Hand noch so viel retouchieren wollte. Es bleibt so, schrecklich und – gar nicht schrecklich. Was ja wieder ein Lachen bedeutet, dem in fünf Minuten wieder die gleiche Karte folgen müßte. Es gibt unzweifelhaft böse Menschen, funkelnd von Bösesein.   Franz

An Max Brod

[Ansichtskarte (Kolonie Rechoboth). Wien[9], Stempel: 9. IX. 1913]

Lieber Max, erbarmungslose Schlaflosigkeit, darf die Hand nicht an die Augenbrauen legen, sonst erschrecke ich über die Hitze. Laufe von überall, Literatur und Kongreß, weg, wenn es am interessantesten wird.
Grüße alle   Franz

An Felix Weltsch[10]

[Ansichtskarte. Wien, Stempel: 10. IX. 1913]

Wenig Vergnügen, mehr Verpflichtungen, noch mehr Langweile, noch mehr Schlaflosigkeit, noch mehr Kopfschmerzen – so lebe ich und habe jetzt gerade zehn Minuten Zeit ruhig in den Regen zu schauen, der in den Hotelhof fällt.   Franz

An Max Brod

[Venedig, Stempel: 16. IX. 1913]

Mein lieber Max, ich bin nicht imstande zusammenhängend etwas Zusammenhängendes zu schreiben. Die Tage in Wien möchte ich aus meinem Leben am liebsten ausreißen und zwar von der Wurzel aus, es war ein nutzloses Jagen und etwas Nutzloseres als ein solcher Kongreß läßt sich schwer ausdenken. Im Zionistischen Kongreß bin ich wie bei einer gänzlich fremden Veranstaltung dagesessen, allerdings war ich durch manches beengt und zerstreut gewesen (jetzt schaut mir ein Junge und ein schöner Gondelführer durch das Fenster herein) und wenn ich auch nicht gerade Papierkugeln auf die Delegierten hinuntergeworfen habe, wie ein Fräulein auf der gegenüberliegenden Galerie, trostlos genug war ich. Von der literarischen Gesellschaft weiß ich fast gar nichts, ich war nur zweimal mit ihnen beisammen, auf einem gewissen Niveau imponieren mir alle, im Grunde gefällt mir keiner, außer vielleicht Stössinger[11], der gerade in Wien war und hübsch entschlossen spricht und dann E. Weiss, der wieder sehr zutunlich ist. Von Dir wurde viel gesprochen und während Du Dir vielleicht Tychonische Vorstellungen von diesen Leuten machst, saßen hier um den Tisch zufällig zusammengekommene Leute, die sämtlich Deine guten Freunde waren und immer wieder mit Bewunderung irgendeines Buches von Dir hervorbrachen. Ich sage nicht, daß es den geringsten Wert hat, ich sage nur, daß es so war. Davon kann ich Dir ja im einzelnen noch erzählen, wenn einer aber Einwände hatte, dann kam es gewiß nur aus der allzugroßen Sichtbarkeit, an der Du für diese stumpfen Augen leidest.

Aber das alles ist vorüber, jetzt bin ich in Venedig. Wäre ich nicht so schwer beweglich und traurig, selbständige Kräfte, um mich vor Venedig zu erhalten, hätte ich nicht. Wie es schön ist und wie man es bei uns unterschätzt! Ich werde hier länger bleiben, als ich dachte. Es ist gut, daß ich allein bin. Die Literatur, die mir schon lange nichts Gutes erwiesen hat, hat sich wieder an mich erinnert, als sie den P. in Wien zurückhielt. Meiner bisherigen Erfahrung nach kann ich nur mit Dir reisen oder, viel schlechter, aber doch immerhin, allein.

Grüße alle.   Franz

BRIEFE AUS DEM JAHRE 1913

An Oskar Baum

[Postkarte. Riva, Stempel: 24. IX. 1913]

Jetzt wohne ich, wenigstens solange Sonne ist, in einer elenden Bretterbude am See mit einem langen Sprungbrett in den See hinaus, das ich aber bisher nur zum Liegen benützt habe. Die ganze Anlage hat ihr Gutes und ich wälze mich dort, da ich ganz allein bin, langsam und schamlos herum. Herzliche Grüße an alle.

Franz

An Max Brod

[Briefkopf: Dr. v. Hartungen,
Sanatorium und Wasserheilanstalt,
Riva am Gardasee. Stempel: 28. IX. 1913]

Mein lieber Max, ich habe Deine beiden Karten bekommen, aber die Kraft zu antworten hatte ich nicht. Das Nichtantworten trägt auch dazu bei, es um einen still zu machen, und ich möchte am liebsten mitten in die Stille mich hineinsenken und nicht mehr herauskommen. Wie brauche ich das Alleinsein und wie verunreinigt mich jedes Gespräch! Im Sanatorium rede ich allerdings nichts, bei Tisch sitze ich zwischen einem alten General (der auch nichts spricht, wenn er sich aber einmal zum Reden entschließt, sehr klug spricht, zumindest allen andern überlegen) und einer kleinen italienisch aussehenden Schweizerin mit dumpfer Stimme, die über ihre Nachbarschaft unglücklich ist. – Ich merke gerade, daß ich nicht nur nicht reden, sondern auch nicht schreiben kann, ich will Dir eine Menge sagen, aber es fügt sich nicht in einander oder nimmt eine falsche Richtung. Ich habe auch wirklich seit etwa vierzehn Tagen gar nichts geschrieben, ich führe kein Tagebuch, ich schreibe keine Briefe, je dünner die Tage rinnen, desto besser. Ich weiß es nicht, aber ich glaube, wenn mich nicht einer auf dem Schiff (ich war in Malcesine) heute angesprochen hätte und ich ihm nicht das Versprechen gegeben hätte, am Abend in den Bayerischen Hof zu kommen, ich säße jetzt nicht hier und schriebe nicht, sondern wäre wirklich auf dem Marktplatz.

Sonst lebe ich ganz vernünftig und erhole mich auch, seit Dienstag habe ich noch jeden Tag gebadet. Wenn mich nur das *Eine* losließe, wenn ich nur nicht immerfort daran denken müßte, wenn es nur nicht manchmal, meistens früh, wenn ich aufkomme, wie zu etwas Lebendigem zusammengeballt über mich herfiele. Und es ist doch alles ganz klar und seit vierzehn Tagen vollständig beendet. Ich habe sagen müssen, daß ich nicht kann, und ich kann auch wirklich nicht. Aber warum habe ich plötzlich ohne besonderen Grund, unmittelbar aus dem Gedanken daran, wieder die Unruhe im Herzen, wie in Prag in der schlimmsten Zeit. Aber ich kann jetzt nicht niederschreiben, was mir ganz deutlich und immerfort schrecklich gegenwärtig ist, wenn das Briefpapier nicht vor mir liegt.

Daneben hat nichts Bedeutung und ich reise eigentlich nur in diesen Höhlen herum. Du könntest glauben, daß das Alleinsein und das Nichtreden diesen Gedanken eine solche Übermacht gibt. Das ist es aber nicht, das Bedürfnis nach Alleinsein ist ein selbständiges, ich bin gierig nach Alleinsein, die Vorstellung einer Hochzeitsreise macht mir Entsetzen, jedes Hochzeitsreisepaar, ob ich mich zu ihm in Beziehung setze oder nicht, ist mir ein widerlicher Anblick, und wenn ich mir Ekel erregen will, brauche ich mir nur vorzustellen, daß ich einer Frau den Arm um die Hüfte lege. Siehst du – und trotzdem, und obwohl die Sache beendet und ich nicht mehr schreibe und nichts Geschriebenes bekomme – trotzdem, trotzdem komme ich nicht los. Es sitzen hier eben in den Vorstellungen die Unmöglichkeiten eben so nah beisammen wie in der Wirklichkeit. Ich kann mit ihr nicht leben und ich kann ohne sie nicht leben. Durch diesen einen Griff ist meine Existenz, die bisher wenigstens zum Teil für mich gnädig verhüllt war, vollständig enthüllt. Ich sollte mit Ruten in die Wüste getrieben werden.

Du weißt nicht, welche Freude mir inmitten dem allen Deine Karten gemacht haben. Daß der Tycho[12] vorwärts geht (daß er stecken geblieben ist, glaube ich nicht) und daß Reinhardt an den »Abschied«[13] denkt. Es wäre lächerlich, wenn ich aus meiner Tiefe Deine Nervositäten verjagen wollte, das wirst Du selbst und bald und vollständig tun. Grüße Deine liebe Frau und Felix (dem dieser Brief auch gilt, ich kann nicht schreiben, verlange aber auch keine Nachricht, weder von Dir noch von ihm).   Franz

An Felix Weltsch

[Briefkopf: Dr. von Hartungen, Sanatorium.
Riva, September 1913]

Nein Felix, es wird nicht gut werden, nichts wird gut werden bei mir. Manchmal glaube ich, daß ich nicht mehr auf der Welt bin, sondern irgendwo in der Vorhölle herumtreibe. Du glaubst, Schuldbewußtsein ist für mich eine Hilfe, eine Lösung, nein, Schuldbewußtsein habe ich nur deshalb, weil es für mein Wesen die schönste Form der Reue ist, aber man muß nicht sehr genau hinschaun und das Schuldbewußtsein ist bloß ein Zurückverlangen. Aber kaum ist es das, steigt schon viel fürchterlicher als Reue das Gefühl der Freiheit, der Erlösung, der verhältnismäßigen Zufriedenheit herauf, weit über alle Reue hinaus. Jetzt abend bekam ich den Brief von Max. Weißt Du davon? Was soll ich machen? Vielleicht nicht antworten, gewiß, es ist das einzig Mögliche.

Wie es aber werden wird, das steht in den Karten. Vor ein paar Abenden sind wir sechs Leute beieinander gesessen und eine junge, sehr reiche, sehr elegante Russin hat aus Langweile und Verzweiflung, weil elegante Leute unter Uneleganten viel verlorener sind als umgekehrt, allen Karten gelegt. Und zwar jedem zweimal nach verschiedenen Systemen. Es ergab sich dies und das, natürlich meistens Lächerliches oder Halbernstes, das, selbst wenn man es glaubte, am letzten Ende ganz nichtssagend war. Nur in zwei Fällen ergab sich etwas ganz Bestimmtes, von allen Kontrollierbares und zwar übereinstimmend nach beiden Systemen. In der Konstellation eines Fräuleins stand, daß sie alte Jungfer werden wird, und in meinen Konstellationen waren, was sich sonst nirgends auch nur annähernd ereignet hatte, alle Karten, die menschliche Figuren enthielten, soweit als nur möglich von mir weg an den Rand gerückt und selbst solcher entfernter Figuren gab es einmal nur zwei, einmal war, glaube ich, gar keine da. Statt dessen drehten sich um mich ununterbrochen »Sorgen«, »Reichtum« und »Ehrgeiz«, die einzigen Abstrakta, welche die Karten außer der »Liebe« kennen.

Geradezu den Karten zu glauben ist allem Anschein nach Unsinn, aber durch sie oder durch einen beliebigen äußern Zufall in einen verwirrten unübersichtlichen Vorstellungskreis Klarheit bringen zu lassen, hat innere Berechtigung. Ich rede hier natürlich nicht von der Wirkung meiner Karten auf mich, sondern auf die andern, und kann dies an der Wirkung nachprüfen, welche die Konstellation des Fräuleins, das alte Jungfer werden soll, auf mich gemacht hat. Es handelt sich hier um ein ganz nettes junges Mädchen, an dem äußerlich, vielleicht mit Ausnahme der Frisur, nichts die zukünftige alte Jungfer verriet, und doch hatte ich, ohne mir vorher nur den geringsten klaren Gedanken über dieses Mädchen zu machen, es von allem Anfang an bedauert, nicht wegen seiner Gegenwart, sondern ganz eindeutig wegen seiner Zukunft. Seitdem nun die Karten so gefallen sind, ist es für mich ganz zweifellos, daß sie alte Jungfer werden muß. – Dein Fall, Felix, ist vielleicht komplizierter als meiner, aber doch unwirklicher. In seinen äußersten, in der Wirklichkeit immer schmerzlichsten Ausläufern ist er doch nur Theorie. Du strengst Dich an, eine zugegebenermaßen unlösbare Frage zu lösen, ohne daß ihre Lösung, so weit man sehen kann, Dir oder irgend jemandem nützen könnte. Wie weit stehe ich doch als Unglücksmensch über Dir! Hätte ich nur die geringste Hoffnung, daß es etwas hilft, ich würde mich an dem Pfosten der Einfahrt des Sanatoriums festhalten, um nicht abreisen zu müssen.   Franz

An den Verlag Kurt Wolff

[Prag,] 15. X. 13

An den Verlag Kurt Wolff!
Wie ich höre, soll vor etwa 14 Tagen (abgesehen von der Besprechung des »Heizers« in der Neuen Freien Presse; die kenne ich) noch in einem andern Wiener Blatte, ich glaube, in der »Wiener Allgemeinen Zeitung« eine Besprechung erschienen sein. Falls Sie sie kennen, bitte ich Sie, so freundlich zu sein und mir Namen, Nummer und Datum des Blattes anzugeben.
Hochachtungsvoll   Dr. Franz Kafka

An Kurt Wolff

Prag, am 23. Oktober 1913

Sehr geehrter Herr Wolff!
Vor allem meinen besten Dank für das bunte Buch[14], das ich heute bekommen habe. – Ich habe vor etwa 10 Tagen mich mit einer kleinen Bitte an Ihren Verlag gewendet, allerdings, wie ich jetzt sehe, unter der alten Adresse, und habe bis heute keine Antwort bekommen. Ich habe nämlich gehört, daß vor etwa zwei, drei Wochen in einer Wiener Zeitung (ich meine nicht die Besprechung in der Neuen Freien Presse, die ich kenne), ich glaube in der Wiener Allgemeinen Zeitung eine Besprechung des »Heizer« erschienen sein soll und da bat ich Ihren geschätzten Verlag, falls ihm diese Besprechung bekannt sein sollte, um Angabe des Na.nens, der

Nummer und des Datums des Blattes. Nun soll überdies in den letzten Tagen eine Besprechung im Berliner Börsenkurier erschienen sein. Auch für die Mitteilung der betreffenden Nummer des Börsenkurier wäre ich Ihnen sehr verbunden. – Endlich bitte ich, mir ein ungebundenes Exemplar von »Anschauung und Begriff« schicken zu lassen.
Ihr herzlich ergebener   Dr. Franz Kafka

An Lise Weltsch

[Prag,] 29. XII. 13

Liebes gnädiges Fräulein!
Ich danke Ihnen vielmals und Ihren Eltern für die freundliche Einladung. Natürlich komme ich und sehr gerne. Aber ebenso natürlich (– Sie müssen mir, wenn ich ins Zimmer komme, durch ein besonders freundliches Gesicht zeigen, daß Sie es auch natürlich finden und mir deshalb nicht böse sind, sonst laufe ich gleich nach dem Eintritt wieder aus dem Zimmer hinaus –) aber ebenso natürlich komme ich erst nach dem Abendessen.
Ihr herzlich ergebener   F. Kafka

An Max Brod

[wahrscheinlich 1913]

Ich freue mich, mein lieber Max, über Dein Glücklichsein, über euer aller Glücklichsein, nur schade, daß es euch nicht ein bischen gesprächiger macht. Aber es ist so und ich stimme Dir bei, man schreibt ungern, wenn man auf der Reise ist und ungern, wenn man glücklich ist. Sich dagegen wehren hieße sich gegen das Glücklichsein wehren. Also bade nur ruhig, mein lieber Max.
Nur muß ich, da Du mir keine instruktive Ansichtskarte des Genfer Sees geschickt hast, mich ganz auf meine Geographiekenntnisse verlassen, wenn ich an Dich denke. Diese sind allerdings im allgemeinen vorzüglich, im Detail aber wieder nur auf die vorzügliche Allgemeinheit gestützt. Wie ist es also? Steigst Du in Riva in den See, schwimmst ein bischen, kommst zu einer der Borromeischen Inseln – wie heißt sie? – und liest im Gras den Brief, den ich mitschicke? Es ist ein hübscher Brief, nicht wahr? Du erkennst schon aus der Schrift den Schreiber.
Adieu.   Dein Franz K.

1914

An Max Brod

[Prag,] 6. II. 14

Mein lieber Max!
Ich sitze zuhause mit Zahnschmerzen und Kopfschmerzen, jetzt bin ich eine halbe Stunde im finstern überheizten Zimmer an einer Tischecke gesessen, vorher bin ich eine halbe Stunde an den Ofen gelehnt gewesen, vorher bin ich eine halbe Stunde im Lehnstuhl gelegen, vorher bin ich eine halbe Stunde zwischen Lehnstuhl und Ofen hin- und hergewandert, jetzt endlich werde ich mich losreißen und weggehn. In Deinem Namen eigentlich, Max, denn wäre ich nicht entschlossen gewesen, Dir zu schreiben, ich hätte nicht das Gas anzünden können.

Daß Du mir den Tycho widmen willst, ist seit langer Zeit die erste unmittelbar mich angehende Freude. Weißt Du, was eine solche Widmung bedeutet? Daß ich (und sei es auch nur zum Schein, irgendein Seitenlicht dieses Scheins wärmt mich doch in Wirklichkeit) hinaufgezogen und dem »Tycho«, der um so viel lebendiger ist als ich, beigefügt werde. Wie klein werde ich diese Geschichte umlaufen! Aber wie werde ich sie als mein scheinbares Eigentum lieb haben! Du tust mir unverdient Gutes, Max, wie immer.

Du hast also die Arbeit von Haas[1] so leicht verstanden? Bis in jedes Fremdwort hinein? Und wenn er Deine allgemeine Meinung bestätigt, wie verhält es sich dann mit Fikher (so schreibt er sich gewiß nicht), der davon so erschüttert werden konnte?

Du hättest Musil[2] meine Adresse gar nicht geben sollen. Was will er? Was kann er, und überhaupt jemand, von mir wollen? Und was kann er von mir haben?

So, jetzt kehre ich zu meinen Zahnschmerzen zurück. Ich habe sie schon drei Tage in fortwährender Verstärkung. Erst heute (gestern war ich beim Arzt, er fand nichts) weiß ich mit Bestimmtheit, welcher Zahn es ist. Die Schuld hat natürlich der Arzt, der Schmerz ist in einem plombierten Zahn unter den Plomben; Gott weiß, was dort in der Absperrung kocht; es schwellen mir auch die Drüsen unten an.

Morgen zu Fanta[3] komme ich kaum, ich gehe nicht gerne hin. Möchtest Du mir nicht schreiben, wann Du mir nächste Woche

etwas vorlesen könntest. Offenbar denke ich, ich darf jetzt, was den
Tycho anlangt, kommandieren. Franz

An den Verlag Kurt Wolff

[Prag,] 22. IV. 14

An den Verlag Kurt Wolff!
Ich wäre Ihnen sehr verbunden, wenn Sie ein Recensionsexemplar von »Betrachtung« an die Adresse: František Langer⁴, Prag-Kgl. Weinberge, Nr. 679 senden würden. Langer ist ein Redakteur des »Umělecký měsíčník«, einer führenden Monatsschrift und will ein paar Übersetzungen aus dem Buch veröffentlichen. Vielleicht sind Sie auch so freundlich und zeigen mir die erfolgte Absendung an.
Hochachtungsvoll Dr. Franz Kafka

An Lise Weltsch

[Prag,] 27. IV. 14

Gnädiges Fräulein,
vielen Dank für Ihre lieben Wünsche. Nun müssen Sie aber auch mich mit den besten Wünschen für Ihre Berliner Arbeit Ihnen die Hand drücken lassen. Sehen Sie doch, Sie tun das, was ich selbst schon längst tun wollte. Wunderbar ist es von zuhause weg zu kommen, noch wunderbarer nach Berlin zu kommen. Wollen Sie mir wirklich die Freude machen, Sie dort ganz bestimmt und verabredeter Weise zu treffen? Pfingsten bin ich dort; Sie auch? Wäre es Ihnen recht, vielleicht einmal auch mit Dr. Weiß zusammenzukommen, der dort ständig lebt? Vom 1. Juni ab wird dort auch eine Bekannte von mir sein, ein junges Mädchen (übrigens eine Berlinerin, die nach längerem Fernsein wieder dauernd in Berlin bleiben wird) die Ihnen, meinem Gefühl nach, ebenso lieb werden könnte, wie sie es mir tatsächlich ist.
Vergessen Sie nicht, mir ein paar Worte darüber zu schreiben, ich bitte Sie darum sehr.
Mit den herzlichsten Grüßen Ihr ergebener Franz Kafka

An Lise Weltsch

[Prag,] 18. V. 14

Liebes Fräulein,

ein zerschnittener Daumen hat mich gehindert, Ihnen in lesbarer Schrift früher für Ihren freundlichen Brief zu danken. Es überrascht mich nicht, daß Sie sich rasch eingelebt haben. Es wäre sogar ganz bestimmt auch ohne Freunde geglückt. Und es ist doch wunderbar von zuhause wegzukommen, auch wenn Sie es leugnen. Das kann nur ein Außenstehender im Augenblick beurteilen und der, welcher im Wunderbaren steckt, muß es ihm glauben, auch wenn er es noch nicht fühlen kann, denn es dringt ja erst in ihn ein.

Ich hatte es mir im ersten Augenblick gar nicht recht überlegt, daß Sie gleich in einen großen Kreis von Menschen kommen werden, mit denen Sie so vielerlei und so Wichtiges verbindet, daß Sie kaum Zeit und jedenfalls keine Notwendigkeit haben, gleich und sei es auch mit irgendwelchen kleinen Umständlichkeiten verknüpft, mit fremden Menschen zusammenzukommen. Es wird Sie wohl zunächst genug, allerdings durchaus gesunde, Anstrengung kosten, sich mit den notwendigen Bekannten auseinanderzusetzen. Hätte ich das nicht eingesehen, so hätte ich Ihnen wohl auch mit blutendem Daumen geschrieben.

Trotzdem würde ich Sie, wenn Sie es ermöglichen könnten, Pfingsten sehr gerne sehn: Aber Sie machen wohl, wenn Sie nicht in Prag sind, irgendeinen Ausflug und sind dann auch in Berlin nicht. Ich komme Samstag vor Pfingstsonntag hin und bleibe bis Dienstag nachmittag. Sind Sie telephonisch erreichbar? Dann wäre es wohl das Beste, ich rufe Sie Pfingstsonntag vormittag an und frage.

Mit den herzlichsten Grüßen Ihr F. Kafka

An Lise Weltsch

[Prag,] 6. VI. 14

Liebes Fräulein,

nun bin ich wieder in Prag und habe Sie nicht hier und nicht dort gesehn. Nicht hier, weil ich an dem Abend nicht frei war und überdies hoffte, Sie in Berlin in Ihrem neuen Leben sehn zu können und in Berlin wieder, von wo ich übrigens schon Dienstag nachmittag weggefahren bin, war ich so hin und her gezogen, so bis auf den Grund der schwachen Kraft verbraucht, daß ich nicht einmal tele-

phonierte. Was hätten Sie auch für eine Erscheinung gesehn, wenn ich Sie wirklich besucht hätte! Davon nichts mehr.
Die Bemerkung »ich habe schon etwas gelernt u. s. w.« in Ihrem Brief scheint mir recht zu geben, als ich Sie zu der Übersiedlung beglückwünschte. Man lernt vielleicht nicht viel in der Fremde, aber dieses Wenige ist ungeheuer viel, solange man es nicht hat. Es geschieht nirgends Übermenschliches, wenn man für seine Augen die richtige Perspektive einhält, aber das was einem Prager Mädchen in dem ersten Monat des Zusehns an einer Berlinerin übermenschlich scheint, ist doch wert untersucht, erlebt und dann erst vielleicht verlacht zu werden. Ich weiß nicht warum ich gerade von einem Prager Mädchen spreche, ich könnte vielleicht noch passender von dem großen alten Menschen reden, der diesen Brief schreibt, Sie herzlich grüßt und sich für Sie freut. Ihr Franz Kafka

An Jizchak Löwy[5]

[Prag, Juni/Juli 1914]

Lieber Löwy,
Es hat mich viel mehr gefreut, daß Sie sich meiner erinnert haben, als man daraus schließen könnte, daß ich so spät antworte. Ich bin in großer Verwirrung und Beschäftigung, ohne daß es mir oder jemandem sonst vielen Nutzen bringt.
Übrigens eine Neuigkeit: Ich habe mich verlobt und glaube damit etwas Gutes und Notwendiges getan zu haben, wenn es natürlich auch soviele Zweifel in der Welt gibt, daß auch die beste Sache vor ihnen nicht sicher ist.
Daß Sie sich noch immer quälen und keinen Ausweg finden können, ist sehr traurig. Daß Sie gerade in Ungarn so lange bleiben, ist merkwürdig, wird aber wohl seine schlimmen Gründe haben. Es kommt mir vor, als wären wir beide viel hoffnungsvoller gewesen, als wir an den Abenden in Prag herumzogen. Ich dachte damals, Sie müßten irgendwie durchbrechen und zwar mit einem Schlag. Übrigens gebe ich die Hoffnung für Sie gar nicht auf, das muß ich Ihnen sagen. Sie sind leicht verzweifelt, aber auch leicht glücklich, denken Sie in der Verzweiflung daran. Bewahren Sie nur Ihre Gesundheit für spätere bessere Zeiten. Das, was Sie erleben müssen, scheint schlimm genug, verschärfen Sie es nicht noch dadurch, daß Sie Ihre Gesundheit schädigen.

Ich würde sehr gern etwas Näheres über Sie und Ihre Freunde hören. Fahren Sie diesmal nicht nach Karlsbad?
Mit den herzlichsten Grüßen   Ihr Franz K

An Ottla Kafka[6]

10. VII. 14

Liebe Ottla, nur ein paar Worte in Eile vor dem Versuche zu schlafen, der in der gestrigen Nacht gänzlich mißlungen ist. Du hast mir, denke nur, mit Deiner Karte einen verzweifelten Morgen in Augenblicken erträglich gemacht. Das ist das wahre Reiben und so wollen wir es bei Gelegenheit weiter üben, wenn es Dir recht ist. Nein, ich habe niemanden sonst am Abend. Von Berlin schreibe ich Dir natürlich, jetzt läßt sich weder über die Sache noch über mich etwas Bestimmtes sagen. Ich schreibe anders als ich rede, ich rede anders als ich denke, ich denke anders als ich denken soll und so geht es weiter bis ins tiefste Dunkel.   Franz
Grüße alle! Den Brief mußt Du weder zeigen, noch herumliegen lassen. Am besten Du zerreißt ihn und streust ihn in kleinen Stücken von der Pawlatsche[7] den Hühnern im Hof, vor denen ich keine Geheimnisse habe.

An Alfred Kubin

[Postkarte. Stempel: 22. VII. 1914]

Verehrter Herr Kubin,
vielen Dank für die Karte, die mich in einer noch nicht ganz überwundenen sinnlosen Zeit angetroffen hat; deshalb habe ich noch nicht geantwortet. Jetzt fahre ich an der Ostsee hin und her. Sie sind gewiß in der Ruhe Ihres schönen Besitzes versunken und arbeiten. Vielleicht gelingt es mir, doch noch einmal zu sagen, was mir diese Ihre Arbeit bedeutet.   Ihr F. Kafka

An Max Brod und Felix Weltsch

[Briefkopf: Marielyst Østersøbad, Ende Juli 1914]

Lieber Max, lieber Felix,
Spät schreibe ich, nicht wahr? Nun seht, was mir geschehn ist. Ich bin entlobt, war drei Tage in Berlin, alle waren meine guten Freun-

de, ich war der gute Freund aller; im übrigen weiß ich genau, daß es so am besten ist und bin also dieser Sache gegenüber, da es eine so klare Notwendigkeit ist, nicht so unruhig wie man glauben könnte. Schlimmer aber steht es mit anderem. Ich war dann in Lübeck, habe in Travemünde gebadet, bekam in Lübeck den Besuch des Dr. Weiss, der in dieses dänische Seebad fuhr und bin statt nach Gleschendorf hergefahren. Ein ziemlich öder Strand mit einigen wirklichen eigentümlichen Dänen. Ich habe den scheinbaren Eigensinn, der mich die Verlobung gekostet hat, aufgegeben, esse fast nur Fleisch, daß mir übel wird und ich früh nach schlechten Nächten mit offenem Mund den mißbrauchten und gestraften Körper wie eine fremde Schweinerei in meinem Bette fühle. Erholen werde ich mich hier gar nicht, zerstreuen immerhin. Dr. W. ist mit seiner Freundin hier. Samstag nachts komme ich wohl nach Prag.

Grüßt alle lieben Fraun und Bräute. Franz

An Felix Weltsch

[Visitenkarte. Prag, September 1914]

Mein lieber Felix, ich höre, daß Du und Deine liebe Frau fast gekränkt darüber seid, daß ich euch noch nicht besucht habe. Wenn das wahr wäre, hättet ihr Unrecht. Nicht nur daß ich durch mein Ausbleiben euere Flitterwochen respektiere, so bin ich auch in einem elenden ewig unausgeschlafenen Zustand, habe viel zu tun und wohne überdies am entgegengesetzten Ende der Stadt, weit hinter dem Riegerpark. Aus allen diesen Gründen schicke ich diese Bücher statt sie zu bringen. So wichtig die Wahl dieser Bücher gewesen ist, die mich und alles, was ich euch Gutes wünsche, in euerer Wohnung vertreten sollen, so fürchte ich doch schlecht gewählt zu haben.

Es ist das Unglück, daß meine innern Stimmen immer erst nach der Wahl zu sprechen anfangen. – Herzliche Grüße Franz

1915

An Felix Weltsch

[Postkarte. Prag, Stempel: 13. I. 1915]

Lieber Felix, bitte hab noch bis Montag Geduld. Wenn es bis dahin nicht irgendwo herauskriecht[1] – wie es geschehen könnte, kann ich mir allerdings nicht denken – werde ich zahlen müssen.

Herzliche Grüße an Dich und Frau   Franz

An Max Brod

[Prag, etwa August 1915]

Lieber Max, ich konnte nicht früher fertig werden. Bis viertel zwei im Bett, ohne zu schlafen und ohne besonders müde zu sein.
Hier ist das Manuskript[2]. Es ist mir eingefallen, ob man jetzt, da Blei nicht mehr bei den Weißen Blättern[3] ist, nicht etwa versuchen könnte, die Geschichte in die Weißen Blätter zu bringen. Wann es erscheinen würde, wäre mir ganz gleichgültig, nächstes oder nächstnächstes Jahr.
Fontane bringe ich nicht, es wäre mir zu unheimlich, das Buch auf der Reise zu wissen. Also bis ihr zurückkommt. Dagegen bringe ich Sybel. Lest und weint!
Bitte Max, wenn Du irgendwo in Deutschland französische Zeitungen siehst, kauf sie auf meine Kosten und bring sie mir!
Und schließlich vergiß nicht, daß Du die Wahl zwischen Berlin und dem Thüringer Wald hast und daß in Berlin nur Berlin ist, im Thüringer Wald aber die »Neuen Christen«[4] vorwärtskommen können, gar jetzt in dem entscheidenden Augenblick, wo der von unten heraufkommt.

Und damit lebt wohl!   Franz

An Ernst Feigl[5]

[Postkarte. Prag, Stempel: 18. IX. 1915]

Lieber Herr Feigl, hätte mich nicht der Zustand meines Kopfes gehindert (er war allerdings seit fast undenklichen Zeiten nicht besser und wird es in undenklichen Zeiten nicht werden) ich hätte Ihnen schon früher geschrieben. Ich habe die Gedichte[6] oft gelesen und bin ihnen, glaube ich, nähergekommen; sie verlocken mich sehr und beherrschen mich zum Teil geradezu. Sonderbar die Mischung von Hoffnung und Verzweiflung in ihnen und die Undurchdringlichkeit dieser Mischung, die aber etwas durchaus Stärkendes hat. Ich möchte fast in jedem Gedichte Sie hören wollen. Kommen Sie bitte, wann Sie wollen, zu mir ins Bureau, ich bin dort immer bis 2 Uhr, es müßte ein außergewöhnlicher Zufall sein, daß ich weg wäre. Bedenken Sie, das muß ich noch sagen, bei jedem meiner Worte den Vorbehalt, den ich über meine Unzulänglichkeit Gedichten gegenüber machte. Mit herzlichsten Grüßen Kafka.

An den Verlag Kurt Wolff
[Briefkopf: Arbeiter-Unfall-Versicherungs-Anstalt]
Prag, am 15. Oktober 1915
Sehr geehrter Herr!⁷
Meinen besten Dank für Ihr Schreiben vom 11. l. M., Ihre Mitteilungen haben mir, insbesondere, was Blei und Sternheim anlangt, große Freude gemacht, und zwar in mehrfacher Hinsicht. Zu Ihren Fragen selbst (die aber eigentlich keine Fragen waren, denn die Verwandlung wird ja schon gesetzt) könnte ich mich bestimmt äußern, wenn ich wüßte, wie es sich mit dem Fontanepreis verhält. Nach Ihrem Schreiben, vor allem auch nach dem Schreiben an Max Brod scheint die Sache so zu stehn, daß Sternheim den Preis bekommt, daß er aber den Geldbetrag jemandem, möglicherweise mir, schenken will. So liebenswürdig das nun natürlich ist, wird doch dadurch die Frage nach der Bedürftigkeit gestellt, aber nicht nach der Bedürftigkeit hinsichtlich beider, des Preises und des Geldes, sondern nach der Bedürftigkeit hinsichtlich des Geldes allein. Und es käme dann meinem Gefühl nach auch gar nicht darauf an, ob der Betreffende später einmal vielleicht das Geld benötigen wird, entscheidend dürfte vielmehr nur sein, ob er es augenblicklich nötig hat. So wichtig natürlich auch der Preis oder ein Anteil am Preis für mich wäre – das Geld allein ohne jeden Anteil am Preis dürfte ich wohl gar nicht annehmen, ich hätte glaube ich kein Recht dazu, denn jene notwendige augenblickliche Bedürftigkeit besteht bei mir durchaus nicht. Die einzige Stelle in Ihrem Schreiben, die meiner Auffassung widerspricht, ist die, wo es heißt: »Durch den Fontanepreis wird die Aufmerksamkeit u. s. w.« Jeden-

falls bleibt die Sache ungewiß und ich wäre Ihnen für eine kleine Aufklärung sehr dankbar.

Was Ihre Vorschläge betrifft, so vertraue ich mich Ihnen vollständig an. Mein Wunsch wäre es eigentlich gewesen, ein größeres Novellenbuch herauszugeben (etwa die Novelle aus der Arkadia, die Verwandlung und noch eine andere Novelle[8] unter dem gemeinsamen Titel »Strafen«), auch Herr Wolff hat schon früher einmal dem zugestimmt, aber es ist wohl bei den gegenwärtigen Umständen vorläufig besser so, wie Sie es beabsichtigen. Auch mit der Neuausgabe der Betrachtung bin ich ganz einverstanden.

Die Korrektur der Verwandlung ist beigeschlossen. Leid tut es mir, daß der Druck anders ist als bei Napoleon[9], trotzdem ich doch die Zusendung des Napoleon als ein Versprechen dessen ansehen konnte, daß die Verwandlung ebenso gedruckt würde. Nun ist aber das Seitenbild des Napoleon schön licht und übersichtlich, das der Verwandlung aber (ich glaube bei gleicher Buchstabengröße) dunkel und gedrängt. Wenn sich darin noch etwas ändern ließe, wäre das sehr in meinem Sinn.

Ich weiß nicht, wie die späteren Bändchen des »Jüngsten Tag« gebunden worden sind, der »Heizer« war nicht hübsch gebunden. Es war irgendeine Imitation, die man, wenigstens nach einiger Zeit, nur fast mit Widerwillen anschauen konnte. Ich würde also um einen andern Einband bitten.

Sehr schade, daß Sie vorige Woche nicht kommen konnten, vielleicht wird es bald einmal möglich, ich würde mich sehr freuen.

Mit herzlichen Grüßen Ihr ergebener F. Kafka

Könnte ich noch fünf Exemplare der Oktobernummer der Weißen Blätter bekommen? Ich würde sie benötigen.

Herr Wolff hat mir einmal einige Besprechungen des »Heizer« geschickt; falls Sie sie irgendwie brauchen sollten, kann ich sie schicken.

Korrektur

An den Verlag Kurt Wolff

Prag 20. Okt. 15

Sehr geehrter Herr

Besten Dank für Ihr Schreiben vom 18., den »Napoleon«, sowie die angekündigten Weißen Blätter.

Die Angelegenheit des Fontanepreises ist mir zwar noch immer nicht klar, trotzdem vertraue ich Ihrem Gesamturteil über die Frage. Allerdings scheint wieder daraus, daß Leonhard Frank (zum zweitenmal kann man doch wohl den Preis nicht bekommen) in Wahl stand, hervorzugehn, daß es sich nur und ausschließlich um Verteilung des Geldes gehandelt hat. Trotzdem habe ich, wiederum nur Ihrem Rate folgend, an Sternheim geschrieben; es ist nicht ganz leicht jemandem zu schreiben, von dem man keine direkte Nachricht bekommen hat, und ihm zu danken, ohne genau zu wissen wofür.

Mit dem »Napoleon« Einband bin ich natürlich einverstanden. Sind vielleicht die früheren Hefte der Sammlung in dieser Weise überbunden worden?

Beiliegend schicke ich die Korrekturen. Ich beeile mich auch gern, aber an manchen Tagen ist es mir nicht möglich, die kleine dafür notwendige Zeit zu ersparen.

Beiliegend auch die Besprechungen. Sie wurden mir als angeblich vollständige Sammlung geschickt, sind aber nicht vollständig. Soviel ich weiß, fehlen Besprechungen aus Berliner Morgenpost, Wiener Allg. Zeitung, Österr. Rundschau, Neue Rundschau. Ich besitze leider keine von diesen. Die bedeutendste ist jedenfalls die von Musil in der Rundschau, Augustheft 1914, die freundlichste die von H. E. Jakob, die beiliegt. Über »Betrachtung« die freundlichste von Max Brod im März und von Ehrenstein im »Berliner Tagblatt«, auch die besitze ich aber nicht.

Sie rieten mir Sternheim zu danken, müßte ich dann aber nicht auch Blei danken? Und welches ist seine Adresse?

Das kleine Stück für den Almanach »Vor dem Gesetz« sowie den ersten Bogen der Korrektur der Verwandlung haben Sie wohl erhalten.

Mit herzlichen Grüßen Ihr sehr ergebener F. Kafka

An den Verlag Kurt Wolff

Prag, am 25. Oktober 1915

Sehr geehrter Herr!

Sie schrieben letzthin, daß Ottomar Starke ein Titelblatt zur Verwandlung zeichnen wird. Nun habe ich einen kleinen, allerdings soweit ich den Künstler aus »Napoleon« kenne, wahrscheinlich sehr überflüssigen Schrecken bekommen. Es ist mir nämlich, da Starke doch tatsächlich illustriert, eingefallen, er könnte etwa das Insekt selbst zeichnen wollen. Das nicht, bitte das nicht! Ich will seinen Machtkreis nicht einschränken, sondern nur aus meiner natürlicherweise bessern Kenntnis der Geschichte heraus bitten. Das Insekt selbst kann nicht gezeichnet werden. Es kann aber nicht einmal von der Ferne aus gezeigt werden. Besteht eine solche Absicht nicht und wird meine Bitte also lächerlich – desto besser. Für die Vermittlung und Bekräftigung meiner Bitte wäre ich Ihnen sehr dankbar. Wenn ich für eine Illustration selbst Vorschläge machen dürfte, würde ich Szenen wählen, wie: die Eltern und der Prokurist vor der geschlossenen Tür oder noch besser die Eltern und die Schwester im beleuchteten Zimmer, während die Tür zum ganz finsteren Nebenzimmer offensteht.

Sämtliche Korrekturen sowie die Besprechungen haben Sie wohl schon bekommen.

Mit besten Grüßen Ihr ergebener Franz Kafka

1916

An Max Brod
            [Zwei Postkarten. Marienbad, Stempel: 5. VII. 1916]
Lieber Max, also in Marienbad. Hätte ich jeden Tag seit unserem Abschied, der mir für zu lange Zeit zu gelten scheint, geschrieben, es wäre ein unentwirrbares Durcheinander gewesen. Nur die letzten Tage: Glückseligkeit des Abschieds vom Bureau, ausnahmsweise freier Kopf, fast alle Arbeit bewältigt, musterhafte Ordnung zurückgelassen. Wäre es Abschied für immer gewesen, dann wäre ich bereit gewesen, nach sechsstündigem Diktieren etwa noch auf den Knien das ganze Treppenhaus zu waschen, vom Boden bis zum Keller und auf diese Art jeder Stufe die Dankbarkeit des Abschieds zu beweisen. Aber am nächsten Tag Kopfschmerzen bis zur Betäubung: Hochzeit des Schwagers, derentwegen ich noch Sonntag vormittag in Prag bleiben mußte, die ganze Zeremonie nichts als Märchennachahmung; die fast gotteslästerliche Trauungsrede: »Wie schön sind deine Zelte, Israel« und noch anderes derartige. Mitgewirkt an der Tageslaune hatte übrigens ein grauenhafter Traum, dessen Merkwürdigkeit darin bestand, daß er nichts Grauenhaftes dargestellt hatte, nur eine gewöhnliche Begegnung mit Bekannten auf der Gasse. An die Einzelheiten erinnere ich mich gar nicht, Du warst glaube ich gar nicht dabei. Das Grauenhafte aber lag in dem Gefühl, das ich einem dieser Bekannten gegenüber hatte. Einen Traum von dieser Art hatte ich vielleicht noch gar nicht gehabt. – Dann in Marienbad sehr lieb von F. vom Bahnhof abgeholt, trotzdem verzweifelte Nacht in häßlichem Hofzimmer. Übrigens die bekannte erste Verzweiflungsnacht. Montag Übersiedlung in ein außerordentlich schönes Zimmer, wohne jetzt nicht geringer als im »Schloß Balmoral«. Und darin werde ich versuchen, den Urlaub zu bewältigen, fange mit der bisher nicht ganz gelungenen Bearbeitung des Kopfschmerzes an. F. und ich grüßen euch herzlichst
                                                                    Franz

An Max Brod
[Postkarte. Tepl,] 8. VII. [1916]
Lieber Max – in Tepl[1] ein paar Stunden. In den Feldern, heraus aus dem Irrsinn des Kopfes und der Nächte. Was für ein Mensch bin ich! Was für ein Mensch bin ich! Quäle sie und mich zu Tode.
                                                                                    Franz

An Max Brod
[Postkarte. Marienbad, Stempel: 9. VII. 1916]
Lieber Max – vielen Dank für den Brief. Die Kritik in der Täglichen Rundschau ist ja erstaunlich, in welcher Breite Tycho die Welt mitnimmt! Übrigens war er das erste Buch, das uns hier im Buchladen als viel gekauftes empfohlen wurde. Ich lese nur ein wenig in der Bibel, sonst nichts. Wir gehen aber viel herum, in Unmengen Regen und hie und da ein wenig Sonne. Es ist merkwürdig, heute in Tepl z. B. elendes Wetter zum äußersten Verzweifeln, so auch gestern und früher, heute nachmittag aber ein Nachmittag wunderbar leicht und schön. Die Wolken allerdings verschwinden nicht, wie könnten sie verschwinden. Nächstens ausführlich. – Bitte um Ottos Adresse. – Brauche ein Bild Nowaks als Hochzeitsgeschenk meiner Eltern. Darf 100–200 K kosten. Wärest Du so freundlich zu vermitteln? Verkauft er so billig? – Morgen schreibe ich.
Herzlichst   Dein Franz

An Felix Weltsch
[Postkarte. Marienbad, Stempel: 11. VII. 1916]
Lieber Felix, warum keine Antwort? Bei Deiner Pünktlichkeit ist das fast unverständlich. Sollte wieder an der Hand etwas geschehen sein? Aber dann ist doch Deine Frau da, von der ich (ohne meiner Wange zu glauben) immer glaube, daß sie es mit mir gut meint, und nun schreibt auch sie nicht. Das Balkonzimmer wartet noch, aber nicht mehr lange.
Herzliche Grüße von   Franz
[Es folgt eine Anschrift von F. B.]

BRIEFE AUS DEM JAHRE 1916

An Max Brod

[Marienbad, Mitte Juli 1916]

Liebster Max – nicht immer wieder aufschieben und gerade heute ausführlicher antworten, da ich den letzten Abend (oder eigentlich vorletzten, denn morgen begleite ich sie noch nach Franzensbad, um meine Mutter zu besuchen) mit F. beisammen bin.

Der Vormittag der Bleistiftkarte war (ich schreibe in der Halle, einer wunderbaren Einrichtung sich gegenseitig mit leichten Reizungen zu stören und nervös zu machen) etwa der Abschluß, (aber es gab mehr Übergänge, die ich nicht verstehe) einer Reihe schrecklicher Tage, die in noch schrecklicheren Nächten ausgekocht worden sind. Mir schien wirklich, nun sei die Ratte in ihrem allerletzten Loch. Aber da es nicht mehr schlimmer werden konnte, wurde es nun besser. Die Stricke, mit denen ich zusammengebunden war, wurden wenigstens gelockert, ich fand mich ein wenig zurecht, sie, die in die vollkommenste Leere hinein immerfort die Hände zur Hilfe gestreckt hatte, half wieder und ich kam mit ihr in ein mir bisher unbekanntes Verhältnis von Mensch zu Mensch, das an Wert bis an jenes Verhältnis heranreichte, das in unsern besten Zeiten der Briefschreiber zur Briefschreiberin gehabt hatte. Im Grunde war ich noch niemals mit einer Frau vertraut, wenn ich zwei Fälle ausnehme, jenen in Zuckmantel (aber dort war sie eine Frau und ich ein Junge) und jenen in Riva (aber dort war sie ein halbes Kind und ich ganz und gar verwirrt und nach allen Himmelsrichtungen hin krank). Jetzt aber sah ich den Blick des Vertrauens einer Frau und konnte mich nicht verschließen. Es wird manches aufgerissen, das ich für immer bewahren wollte (es ist nichts einzelnes, sondern ein Ganzes) und aus diesem Riß kommt auch, das weiß ich, genug Unglück für mehr als ein Menschenleben hervor, aber es ist nicht ein heraufbeschworenes, sondern ein auferlegtes. Ich habe kein Recht mich dagegen zu wehren, umsoweniger als ich das, was geschieht, wenn es nicht geschähe, selbst mit freiwilliger Hand täte, um nur wieder jenen Blick zu erhalten. Ich kannte sie ja gar nicht, neben andern Bedenken allerdings hinderte mich damals geradezu Furcht vor der Wirklichkeit jener Briefschreiberin; als sie mir im großen Zimmer entgegenkam, um den Verlobungskuß anzunehmen, ging ein Schauder über mich; die Verlobungsexpedition mit meinen Eltern war für mich eine Folterung Schritt für Schritt; vor nichts hatte ich solche Angst

wie vor dem Alleinsein mit F. vor der Hochzeit. Jetzt ist es anders und gut. Unser Vertrag ist in Kürze: Kurz nach Kriegsende heiraten, in einem Berliner Vorort zwei, drei Zimmer nehmen, jedem nur die wirtschaftliche Sorge für sich lassen. F. wird weiter arbeiten wie bisher und ich, nun ich, das kann ich noch nicht sagen. Will man sich allerdings das Verhältnis anschaulich darstellen, so ergibt sich der Anblick zweier Zimmer, etwa in Karlshorst, in einem steht F. früh auf, läuft weg und fällt abends müde ins Bett; in dem andern steht ein Kanapee, auf dem ich liege und mich von Milch und Honig nähre. Da liegt und streckt sich dann der unmoralische Mann (nach dem bekannten Ausspruch). Trotzdem – jetzt ist darin Ruhe, Bestimmtheit und damit Lebensmöglichkeit. (Nachträglich angesehn, sind das allerdings starke Worte, kaum dauernd niederzudrücken von einer schwachen Feder.)
Wolff werde ich vorläufig nicht schreiben, so dringend ist es doch nicht und so dringend macht er es auch nicht. Von übermorgen bin ich allein, dann will ich mich (bis nächsten Montag habe ich Zeit)

ein wenig revidieren – wollte ich sagen und darüber ist aus Mittwoch Freitag geworden. Ich war mit F. in Franzensbad bei der Mutter und der Valli, jetzt ist F. fort, ich bin allein. Es waren seit dem Tepler Vormittag so schöne und leichte Tage, wie ich nicht mehr geglaubt hätte, sie erleben zu können. Es gab natürlich Verdunklungen dazwischen, aber das Schöne und Leichte hatte die Oberhand, selbst in Gegenwart meiner Mutter, und das ist erst recht außerordentlich, ist so außerordentlich, daß es mich gleichzeitig stark erschreckt. Nun –
Hier im Hotel hat man mir eine unangenehme Überraschung vorbereitet, durch absichtliche oder unabsichtliche Verwechslung mein Zimmer vermietet und F.'s Zimmer mir gegeben, ein viel unruhigeres, mit Doppelmietern rechts und links, einfacher Tür, ohne Fenster, nur mit Balkon. Aber zum Wohnungsuchen werde ich mich kaum aufraffen. Trotzdem gerade jetzt die Aufzugtüre zuschlägt und ein schwerer Schritt sein Zimmer sucht.
Zu Wolff: ich schreibe also vorläufig nicht. Es ist auch doch gar nicht so vorteilhaft, zuerst mit einer Sammlung dreier Novellen aufzutreten, von denen zwei schon gedruckt sind. Besser doch ich verhalte mich still, bis ich etwas Neues und Ganzes vorlegen kann. Kann ich es nicht, dann mag ich für immer still bleiben.

Den Aufsatz im Tagblatt – denke: Geh. Hofrat! – schicke ich in der Beilage, heb ihn mir bitte auf. Sehr freundlich ist er und steigerte diese Freundlichkeit noch dadurch, daß er uns in einem Augenblick zufällig auf den Kaffeehaustisch im »Egerländer« gelegt wurde, als man dachte, nun halten die Schläfen wirklich nicht mehr stand. Es war wahrhaft himmlisches Öl. Dafür hätte ich dem Herrn Hofrat gerne gedankt, werde es vielleicht noch tun.
Zu Deiner Sammlung, die ich nicht billige, aber verstehe, schicke ich Dir die zwei Bilder. Merkwürdig ist unter anderem, daß beide horchen, der Beobachter auf der Leiter, der Studierende über dem Buch. (Wie trampeln jetzt die Leute vor meiner einfachen Tür! Allerdings, den Studierenden stört das Kind nicht.)
9.-14. Tausend! Mein Glückwunsch, Max. Die große Welt langt also zu. Besonders in Franzensbad ist Tycho in allen Auslagen. In der Täglichen Rundschau, die ich gestern zufällig las, annonciert ein Buchhändler Gsellius das Buch. Könntest Du mir die Rundschaukritik schicken?
Ich wiederhole noch die zwei Bitten: Adresse von Otto und Bilderkaufvermittlung. Habe aber noch eine dritte. Könntest Du einen Prospekt des Jüdischen Volksheims an F. (Technische Werkstätte, Berlin O-27 Markusstraße 52) schicken². Wir haben darüber gesprochen und sie wollte es sehr gerne haben.
Für »Richard und Samuel« hast Du immer eine Vorliebe gehabt, ich weiß. Es waren wunderbare Zeiten, warum muß es gute Literatur gewesen sein?
Was arbeitest Du? Bist Du von Dienstag in einer Woche in Prag? Dieser Brief kann Felix natürlich gezeigt werden, aber Frauen gar nicht. –
                                                                                Dein Franz

An Max Brod
            [Briefkopf: Marienbad, Schloß Balmoral u. Osborne,
                                                        Mitte Juli 1916]
[Randbemerkung:] Wieder in der vollen Halle, es lockt mich.
Lieber Max, danke für die Benachrichtigung, sie traf mich an einem Kopfschmerzentag, wie ich ihn wenigstens hier gar nicht mehr erwartet hätte. Trotzdem lief ich gleich nach dem Essen hin.
Ich werde das Ganze nur beschreiben, mehr als das, was man sieht, kann ich nicht sagen. Man sieht aber nur allerkleinste Kleinigkeiten

und das allerdings ist bezeichnend, meiner Meinung nach. Es spricht für Wahrhaftigkeit auch gegenüber dem Blödesten. Mehr als Kleinigkeiten kann man mit bloßem Auge dort, wo Wahrheit ist, nicht sehn.

Zunächst war Langer[3] unauffindbar. Es sind dort einige Häuser und Häuserchen zusammengedrängt, auf einer Anhöhe, die eine Verbindung der Häuser, die einem Besitzer gehören, nur durch halb unterirdische Treppen und Gänge zuläßt. Die Namen der Häuser sind zum Verwechseln eingerichtet: Goldenes Schloß, Goldene Schüssel, Goldener Schlüssel, manche haben zwei Namen, vorn einen und hinten einen andern, dann wieder heißt die Restauration anders als das zugehörige Haus, auf den ersten Anlauf kommt man also nicht durch. Später zeigt sich allerdings eine Ordnung, es ist eine kleine, nach Ständen geordnete Gemeinde, eingefaßt von zwei großen eleganten Gebäuden, Hotel National und Florida. Der goldene Schlüssel ist das ärmlichste. Aber auch dort kannte man Langer nicht. Erst später erinnerte sich ein Mädchen an einige junge Leute, die auf dem Dachboden wohnen; suche ich den Sohn des Prager Branntweinhändlers, dann dürfte ich ihn dort finden. Jetzt sei er aber wahrscheinlich bei Herrn Klein in Florida. Als ich dorthin ging, kam er gerade aus dem Tor.

Was er erzählt hat, will ich jetzt nicht schreiben, nur das, was ich gesehen habe.

Jeden Abend um $^1/_2 8$ oder 8 fährt der Rabbi in einem Wagen spazieren. Er fährt langsam in den Wald, einige Anhänger folgen ihm zu Fuß. Im Wald steigt er an einer im allgemeinen schon bestimmten Stelle aus und geht nun mit seinen Anhängern bis zum Dunkelwerden auf den Waldwegen hin und her. Zur Gebetzeit, gegen 10 Uhr, kommt er nachhause zurück.

Ich war also um $^1/_2 8$ vor dem Hotel National, in dem er wohnt. Langer erwartete mich. Es regnete selbst für diese Regenzeit außerordentlich stark. Gerade zu dieser Stunde hatte es vielleicht in den letzten 14 Tagen nicht geregnet. Langer behauptete, es werde gewiß aufhören, aber das tat es nicht, sondern regnete noch stärker. Langer erzählte, nur einmal habe es bei der Ausfahrt geregnet, im Wald dann aber gleich aufgehört. Diesmal hörte es aber nicht auf.

Wir sitzen unter einem Baum und sehen einen Juden mit einer leeren Sodawasserflasche aus dem Haus laufen. Der holt Wasser für den Rabbi, sagt Langer. Wir schließen uns ihm an. Er soll Wasser aus der Rudolfsquelle holen, die dem Rabbi verordnet ist. Leider weiß er nicht, wo die Quelle ist. Wir laufen im Regen ein wenig irre. Ein Herr, dem wir begegnen, zeigt uns den Weg, sagt aber gleichzeitig, daß alle Quellen um 7 geschlossen werden. »Wie können denn die Quellen geschlossen werden« meint der zum Wasserholen Bestimmte und wir laufen hin. Tatsächlich ist die Rudolfsquelle geschlossen, wie man schon von weitem sieht. Es ändert sich nicht, als man trotzdem näher geht. »Dann nimm Wasser aus der Ambrosiusquelle« sagt Langer »die ist immer offen.« Der Wasserholer ist sehr einverstanden und wir laufen hin. Tatsächlich waschen dort noch Frauen die Trinkgläser. Der Wasserholer nähert sich verlegen den Stufen und dreht die schon ein wenig mit Regenwasser gefüllte Flasche in den Händen. Die Frauen weisen ihn ärgerlich ab, natürlich ist auch diese Quelle seit 7 Uhr geschlossen. Nun so laufen wir zurück. Auf dem Rückweg treffen wir zwei andere Juden, die mir schon früher aufgefallen sind, sie gehn wie Verliebte neben einander, schauen einander freundlich an und lächeln, der eine die Hand in der tief hinabgezogenen Hintertasche, der andere städtischer. Fest Arm in Arm. Man erzählt die Geschichte von den geschlossenen Quellen; die zwei können das nicht begreifen, der Wasserholer begreift es nun wieder auch nicht und so laufen die drei ohne uns wieder zur Ambrosiusquelle. Wir gehn weiter zum Hotel National, der Wasserholer holt uns wieder ein und überholt uns, außer Atem ruft er uns zu, daß die Quelle wirklich geschlossen ist.

Wir wollen, um uns vor dem Regen zu schützen, in den Flur des Hotels treten, da springt L. zurück und zur Seite. Der Rabbi kommt. Niemand darf sich vor ihm aufhalten, vor ihm muß immer alles frei sein, es ist nicht leicht, dies immer einzuhalten, da er sich oft überraschend wendet und es nicht leicht ist, im Gedränge schnell genug auszuweichen. (Noch schlimmer soll es im Zimmer sein, da ist das Gedränge so groß, daß es den Rabbi selbst in Gefahr bringt. Letzthin soll er geschrien haben: »Ihr seid Chassidim? Ihr seid Mörder.«) Diese Sitte macht alles sehr feierlich, der Rabbi trägt förmlich (ohne zu führen, denn rechts und links von ihm sind ja Leute) die Verantwortung für die Schritte aller. Und immer wieder ordnet sich die Gruppe neu, um ihm freie Blickrichtung zu geben.

Er sieht aus wie der Sultan, den ich als Kind in einem Doré-Münchhausen oft gesehn habe. Aber keine Maskerade, wirklich der Sultan. Und nicht nur Sultan, sondern auch Vater, Volksschullehrer,

Gymnasialprofessor u. s. f. Der Anblick seines Rückens, der Anblick der Hand, die auf der Hüfte liegt, der Anblick der Wendung dieses breiten Rückens – alles das gibt Vertrauen. Auch in den Augen der ganzen Gruppe ist dieses ruhige glückliche Vertrauen, das ich gut ahne.
Er ist mittelgroß und recht umfangreich, aber nicht schlecht beweglich. Langer weißer Bart, außergewöhnlich lange Schläfenlocken (die er auch an andern liebt; wer lange Locken hat, für den ist er schon gut gestimmt; er lobt die Schönheit zweier Kinder, die der Vater an den Händen führt, er kann aber mit der Schönheit nur die Locken meinen). Ein Auge ist blind und starr. Der Mund ist schief gezogen, es sieht gleichzeitig ironisch und freundlich aus. Er trägt einen seidenen Kaftan, der vorn offen ist; einen starken Gurt um den Leib; eine hohe Pelzmütze, die ihn äußerlich am meisten hervorhebt. Weiße Strümpfe und, wie L. sagt, weiße Hosen.
Vor dem Verlassen des Hauses vertauscht er den Silberstock mit dem Schirm. (Es regnet immerfort gleichmäßig stark und hat bis jetzt 1/2 11 Uhr noch nicht aufgehört.) Der Spaziergang (zum erstenmal keine Ausfahrt, offenbar will er die Leute nicht im Regen in den Wald hinter sich ziehn) beginnt jetzt. Es gehn etwa 10 Juden hinter und neben ihm. Einer trägt den Silberstock und den Sessel, auf den sich der Rabbi vielleicht wird setzen wollen, einer trägt das Tuch, mit dem er den Stuhl abtrocknen wird, einer trägt das Glas, aus dem der Rabbi trinken wird, einer (Schlesinger, ein reicher Jude aus Preßburg) trägt eine Flasche mit dem Wasser der Rudolfsquelle, er hat sie offenbar in einem Geschäft gekauft. Eine besondere Rolle spielen im Gefolge die vier Gabim[4] (oder ähnlich), es sind die »Nächsten«, Angestellte, Sekretäre. Der oberste der vier ist, wie Langer behauptet, ein ganz besonderer Schuft; sein großer Bauch, seine Selbstgefälligkeit, sein schiefer Blick scheinen dafür zu sprechen. Übrigens darf man ihm daraus keinen Vorwurf machen, alle Gabim werden schlecht, die dauernde Nähe des Rabbi kann man nicht ertragen, ohne Schaden zu nehmen, es ist der Widerspruch zwischen der tieferen Bedeutung und der ununterbrochenen Alltäglichkeit, die ein gewöhnlicher Kopf nicht ertragen kann.
Der Spaziergang geht sehr langsam vorwärts.

Der Rabbi kommt zunächst schwer in Gang, ein Bein, das rechte, versagt ihm ein wenig den Dienst, auch muß er anfänglich husten, achtungsvoll umsteht ihn das Gefolge. Nach einem Weilchen scheint es aber kein äußeres Hindernis zu geben, wohl aber beginnen jetzt die Besichtigungen und bringen den Zug jeden Augenblick zum Stillstehn. Er besichtigt alles, besonders aber Bauten, ganz verlorene Kleinigkeiten interessieren ihn, er stellt Fragen, macht selbst auf manches aufmerksam, das Kennzeichnende seines Verhaltens ist Bewunderung und Neugierde. Im Ganzen sind es die belanglosen Reden und Fragen umziehender Majestäten, vielleicht etwas kindlicher und freudiger, jedenfalls drücken sie alles Denken der Begleitung widerspruchslos auf das gleiche Niveau nieder. Langer sucht oder ahnt in allem tiefern Sinn, ich glaube, der tiefere Sinn ist der, daß ein solcher fehlt, und das ist meiner Meinung nach wohl genügend. Es ist durchaus Gottesgnadentum, ohne die Lächerlichkeit, die es bei nicht genügendem Unterbau erhalten müßte.

Das nächste Haus ist ein Zanderinstitut. Es liegt hoch über der Straße auf einem Steindamm und hat einen durch ein Gitter eingefaßten Vorgarten. Der Rabbi bemerkt einiges zum Bau, dann interessiert ihn der Garten, er fragt, was das für ein Garten ist. Ähnlich wie etwa der Statthalter vor dem Kaiser in ähnlichem Fall sich benehmen würde, rast Schlesinger (hebr. Sina genannt) die Treppe zum Garten hinauf, hält sich oben gar nicht auf, sondern rast sofort (alles im strömenden Regen) wieder herunter und meldet (was er natürlich schon gleich anfangs von unten erkannt hat), daß es nur ein Privatgarten ist, der zu dem Zanderinstitut gehört.

Der Rabbi wendet sich, nachdem er nochmals den Garten genau angeschaut hat, und wir kommen zum Neubad. Hinter dem Gebäude, wohin wir zuerst kommen, laufen in einer Vertiefung die Röhren für das Dampfbad. Der Rabbi beugt sich tief über das Geländer und kann sich an den Röhren nicht satt sehn, es wird Meinung und Gegenmeinung über die Röhren ausgetauscht.

Das Gebäude ist in einem gleichgültigen unkenntlichen Mischstil aufgebaut. Die unterste Fensterreihe ist in laubenartige, aber vermauerte Bogen eingebaut, welche im Scheitel einen Tierkopf tragen. Alle Bogen und alle Tierköpfe sind gleich, trotzdem bleibt der Rabbi fast vor jedem der 6 Bogen der Breitseite besonders stehn, besichtigt sie, vergleicht sie, beurteilt sie und zwar von der Ferne und Nähe.

Wir biegen um die Ecke und stehn jetzt an der Frontseite. Das Gebäude macht großen Eindruck auf ihn. Über dem Tor steht in goldenen Lettern »Neubad«. Er läßt sich die Inschrift vorlesen, fragt, warum es so heißt, ob es das einzige Bad ist, wie alt es ist u. s. w. Öfters sagt er, mit dem besondern ostjüdischen Staunen: »Ein schönes Gebäude«.

Schon früher hat er öfters die Dachtraufen beobachtet, jetzt da wir eng am Gebäude (wir haben die Front schon einmal auf der gegenüberliegenden Straßenseite passiert) zurückgehn, macht er eigens einen Umweg, um zu einer Dachtraufe zu kommen, die in einem durch einen Hausvorsprung gebildeten Winkel herunterführt. Es freut ihn, wie das Wasser drin klopft, er horcht, schaut die Röhre entlang nach oben, betastet sie und läßt sich die Einrichtung erklären. [Hier bricht der Brief mitten im Briefbogen ab.]

An Felix Weltsch

[Postkarte. Marienbad, Stempel: 19. VII. 1916]

Lieber Felix, wäre es wirklich so, wie Du schreibst, dann wäre es für mich wirklich eine Aufforderung hinzukommen und ich käme. Aber es ist nicht so und ist jedenfalls den zweiten Tag nicht mehr so. Nur das Ausbleiben der Furunkeln möge so bleiben. Dagegen ist mir gar nicht gut. Kopfschmerzen, Kopfschmerzen! (Briefwechsel zweier Datscher, würde Langer sagen.) Ja Langer ist hier, wie jetzt hier überhaupt eine Art Mittelpunkt der jüdischen Welt ist, denn der Belzer Rabbi ist hier. Zweimal war ich schon in seinem Gefolge auf Abendspaziergängen. Er allein lohnt die Fahrt Karlsbad – Marienbad. – Weißt Du, daß Baum in Franzensbad, Haus Sanssouci ist?

Herzliche Grüße und alle guten Wünsche Dir und den Deinen

Franz

An den Verlag Kurt Wolff

Prag, am 28. Juli 1916

Sehr geehrter Herr Meyer!

Als ich jetzt von einer Reise zurückkam, fand ich Ihr Schreiben vom 10. l. M. sowie die Bücher vor. Für beides danke ich Ihnen bestens. Hinsichtlich der Herausgabe eines Buches bin ich gleichfalls Ihrer Meinung, wenn auch die meine erzwungenerweise ein wenig radikaler ist. Ich glaube nämlich, daß es das allein Richtige wäre, wenn ich mit einer ganzen und neuen Arbeit hervorkommen könnte; kann ich das aber nicht, so sollte ich vielleicht lieber ganz still sein. Nun habe ich tatsächlich eine derartige Arbeit gegenwärtig nicht und fühle mich auch gesundheitlich bei weitem nicht so gut, daß ich in meinen sonstigen hiesigen Verhältnissen zu einer solchen Arbeit fähig sein könnte. Ich habe in den letzten 3, 4 Jahren mit mir gewüstet (was die Sache sehr verschlimmert: in allen Ehren) und trage jetzt schwer die Folgen. Sonstiges kommt auch noch hinzu. Ihrem liebenswürdigen Vorschlag, Urlaub zu nehmen und nach Leipzig zu kommen, kann ich augenblicklich aus den verschiedensten Gründen nicht folgen. Vor 4, 3 ja sogar noch vor 2 Jahren hätte ich es, was meine äußern Umstände und meine Gesundheit anlangte, tun können und sollen. Jetzt bleibt mir nur übrig zu warten, bis mir die einzigen Heilmittel, die mir wahrscheinlich noch helfen könnten, zugänglich werden, nämlich: ein wenig Reisen und viel Ruhe und Freiheit.

Vorher kann ich keine größere Arbeit vorlegen und es bleibt also nur die Frage (die ich für meinen Teil verneinen würde), ob es irgendwelchen Nutzen bringen könnte, die Erzählungen »Strafen« (Das Urteil, die Verwandlung, In der Strafkolonie) jetzt zu veröffentlichen. Sind Sie der Meinung, daß eine solche Herausgabe gut wäre, auch wenn in absehbarer Zeit keine größere Arbeit folgen kann, so füge ich mich vollständig Ihrer gewiß besseren Einsicht.

Mit meinen besten Grüßen, die ich gelegentlich auch Herrn Wolff zu vermitteln bitte, verbleibe ich Ihr sehr ergebener   F. Kafka

An den Verlag Kurt Wolff

Prag, am 10. August 1916

Sehr geehrter Herr Meyer!
Aus der mich betreffenden Bemerkung in einem Brief an Max Brod sehe ich, daß auch Sie daran sind, von dem Gedanken an die Herausgabe des Novellenbuches abzugehn. Ich gebe Ihnen unter den gegenwärtigen Verhältnissen durchaus Recht, denn es ist jedenfalls höchst unwahrscheinlich, daß Sie das verkäufliche Buch, das Sie wollen, mit diesem Buch erhalten würden. Dagegen wäre ich sehr damit einverstanden, daß die »Strafkolonie« im »Jüngsten Tag«

herauskommt, dann aber nicht nur die »Strafkolonie« sondern auch das »Urteil« aus der »Arkadia«, und zwar jede Geschichte in einem eigenen Bändchen. In dieser letzteren Art der Herausgabe liegt für mich der Vorteil gegenüber dem Novellenbuch, daß nämlich jede Geschichte selbstständig angesehen werden kann und wirkt. Falls Sie mir zustimmen, würde ich bitten, daß zuerst das »Urteil«, an dem mir mehr als an dem andern gelegen ist, erscheint; die »Strafkolonie« kann dann nach Belieben folgen. Das »Urteil« ist allerdings klein, aber kaum wesentlich kleiner als »Aissé« oder »Schuhlin«; im Druck der »Fledermäuse«5 dürfte es über 30 Seiten haben, die »Strafkolonie« über 70 Seiten.

Mit besten Grüßen Ihr sehr ergebener   F. Kafka

An den Verlag Kurt Wolff

[Postkarte] Prag, am 14. August 16

Sehr geehrter Herr Meyer!
Unsere Briefe haben sich offenbar gekreuzt. Zu der Sache selbst: Die Herausgabe des »Urteils« und der »Strafkolonie« in einem Bändchen wäre nicht in meinem Sinn; für den Fall ziehe ich das größere Novellenbuch vor. Nun verzichte ich aber auf dieses größere Buch, das mir übrigens Herr Wolff schon zur Zeit des »Heizer« zugesagt hat, sehr gern, bitte aber dafür um die Gefälligkeit, daß das »Urteil« in ein besonderes Bändchen kommt. »Das Urteil«, an dem mir eben besonders gelegen ist, ist zwar sehr klein, aber es ist auch mehr Gedicht als Erzählung, es braucht freien Raum um sich und es ist auch nicht unwert ihn zu bekommen.

Mit besten Grüßen Ihr sehr ergebener   F. Kafka

An den Verlag Kurt Wolff

Prag, am 19. August 16

An den Kurt Wolff Verlag!
Entsprechend Ihrem freundlichen Schreiben vom 15. l. M. stelle ich zusammen, was mich zu meiner Bitte nach Einzelabdruck des »Urteil« und der »Strafkolonie« geführt hat:
Zunächst war überhaupt nicht von der Veröffentlichung im »Jüngsten Tag« die Rede, sondern von einem Novellenband »Strafen« (Urteil – Verwandlung – Strafkolonie), dessen Herausgabe mir

Herr Wolff schon vor langer Zeit in Aussicht gestellt hat. Diese Geschichten geben eine gewisse Einheit, auch wäre natürlich ein Novellenband eine ansehnlichere Veröffentlichung gewesen, als die Hefte des »Jüngsten Tag«, trotzdem wollte ich sehr gerne auf den Band verzichten, wenn mir die Möglichkeit erschien, daß das »Urteil« in einem besonderen Heft herausgegeben werden könnte.

Ob »Urteil« und »Strafkolonie« gemeinsam in einem Jüngstentag-Bändchen erscheinen sollen, steht wohl nicht eigentlich in Frage, denn die »Strafkolonie« reicht gewiß, auch nach der in Ihrem Schreiben vorgenommenen Bemessung, für ein Einzelbändchen reichlich aus. Hinzufügen möchte ich nur, daß »Urteil« und »Strafkolonie« nach meinem Gefühl eine abscheuliche Verbindung ergeben würden; »Verwandlung« könnte immerhin zwischen ihnen vermitteln; ohne sie aber hieße es wirklich zwei fremde Köpfe mit Gewalt gegen einander schlagen.

Insbesondere für den Sonderabdruck des »Urteil« spricht bei mir folgendes: Die Erzählung ist mehr gedichtmäßig als episch, deshalb braucht sie ganz freien Raum um sich, wenn sie sich auswirken soll. Sie ist auch die mir liebste Arbeit und es war daher immer mein Wunsch, daß sie, wenn möglich, einmal selbstständig zur Geltung komme. Jetzt da von dem Novellenband abgesehen wird, wäre dafür die beste Gelegenheit. Nebenbei erwähnt bekomme ich dadurch, daß die »Strafkolonie« nicht gleich jetzt im »Jüngsten Tag« erscheint, die Möglichkeit, sie den »Weißen Blättern« anzubieten. Es ist das aber wirklich nur nebenbei erwähnt, denn die Hauptsache bleibt für mich, daß das »Urteil« besonders erscheint.

Die buchtechnischen Schwierigkeiten dessen sollten unüberwindlich sein? Ich gebe zu, daß ein Monumentaldruck nicht sehr passend wäre, aber erstens ergeben sich schon im Fledermausdruck 30 Seiten und zweitens enthalten bei weitem nicht alle Jüngste-Tag-Bändchen 32 bedruckte Seiten, Aissé z. B. hat deren nur 26 und andere Bändchen, die ich gerade nicht zur Hand habe, wie Hasenclever und Hardekopf bestehen gar nur aus wenigen Blättern.

Ich glaube also, daß mir der Verlag die Gefälligkeit des Einzelabdrucks – ich würde es durchaus als Gefälligkeit ansehn – wohl machen könnte.

In vorzüglicher Hochschätzung Ihr sehr ergebener F. Kafka

An den Verlag Kurt Wolff

[Prag,] 30. IX. 16

Sehr geehrter Herr Meyer!
In der Beilage erlaube ich mir, Ihnen zur freundlichen Durchsicht eine Auswahl von Gedichten eines Pragers, Ernst Feigl, vorzulegen. Ich für meinen Teil würde sie für eine wesentliche Bereicherung etwa des »Jüngsten Tages« halten, in den sie einen neuen halbdunklen in vielem wahrhaftig zeitgemäßen Ton brächten. Auch scheint mir Feigl noch starke, beiweitem noch nicht gehörte Möglichkeiten in sich zu haben. Die beiliegenden Gedichte sind nur eine Auswahl der als Einheit gedachten und auch gewachsenen Sammlung, die wohl noch einmal so viel Verse umfaßt und nach dem ersten Gedicht »Wir altern Mensch« benannt werden soll. Sollten Sie vor einer endgültigen Entscheidung noch die andern Gedichte sehen wollen, schicke ich sie sofort.
Mit besten Grüßen Ihr sehr ergebener   F Kafka

An Kurt Wolff

Prag, 11. X. 16

Sehr geehrter Herr Kurt Wolff!
Zunächst erlaube ich mir Sie herzlichst wieder einmal in unserer Nähe zu begrüßen[6], trotzdem jetzt allerdings Ferne und Nähe nicht sehr unterschieden sind. Ihre freundlichen Worte über mein Manuskript[7] sind mir sehr angenehm eingegangen. Ihr Aussetzen des Peinlichen trifft ganz mit meiner Meinung zusammen, die ich allerdings in dieser Art fast gegenüber allem habe, was bisher von mir vorliegt. Bemerken Sie, wie wenig in dieser oder jener Form von diesem Peinlichen frei ist! Zur Erklärung dieser letzten Erzählung füge ich nur hinzu, daß nicht nur sie peinlich ist, daß vielmehr unsere allgemeine und meine besondere Zeit gleichfalls sehr peinlich war und ist und meine besondere sogar noch länger peinlich als die allgemeine. Gott weiß wie tief ich auf diesem Weg gekommen wäre, wenn ich weitergeschrieben hätte oder besser, wenn mir meine Verhältnisse und mein Zustand das, mit allen Zähnen in allen Lippen, ersehnte Schreiben erlaubt hätten. Das haben sie aber nicht getan. So wie ich jetzt bin, bleibt mir nur übrig auf Ruhe zu warten, womit ich mich ja, wenigstens äußerlich als zweifelloser Zeitgenosse darstelle. Auch damit stimme ich ganz überein, daß die

Geschichte nicht in den »Jüngsten Tag« kommen soll. Allerdings wohl auch nicht in den Vorlesesaal Goltz, wo ich sie im November vorlesen will und hoffentlich auch vorlesen werde. Ihr Angebot, das Novellenbuch herauszugeben, ist außerordentlich entgegenkommend, doch glaube ich, daß (insbesondere da jetzt das »Urteil« dank Ihrer Freundlichkeit besonders erscheint) das Novellenbuch nur als naher Vor- oder Nachläufer einer neuen größeren Arbeit eigentlichen Sinn hätte, augenblicklich also nicht. Übrigens glaube ich diese Meinung auch aus der betreffenden Bemerkung im Brief an Max Brod herauslesen zu können. Vor einer Woche etwa habe ich an Herrn Meyer einige Gedichte von Ernst Feigl (er ist Bruder des Malers Fritz Feigl, der unter anderem für Georg Müller Dostojewski illustriert) geschickt, es ist mir nun lieb, daß jetzt die Möglichkeit besteht, daß auch Sie die Gedichte in Leipzig lesen können. Vielleicht wäre es dem Verlag möglich, diese schönen Gedichte irgendwie herauszubringen, es müßte ja nicht gleich sein, wenn auch »gleich« natürlich das erfreulichste wäre. Beim ersten Lesen der Gedichte mag beirren, daß sie verschiedene Anknüpfungen nach verschiedenen Seiten zeigen, liest man aber weiter, so muß man glaube ich aus der Einheit des Ganzen finden, daß die kleinen Anknüpfungen wirklich klein, die großen aber im guten Sinne groß sind, als eine Flamme im gemeinsamen Feuer. So scheint es mir.

Ihr herzlich ergebener   Franz Kafka

An Dr. Siegfried Löwy

[1916]

[Auf dem Titelblatt eines »Führers in die Umgebung von Marienbad«, von Kafka an seinen Onkel Siegfried[8] geschickt.]

Natürlich nur nach Marienbad fahren! Im Dianahof frühstücken (süße Milch, Eier, Honig, Butter), schnell im Maxtal gabelfrühstücken (saure Milch), schnell im Neptun beim Oberkellner Müller mittagessen, zum Obsthändler Obst essen, flüchtig schlafen, im Dianahof Milch im Teller essen (vorher zu bestellen!), schnell im Maxtal saure Milch trinken, zum Neptun nachtmahlen, dann sich in den Stadtpark setzen und sein Geld nachzählen, zum Konditor gehen, dann mir ein paar Zeilen schreiben und soviel in einer Nacht schlafen, als ich in den 21 Nächten zusammen.

Das alles läßt sich bei Regen fast noch besser machen als bei schönem Wetter, da dann die Spaziergänge nicht stören, und in den entfernten Kaffeegärten immer etwas fehlt, im Kaffee Alm z. B. die Milch, im Kaffee Nimrod die Butter, und in allen die Semmeln, die man überhaupt immerfort mittragen soll.

Zeitung muß man nicht kaufen, im Dianahof Berliner Tageblatt, gleich nach Erscheinen, andere Zeitungen (Zeitschriften nicht) im Lesesaal des Stadthauses, die abends erscheinenden Berichte des Marienbader Tagblatts sind wenigstens in einem Exemplar in allen Logierhäusern abonniert.

Besonders billiges, aber nicht ganz reines Obst am Eingang der Judengasse.

Ich würde für meinen Teil die von Dir notierten Häuser bei der Waldquelle vorziehen, nicht nur, weil ich dort gewohnt habe, und Dianahof in der Nähe ist, sondern weil die andere Häusergruppe in der Front nach Nordwest gehen dürfte. Empfehlenswertes bei Neptun: Gemüseomlette, Emmentaler, Kaiserfleisch, Portion Roheier mit Portion grüne Erbsen. –

Willst Du abends arbeiten, nimm ein Zimmer mit Balkon (ohne allzu nahe Nachbarbalkone), wo man die Nachtlampe auf den Balkontisch hinausstellen kann; dann habt ihr zwei Zimmer, auf dem Balkon besondere Ruhe. –

Gutes Obst auch auf dem Weg zum Maxtal (das waren etwa meine Gedanken auf dem Balkon in der ruhigen Nacht). – Hast Du einmal irgendeine Beschwerde oder sonst etwas, dann geh ins Stadthaus zu dem »unermüdlichen Presseleiter« Fritz Schwappacher, der einen Verein der zeitweise in Marienbad anwesenden Journalisten gegründet hat.

Jetzt ist es aber genug und ihr könnt fahren. Bei dem Gedanken, euch irgendwie als Vertreter dort zu haben, ist mir sehr wohl.

1917

An Felix Weltsch

[Postkarte. Prag, Stempel: 2. I. 1917]
Lieber Felix – gestern wollte ich euch zum neuen Jahr glückwünschen, aber es ging nicht. Ich sah Dich so friedlich, tief in Ruhe, lesen, dann sogar die Mappe öffnen, Papier herausnehmen und schreiben, daß es für mich gar keine Frage war, daß ich Dich nicht stören dürfe. Allerdings stand neben Dir eine Tasse und die Tür zum beleuchteten Wohnzimmer war halb offen – ich sagte mir also, falls Du Dich stärker mit der Tasse zu beschäftigen anfängst oder falls Deine Frau hereinkommt, dann dürfe auch ich vielleicht kommen. Das war aber ein Irrtum. – Denn als schließlich Deine Frau hereinkam, und Du, mit gutem Appetit in etwas hineinbeißend, mit ihr zu sprechen anfingst, schämte ich mich natürlich weiter zuzuschauen, konnte deshalb nicht feststellen, ob die Arbeitsunterbrechung eine längere war und ging deshalb. Nächstens. Viele Grüße. Übrigens gute Zeitungsnachrichten.   Franz

An Gottfried Kölwel [1]

Prag, 3. Januar 16[2]

Sehr geehrter Herr Kölwel!
Jetzt fand ich Ihre Gedichte. Vielen Dank. Ich dachte kaum mehr, daß sie kamen und bedauerte es, denn ich hatte den allgemeinen Eindruck stark in meinem alle Einzelheiten unsinnig rasch verlierenden Gedächtnis und wäre ihm gerne in der Wirklichkeit nachgegangen. Nun kann ich es an den drei Gedichten tun, besonders an den Wehenden[3], die mir am besten den Münchner Eindruck wieder beleben. Ich las die Gedichte dort unter ungewöhnlichen Umständen. Ich war hingekommen mit meiner Geschichte als Reisevehikel, in eine Stadt, die mich außer als Zusammenkunftsort und als trostlose Jugenderinnerung gar nichts anging, las dort meine schmutzige Geschichte in vollständiger Gleichgültigkeit, kein leeres Ofenloch kann kälter sein, war dann, was mir hier selten geschieht, mit fremden Menschen beisammen, von denen mich Pulver eine Zeitlang geradezu betörte, fand Sie zu einfach, um mich wesentlich zu kümmern, wunderte mich dann am nächsten Tag im Kaffeehaus

über die Zufriedenheit, mit der Sie von Ihrem Leben, Ihren Arbeiten und Plänen erzählten, wußte mit Ihrer Nacherzählung einer Prosaarbeit nichts anzufangen und bekam schließlich – ohne daß ich damit alles was in München in mir vorging gestreift hätte – Ihre Gedichte in die Hand. Diese Gedichte trommelten mir zeilenweise förmlich gegen die Stirn. So rein, so sündenrein in allem waren sie, aus reinem Atem kamen sie; ich hätte alles was ich in München angestellt hatte, an ihnen reinigen wollen. Und vieles davon finde ich jetzt wieder. Denken Sie bitte wieder einmal an mich und schicken mir etwas. Mit besten Grüßen sehr ergeben   Kafka

An Gottfried Kölwel

Prag, 31. I. 16 [1917]

Sehr geehrter Herr Kölwel!

Ich war krank und bin es noch heute, mein Magen will nicht mit. Ich hätte Ihnen sonst schon längst geschrieben und für Ihre Sendung gedankt, die mir Freude gemacht hat, wie mir jede weitere Freude machen wird, das weiß ich schon. Es sind trostreiche Gedichte, Trostgesänge alle; Sie halten sich förmlich nur mit einer Hand im Dunkel, vielleicht um nicht ganz losgebrochen zu werden aus der Erde, alles andere ist Helligkeit, gute und wahrhaftige. Gerade weil Sie die Bestimmung dazu haben, stört mich manchmal eine kühle Gefühlswendung, die sich so eindeutig gibt, als werde sie auf dem Trapez, und sei es auch das höchste, vollführt und nicht im Herzen; sie ist einwandfrei, aber das genügt gewiß Ihnen am allerwenigsten. So z. B. die Wendung im Trostgesang, die das Gedicht, das doch auf höchste Wahrheit ausgeht, erfüllt, wie mit zwei riesigen Stützbalken. Oder zum Teil auch im Gekreuzigten, in dessen einzelnen Versen man allerdings versinkt. Ein starkes Gegenbeispiel in meinem Sinn ist etwa der Herbstgesang, der in seiner Gänze schwebt und darum auch tragen kann.

Ich wundere mich nicht darüber, daß Sie bei Verlagen Schwierigkeiten haben, Sie verblüffen weder, noch erschrecken Sie, aber ebenso gewiß, als Sie das nicht tun, ist: daß man auf die Dauer den Gedichten nicht widerstehen kann. Deshalb glaube ich aber auch nicht – Ihre vielleicht besseren Gegenbeweise kenne ich nicht – daß wirklich jemand geradezu gegen Sie tätig ist oder vielmehr daß man auch ohne den Glauben an solche Feindseligkeit – der Glaube

daran verbittert doch – die Schwierigkeiten der ersten Zeit verstehen kann. Was Kurt Wolff betrifft, so will ich natürlich alles was Sie wissen wollen, zu erfahren versuchen. Nicht direkt, denn mein Verkehr ist hiezu viel zu geringfügig und einflußlos, wohl aber durch meinen Freund Max Brod. Schreiben Sie mir nur um was es sich im Einzelnen handelt oder besser, was im Einzelnen gefragt oder getan werden soll und in welcher Art.
Mit besten Grüßen Ihr sehr ergebener   Franz Kafka

An Gottfried Kölwel

Prag, 21. II. 17

Sehr geehrter Herr Kölwel! Vielen Dank für die neuen Gedichte. Irre ich nicht, so sind es wirklich neue Gedichte. Viel neue Welt öffnet sich gegenüber den frühern. Wie groß Ihr Reich ist!
Daß Wolff nachgegeben hat, freut mich sehr. Es beweist, daß seiner Einsicht auf die Dauer Werte nicht entgehen können und daß vom schlechten Nein zum guten Ja der Weg für ihn doch nicht allzulang ist. Oder vielleicht sogar sehr kurz ist, wenn Ihre Vermutung hinsichtlich der Machenschaften richtig war.
Mit besten Grüßen für Sie und Herrn Dr. Sommerfeld
Ihr sehr ergebener

An den Verlag Kurt Wolff

Prag, am 14. III. 17

Verehrlicher Verlag!
Am 20. v. M. bestätigte ich mit eingeschriebener Karte den Erhalt der Abrechnung 1917 für das Buch Betrachtung und bat, den Betrag, etwa 95 M an Frl. F. B., Technische Werkstätte, Berlin O-27, Markusstraße 52 überweisen zu wollen. Gleichzeitig fragte ich an, ob und wie die Verrechnung der zweiten Auflage des »Heizer« und des »Urteil« erfolgen werde.
Eine Antwort auf diese Karte habe ich bis heute nicht erhalten, auch ist das Geld bisher bei der genannten Adressatin nicht eingelangt. Das letztere ist mir umso peinlicher, als ich gleichzeitig mit der damaligen Karte den bevorstehenden Eingang des Geldes anzeige. Ich bitte nun so freundlich zu sein und meine Karte zu erledigen.
Hochachtungsvoll ergebenst   Dr. F. Kafka

BRIEFE AUS DEM JAHRE 1917

An Felix Weltsch

[Prag, Sommer 1917]

Lieber Felix, das hast Du sehr gut gemacht und ich gönne es Dir grenzenlos. An gewöhnlichen Tagen ist es für mich schwierig, aber Sonntag komme ich vielleicht. Sollte ich nicht Oskar mitbringen? Schade, daß ich niemals weiß, ob ich am nächsten Tag leben oder nur taumeln werde und daß das Letztere immer das Wahrscheinlichere ist. Ich bringe Dir dann einen ausgezeichneten, schwer, aber mit Deiner Hilfe vielleicht doch zu fassenden politischen und Wahlrechts-Aufsatz von Heimann aus der Rundschau⁴.
Herzliche Grüße Dir und Deiner Frau   Franz

An Kurt Wolff

Prag, am 7. Juli 1917

Sehr geehrter Herr Kurt Wolff!
Es freut mich ungemein, wieder einmal direkt von Ihnen etwas zu hören. Mir war in diesem Winter, der allerdings schon wieder vorüber ist, ein wenig leichter. Etwas von dem Brauchbaren aus dieser Zeit schicke ich, dreizehn Prosastücke⁵. Es ist weit von dem, was ich wirklich will.
Mit herzlichen Grüßen Ihr ergebener: F Kafka

An Frau Irma Weltsch

[Prag,] 20. VII. 17

Liebe Frau Irma!
Ihren Brief, der erst nach unserer Abreise (wir fuhren Mittwoch Mittag weg) ankam, habe ich erst jetzt bekommen; ich bin zwar schon gestern früh angekommen, war aber erst heute mittag im Geschäft, wo ihn die Kusine aufgehoben hatte. Daher also die verspätete Antwort.
Die Tasche habe ich damals, kurz nachdem ich bei Ihnen gewesen war, in der Wohnung meiner Schwester gefunden. Unglücklich über den Verlust, ich bin so schmerzhaft geizig, ging ich geradewegs von Ihnen in die doch schon einmal durchsuchte Wohnung, rutschte auf den Knien systematisch jedes Stück Bodens ab und fand schließlich die Tasche ganz unschuldig unter einem Koffer liegen, wo sie sich klein gemacht hatte. Natürlich war ich auf diese Lei-

stung außerordentlich stolz und wäre schon deshalb am liebsten gleich zu Ihnen gefahren. Aber dann mußte ich es doch zuerst zuhause sagen, zuhause war aber wieder alle mögliche Abhaltung, nächsten Mittag sollten wir doch wegfahren, die Meldung bei Ihnen wurde also immer wieder verschoben, schreiben wollte ich nicht, weil ich doch selbst zu Ihnen gehn wollte und schließlich schrieb ich nicht einmal, weil es schon auch dafür zu spät wurde, ich überdies Max die Meldung für Sie übergab und mir außerdem sagte, daß Sie ebenso wie meine Braut und ich gar nicht ernstlich daran geglaubt hatten, die Tasche könne bei Ihnen geblieben sein. Ich hatte ja auch Ihnen gegenüber öfters gesagt, so wie es sich auch tatsächlich verhielt, daß meine Braut überzeugt sei, die Tasche beim Weggang aus Ihrer Wohnung noch gehabt zu haben, und daß ich eigentlich nur aus dem formalen Grunde, nichts versäumen zu wollen, nachfragen kam.

Das wären meine Entschuldigungen. An Zahl genug, vielleicht sogar zu viel. Wäre nicht Ihr Brief da, würde ich mich fast schuldlos fühlen. Da Sie nun aber offenbar auch noch weiterhin an das Täschchen gedacht und möglicherweise es gar noch gesucht haben, sind natürlich alle Entschuldigungen unzulänglich und ich muß mich darauf verlegen, Sie zu bitten, mir die Freude an dem Wiederfinden der Tasche nicht ganz und gar dadurch zu verderben, daß Sie mir wegen meiner Nachlässigkeit böse werden. Das wäre, trotzdem in der Tasche an 900 Kronen waren (das erklärt die Schnelligkeit meiner ersten Mitteilung) ein ungeheuerlich hoher Finderlohn, den ich dem glücklichen Zufall auszuzahlen hätte. Sie tun es nicht.

Mit herzlichen Grüßen   Ihr Kafka

An Kurt Wolff

Prag, 27. Juli 1917

Verehrter Herr Kurt Wolff!
Daß Sie über die Manuskripte so freundlich urteilen, gibt mir einige Sicherheit. Falls Sie eine Ausgabe dieser kleinen Prosa (jedenfalls kämen noch zumindest zwei kleine Stücke hinzu: das in Ihrem Almanach enthaltene »Vor dem Gesetz« und der beiliegende »Traum«) jetzt für richtig halten, bin ich sehr damit einverstanden, vertraue mich hinsichtlich der Art der Ausgabe Ihnen völlig an,

auch liegt mir an einem Ertrag augenblicklich nichts. Dieses Letztere wird sich allerdings nach dem Krieg ganz und gar ändern. Ich werde meinen Posten aufgeben (dieses Aufgeben des Postens ist überhaupt die stärkste Hoffnung, die ich habe), werde heiraten und aus Prag wegziehn, vielleicht nach Berlin. Ich werde zwar, wie ich heute noch glauben darf, auch dann nicht ausschließlich auf den Ertrag meiner literarischen Arbeit angewiesen sein, trotzdem aber habe ich oder der tief in mir sitzende Beamte, was dasselbe ist, vor jener Zeit eine bedrückende Angst; ich hoffe nur, daß Sie, verehrter Herr Wolff, mich dann, vorausgesetzt natürlich, daß ich es halbwegs verdiene, nicht ganz verlassen. Ein Wort von Ihnen, schon jetzt darüber gesagt, würde mir, über alle Unsicherheit der Gegenwart und Zukunft hinweg, doch viel bedeuten.

Mit herzlichen Grüßen Ihr ergebener   Kafka

An Kurt Wolff

Prag, am 20. August 17

Sehr geehrter Herr Kurt Wolff!
Um Sie nicht ein zweites Mal während Ihres Urlaubs zu stören, danke ich erst heute für Ihr letztes Schreiben. Was Sie darin zu meinen Ängstlichkeiten sagen, ist überaus freundlich und genügt mir für den Augenblick vollkommen.

Als Titel des neuen Buches schlage ich vor: »Ein Landarzt« mit dem Untertitel: »Kleine Erzählungen«. Das Inhaltsverzeichnis denke ich mir etwa so:

    Der neue Advokat
    Ein Landarzt
    Der Kübelreiter
    Auf der Gallerie
    Ein altes Blatt
    Vor dem Gesetz
    Schakale und Araber
    Ein Besuch im Bergwerk
    Das nächste Dorf
    Eine kaiserliche Botschaft
    Die Sorge des Hausvaters
    Elf Söhne
    Ein Brudermord

Ein Traum
Ein Bericht für eine Akademie
Mit besten Empfehlungen Ihr herzlich ergebener   F Kafka

An Kurt Wolff

Prag, 4. September 1917

Verehrter Herr Wolff!

Einen schöneren Vorschlag für den Landarzt konnte ich mir nicht wünschen. Aus Eigenem hätte ich gewiß nicht gewagt, nach jenen Lettern zu greifen, nicht mir, nicht Ihnen und nicht der Sache gegenüber, aber da Sie selbst es mir anbieten, nehme ich es mit Freude an. Dann wird wohl auch das schöne Format der Betrachtung angewendet?

Hinsichtlich der Strafkolonie besteht vielleicht ein Mißverständnis. Niemals habe ich aus ganz freiem Herzen die Veröffentlichung dieser Geschichte verlangt. Zwei oder drei Seiten kurz vor ihrem Ende sind Machwerk, ihr Vorhandensein deutet auf einen tieferen Mangel, es ist da irgendwo ein Wurm, der selbst das Volle der Geschichte hohl macht. Ihr Angebot, diese Geschichte in gleicher Weise wie den Landarzt erscheinen zu lassen, ist natürlich sehr verlockend und kitzelt so, daß es mich fast wehrlos macht – trotzdem bitte ich, die Geschichte, wenigstens vorläufig, nicht herauszugeben. Stünden Sie auf meinem Standpunkt und sähe Sie die Geschichte so an, wie mich, Sie würden in meiner Bitte keine besondere Standhaftigkeit erkennen. Im übrigen: Halten meine Kräfte halbwegs aus, werden Sie bessere Arbeiten von mir bekommen, als es die Strafkolonie ist.

Meine Adresse ist von nächster Woche ab:
Zürau, Post Flöhau in Böhmen.

Die schon seit Jahren mit Kopfschmerzen und Schlaflosigkeit angelockte Krankheit ist nämlich plötzlich ausgebrochen. Es ist fast eine Erleichterung. Ich fahre für längere Zeit aufs Land, vielmehr ich muß fahren.

Mit herzlichen Grüßen Ihr immer ergebener   F Kafka

An Max Brod und Felix Weltsch

[Prag,] 5. 9. 1917

Lieber Max, ein Durchschlagsbrief für Dich und Felix: Die erste Erklärung für meine Mutter war erstaunlich leicht. Ich sagte einfach nebenbei, ich werde vielleicht vorläufig keine Wohnung mieten, ich fühle mich nicht recht wohl, etwas nervös, und werde lieber versuchen, einen größeren Urlaub zu bekommen und dann zur O. fahren. Infolge ihrer grenzenlosen Bereitschaft, mir auf die geringste Andeutung hin einen beliebigen Urlaub zu geben (falls es auf sie ankäme), fand sie in meiner Erklärung nichts Verdächtiges, und so wird es auch wenigstens vorläufig bleiben, das gilt auch für den Vater. Deshalb bitte ich Dich, falls Du zu jemandem von der Sache sprichst (an und für sich ist es natürlich gar kein Geheimnis, mein irdischer Besitzstand hat sich eben auf der einen Seite um die Tuberkulose vergrößert, allerdings auch auf der andern Seite etwas verkleinert), gleichzeitig oder, falls es schon geschehen ist, nachträglich hinzuzufügen, daß er meinen Eltern gegenüber von der Sache nicht spricht, selbst wenn er im Gespräch irgendwie herausgefordert werden sollte. Wenn es so leicht ist, vorläufig eine Sorge von den Eltern abzuhalten, soll man es doch gewiß versuchen.

Noch einmal, ohne Durchschlag, danke ich Dir, Max, es war doch sehr gut, daß ich hingegangen bin und ohne Dich wäre es gewiß nicht geschehn[6]. Du sagtest dort übrigens, ich wäre leichtsinnig, im Gegenteil, zu rechnerisch bin ich und dieser Leute Schicksal sagt schon die Bibel voraus. Aber ich klage ja nicht, heute weniger als sonst. Auch habe ich es selbst vorausgesagt. Erinnerst Du Dich an die Blutwunde im »Landarzt«? Heute kamen Briefe von F., ruhig, freundlich, ohne jede Nachträglichkeit, so eben wie ich sie in meinen höchsten Träumen sehe. Schwer ist es jetzt, ihr zu schreiben.

An Max Brod

[Zürau, Mitte September 1917]

Lieber Max, am ersten Tag kam ich nicht zum Schreiben, weil es mir allzusehr gefiel, auch wollte ich nicht übertreiben, wie ich es hätte tun müssen, ich hätte dem Bösen damit das Stichwort gegeben. Heute aber bekommt alles schon ein natürliches Aussehn, die innern Schwächen (nicht die Krankheit, von der weiß ich vorläufig fast nichts) melden sich, aus dem Hof gegenüber kommt zeitweilig das gesammelte Geschrei der Arche Noah, ein ewiger Klempfner klempft, Appetit habe ich keinen und esse zu viel, es gibt kein Abendlicht u. s. w. Aber das Gute ist doch weit in der Überzahl, soweit ich es bis jetzt überblicke: Ottla trägt mich wirklich förmlich auf ihren Flügeln durch die schwierige Welt, das Zimmer (allerdings nach Nordost gehend) ist ausgezeichnet, luftig, warm und das alles bei fast vollkommener Hausstille; alles, was ich essen soll, steht in Fülle und Güte um mich herum (nur die Lippen krampfen sich dagegen, so geht es mir aber in den ersten Veränderungstagen immer) und die Freiheit, die Freiheit vor allem.

Allerdings ist hier noch die Wunde, deren Sinnbild nur die Lungenwunde ist. Du mißverstehst es, Max, nach Deinen letzten Worten im Hausflur, aber ich mißverstehe es auch vielleicht und es gibt (so wird es auch bei Deinen innern Angelegenheiten sein) überhaupt kein Verständnis solchen Dingen gegenüber, weil es keinen Überblick gibt, so verwühlt und immer in Bewegung ist die riesige, im Wachstum nicht aufhörende Masse. Jammer, Jammer und gleichzeitig nichts anderes als das eigene Wesen, und wäre der Jammer endlich aufgeknotet (solche Arbeit können vielleicht nur Frauen leisten), zerfielen ich und Du.

Jedenfalls verhalte ich mich heute zu der Tuberkulose, wie ein Kind zu den Rockfalten der Mutter, an die es sich hält. Kommt die Krankheit von der Mutter, stimmt es noch besser, und die Mutter hätte mir in ihrer unendlichen Sorgfalt, weit unter ihrem Verständnis der Sache, auch noch diesen Dienst getan. Immerfort suche ich eine Erklärung der Krankheit, denn selbst erjagt habe ich sie doch nicht. Manchmal scheint es mir, Gehirn und Lunge hätten sich ohne mein Wissen verständigt. »So geht es nicht weiter« hat das Gehirn gesagt und nach fünf Jahren hat sich die Lunge bereit erklärt, zu helfen.

Aber das Ganze ist auch in dieser Form ganz falsch, wenn ich will. Erkenntnis der ersten Stufe. Der ersten Stufe jener Treppe, auf deren Höhe mir als Lohn und Sinn meines menschlichen (dann allerdings nahezu napoleonischen) Daseins das Ehebett ruhig aufgeschlagen wird. Es wird nicht aufgeschlagen werden und ich komme, so ist es bestimmt, nicht über Korsika hinaus.

Es sind das übrigens nicht Zürauer Erkenntnisse, sie kommen noch von der Eisenbahnfahrt her, auf welcher die Briefkarte, die ich Dir gezeigt habe, der schwerste Teil meines Gepäcks war.

Ich werde aber natürlich auch hier darüber nachzudenken nicht aufhören.

Grüße alle und besonders auch Deine Frau vom Tartuffe. Sie hat keinen schlechten Blick, aber zu konzentriert, sie sieht nur den Kern; den Ausstrahlungen zu folgen, die ja eben den Kern fliehen, ist ihr zu mühsam.

Herzlichst Franz

An Oskar Baum

[Zürau, Mitte September 1917]

Lieber Oskar, ich konnte nicht mehr kommen, nicht mehr hören. Übrigens muß man auch mit der Krankheit nicht überall herumlaufen.

Vorläufig bin ich hier sehr zufrieden und beginne mein neues Leben nicht ohne Zuversicht. Gestern saß beim ersten Mittagessen ein Gegenbild von mir an meinem Tisch. Ein wirklicher Wanderer. Ist 62 Jahre alt und wandert seit zehn Jahren. Im Gesicht über dem gepflegten Kaiserbart rein und rosig. Sieht vom Tischrand aufwärts wie ein pensionierter höherer Beamter aus. Ernährt sich seit zehn Jahren, von kleinen Arbeitspausen abgesehen, ausschließlich mit Betteln. Ist z. B. den ganzen letzten Winter gewandert, im gleichen Kleid, das er jetzt trägt (nur eine Weste, in der ihm jetzt zu warm geworden ist, hat er inzwischen verkauft) und hat kein wesentliches Rheuma, auch keine sonstige Krankheit. Nur im Kopf fühlt er in den letzten Jahren eine gewisse Unordnung. Er wird oft ohne Grund traurig, verliert alle Lust zu allem, dann weiß er nicht, was er machen soll. Ich frage ihn, ob ihm der Glaube an Gott nicht helfen kann. Nein, der kann ihm nicht helfen, im Gegenteil, daher kommt ja das Spekulieren und die Traurigkeit. Man wird zu fromm erzogen, dann macht man sich solche Gedanken. Das Hauptunglück aber ist, daß er nicht geheiratet hat. Sorgen? Ja Sorgen hätte er dann auch, aber vor allem ein Zuhause, Freude an den Kindern und Ruhe im Kopf. Er hat einigemal Gelegenheit gehabt zu heiraten, aber seine Mutter, die bis zu seinem 52. Jahr gelebt hat, hat ihm immer vom Heiraten abgeraten. Auch die zwei Schwestern und der Vater, mit denen zusammen er ein kleines Geschäft im Egerland geführt hat, haben ihm abgeraten. Und wenn alle einem abraten, verliert man die Lust. Und wenn man nicht heiratet, fängt man zu trinken an, das hat er auch gemacht. Jetzt wandert er und oft findet er gute Leute. In Böhm. Leipa z. B. hat ihm einmal vor Jahren ein Advokat (also auch ein Dr., aber im Gegensatz zu mir schon ausstudiert[7]) ein Mittagessen und zwei Kronen gegeben. In Zürau bei meiner Schwester war er schon vor ein paar Tagen, er ist jetzt zum zweiten Mal hergekommen, ohne es zu wollen. Er wandert ohne eigentlichen Plan (eine Karte hat er zwar, aber die Dörfer sind dort nicht angegeben), so geschieht es ihm oft, daß er im Kreis wandert. Es ist auch gleichgültig, die Leute erkennen ihn kaum jemals wieder.

Er hat einen wirklichen Beruf, der keine Zeitverschwendung erlaubt. Kaum hat er den letzten Bissen im Mund (durch Fragen bin ich ihm nicht lästig geworden, vielmehr sind wir einander meistens stumm gegenübergesessen und ich habe mein Essen vor Verlegenheit nur im Geheimen hinuntergeschluckt), steht er auf und geht. Werdet Ihr uns das Bierrezept schicken, damit wir unsern Gästen etwas Gutes vorsetzen können? Vielleicht läßt sich dann auch etwas für Euch verschaffen.

Herzliche Grüße.

Franz

Die Wohnung oben nehme ich nicht. Abgesehen davon, daß ich vorläufig keine brauche und die Zukunft unsicher ist, scheint mir die Wohnung auch zu groß, zu niedrig gelegen, zu sehr in die Straße und in Werkstätten eingebaut und zu melancholisch.

An Max Brod

[Zürau, Mitte September 1917]

Lieber Max, dieser feine Instinkt, den ich ebenso habe wie Du! Ein Geier, Ruhe suchend, fliege ich oben und lasse mich schnurgerade in dieses Zimmer hinunter, dem gegenüber ein Klavier, wild die Pedale schlagend, jetzt spielt, gewiß das einzige Klavier weit im Land. Aber ich werfe es, leider nur bildlich, zur Mischung in das viele Gute, das mir hier gegeben wird.

Unser Briefwechsel kann sehr einfach sein; ich schreibe Meines, Du Deines, und das ist schon Antwort, Urteil, Trost, Trostlosigkeit, wie man will. Es ist das gleiche Messer, an dessen Schärfe sich unsere Hälse, armer Tauben Hälse, einer hier, einer dort, zerschneiden. Aber so langsam, so aufreizend, so Blut sparend, so Herz quälend, so Herzen quälend.

Das Moralische ist hiebei vielleicht das Letzte, oder vielmehr nicht einmal das Letzte, das Blut ist das Erste und das Zweite und das Letzte. Es handelt sich darum, wieviel Leidenschaft da ist, wieviel Zeit nötig ist, um die Herzwände genügend dünn zu klopfen, d. h. wenn die Lunge dem Herzen nicht zuvor kommt.

F. hat sich mit ein paar Zeilen angekündigt. Ich fasse sie nicht, sie ist außerordentlich, oder besser: ich fasse sie, aber kann sie nicht halten. Ich umlaufe und umbelle sie, wie ein nervöser Hund eine Statue oder, um das ebenso wahre Gegenbild zu zeigen: ich sehe sie an wie ein ausgestopftes Tier den ruhig in seinem Zimmer lebenden Menschen ansieht. Halbwahrheiten, Tausendstel-Wahrheiten. Wahr ist nur, daß F. wahrscheinlich kommt.

Es bedrängt mich so vieles, ich finde keinen Ausweg. Ist es falsche Hoffnung, Selbsttäuschung, daß ich immer hier bleiben wollte, ich meine, auf dem Land, weit von der Bahn, nahe dem unauflösbaren Abend, der herunterkommt, ohne daß sich jemand oder etwas im geringsten gegen ihn wehrt? Wenn es Selbsttäuschung ist, dann lockt mich damit mein Blut zu einer neuen Verkörperung meines Onkels, des Landarztes, den ich (in aller und allergrößter Teilnahme) manchmal den »Zwitscherer« nenne, weil er einen so unmenschlich dünnen, junggesellenmäßigen, aus verengter Kehle kommenden, vogelartigen Witz hat, der ihn nie verläßt. Und er lebt so auf dem Land, unausreißbar, zufrieden, so wie einen eben ein leise rauschender Irrsinn zufrieden machen kann, den man für die Melodie des Lebens hält. Ist aber das Verlangen nach dem Lande keine Selbsttäuschung, dann ist es etwas Gutes. Darf ich das aber erwarten, mit vierunddreißig Jahren, höchst fraglicher Lunge und noch fraglicheren menschlichen Beziehungen? Landarzt ist wahrscheinlicher; willst Du Bestätigung, ist gleich der Fluch des Vaters da; wunderschöner nächtlicher Anblick, wenn die Hoffnung mit dem Vater kämpft.

Die Absichten (wir lassen inzwischen die Kämpfenden), die Du mit der Novelle hast, entsprechen ganz meinem Wunsch. Die Novelle ist zu Großem bestimmt. Werden sich aber diesen Absichten gegenüber die doch immerhin leichtfertigen zwei ersten Kapitel behaupten können? Meinem Gefühl nach in keiner Weise. Was sind es für drei Seiten, die Du geschrieben hast? Entscheiden sie im Ganzen etwas? Daß es Tycho widerlegen wird, ist ein Schmerz? Es wird ihn, da alles Wahre unwiderleglich ist, nicht widerlegen, nur niederwerfen vielleicht. Ist es aber, wie alle Kriegsberichterstatter schreiben, nicht die noch immer beste Art des Angriffs: aufstehn, springen, niederwerfen? Ein Vorgang, der gegenüber der ungeheueren Bastion unaufhörlich wiederholt werden muß, bis man im letzten Band der Gesamtausgabe glückselig müde niederfällt oder – ungünstigerenfalls – in den Knien bleibt.

Das ist nicht traurig gemeint. Ich bin auch nicht wesentlich traurig. Mit Ottla lebe ich in kleiner guter Ehe; Ehe nicht auf Grund des üblichen gewaltsamen Stromschlusses, sondern des mit kleinen Windungen geradeaus Hinströmens. Wir haben eine hübsche Wirtschaft, in der es Euch, wie ich hoffe, gefallen wird. Ich werde einiges für Euch, Felix und Oskar zu sparen suchen, es ist nicht leicht, da nicht viel hier ist und die vielen Familienesser das erste Anrecht haben. Aber etwas wird es doch, muß aber persönlich abgeholt werden.

Ja, noch meine Krankheit. Kein Fieber, Gewicht bei der Ankunft $61^1/_2$, habe wohl schon zugenommen. Schönes Wetter. Lag viel in der Sonne. Entbehre vorläufig die Schweiz nicht, über die Du übrigens nur vorjährige Nachrichten haben kannst.

Alles Gute, irgendeinen vom Himmel herunterregnenden Trost!

Franz

[Zwei Randbemerkungen:]
Brauchst Du einen Briefvermittler, kann ich mein Schreibmaschinenfräulein sehr gut dazu anleiten.
Du hast doch wohl schon einen Brief von mir. Ein Briefweg dauert drei bis vier Tage.

An Oskar Baum

[Zürau, Mitte September 1917]

Lieber Oskar, besten Dank für das Bierrezept. Wir werden es bald ausprobieren und die Gegend damit zu bezaubern suchen. Man muß bezaubern, wenn man etwas Wesentliches bekommen will. Für den hiesigen Gebrauch ist alles in ziemlicher Fülle da, aber um viel aufzusammeln, dafür reicht es nicht, besonders wenn sich solche Schmarotzer wie ich, der in der ersten Woche ein Kilogramm zugenommen hat (die Wage behauptet es), hier festgesetzt haben. Einiges werde ich aber für Euch, Felix und Max doch zusammensparen. Die Prager Verbindungen haben mich allerdings alle im

Stich gelassen, besonders der große Lieferant. Irgendeine Anzeige schwebt über ihm, er muß sich deshalb einige Zeit im Dunkel halten.

Mit meinem Leben hier bin ich zufrieden, wie euch schon vielleicht Max erzählt hat. Ruhe allerdings, nach der Du besonders fragst, gibt es auch hier nicht und ich werde aufhören, sie im Leben noch zu suchen. Mein Zimmer ist zwar in einem stillen Haus, aber gegenüber ist das einzige Klavier von Nordwestböhmen untergebracht, in einem großen Hof, dessen Tiere einander überschreien. Fast alle Gespanne des Ortes fahren früh an mir vorüber und alle Gänse laufen dort zum Teich. Aber das Schlimmste sind zwei Klopfer irgendwo, einer klopft auf Holz, einer auf Metall, unermüdlich besonders der erste, er arbeitet über seine Kräfte, er übernimmt sich, aber ich kann kein Mitleid mit ihm haben, wenn ich ihm von sechs Uhr früh an zuhören muß. Hört er aber für ein Weilchen wirklich auf, ist es nur, um auch den Metallklopfer vorzulassen.

Trotzdem und trotz einigem andern, ich will nicht nach Prag, ganz und gar nicht.

Herzlichste Grüße Dir und Deiner lieben Frau von   Franz

Ihr habt doch wohl schon einen Brief von mir? Die Postverbindung ist hier nicht nur langsam (ein Brief von Prag kommt erst in drei bis vier Tagen an), sondern auch unsicher.

An Max Brod

[Zürau, etwa Mitte September 1917]

Liebster Max, wie hast Du Deinen letzten Reisewunsch auf der Treppe – erinnerst Du Dich? – gemeint? Wenn Du es als Prüfung gemeint hast, ich fürchte, daß ich sie nicht bestehe. Mich härten Prüfungen nicht ab, ich bekomme die Schläge nicht auf meinem Platz, sondern laufe hin und verschwinde unter ihnen. Soll ich dafür danken, daß ich nicht heiraten konnte? Ich wäre dann sofort geworden, was ich jetzt allmählich werde: toll. Mit kürzeren und kürzeren Erholungspausen, in denen nicht ich, sondern das Andere Kräfte sammelt.

Das Merkwürdige, worauf ich doch endlich aufmerksam werden könnte, ist, daß alle Menschen zu mir über die Maßen gut und, wenn ich will, gleich aufopfernd sind, von dem für mich niedrigsten bis zu den höchsten. Ich habe daraus auf die Menschennatur im allgemeinen geschlossen und mich dadurch noch mehr bedrückt gefühlt. Aber es ist wahrscheinlich unrichtig, sie sind durchwegs so nur zu demjenigen, dem Menschen überhaupt nicht helfen können. Ein besonderer Geruchssinn zeigt ihnen diesen Fall an. Auch zu Dir, Max, sind viele (nicht alle) Menschen gut und aufopfernd, aber Du zahlst auch unaufhörlich der Welt dafür, es ist ein regelrechter Geschäftsverkehr (darum kannst Du auch menschlich Dinge ausbalancieren, an die ich kaum rühren darf), ich aber zahle nichts oder zumindest nicht den Menschen.

Beiliegend ein Brief des Vater Janowitz, immerhin erfreulich, er verdient wohl eine freundliche Antwort, der Brief wurde mir erst jetzt nachgeschickt. Grüße bitte Felix und Oskar. Wie geht es denn in Palästina zu! Franz

An Max Brod

[Ansichtskarte (Zürau), Mitte September 1917]
Lieber Max, vielen Dank für die Sendung. Der Brief des Mädchens (jetzt haben gerade Mäuse, ich bin in Ottlas Zimmer, einen unverschämten Krawall gemacht) ist bei weitem das Schönste. Diese Umsicht, Ruhe, Überlegenheit, Weltlichkeit, es ist das großartig und gräßlich Frauenhafte. – Ich schicke Dir alles nächstens zurück. – Auf der Ansicht habe ich meine Fenster umrahmt, das Haus Ottlas steht hinter dem angezeichneten Baum. In Wirklichkeit ist aber alles noch besser, gar in der jetzigen Sonne. Franz

Eben Telegramm von F., kommt nachmittag.
[Beischrift:] Wir werden Sie von der Bahn holen, mit Wagen sogar. Sie würden sonst nach Franzens Zeichen in das Haus des Herrn Feigl gehen, statt zu uns. Unser Haus werden Sie, bis Sie kommen, selber anschauen und ich zeichne es nicht an.
  Ottla Kafka

An Felix Weltsch

[Zürau, 22. September 1917]
Lieber Felix, das scheint ein Mißverständnis gewesen zu sein. Wir haben Dich d. h. Euch eingeladen, um Euch hier zu haben, nicht damit Ihr das Nichtviele wegträgt, was es hier gibt. Wurde etwas

Derartiges angedeutet, sollte es nur Verlockung sein. Die Hauptschwierigkeit schien mir in der Beschaffung des Urlaubs zu liegen, aber gerade diese Schwierigkeit nimmst Du am leichtesten. Schlafgelegenheit gibt es für beide. Zu haben ist aber tatsächlich nicht viel. Für die örtlichen Bedürfnisse und den zugereisten Kranken reicht es vorläufig, es gibt sogar eine gewisse Fülle, aber abziehn läßt sich sehr wenig und nur allmählich. Jedenfalls wird aber etwas für Euch aufgespart werden.

Vor der Übersiedlung stehe ich wirklich stramm, vor wie viel Geringerem versage ich. Die Teekur gefällt mir nicht, aber mit meiner Lunge darf ich vielleicht nichts mehr in Gesundheitssachen sagen. Nur das eine, daß zu dieser Kur ein Jakett gehört, in dessen Hintertasche halb sichtbar man die Thermosflasche steckt.

Für welchen Klub galt die Einladung? Den jüdischen doch? Hältst Du einmal einen öffentlichen Vortrag und wird er rechtzeitig angezeigt, wirst Du sogar einen Zuhörer haben, der eigens aus der Provinz kommt, vorausgesetzt allerdings, daß er noch transportabel ist.

Vorläufig bin ichs zweifellos, habe ein Kilogramm in der ersten Woche zugenommen und fühle die Krankheit in ihrer Anfangserscheinung mehr als Schutzengel denn als Teufel. Aber wahrscheinlich ist gerade die Entwicklung das Teuflische an der Sache und vielleicht erscheint dann im Rückblick das scheinbar Engelhafte als das Schlimmste.

Gestern kam ein Brief von Dr. Mühlstein (ich hatte ihm erst brieflich mitgeteilt, daß ich beim Professor P.[8] gewesen bin, legte auch eine Abschrift des Gutachtens bei), in welchem es unter anderem heißt: Besserung (!) können Sie sicher erwarten, allerdings wird sie nur in längern Zeitintervallen zu konstatieren sein.

So haben sich allmählich meine Aussichten bei ihm getrübt. Nach der ersten Untersuchung war ich fast ganz gesund, nach der zweiten war es sogar noch besser, später ein leichter Bronchialkatarrh links, noch später »um nichts zu verkleinern und nichts zu vergrößern« Tuberkulose rechts und links, die aber in Prag und vollständig und bald ausheilen wird, und jetzt schließlich kann ich einmal, einmal Besserung sicher erwarten. Es ist, als hätte er mir mit seinem großen Rücken den Todesengel, der hinter ihm steht, verdecken wollen und als rücke er jetzt allmählich beiseite. Mich schrecken (leider?) beide nicht.

Mein Leben hier ist ausgezeichnet, wenigstens bei dem schönen Wetter bisher. Ich habe zwar kein sonniges Zimmer, aber einen großartigen Sonnenplatz zum Liegen. Eine Anhöhe oder vielmehr eine kleine Hochebene in der Mitte eines weiten halbkreisförmigen Kessels, den ich beherrsche. Dort liege ich wie ein König, mit den begrenzenden Höhenzügen in gleicher Höhe etwa. Dabei sieht mich infolge vorteilhafter Anlage der nächsten Umgebung kaum irgend jemand, was bei der komplizierten Zusammenstellung meines Liegestuhles und bei meiner Halbnacktheit sehr angenehm ist. Nur sehr selten steigen am Rand meiner Hochebene ein paar oppositionelle Köpfe auf und rufen: »Gehns vom Bänkel runter!« Radikalere Zurufe kann ich wegen des Dialekts nicht verstehn. Vielleicht werde ich noch Dorfnarr werden, der gegenwärtige, den ich heute gesehen habe, lebt eigentlich wie es scheint in einem Nachbardorf und ist schon alt.

Mein Zimmer ist nicht so gut wie dieser Platz, nicht sonnig und nicht ruhig. Aber gut eingerichtet und es wird Euch gefallen, denn dort würdet Ihr schlafen. Ich kann sehr gut in einem andern Zimmer schlafen, wie ich z. B. gestern getan habe, als F. hier war.

Wegen F. habe ich eine bibliothekarische Bitte. Du kennst unsern alten »bis«-Streit. Nun habe ich sie mißverstanden. Sie meint, »bis« könne zwar als Konjunktion verwendet werden, aber nur in der Bedeutung »solange bis«. Man könne deshalb z. B. nicht sagen: »Bis Du herkommst, werde ich Dir fünfhundert Kilogramm Mehl geben«. (Still, es ist nur ein grammatikalisches Beispiel.) Willst Du bitte nach dem Grimm (ich habe die Beispiele schon vergessen) oder nach andern Büchern entscheiden, ob F. recht hat. Die Sache ist nicht unwichtig zur Charakterisierung meiner Doppelstellung ihr gegenüber als eines Erd- und Höllenhundes.

Übrigens noch eine Bitte, die gut anschließt: Im zweiten Band der »krankhaften Störungen des Trieb- und Affektlebens (Onanie und Homosexualität)« von Dr. Wilhelm Stekel[9] oder so ähnlich (Du kennst doch diesen Wiener, der aus Freud kleine Münze macht), stehn fünf Zeilen über die »Verwandlung«. Hast Du das Buch, dann sei so freundlich und schreib es mir ab.

Und, es hört nicht auf, noch eine Bitte, aber die letzte: Ich lese hier fast nur Tschechisch und Französisch und ausschließlich Selbstbiographien oder Briefwechsel, natürlich halbwegs gut gedruckt. Könntest Du mir je einen derartigen Band borgen? Die Auswahl überlasse ich Dir. Es ist fast alles derartige, wenn es nicht allzu begrenzt militärisch, politisch oder diplomatisch ist, für mich sehr ergiebig. Die tschechische Auswahlmöglichkeit wird wahrscheinlich besonders klein sein, zudem habe ich jetzt vielleicht das beste dieser Bücher, eine Briefwechselauswahl der Božena Němcová[10], unerschöpflich für Menschenerkenntnis, gelesen.

Wo hält jetzt Dein politisches Buch[11]?

Viele Grüße   Franz

Es fällt mir ein: Das Liebesleben der Romantik wäre auch nicht übel. Aber die obigen zwei Bücher sind wichtiger. Ist Kaution nötig, lasse ich sie erlegen. Die vier Bände (Steinerne Brücke und Prag) hast Du wohl schon bekommen. – Wenn Du mir dann einmal schreibst, daß Du die Bücher hast, holt sie jemand aus unserem Geschäft und ich bekomme sie in einem Paket, das man mir von Zeit zu Zeit schickt.

Ottla ist seit gestern in Prag, sonst hätte sie auch geschrieben.

Die durchstrichenen Worte auf der vorigen Seite sind der Anfang einer Frage gewesen, die ich unterlassen habe, weil zu viel rohe fachmännische Neugier darin gewesen wäre. Jetzt da ich es eingestanden habe, ist es schon besser und ich kann fragen: Was weißt Du von Robert Weltsch?

An Max Brod

[Zürau, Ende September 1917]

Liebster Max, beim ersten Lesen Deines Briefes war ein Berliner Unterton drin, beim zweiten aber hat er schon ausmusiziert und Du warst es. Ich habe immer gedacht, von der Krankheit werde Zeit zu reden sein, bis es Zeit sein wird, aber da Du es willst: Ich habe Messungsstichproben gemacht und bin absolut fieberfrei, es gibt also keine Kurven, auch der Professor hat doch nach dem Vorzeigen der Daten der ersten Woche vorläufig jedes Interesse an der Sache verloren. – Kalte Milch zum Frühstück. Der Professor hat (bei Verteidigungen wird mein Gedächtnis majestätisch) gesagt, die Milch solle entweder eiskalt oder heiß getrunken werden. Da warmes Wetter ist, ist doch gegen die kalte Milch nichts zu sagen, besonders, da ich an sie gewöhnt bin und unter Umständen einen halben Liter kalte Milch und höchstens einen viertel Liter warme

vertrage. – Unabgekochte Milch. Ungelöste Streitfrage. Du denkst, die Bazillen bekämen Verstärkung, ich denke, die Sache verlaufe nicht so rechnerisch und unabgekochte Milch kräftige mehr. Aber ich bin nicht eigensinnig, trinke auch abgekochte und werde, sobald es kälter wird, nur warme oder saure Milch trinken. – Keine Zwischenmahlzeit. Nur in der Anfangszeit, ehe die Mästung in Gang kam, oder dann, wenn ich gar keine Lust dazu habe, sonst Vormittag und Nachmittag ein viertel Liter saurer Milch. Noch öfters essen kann ich nicht; das Leben (im allgemeinen) ist traurig genug. – Keine Liegekur? Ich liege täglich etwa acht Stunden. Zwar nicht auf einem eigentlichen Liegestuhl, aber auf einem Apparat, der mir bequemer ist als die vielen Liegestühle meiner Erfahrung. Es ist ein alter breiter Polsterstuhl mit davorgestellten zwei Schemeln. Diese Kombination ist ausgezeichnet, wenigstens jetzt, da ich keine Decken brauche. Denn einpacken? Ich liege doch in der Sonne und bedauere, nicht auch die Hose ausziehn zu können, die während der letzten Tage mein einziges Kleidungsstück war. Ein wirklicher Liegestuhl ist schon auf dem Weg. – Zum Arzt fahren. Wann habe ich denn gesagt, daß ich nicht zum Arzt fahren werde? Ungern werde ich fahren, aber fahren werde ich. – Schnitzer[12] hat nicht geantwortet. – Du meinst, ich beurteile die Krankheit für die Zukunft zu schwer? Nein. Wie könnte ich das, da mir ihre Gegenwart so leicht wird und hier das Gefühl am stärksten entscheidet. Sage ich einmal etwas Derartiges, so ist es nur leere Affektation, an der ich in armen Zeiten so reich bin, oder aber es spricht dann die Krankheit statt meiner, weil ich sie darum gebeten habe. Sicher ist nur, daß es nichts gibt, dem ich mich mit vollkommenerem Vertrauen hingeben könnte, als der Tod.
Über die lange Vorgeschichte und Geschichte von F.'s Besuch sage ich nichts, denn auch über Deine Sache stehn bei Dir nur allgemeine Klagen. Aber Klagen, Max, sind doch selbstverständlich, erst der Kern läßt sich knacken.
Recht hast Du, daß es nur von der Perspektive abhängt, ob sich Unentschlossenheit oder etwas anderes zeigt. Auch ist man in der Unentschlossenheit immer Neuling, es gibt keine alte Unentschlossenheit, denn die hat immer die Zeit zermahlen. Merkwürdig und lieb zugleich, daß Du meinen Fall nicht einsiehst. Ich dürfte noch viel besser von F. sprechen und sollte es auch – und dieser durchaus für Lebenslänge gebaute Fall verschwände doch nicht. Andererseits

aber getraue ich mich ganz und gar nicht zu sagen, ich wüßte was in Deiner Lage für mich zu tun wäre. Ohnmächtig wie der Hund, der jetzt draußen bellt, bin ich in meinem wie in Deinem Fall. Nur mit der kleinen Wärme, die ich in mir habe, kann ich beistehn, sonst nichts.

Gelesen habe ich einiges, aber gegenüber Deinem Zustand verdient es kein Wort. Höchstens eine Anekdote aus Stendhal, die auch in der »Education« stehn könnte. Er war als junger Mensch in Paris, untätig, gierig, traurig, unzufrieden mit Paris und mit allem. Eine verheiratete Frau aus dem Bekanntenkreis des Verwandten, bei dem er wohnte, war manchmal freundlich zu ihm. Einmal lud sie ihn ein, mit ihr und ihrem Liebhaber ins Louvre zu gehn. (Louvre? ich bekomme Zweifel. Nur irgend etwas Derartiges.) Sie gingen. Als sie aus dem Louvre treten, regnet es stark, überall ist Kot, der Weg nach Hause ist sehr weit, man muß einen Wagen nehmen. In einer seiner jetzigen Launen, deren er nicht Herr ist, weigert er sich mitzufahren und macht den trostlosen Weg zu Fuß allein; ihm fast zum Weinen, als ihm einfällt, daß er, statt in sein Zimmer zu gehn, dieser Frau, die in einer nahen Gasse wohnt, einen Besuch machen könnte. Ganz zerstreut steigt er hinauf. Natürlich findet er eine Liebesszene zwischen der Frau und dem Liebhaber. Entsetzt ruft die Frau: »Um Gotteswillen, warum sind Sie nicht mit in den Wagen gestiegen?« Stendhal rennt hinaus. – Im übrigen hat er das Leben gut zu führen und zu wenden verstanden.   Franz

Nächstens bitte schreib vor allem von Dir.

An Max Brod

[Zürau, Ende September 1917]

Lieber Max,

Deine zweite Drucksachensendung bekam ich nur zufällig, der Bote hatte sie bei einem beliebigen Bauer liegen gelassen. Die Postzustellung ist hier sehr unsicher, auch die Bestellung meiner Briefe (vielleicht trägt dazu bei, daß unser Postort nicht einmal Bahnstation ist), es wäre gut, Du nummeriertest die Postsachen, durch Reklamieren bekommt man dann das Verlorene doch. Um die letzte Sendung wäre besonders schade gewesen; die chassidischen Geschichten im Jüdischen Echo[13] sind vielleicht nicht die besten, aber alle diese Geschichten sind, ich verstehe es nicht, das einzige Jüdische, in welchem ich mich, unabhängig von meiner Verfassung, gleich und immer zuhause fühle, in alles andere werde ich nur hineingeweht und ein anderer Luftzug bringt mich wieder fort. Ich lasse mir die Geschichten vorläufig hier, wenn Du nichts dagegen hast.

Warum hast Du die Bitte des Jüdischen Verlages oder gar die Bitte des Dr. J. abgelehnt? Es ist natürlich ein großes Verlangen und Dein gegenwärtiger Zustand ein Einwand, aber reicht das zur Rechtfertigung der Ablehnung aus? – Die Aufsatzsammlung willst Du wohl nicht, weil alles für »Esther«[14] bestimmt ist?

Löwy[15] schreibt mir aus einem Budapester Sanatorium, wo er für drei Monate untergebracht ist. Er schickt mir den Anfang des Aufsatzes für den »Juden«[16]. Ich halte ihn für sehr brauchbar, aber natürlich erfordert er eine kleine grammatikalische Bearbeitung und diese wieder eine unmöglich zarte Hand. Ich werde Dir die Sache in Schreibmaschinenschrift (es ist ganz kurz) nächstens zur Beurteilung vorlegen. Beispiel für die Schwierigkeiten: Im Publikum des polnischen Theaters sieht er zum Unterschied von jenem des jüdischen Theaters: frackierte Herren und neglegierte Damen. Ausgezeichneter läßt sich das nicht sagen, aber die deutsche Sprache weigert sich. Und derartiges ist vieles; die Blender leuchten umso stärker, als ja seine Sprache zwischen Jiddisch und Deutsch schwankt und mehr zum Deutschen neigt. Hätte ich Deine Übersetzungskraft!
                                                                Franz
Von den Rebhühnern ein Paar Dir, ein Paar Felix. Guten Appetit.

An Oskar Baum

[Zürau, Anfang Oktober 1917]

Lieber Oskar, die Reise hierher ist erstaunlich einfach, man fährt nach Michelob, und zwar vor sieben Uhr früh vom Staatsbahnhof mit dem Schnellzug und ist nach neun Uhr hier, oder um zwei Uhr mit dem Personenzug und kommt um halb sechs abends an. Auf telegraphische Verständigung hin wird man von uns mit unsern Pferden abgeholt und ist in etwa einer halben Stunde in Zürau. Die Reise kann sowohl als Tagesausflug gemacht werden (Ankunft in Prag vor 10 Uhr abends) oder für länger, denn in meinem Zimmer sind zwei ausgezeichnete Nachtlager, ich schlafe indessen in einem andern Zimmer, das so gut ist, daß ich es zu meiner ständigen Wohnung machen würde, wenn es einen Ofen hätte. Auch für Milch und Zugehör wäre genügend vorgesorgt und selbst für ein wenig Fortzutragendes.

Trotzdem – ich kann Euch nicht mit freiem Herzen raten, zu kommen. In der ersten Woche, vielleicht auch noch in der zweiten, war es anders, ich hätte Euch alle hier haben wollen, und wenn ich nicht jeden Einzelnen um den Besuch gebeten habe, so nur deshalb, weil es mir einerseits selbstverständlich schien, daß ihr alle kommen müßtet, und andrerseits die Post, die hier die Gestalt eines launischen unzuverlässigen Burschen hat, einen viel zu langen Weg macht (Zürau–Prag–Zürau = 8 Tage oder überhaupt nicht), um so dringende Nachrichten austragen zu können. – Jetzt aber, in der dritten Woche, wird es hier anders und ich wüßte nichts, was verdienen würde, daß man dazu einlädt. Für mich bleibt Zürau allerdings das alte und ich gedenke mich hier so festzubeißen, daß man zuerst mein Gebiß wird überwältigen müssen, ehe man mich fortbringt (nein, das ist übertrieben und ich hatte nicht den ganzen Überblick, als ich das schrieb). Immerhin für mich ist es hier gut, sonst aber gibt es einiges, was niemandem, selbst Euch, die Ihr so willig seid, gefallen könnte, unter anderem ich selbst oder vielleicht gar nicht »unter anderem«, sondern nur ich selbst. Und so bitte ich Euch, zu denen ich offen sprechen darf, fast so herzlich, wie ich Euch früher gebeten hätte zu kommen: kommt jetzt nicht.

Das hat natürlich nichts mit meiner ärztlich bewilligten Krankheit zu tun. Ob es mir besser geht als früher, weiß ich gar nicht, d. h., es geht mir so gut wie früher, ich hatte bisher kein Leiden, das so leicht zu tragen und so zurückhaltend gewesen wäre, es müßte denn sein, daß gerade dies verdächtig scheinen könnte, was es ja vielleicht auch ist. Ich sehe so gut aus, daß mich die Mutter, die Sonntags hier war, auf dem Bahnhof gar nicht erkannte (nebenbei: meine Eltern wissen von der Tuberkulose nichts; nicht wahr, Ihr seid vorsichtig, wenn Ihr zufällig mit ihnen zusammenkommen solltet), in vierzehn Tagen habe ich eineinhalb Kilogramm zugenommen (morgen wird zum dritten Mal gewogen) und schlafe sehr verschiedenartig, aber der Durchschnitt ist nicht der schlimmste. – Übrigens komme ich nächstens (ich sage »nächstens« und meine »Ende des Monats«, ein solcher Herrscher über die Zeit bin ich geworden) nach Prag und Ihr werdet alles, das Schlechte und das Gute, selbst überprüfen können.

Von dem neuen Rezept, das Ihr uns so freundlich einschickt, sind wir beschämt. Auch diese Sache hat eine Zürauer Entwicklung durchgemacht. Zuerst war man entzückt und das Fehlen der Korke und der Korkmaschine schien ein ganz unwesentliches Hindernis. Dann hat sich das Entzücken verloren und es ist mir die Überzeugung geblieben, daß die Korke und die Korkmaschine auf keine Weise zu beschaffen sein werden. Jetzt schreibt Ihr, daß man die Flaschen auch versiegeln kann. Das könnte die Sache wieder ein wenig beleben. Doch ist allerdings jetzt gerade in der Wirtschaft viel zu tun und Ottla ist in fortwährender großartiger Arbeit.
Eine meiner Hauptsorgen, die sich allerdings nur in Träumen auf dem Liegestuhl äußert, ist: wie ich Euch etwas zu essen verschaffen könnte. Es ist leider wenig zu haben und auf dieses Wenige sind wir, die wir weder Hühner noch Kühe noch genügend Korn haben, angewiesen und was wir darüber hinaus an Butter und Eiern zusammenbekommen, danach schreit die Prager Familie. Wollt Ihr Wild? Vorläufig habe ich für Euch vier Kilogramm schönen Mehls aufgehoben, die gehören Euch und Ihr bekommt sie spätestens, sobald ich nach Prag komme; ich weiß, im Dunkel des kommenden Winters ist das nur ein winziges Licht.

An Elsa und Max Brod

[Zürau, Anfang Oktober 1917]
Liebe Frau Elsa, Sie wundern sich, daß es Ihnen nicht gelingt, den Sinn der »Lucerna« herauszusagen? Darüber kann man sich doch nur freuen. Das, was dort geschieht, geschieht gewissermaßen auf einer Fensterbrüstung der Menschheit; hält man sich zu lange dort oben auf, muß man fallen; aber dann ist es doch besser, herein ins Zimmer zu fallen, als hinaus ins Leere. Es ist durchaus ein Äußerstes und W.[17] vertritt es. Auf dem Bild ist er entwaffnend, selbst das Vor-sich-Ausspeien übernimmt er noch, wie seine Lippenstellung in Bild und Wirklichkeit zeigt; Sie deuten das scheinbare Lächeln falsch. Übrigens ist er nicht ganz und gar einzig, wie Sie zu glauben scheinen. Ich will ihn durch den Vergleich mit einem Schwein gar nicht beschimpfen, aber an Merkwürdigkeit, Entschiedenheit, Selbstvergessenheit, Süßigkeit und was noch zu seinem Amt gehört, steht er in der Weltordnung vielleicht doch mit dem Schwein in einer Reihe. Haben Sie ein Schwein in der Nähe so genau angesehn wie W.? Es

ist erstaunlich. Das Gesicht, ein Menschengesicht, bei dem die Unterlippe über das Kinn hinunter, die Oberlippe, unbeschadet der Augen- und Nasenlöcher, bis zur Stirn hinaufgestülpt ist. Und mit diesem Maul-Gesicht wühlt das Schwein tatsächlich in der Erde. Das ist ja an sich selbstverständlich und das Schwein wäre merkwürdig, welches das nicht täte, aber Sie müssen das mir, der es jetzt öfters neben sich gesehn hat, glauben: noch merkwürdiger ist es, daß es das tut. Man sollte doch meinen, um irgendeine Feststellung vorzunehmen, genüge es, wenn man das Fragliche mit dem Fuß betastet oder dazu riecht oder im Notfall es in der Nähe beschnuppert – nein, das alles genügt ihm nicht, vielmehr das Schwein hält sich damit gar nicht auf, sondern fährt gleich und kräftig mit dem Maul hinein, und ist es in etwas Ekelhaftes hineingefahren – rings um mich liegen die Ablagerungen meiner Freunde, der Ziegen und Gänse – schnauft es vor Glück. Und – das vor allem erinnert mich irgendwie an W. – das Schwein ist am Körper nicht schmutzig, es ist sogar nett (ohne daß allerdings die Nettigkeit appetitlich wäre), es hat elegante, zart auftretende Füße und beherrscht seinen Körper irgendwie aus einem einzigen Schwung heraus, – nur eben sein edelster Teil, das Maul, ist unrettbar schweinisch.

Sie sehen, liebe Frau Elsa, auch wir in Zürau haben unsere »Lucerna« und ich wäre glücklich, wenn ich Ihnen zum Dank für das W.-Bild einen Schinken unseres Schweinchens schicken könnte, aber erstens gehörts mir nicht und zweitens nimmt es bei allem Wohlleben so langsam zu, daß es zu unserer (Ottlas und meiner) Freude noch lange nicht geschlachtet werden kann.

Mir geht es recht gut zwischen all den Tieren. Heute nachmittag habe ich Ziegen gefüttert. Auf meinem Platz stehn einige Sträucher, die schmackhaftesten Blätter sind für die Ziegen zu hoch oben und da habe ich den Ziegen die Zweige niedergehalten. Diese Ziegen also – sind äußerlich vollkommen jüdische Typen, meistens Ärzte, doch gibt es auch Annäherungen an Advokaten, polnische Juden und vereinzelt auch junge Mädchen. Besonders Dr. W., der Arzt, der mich behandelt, ist stark unter ihnen vertreten. Das aus drei jüdischen Ärzten bestehende Konsilium, das ich heute gefüttert habe, war so mit mir zufrieden, daß es sich abend kaum forttreiben lassen wollte, um gemolken zu werden. So enden friedlich ihre und meine Tage.

Beschämen Sie mich nicht durch die Erwähnung des Mehls. Es ist mein ernstliches Leid, daß ich nichts Wesentliches für Sie verschaffen kann, obwohl es bei einiger Geschicklichkeit möglich sein müßte. Mit herzlichsten Grüßen Ihr Franz K.

Ich lese den Brief noch einmal, eigentlich kein Brief an eine Frau, W. nicht ich ist der Schuldige.
Lieber Max, vielen Dank für die »Ziehtochter«[18], sie wird mein morgiges Liegestuhlvergnügen sein. Sonderbar die Nachricht von Schreiber. Übrigens war, wie ich jetzt lese, auch Flauberts Vater tuberkulös, es mag sich also damals manches Jahr im Geheimen um die Frage gehandelt haben, ob die Lunge des Kindes flöten geht (ich schlage diesen Ausdruck für »Rasseln« vor) oder ob es Flaubert wird. – Was Du für Grünberg tust, ist mir sehr recht. Was für eine Freude er haben wird, wenns gelingt. – Keine neuen Nachrichten von Deiner Novelle? – Von mir müßtest Du in der letzten Zeit zwei Briefe bekommen haben. – Ich komme Ende Oktober nach Prag. Franz
Erschien vorige Woche, also am 28. September eine »Selbstwehr«?

An Max Brod

[Zürau, Anfang Oktober 1917]
Lieber Max, meine Krankheit? Im Vertrauen sage ich Dir, daß ich sie kaum spüre. Ich fiebere nicht, ich huste nicht viel, ich habe keine Schmerzen. Kurzen Atem habe ich, das ist wahr, aber beim Liegen und Sitzen spür ich es nicht, und beim Gehn oder bei irgendeiner Arbeit trägt es sich leicht, ich atme eben zweimal so schnell als früher, eine wesentliche Beschwerde ist das nicht. Ich bin zu der Meinung gekommen, daß die Tuberkulose, so wie ich sie habe, keine besondere Krankheit, keine eines besonderen Namens werte Krankheit ist, sondern nur eine ihrer Bedeutung nach vorläufig nicht einzuschätzende Verstärkung des allgemeinen Todeskeims. In drei Wochen habe ich zweieinhalb Kilo zugenommen, habe mich also für den Wegtransport wesentlich schwerer gemacht.
Die guten Nachrichten über Felix freuen mich, wenn sie auch schon veraltet sein können, immerhin tragen sie doch dazu bei, den Durchschnitt oder den Fernblick des Ganzen etwas tröstlicher zu machen; ihm allerdings schadet das vielleicht mehr als es nützt. – Vor länger als vierzehn Tagen habe ich ihm geschrieben, eine Antwort habe ich noch nicht. Er ist mir doch nicht böse? Ich wäre dann

schlecht genug, an meine Krankheit zu erinnern und daran, daß man doch einem solchen Kranken nicht böse wird.
Ein neues Stück des Romans. Ein ganz neues oder eine Überarbeitung der Teile, die Du mir noch nicht vorgelesen hast? – Glaubst Du, daß sich das erste Kapitel einfügt, dann wird es wohl sein. – Wie merkwürdig mir das klingt: »Probleme, die ich jetzt vor mir sehe«. An sich ist es ja etwas Selbstverständliches, nur daß es mir so unverständlich und in Dir so nahegebracht ist. Das ist wirklicher Kampf, ist des Lebens und Todes wert, bleibt es, ob man es bewältigt oder nicht. Man hat wenigstens den Gegner gesehn oder zumindest seinen Schein am Himmel. Wenn ich das durchzudenken suche, komme ich mir förmlich wie ungeboren vor, selbst ein Dunkles, jage ich im Dunkeln.
Doch nicht ganz. Was sagst Du zu diesem blendenden Stück Selbsterkenntnis, das ich mir aus einem Brief an F. abgeschrieben habe. Es wäre eine gute Grabschrift:
»Wenn ich mich auf mein Endziel hin prüfe, so ergibt sich, daß ich nicht eigentlich danach strebe, ein guter Mensch zu werden und einem höchsten Gericht zu entsprechen, sondern, sehr gegensätzlich, die ganze Menschen- und Tiergemeinschaft zu überblicken, ihre grundlegenden Vorlieben, Wünsche, sittlichen Ideale zu erkennen und mich dann möglichst bald dahin zu entwickeln, daß ich durchaus allen wohlgefällig würde und zwar – hier kommt der Sprung – so wohlgefällig, daß ich, ohne die allgemeine Liebe zu verlieren, schließlich als der einzige Sünder, der nicht gebraten wird, die mir innewohnenden Gemeinheiten offen, vor aller Augen ausführen dürfte. Zusammengefaßt kommt es mir also nur auf das Menschen- und Tiergericht an und dieses will ich überdies betrügen, allerdings ohne Betrug.«
Dieser Mittelpunkt einer Selbsterkenntnis gibt vielleicht Möglichkeit zu verschiedenen Folgerungen und Begründungen.
»Jenufa« habe ich bekommen. Das Lesen ist Musik. Der Text und die Musik haben ja das Wesentliche beigebracht, Du aber hast es wie ein Riesenmensch ins Deutsche getragen. Wie hast Du nur die Wiederholungen Leben-atmend gemacht!
Soll ich daneben Kleinigkeiten erwähnen? Nur dieses: Kann man vom »Schaffen« weglaufen? »Siehst Du, dann soll man Dich lieben?« Ist das nicht Deutsch, das wir von unsern undeutschen Müttern noch im Ohre haben? »Mannsverstand – ins Wasser gefallen« ist

künstliches Deutsch. »Bange Inbrunst« – gehört das hierher? Zwei Bemerkungen des Richters versteh ich nicht: »Hätt' ich mir die Zigarre...« und »ohne die gelehrten Herren seh' (steh'?) ich da...« »Gerne« am Schluß stört ein wenig in dieser großen Stelle. – Schönere Liedertexte hätte man erwartet, sie können auch im Tschechischen nicht sehr gut sein. – Den »grinsenden Tod« hätte ich gern dem Reichenberger[19] überlassen, auch erwähnst Du das Ende des zweiten Aktes als verdorben, aber ich glaube mich zu erinnern, daß diese Stelle Dir besondere Mühe machte und Du, vielleicht nur als Lesart, eine ähnliche Übersetzung im Manuskript hattest. – Sollte nicht eine Vorbemerkung über die Bedeutung der »Küsterin« gemacht werden?
Über Scheler[20] nächstens. – Blüher[21] zu lesen bin ich begierig. – Ich schreibe nicht. Mein Wille geht auch nicht geradezu aufs Schreiben. Könnte ich mich wie die Fledermaus durch Graben von Löchern retten, würde ich Löcher graben.   Franz

Von Gross[22], Werfel und der Zeitschrift hast Du nichts gehört? Deine Komotauer-Teplitzer Reise?
Du sagtest nichts über Ottlas Zeichnung, sie war so stolz sie Dir zu schicken (zu ihrer Verteidigung), deshalb wurde der Brief rekommandiert geschickt.

An Felix Weltsch

[Zürau, Anfang Oktober 1917]
Lieber Felix, Du bist also nicht böse, das ist gut, aber daß um die »Lügen« der Schein der tiefern Wahrheit zu sehn ist, kann den Lügner nicht trösten. Übrigens ist in der Sache selbst noch einiges Ergänzende zu sagen, aber Dir gegenüber ist es nicht nötig. (Nebenbei: ich bin heute nach einem nicht unschönen Tag so stumpf und so sehr gegen mich eingenommen, daß ich das Schreiben besser lassen sollte.)
Erstaunlich ist der Umfang, welchen Dein Unterricht annimmt, nicht erstaunlich, was die Schüler betrifft, das habe ich immer vorhergesagt, sie drängten mir sogar zu langsam, aber erstaunlich von Deiner Seite. Was für Selbstbeherrschung, Launenlosigkeit, Geistesgegenwart, Sicherheit, wahre Arbeitergesinnung oder um das große Wort zu wagen: Männlichkeit gehört dazu, sich in solche Dinge einzulassen, bei ihnen zu bleiben und sie bei tatsächlich stärkstem

Gegenwind noch zu Deinem geistigen Nutzen zu wenden, wie Du es tatsächlich tust, wenn Du es auch verreden willst. Das wäre also gesagt und selbst mir wird in dieser Sphäre wohler.

Jetzt solltest Du nur noch imstande sein, den Lärm der Kinder als Jubel über diese Unterrichtserfolge hinzunehmen. Übrigens muß er doch mit zunehmendem Herbst verschwinden, ebenso wie man hier, wo es doch nichts zu bejubeln gibt, allmählich die Gänse einsperren, die Fahrten auf die Felder einstellen, die Schmiede nur in der Werkstatt arbeiten lassen und die Kinder zu Hause halten wird, nur der helle singende Dialekt und das Bellen der Hunde wird nicht aufhören, während es vor Deinem Hause schon längst still sein wird und die Schülerinnen ungestört Dich anstarren werden.

Dir geht es also gesundheitlich besser (merkwürdig: Deine geheime Vorliebe für Furunkeln, die noch übertroffen wird durch die für Jod), mir nicht schlechter, wobei ich die Gewichtzunahme, die jetzt schon dreieinhalb Kilogramm beträgt, als neutral ansehe. Hinsichtlich der Ursachen der Krankheit bin ich nicht eigensinnig, bleibe aber, da ich doch gewissermaßen im Besitz der Originaldokumente über den »Fall« bin, bei meiner Meinung und ich höre, wie sogar die zunächst beteiligte Lunge förmlich zustimmend rasselt.

Zur Gesundung ist, da hast Du natürlich recht, vor allem der Gesundungswille nötig. Den habe ich, allerdings, soweit sich dies ohne Ziererei sagen läßt, auch den Gegenwillen. Es ist eine besondere, wenn man will, eine verliehene Krankheit, ganz anders als alle, mit denen ich bisher zu tun hatte. So wie ein glücklicher Liebhaber etwa sagt: »Alles Frühere waren nur Täuschungen, jetzt erst liebe ich.«

Dank für die »bis«-Erklärung. Brauchbar ist für mich nur das Beispiel: »Borge mir, bis wir wieder zusammenkommen« vorausgesetzt, daß es bedeutet: »Du sollst mir *erst dann* borgen, bis wir zusammenkommen« und nicht etwa: »Du sollst mir für so lange Zeit borgen, bis wir ...« das ist aus der bloßen Anführung nicht ersichtlich.

Wegen der Bücher hast Du mich mißverstanden. Es kommt mir hauptsächlich darauf an, Originaltschechisches oder Originalfranzösisches zu lesen, nicht Übersetzungen. Die Bibliothek kenne ich übrigens, sie ist mir (zumindest der Rakowitza-Band[23]) zu schlecht gedruckt, das Licht ist hier durchaus nicht besser als in der Stadt, bei meinen Nordfenstern. Französisch gibt es natürlich Zahlloses für mich, sollte es Tschechisches nichts anderes geben, würde ich etwas aus der ähnlichen, aber wissenschaftlichen Laichter-Bibliothek nehmen.

Ich lese im Ganzen nicht viel, das Leben auf dem Dorf ist mir so entsprechend. Hat man erst einmal das Gefühl mit allen seinen Unannehmlichkeiten überwunden, in einem nach neueren Prinzipien eingerichteten Tiergarten zu wohnen, in welchem den Tieren volle Freiheit gegeben ist, dann gibt es kein behaglicheres und vor allem kein freieres Leben als auf dem Dorf, frei im geistigen Sinn, möglichst wenig bedrückt von Um- und Vorwelt. Nicht verwechseln darf man dieses Leben mit dem in einer Kleinstadt, das wahrscheinlich fürchterlich ist. Ich wollte immer hier leben, nächstnächste Woche fahre ich wahrscheinlich nach Prag, es wird mir schwer. Herzliche Grüße Dir und der Frau. Es ist schon zwölf Uhr, ich treibe das so seit drei, vier Tagen, gut ist es nicht, weder für mein Aussehn, noch für den Petroleumvorrat, der sehr klein ist, noch für irgend etwas sonst, aber äußerst verlockend ist es, nur das, nichts sonst.

Franz

An Max Brod

[Zürau, 12. Oktober 1917]

Lieber Max, ich habe mich eigentlich immer darüber gewundert, daß Du dieses Wort: »im Unglück glücklich« für mich und andere in Dir trägst, und zwar nicht als Feststellung oder als Bedauern oder als Mahnung äußersten Falls, sondern als Vorwurf. Weißt Du denn nicht, was es bedeutet? Mit diesem Hintergedanken, der natürlich gleichzeitig das: »im Glück unglücklich« enthält, ist wahrscheinlich Kain das Zeichen aufgedrückt worden. Wenn einer »im Unglück glücklich« ist, so heißt das zunächst, daß er den Gleichschritt mit der Welt verloren hat, es heißt aber weiter, daß ihm alles zerfallen ist oder zerfällt, daß keine Stimme ungebrochen mehr ihn erreicht und er daher keiner aufrichtig folgen kann. Ganz so schlimm steht es mit mir nicht oder war es wenigstens bisher nicht; ich bin schon vom Glück und Unglück voll getroffen worden; was aber meinen Durchschnitt betrifft, so hast Du allerdings recht, auch zum größten Teil hinsichtlich der jetzigen Zeit, nur mußt Du es in einem andern Tone sagen.

Ähnlich wie Du zu diesem »Glück« stehst, stehe ich zu einer andern Begleiterscheinung der »überzeugten Trauer«, ich meine, zur Selbstgefälligkeit, ohne die jene kaum jemals auftritt. Ich habe öfters

darüber nachgedacht, letzthin nach dem Palestrina-Aufsatz von Mann in der Neuen Rundschau[24]. Mann gehört zu denen, nach deren Geschriebenem ich hungere. Auch dieser Aufsatz ist eine wunderbare Speise, die man aber wegen der Menge der darin herumschwimmenden (beispielsweise ausgedrückt) Salus'schen[25] Locken lieber bewundert als aufißt. Es scheint, daß, wenn man traurig ist, man, um den traurigen Anblick der Welt noch zu erhöhen, sich strecken und dehnen muß wie Frauen nach dem Bad.
Nach Komotau komme ich natürlich. Mißverstehe nicht meine Angst vor Besuchen. Ich will nicht, daß man nach langer Reise, mit reichlichen Kosten, hierher in das herbstliche Wetter, das (dem Fremden) öde Dorf, die (dem Fremden) notwendigerweise unordentliche Wirtschaft, die vielen kleinen Unbequemlichkeiten und selbst Unannehmlichkeiten kommt, um mich aufzusuchen, mich, der einmal gelangweilt (was für mich nicht das Schlimmste ist), einmal überempfindlich ist, einmal in Angst vor einem kommenden oder ausbleibenden oder angedrohten Brief, einmal beruhigt durch einen Brief, den er geschrieben hat, einmal maßlos besorgt um sich und seine Bequemlichkeiten, einmal gelaunt, sich als das Widerlichste auszuspein und so fort in den Kreisen, die der Pudel um Faust macht. Fährst dagegen Du gelegentlich vorüber, nicht meinetwegen, sondern wegen der Komotauer, was kann ich Besseres wünschen? Übrigens wird sich der Besuch in Zürau kaum machen lassen, es müßte denn sein, daß Du in Komotau Sonntag rechtzeitig wegfahren kannst (ich kenne vorläufig die Bahnzeiten nur beiläufig), um Mittag in Zürau zu sein. Dann könntet ihr Sonntag Abend sehr bequem nach Prag fahren, über Nacht zu bleiben würde sich nicht empfehlen, da ihr Montag sehr bald fort müßtet (falls Du Mittag in Prag sein willst) und da überdies der Wagen um diese Zeit nur schwer beigestellt werden könnte, denn jetzt ist auf den Feldern viel zu tun! Übrigens werde ich wahrscheinlich mit euch nach Prag fahren, allein brächte ich es kaum zustande, schon die freundlichen Briefe aus dem Bureau und besonders die Notwendigkeit, mich im Bureau vorzustellen, schreckt mich sehr.
Ich denke mir also die Einrichtung so, daß ich Samstag in Michelob in euren Zug steige, daß wir Sonntag gemeinsam nach Zürau fahren und abends gemeinsam nach Prag.
Deine Begründung der Notwendigkeit, sich gesund zu machen, ist schön, aber utopisch. Das, was Du mir als Aufgabe gibst, hätte

vielleicht ein Engel über dem Ehebett meiner Eltern ausführen können oder noch besser: über dem Ehebett meines Volkes, vorausgesetzt, daß ich eines habe.

Alle guten Wünsche dem Roman. Deine kurze Erwähnung scheint Großes zu bedeuten. Er wird dazu beitragen, daß ich mich in Prag, trotz der Beschwerung durch das Bureau, auf der andern Seite doch vielleicht halbwegs im Gleichgewicht erhalte.

Herzliche Grüße Dir und der Frau. In Kabarettstimmung bin ich allerdings nicht, war es aber auch niemals. Und sie? Für mich aber sind sogar die Kabaretts selbst von jetzt an abgeschafft. Wohin sollte ich mich, wenn die »Stimmkanonen« losgehn, mit meiner Kinderpistole von Lunge verkriechen? Allerdings bestand dieses Verhältnis seit jeher.   Franz

Schreib mir, bitte, noch rechtzeitig, wann Du in K. am Sonntag fertig werden kannst, damit ich weiß, ob wir noch nach Zürau fahren, ob der Wagen uns abholen soll und wie ich mein Gepäck einzurichten habe.

An Felix Weltsch

[Zürau, Mitte Oktober 1917]

Lieber Felix, nur kurz zum Beweis des Eindrucks, den Deine Kurse auf mich machen, ein heutiger Traum: Es war großartig, d. h. nicht mein Schlaf (der eher sehr schlecht war, wie überhaupt in letzter Zeit; sollte ich abnehmen und der Professor nimmt mich von Zürau weg – was tue ich?) auch nicht der Traum, aber deine Tätigkeit darin.

Wir trafen uns auf der Gasse, ich war offenbar eben nach Prag gekommen und sehr froh, Dich zu sehn; etwas merkwürdig mager, nervös und professorenhaft-verdreht (so geziert-gelähmt hieltest Du Deine Uhrkette) fand ich Dich allerdings. Du sagtest mir, Du gehest in die Universität, wo Du eben einen Kurs abhältst. Ich sagte, ich ginge ungemein gerne mit, nur müsse ich für einen Augenblick in das Geschäft, vor dem wir gerade standen (es war etwa am Ende der Langengasse gegenüber dem großen Wirtshaus, das dort ist). Du versprachst, auf mich zu warten, aber während ich drin war, überlegtest Du es Dir und schriebst mir einen Brief. Wie ich ihn bekam, weiß ich nicht mehr, aber ich sehe noch die Schrift jenes Briefes. Es hieß darin unter anderem, der Kurs beginne um 3 Uhr, Du könntest nicht länger warten, unter Deinen Zuhörern sei auch Prof. Sauer[26], den dürftest Du durch Zuspätkommen nicht verletzen, viele Mädchen und Frauen kämen hauptsächlich seinetwegen zu Dir, bliebe er aus, blieben mit ihm Tausende aus. Also müßtest Du eilen.

Ich kam aber rasch nach, traf Dich in einer Art Vorhalle. Irgendein auf dem davor liegenden wüsten freien Feld ballspielendes Mädchen fragte Dich, was Du jetzt machen wirst. Du sagtest, Du hieltest jetzt einen Kurs ab, und nanntest genau, was dort gelesen wird, zwei Autoren, Werke und Kapitelnummer. Es war sehr gelehrt, ich habe nur den Namen Hesiod behalten. Von dem zweiten Autor weiß ich nur, daß er nicht Pindar hieß, sondern bloß ähnlich, aber viel unbekannter, und ich fragte mich, warum Du nicht »wenigstens« Pindar liest.

Als wir eintraten, hatte die Stunde schon begonnen, Du hattest sie wohl schon auch eingeleitet und warst nur hinausgegangen, um nach mir zu sehn. Oben auf dem Podium saß ein großes starkes, frauenhaftes, unhübsches, schwarzgekleidetes, knollennasiges, dunkeläugiges Mädchen und übersetzte Hesiod. Ich verstand gar nichts. Jetzt erinnere ich mich, nicht einmal im Traum wußte ichs: Es war die Schwester von Oskar, nur ein wenig schlanker und viel größer.

Ich fühlte mich (offenbar in Erinnerung an Deinen Zuckerkandl-Traum[27] ganz als Schriftsteller, verglich mein Unwissen mit den ungeheuren Kenntnissen dieses Mädchens und sagte zu mir öfters: »kläglich – kläglich!«

Professor Sauer sah ich nicht, aber viele Damen waren da. Zwei Bänke vor mir (diese Damen saßen auffallender Weise mit dem Rücken zum Podium) saß Frau G., sie hatte lange Ringellocken und schüttelte sie, neben ihr war eine Dame, die Du mir als die Holzner[28] (sie war aber jung) erklärtest. In der Reihe vor uns zeigtest Du mir die andere ähnliche Schulinhaberin aus der Herrengasse. Alle diese also lernten von Dir. Unter andern sah ich noch in der andern Bankabteilung Ottla, mit der ich kurz vorher Streit wegen Deines Kurses gehabt hatte (sie hatte nämlich nicht kommen wollen und nun war sie also zu meiner Befriedigung doch und sogar sehr bald gekommen).

Überall, auch von denen, welche nur schwätzten, wurde von Hesiod gesprochen. Eine gewisse Beruhigung war es für mich, daß die

Vorleserin bei unserm Eintritt gelächelt hatte und sich unter dem Verständnis der Zuhörerschaft noch lange nicht vor Lachen fassen konnte. Dabei hörte sie allerdings nicht auf, richtig zu übersetzen und zu erklären.

Als sie mit ihrer Übersetzung fertig war und Du den eigentlichen weitern Vortrag beginnen solltest, beugte ich mich zu Dir, um aus Deinem Buch mitzulesen, sah aber zu meinem größten Erstaunen, daß Du nur eine zerlesene schmutzige Reclamausgabe vor Dir hattest, den griechischen Text hattest Du also – erhabener Gott! – »inne«. Dieser Ausdruck kam mir aus Deinem letzten Brief zu Hilfe. Jetzt aber – vielleicht weil ich einsah, daß ich unter diesen Umständen der Sache nicht weiter folgen könne – wurde das Ganze undeutlicher, Du nahmst ein wenig das Aussehn eines meiner früheren Mitschüler an (den ich übrigens sehr gern gehabt hatte, der sich erschossen hat und der, wie mir jetzt einfällt, auch eine kleine Ähnlichkeit mit der vorlesenden Schülerin gehabt hat), also Du verändertest Dich und es begann ein neuer Kurs, weniger detailliert, ein Musikkurs, den ein kleiner schwarzer rotbackiger junger Mann leitete. Er war einem entfernten Verwandten von mir ähnlich, welcher (bezeichnend für meine Stellung zur Musik) Chemiker und wahrscheinlich verrückt ist.

Das war also der Traum, bei weitem der Kurse noch nicht würdig, ich lege mich jetzt zu einem vielleicht noch eindringlicheren Kurs-Traum nieder.

Franz

An Max Brod

[Zürau, Mitte Oktober 1917]

Lieber Max, also möglichst wenig Störung von mir, wenn ich schon alle anderen nicht verringern kann:

Das Aktionsheft[29] habe ich, wie auch noch einiges andere, ich bringe Dir dann alles auf einmal. Jede Sendung macht mir große Freude. Der Eindruck des »Radetzkymarsches«[30] war natürlich nicht derartig wie damals, als Du ihn fast gedichtmäßig vorgelesen hast. Aber auch sonst fehlt etwas darin. Hat es die Kürzung verschuldet? Das kann nicht gut sein. Der Haß steigt hinter dem Entzücken auf, aber man hat ihn nicht wachsen gesehn. Vielleicht ist der Raum für die antithetische Wendung nicht weit genug, vielleicht der Raum eines Herzens nicht.

Das Teweles[31]-Feuilleton ist wahrscheinlich für Kuh[32], der übrigens letzthin recht miserabel-geistreich über Werfel geschrieben hat, bestimmt, als Lektion in der Zartheit. Undurchdringlich die Geistesverfassung, aus der etwas derartiges geschrieben wird. Und ich saß doch am Tisch dieses Rätsels, ganz nah bei ihm. – Besonders angemerkt habe ich mir, daß Goethe »nicht auch von Stein« war. Am peinlichsten ist aber das Ganze wahrscheinlich für die alte Dame[33], die geglaubt hatte, ein melancholisches Buch über die Frau von Stein geschrieben zu haben und der hier gezeigt wird, daß sie die ganze Zeit über, offenbar in der Tränenverwirrung, mit Goethes Hosen beschäftigt war.

Das Komotauer Komitee hat mir die Reise nach Prag etwas erschwert, ich fahre natürlich trotzdem, vorläufig aber schicke ich Ottla aus, damit sie nachsieht »wie das Wasser steht«. Ich komme dann Ende des Monats.

Der Leitartikel der »Selbstwehr« könnte, was raschen Blick, Protestkraft und Kühnheit anlangt, fast von Dir sein, nur einige Stellen halten mich davon ab, es geradezu zu behaupten. Von Hellmann wahrscheinlich?

Herzlichst   Franz

An Felix Weltsch

[Zürau, Mitte/Ende Oktober 1917]

Lieber Felix, ich suche die Tage nicht aus, an denen ich Dir schreibe, aber ich bin doch heute wieder (ohne daß es immer so wäre) so kleinmütig, klotzig, schwerbäuchig, vielmehr so war ich, als der Tag auf der Höhe war, jetzt nach dem gemeinsamen Nachtmahl, Ottla ist in Prag, bin ich nicht einmal das, noch tiefer. Und nun finde ich überdies, daß nach dem heutigen großen Aufräumen, für das ich so sehr gedankt habe, der Lampenzylinder unten ein Loch bekommen hat, Luft fängt und die Flamme, selbst nachdem ich das Loch mit einem Hölzchen verdeckt habe, flackert. Vielleicht aber taugt alles das irgendwie gerade zum Briefschreiben.

Das Dorfleben ist schön und bleibt es. Ottlas Haus steht auf dem Ringplatz, schaue ich aus dem Fenster, sehe ich auf der andern Platzseite wieder ein Häuschen, aber schon dahinter ist das freie Feld. Was kann, in jedem Sinn, für das Atemholen besser sein; was mich betrifft, so schnaufe ich zwar in jedem Sinne, körperlich am wenigsten, aber anderswo wäre ich dem Ersticken nahe, was allerdings, wie ich aus aktiver und passiver Erfahrung weiß, jahrelang ausgehalten werden kann.

Meine Beziehungen zu den Menschen hier sind so locker; das ist schon gar kein Erdenleben mehr. Ich begegne z. B. heute abend auf der finstern Landstraße zwei Menschen; Männern, Frauen, Kindern, ich weiß nicht; sie grüßen, ich danke; mich haben sie vielleicht an meinem Mantelumriß erkannt, ich wüßte wahrscheinlich auch bei Licht nicht, wer sie sind, jedenfalls erkenne ich sie an der Stimme nicht, das scheint bei dialektsprechenden Menschen überhaupt unmöglich zu sein. Nachdem sie mich passiert haben, dreht sich einer um und ruft: »Herr Hermann (so heißt mein Schwager, ich habe also den Namen übernommen), habens ka Zigaretten?« Ich: »Leider nein«. Damit ist es vorüber; Worte und Irrtümer der Abgeschiedenen. Ich wünsche mir, so wie ich jetzt bin, nichts Besseres.

Was Du mit der »Eindrängung« des »Gegenwillens« meinst, glaube ich zu verstehn, es gehört zu dem verdammt psychologischen Theorienkreis, den Du nicht liebst, aber von dem Du besessen bist (und ich wohl auch). Die Naturtheorien haben Unrecht so wie ihre psychologischen Schwestern. Das rührt aber nicht an die Lösung der Frage, ob die Welt aus einem Punkte zu kurieren ist.

Den Schnitzervortrag hätte ich gern gehört. Was Du über Schnitzer sagst, ist sehr richtig, aber man unterschätzt doch solche Leute leicht. Er ist ganz kunstlos, daher großartig aufrichtig, daher dort, wo er nichts hat, als Redner, Schriftsteller, selbst als Denker nicht nur unkompliziert, wie Du sagst, sondern geradezu blödsinnig. Setze Dich ihm aber gegenüber, sieh ihn an, suche ihn zu überschauen, auch seine Wirksamkeit, versuche für ein Weilchen Dich seiner Blickrichtung zu nähern – er ist nicht so einfach abzutun.

»Das Buch« von mir mag wirklich wertvoll sein, ich wollte es auch lesen, es liegt irgendwo in den himmlischen Regalen. Daß aber eine 77jährige es sich zu ihrem Geburtstag schenken läßt (vielleicht von ihrem Urenkel: »Ich bin klein, mein Geschenk ist klein . . .«), daß dadurch Clemenceau'sches Familienblut in Wallung kommt, daß der Hofrat[34] zu einem entscheidenden Urteil ohne Zeigefingerhebung sich drängen läßt (ein Umstand übrigens, der zweifellos die tiefere Verächtlichkeit beweist, welche die Sache für ihn hat), das alles – es ist zuviel, das ist der Fehler.

Vor dem Hofrat habe ich auch immer eine besondere Achtung gehabt, nicht deshalb weil ich, soweit die Erinnerung reicht, sehr schlecht bei ihm entsprochen habe, sondern weil er, zum Unterschied von den andern, die immer mit dem ganzen Gewicht ihrer Umständlichkeit auf dem Podium standen, nur eine mit fünf Strichen zu umreißende, reinliche Figur hingestellt hat, also seine wesentlichen Absichten zurückgehalten haben muß, vor denen man sich irgendwie beugte.

Drei Kurse? Hat denn die Halbtag-Woche überhaupt für sie Platz? Das ist zu viel, das genügt ja fast zur Ausfüllung eines Gymnasialprofessorenlebens. Was sagt Max dazu?

Das Vortragsangebot, das Du den alten Schülerinnen machtest, war vielleicht etwas unpädagogisch, nämlich wirklich erschreckend, und sie haben Dich eben aus Deiner damaligen Riesengestalt mit aller Mädchenenergie zum »jungen Deutschland« zusammengedrückt, das Dir auch nicht immer so fremd ist, wie Du unter dem Zwange klagst. Übrigens beginnt im nächsten Monat eine Zeitschrift »Das junge Deutschland«, vom Deutschen Theater herausgegeben, von Kornfeld[35] redigiert.

Und »der Mensch«[36]? Zwar etwas lang- und widerhaarig angezeigt, aber doch vielleicht eine gute Sache. Du erwähnst es gar nicht. – Dir und der Frau viele Grüße. Franz

[Randbemerkung:] Von Wolff laß Dich nicht abschrecken, er muß sich zieren. Was rennt nicht alles gegen ihn an! Er kann nicht imstande sein, Unterscheidungen zu machen.

An Max Brod

[Postkarte. Zürau, 22. Oktober 1917]

Lieber Max, also am 27. nach Komotau, die wechselnden Entschlüsse der Komotauer werfen einen natürlich stark herum, Dich wohl am stärksten. Aber mich auch. Um die Wahrheit zu sagen: ich wäre ohne Deine Komotauer Reise noch immer nicht nach Prag gekommen, frühestens in vierzehn Tagen. Es ist ja nicht nur das Leben hier, das Wert hat, sondern auch sein Zusammenhang und den verliere ich durch die Reise. Außerdem bin ich in den letzten Tagen – bei bestem Wohlbefinden – ganz appetitlos; wie, wenn ich abnehme und der Professor mich von Zürau, dem besten Ort, fortnimmt? Das sind die Sorgen, die der Freude, Dich zu sehn und zu sprechen, den Mund zuhalten. Noch etwas: ich werde wohl zumindest drei Tage wegen Zahnbehandlung in Prag bleiben müssen und das Bureau hat ja auch hineinzusprechen. Jedenfalls geht es aus Freiheit in Knechtschaft und Trauriges.

Aber nun ist die Komotauer Reise doch wohl sichergestellt? Oder Du telegraphierst mir bei Absage. Ich will nicht allein hinfahren, abgesehen davon, daß ich dich dort hören will, will ich doch auch mit Dir die Spuren Deines früheren Lebens[37] sehn. Franz

An Oskar Baum

[Zürau, Oktober/November 1917]

Lieber Oskar,

an Direktor Marschner kann ich allerdings nicht schreiben, ein Vierteljahr und länger hat er von mir keinen Laut gehört, er kommt mir in meiner Sache wie eine Art Schmerzensreich vor, der nur zahlt und duldet[38]. Aber es ist glücklicherweise gar nicht nötig ihm zu schreiben; der Vorstand des Bureaus der »Staatlichen Landeszentrale für Fürsorge für heimkehrende Krieger«, Pořič 7, ist Sekretär Dr. F. (er der erste, ich der zweite und letzte und abbröckelnde Jude der Anstalt), ein ausgezeichneter Mann, mit Liebe bei der Sache, jeder halbwegs erfüllbaren Bitte zugänglich. Ich habe ihm eben den Sachverhalt geschrieben und das genügt wahrscheinlich, besser aber wäre es noch, wenn Du einmal zwischen neun und ein Uhr selbst zu ihm ins Bureau gingest, ich habe Dich ihm für jeden Fall angekündigt. Ich rate das besonders deshalb, weil mir (ich kenne allerdings die Einzelheiten der Blindenfürsorge nicht) 8000 Kč ein in der allgemeinen gewöhnlichen Kriegsbeschädigten-Fürsorge unerhört hoher Betrag scheint und ein mündliches erklärendes Wort doch nützlich wäre.

Damit Du jedenfalls ein Bild des Dr. F. im Umriß hast: er ist dreiviertel Tscheche, ganzer Sozialdemokrat, seine Muttersprache ist Deutsch (Du sprichst natürlich ungescheut deutsch mit ihm, so wie auch ich immer), hat eine schwere Jugend gehabt, war unter anderem Sekretär des alten Klaar von der »Vossischen«, für Literatur hat er ein ursprüngliches Nichtinteresse, hat jetzt im vierzigsten bis fünfzigsten Jahr ein tschechisches Schreibmaschinenfräulein geheiratet, sein Schwiegervater ist ein armer Tischler – also alles in allem ein Mann, mit dem sich sehr gut und sehr offen sprechen läßt. Sagst

Du ein lobendes Wort nebenbei darüber, wie er sich seiner Sache hingibt, kannst Du ihn glücklich machen und hast keine Unwahrheit gesagt, übrigens wird er Dich vielleicht, eine kleine Schwäche, selbst halb gegen seinen Willen dazu herausfordern. Bleib aber nicht lange bei ihm, er hat sehr viel zu tun, vergißt es im Gespräch und bereut dann, es vergessen zu haben. Besonders die Sorge P's um seine Schwester wird ihn rühren. Was das bedeutet, weiß er aus eigener Erfahrung.

Der Referent für Kriegsblindenfürsorge, zu dem er Dich vielleicht führen wird (ohne aber die einmal übernommene Sache aus seiner Hand zu geben), ist Konzipist, Dr. (er ist nicht Dr., aber nenn ihn so) T. Der ist allerdings sehr anders, war im Krieg, äußerst regelmäßiges Gesicht, bleich, mager, mittelgroß, einige tiefe Falten der Korrektheit im Gesicht, spricht sehr langsam, schnarrend, ohne daß das Gesagte meistens die großen Pausen, Betonungen und Lippenanspannungen rechtfertigen würde – und ist also im ganzen eher abschreckend, aber nach meinen Erfahrungen hat das nicht viel zu bedeuten, er ist ein ganz guter und angenehmer Mensch, seinem Tempo muß man sich allerdings fügen.

Vielleicht mischt sich dann, wenn ich erwähnt werde, auch sein Zimmernachbar Herr Vizesekretär K. (ich schreibe es der Deutlichkeit halber noch einmal: K., es ist ein wirklicher, nicht ein von Dir erfundener Name) ins Gespräch, er ist mein nächster Kollege, von hier aus liebe ich ihn geradezu (Dr. F. liebt ihn nicht) und so wirst Du allmählich von drei Freunden umgeben sein, die hoffentlich alles für Herrn P. zum Guten führen werden.

Daß die Sommerwohnung sich nicht ermöglichen läßt, hat mir sehr leid getan, trotzdem ich auch kaum meine Sommerwohnung hier haben werde. – Kierkegaard ist ein Stern, aber über einer mir fast unzugänglichen Gegend, es freut mich, daß Du ihn jetzt lesen wirst, ich kenne nur »Furcht und Zittern«. – Willst Du nicht Krastik[39] mir oder uns im Manuskript schicken? Du hast hier drei treue Leser, eden in seiner Art. Herzliche Grüße Dir und Deiner lieben Frau.

An Max Brod

[Zürau, Anfang November 1917]

Liebster Max, heute hatten wir Besuch, sehr gegen meinen Willen, das Bureaufräulein (nun, Ottla hatte sie eingeladen), außerdem aber als ein Mitgebrachtes noch einen Bureauherrn (Du erinnerst Dich vielleicht: wir gingen einmal in der Nacht mit irgendwelchen Gästen über den Quai, ich drehte mich nach einem Paar um, das war eben dieses), einen an sich ausgezeichneten und mir auch sehr angenehmen und interessanten Menschen (katholisch, geschieden), aber eine Überraschung, wo doch schon ein angemeldeter Besuch Überraschung genug ist. Solchen Dingen bin ich nicht gewachsen und ich durchlief von flüchtiger Eifersucht, großer Unbehaglichkeit, Hilflosigkeit gegenüber dem Mädchen (ich riet ihr, unüberzeugt, den Mann zu heiraten), bis zu vollständiger Öde den ganzen langen Tag, wobei ich noch ganz häßliche Zwischengefühle verschweige; beim Abschied war auch ein wenig Trauer, die höchste Sinnlosigkeit, irgendein Einfall des Magens oder sonst etwas. Im ganzen war es ein Besuchstag wie alle, nämlich lehrreich, eine einförmige Lehre, die man aber nicht oft genug repetieren kann.

Ich erzähle das nur wegen einer Sache, die zu unsern Gesprächen Beziehung hat, wegen jener »flüchtigen Eifersucht«. Es war der einzige gute Augenblick des Tages, der Augenblick, wo ich einen Gegner hatte, sonst war »freies Feld«, fast abschüssig.

Nach Frankfurt[40] schicke ich nichts, ich fühle es nicht als eine Sache, die mich zu kümmern hat; schicke ich es, tue ich es nur aus Eitelkeit, schicke ich es nicht, ist es auch Eitelkeit, aber nicht nur Eitelkeit, also etwas Besseres. Die Stücke, die ich schicken könnte, bedeuten für mich wesentlich gar nichts, ich respektiere nur den Augenblick, in dem ich sie geschrieben habe, und nun soll sie eine Schauspielerin, die für ihren Vorteil viel Wirksameres finden wird, aus dem Nichts, in das sie schnell oder langsamer hinunterfallen, für einen Augenblick eines Abends hochheben? Das ist sinnlose Mühe.

Atemnot und Husten. Du hast an sich nicht Unrecht, ich bin auch seit Prag viel aufmerksamer als früher. Es ist möglich, daß ich anderswo mehr im Freien liegen würde, stärkendere Luft hätte u. dgl., aber – und das ist für meinen Nervenzustand und dieser für meine Lungen sehr wesentlich – ich würde mich sonst nirgends so wohl befinden, nirgends so wenig Ablenkungen haben (bis auf die Besuche, aber auch diese tauchen in ihrer Vereinzeltheit in das friedliche Leben ohne allzu große Spur), nirgends mit weniger Trotz, Galle, Ungeduld die Haus- und Hotelwirtschaft ertragen als hier bei meiner Schwester. In meiner Schwester ist irgendein fremdes Element, dem ich mich in dieser Form am ehesten fügen kann. (Die »Angst um die Persönlichkeit«, die Stekel einmal mir und der Unmenge ebenso Kranker nachgesagt hat, habe ich ja tatsächlich, finde es aber, selbst wenn man es nicht der »Angst um sein Seelenheil« gleichsetzt, sehr natürlich; immer bleibt doch die Hoffnung, daß man einmal »seine Persönlichkeit« brauchen oder daß sie gebraucht werden wird, daß man sie also bereit halten muß.) Nirgends nun stehe ich hinter einem mir fremden Element so fest wie hinter meiner Schwester. Hier kann ich mich fügen; dem Vater, der auf dem Boden liegt, kann ich mich fügen. (Täte es ja auch so gern dem Aufrechtstehenden gegenüber, darf es aber nicht.)

Du hast mir drei Stücke aus dem Roman vorgelesen. Die Musik des ersten, die starke Klarheit des dritten, gingen mir ohne weiteres glückbringend ein (im ersten fuhren einem die tatsächlichen »jüdischen Stellen« ein wenig störend über die Augen, als würden im dunklen Saal bei einzelnen Stellen alle Lichter schnell auf- und abgedreht). Wirklich stocke ich nur gegenüber dem zweiten, nicht aber wegen der Einwände, die Du erwähntest. Das Kugelspiel, ist es ein jüdisches Spiel in Deinem Sinn des Jüdischen? Jüdisch höchstens darin, daß Ruth für sich ein anderes Spiel gespielt hat, aber darum geht es doch nicht. Ist diese Strenge des Spiels eine Selbstquälerei und Quälerei des Geliebten, dann verstehe ich sie, ist sie aber selbständige Überzeugung, die keinen geraden ursächlichen Zusammenhang mit Ruths oder mit Deinen Lebensverhältnissen hat, dann ist es eine verzweifelte Überzeugung, die eigentlich nur im Traum, wie es auch geschieht, ein Palästina vor sich sehen kann. Das Ganze ist doch fast ein Kriegsspiel, aufgebaut auf der berühmten Durchbruchsidee, eine Hindenburgangelegenheit. Vielleicht mißverstehe ich Dich, aber wenn es nicht zahllose Möglichkeiten der Befreiung gibt, besonders aber Möglichkeiten in jedem Augenblick unseres Lebens, dann gibt es vielleicht überhaupt keine. Aber ich mißverstehe Dich wirklich. Das Spiel wird ja fortwährend wiederholt, durch den augenblicklichen Fehltritt ist nur der Augenblick verloren, nicht alles. Dann müßte es aber gesagt werden, schon aus krankenschwesterlicher Rücksichtnahme. Franz

Von Wolff heute Abrechnung über 102 Stück »Betrachtung« 16/17, erstaunlich viel, aber die durch Dich versprochene Abrechnung schickt er nicht, auch über »Landarzt« nichts.

Beiliegend Deine Nährpflicht-Erklärung, die Du in dem Heft vergessen hattest. Bitte, Max, »die Jüdische Rundschau«[41] immer schicken. – Ottla will übrigens in vierzehn Tagen nach Prag kommen und mich pensionieren lassen.

An Felix Weltsch

[Zürau, Anfang November 1917]

Lieber Felix, wäre ich damals im Theater gewesen, hättest Du gewiß mitkommen müssen und Du hättest, glaube ich, eine gute Vorstellung von Zürau zurückgebracht. Aber am nächsten Vormittag hatte ich noch einiges zu tun, war dann bei Max, Deine wirkliche Person war nicht da, Gelegenheit zu der notwendigen Besprechung fehlte, ein vorigen Tags abgeschicktes Telegramm hinderte mich länger zu bleiben, ein vom Zahnarzt abgebrochener Zahn konzentrierte meine Gedanken zu sehr, an Entschlußkraft bin ich in Prag auch nicht gewachsen, so blieb es dabei und ich fuhr allein. Zürau habe ich unenttäuschbar wiedergefunden. Es besonders zu loben, wie es die Wahrhaftigkeit verlangt, ist allerdings jetzt nicht der Augenblick, da ich den Magen ein wenig verdorben habe, zu bisher nicht nachgeprüfter Tageszeit unerwarteter Lärm rings im Hause sich zeigt und eine gelegentliche Revision meiner Bestände (gewiß in vernünftiger Absicht) stört. Ich habe eben von allem Anfang an von Prag her viel Sauerei in diese Gegend gebracht; damit muß ich immer rechnen. Landwirtschaftliches Denken, in gewissem Sinn, wird hier immer nützlich sein.

Einen starken Gegensatz zu dem Leben hier gibt das Leben in Deiner Wohnung ab, darum denke ich manchmal daran. Es hat mich überrascht. Deine vorige Wohnung war schon üppig, diese aber ist es bis zur Brutwärme. Aber was für eine Unabhängigkeit des Geistes mußt Du haben und wie sorgfältig muß er aufs Gleichgewicht hin organisiert sein, daß Du es nicht nur ohne Schaden erträgst, wie ich es nach allem sagen muß, sondern daß Du Dich darin auch ohne jede innere Absperrung bewegen kannst, es aufnimmst, zwar nicht als Dein eigenes, aber als ein Dir freundliches Element. Max hat vielleicht doch recht, wenn er Dich so hoch stellt, daß Du nur die Spitzen, aber nicht mehr den Grund der großen Ruinenhaftigkeit siehst. Aber man will doch eine Warnung sagen und kanns nicht mit Überzeugung und bleibt in häßlicher Schwebe.

Meine Reise nach Prag hat mich unter anderem auch um einen

halben Brief von Dir gebracht. Ich bitte zum Ersatz nur um zweierlei in Kürze: was hat es damit auf sich, daß Du gegenüber der Entwicklung, die Deine Ethik in der Zeit nimmt, zögerst und zweitens wie steht es mit den Kursen (Junges Deutschland), die doch auch zu den halbbezwungenen Dämonen Deines Lebens gehören?

Franz

[Randbemerkung:] Jetzt gehst Du wohl viel zu Urania-Vorträgen? – Keine Antwort von Wolff?

An Max Brod

[Postkarte. Zürau, Stempel: 13. XI. 1917]

Liebster Max, vorläufig nur diese Karte zur Bestätigung der Karte, des Briefes und der Drucksachen (Jüdische Rundschau, Aktion, Extrablatt Selbstwehr). Unverständlicher Weise kamen Brief und Karte erst heute am 13., aber es macht nichts, die Freude über Deine Briefe hat etwas von der Zeit Unabhängiges. – Langer kann ich in dieser Weise nicht helfen. Die Anstalt ist für Juden unzugänglich. Nur zu meinem Spaß das Attentat auf den Direktor ausführen zu lassen, welches die Bitte eines Neuaufzunehmenden bedeuten würde, Samstag nicht arbeiten zu müssen – das will ich nicht. Es ist unverständlich wie die zwei Juden, die dort sind (durch Hilfe des dritten Juden) hineinkamen und es wiederholt sich nicht. Aber vielleicht gibt es in unserem Geschäft eine Möglichkeit, wenn man das – warum dürfte man das nicht? – dem Vater gegenüber verantworten kann. Willst Du Dich dort einmal aufhalten und mit der Mutter, Schwester oder Kusine sprechen, ich werde es anzeigen. Aber Langer ist stark, warum geht er nicht zu irgendeinem jüdischen Pächter? – Der »Gruß an Onkel Franz« ist sehr hübsch, aber sanft. Eine Tante kann den nicht schlagen, den ihr Neffe liebt.

Franz

Ottla hält die Aufnahme L's bei uns für ausgeschlossen und sie kennt den Vater und das Geschäft besser.

An Max Brod

[Zürau, Mitte November 1917]

Liebster Max, was ich tue, ist etwas einfaches und selbstverständliches: Ich habe in der Stadt, in der Familie, dem Beruf, der Gesellschaft, der Liebesbeziehung (setz sie, wenn Du willst, an die erste Stelle), der bestehenden oder zu erstrebenden Volksgemeinschaft, in dem allen habe ich mich nicht bewährt und dies in solcher Weise, wie es – hier habe ich scharf beobachtet – niemandem rings um mich geschehen ist. Es ist das ja im Grunde die kindliche Meinung (»so gemein wie ich ist niemand«), die sich später zu neuem Schmerz widerlegt, in dieser Beziehung aber (es handelt sich hier nicht mehr um Gemeinheit oder Selbstvorwürfe, sondern um die offenbare innere Tatsache des Sich-Nicht-Bewährens) ist diese Meinung aufrecht geblieben und bleibt. Ich will mich nicht des Leidens rühmen, welches dieses nichtgelebte Leben begleitete, es erscheint auch (und dies auf allen kleinen Stationen seit jeher) im Rückblick unverdient geringfügig gegenüber den Tatsachen, deren Druck es zu widerstehen hatte, immerhin war es zu groß, um weiterhin ertragen werden zu können, oder wenn es nicht zu groß war, so war es doch jedenfalls zu sinnlos. (In diesen Niederungen ist vielleicht die Frage nach dem Sinn erlaubt.) Der nächste Ausweg, der sich, vielleicht schon seit den Kinderjahren, anbot, war, nicht der Selbstmord, sondern der Gedanke an ihn. In meinem Fall war es keine besonders zu konstruierende Feigheit, die mich vom Selbstmord abhielt, sondern nur die gleichfalls in Sinnlosigkeit endigende Überlegung: »Du, der Du nichts tun kannst, willst gerade dieses tun? Wie kannst Du den Gedanken wagen? Kannst Du Dich morden, mußt Du es gewissermaßen nicht mehr. U. s. w.« Später kam langsam noch andere Einsicht hinzu, an Selbstmord hörte ich auf zu denken. Was mir nun bevorstand, war, wenn ich es über verwirrte Hoffnungen, einsame Glückzustände, aufgebauschte Eitelkeiten hinweg klar dachte (dieses »hinweg« gelang mir ja eben nur so selten, als das Am-Leben-Bleiben es vertrug): ein elendes Leben, elender Tod. »Es war, als sollte die Scham ihn überleben« ist etwa das Schlußwort des Prozeßromans.

Einen neuen, in dieser Vollständigkeit bisher nicht für möglich gehaltenen Ausweg, den ich aus eigenen Kräften (soweit die Tuberkulose nicht zu »meinen Kräften« gehört) nicht gefunden hätte, sehe ich jetzt. Ich sehe ihn nur, ich glaube ihn nur zu sehn, ich gehe ihn noch nicht. Er besteht darin, er würde darin bestehn, daß ich nicht nur privat, nicht nur durch Beiseite-Sprechen, sondern offen, durch mein Verhalten eingestehe, daß ich mich hier nicht bewähren kann. Ich muß ja zu diesem Zweck nichts anderes tun, als die

Umrisse meines bisherigen Lebens mit voller Entschiedenheit nachziehen. Die nächste Folge würde dann sein, daß ich mich zusammenhalte, mich nicht in Sinnlosem verzettle, den Blick frei halte.
Das wäre die Absicht, die, selbst wenn sie ausgeführt wäre – sie ist es nicht – nichts »Bewundernswertes« an sich hätte, nur etwas sehr Folgerichtiges. Nennst Du es bewundernswert, macht es mich eitel, macht mir Orgien der Eitelkeit, trotzdem ich es besser weiß. Das ist schade. Schon das Nichtige eines Kartenhauses fällt zusammen, wenn der Künstler sich aufbläst. (Glücklicherweise ein falscher Vergleich.)
Deinen Weg nun sehe ich, wenn es hier ein Sehen gibt, ganz anders. Du bewährst Dich, also bewahre Dich. Du kannst das Widerstrebende zusammenhalten, ich nicht oder wenigstens noch nicht. Unsere immer enger werdende Nähe wird darin bestehn, daß wir beide »gehn«; bisher fühlte ich mich zu oft als Deine Last.
Was Du »Verdacht« nennst, scheint mir manchmal nur das Spiel überschüssiger Kräfte zu sein, die Du, bei noch unvollständiger Konzentration, Deiner Literatur oder dem Zionismus, die ja eines sind, vorenthältst. In diesem Sinne also, wenn Du es willst, ein »begründeter Verdacht«.

Damit, daß Deine Frau die Geschichte[42] vorliest, bin ich natürlich einverstanden, *mit der Veranstaltung selbst gar nicht*. Der Einwand der gleiche wie gegen Frankfurt. Du hast das Recht aufzutreten, ich, vielleicht auch Fuchs[43] und Feigl (Adresse »Union«) das Recht still zu sein, und das sollten wir ausnützen.
Wie verhältst Du Dich zum »Daimon«[44]? Schreibe mir bitte die Adresse von Werfel. Wenn mir eine Zeitschrift längere Zeit hindurch verlockend schien (augenblicksweise natürlich jede), so war es die von Dr. Gross, deshalb weil sie mir, wenigstens an jenem Abend, aus einem Feuer einer gewissen persönlichen Verbundenheit hervorzugehen schien. Zeichen eines persönlich aneinander gebundenen Strebens, mehr kann vielleicht eine Zeitschrift nicht sein. Aber »Daimon«? Von dem ich nichts kenne als das Bild seines Redakteurs im »Donauland«[45].
Wenn ich jetzt noch hinzufüge, daß ich vor einiger Zeit Werfel im Traum einen Kuß gegeben habe, falle ich mitten in das Blühersche Buch[46] hinein. Darüber aber nächstens. Es hat mich aufgeregt, zwei Tage lang mußte ich deshalb das Lesen unterbrechen. Im übrigen

hat es das mit allem Psychoanalytischem gemein, daß es im ersten Augenblick erstaunlich sättigt, man aber kurz nachher den gleichen alten Hunger wieder hat. Psychoanalytisch »natürlich« sehr leicht zu erklären: Eil-Verdrängung. Der Hofzug wird am schnellsten befördert.
Jetzt noch: Gesundheit ausgezeichnet (nicht einmal der Professor sprach vom Süden), Besuchsankündigung lieb und gut, Geschenkauffassung sehr fragwürdig, wird nächstens widerlegt.   Franz

Nein, die Widerlegung noch jetzt, weil sie zu schlagend ist. Wir »schenken« ausschließlich zu unserem Vergnügen, und zwar sowohl zu Euerem gefühlsmäßigen als auch materiellen Schaden. Denn wenn wir nicht »schenken«, sondern verkaufen würden, würden wir natürlich viel mehr schicken als bisher, Ihr würdet durch die Differenz der hiesigen und der Prager Preise weit mehr verdienen als der Wert des »Geschenkten« beträgt und hättet außerdem mehr Lebensmittel. Das tun wir nun aber nicht, wir schädigen Euch und »schenken« rücksichtslos, weil es uns Freude macht. Duldet es deshalb. Wir schicken ja nur wenig und es wird immer weniger.

An Elsa Brod
[Postkarte. Zürau, Mitte November 1917]
Liebe Frau Elsa, gewiß! Vermeiden Sie aber, daß es irgendwie in der Zeitung erwähnt wird[47]. Was Sie auch wählen, es ist ja eine Kleinigkeit, die sich als Zugabe vielleicht eignet und sonst nicht zu erwähnen ist. Und sollte im Text etwas Schmutziges sein, lassen Sie es nicht aus; wollte man wirklich reinigen, wäre ja kein Ende. Und viel Glück! Sie haben einmal das Lied aus der »Höhe des Gefühls« so schön gelesen. Vielleicht ergänzt sich Ihre rezitierende Stimme mit Musik so gut. Versuchen Sie es doch einmal mit einem Melodrama trotz aller Abneigungen. – Sie allein werden diesmal lesen?
Herzliche Grüße   Kafka

An Felix Weltsch
[Zürau, Mitte November 1917]
Lieber Felix, der erste große Fehler von Zürau: eine Mäusenacht, ein schreckliches Erlebnis. Ich selbst bin ja unangetastet und mein

Haar ist nicht weißer als gestern, aber es war doch das Grauen der Welt. Schon früher hatte ich es hie und da (ich muß jeden Augenblick das Schreiben unterbrechen, Du wirst den Grund noch erfahren), hie und da in der Nacht zart knabbern gehört, einmal war ich sogar zitternd aufgestanden und habe nachgesehn, es hörte dann gleich auf – diesmal aber war es ein Aufruhr. Was für ein schreckliches stummes lärmendes Volk das ist. Um zwei Uhr wurde ich durch ein Rascheln bei meinem Bett geweckt und von da an hörte es nicht auf bis zum Morgen. Auf die Kohlenkiste hinauf, von der Kohlenkiste hinunter, die Diagonale des Zimmers abgelaufen, Kreise gezogen, am Holz genagt, im Ruhen leise gepfiffen und dabei immer das Gefühl der Stille, der heimlichen Arbeit eines gedrückten proletarischen Volkes, dem die Nacht gehört. Um mich gedanklich zu retten, lokalisierte ich den Hauptlärm beim Ofen, den die Länge des Zimmers von mir trennt, aber es war überall, am schlimmsten, wenn einmal ein ganzer Haufen irgendwo gemeinsam hinuntersprang. Ich war gänzlich hilflos, nirgends in meinem ganzen Wesen ein Halt, aufstehn, anzünden wagte ich nicht, das Einzige waren einige Schreie, mit denen ich sie einzuschüchtern versuchte. So verging die Nacht, am Morgen konnte ich vor Ekel und Traurigkeit nicht aufstehn, blieb bis 1 Uhr im Bett und spannte das Gehör, um zu hören, was eine Unermüdliche den ganzen Vormittag über im Kasten zum Abschluß dieser Nacht oder zur Vorbereitung der nächsten arbeitete. Jetzt habe ich die Katze, die ich im Geheimen seit jeher hasse, in mein Zimmer genommen, oft muß ich sie verjagen, wenn sie auf meinen Schoß springen will (Schreibunterbrechung); verunreinigt sie sich, muß ich das Mädchen aus dem Erdgeschoß holen; ist sie brav (die Katze), liegt sie beim Ofen, und beim Fenster kratzt unzweideutig eine vorzeitig erwachte Maus. Alles ist mir heute verdorben, selbst der gute dumpfe Geruch und Geschmack des Hausbrotes ist mäusig.

Im übrigen war ich schon unsicher, als ich gestern abend zu Bett ging. Ich hatte Dir schreiben wollen, auch zwei Seiten zweier Briefe geschrieben, aber es gelang nicht, ich kam nicht bis zum Ernst der Sache vor. Vielleicht auch deshalb, weil Du im Anfang Deines Briefes so unernst von Dir sprichst, Dich verlachst, wo unmöglich etwas zum Verlachen sein kann. Mit dem Gewissensleichtsinn, den Du vorgeblich hast, wärest Du gewiß nicht so alt geworden, ich meine: unter sonst gleichen Umständen. Es kann also nicht so sein, daß neben dem »felsenfesten Glauben« die »leichtsinnigen Theorien« stehn, die ihn doch im Grunde beseitigen, und neben diesen der »Denkzipfel«, der wieder sie beseitigt, so daß schließlich nur der »Denkzipfel« übrigbleibt oder vielmehr auch er nicht, denn aus sich heraus kann er sich allein nicht schwenken. So wärest Du also glücklich ganz beseitigt, glücklicher Weise bist Du aber doch vorhanden und das ist das Schöne. Darüber aber müßtest Du Dich wundern, es als geistige Leistung bewundern, also mit Max und mir einig sein.

Auch sonst hast Du nicht eigentlich recht. (Wunderbar, sie wittert etwas und wagt sich im Sprung in das Dunkel hinter dem Kasten! Jetzt sitzt sie beim Kasten und wacht. Wie mir leichter wird!) Glaube einem Rattenhöhlenbesitzer, daß Deine Wohnung üppig ist, und es stört (abgesehen von anderem, das Dich eben bewundernswerter Weise nicht stört) dadurch, daß das »räumliche Zuviel« das »zeitliche Zuwenig« bewirkt. Deine Zeit liegt eben z. B. als Teppich im Vorzimmer. Mag sie dort liegen, sie ist schön als Teppich und gut als Hausfrieden, aber die künftige Zeit soll unverwandelt bleiben, für Dich und alle.

Meine Frage nach der Ethik war, wie ich jetzt sehe, eigentlich eine Bitte nach schriftlichen Vorlesungen, die ich als Ungeheuerlichkeit zurücknehme. Allerdings weiß ich dann mit Deiner Bemerkung über Glaube und Gnade und das Auseinandergehn mit Max oder gar mir nichts anzufangen.

Meine Gesundheit ist recht gut, vorausgesetzt, daß die Mäusefurcht der Tuberkulose nicht zuvor kommt.

Noch eine interessante Einzelheit aus dem militärischen Programm der Mittelmächte für 1918: Meiner Enthebung ist als Endtermin der 1. 1. 1918 gegeben. Hier ist Hindenburg einmal zu spät gekommen.

Herzliche Grüße Dir und Deiner Frau (bei der ich ja seit der Taschengeschichte leider nichts mehr zu verlieren habe). Franz

An Max Brod

[Zürau, 24. November 1917]

Lieber Max, viel freie Zeit, aber zum Briefeschreiben merkwürdigerweise doch nicht. Rechne es nach: Seit der Mäuseplage, von der Du vielleicht schon gehört hast (lange Unterbrechung, mußte eine

Schachtel und einen Topf bemalen), habe ich eigentlich kein Zimmer. Mit der Katze, aber nur mit ihr, kann ich dort knapp übernachten, aber dort etwa zu sitzen, um einmal hinterm Korb, einmal beim Fenster es rascheln zu hören (man hört Kralle für Kralle), dazu habe ich keine Lust, aber auch die Katze, die übrigens ein äußerst gutes kindliches Tier ist, während des Schreibens oder Lesens zu überwachen, sich davor bewahren, daß sie auf den Schoß springt oder rechtzeitig mit der Asche dabei sein, wenn sie ihre vielfache Sache abtut, ist sehr umständlich; ich bin, kürzer gesagt, auch mit der Katze nicht gern allein beisammen, sind Leute dabei, verliert es fast jede Peinlichkeit, sonst aber ist es schon lästig genug, vor ihr sich auszuziehn, zu turnen, ins Bett zu gehn.

Bleibt mir also nur das Zimmer der Schwester, ein sehr angenehmes Zimmer, der Schrecken, mit dem man es vielleicht zum erstenmal von der Schwelle überschaut (ebenerdig, vergitterte Fenster, abbröckelnde Mauer) ist ganz unberechtigt, aber Gelegenheit zum Schreiben, wenn man abend schreiben will, gibt es als gemeinsames Zimmer natürlich wenig. Bei Tag aber – die Tage sind so kurz, wenn man im Bett frühstückt, spät aufsteht und es fast um zwei Uhr in dem ebenerdigen Zimmer schon dunkel wird – bei Tag aber, es sind nicht viel mehr als drei Stunden, vorausgesetzt daß der Himmel nicht stark bewölkt ist, dann sind es noch weniger und werden in den Winter hinein noch weniger werden, liege ich entweder im Freien oder beim Fenster und lese; diese Zeit, wo man zwischen Dunkel und Dunkel aus einem Buch etwas erschnappen will (und dazwischen säubern doch auch Honved das Piavedelta, aus Tirol wird der Stoß geführt, Jaffa erobert, Hantke empfangen, Mann hat mit einer Vorlesung großen Erfolg, Essig gar keinen, Lenin heißt nicht Zederblum sondern Uljanoff u. dgl.) diese Zeit also will man nicht zum Schreiben verwenden und kaum will man nicht, ist es schon finster und man sieht nur noch die Gänse undeutlich draußen im Teich, diese Gänse, die (davon könnte ich viel erzählen) sehr widerlich wären, wenn man nicht noch widerlicher mit ihnen umgehen würde. (Heute lag eine abgeschlachtete Stopfganz draußen in der Schüssel, anzusehen wie eine tote Tante.)

Also keine Zeit, das wäre bewiesen, bliebe noch zu beweisen, daß es so richtig ist. Es ist richtig. Ich weiß es nicht immer, das ist aber mein Fehler und ich erkenne ihn auch immer, sogar noch einen Augenblick früher, ehe ich ihn mache. Hätte ich noch die alten

Prinzipien: – meine Zeit ist der Abend und die Nacht, – wäre es schlimm, besonders auch, da es mit dem Licht Schwierigkeiten gibt. Da es aber nicht mehr so ist, ich ja gar nicht schreibe, mich vor mäuseloser beleuchteter Abend- und Nachtruhe zwar nicht fürchten würde, aber auch nicht auf sie abziele, die freie Zeit vormittag im Bett, (kaum ist die Katze am Morgen weggeschafft, fängt es allerdings schon irgendwo hinterm Schrank zu kratzen an. Mein Gehör hat sich tausendmal verfeinert und ist ebensoviel unsicherer geworden, streiche ich mit dem Finger übers Leintuch, weiß ich nicht mehr ganz bestimmt, ob ich nicht eine Maus höre. Aber Phantasien sind die Mäuse deshalb nicht, mager kommt abends die Katze zu mir herein und wird am Morgen dick hinausgetragen), die paar Augenblicke beim Buch (jetzt Kierkegaard), gegen Abend ein Spaziergang auf der Landstraße, mir als Alleinsein genügen und nur immer voller erfüllt sein wollten, ist äußerlich keine Klage nötig, es wäre denn, daß es demütigend ist, umsorgt und von fremder Arbeit umgeben zu sein, während man, ohne die sichtbaren Zeichen der Krankheit zu haben, doch zu irgendwie ansehnlicher Arbeit äußerlich unfähig ist. Ich habe letzthin nur ganz wenig im Gemüsegarten zu arbeiten versucht und fühlte es nachher stark genug. Ottla ist in Prag, vielleicht bringt sie mir noch genauere Nachricht über den Wiener Abend. Besseres als Jugend konntest Du im Saal nicht haben. Auch ich habe ein ähnliches Vertrauen zu ihr, trotzdem ich es zu meiner Jugend gar nicht hatte und hätte es doch einfach als Jugend, als zukunftlose, lediglich junge Jugend ebenso verdient. Wie schön muß es sein, dieses Vertrauen beweisen zu können, wie Du z. B. letzthin in Komotau, wo Rührung (Du schriebst davon) durchaus meine Sache war.   Franz

Ich merke jetzt, daß ich gestern abend alles, d. h. meine innere Situation zu leicht und leichthin gesehen habe.
Sendung 5 (Rundschau, Hiller, Marsyas[48]) angekommen.
Was macht Oskar? Ich schreibe ihm gar nicht und er schickt mir den versprochenen Roman nicht. Aber zu Neujahr kommt Oskar für einige Tage her.
Eine Neuigkeit: den ganzen Vormittag habe ich die Ohren gespitzt und jetzt sehe ich neben der Tür ein frisches Loch. Also auch hier Mäuse. Und die Katze heute unwohl, erbricht fortwährend.

An Oskar Baum
[Zürau, Ende November/Anfang Dezember 1917]
Lieber Oskar, ich habe gar nicht geschrieben und Du hast gar nicht den versprochenen Roman geschickt. Das ist das Äußerliche, sonst aber hat sich hier nichts verändert, und drüben hoffentlich auch nicht.
Zürau ist schön wie immer, nur wird es winterlich, der Gänseteich vor dem Fenster friert schon manchmal zu, schön schleifen die Kinder, und mein Hut, der mir im Nachtsturm in den Teich fliegt, muß am Morgen fast losgeeist werden. Mäuse haben sich fürchterlich gezeigt, was Dir unmöglich verborgen geblieben sein kann, ich habe sie mit der Katze, die ich immer abends über den Ringplatz »warm im Arm« nach Hause trage, ein wenig vertrieben, aber schon gestern wieder ist eine rohe Backofenratte, die wahrscheinlich noch niemals in einem Schlafzimmer war, mit einem unerhörten Gepolter bei mir eingebrochen, ich mußte die Katze aus dem Nebenzimmer, wo ich sie wegen meiner Unfähigkeit zur Reinlichkeitserziehung und aus Angst vor Bettsprüngen untergebracht habe, rufen; wie bereitwillig stieg das gute Tier aus einer Schachtel unbekannten Inhalts, die aber jedenfalls nicht zum Schlafen bestimmt ist und meiner Hausfrau gehört; dann wurde es still. Sonstige Neuigkeiten: eine Gans ist totgestopft worden, der Fuchs hat die Räude, die Ziegen waren schon beim Bock (der ein besonders schöner Junge sein soll; eine Ziege, die schon bei ihm gewesen war, lief in plötzlicher Erinnerung den langen Weg von unserem Haus zum Bock noch einmal zurück) und das Schwein soll nächstens glattweg abgeschlachtet werden.
Das ist ein gedrängtes Bild des Lebens und Sterbens, dem Du also Neujahr ganz nahekommen wirst. Wie es mit mir dann sich verhalten wird, weiß ich allerdings noch nicht bestimmt. Nach dem vormonatlichen Ausspruch des Professors müßte ich eigentlich schon im Bureau sein, obwohl ich bürgerlich gewiß nicht gesund bin (sonst allerdings mich gesundheitlich kaum jemals wohler gefühlt habe). Entgehe ich wenigstens noch für die nächste Zeit dem Bureau, worauf (auf das Entgehn nämlich) mein ganzes Wünschen gerichtet ist, dann will ich es so machen: Ende Dezember muß ich jedenfalls nach Prag kommen, denn meine Enthebung geht am 1. Jänner zu Ende und ich muß mich stellen. Da man wohl kein Interesse daran hat, mich in Pleß zu verpflegen, während ich es

hier selbst tue, wird man mich (andere Hilfe als den gesunden Verstand des Kommissionsrates werde ich vielleicht auch noch haben) wahrscheinlich wegschicken. Dann nur eiligst wieder nach Zürau und Du könntest ausgezeichnet mit mir fahren. So wäre es am besten, für mich hauptsächlich. Was Dich betrifft, so kommst Du ja ohne Rücksicht auf mein Schicksal jedenfalls hierher. Ottla freut sich sehr. Bett und Katze werden vorbereitet, Schnee und Frost kommen aus eigenem.
Und der Roman?
Herzlichste Grüße Dir, Frau und Kind. Franz

An Felix Weltsch

[Zürau, Anfang Dezember 1917]
Lieber Felix, schon Max sagte der Ottla, daß es Dir gut geht, und Dein Brief bestätigt es auch gegen Deinen Willen. Was für Arbeit! Drei bis vier Bücher täglich und seien es auch immer die gleichen. Nicht die Menge an sich ist natürlich das Erstaunliche, aber die Stärke des Suchens, die sich darin zeigt. Auch ich lese, vergleichsweise allerdings fast nichts, aber ich kann nur Bücher halten, die mir von Natur sehr nah sind, nah bis zur Berührung, alles andere marschiert an mir vorüber, suchen kann ich es schlecht.
Wenn Du mir eine gutgedruckte und käufliche Ausgabe der »Bekenntnisse« (so heißt das Buch doch wohl) des Augustinus angeben könntest, würde ich es mir gern bestellen. Wer war Pelagius? Vom Pelagianismus habe ich schon so viel gelesen und keinen Hauch behalten, etwas Katholisch-Ketzerisches vielleicht? Wenn Du Maimonides liest, würde Dir vielleicht »Salomon Maimons Lebensgeschichte« (von Fromer bei Georg Müller herausgegeben[49]) etwas beitragen können, auch an sich ein gutes Buch, eine äußerst grelle Selbstdarstellung eines zwischen Ost- und Westjudentum gespenstisch hinlaufenden Menschen. Dann aber auch ein Abriß der Lehre des Maimonides, dessen geistiges Kind er sich fühlte. Aber wahrscheinlich kennst Du das Buch besser als ich.
Daß Du ins Religiöse kommst, wundert Dich? Du hast deine Ethik ursprünglich – das einzige, was ich von ihr bestimmt zu wissen glaube – ohne Fundament gebaut und nun merkst Du vielleicht, daß sie doch Fundamente hat. Wäre das so merkwürdig?
Mäuse vertreibe ich mit der Katze, aber womit soll ich die Katze

vertreiben? Du glaubst, Du habest nichts gegen Mäuse? Natürlich, Du hast auch gegen Menschenfresser nichts, aber wenn sie in der Nacht unter allen Kästen hervorkriechen und die Zähne fletschen werden, wirst Du sie bestimmt nicht mehr leiden können. Übrigens suche auch ich mich jetzt auf Spaziergängen durch Betrachtung der Feldmäuse abzuhärten, sie sind ja nicht übel, aber das Zimmer ist kein Feld und der Schlaf kein Spaziergang.

Trompeten allerdings – auch Deine wird schon austrompetet haben – gibt es hier wieder nicht und die Kinder, die immer großartig gelärmt und mich doch nie wesentlich gestört haben, sind, seitdem der Gänseteich zugefroren ist, auf hundert Schritte Entfernung sogar sanft und schön geworden.

Eine Bitte: Die Tochter eines reichen hiesigen Bauern oder vielleicht des reichsten, ein recht angenehmes, etwa 18 jähriges Mädchen, will für ein Vierteljahr nach Prag fahren. Zweck: Tschechisch lernen, Klavierspielfortsetzen, Haushaltungsschule und – was vielleicht der Hauptzweck ist – irgend etwas nicht genau zu umschreibendes Höheres erreichen, denn ihre Stellung hier hat insofern etwas Verzweifeltes, als sie z. B. zwar infolge ihres Vermögens, ihrer Klostererziehung keine ebenbürtige Freundin hier hat und doch auch wieder nicht weiß, wo ihr eigener Platz ist. Auf solche Weise kann auch ein glänzend christliches Mädchen einer Jüdin nicht unähnlich werden. Das alles sage ich übrigens nur auf Grund eines oberflächlichen Eindrucks, ich selbst habe kaum fünfzig Worte mit ihr gesprochen.

Dich bitte ich in dieser Sache deshalb um Rat, weil ich keinen eigenen weiß und weil Du doch so viele Tschechen kennst, die ein solches Mädchen, *dessen Besitz Hungersnot ausschließt*, vielleicht sehr gern in ihre Familie aufnehmen und ihr auch darin, was sie will, wirklich nützen könnten. Der Rat müßte aber bald gegeben werden.

Meine Einrückung macht mir wenig Sorgen, übrigens ist auch gewiß überflüssigerweise noch etwas von der Anstalt veranlaßt worden. Mehr, vielleicht nicht Sorgen, aber Gedanken macht mir mein Verhältnis zur Anstalt, über das doch in allernächster Zeit irgend etwas entschieden werden muß. Ginge es nach dem Professor, müßte ich eigentlich schon im Bureau sitzen.

Herzliche Grüße   Franz

An Max Brod

[Zürau, Anfang Dezember 1917]

Lieber Max, nur Zufall, daß ich erst heute antworte und eben auch die Zimmer-, Licht- und Mäuseverhältnisse. Aber mit Nervosität und einem Stadt-Dorf-Austausch hat das nichts zu tun. Das was ich gegenüber den Mäusen habe, ist platte Angst. Auszuforschen woher sie kommt, ist Sache der Psychoanalytiker, ich bin es nicht. Gewiß hängt sie wie auch die Ungezieferangst mit dem unerwarteten, ungebetenen, unvermeidbaren, gewissermaßen stummen, verbissenen, geheimabsichtlichen Erscheinen dieser Tiere zusammen, mit dem Gefühl, daß sie die Mauern ringsherum hundertfach durchgraben haben und dort lauern, daß sie sowohl durch die ihnen gehörige Nachtzeit als auch durch ihre Winzigkeit so fern uns und damit noch weniger angreifbar sind. Besonders die Kleinheit gibt einen wichtigen Angstbestandteil ab, die Vorstellung z. B., daß es ein Tier geben sollte, das genau so aussehn würde wie das Schwein, also an sich belustigend, aber so klein wäre wie eine Ratte und etwa aus einem Loch im Fußboden schnaufend herauskäme – das ist eine entsetzliche Vorstellung.

Seit ein paar Tagen habe ich einen recht guten, wenn auch nur provisorischen Ausweg gefunden. Ich lasse die Katze während der Nacht im leeren Nebenzimmer, verhüte dadurch die Verunreinigung meines Zimmers (schwer ist, sich in dieser Hinsicht mit einem Tier zu verständigen. Es scheinen lediglich Mißverständnisse zu sein, denn die Katze weiß infolge von Schlägen und verschiedenen sonstigen Aufklärungen, daß die Verrichtung der Notdurft etwas Unbeliebtes ist und der Ort dafür sorgfältig ausgesucht werden muß. Wie macht sie es also? Sie wählt z. B. einen Ort, der dunkel ist, der mir ferner ihre Anhänglichkeit beweist und außerdem natürlich auch für sie Annehmlichkeiten hat. Von der Menschenseite aus gesehn ist dieser Ort zufällig das Innere meines Pantoffels. Also ein Mißverständnis und solcher gibt es so viele als Nächte und Bedürfnisse) und die Möglichkeit des Bettsprungs, habe aber doch die Beruhigung, wenn] es schlimm werden sollte, die Katze einlassen zu können. Diese letzten Nächte waren auch ruhig, wenigstens gab es keine ganz eindeutigen Mäuseanzeichen. Dem Schlaf nützt es allerdings nicht, wenn man einen Teil der Katzenaufgabe selbst übernimmt, mit gespitzten Ohren und Feueraugen aufrecht oder vorgebeugt im Bett horcht, aber so war es nur in der ersten Nacht, es wird schon besser.

Ich erinnere mich an die besonderen Fallen, von denen Du mir schon öfter erzählt hast, die sind aber wohl jetzt nicht zu haben, auch will ich sie eigentlich nicht. Fallen locken ja sogar noch an und rotten nur die Mäuse aus, die sie totschlagen. Katzen dagegen vertreiben die Mäuse schon durch die bloße Anwesenheit, vielleicht sogar schon durch die bloßen Ablagerungen, weshalb auch diese nicht ganz zu verachten sind. Auffallend war es besonders in der ersten Katzennacht, welche auf die große Mäusenacht folgte. Es war zwar noch nicht ganz »mäuschenstill«, aber keine lief mehr herum, die Katze saß, verdüstert wegen des ihr aufgezwungenen Lokalwechsels, im Winkel beim Ofen und rührte sich nicht, aber es genügte, es war wie die Anwesenheit des Lehrers, nur noch geschwätzt wurde hie und da in den Löchern.

Du schreibst so wenig von Dir, ich räche mich mit den Mäusen.

Du schreibst: »ich warte auf Erlösung«. Glücklicherweise deckt sich Dein bewußtes Denken und Dein Handeln nicht ganz. Wer fühlt sich denn nicht »krank, schuldbewußt, ohnmächtig« im Kampf mit seiner Aufgabe oder vielmehr als Aufgabe, die sich selbst löst? Wer kann erlösen, ohne daß er gleichzeitig erlöst würde? Auch Janáček (um dessen Brief Dich übrigens meine Schwester bittet) läuft am Tage seines Konzertes in Prag herum. Im übrigen: Du bist nicht wehleidig und das alles sind Augenblicke. Und jene Talmuderzählung würde ich anders erzählen: Die Gerechten weinen, weil sie so viel Leid hinter sich zu haben geglaubt hatten und nun sehen, daß es nichts war im Vergleich zu dem, was sie jetzt sind. Die Ungerechten aber – gibt es solche?

Meinen vorletzten Brief hast Du mit keinem Wort beantwortet, auch Werfels Adresse nicht geschickt, deshalb mußt Du jetzt, bitte, meinen Brief an Werfel selbst schicken. Eine Einladung vom »Anbruch«[50] hast Du wohl veranlaßt? Franz

An Max Brod

[Postkarte. Zürau, Anfang Dezember 1917]

Liebster Max – eine gute Tat, es war die erste Nachricht hier, ich bekam sie ins Bett, es drehte meine ganzen Morgenphantasien herum. Auch zwei Sendungen bekam ich in der letzten Zeit, heute die zweite (Jüdische Rundschau, Panideal[51] (eine, von der Sache unabhängig, grauenhafte Schrift), Proscenium (Konkurrenzblatt des

»Artist«[52]), Kataloge Löwit (die ich mir vielleicht behalten darf), Aktion, Tablettes, Alžběta (Janáčeks Erwähnung einer Leipziger Premiere ist wohl ein Irrtum, er meint die Dresdner? Was stand in der Hudební Revue[53]?) So viel also. Du darfst schenken, wir nicht. Das Buttergeschäft hat hier nicht befriedigt, einen küssen-wollenden Mund klebt man doch nicht mit einer Banknote zu. (Eben höre ich in der Küche, als Unterbrechung eines abscheulichen Liedes, den Schreckensruf: »Eine Maus!« Bleibe kühl.) Eine Bitte, Max: Donauland lädt mich ein, mit einer Nachschrift von Dr. Körner[54]. Ich muß ihm antworten, kann ihm aber die Antwort unmöglich in die Redaktion schicken, besonders mit Rücksicht auf eine gedruckte Bemerkung in der Einladung. Frau Fanta hat aber gewiß K's Privatadresse. Sei so freundlich und verschaff sie mir, aber bald, wenn es möglich ist.
       Franz

Bei den Proben in Dresden wirst Du nicht sein?

An Max Brod

[Zürau, Stempel: 10. XII. 1917]

Lieber Max, ein Mißverständnis: keine schlaflosen Nächte wegen der Mäuse außer der ersten wilden Nacht. Ich schlafe überhaupt vielleicht nicht sehr gut, aber im Durchschnitt zumindest so gut wie in den besten Prager Schlafzeiten. Auch die »Feueraugen« bedeuteten nur, daß ich mit Mißlingen Katzenaugen in das Mäusedunkel hinein zu machen versuchte. Und jetzt ist das alles, wenigstens vorläufig, überflüssig, denn eine Schachtel mit Sand nimmt fast alles gesammelt auf, was die Katze früher über Teppiche und Kanapee verstreute. Wunderbar wenn man mit einem Tier einig geworden ist. Wie ein gut erzogenes Kind geht es abend, nachdem es Milch bekommen hat, zur Schachtel, steigt hinein, buckelt sich, weil die Schachtel zu klein ist, und tut, was es muß. Diese Angelegenheit macht mir also augenblicklich keine Sorgen. »Mäuseloses Sanatorium«: »mäuselos« was ja gleichzeitig »katzelos« bedeutet, ist allerdings ein großes Wort, aber nicht so groß, als das Wort »Sanatorium« klein ist und darum will ich doch nicht gern hinein. Meine Gesundheit ist gleicherweise gut: Aussehen befriedigend, Husten, wenn es möglich ist, noch seltener als in Prag, es gibt wohl Tage, ich achte nicht darauf, an denen ich gar nicht huste, die Kurzatmigkeit allerdings dürfte noch ebenso bestehn, d.h. sie kommt bei meinem gewöhnlichen arbeitslosen Leben überhaupt nicht hervor, nicht einmal bei meinen Spaziergängen, nur wenn ich während des Gehns mit jemandem reden soll, – das wird zuviel. Aber das ist eine Begleiterscheinung des ganzen Zustandes, über den sich ja auch der Professor, als ich ihm davon erzählte, und auch Dr. Mühlstein gar nicht aufhielt. Ich weiß nicht, warum sich die Sanatoriumfrage jetzt entscheiden soll, das nicht, aber die Anstaltsfrage wird sich entscheiden, denn wenn ich jetzt zum Professor komme, wird er mich für den Winter in die Anstalt schicken wollen, ich aber werde nicht gehn oder so unendlich zögernd, daß es vom Direktionsfenster aus gesehn, wie ein Nichtgehn aussehn wird. Aber es ist vor allem deshalb kein Spaß, weil sie wahrhaft freundlich zu mir sind und manches manchem insbesondere von manchem nicht begreiflich gemacht werden kann.

Zweites Mißverständnis: ich will Dich nicht trösten, indem ich Dein Kranksein anzweifle. Wie könnte ich es anzweifeln, da ich es doch sehe. Auf Deiner Seite stehe ich nur deshalb entschiedener als Du, weil ich Deine Würde, Deine Menschenwürde dadurch bedroht fühle, daß Du unter dem Kranksein so sehr leidest. Gewiß, es ist leicht in einer ruhigeren Zeit so zu urteilen und Du wirst es ebenso tun, aber ein Vergleich etwa zwischen meinem Früher und Deinem Jetzt müßte doch unterscheiden. War ich verzweifelt, so war ich es unverantwortlich, mein Kranksein und mein-unter-dem-Kranksein-Leiden war eines, ich hatte fast nichts darüber hinaus. So steht es aber mit Dir nicht. In Deinem Fall heißt es nicht: es dürfte, heißt es vielmehr: es darf keinen so starken Angriff geben, daß Du vor ihm so zurückweichst, wie Du es tust oder wie Du, das ist mein Glaube (der Dich nicht trösten soll, sondern nur mein Glaube ist), es zu tun scheinst, Dir selbst zu tun scheinst.

Ich glaube nicht, daß ich Dir einen wesentlicheren Rat hätte geben können, als das geringfügig Unbestimmte, das ich sagte. Ich wäre allerdings noch sehr gern stundenlang in Deinem Bureau mit Dir gesessen, dort war es besonders schön, und hätte Dir zugehört, aber das hätte nur meine Freude, unabhängig vom Gut und Böse des Vorgelesenen ergeben, aber keinen entscheidenden Rat, keinen im Einzelfall brauchbaren Rat. Solche Ratschläge konnte ich niemals geben, jetzt aber aus andern Gründen nicht. Ich glaube, solche Ratschläge können nur aus dem Geiste der Selbstbeherrschungs-Pädagogik, die mir immer hilfloser erscheint, gegeben werden. Mir fällt, sehr undeutlich allerdings, ein Beispiel aus Förster[55] ein, welches zeigt, wie man unfehlbar einem Kinde Überzeugung beibringen kann, daß nicht nur jeder Mensch beim Eintritt ins Zimmer die Tür hinter sich zu schließen hat, sondern unbedingt auch dieses Kind diese Tür. – Eine Aufgabe, der gegenüber ich ratlos wäre, aber der gegenüber ich Ratlosigkeit für richtig halte. Gewiß ist es schwer, die Fähigkeit des Türschließens zu erkitzeln, aber es ist auch sinnlos, es wäre denn, daß es wenigstens unrecht ist. Ich will damit etwa sagen: es ist vielleicht möglich zu raten, aber besser ist Nicht-ablenken. – Max, Du fehlst mir zumindest nicht weniger, aber das Bewußtsein, daß Du lebst, daß ich Dich habe, daß Briefe von Dir kommen, gibt mir in dieser Richtung Ruhe. Und außerdem weiß ich, daß Du das Glück des Romans hast, das Du auf keine Weise entschuldigen kannst.

Franz

[Randbemerkung:] Wegen der Einladung des »Anbruch« fragte ich deshalb, weil ich mir sonst nicht erklären konnte, woher man meine Zürauer Adresse wußte. Die sagtest Du also ihnen doch? Bitte rechtzeitig schreiben, wann Du nach Dresden fährst. Wegen meiner Prager Reise.

An Oskar Baum

[Zürau, Mitte Dezember 1917]

Lieber Oskar, ich komme zwar in den nächsten Tagen zu Dir, aber dieses muß ich doch noch schreiben, weil Du davon schreibst: Das einzige Bedenken, das ich gegen Deinen Besuch habe (abgesehen von meiner allerersten Zürauer Zeit, wo gewisse Angewöhnungen, die im Zuge waren, vielleicht die Notwendigkeit vollständigen Alleinseins glaubhaft machen konnten); ist, daß Dir möglicherweise – und das allerdings sucht mir Ottla auszureden – Zürau oder ich oder sonstwas nicht gefallen könnte. Wird Dir aber etwas hier irgendwelche Freude machen, dann werde ich – das ist gewiß – diese irgendwelche Freude zweifach haben. Darüber müssen wir jetzt nicht mehr sprechen.

Das, was ich von den Mäusen geschrieben habe, war natürlich nur Spaß. Ernst nämlich wird es erst dann werden, bis Du die Mäuse wirklich hörst. Ich glaube nicht, daß es einen Schriftsteller- und Musikerschlaf gibt, der ihnen widerstehen könnte, und kein entsprechendes Herz, das, nicht eigentlich von Angst, aber von Ekel und Traurigkeit nicht überliefe. Aber auch das ist nur Spaß, denn ich höre dank der Katze schon seit langer Zeit nichts Verdächtiges, was immerhin schon etwas bedeuten will, denn ich werde in Prag ohne Katze zweifellos hie und da Mäuse hören. Übrigens hat mich jetzt Max auf eine Falle aufmerksam gemacht, die vierzig Mäuse auf einmal (ich weiß nicht ob mit einem Ruck oder allmählich) fangen kann, sie ist schon bestellt und wird sich bei mir wohlfühlen. Und Du unter ihrem Schutz.

Das wäre vorläufig das Wichtigste, alles übrige Wichtige, z. B. über Züraruer Verkehrsformen, nach welchen keine Magd, sondern ein Fräulein die Gänse stopft, u. dgl., werden wir mündlich besprechen, auch den Roman, der nicht kommen will, werde ich mir wohl holen müssen und wir lesen ihn dann zu dritt.

An Josef Körner

[Zürau, Stempel: 17. XII. 1917]

Sehr geehrter Herr Doktor,
Sie waren einmal so freundlich zu mir ins Bureau zu kommen, um wegen D. mit mir zu sprechen; damals sagte ich, daß ich einen Beitrag schicken werde, schickte dann aber nichts. (Sie allerdings versprachen mir, Ihre Schrift über Arnim zu schicken, schickten sie aber auch nicht). Dann erschien Ihr Aufsatz im D., in der mich betreffenden Stelle über alle erdenkbaren Grenzen Lob häufend, was mir eine Orgie der Eitelkeit verursachte und außerdem ein ängstliches Gefühl, Sie so verführt zu haben. Und jetzt kam Ihre Einladung.

Sie erlauben mir gewiß ein offenes Wort: D. scheint mir eine unheilbare Lüge zu sein, er kann die besten Leute um sich haben, der litterarische Teil kann, wie es von Ihnen zweifellos geschehen wird, mit bester Absicht und Kraft geführt werden – das Unreine kann nicht rein gemacht werden, wenn es aus seiner Quelle notwendiger Weise immer neue Unreinheit hervorbringen muß. Ich sage damit nichts gegen Österreich, nichts gegen Militarismus, nichts gegen den Krieg, nicht etwas davon ist es, was mich im D. abschreckt, es ist vielmehr die besondere Mischung, die ausgesucht frevelhafte Mischung, aus der die Zeitschrift hervorgekocht worden ist.

Es ist nicht Anmaßung, daß ich Ihnen sehr geehrter Herr Doktor

das schreibe. Vom Prager Civilleben oder gar von meiner Landruhe aus (ich bin hier schon ein Vierteljahr, krank, aber nicht wesentlich bedauernswert) würden Sie es gewiß nicht viel anders ansehen, als Mitarbeiter allerdings als gezwungener Mitarbeiter zwar nur, müssen Sie es als immerhin geistige Angelegenheit, die Ihnen anvertraut wird, ernst nehmen und sehen nicht die Zeitschrift vor sich, sondern Ihren eigenen guten Willen, mit dem Sie ihr dienen.
Ich für mein Teil kann mir nur 3 Gründe für eine Mitarbeit denken: Erstens den Gedanken daran, daß Sie Redakteur sind. Aber gerade das muß mich abhalten, denn ich will Sie in meiner Erinnerung nicht mit der Tatsache zusammenbringen, daß ich Ihretwegen, und sonst freiwillig, an etwas erkennbar Unwahrem mich beteiligt habe, wozu dann auch noch die Rücksicht darauf kommt, daß Sie für Ihre Zeitschrift natürlich nicht den allergeringsten Schaden durch mein Ausbleiben erleiden, denn die Einladung geht ja nur auf Ihre besondere Freundlichkeit mir gegenüber zurück und auf nichts sonst.
Zweitens der Gedanke, daß die Mitarbeit vielleicht für meinen Militärdienst mir irgendwie nützlich sein könnte. Aber das entfällt bei mir, denn ich bin krank.
Drittens die Rücksicht auf ein mögliches Honorar. Aber augenblicklich brauche ich es nicht und für die Zukunft will ich so nicht sorgen.
Das alles könnten unter Umständen vollständig ehrenwerte Begründungen meiner Mitarbeit sein, sie kommen aber eben hier nicht in Betracht.
Es ist nun sehr geehrter Herr Doktor Ihre Sache mir durch Zusendung Ihrer Arnimschrift (Sie sagten, glaube ich, Sie hätten nur ein Exemplar, ich würde es aber sehr bald zurückschicken) zu zeigen, daß Sie im Grunde, selbst wenn Sie das Vorgebrachte nicht ganz billigen sollten, mir doch nicht böse sind. Das wäre mir sehr lieb.
Mit herzlichen Grüßen Ihr ergebener

F Kafka
Zürau P. Flöhau (Böhmen)

An Felix Weltsch

[Zürau, Mitte Dezember 1917]
Lieber Felix!
Wärest Du doch gekommen! Denn, das merke Dir, als Zuflucht (nicht als Ziel, Ziel bin weder ich noch Zürau) gehört Dir aus-

nahmslos alles, was ich in Zürau bin und habe, alles »mit Mann und Maus«.

Daß solcher Ärger zur Arbeit notwendig ist, glaube ich eigentlich nicht, das zur Arbeit nötige Zufluchtverlangen ist schon durch das allgemeine alte Rippenwunder und die daraus hervorgehende Vertreibung gegeben.

Ich hätte nicht geglaubt, daß es so schwer ist, für ein Mädchen einen Platz zu finden, offenbar gehört die Schwierigkeit zu ihrem Fluch (den sie übrigens, damit Du Dir keine falsche Vorstellung davon machst, sehr munter trägt). Vielleicht finden wir gemeinsam etwas, denn ich komme wahrscheinlich schon übermorgen nach Prag. Was mich betrifft, wäre ich erst später gekommen, aber F. kommt.

Franz

Der Abschluß mit Wolff freut mich sehr.

An Max Brod

[Zürau, 18./19. Dezember 1917]

Lieber Max, ich hätte Dir schon längst für Esther gedankt, aber sie kam gerade in die innerlich schlimmsten Tage – auch das gibt es – die ich bisher in Zürau hatte. Es ist die Unruhe, die Wellenunruhe, die nicht aufhören wird, solange die Schöpfungsgeschichte nicht rückgängig gemacht wird. Aber es ist etwas anderes als Dein Leid, insoferne als niemand außer mir mit hineingezogen wird, es wäre denn die eine, die es vielleicht und hoffentlich allmählich zu fühlen aufhört.

Deine Sache hat also Fortschritte gemacht in einer Richtung, wo ich kaum welche mehr erwartet hätte. Aber immer noch glaube ich, daß die Entscheidung hier weder von rechts noch links, nicht von den Frauen kommen wird. Denn wie es anderswo auch sein mag, ich sehe Dich nicht hier, nicht dort unbedingt lieben, das Negative hier jagt Dich auf und hinüber, das Negative dort jagt Dich wieder zurück, vielleicht kannst Du Dich für Ruth entscheiden, zwischen *diesen* beiden Frauen aber tust Du nicht so, als ob Du es könntest oder als ob es von Dir verlangt würde oder als ob es Deine Sache wäre. Das Weinen scheint nicht dem Ort zu gelten, wo Du es tust, hier weinst Du wegen jener, dort wegen dieser oder wenn auch gewiß nicht in dieser Bestimmtheit, so ruhst Du doch wohl in keiner. Könnte man das nicht so deuten, daß Du überhaupt aus diesem

Kreis verweisen wirst. Natürlich trägt diese Deutung allzusehr mein Zeichen.

Die Frau tut Übermenschliches? Gewiß. Vielleicht nur Übermännliches, aber auch das ist natürlich übergenug.

»Esther« habe ich Ottla in einem Zug vorgelesen (auch eine Atemleistung, nicht?). Im Ganzen hat sich der Eindruck von Prag bestätigt, also die Bewunderung eines großen Teiles des Vorspieles, fast alles dessen, was Haman gehört, – eine wirklich große Unterbrechung, infolge deren ich das angefangene Blatt zerreiße, hauptsächlich wegen der Unterbrechung. Unser Fräulein war heute in Flöhau und bringt jetzt abend die Post, die ich sonst erst morgen bekommen hätte: Deine Geschenke überwiegen, die Drucksachensendung, die Karte, zu der sich nichts sagen läßt (Werfel bricht immer so aus und ist es bei Dir Gutsein zu mir, so gilt es gern in jeder Weise), dann Zeitung und Selbstwehr, dann ein langer Brief von meinem Oberinspektor (mit dem ich in sehr freundlicher Verbindung bin, er war auch hier zu Besuch), schließlich aber, und das ist die Unterbrechung, ein Brief von F., die ihre Ankunft für Weihnachten anzeigt, trotzdem wir vorher eindeutig über das Sinnlose, ja Böse einer solchen Fahrt uns geeinigt zu haben schienen. Aus verschiedenen des Aufzählens nicht werten Gründen werde ich deshalb wahrscheinlich, trotzdem ich erst nach Weihnachten nach Prag kommen sollte, schon diesen Samstag gegen Abend kommen.

zurück zu Esther so gut es danach geht.

Bewunderung des zweiten Aktes, der mich durchdringt, und des ganzen Anteiles der Juden. Alle Abneigungen gegen Kleinigkeiten, die Du kennst, blieben, da ich sie für mich begründen kann.

Aber andererseits wußte ich auch im Voraus, daß ich das Stück anders lesen würde, als in der schlechten Unruhe in Prag. Das Ergebnis dessen aber ist, daß ich das Stück weniger gut zu verstehen glaube und daß mir gleichzeitig die Wichtigkeit des Stückes noch mehr aufgegangen ist. Ich meine damit: ich faßte es auch früher, etwa so wie man etwas am Henkel faßt, als Kunstwerk also, aber ich umfaßte es nicht und dazu reicht mein Verständnis des Stückes nicht hin. Es liegt dies vielleicht an der Grundschwierigkeit, daß etwas notwendig Unwahres dadurch gegeben ist, daß die drei Spieler Haman, König und Esther doch nur Eines sind, eine ebenso künstliche als künstlerische Dreifaltigkeit, die durch ihre ineinander sich wühlenden Teile solche Voraussetzungen, Spannungen, Durchblicke, Folgerungen entstehen läßt, die nur zum Teil, wenn auch zum größten Teil vielleicht, wahr sind oder richtiger unbedingt notwendig sind für die Geschichte der Seele. Ein Beispiel dafür, ein, eben weil ich es nicht ganz fasse, gewiß irriges Beispiel: Haman und Esther springen zu gleicher Zeit, am gleichen Abend auf, wie überhaupt etwas tief Marionettenhaftes drin verborgen ist, im ganzen Stück (in der Verzweiflung des letzten Aktes z. B. die ich in der Aufzählung meiner Stellen vergessen habe). Auch daß Haman zuschauend sieben Jahre an des Königs Tafel sitzt, ist sehr schön und sehr unmenschlich. Aber kommen sie wirklich erst an diesem Abend? Der König hat schon eine wesentliche Lebensperiode hinter sich, er hat gesündigt, gelitten, sich bezwungen und doch verloren, vielleicht liegt das alles eine Ebene tiefer als das, was jetzt geschieht, vielleicht aber ist es auch von oberster Höhe gesehn ganz das Gleiche, jedenfalls war es ohne Haman und Esther nicht möglich; die wiederholten Grottenbesuche deuten es fast an, wie ja überhaupt der König im ersten Akt schon den Schauplatz des Ganzen kennt und versteht, als wäre es ein altes vergangenes Spiel und im Abschiedsgespräch im letzten Akt in einer gewissen Undurchdringlichkeit mehr durchsprochen und durchklagt wird als bloß die Ereignisse des Stückes. Was aber in den Voraussetzungen dieser Szenen zu wenig gesagt wird, entladet sich dann wieder in der Geschichte der Jahrtausende im zweiten Akt. – Dadurch ergeben sich, glaube ich, gewisse das Kunstwerk sogar stärkende, schwer zugängliche Irrwege, die ich nicht gehn kann und die, wenn ich es genau ansehe, etwas in mir zu gehn sich weigert, weil sie ein der Kunst gebrachtes Opfer und Dein Schaden sind. Ich meine: Dein Schaden, sowie etwa in Deinem Roman (wie Du letzthin einmal schriebst), eine Dreiteilung Deines Wesens erfolgt und jeder Teil den andern bedauert und tröstet. Hier ergibt sich vielleicht ein schädigender Gegensatz zwischen Kunst und wahrer Menschlichkeit. Dort wird eine gewisse künstlerische Gerechtigkeit verlangt (die Dich z. B. den König, über den in Wahrheit längst entschieden worden ist, bis ans Ende führen und darüber hinaus in die Zukunft stoßen läßt oder die Dich z. B. dazu bringt, daß Esther, die doch die Welt trägt, im Leben des Stückes klein und unwissend – wie sie ja sein muß, wie es aber in der Perspektive des Stückes einen andern Sinn mitbekommt – neben Haman geht und sie, die Unveränderliche, durch seine Tötung sich im Wesen ändert), hier aber nur entschiedenes Dasein. –

Zu spät und zuviel. Wir sehen uns ja bald. Über diese Dinge kann ich allerdings noch weniger sprechen als schreiben. Franz

[Randbemerkung:]Falle schon bestellt. – Ja, Anbruch-Adresse von Fuchs, er schrieb mir vom »miesen Anbruch«, zu dem er mich hatte einladen lassen. Ich habe den Leuten schon längst – weil mir das Rundschreiben gefallen hat – aufrichtig die Nicht-Mitarbeit erklärt.

An Elsa Brod

[Zürau,] 19. XII. 1917

Liebe Frau Elsa, es ist ein Augenblicksbrief, im zweiten Augenblick wäre er nicht geschrieben, im dritten nicht weggeschickt worden. Deshalb ist er auch im wesentlichen irrig und entspricht nicht der Kenntnis menschlicher Dinge, die Sie im Grunde reichlich haben. Wenn wir, liebe Frau Elsa, über Max sprechen wollen, müssen wir doch zuerst auf gleicher Ebene sein, müssen also nur als Maxens Freunde miteinander sprechen, nur als Freunde und alles andere außerhalb lassen, wonach zu greifen ich nicht wage, selbst wenn Sie, im Irrtum des Augenblicks, die Hand mir dorthin führen wollen. Als Freunde aber sind wir weder seine Ärzte, noch seine Lehrer, noch seine Richter, sondern nur Menschen neben ihm, die ihn lieb haben. Als solche aber, glaube ich, dürfen wir ihn, wenn es um sein Ganzes geht, nicht beeinflussen durch Ratschläge, Zuflüsterungen, Andeutungen, sondern nur durch das, was sich ohne weiteres ergibt, also durch unser Dasein, durch Liebe, Güte, Zurückhaltung, Freundschaft. Das haben ja auch Sie getan, ich selbst sah es oft mit Rührung, aber natürlich haben Sie auch mehr als das d. h. also weniger getan, wie eben alle Menschen, denn das was ich oben sagte, ist nur als Ziel gemeint. Auch ich habe, sogar in letzter Zeit (ich glaube, einmal auch in Ihrer Gegenwart) einen Rat zu geben versucht, der vielleicht nicht in Ihrem Sinn, aber durchaus nicht gegen Ihren Sinn war, der aber jedenfalls gegen meinen eigenen Willen war, abgetrotzt durch Maxens Anblick, unter dem Sie allerdings in unaufhörlicher Gegenwart unvergleichlich mehr, bis an die Grenzen der Kraft leiden müssen; das verstehe ich gut, hier ist mein

Verständnis ohne Vorbehalt. Wahr bleibt aber doch nur, daß man zwar Max zurückhalten soll, wenn man sieht, daß er in Gefahr ist, über einen Stein zu stolpern, daß man ihn aber, vorausgesetzt überhaupt daß man das ganz Unwahrscheinliche zu tun imstande wäre, nicht durch einen Stoß hindern darf, in das zu rennen, was man für sein Leid hält. Ihm hier Ratschläge geben zu wollen, wäre etwa gleichwertig dem, wenn ich ihm Vorwürfe deshalb machen wollte, daß er mir als Freund nicht längst geraten hat Tuberkulose zu bekommen.

Aus dieser Überzeugung erkenne ich die Irrtümer Ihres Briefes, die ich, ich wiederhole es, nicht für Ihre Irrtümer halte, weshalb ich auch Ihren Brief nicht behalten darf und hier zurückschicke. Diese Irrtümer sind etwa: Sie klagen aus Liebe und haben die wahre Gelegenheit der Liebe. – Sie suchen einen Fürsprecher und haben gerade im unbeirrten Max den stärksten. Sie sehen (oder lassen wenigstens Ihren Blick so wenden) eine vielleicht entfernte Nebensache als Hauptsache an, verwirren sich und versäumen dadurch, ruhig das zu sein, was Sie sind.

Im Tone Ihres Briefes könnten Sie jetzt denken: »Es ist sehr leicht Prinzipien aufzusagen, wenn der andere in Not ist« und Sie hätten Recht; dieses Gefühl beschämt mich, so oft ich an Sie denke. Aber soll man aus Scham schweigen oder gar lügen? Besonders hier, wo wir doch in der Sorge um Max einig sind.   Franz K

An Max Brod

[Prag, Ende Dezember 1917]

Lieber Max, hier die Manuskripte (meine einzigen) für Deine Frau, zeig sie niemandem. Von dem Kübelreiter und dem »Alten Blatt« laß bitte eine Abschrift auf meine Kosten machen und schicke sie mir, ich brauche sie für Kornfeld.

Die Romane lege ich nicht bei. Warum die alten Anstrengungen aufrühren? Nur deshalb weil ich sie bisher nicht verbrannt habe? Bis (nein, wenn: gerade kommt ein Brief von F., dankt für Esther sehr, fragt ob sie Dir danken soll) wenn ich nächstens komme, geschieht es hoffentlich. Worin liegt der Sinn des Aufhebens solcher »sogar« künstlerisch mißlungener Arbeiten? Darin, daß man hofft, daß sich aus diesen Stückchen mein Ganzes zusammensetzen wird, irgendeine Berufungsinstanz, an deren Brust ich werde schlagen können, wenn ich in Not bin. Ich weiß, daß das nicht möglich ist, daß von dort keine Hilfe kommt. Was soll ich also mit den Sachen? Sollen die, die mir nicht helfen können, mir auch noch schaden, wie es, dieses Wissen vorausgesetzt, sein muß? Die Stadt zehrt an mir, sonst hätte ich nicht gesagt, daß ich die Papiere bringe.

Zum gestrigen Abend nur noch kurz: Die Angelegenheit stellt sich mir, dem im eigentlichen Schmerz Unbeteiligten, etwa so dar: Deine Frau hat in ihrem Hauptvorwurf vielleicht etwas Wesentlicheres berührt als Du in Deinem.

Es ist zu spät, ich muß noch ins Bureau, ich schreibe Dir von Zürau sehr bald, vielleicht ist es gut, gerade heute nicht zwischen Euch zu sprechen. *Franz*

Noch eine Bitte: Schicke mir Blankette der Militäranmeldung, die man, wie ich glaube, im Jänner leisten muß.

1918

An Felix Weltsch
[Ansichtskarte. Zürau, Anfang Januar 1918]
Lieber Felix, bei sechs und acht Grad Kälte und offenen Fenstern schlafen und früh waschen, nachdem die Eisdecke in der Kanne durchgeschlagen und im Lavoir neu gebildet ist, bei ganz nacktem Körper natürlich, nach acht Tagen noch keinen Schnupfen, nachdem vorher an den Tag- und Nachtdauerbrenner gewöhnt gewesen – das mußt Du mir jetzt nachmachen. Es ist aber wirklich herrlich, man kann sogar acht Tage Bibliothek dafür hingeben. Ich werde euch mündlich noch viel mehr Lust machen. Herzlichste Grüße Oskar. Auch Klavier gibts, Frau Irma!
Alles als richtig bestätigt vom Sanatoriumsbesitzer und Hauptkranken: Franz

An Max Brod
[Postkarte. Zürau, Anfang Januar 1918]
Lieber Max, heute nur als Sekretär Oskars, in glücklicher Verantwortungslosigkeit:
»Du kannst also schon den Tag bestimmen, an welchem Du das Romanende mir und Felix vorlesen möchtest. Nach dem verheißungsvollen Schönen, das mir Franz davon erzählte, bin ich noch begieriger als vorher. Ich komme Sonntag, also ab Montag bin ich jeden Abend bereit. Vielleicht schreibst Du mir eine Karte, nachdem Du es mit Felix verabredet hast. Wie schön und friedlich es hier ist will ich Dir gar nicht erzählen, falls Du nicht die Möglichkeit hast, es mir gleichzutun.« Mir (das bin nun ich, Franz, der Dir nächstens mehr schreiben wird) ist letzthin bei Vorlesung des Tröltschaufsatzes[1] eingefallen, daß der positive Schluß des Romans eigentlich etwas Einfacheres und Näheres will, als ich zuerst dachte, nämlich die Aufrichtung einer Kirche, einer Heilanstalt, also etwas, was fast zweifellos kommen wird und sich schon im Tempo unseres Zerfallens um uns aufbaut.
Mit Oskar sind wir sehr schön beisammen. Franz

An Max Brod

[Zürau, Mitte Januar 1918]
Sonntag

Liebster Max, während Oskar hier war, habe ich Dir nicht geschrieben, teils weil ich so an das Alleinsein gewöhnt bin (nicht an Stille, an Alleinsein), daß ich kaum schreiben konnte, teils weil er Dir doch bald selbst von Zürau erzählen wird. Er ist mir in einigem deutlicher geworden, schade, daß man nicht stark genug ist, der Deutlichkeit immer und ständig ein deutliches Gesicht zu zeigen. Du hast Oskar im Ganzen zweifellos richtiger beurteilt als ich, im Einzelnen scheinst Du Dich zu irren. – Der Roman ist an vielen Stellen erstaunlich, ich habe viel zu viel Äußerliches in Oskars veränderter Arbeitsweise bisher gesehn, das ist es nicht, vielmehr ist Wahrheit da, aber sie schlägt sich an den äußerst gespannten und doch zu engen Grenzen und daraus ergibt sich Müdigkeit, Irrtum, Schwäche, Schreien. Ich wäre sehr froh, wenn ihm Zürau, woran ich allerdings zweifle, ein wenig geholfen hätte, froh um seinet- und meinetwillen. Vielleicht schreibst Du mir darüber.

Für »tablettes«, Aktion und Formulare danke ich; kann ich »tablettes« diesmal F. schenken?

Unser letzter Abend war nicht gut, ich hätte gern seither eine Nachricht von Dir gehabt. Nicht gut war der Abend, weil ich (natürlicher Weise hilflos, aber das tat mir gar nichts) Dich hilflos gesehen habe und das kann ich fast nicht ertragen, trotzdem ich mir auch diese Hilflosigkeit zu erklären suchte damit, daß, wenn an dem alten Joch zum erstenmal gerüttelt und offenbar es bewegt wird, man den richtigen Schritt nicht gleich finden kann. So war auch Dein Hin- und Hergehn im Zimmer unsicher, als Du Unsicheres sagtest. Und dabei schien mir, in anderer Weise dem entsprechend, Deine Frau so viel mehr Recht als Du zu haben, wie vielleicht den Frauen überhaupt, zur Ablösung anderer Dinge, mehr Recht gegeben ist. Der Vorwurf, daß Du nicht zur Ehe taugst, klingt zumindest in ihrem Mund wahr. Wendest Du ein, daß das eben Dein Leid ist, bleibt ihr die Antwort, daß Du es eben nicht zu ihrem hättest machen dürfen, da es doch nicht ihres war. Bliebe Dir nur die Antwort, daß sie eben Frau und dieses ihre Sache ist. Dadurch aber führt man wieder die Angelegenheit vor ein so hohes Gericht, das nicht entscheiden wird und den Prozeß wieder von neuem beginnen läßt.

Dieses »nicht-zur-Ehe-taugen« sieht sie und ich mit ihr (nein so sehr will ich mich mit Deiner Frau nicht verbinden, sie sieht es doch wohl anders) darin, daß Du zwar die Ehe brauchst, aber nur zum Teil, während Dein anderes Wesen Dich fortzieht und dadurch auch am ehemännischen Teil zerrt und so gerade durch ihn, der das gar nicht will, den Eheboden aufreißt. Natürlich hast Du in Deiner Gänze geheiratet, aber mit dem jener Teilung entsprechenden Fernblick, den Du allerdings zunächst zum Schielen zwangst, was nicht taugen konnte. So hast Du z. B. Deine Frau geheiratet und mit ihr und über ihr die Literatur, so würdest Du z. B. jetzt eine andere heiraten und mit ihr und über ihr Palästina. Das sind aber Unmöglichkeiten, wenn auch vielleicht notwendige. Ein wirklicher Ehemann dagegen müßte – so könnte es die Theorie fassen – zwar in seiner Frau die Welt heiraten, aber nicht so, daß er jenseits der Frau die zu heiratende Welt sieht, sondern durch die Welt seine Frau. Alles andere ist Qual der Frau, aber vielleicht nicht weniger Rettung oder Rettungsmöglichkeit des Mannes, als in jener Idealehe.

Franz

An Felix Weltsch

[Zürau, Januar 1918]

Lieber Felix, hoffentlich ist das Geschäft gut zustandegekommen. In Deinem Bureau war ich ganz traurig, denn Du warst schon fort, ich war als Kranker nur unter großer Erschöpfung zu Dir gelaufen, eben in der Hoffnung, daß du mich beleben wirst. Auch war noch ein strenger Herr nebenan streng zu mir. Kam aber das Geschäft zustande, stehts hoffentlich in den Rückwirkungen dafür.

Hier allerdings wären viel bessere Geschäfte zu machen, wohl aber kaum ohne persönliche Anwesenheit. Könntest Du nicht zu diesem Zweck für ein paar Tage herkommen? Schlafmöglichkeit gäbe es. Meine Schwester, die Dich letzthin gesehen hat, findet, daß Du schlecht aussiehst. Auch dem wäre hier vielleicht in ein paar Tagen abzuhelfen. Die Einladung gilt natürlich auch für Deine Frau, nur sehe ich vorläufig noch keine passende Schlafgelegenheit für sie, doch auch das wird sich wohl finden. Also?

Herzlichst Franz

Wie geht es Robert Weltsch?

An Oskar Baum

[Zürau, Mitte Januar 1918]
Lieber Oskar, zuerst meinen Dank für die großartige Beschenkung. Wenn ich bedenke, daß Du für das schöne und selbstverleugnende Klavierspiel nichts bekommen hast als das Vergnügen, mich mit Herrn R. sprechen zu hören (ich hätte ihm gern Deine Mitteilung ausgerichtet, aber ich verstehe sie nicht), ich dagegen Ottla diese zwei Überraschungen aus dem Koffer ganz unerwartet ziehen sehe, nur verdient durch meine Lust, – dann finde ich (immer wieder einmal), daß etwas in der Welt nicht stimmt. Besonders der Himbeersaft, ein reiner Genuß vom ersten Tropfen bis zum letzten; fast hätte ich mir ihn infolge meiner Gier verdorben, als ich aus Ungeduld den Pfropfen in die Flasche stieß, aber Ottla hats noch für mich gerettet und rettet es jeden Tag durch Verzicht. Und noch etwas Gutes hat der Saft, da er eben etwas Edles ist, er nimmt sogar die Gier nach sich selbst und ich trinke ihn jetzt nur noch aus Freiheit und weil er da ist und weil er an eine Wohltat erinnert.

Hier hat sich, wie es sich gehört, nichts geändert, außer daß Du fort bist; wenn Du also wiederkommst, wird alles vollständig wie früher sein, Du brauchst nur zu kommen. Ich nur bin, vielleicht, um von vornweg dem Namen Glückskind auszuweichen, in den letzten Tagen etwas trübseliger als sonst, aber das ist nur das Auf und Ab der Zeiten.

Du aber hattest Glück, weil Du die Mäuse nicht erlebt hast. Etwa drei Tage nach Deiner Abreise – den Kater nehme ich nicht mehr mit – werde ich in der Nacht durch Lärm geweckt, zuerst denke ich fast, es müsse doch der Kater sein, bis es gleich klar wird, daß eine Maus, schamlos wie ein kleines Kind, mit der Falle spielt, d. h. sie zupft vorsichtig den Speck fort, während die Falltür laut auf und ab klappt, aber ohne sich so weit zu öffnen, daß die Maus durchfällt. Die von Max in gutem Glauben empfohlene Falle ist mehr Wecker als Falle. Übrigens wurde in der nächsten Nacht auch aus einer anderen Falle der Speck gestohlen. Ich hoffe, daß Du nicht glaubst, ich schleiche im Halbschlaf unter die Kredenz und hole selbst den Speck heraus. Übrigens ist es in den allerletzten Tagen still geworden.

Die sizilianische Sängerin spricht also schlecht vom Tagebuch[2]. Ist das merkwürdig oder herz- und verständnislos? Herz- und verständnislos ist es, ihr das Buch zur Besprechung zu geben, ebenso

gut hätte man es der Gräfin Tolstoi geben können. Was soll die Frau sagen, wenn sie plötzlich in das Tagebuch hineinkommt, noch erhitzt vom Tennisspiel, das sie unter seinem Fenster gespielt hat. »Konservatismus schadet der Kunst immer« ist übrigens fast ein Zitat aus dem Tagebuch selbst, wir haben es gelesen.
Wie ist Krastik in Prag mit Dir angekommen? Und das Buch der dramatischen Geschichten? Hat Wolff geschrieben? Und der Schlaf? Mit herzlichen Grüßen Dir und Deiner Frau. Franz

An Max Brod

[Zürau, Mitte/Ende Januar 1918]
Lieber Max, Dein Brief war mir diesmal (wieder zunächst ohne Rücksicht auf die Mitteilungen, das sagte ich schon öfters und fühle es sehr deutlich) deshalb besonders wichtig, weil ich in der letzten Zeit zwei oder drei Unglücksfälle oder vielleicht auch nur einen hatte, die die ständige Verwirrung so sehr vergrößerten, als wäre ich z. B. aus der letzten Gymnasialklasse durch einen in seiner Begründung mir unzugänglichen Lehrbeschluß in die erste Volksschulklasse degradiert worden. Und dabei sind es, damit Du mich richtig verstehst, nur gewissermaßen Unglücksfälle, ich achte ihr Gutes und kann mich über sie freuen und habe es getan, aber in der Grenze des »gewissermaßen« sind sie allerdings vollständig.
Der eine und hauptsächliche ist Oskars Besuch. Ich habe von dem Wesen der Sache während seiner Anwesenheit nicht das Geringste gefühlt oder vielleicht nur etwas, ein Kleines, während des letzten Tags, aber hier war es nur das gewöhnliche nicht weiter nachprüfenswerte Gefühl einer Schwäche, einer Ermüdung, wie es sich eben zwischen zwei Menschen ausdrücklicher zeigt, als innerhalb des Einzelnen. Wir waren auch die Woche über lustig, vielleicht allzu lustig, nachdem wir an den allerersten Tagen uns an Oskars Unglück müdegedacht hatten. Ich ermüde übrigens erfahrungsgemäß leichter als irgendjemand aus meiner Bekanntschaft. Aber davon ist hier eigentlich nicht zu reden und würde es doch ausgebreitet, so würde sich dadurch gewiß auch rein Historisches aus alter Leidensgeschichte finden.
Auch Oskars Unglück gehört nicht genau in diesen Zusammenhang. Aber Du fragst mich danach und ich habe es bisher nur deshalb allgemein erwähnt, weil es mir noch kurz vorher nicht gerade

als Geheimnis, aber doch als Geständnis anvertraut war, weil ich ferner nicht wollte, daß Du gleich bei der ersten Zusammenkunft mit Oskar diese Gedanken im Kopfe hast und weil es schließlich auch deshalb nicht sehr notwendig war, weil Du in dem Fall dem Richtigen doch immer sehr nahe gewesen bist. Das Unglück hat, wenn man will, drei Ansichten (vorläufig soll es aber wirklich unser Geheimnis sein), wird aber noch mehrfacher, wenn man genauer zusieht. Erstens kann er die Ehe mit seiner Frau aus einer Reihe unzähligemal durchdachter Ursachen nicht ertragen, kann es schon, ich glaube er ist sieben Jahre verheiratet, seit fünf Jahren nicht. Zweitens ergibt sich, wenn man danach fragt, daß er zwar immer zuerst von den Unmöglichkeiten seiner Frau spricht (die ihm übrigens sexuell vollständig entspricht und die er in ihren Grenzen sehr liebenswert findet) aber die Unmöglichkeit der Ehe meint, der Ehe überhaupt. Gewiß bleibt hier ein ungelöster Rest, für den z. B. charakteristisch ein novellistischer Versuch ist, den er einmal über das Thema einer Reihenfolge eigener Heiraten mit einer Reihe ihm gut bekannter Frauen und Mädchen gemacht hat, wobei sich immer am Ende vollständige Unmöglichkeit ergab. Drittens würde er, hier beginnen die ganz großen Unsicherheiten, seine Frau vielleicht verlassen können, er glaubt innere und äußere Berechtigungen zu dieser als schwere Grausamkeit gefühlten Tat zu haben, gegenüber seinem Sohn aber kann er, wenn auch nicht eigentlich aus Vatergefühl, diese Schuld nicht auf sich nehmen, trotzdem er weiß, daß dieses Auseinandergehn das einzig Richtige wäre und das Versäumen dessen ihn niemals zur Ruhe kommen lassen wird. – Im Ganzen insbesondere mit seiner Fülle »diesseitiger« Konstruktionen und Nachtgespenster (wir schliefen im gleichen Zimmer und tauschten Krankheitskeime gegen Gespenster aus) gehört er mit seinen nicht annähernd nachzufühlenden Qualen eng zum Dr. Askonas[3], wie dieser eng zu unserer westjüdischen Zeit. In diesem Sinn, also einem sozialgeistigen etwa, ist der Roman ein großartig offenes Wort und wird sich, wenn er das ist, erst während der Wirkung in die Weite eigentlich offenbaren. Mehr als dieses Konstatieren, als dieses der-Zeit-an-die-Seite-springen ist er vielleicht nicht, aber auch das kann ein großer Beginn sein. Wir sprachen in den ersten Nächten von dem Roman wie von einem historischen Dokument, das man verwendete, um dieses oder jenes zu belegen. So war es ja auch mit Nornepygge, aber damals war ich noch zu wenig davon berührt.

Was nun mich in meinem Verhalten gegenüber Oskars Sache betrifft, so war dieses, wenigstens in der Absicht, ganz einfach, es schwankte, bei innerlicher aber doch vielleicht vorurteilsmäßiger Entschiedenheit, mit seinem Schwanken, ich sagte »ja« und »nein«, wenn ich »ja« und »nein« zu hören glaubte und nur dieses zu-hören-glauben war mein Werk, genug, um ihn gut oder schlecht zu beeinflussen und darüber eben wollte ich gern etwas von Dir hören. Außerdem wirkte halb unabhängig von meiner Absicht Zürau und mit Zürau das, was sich mir bis dahin hier ergeben hatte, mit. Auch Troeltsch und Tolstoi, die ich ihm vorlas.

Bei dem allen ergab sich aber eine Rückwirkung auf mich, die ich erst nachher merkte. Ich hatte den Besuch als Prüfung halbwegs bestanden, aber nachher, als schon abgeläutet worden war, fiel ich durch. Letzthin schrieb ich Oskar, daß es schwer ist sich umzustellen, wenn man eine Woche lang beisammen war und daß er uns fehlt. Das ist, auch was mich allein betrifft, wahr, aber doch nur im Zusammenhalt mit der Woche Zusammenlebens und überdies ist es nicht alles. Ich trage noch immer an dem Zusammensein mit diesem mir doch lieben Menschen und zwar nicht in dem Sinne, daß ich unter seinem Leiden leide oder daß irgendein konkretes eigenes Leid mitaufgerührt worden ist, sondern daß, fast ganz abstrakt, seine Denkrichtung, das prinzipiell Verzweifelte seines Zustandes, die bis nahe an die durchgeführte Nachweisung gehende Unauflösbarkeit seines Konfliktes, das Durcheinander seiner an sich sinnlosen, beleidigenden, vielfach sich spiegelnden, gegenseitig aufeinander kletternden – Fachwort aus Deinem Roman – Hilfskonstruktionen, daß das alles in mich ausmündet wie ein toter Wasserarm, den eine Woche zu einem lebendigen gemacht hat. Was für eine Riesenstärke gehört dazu, was für Riesenstärke und vorgängige Einsamkeit, um einem Menschen nicht zu erliegen, neben dem man eine Zeitlang geht mitten zwischen den fremd-eigenen Teufeln, nicht weniger ihr Mittelpunkt, als ihr eigentlicher Besitzer es ist.

Ich übertreibe hier ein wenig, anderes kommt gewiß noch dazu, aber die Grundwahrheit bleibt. Und überdies habe ich zum Teil als Folge des Besuches »Entweder – Oder« mit besonderer Hilfsbedürftigkeit am Abend vor Oskars Abreise zu lesen angefangen und jetzt, von Oskar geschickt, Bubers letzte Bücher. Abscheuliche, widerwärtige Bücher, alle drei zusammen. Richtig und genau sind sie und »Entweder – Oder« besonders mit allerspitzigster Feder geschrieben (fast der ganze Kassner wälzt sich einem aus ihm entgegen), aber sie sind zum Verzweifeln und wenn man vor ihnen einmal, wie es bei gespanntem Lesen vorkommen kann, unbewußt das Gefühl hat, es seien die einzigen Bücher auf der Welt, muß auch der gesündesten Lunge fast der Atem ausgehn. Das würde natürlich ausführliche Erklärung verlangen, nur mein sonstiger Zustand erlaubt mir so zu sprechen. Es sind Bücher, die sowohl geschrieben als auch gelesen werden können nur in der Weise, daß man wenigstens eine Spur wirklicher Überlegenheit über sie hat. So aber wächst mir ihre Abscheulichkeit unter den Händen.

In Deiner Sache überzeugst Du mich nicht. Ob Du mich nicht mißverstehst, so daß wir uns etwa schon irgendwo begegnet wären, ohne es zu wissen? Ich behaupte nicht, daß Du Deine Frau um der Literatur willen geheiratet hast, sondern trotz der Literatur und daß Du, weil Du *auch* aus ehrlichem Grunde heiraten mußtest, dieses »trotz« dadurch vergessen zu machen suchtest, daß Du eine literarische »Vernunftheirat« (Deiner Meinung nach) eingingst. Du brachtest »Vernunftgründe« in die Ehe mit, da Du eben aus vollem Bräutigamsherzen nicht heiraten konntest. Und ähnlich scheint es sich mir auch jetzt zu verhalten. Du schwankst, so scheint es mir, nicht zwischen den zwei Frauen, sondern zwischen Ehe und Außer-Ehe. Dieses Schwanken soll die Frau, ohne eines der zwei Elemente zu verletzen, zur Festigkeit bringen, das ist Dein Verlangen nach der »Führerin«, aber abgesehen davon ob dieser Konflikt überhaupt mit einem Schlage zu lösen ist, so ist diese Lösung vielleicht überhaupt nicht Aufgabe des Frauentums, sondern Deine, und dieser Versuch der Abwälzung wäre dann eine Art Schuld.
Sie setzt sich gewissermaßen auch darin fort, was Du nicht mehr Schuld, oder richtiger auch Schuld, aber auch Güte nennst. Gewiß bist Du weichherzig, aber hier ist keine Gelegenheit, es zu bewähren. Es ist so wie wenn ein Chirurg, nachdem er (mit Gewissensbissen vor dem Prinzip, aber nicht eigentlich vor dem durch Krankheit schuldtragenden Lebewesen) tapfer kreuz und quer geschnitten und gestochen hat und nun aus Weichherzigkeit, aber auch aus Trauer weil dieser wichtige Fall dadurch für immer verabschiedet würde (»meine Frau müßte, ohne die sekundär-geistigen Beziehungen zu mir zu lösen...«) zögert, den letzten vielleicht heilenden,

vielleicht Siechtum verursachenden, vielleicht tötenden, aber jedenfalls entscheidenden Schritt zu tun.

Ich kenne »die versunkene Glocke«[4] nicht, aber nach dem was Du sagst, nehme ich den Konflikt als Deinen, kann aber nur zwei Menschen in ihm gefangen sehn, denn die auf den Bergen ist kein Mensch.

Und Olga[5]? Sie ist nicht primär geformt, sondern bewußt als Gegenspiel Irenes, als Rettung vor ihr.

Aber abgesehen von dem allen: was Dir hier erscheint und mit Gewißheit erscheint: »im Eros Ruhe, völliger Frieden« ist etwas so Ungeheueres, daß es schon durch die Tatsache, daß es Dich nicht widerspruchslos hinnimmt, widerlegt erscheint. Nur wenn Du es mit weniger hohem Namen bezeichnen würdest, könnte man zweifeln. Aber – und hier komme ich wieder zu meiner Meinung zurück – eben weil Du es so bezeichnest, ist ein anderer Konflikt wahrscheinlicher.

Das was Werfel sagte, ist gewiß nur flüchtig gesagt und so besonders ist er nicht organisiert, daß dort, wo bei andern Menschen etwa Verzweiflung sitzt, bei ihm Zorn säße; aber bezeichnend ist es doch, er beruft sich stillschweigend auf den Augenblick des Gedichtes, ebenso wie ich und Du und alle, so als ob hier etwas wäre, worauf man sich zu berufen hätte und wovon man nicht vielmehr den Blick abzulenken suchen sollte, dann wenn man sich zu verantworten hat. Brüderlich-verräterisch übrigens auch jenes: »nur leere Tage sind unerträglich« und schlecht zusammenstimmend mit jenem Zorn. Franz

Die »Botschaft«[6] liegt bei. Dank für »tablettes«.

An Josef Körner

[Zürau, Ende Januar 1918]

Sehr geehrter Herr Doktor!

Daß mir das Donauland jemals eine solche Freude machen könnte, hätte ich nicht gedacht. Nur gerade gestern morgens fiel es mir im Halbtraum ein, wie es wäre, wenn ich doch die Arnim-Arbeit bekäme und dazu einen etwa so und so lautenden Brief. Und dann kam er wirklich. Besten Dank.

Was Sie über Oskar Baum sagen, ist ganz richtig; jemehr hier geschehen kann, desto besser. Wäre es übrigens – trotzdem das wahrscheinlich nicht mehr in Ihr Redaktionsgebiet gehört – nicht möglich Dr. Felix Weltsch (Universitätsbibliothekar) zur Mitarbeit aufzufordern; von seiner Seite wäre vielfache Mitarbeit möglich, die dem D. durchaus nur Ehre bringen könnte. Nächstens erscheint von ihm bei Wolff eine Schrift »Organische Demokratie« auch am 2. Band von Hillers »Ziel« ist er beteiligt. Diese Dinge kämen natürlich für das D. nicht in Betracht, aber manches andere.

Der Arnimaufsatz ist sehr zart und wahrhaftig; das hätte nicht jede Hand bis zum Ende aufrechterhalten können; ohne Liebe und weitere Einsicht gewiß nicht. Es ist doch etwas Phantastisches von Drückebergerei und Kriegslust, er steht förmlich die ganzen Jahre in vollständiger Ausrüstung hinter der Tür und bleibt dort. Die Anordnung der Zitate verteidigt gut, ohne advokatorisch zu sein. Es ist eben der Grundkampf, das Leiden daran, daß es nicht zweierlei Wahrheit gibt, sondern höchstens dreierlei: es ist notwendig sich zu opfern, es ist notwendiger sich zu schonen und es ist noch notwendiger sich aufzuopfern. Darüber ist auch Arnim nicht weggekommen und seine Meinung über sich wird im Lauf der Zeit nicht besser geworden sein. Den Vergleich mit dem Ehestand hätte ich, allerdings erst auf Grund seines Einfalls, anders geschrieben: »Der Krieg ist wie der Ehestand, traurig, aber anders, als der Junggeselle fürchtet.«

Einen Fehler – und das führt zu Ihrer Frage wegen Wolff – hat der Aufsatz, er ist aus zu großer Kenntnis geschrieben, die sich natürlich dort nicht mitteilen läßt. – Aussichtslos wäre es gewiß nicht, aber schwierig, gar jetzt, wo der Papiermangel so groß ist, Wolff von verschiedenen Außer-Verlagsdingen in Anspruch genommen ist und sein neues Unternehmen »Der Neue Geist« ihm am Herzen liegt. Ich bin jetzt ohne Verbindung mit ihm, mein letzter Brief, Antwort auf einen dringenden Brief von seiner Seite ist seit etwa 4 Monaten unbeantwortet. Aber möglich wäre es wohl doch. Ich denke dabei daran, daß Wolff eigentlich Literarhistoriker ist (ich glaube, Herausgeber von Mercks Schriften im Inselverlag und einer Schrift über Eulenberg in der Bonner Seminarsammlung) und man also literarhistorisch mit ihm reden könnte, gar über etwas so Beziehungsreiches, wie es Arnim zu sein scheint. Die Gesamtausgabe würde er wohl ablehnen; die würde ihm wohl auch nicht gebüren, aber vielleicht eine Briefausgabe mit einleitender Abhandlung. Er hat doch erst letzthin den Lenz'schen Briefwechsel herausgegeben,

hier ließe sich vielleicht anknüpfen. Lesen Sie doch vielleicht diesen Briefwechsel, auf den ich übrigens persönlich sehr begierig bin, und schreiben Sie darüber einen Aufsatz im Donauland, eine bessere Einleitung (und eine würdigere auch) der Verhandlungen mit Wolff könnte ich mir nicht denken. Irgendwie muß man aufschreien, damit ein solcher unter Autoren begrabener Verleger zuhört. Ich wäre sehr froh, wenns gelänge.
Herzlichst   Ihr Dr. Kafka

An den Verlag Kurt Wolff

[Zürau, 27. 1. 1918]

Sehr geehrter Verlag!
In der Beilage schicke ich die Korrektur zurück und bitte Folgendes freundlichst zu beachten: Das Buch soll aus 15 kleinen Erzählungen bestehn, deren Reihenfolge ich Ihnen vor einiger Zeit in einem Briefe angegeben habe. Wie diese Reihenfolge war, weiß ich augenblicklich nicht auswendig, jedenfalls war aber »Landarzt« nicht das erste Stück, sondern das zweite; das erste aber war »Der neue Advokat«. Ich bitte jedenfalls nach der damals angegebenen Reihenfolge das Buch einzurichten. Ferner bitte ich vorne ein Widmungsblatt mit der Inschrift: »Meinem Vater« einzuschalten. Die Korrektur des Titels, welcher lauten soll:
    Ein Landarzt.
    Kleine Erzählungen
habe ich noch nicht bekommen.
In ausgezeichneter Hochachtung   Dr. Kafka
Ich bitte mir auf meine Rechnung zum Autorenpreis den Lenz'schen Briefwechsel zu schicken.

An Max Brod

[Zürau, Stempel: 28. 1. 1918]

Lieber Max, in Deiner Sache sage ich, solange ich Deine Antwort nicht habe, nur noch das: Auch ich glaube an eine Führerschaft der Frau, so wie sie sie z. B. im Sündenfall gezeigt hat und wo man sie ihr, wie vielleicht meistens, schlecht gelohnt hat. Auch Deine Frau z. B. ist in diesem Sinne Führerin, indem sie Dich gewissermaßen über ihren eigenen Leib weg zu der andern führt; daß sie, nachdem sie geführt hat, Dich dann hält, gehört in eine andere Kategorie, ja vielleicht führt sie dann erst recht. Recht hast Du, wenn Du sagst, daß mir das Tiefere des eigentlichen Sexuallebens verschlossen ist; das glaube ich auch. Darum weiche ich aber auch der Beurteilung dieses Teiles Deines Falles aus oder beschränke mich nur auf die Feststellung, daß dieses Feuer, das Dir heilig ist, nicht genug Kraft hat, die mir schon verständlichen Widerstände zu verbrennen. Warum der Dante-Fall so gedeutet werden muß, wie Du es tust, weiß ich nicht, aber selbst wenn es so wäre, ist es doch ein ganz anderer Fall als der Deine, wenigstens wie er sich bisher entwickelt hat: ihm starb sie weg, Du aber läßt sie Dir wegsterben, indem Du Dich gezwungen fühlst, auf sie zu verzichten. Übrigens hat auch Dante in seiner Art auf sie verzichtet und freiwillig eine andere geheiratet, was nicht für Deine Deutung spricht.

Aber komm nur, komm, um das zu widerlegen. Nur mußt Du rechtzeitig vorher telegraphieren, damit wir Dich abholen können und damit nicht etwa Dein Besuch mit meiner Abreise (wenn ich wider Erwarten doch nach Prag zur Stellung fahren müßte, gegen Mitte Feber) zusammenfällt. Auch die Gleichzeitigkeit Deines Besuches und jenes meines Schwagers, der Anfang Feber kommen soll, möchte ich vermeiden, was sich übrigens, wie mir jetzt einfällt, ohne weiters machen läßt, da er gewiß nicht für einen Sonntag, wie Du wohl, kommen wird. Also es besteht, wenn Du vorher telegraphierst, für den ganzen Feber kein Hindernis und wenn Ottla hier wäre (sie ist in Prag, wird Dich wohl Montag aufsuchen und wegen Deiner Vortragsreise nicht finden) würde sie gar nicht genug (für sich genug) Verlockungen aufzählen können, um Dich herzulocken. Du fährst, wenn Du nicht etwa schon Samstag morgens fahren kannst (aber in diesem Fall wäre es besser schon Freitag nachmittag wegzufahren), Samstag nach zwei Uhr vom Staatsbahnhof weg und bist um halb sechs in Michelob, wo wir Dich mit den Pferden erwarten. (Sonntag allein genügt jetzt für die Reise nicht mehr, da der Frühschnellzug nicht mehr in Michelob hält, seit dem 1. Jänner.)

Für die Manuskriptabschriften (die ich übrigens, wenigstens für Kornfeld nicht mehr brauche, da ich einen andern Ausweg gefunden habe) und die große Drucksachensendung danke ich sehr, auch dafür, daß Du Wolff an mich erinnert hast. Es ist soviel angenehmer durch Dich als selbst zu erinnern (vorausgesetzt daß es Dir nicht unangenehm ist), denn dann kann er es, wenn er zu etwas keine Lust hat, offen sagen, während er sonst, wenigstens ist das mein Eindruck, nicht offen spricht, zumindest nicht in Briefen, persönlich ist er offener. Ich bekam schon eine Korrektur des Buches.

Da Dich Ottla mit der Anfrage kaum erreicht, sie fährt schon Montag mittag hierher zurück: Der Schriftstellerverein (der von der »Feder«) meldet mir einen unbefugten Nachdruck des »Berichtes für eine Akademie« in einer »Österreichischen Morgenzeitung« und will eine Ermächtigung, ein Honorar von 30 M (gegen Rückbehaltung von 30%) für mich eintreiben zu dürfen. Soll ich das tun? Die zwanzig Mark wären mir sehr lieb z. B. für den weiteren Kierkegaard. Aber dieser Verein ist eine schmutzige Sache, das Eintreiben auch und die Zeitung ist vielleicht jene jüdische Zeitung. Soll ich also? Könntest Du mir übrigens die Nummer (es müßte wohl eine Dezember-Sonntags-Nummer oder Jänner sein) durch Wltschek bestellen?

Zum Dank dafür einen Satz aus einem Aufruf für das Frankensteiner Sanatorium, da ich niemanden habe, um mit ihm die Freude zu teilen: Ein Herr Artur von Werther, Großindustrieller, hat in Fr. bei der ersten Vorstandsitzung eine große Rede gehalten, hat offenbar den Wunsch gehabt, sie gedruckt zu sehn und sie dem Verein für ein Flugblatt zur Verfügung gestellt. Sie ist besser als sonstiges in dieser Art, frischere unschuldigere Phrasen u. s. w. Den Schlußabsatz habe ich letzthin in Prag dazugemacht. Das scheint ihn seinerseits wieder zu Verbesserungen, Ergänzungen aufgemuntert zu haben und jetzt im Druck lese ich noch dieses: »Lange Jahre im praktischen Leben stehend, klingt meine Lebensauffassung, unbeeinflußt von allen Theorien, in den Sinn aus: Gesundsein, tüchtig und mit Erfolg arbeiten, für sich und seine Familie, einiges Vermögen ehrlich erwerben, führt die Menschheit zur Zufriedenheit auf Erden«.

[Randbemerkung:]
Bitte Max, frage Pfemfert[7], wodurch sich die Rubinersche Ausgabe des Tolstoitagebuches von der Müller'schen unterscheidet[8].

An Felix Weltsch

[Zürau, Anfang Februar 1918]
Lieber Felix, besten Dank Dir, und Fürth[9] natürlich auch. So ist es

sehr gut. Die Sache wird gelingen, so wie sie ohne alle Mithilfe gelungen wäre; ich habe mich mit meiner Mithilfe gemeldet, habe ausdrücklich gesagt, daß ich dieser Hilfe nur wenig vertraue, werde es auch nachher wiederholen und doch wird ein wohltätiger lügenhafter Glanz auf mir bleiben, sogar dann wenn die Sache selbst mißlingt. Woher kommt diese Lüge?

Daß ich Deine Vorträge nicht hören werde, ist für mich eine Entbehrung, umsomehr, als Du Dich offenbar zu dem Wichtigsten aussprechen wirst. Könntest Du mich nicht irgendwie teilnehmen lassen? Hast Du nicht z. B. für den ersten Vortrag »Literatur und Religion« irgendeinen lesbaren Entwurf oder Grundriß?

Was Du über Zürau nach der Ansichtskarte bemerkst, ist richtig. Ordnung ist hier in Tag- und Jahreszeiten, und kann man sich ihr einfügen, ist es gut. Auch die Kirche hat einige Bedeutung. Letzthin war ich bei der Predigt, sie war geschäftsmäßig-einfältig, aus der besprochenen Bibelstelle Lukas 2, 41-52, wurden drei Lehren gezogen: 1. die Eltern sollen ihre Kinder nicht draußen im Schnee spielen lassen, sondern in die Kirche mitnehmen (seht, die leeren Bänke!); 2. die Eltern sollen um ihre Kinder so besorgt sein, wie das heilige Paar um seines (und dabei war es doch das Jesuskind, um das man eigentlich keine Sorge haben mußte); 3. die Kinder sollen so fromm mit ihren Eltern sprechen, wie Jesus mit seinen. Das war alles, denn es war sehr kalt, aber irgendeine letzte Kraft war doch noch im Ganzen. Und gestern z. B. war Begräbnis, es handelte sich um einen armen Mann aus einem Nachbardorf, das noch ärmer als Zürau ist, aber es war sehr feierlich, wie es auf dem großen Marktplatz im Schnee nicht anders sein kann. Der Wagen kann wegen eines den halben Platz durchziehenden Grabens nicht gleich zur Kirche fahren, sondern muß einen großen Kreis um den Gänseteich fahren. Die Trauergäste, eben das ganze Nachbardorf, standen schon längst an der Kirchentür und noch immer fuhr der Wagen seinen Kreis langsam weiter, eine kleine zusammengefrorene, förmlich von einem Blasinstrument umschlungene Musikkapelle vor sich und hinter sich die Feuerwehr (auch unser Schaffer darunter) im ruhigen Ackerpferdeschritt. Und ich lag an meinem Fenster im Liegestuhl und sah das zu meiner Belehrung an, eben als Anwohner der Kirche.

Herzliche Grüße, viel Glück für die Vorträge   Franz

An Kurt Wolff

[Zürau, Anfang Februar 1918]

Sehr geehrter Herr Wolff!
Herzlichen Dank für Ihre Mitteilungen und das schöne Geschenk der Lenz-Briefe; das Buch, das ich mir schon längst wünschte, noch ehe ich von Ihrer Absicht es herauszugeben wußte, ist mir dadurch doppelt wert.
Mit herzlichen Grüßen Ihr
F Kafka

An Felix Weltsch

[Zürau, Anfang Februar 1918]

Lieber Felix, viel Zeit habe ich, da hast Du Recht, aber eigentlich freie Zeit, so daß ich frei tun könnte, was ich wollte, ist es nicht. Du überschätzest mich, wenn Du das glaubst. Die Tage vergehn so rasch, und noch rascher, wenn man an einem Tag, wie das manchmal geschieht, alles zu verlieren glaubt, zu dessen Erwerbung man alle vorhergehenden Tage verbraucht hat. Aber das kennst Du ebenso gut und es läßt sich überwinden, aber viel freie Zeit ist es nicht.

Natürlich bist Du jetzt übertrieben beschäftigt, das sehe ich besser ein als Du, und jede Woche, nicht unter dem Schutz eines Amtes, sondern allein unter persönlicher Verantwortung, vor Leute zu treten, die auf ihrer Forderung bestehen, Wesentliches von Dir zu erfahren, und denen Du selbst dieses Recht in jeder Hinsicht gibst, – das ist etwas sehr Großes, fast Geistliches. Ich stehe so unter dem Eindruck dessen, daß ich wieder davon geträumt habe. Allerdings war es etwas Botanisches, was Du vorgetragen hast (sag es dem Professor Kraus[10]), irgendeine löwenzahnähnliche Blume oder vielmehr einige von dieser Art hieltest Du dem Publikum entgegen; es waren vereinzelte große Exemplare, die eins über dem andern, vom Podium bis zur Decke, dem Publikum entgegengehalten wurden; wie Du das allein mit Deinen zwei Händen machen konntest, verstand ich nicht. Dann kam von irgendwo aus dem Hintergrund (eben waren Masken da, eine grauenhafte Unsitte, das wiederholt sich fast jeden Abend einige Male. Es ist eine Prüfung, vor die man gestellt wird, denn die Masken schweigen, um sich nicht zu verraten, gehn im Zimmer herum als Eigentümer und man muß sie unterhalten und besänftigen) oder vielleicht aus den Blumen selbst ein

Licht und sie strahlten. Auch über das Publikum machte ich einige Beobachtungen, habe sie aber vergessen.

Das Wesentliche, die Vorträge selbst, erwähnst Du gar nicht und gerade darum hatte ich doch gebeten, aber wahrscheinlich ist es jetzt unmöglich und Du schickst mir, wenn Du einmal mit den Vorträgen fertig bist, die vollständigen Manuskripte. Kannst Du aber schon früher etwas Annäherndes tun, tu's.

Das was ich dem Oskar ins Ohr gesetzt haben soll, hat der arme Mensch reichlichst schon nach Zürau mitgebracht. Sehr gerne wüßte ich wie es ihm geht, aber ich komme möglicher Weise schon nächste Woche (wegen des Militärs, wenn's sein muß) nach Prag. Von Max hatte ich letzthin einen überraschend ruhigen Brief.

Der Sohn meines Oberinspektors ist durchgerutscht. Dank habe ich zwar bekommen, aber irgendetwas Außergewöhnliches scheint nicht bemerkt worden zu sein. Der Junge, der über den Ausgang der Sache sehr traurig ist, tröstet sich damit, daß er nur deshalb weggeschickt worden ist, weil er einer der Letzten war.

Ich glaube augenblicklich völlig gesund zu sein bis auf einen nicht heilen-wollenden Daumen, den ich mir bei ein paar Spatenstichen im Garten aufgerissen habe. Schwach bin ich, kann es an Arbeitskraft nicht mit dem kleinsten Bauernmädchen aufnehmen. So war es allerdings auch früher, aber im Angesicht der Felder ist es beschämender, und traurig auch deshalb, weil es alle Lust nimmt, etwas derartiges zu tun. Und so ergibt sich auf diesem Umweg was auch früher war: ich sitze lieber im Lehnstuhl am Fenster und lese oder lese nicht einmal.

Herzliche Grüße   Franz

An Max Brod

[Zürau, Mitte Februar 1918]

Lieber Max, Dein letzter Brief schien verhältnismäßig so ruhig, so keines Beistandes bedürftig und andererseits so unruhig, nämlich dem Übermaß Deiner Arbeit (für das ich ja keinen praktischen Vergleich habe) abgespart, daß ich lieber nicht gleich geantwortet habe, um Dich weder in dem einen noch dem andern zu stören. Übrigens komme ich wenn nicht bis dahin ein Gegenbrief aus der Anstalt kommt, nächste Woche nach Prag; ich soll mich ja wieder stellen. Dann können wir auch über die zwei Dinge sprechen, die

mir in Deinem Brief besonders gefehlt haben: Nachrichten über
Oskar und, so als hättest Du meinen letzten Brief gar nicht bekommen,
irgendeine Nachricht über Deinen Besuch.
Dante ist sehr schön, aber es geht doch allem Anschein nach um
anderes und erst weit in der Allgemeinheit kannst Du Dich mit ihm
treffen. Und wie leicht oder wie notwendig man dort ihn trifft!
Letzthin las ich in einem Vrchlicky-Brief, daß ihm, in Livorno
glaube ich, ein armer zerlumpter Handwerker weinend Gesänge
aus Dante rezitierte.
Die Königsberger Annahme[11] ist gewiß ein großer Erfolg, denn es ist
doch eine der ersten literarischen Versuchsbühnen, die Dich jetzt in
Deinem wesentlichsten Drama vorführen wird. Es freut mich sehr.
Über alles andere sprechen wir. Jedenfalls: in Zürau macht man
sich über mich keine Sorgen; man (unbekannte Verfasser) hat über
fast jeden Züraucr einen Vers gemacht, meiner ist, bis auf seine
Reimschwäche, tröstlich:

>   Der Doktor ist ein guter Mon
>   Gott wird sich seiner erborm.

Herzlichste Grüße   Franz

An Max Brod

[Zürau, Anfang März 1918]

Lieber Max, ich antworte gleich, trotz des so schönen Tags. Mein
Schweigen mißverstehst Du, nicht Rücksicht auf Dich war es, die
hätte sich besser im Verzicht auf Antwort ausgedrückt, es war Unfähigkeit;
drei Briefe habe ich in der langen Zeit begonnen und
ließ es, es war Unfähigkeit, aber nicht »Verblassung« richtig verstanden,
es war »meine Sache«, die sich mit großer Anstrengung
(weil ich selbst dieses Einfache nur mit großer Anstrengung kann,
zum Unterschied vom glücklich-unglücklich fortgetragenen Kierkegaard,
der das unlenkbare Luftschiff so wunderbar dirigiert,
trotzdem es ihm auf das gar nicht eigentlich ankommt und man in
seinem Sinn das nicht können dürfte, worauf es nicht eigentlich ankommt)
sagen, aber nicht mitteilen läßt, aber dann bin ich erst
recht unfähig, es zu sagen. Und das Schweigen gehört auch zum
Land hier, gehört dazu, wenn ich von Prag komme (nach der letzten
Fahrt kam ich förmlich wie vollgetrunken an, so als wäre ich in
Zürau beispielsweise zu dem Zweck, um nüchtern zu werden und

machte, wenn ich erst auf dem Wege zur Nüchternheit wäre, immer gleich die Fahrt nach Prag, um mich vorzeitig wieder vollzutrinken), es gehört aber auch dazu, wenn ich längere Zeit hier bin, immer. Es ergibt sich von selbst, meine Welt wird durch die Stille immer ärmer; ich habe es immer als mein besonderes Unglück gefühlt, daß ich (Verkörperlichung der Symbole!) förmlich nicht genug Lungenkraft hatte, der Welt die Mannigfaltigkeit für mich einzublasen, die sie ja, wie die Augen lehren, offenbar hat; jetzt gebe ich mir diese Mühe nicht mehr, sie entfällt aus meinem Stundenplan des Tages und er wird deshalb nicht trüber. Aber aussagen kann ich womöglich noch weniger als damals, und was ich sage, ist fast gegen meinen Willen.

In Kierkegaard habe ich mich möglicherweise wirklich verirrt, ich bemerkte das mit Staunen, als ich Deine Zeilen über ihn las. Es ist tatsächlich so wie Du sagst: Das Problem seiner Ehe-Verwirklichung ist seine Hauptsache, seine bis ins Bewußtsein immerfort hinaufgetragene Hauptsache, ich sah das in »Entweder – Oder«, in »Furcht und Zittern«, in »Wiederholung« (die letzten habe ich in diesen vierzehn Tagen gelesen, »Stadien« bestellt), ich aber habe es – trotzdem mir Kierkegaard jetzt immer irgendwie gegenwärtig ist – wahrhaftig vergessen, so sehr treibe ich mich anderswo herum, ohne allerdings jemals völlig außer Verbindung damit zu kommen. Die »körperliche« Ähnlichkeit mit ihm, wie sie mir eben etwas nach jenem kleinen Buch »Kierkegaards Verhältnis zu ›ihr‹« (Inselverlag[12], – ich habe es ja hier, ich werde es Dir schicken, wesentlich ist es aber nicht, es wäre denn später zur Nachprüfung –) erschien, ist jetzt ganz verschwunden, aus dem Zimmernachbar ist irgendein Stern geworden, sowohl was meine Bewunderung, als eine gewisse Kälte meines Mitgefühls betrifft. Im übrigen wage ich nichts Bestimmtes zu sagen, außer den genannten Büchern kenne ich nur das letzte »Der Augenblick« und es sind das wirklich zwei sehr verschiedene Gläser (»Entweder – Oder« und »Augenblick«), durch die man dieses Leben nach vorwärts oder rückwärts und natürlich auch nach beiden Richtungen zugleich untersuchen kann. Aber nur negativ kann man ihn gewiß weder hier noch dort nennen, in »Furcht und Zittern« z. B. (das Du jetzt lesen solltest) geht seine Positivität ins Ungeheuerliche und macht erst vor einem – gewöhnlichen Steuermann halt, wenn es nicht eben ein Einwand – so meine ich es – gegen die Positivität wäre, daß sie sich zu hoch versteigt; den

gewöhnlichen Menschen (mit dem er übrigens merkwürdigerweise so gut sich zu unterhalten verstand) sieht er nicht und malt den ungeheueren Abraham in die Wolken. Aber negativ darf man ihn doch deshalb nicht nennen (außer höchstens mit der Terminologie seiner ersten Bücher) und wer könnte sagen, was das alles war: seine Schwermut.
Was die vollkommene Liebe und Ehe betrifft, seid ihr übrigens auf dem Boden des »Entweder – Oder« wohl einig, nur der Mangel der vollkommenen Liebe macht A. zur vollkommenen Ehe des B. unfähig. Das erste Buch von »Entweder – Oder« kann ich aber noch immer nicht ohne Widerwillen lesen.
Oskars Empfindlichkeit verstehe ich (abgesehen davon, daß man ihn nicht mit etwas Miserablem, so erschien ihm der andere wenigstens, hätte zusammenbringen sollen) so, daß er es derartig schmerzlich fühlt (sich zu etwas, was ihm von allem Anfang nicht richtig erschien, habe drängen lassen), daß er nicht bei der Selbstquälerei stehen bleiben kann, sondern auch noch Dich ein wenig quält. In dieser Hinsicht kann ich ihn verstehn und diese Dinge auch nicht für nichtig halten.
Von Pick[13] bekam ich glücklicherweise noch nichts, würde wahrscheinlich freundlich ablehnen, ein Reiz, der mich nicht irre führt, der aber wirklich groß ist. Für Dich dürfte er aber nicht gelten. (Vom Reiss-Verlag bekam ich eine freundliche Einladung, von Wolff nach der ersten Korrektursendung nichts mehr.)
Liebstöckls Notiz über Dich war ein widerlicher Haßausbruch, auch in der Widerlichkeit der Schreibweise von der übrigen Jenufa-Kritik unterschieden. Die Antwort hat ihn meinem Gefühl nach ein wenig unterstützt, indem sie dem Leser erst zu Bewußtsein brachte, daß man auch über solches Zeug diskutieren kann. –
Viel Glück und Freude in Deutschland!   Dein Franz

[Randnotizen:] Grüße bitte auch Felix und Oskar, ich weiß nicht, ob ich ihnen bald genug schreiben werde.
Hast Du Pfemfert, bitte, wegen des Rubinerschen Tolstoi-Tagebuches gefragt? –
Von was für Laufereien, Plagen sprichst Du? –
Das Verhältnis zur Anstalt ist weiterhin mein Leid. Ich halte mich hier, solange ich kann. –
Vielen Dank für die zwei Sendungen, Du bist sehr gut zu mir, nur solltest Du nicht von »Veränderung, Verblassung« sprechen.

BRIEFE AUS DEM JAHRE 1918

An Max Brod

[Zürau, Ende März 1918]

Lieber Max, daß es in Dresden so möglich gemacht wurde, ist erstaunlich; wie haben sie es dort so begreifen können, ich meine die Schauspieler, die Theaterleute. Erstaunlich und schön. Und das Glück, die Eltern dort zu haben, kann ich gut verstehn. Deine Frau war nicht mit? Jedenfalls also waren es gute Tage und ihre Güte kann für den Verlust der Willensfreiheit zeitweilig Entschädigung sein. Ich sage das so leichthin, weil ich mit meinem bis zu vollständiger Öde vereinfachendem Auge den Begriff der Willensfreiheit niemals so geistesgegenwärtig an einem ganz bestimmten Punkte des Horizonts fassen konnte wie du. Im übrigen kannst auch du hier die Willensfreiheit behalten oder mußt sie wenigstens nicht verloren geben, indem du entweder dich vorläufig weigerst, es als Gnade hinzunehmen oder es zwar als Gnade nimmst, aber sie für nichtig achtest. Diese Willensfreiheit bleibt uns unverlierbar. Und weißt du denn, was du durch ehrlichste Arbeit langer Jahre in unabsehbar ausstrahlende Bewegung gebracht hast? Ich sage das für dich, nicht für mich.

Dank für die Vermittlung bei Wolff. Seitdem ich mich entschlossen habe, das Buch meinem Vater zu widmen, liegt mir viel daran, daß es bald erscheint. Nicht als ob ich dadurch den Vater versöhnen könnte, die Wurzeln dieser Feindschaft sind hier unausreißbar, aber ich hätte doch etwas getan, wäre, wenn schon nicht nach Palästina übersiedelt, doch mit dem Finger auf der Landkarte hingefahren. Darum wollte ich, da Wolff sich so gegen mich sperrt, nicht antwortet, nichts schickt und es doch mein wahrscheinlich letztes Buch ist, die Manuskripte an Reiss schicken, der sich mir freundlich angeboten hat. Ich schrieb noch einen Ultimatumbrief an Wolff, der allerdings bis jetzt auch nicht beantwortet ist, doch kam inzwischen vor etwa zehn Tagen eine neue Korrektursendung, worauf ich Reiss doch abgeschrieben habe. Soll ich es doch anderswohin geben? Inzwischen kam auch eine Einladung von Paul Cassirer. Woher kennt er übrigens meine Züraner Adresse?

Hast du mit Adler[14] vielleicht auch über Kierkegaard gesprochen? Mir ist er jetzt nicht mehr so gegenwärtig, da ich die alten Bücher längere Zeit nicht mehr gelesen habe (ich habe bei dem schönen Wetter im Garten gearbeitet), »Stadien« aber noch nicht gekommen sind. – Du erwähnst die »Durchreflektiertheit« und fühlst offenbar mit mir, daß man sich der Macht seiner Terminologie, seiner Begriffsentdeckungen nicht entziehen kann. Etwa auch der Begriff des »Dialektischen« bei ihm, oder jener Einteilung in »Ritter der Unendlichkeit« und »Ritter des Glaubens« oder gar der Begriff der »Bewegung«. Von diesem Begriff kann man geradewegs ins Glück des Erkennens getragen werden und noch einen Flügelschlag weiter. Ist das ganz ursprünglich? Ist vielleicht Schelling oder Hegel (mit beiden hat er sich gegensätzlich sehr beschäftigt) irgendwie dahinter?

Der Übersetzer benimmt sich allerdings schändlich, ich dachte, nur in »Entweder – Oder« hätte er »verändert mit Rücksicht auf die Jugend« des Verfassers, nun also auch in »Stadien«? Das ist widerlich, besonders in dem Gefühl der Hilflosigkeit dem gegenüber. Aber das Deutsch der Übersetzung ist doch nicht das schlechteste, und hie und da im Nachwort findet sich eine brauchbare Bemerkung, es kommt das daher, daß von Kierkegaard so viel Licht ausgeht, daß in alle Tiefen etwas davon kommt. Doch hätten allerdings diese »Tiefen« vom Verlag nicht heraufbeschworen werden müssen, Kierkegaard zu übersetzen.

In der Buchveröffentlichung (»Stadien« kenne ich nicht, aber in diesem Sinn sind ja alle seine Bücher kompromittierend) sehe ich keinen entscheidenden Widerspruch zu seiner Grundabsicht. Sie sind nicht eindeutig und selbst wenn er sich später zu einer Art Eindeutigkeit entwickelt, ist auch diese nur ein Teil seines Chaos von Geist, Trauer und Glauben. Das mögen seine Zeitgenossen noch deutlicher gefühlt haben als wir. Außerdem sind ja seine kompromittierenden Bücher pseudonym und zwar pseudonym bis nahe an den Kern, sie können in ihrer Gänze, trotz ihrer Geständnisfülle, doch recht gut als verwirrende Briefe des Verführers gelten, geschrieben hinter Wolken. Und selbst wenn das alles nicht wäre, mußten sie unter der mildernden Wirkung der Zeit die Braut aufatmen lassen, diesem Folterwerk, das jetzt leer lief, oder wenigstens nur mit ihrem Schatten beschäftigt war, entgangen zu sein; um diesen Preis mag sie auch die »Geschmacklosigkeit« der fast alljährlichen Veröffentlichungen geduldig ertragen haben. Und schließlich blieb sie ja, als bester Beweis für die Richtigkeit von Kierkegaards Methode (zu schreien, um nicht gehört zu werden, und falsch zu schreien, für den Fall, daß man doch gehört werden sollte) unschuldig fast wie ein Lämmchen. Und vielleicht gelang hier

Kierkegaard etwas gegen seinen Willen oder nebenbei auf seinem anderswohin gerichteten Weg.

Kierkegaards religiöse Lage will sich mir nicht in der außerordentlichen, auch für mich sehr verführerischen Klarheit zeigen, wie Dir. Schon Kierkegaards Stellung – er muß noch kein Wort sagen – scheint Dich zu widerlegen. Denn das Verhältnis zum Göttlichen entzieht sich zunächst für Kierkegaard jeder fremden Beurteilung, vielleicht so sehr, daß selbst Jesus nicht urteilen dürfte, wie weit derjenige gekommen ist, der ihm nachfolgt. Es scheint das für Kierkegaard gewissermaßen eine Frage des jüngsten Gerichts zu sein, also beantwortbar – sofern eine Antwort noch nötig ist – nach Beendigung dieser Welt. Darum hat das gegenwärtige Außenbild des religiösen Verhältnisses keine Bedeutung. Nun will sich allerdings das religiöse Verhältnis offenbaren, kann das aber nicht in dieser Welt, darum muß der strebende Mensch sich gegen sie stellen, um das Göttliche in sich zu retten, oder, was das gleiche ist, das Göttliche stellt ihn gegen die Welt, um sich zu retten. So muß die Welt vergewaltigt werden von Dir wie von Kierkegaard, hier mehr von Dir, hier mehr von ihm, das sind Unterschiede bloß auf der Seite der vergewaltigten Welt. Und die folgende Stelle ist nicht aus dem Talmud: »Sobald ein Mensch kommt, der etwas Primitives mit sich bringt, so daß er also nicht sagt: Man muß die Welt nehmen wie sie ist (dieses Zeichen das man als Stichling frei passiert), sondern der sagt: Wie die Welt auch ist, ich bleibe bei einer Ursprünglichkeit, die ich nicht nach dem Gutbefinden der Welt zu verändern gedenke: im selben Augenblick, als dieses Wort gehört wird, geht im ganzen Dasein eine Verwandlung vor sich. Wie im Märchen, wenn das Wort gesagt wird, sich das seit hundert Jahren verzauberte Schloß öffnet und alles Leben wird: so wird das Dasein lauter Aufmerksamkeit. Die Engel bekommen zu tun und sehen neugierig zu, was daraus werden wird, denn dies beschäftigt sie. Auf der andern Seite: finstere, unheimliche Dämonen, die lange untätig dagesessen und an ihren Fingern genagt haben, springen auf und rekken die Glieder, denn, sagen sie, hier, worauf sie lange gewartet haben, gibts etwas für uns u. s. w.«

Zum Gott der Selbstquälerei: »Die Voraussetzungen, die das Christentum macht (Leiden in mehr als allgemeinem Maß und Schuld in ganz besonderer Art), die habe ich, und ich finde meine Zuflucht beim Christentum. Aber es gebieterisch oder direkt andern verkündigen, kann ich nicht recht, denn ich kann ja die Voraussetzungen nicht herbeischaffen.«

Zu Freud (bei Betrachtung dessen, daß Jesus immer gesund war): »Überhaupt leiblich und psychisch ganz gesund ein wahres Geistesleben führen – das kann kein Mensch.«

Sagst du, er sei kein Beispiel, meinst du, kein letztes Beispiel. Gewiß, kein Mensch ist das.

Franz

An Max Brod

[Zürau, Anfang April 1918]

Mein lieber Max, war mein Brief gar so unprivat?, schwer verständlich gelegentlich Kierkegaards, leicht verständlich im Hinblick auf mich. Bedenke auch, daß es jetzt die Zeit einer Art Abschied vom Dorf ist, in Prag macht man die beste Politik, die man (vorausgesetzt, daß man mich behalten will) machen kann: man schweigt, duldet, zahlt, wartet. Das ist nicht leicht auszuhalten und ich bin nächsten Monat vielleicht wieder Beamter in Prag.

Dank für die Briefe, die beiliegen. Picks Brief gehört nicht zu den schlechten Kriegsfolgen, wenn man auch merkt, wie ihn Dein voriger Brief, den ich nicht kenne, an der Hand führt und außerdem gerade die wesentlichsten Bedenken etwas unklar bleiben, ohne daß sie ihm unklar sein müßten. Im übrigen wiederholt sich mir immer das Gleiche: am Werk wird der Schriftsteller nachgeprüft; stimmt es, so ist es gut; ist es in einer schönen oder melodischen Nichtübereinstimmung, ist es auch gut; ist es aber in einer sich reibenden Nichtübereinstimmung, ist es schlecht. Ich weiß nicht, ob solche Prinzipien überhaupt anwendbar sind, gern würde ich es leugnen, vorstellbar wäre es mir aber für eine von lebendiger Idee geordnete Welt, wo die Kunst den mir aus Erfahrung unbekannten Platz hätte, der ihr gebührt. (Inzwischen war ich mit der Stute in einem Dorf Schaab beim Hengst, jetzt ist es im Zimmer schon zu kalt, hier im Garten in einem halbfertigen Gurkenbeet aber noch sehr warm. Ziegenmist, den Ottla gerade hergeführt hat, sticht mir sehr in die Nase.) Ich meine: eine Analyse, wie sie für die Anwendung jener Prinzipien Voraussetzung wäre, ist uns gegenüber nicht möglich, wir bleiben immer ganz (in diesem Sinn), wir haben, wenn wir etwas schreiben, nicht etwa den Mond ausgeworfen, auf dem man Untersuchungen über seine Abstammung machen könnte, sondern wir sind mit allem, was wir haben, auf den Mond übersiedelt, es hat sich nichts geändert, wir sind dort, was wir hier waren, im Tempo der Reise sind tausend Unterschiede möglich, in der Tatsache selbst keine, die Erde, die den Mond abgeschüttelt hat, hält sich selbst seitdem fester, wir aber haben uns einer Mondheimat halber verloren, nicht endgültig, hier gibt es nichts Endgültiges, aber verloren. Darum kann ich auch Deine Unterscheidung zwischen Wille und Gefühl hinsichtlich des Werkes nicht mitfühlen (oder vielleicht nur infolge der Namengebung und außerdem, zur Einschränkung, spreche ich doch eigentlich nur für mich, hole also zu weit aus, kann aber nicht anders, habe keinen anderen Gesichtskreis). Wille und Gefühl, alles ist immer und richtig als ein Lebendiges vorhanden, hier läßt sich nichts trennen (erstaunlich, jetzt komme ich ohne es gewußt zu haben, zu einem ähnlichen Schluß wie Du), die einzige Trennung, die gemacht werden kann, die Trennung von der Heimat ist schon vollzogen, kann vom Kritiker schon mit geschlossenen Augen festgestellt, aber niemals in ihren, gegenüber der Unendlichkeit auch ganz unwesentlichen Unterschieden bewertet werden. Darum scheint mir jede Kritik, die mit Begriffen von Echt, Unecht umgeht, und Wille und Gefühl des nicht vorhandenen Autors im Werk sucht, ohne Sinn und eben nur dadurch zu erklären, daß auch sie ihre Heimat verloren hat und alles eben in einer Reihe geht, ich glaube natürlich: die bewußte Heimat verloren hat.

In Königsberg wird es eine noch größere Probe des Theaters und Publikums werden. Fahr Max mit allen meinen guten Wünschen hin.
                                                                   Franz
Großen Eindruck hat Deine Erwähnung des Ehrenfels auf mich gemacht. Könntest Du mir das Buch borgen? Im übrigen: alle bestellten Bücher bleiben aus, niemand liefert.

An Johannes Urzidil

                                                           [Prag, Frühjahr 1918]
Sehr geehrter Herr Urzidil!
Meinen besten Dank für Ihre freundliche Einladung und die Zeitschrift[15], doch bitte ich von meiner Mitarbeit, wenigstens vorläufig, abzusehen, denn ich habe nichts, was ich veröffentlichen könnte.
Mit herzlichen Grüßen   F. Kafka

BRIEFE AUS DEM JAHRE 1918

An Felix Weltsch

[Zürau, Mai/Juni 1918]

Lieber Felix,
zur wörtlichen Wiederanknüpfung: einen letzten Gruß aus Zürau, den nächsten in Prag. Dir gegenüber muß ich mich nicht entschuldigen, Du hast gewiß, wenigstens ahnungsweise, mein Stillsein verstanden und mehr verstanden habe ich es ja auch nicht. Mir war nicht zum Schreiben, zum Reden übrigens auch nicht. An Dich habe ich viel gedacht, nicht nur gelegentlich des »Friedens« und der »Rundschau«[16]. Auf Wiedersehn! Franz

An Oskar Baum

[Zürau, Juni 1918]

Lieber Oskar, ich hätte Dir schon längst geschrieben, wenn über meine Erholung etwas besonders Gutes zu schreiben gewesen wäre. Es ist eben medizinisch, im Spaß und im Ernst, ein aussichtsloser Fall. Willst Du eine Laiendiagnose? Die körperliche Krankheit ist hier nur ein Aus-den-Ufern-Treten der geistigen Krankheit; will man sie nun wieder in die Ufer zurückdrängen, wehrt sich natürlich der Kopf, er hat ja eben in seiner Not die Lungenkrankheit ausgeworfen und nun will man sie ihm wieder aufdrängen, und zwar gerade in einem Augenblick, wo er die größte Lust hat, noch andere Krankheiten auszuwerfen. Und beim Kopf anfangen und ihn heilen, dazu gehörte die Körperkraft eines Möbelpackers, die ich mir eben aus dem obigen Grunde niemals werde verschaffen können. So bleibt es also beim Alten. Früher hatte ich immer die dumme, aber für die ersten Jahrgänge der Selbstmedizin begreifliche Meinung, daß ich mich bei einer einzelnen Gelegenheit aus diesem oder jenem zufälligen Grunde nicht ordentlich habe erholen können, jetzt weiß ich, daß ich diesen Gegengrund immer mit mir herumtrage.
Sonst ist es sehr schön hier, gar in diesem regnerisch-sonnigen Juni, immerfort streichelt die lau-duftende Luft, sie bittet, so schuldlos sie ist, um Verzeihung dafür, daß sie nicht gesund machen kann.
Max schreibt von der Geschichte, die Du vorliest, ich freue mich sehr, wieder einmal bei Dir zu sein, Ende Juni.
Grüß Frau, Kind und Schwester, Dein Franz
Ich merke, daß ich gar zu sehr ins Trübe ausgeglitten bin, so schlimm ist es auch nun wieder nicht.

An Felix Weltsch

[Ansichtskarte (Rumburg), wahrscheinlich Herbst 1918]
Ein Gewinn des Sommers, Felix; ich werde niemals mehr in ein Sanatorium gehn. Jetzt, wo ich wirklich krank zu werden anfange, werde ich nicht mehr in Sanatorien gehn. Alles verkehrt. Deine Schwester ist heute weggefahren, ich wollte ihren Wagen auf der Landstraße mit Blumen erwarten, hielt mich aber zulange beim Gärtner auf, versäumte den Wagen und kann jetzt mit den Blumen mein Zimmer ausschmücken.
Herzliche Grüße an Dich und Deine Frau   Franz

An Max Brod

[Ansichtskarte (Turnau i. B.), Stempel: 27. IX. 1918]
Lieber Max, Dank für den Brief und die Vorsicht. Dein Hebräisch ist nicht schlecht, am Anfang sind einige Fehler; ist dann aber die Sache in Gang, wird es fehlerlos. Ich lerne gar nichts, suche nur den Besitz zu erhalten, ich wollte es auch nicht anders, den Tag über bin ich im Garten. Deine Bemerkung über den Roman habe ich für Dr. W. herausgeschrieben, um ihm ein wenig (nicht ganz reine) Freude zu machen. Dein Urteil steht ihm sehr hoch.
Auf Wiedersehen nächstnächsten Montag. Grüße Felix und Oskar.
                                                         Dein Franz

An Felix Weltsch

[Turnau, September 1918]
Lieber Felix, allererstes Ergebnis nach einer Unterredung mit dem sehr vernünftigen Hausfräulein und nach eigenen Erfahrungen: In der Umgebung dürfte sich kaum etwas finden, denn die Waldhotels schließen schon, soweit sie nicht schon geschlossen haben oder gar nicht eröffnet hatten. Auch dürfte sich Deine Schwester im späten Herbst oder Winter, selbst wenn eine ganz unwahrscheinliche Aufnahme dort zu erreichen wäre (was nur bei sehr engen persönlichen Beziehungen möglich wäre) sehr verlassen fühlen. Im übrigen sollen auch diese Hotels große Not (gar an Kohle) haben, während in Turnau selbst immerhin noch etwas zusammenkommt.
Diese Überlegungen führen zu meinem Hotel, an das ich gleich dachte, und das Fräulein hat mir zumindest nicht abgeredet. Vorzüge

des Hotels: gute Führung, große Reinheit, meiner Meinung nach ausgezeichnete Küche. Nachteile, aber nicht nur dieses Hotels: ausschließlich Fleischkost (diese allerdings nach Belieben reichlich) und Eier; im seltensten Fall etwas anderes, nicht einmal Gemüse bekommt man.

Milch und Butter habe ich bisher, trotz des Angebotes guter Seife und Zigaretten, nicht in der allergeringsten Menge bekommen und habe schon die verschiedenartigsten Versuche gemacht. Frauen sind allerdings in dieser Hinsicht geschickter. Das Brot, das die Gemeinde gibt, ist sehr schlecht und wird noch schlechter werden, ich vertrage es gar nicht.

Die Wälder sind sehr schön, den Wäldern von Marienbad ganz ebenbürtig, überall schöne aufmunternde Ausblicke.

Noch ein Vorteil Turnaus: ausgezeichnete Äpfel und Birnen. Deine Schwester kann, glaube ich, nicht sehr gut tschechisch, das erschwert allerdings ein wenig den Aufenthalt hier, aber nicht im Hotel, wo es viele Gäste aus Nordböhmen gibt, Reichenberger Zeitung, Prager Tagblatt, »Zeit« gehalten wird, eine deutsche Speisekarte gereicht wird.

Preise, allerdings nur die augenblicklichen: Zimmer 3 Kronen, Rindfleisch mit Sauce und Kartoffeln 4.50, Schweinsbraten Knödel Kraut 11 Kronen, Kalbsbraten 7-9 Kronen, Zwetschkenknödel (große Ausnahme) 4 Kronen, Rühreier mit Kartoffel 6 Kronen udgl.

Vielleicht gibt es bei längerem Aufenthalt besondere Preise, mir hat sie der Wirt am ersten Tag unter großem Geschrei und Gelächter verweigert, wir sind aber schon wieder versöhnt.

Das wäre alles, ich werde mich aber noch weiter umsehn. Herzliche Grüße   Franz

[Auf separatem Blatt:] Lieber Felix, ein Nachtrag: In Kacanow bei Turnau gibt es ein Hotel-Pensionat, welches erstaunlicherweise hier plakatiert, um Gunst des Publikums bittet u. s. f. Ich bin heute nachmittag hingegangen, es ist eine Wegstunde von Turnau entfernt, ein hübsches geräumiges Haus, rings von Anhöhen mit Wäldern und Wiesen umgeben, selbst nicht allzu tief, mit Fenstern gegen Süden. Es hat einen neuen Pächter, einen Mann, mit dem man reden kann, er ist offenbar strebsam, scheint aber bisher außer der Plakatierung dort nichts Größeres unternommen zu haben, das Haus macht einen verlassenen Eindruck, nur Getränke sind zu haben, Essen

nicht. Er erklärt es damit, daß er seine Frau noch nicht dort hat, sie ist noch in der früher von ihm gepachteten Wirtschaft, kommt aber in vierzehn Tagen, dann wird er auch Genaueres über Verköstigung und Preise sagen können, er behauptet aber schon jetzt, daß er Deine Schwester dann wird aufnehmen können. Eine sehr unsichere und noch genau nachzuprüfende Sache ist es gewiß.
Nähere Auskünfte über Turnau bekommst Du mündlich, ich weiß ja vorläufig noch nicht, wie es eigentlich Deiner Schwester geht. Samstag oder Sonntag bin ich schon in Prag. Vielleicht komme ich Sonntag nachmittag zu Dir oder komm Montag ins Bureau zu mir.
Herzliche Grüße   Franz

An den Verlag Kurt Wolff

Prag, 1. Oktober 18
Sehr geehrter Verlag!
Besten Dank für Ihre Mitteilungen. Verstehe ich Ihre Bemerkung über den Druck des Buches recht, so soll ich keine Korrekturen bekommen, das wäre schade. Die von Ihnen angegebene Reihenfolge der Stücke im Buch ist richtig, bis auf einen unmöglich zu belassenden Fehler: das Buch soll mit »Ein neuer Advokat« anfangen, das von Ihnen als erstes Stück genannte »Ein Mord« ist einfach wegzuwerfen, da es mit geringfügigen Unterschieden dem später richtig genannten »Ein Brudermord« gleich ist. Die Widmung des ganzen Buches »Meinem Vater« bitte ich nicht zu vergessen. Das Manuscript von »Ein Traum« liegt bei.
Hochachtungsvoll ergeben   Dr. Kafka

An Kurt Wolff

[Prag, 11. November 18]
Sehr geehrter Herr Kurt Wolff!
Fast mit dem ersten Federstrich nach einem langen Zu-Bettliegen danke ich Ihnen herzlichst für Ihr freundliches Schreiben. Hinsichtlich der Veröffentlichung der »Strafkolonie« bin ich mit allem gerne einverstanden, was Sie beabsichtigen. Das Manuscript habe ich bekommen, ein kleines Stück herausgenommen und schicke es heute wieder an den Verlag zurück.
Mit herzlichen Grüßen Ihr immer ergebener   Dr. Kafka

BRIEFE AUS DEM JAHRE 1918

An den Verlag Kurt Wolff

[Postkarte. Prag,] 11. XI. 18

Sehr geehrter Verlag!
Gleichzeitig schicke ich Ihnen express-rekommando das Manuscript der »Strafkolonie« mit einem Brief. Meine Adresse ist: Prag, Poříč 7.
Hochachtungsvoll ergeben Dr. Kafka

An den Verlag Kurt Wolff

[Prag, November 1918]

Sehr geehrter Verlag!
Offenbar infolge eines Irrtums adressieren Sie Ihre Briefe an mich nach Zürau. Das ist unrichtig, solche Briefe kommen nur auf Umwegen und fast zufällig zu mir. Meine Adresse ist Prag, Poříč 7.
In der Beilage schicke ich das etwas gekürzte Manuscript der »Strafkolonie«. Mit den Absichten des Herrn Kurt Wolff hinsichtlich einer Veröffentlichung bin ich völlig einverstanden.
Ich bitte Sie zu beachten, daß nach dem mit »eisernen Stachels« endigenden Absatz (Seite 28 des Manuscripts) ein größerer freier Zwischenraum, der mit Sternchen oder sonstwie auszufüllen wäre, einzuschieben ist.
Hochachtungsvoll ergeben Dr. Kafka

An Max Brod

[Prag, November 1918]

Lieber Max,
Ich wollte letzten Sonntag schon wegfahren, mußte mich aber Samstag mit Fieber ins Bett legen und habe so die ganze Woche halb liegend halb sitzend verbracht. Morgen fahre ich. Bitte Max, einen Gefallen! Wie Du aus dem beiliegenden Brief siehst ist das Manuskript bei Wolff nicht angekommen. Ich habe – die beiliegenden Scheine sind Beweis – am gleichen Tag eine Korrespondenzkarte und das Manuskript mit Brief an Wolff geschickt. Die Karte (Wolff nennt sie Brief) ist angekommen, das Manuskript nicht. Beides war express-rekommando geschickt. Wolltest Du es reklamieren? Ich habe niemals gewußt, wie man der Post beikommt, gegenüber der neustaatlichen Post weiß ich es schon gar nicht. Danke Dir bestens und leb wohl! Vielleicht schicke ich Dir aus Schelesen Fragebogen über

hebräische Zweifel. Es wird für Dich wenig Arbeit sein, die Fragen werden mit einem Wort oder einem Kopfschütteln zu beantworten sein und wir werden einen hebräischen Verkehr haben. Dein Franz

An Max Brod

[Pension Stüdl. Schelesen bei Liboch,
Anfang Dezember 1918]

Lieber Max, Schade daß ich Dich letzthin nicht zuhause getroffen habe, übrigens werde ich bald kommen, vielleicht schon Weihnachten, anfangs Jänner gewiß. So gut wie in Zürau ist es hier nicht, wenn auch gar nicht schlecht natürlich, und lehrreich wie überall. Außerdem erstaunlich billig; 6 frc. pro Tag (bei dem nach den Zeitungen in Wien jetzt üblichen Umrechnungskurs von 1K = 10 ctm.) Den Fragebogen lege ich bei, ich lerne fast gar nichts, der Tag ist kurz, Petroleum ist wenig und viele Stunden liege ich im Freien. Nicht einmal meine Bücher lese ich, nur aus der Hausbibliothek (in der es auch »Tycho Brahe« gibt) die »Geschichte meines Lebens« von Meissner[17], ein außerordentlich lebendiges und aufrichtiges Buch mit unaufhörlichen selbsterlebten Charakteristiken und Anekdoten der ganzen politischen und literarischen böhmisch-deutsch-französisch-englischen Welt um die Mitte des vorigen Jahrhunderts und in politischer Hinsicht von einer geradezu blendenden Aktualität. Leb wohl, grüß die Frau und Felix und Oskar. Hast Du reklamiert?

Franz

[Beiliegend zwei Briefseiten mit Fragen, hebräische Grammatikprobleme betreffend; vieles in hebräischer Schrift.]

An Ottla Kafka

Schelesen b. Liboch [Dezember 1918]
[6 kleine Zeichnungen Kafkas auf einer Postkarte.]
Ansichten aus meinem Leben.
Und wie geht es Dir? Weihnachten bring Hefte und Bücher, ich werde Dich prüfen. Soll ich übrigens nach Prag kommen? Es geht mir hier ebenso gut wie in Zürau, nur ist es hier etwas billiger. Ich will 4 Wochen hier bleiben, könnte aber gut und gern Weihnachten nach Prag kommen.
Viele Grüße.

Franz

An Max Brod

[Postkarte. Schelesen, Stempel: 16. XII. 1918]

Liebster Max, es wird nicht besorgt, aber beachtet werden. Übrigens liegt in meiner Brieftasche schon seit längerer Zeit eine an Dich adressierte Visitkarte mit ähnlicher sehr einfacher Verfügung (allerdings auch in Geldsachen) – Vorläufig aber leben wir und Dein Gemeinschaftsaufsatz[18] ist herrlich. Ich habe während des Lesens vor Freude Grimassen gemacht. Er ist unerschütterlich, wahr, durchsichtig, erkenntnisreich, zart und außerdem noch blendend. – Was die organische Geschlossenheit des Einzelnen in moralischer Hinsicht betrifft, sind ihre Ursachen meiner Erfahrung nach noch schlimmer; diese Geschlossenheit nährt sich moralisch zum großen Teil nur von Mentalreservationen. – Offensichtlich sozial sind doch alle Menschen, ausgenommen vielleicht die, welche ganz am Rand herumlungern und bald abfallen, und dann diejenigen, welche übermenschlich imstande sind, die ganze Sozietät in die enge Brust zu fassen. Alle andern sind aber durchwegs sozial, nur haben sie mit verschiedenartigen Kräften verschiedenartige Schwierigkeiten zu überwinden. Das müßte vielleicht in dem Aufsatz, der zwar nicht Urteil, aber doch Tatbestand eines Urteils zumindest ist, mitwirken. – Auch ist vielleicht das Mißverständnis nicht ganz vermieden, welches aus der Tatsache entstehen kann, daß z. B. (sehr beispielsweise) im Volksverein viele prachtvoll soziale Leute sitzen, im Mädchenklub aber weniger. – Aber wieder und immerfort, an diesen Aufsatz halte ich mich. Wenn Dein neues Buch[19] ganz so aufgebaut sein sollte! Franz

An Max Brod

[Postkarte. Schelesen, Stempel: 17. XII. 1918]

Lieber Max, Du, unerschütterlich, und auch Dich hat es hingelegt. Nun bist Du ja schon aus dem Bett. Ich habe gar nichts gewußt, meine Mutter schrieb mir nicht, niemand. Schreib mir noch ein paar Worte über Deinen Zustand. Während meines Fiebers warst Du mir etwas wie die Bürgschaft des Lebens. Mögest Du wenigstens vor den kleinen Nachleiden bewahrt bleiben, die bei mir hinter der Grippe herkamen. Immerhin scheinst Du ja über eine Woche lang gelegen zu sein. Deine Frau ist gesund geblieben? Solltest Du nicht auf das Land fahren, Dich erholen? Leider spricht manches

dagegen Dich hierher einzuladen, aber zur Not ginge es doch und ich würde Dich nicht schlecht pflegen, da ich doch Erfahrungen im Gepflegtwerden habe. Ich überlege, ob ich meine Mutter zu Dir schicken soll, ob sie Dich stören oder vielleicht gar nicht mehr zuhause antreffen würde, da Du schon im Jüdischen Nationalrat sein könntest. Vielleicht schicke ich nur das Fräulein[20].
Leb wohl, schreib bald, grüße Felix und Oskar. Franz

1919

An Oskar Baum

[Schelesen, Anfang 1919]

Lieber Oskar, wie lebst Du weiter diesen Winter? Es ist, wie wenn es ungerecht verteilt wäre; ich schon den zweiten Winter auf dem Land und Du, der Du Dich in Zürau so gefreut hast, in Schnee und Kälte wieder in Prag. Und dabei entwerfe ich kein Trauerspiel[1] überhaupt keines und erst recht keines wie das Deine[2], von dem oder wenigstens von dessen Schicksal ich gerne etwas hören wollte.

Übrigens glaube ich, daß ich bald zurückkommen werde, in zehn Tagen etwa, es wäre denn, daß der hiesige Doktor abrät. Ich will nicht sagen, daß es hier weniger schön ist als in Zürau, aber schwieriger, ich bin jetzt schon zum zweiten Male hier, aber ich müßte vielleicht noch zehnmal immer mit neuem Anlauf herfahren, ehe ich es bewältige. In Zürau war es so leicht. Allerdings war auch meine Gesundheit etwas besser.

An Dich lebt hier noch eine Erinnerung im Haus oder eigentlich an Deinen Jungen. Ein kleiner Spitz des Briefträgers, bei dem ihr gewohnt habt, konnte es unter den Martern des Leo nicht aushalten und ist von Fräulein Stüdl gekauft, d. h. gerettet worden. Der Spitz lebt nun schon lange nicht mehr, Du wirst aber als Vater Deines Sohnes nicht vergessen werden. Eben bellen unten großartig die Hunde, sie rächen den Spitz an mir jede Nacht, aber das macht nicht viel, die innern Hunde sind dem Schlaf gefährlicher.

Herzliche Grüße Dir und den Deinen.   Franz

An Max Brod

[Schelesen, Januar 1919]

Lieber Max, letzthin habe ich von Dir geträumt, es war an und für sich kein besonderer Traum, ich habe diesen Traum öfters: ich nehme irgendein Stöckchen oder breche auch nur einen Zweig ab, stoße ihn schief gegen den Boden, setze mich auf ihn, wie die Hexen auf den Besen, oder lehne mich auch nur an ihn, wie man sich auf der Gasse an einen Spazierstock lehnt – und das genügt, daß ich in langen flachen Sprüngen weithin fliege, bergauf, bergab, wie ich will. Erschöpft sich die Flugkraft, brauche ich nur einmal wieder gegen den Boden zu stoßen und es geht wieder weiter. Das träume ich also öfters, diesmal aber warst Du irgendwie dabei, hast zugesehn oder hast auf mich gewartet, es war so, als wäre es manchmal in den Rudolphinumanlagen. Und nun kam es so, daß ich immer wieder Dich irgendwie schädigen oder wenigstens in Anspruch nehmen mußte. Es waren zwar nur Kleinigkeiten, einmal verlor ich einen kleinen eisernen Stock, der Dir gehörte, und mußte es Dir gestehn, ein andermal ließ ich Dich wegen meines Fliegens lange warten, also doch nur Kleinigkeiten – aber wunderbar war es, mit welcher Güte und Geduld und Stille Du das alles hinnahmst. Entweder – mit dieser Überlegung schloß der Traum – warst Du überzeugt, daß ich es, trotzdem ich es scheinbar so leicht hatte, doch schwer hatte, oder Du hieltest wenigstens an diesem Glauben fest als der einzigen Erklärung meines sonst unbegreiflichen Verhaltens. Und so hast Du mir nicht einmal diese nächtlichen Freuden mit dem kleinsten Vorwurf gestört.

Im ganzen geht es mir auch bei Tage nicht schlecht, wenigstens was die Lunge betrifft. Kein Fieber, keine Atemnot, immer weniger Husten. Dagegen stört mich der Magen.

Wann fährst Du in die Schweiz?

Herzliche Grüße   Franz
Grüße bitte Felix und Oskar.

An Max Brod

[Schelesen, Stempel: 6. II. 1919]

Lieber Max, wie Du mit Deiner Bestimmung kämpfst und dabei spricht diese Bestimmung eine so schöne klare laute und widerhallende Sprache: was sollten erst andere sagen, deren Bestimmung lispelt oder gar stumm ist.

Während Du noch im Traum für Deinen Gedanken[3] leidest, fahre ich in einer Troika in Lappland. So war es heute nacht oder vielmehr ich fuhr noch nicht, sondern das Dreigespann wurde angeschirrt. Die Wagendeichsel war ein riesiger Tierknochen und der Kutscher gab mir eine technisch ziemlich geistreiche und auch merkwürdige Erklärung des Troika-Anschirrens. Ich will sie nicht in ihrer ganzen Länge hier erzählen. Ein einheimischer Klang kam dann in das Nordische dadurch, daß meine Mutter, deren Person oder vielleicht nur Stimme dabei war, die Nationaltracht des

Mannes beurteilte und erklärte, die Hose sei Papiergewebe und von einer Firma Bondy. Es leitete das offenbar in Erinnerungen vom Vortage über, denn es gibt hier Jüdisches, auch vom Papiergewebe war gesprochen worden, auch von einem Bondy.
Das Jüdische ist ein junges Mädchen[4], hoffentlich nur wenig krank. Eine gewöhnliche und eine erstaunliche Erscheinung. Nicht Jüdin und nicht Nicht-Jüdin, nicht Deutsche, nicht Nicht-Deutsche, verliebt in das Kino, in Operetten und Lustspiele, in Puder und Schleier, Besitzerin einer unerschöpflichen und unaufhaltbaren Menge der frechsten Jargonausdrücke, im ganzen sehr unwissend, mehr lustig als traurig – so etwa ist sie. Will man ihre Volkszugehörigkeit genau umschreiben, muß man sagen, daß sie zum Volk der Komptoiristinnen gehört. Und dabei ist sie im Herzen tapfer, ehrlich, selbstvergessend, – so große Eigenschaften in einem Geschöpf, das körperlich gewiß nicht ohne Schönheit, aber so nichtig ist, wie etwa die Mücke, die gegen mein Lampenlicht fliegt. Darin und in anderem ähnlich dem Frl. Bl., an das Du Dich vielleicht in Abneigung erinnerst. Könntest Du mir vielleicht für sie »Die dritte Phase des Zionismus«[5] borgen oder etwas anderes, was Du für richtig hältst? Sie wird es nicht verstehn, es wird sie nicht interessieren, ich werde sie nicht dazu drängen – aber trotzdem.
Zeit habe ich nicht viel, das mußt Du mir glauben, der Tag reicht kaum aus, jetzt ist viertel zwölf Uhr. Das Liegen im Freien nimmt die meiste Zeit in Anspruch, ich liege allein auf einem Balkon, Waldanhöhen gegenüber.
Die Gesundheit ist nicht schlecht, Magen und Darm sind allerdings in Unordnung. Auch die Nerven oder was man so nennt, sollten etwas widerstandsfähiger sein, es geschieht mir hier schon gegenüber dem zweiten Menschen. Die Aufnahme eines neuen Menschen in sich, besonders seiner Leiden und vor allem des Kampfes, den er führt und von welchem man mehr zu wissen glaubt, als der fremde Mensch selbst, – das alles ist ein Gegenbild des Gebärungsaktes geradezu.
Leb wohl. Grüße Felix und Oskar   Franz

Die Selbstwehr bekomme ich. Was meinst Du eigentlich mit Deiner Bemerkung »Palästina überhaupt unklar«?

An Max Brod
[Schelesen,] 2. März [1919]
Lieber Max, nun habe ich Dir noch nicht einmal für das schöne Buch gedankt. Es tut wohl, im Geist des Buches eine Zeit zu leben. Ich habe dabei noch den Vorteil oder Nachteil, daß sich mir Jugenderinnerungen und Jugendgefühle in alles mischen.
Auch das Fräulein läßt Dir sehr danken, sie hat es gründlich gelesen und sogar auffallend verstanden, allerdings mit einer besondern Art mädchenhaften Augenblickverständnisses. Sie ist übrigens nicht so beziehungslos gegenüber dem Zionismus, als ich anfangs dachte. Ihr Bräutigam, der im Krieg gefallen ist, war Zionist, ihre Schwester geht in jüdische Vorträge, ihre beste Freundin ist beim Blau-Weiß und »versäumt keinen Vortrag von Max Brod«.
Was mich betrifft: ich verbringe meine Zeit lustig (grob gerechnet habe ich in den letzten fünf Jahren nicht so viel gelacht wie in den letzten Wochen), aber es ist auch eine schwere Zeit. Nun, vorläufig trage ich sie, aber es ist nicht ohne Grund, daß es mir gesundheitlich nicht sehr gut geht. Diese Zeit geht übrigens, wenigstens in ihrer Aktualität, in den nächsten Tagen zuende und ich bleibe vielleicht, wenn die Anstalt das Zeugnis des hiesigen Arztes anerkennt, noch ein wenig hier.
Die ersten, ich meine die ersten sichtbaren Irrtümer des Lebens sind so merkwürdig. Sie sollen ja wahrscheinlich gesondert nicht untersucht werden, da sie ja höhere und weitere Bedeutung haben, aber manchmal muß man es tun; es fällt mir ein Wettrennen ein, bei dem, wie es auch richtig ist, jeder Teilnehmer überzeugt ist, daß er gewinnen wird, und das wäre auch möglich bei dem Reichtum des Lebens. Warum geschieht es nicht, trotzdem doch scheinbar jeder den Glauben hat? Weil sich der Nichtglauben nicht im »Glauben« äußert, sondern in der angewendeten »Rennmethode«. So wie wenn etwa jemand fest davon überzeugt wäre, daß er gewinnen wird, aber daß er nur dadurch gewinnen wird, daß er vor der ersten Hürde ausbricht und nicht mehr zurückkehrt. Dem Schiedsrichter ist klar, daß der Mann nicht gewinnen wird, wenigstens auf dieser Ebene nicht, und es muß sehr lehrreich sein, zuzusehn, wie der Mann von allem Anfang an alles darauf anlegt auszubrechen und alles mit tiefem Ernst. – Glück zum Buch[6]! Und viel Zeit!
Franz

An Max Brod

[Frühjahr 1919?]

Mein lieber Max, das von der Tarnowska[7] verstehe ich nicht, dagegen das von Wiegler sehr gut, noch wichtiger aber als Wieglers Urteil ist das Handls, denn bei dem fängt schon das Publikum an. Mit der Nachricht, daß zwei Gedichte für mich vorbereitet sind, tröstest Du mich mehr als Du weißt. Trost aber brauch ich. Zu rechter Zeit haben jetzt Magenschmerzen und was Du willst angefangen und so stark, wie es sich bei einem durch Müllern stark gewordenen Menschen paßt. Den Nachmittag über, so lang er war, bin ich auf dem Kanapee gelegen, mit etwas Thee statt des Mittagessens in mir und hatte nach einem Viertelstundenschlaf nichts anderes zu tun als mich zu ärgern, daß es nicht dunkel werden wollte. So gegen halb fünf bildete sich eine Nuance der Helligkeit, die einfach nicht mehr aufhörte. Aber als es dann dunkel war, war es auch nicht recht. Laß das, Max, über die Mädchen zu klagen, entweder ist der Schmerz, mit dem sie Dich schmerzen, ein guter Schmerz; ist er es nicht, dann wehrst Du Dich, verlierst den Schmerz, bekommst die Kraft. Aber ich? Alles was ich besitze, ist gegen mich gerichtet, was gegen mich gerichtet ist, ist nicht mehr mein Besitz. Wenn mich z. B. – es ist nur ein reines Beispiel – wenn mich mein Magen schmerzt, so ist es eigentlich nicht mehr mein Magen, sondern etwas, was sich von einem fremden Menschen, der Lust bekommt, mich zu prügeln, wesentlich nicht unterscheidet. So aber ist es mit allem, ich bestehe nur aus Spitzen, die in mich hinein gehn, will ich mich da wehren und Kraft aufwenden, heißt das nur die Spitzen besser hineindrücken. Manchmal möchte ich sagen, Gott weiß, wie ich überhaupt noch Schmerzen spüren kann, da ich vor lauter Dringlichkeit, sie mir zu verursachen, gar nicht dazu komme, sie aufzunehmen. Öfters aber muß ich sagen, ich weiß es auch, ich spüre ja wirklich keine Schmerzen, ich bin ja wirklich der schmerzfreieste Mensch, den man sich denken kann. Ich hatte also keine Schmerzen auf dem Kanapee, ich ärgerte mich nicht über die Helligkeit, die zu ihrer Zeit aufhörte und mit dem Dunkel war es genau so. Aber lieber Max, das mußt Du mir glauben, wenn Du es auch nicht willst, alles war an diesem Nachmittag so eingerichtet, daß ich, wenn ich ich wäre, alle jene Schmerzen in der genauen Reihenfolge hätte spüren müssen. Von heute ab lasse ich es mir mit keiner Unterbrechung mehr ausreden: Ein Schuß wäre das Beste.

Ich schieße mich einfach von dem Platz weg, auf dem ich nicht bin. Gut, es wäre feig; feig bleibt freilich feig, selbst wenn es in einem Fall nur Feigheit gäbe. Dieser eine Fall ist hier, hier ist eine Situation, die um jeden Preis beseitigt werden muß, aber niemand als Feigheit beseitigt sie, Mut macht aus ihr nur Krampf. Und beim Krampf bleibt es, mach Dir keine Sorgen.

An Josef Körner

[Prag, Poststempel: 3. VI. 1919]

Sehr geehrter Herr Professor!
Meinen besten Dank. Solche Untersuchungen sind so friedlich und friedenbringend, ich hätte noch gerne lange weitergelesen, besonders da die Führung sehr zart ist und zum Manne hält. Allerdings scheint auch Bettina ein verkleideter verwirrter halbjüdischer junger Mann gewesen zu sein und ich verstehe nicht wie sich die glückliche Ehe und die 7 Kinder ergeben haben. Sollte dann auch noch das Leben der Kinder halbwegs gerade verlaufen sein, wäre es ein Wunder.
Übrigens fehlt in dem Sonderdruck der größte Teil des Aufsatzes über Schlegel und die Parallelen-Jagdbeute, schade.
Mit besten Grüßen Ihr ergebener   Kafka

An die Eltern von J. W. (?)

24. November 19

[Fragment]
... wie zu bekräftigen und zu verbreiten, gleichgültig wie ihr Inhalt ist, also ob sie mich schändlich, lächerlich oder verächtlich macht. Wie die Erklärung auch sein mag, immer wird sie insoferne wahr sein, als ich J., der Unschuldigsten und Gütigsten, soviel Leid verursacht habe, daß damit verglichen jede bloß gesellschaftliche Buße eine Lächerlichkeit ist.
Stimmen aber diese zwei Voraussetzungen, wie ich glaube, nicht, dann, bitte, lassen Sie uns beisamman, so wie wir uns über alle meine Schwäche hinweg, zusammengehörig fühlen. Im Feber will ich mit einigen Hoffnungen für vielleicht $^{1}/_{4}$ Jahr nach München fahren, vielleicht könnte J., die ja seit jeher auch von Prag fort wollte, auch nach München kommen. Wir würden ein anderes Stück Welt

sehen, manches würde sich vielleicht ein wenig ändern, manche
Schwäche, manche Angst zumindest ihre Form, ihre Richtung
ändern.
Mehr will ich nicht sagen, es scheint mir überhaupt, als hätte ich
zuletzt schon zuviel Rohes und Böses gesagt. Seien Sie geduldig,
nicht etwa nachsichtig, sondern geduldig und aufmerksam, damit
Sie möglichst nichts weglassen und nichts hineinlesen.
Ihr herzlich ergebener   Dr. Franz Kafka

An M. E.[8]

Samstag, [Prag, Winter 1919/20]
Liebes Fräulein Minze oder da Fräulein und Minze nicht zusammen-
passen: liebe Minze, Sie haben mir eine große Freude gemacht,
durch die Bilder natürlich auch, vor allem aber weil Sie das sind,
was ich glaubte, nämlich vertrauenswürdig, worthaltend und gut.
Das ist die Hauptsache. Und deshalb kann ich auch über die Bilder
die Wahrheit sagen; sie zeigen, wie jedes Abbild eines Guten, manches, wofür man dankbar ist und was man mit eigenen Augen nicht
erkannt hätte. Sie sind ja eine erstaunliche Schauspielerin oder richtiger Sie haben das erstaunliche Material einer Schauspielerin oder
Tänzerin und die (im hohen Sinn) göttliche Frechheit des Ange-
schaut-werden-könnens und Des-dem-Blicke-standhaltens. Das
hätte ich nicht gedacht. Aber, das fürchte ich, dieses Material ist bei
dem Photographen, ein so ausgezeichneter Mensch er sonst sein
mag, in keiner guten, verständigen Hand. Was daran gut ist, sind
deutlich Sie selbst, in I macht er etwas z. B. aus Schnitzler Anatol,
in II eine Kameliendame, in III etwas Wedekindsches, in IV endlich
die Kleopatra (des ersten Abends), vorausgesetzt, daß es nicht die
Fern Andra[9] ist. So mischt er die Dinge und hat ja gewiß überall
ein wenig Recht, aber im ganzen meinem Gefühl nach niemals, da
sind sie ihm durch die Finger gelaufen. Damit will ich nicht sagen,
daß Sie solchem Photographieren aus dem Weg gehn sollten, ich
bin überzeugt, es schadet Ihnen innerlich gar nichts, Sie sollten aber
solchen Dingen gegenüber immer sich den Zweifel bewahren, so
wie Sie ihn bewahren sollten gegenüber den Dahn und Baumbach
Ihres Heftes, gegenüber Süßlichkeit, Unwahrheit, Künstlichkeit,
da Sie doch in Ihrem Wesen besser sind als alles das und ganz gewiß darüber wegtanzen werden, wie über den gefrorenen Weg

zum geweihten Brunnen, wo viele andere entweder dumm gefallen oder süßlich gestolpert wären. Ich bleibe dabei, daß es sehr gut ist, daß Sie nach Holzminden[10] kommen, was doch eine Art weite Welt ist und ohne den roten Teplitzer Hintergrund.

Die Bilder aber darf ich mir behalten, nicht wahr, da kein Gegenbefehl im Brief stand. Und schreiben Sie mir wieder einmal, besonders wenn Sie den Ort wechseln. Es ist doch vielleicht gar nicht so schlimm einen guten Freund zu haben.

Adieu Minze, grüßen Sie dort alle herzlich und das Fräulein[11] noch ausdrücklich
                                                        Ihr Kafka

1920

An M. E.

[Prag, Januar/Februar 1920]

Liebe Minze,
Ihren vorigen Brief habe ich doch bekommen, mich natürlich auch über ihn gefreut, oft an ihn und Sie gedacht und – ich weiß nicht genau warum – bis heute nicht geantwortet. Vielleicht deshalb, weil er so selbstständig, so gar nicht hilfs-, ja nicht einmal antwortbedürftig schien.
Anders heute. So unsicher? Das wäre schlimm, aber Ihre Unsicherheit hat wie auch übrigens in Schelesen etwas Fröhliches, Sorgenloses, Vertrauensvolles. Man hat Angst um Sie und möchte Sie doch nicht anders haben wollen. Das ist meine Stellung, während die Verwandten, die es ja durchaus nicht leicht haben mögen, begreiflicher Weise nur die Angst haben dürften. Ich erinnere mich nicht genau, ob Sie mir erzählt haben, wie der Vater (von Geschäftsführung und Krankenpflege abgesehn) mit Ihnen zufrieden war, ob Sie ihm Sorgen machten, wie er sich Ihre Zukunft dachte udgl. Das würde mich interessieren. Von irgendwelchen Zornesausbrüchen des Vaters sprachen Sie aber, glaube ich.
Daß der Schulplan aufgegeben ist, ist sehr schade, und nicht ganz verständlich. Sie waren doch in Holzminden schon aufgenommen, wie Sie sagten. Und außerdem kann doch Holzminden nicht die einzige Möglichkeit sein. In Nordböhmen allein gibt es doch einige derartige Schulen. Und ernst scheint Ihnen diese Absicht doch noch immer zu sein, da Sie ja unter Umständen auch als Volontärin auf ein Gut gehn wollen. Ich weiß im Augenblick keine Möglichkeit, aber solche gibt es doch gewiß, Sie selbst sprachen doch von einer, wenn ich nicht irre, Großpriesener Domäne, wo Sie aufgenommen werden könnten. – Ist es auch damit nichts? Nun wir werden noch gemeinsam darüber nachdenken.
Wie haben Sie die Zeit in Schelesen und nachher verbracht? Mit Rolf und In-den-Feldern-Herumlaufen? Das wäre ja sehr gut, aber zu wenig oder zu viel. Es ist gut, seinen Träumen nachzujagen, aber schlecht, wie es dann meistens auszugehen pflegt, von ihnen gejagt zu werden. Und die Welt ist zwar groß und weit, wie Sie schreiben, aber um keine Haarbreite größer als man sich sie selbst zu machen versteht. In der Unendlichkeit, in der Sie die Welt jetzt sehn, ist

doch neben der Wahrheit eines mutigen Herzens auch die Täuschung der 19 Jahre. Sie können das leicht daran überprüfen, daß Ihnen ebenso unendlich etwa ein Alter von 40 Jahren erscheint, das doch, wie Ihnen Ihre ganze Umgebung zeigen wird, zumindest die Unendlichkeit, von der Sie träumen, nicht enthält.

Was machen Sie in Karlsbad? Sind Sie schon gesund? In Karlsbad ist, glaube ich, auch eine Verwandte des Frl. Stüdl, von der sie mir viel Gutes erzählt hat, kennen Sie sie? Nach Meran fahre ich vielleicht in einem Monat. Sie sind selbst auch in Meran gewesen?

Herzliche Grüße Ihres F. Kafka

An M. E.

[Prag, Februar 1920]

Liebe Minze, nein, das Vertrauen zur Unendlichkeit des Lebens wollte ich Ihnen nicht nehmen (es besteht auch diese Unendlichkeit, nur nicht im gewöhnlichen Sinn), konnte es Ihnen auch nicht nehmen, da Sie es selbst im Grunde nicht haben, ich meine: es bewußt nicht haben. Wenn ich also etwas dazu sagte, so wollte ich nur, daß Sie sich selbst, Ihrem bessern Selbst glauben. Übrigens wäre auch Minze als Trauerweide gelegentlich ganz hübsch, zumindest – rund gerechnet – 10 mal hübscher als Minze-Kleopatra.

Merkwürdig, daß in Ihrem Brief die »schönen Stunden« und die »Dummheiten« so nah beisammen stehn. Das kann doch nicht das Gleiche sein, eher das Entgegengesetzte. »Schön« ist doch wohl die Stunde, in der man besser ist als sonst und »dumm« die, in der man schlechter ist. Die »schönen Stunden« erkauft man nicht mit trüben Stimmungen, im Gegenteil, »schöne Stunden« geben noch Licht aller grauen Zukunft. Für »Dummheiten« zahlt man allerdings Lehrgeld, und zwar sofort, selbst wenn mans nicht weiß, mit der linken Hand macht man die »Dummheit« und mit der Rechten zahlt man gleichzeitig Lehrgeld unaufhörlich, bis man nicht mehr weiter kann. Und »Dummheiten« allerdings macht jeder Mensch, liebe Minze, wie viel, wie viel! Man ist so überbeschäftigt damit, daß man kaum Zeit zu etwas anderem hat. Was aber kein Grund ist, sich damit abzufinden und das tun Sie auch gewiß nicht, sonst wären Sie ja keine liebe Minze.

Wer ist der Onkel, der mit Ihnen und mit dem Sie einverstanden scheinen?

Warum erwähnen Sie nichts von der Großpriesener Volontärsmöglichkeit?

Ich lege hier ein Inserat bei, das ich oft, auch noch im Jahre 18, in einer jüdischen Zeitschrift gefunden habe. Schreiben Sie vielleicht rekommandiert hin: »Immenhof (Henny Rosental), Deutsches Reich, Dessow, Mark«. Ich glaube, es ist nicht weit von Berlin, ich habe es auch privat loben hören.

Wie fiel eigentlich Ihre Holzmindner Angelegenheit im Einzelnen aus?

Was machen Sie in Karlsbad? Nichtstun ist eine der größten und verhältnismäßig leicht zu beseitigenden »Dummheiten«. Was lesen Sie?

Was waren das für Wünsche, die ich vergessen habe. Doch nicht etwa mein Bild. Das habe ich absichtlich nicht geschickt. Sind meine Augen in Ihrer Erinnerung, Minze, wirklich klar, jung, ruhig, dann mögen sie dort so bleiben, dann sind sie dort besser aufgehoben als bei mir, denn hier sind sie trüb genug und immer unsicherer geworden mit kleinen Schwankungen in 36 jährigem Offen-sein. In der Photographie kommt das zwar nicht heraus, aber dann ist sie desto unnötiger. Sollten meine Augen einmal schöner, reiner werden, dann bekommen Sie ein Bild, aber dann wird es auch wieder nicht nötig sein, denn dann würden sie doch mit der Kraft, die reine Menschenaugen haben, bis nach Karlsbad Ihnen geradeaus ins Herz sehn, während sie jetzt nur mühsam in Ihrem doch aufrichtigen und deshalb lieben Brief herumirren.

Mit herzlichen Grüßen   Ihr Kafka

An Kurt Wolff

[Prag, Februar 1920]

Sehr geehrter Herr Wolff,

vergessen habe ich nichts, aber als ich damals im Dezember den Urlaub schon fast hatte, verkühlte ich mich ein wenig, der Arzt sah den Gesamtzustand an und als er von München hörte, riet er sehr ab, empfahl dagegen Meran oder dergleichen. Darin mußte ich ihm recht geben, daß meine Gesundheit nicht zuverlässig war und ich daher den Urlaub nicht mit der Freiheit und Sicherheit hätte verbringen können, wie er allein mir hätte nützen können; da ich aber München und einen solchen Urlaub nicht haben konnte, wollte ich lieber gar nichts haben – übrigens wartete die ganze Wage auf dieses Übergewicht – und blieb. Ihnen Herr Kurt Wolff antwortete ich auch lieber nicht, denn was hätten jetzt lange Erklärungen sollen, nachdem ich kurz vorher versucht hatte, Sie sogar für meine Milch-Bedürfnisse zu interessieren (in Wirklichkeit hatte ich damit nur möglichst viel Realität gleich am Anfang in den Plan hineintreiben wollen).

Nun ist es also zu diesem Gesundheitsurlaub, den allein ich haben wollte, nicht gekommen – vielleicht bleibt er mir für später aufgehoben – aber ein Krankheitsurlaub wird jetzt im Vorfrühling nötig. Da ich schon nach Bayern hin gerichtet war, ließ ich mir einen Prospekt vom Sanatorium Kainzenbad bei Partenkirchen schikken, aber gerade heute bekomme ich von der sehr langsam und fast widerwillig Auskunft gebenden Verwaltung die Nachricht, daß erst Ende März ein Zimmer frei wird, fast ein wenig zu spät. Nun brauche ich ja im Grunde weder Sanatorium noch ärztliche Behandlung, im Gegenteil, beides schadet eher, sondern nur Sonne, Luft, Land, vegetarisches Essen, das alles weiß ich mir aber außerhalb Böhmens in dieser Jahreszeit nur in Sanatorien zu verschaffen. Wüßten Sie also, sehr geehrter Herr Wolff, in dieser Hinsicht für mich einen Rat, würde ich ihn natürlich dankbar annehmen, sonst würde ich wohl Ende März nach Kainzenbad fahren.

Mit bestem Dank und Gruß Ihr herzlich ergebener F. Kafka

An M. E.

[Prag, Februar 1920]

Liebe Minze, zunächst also bin ich glücklich mit Ihnen, daß Sie in eine Schule kommen. Die Schwierigkeiten in einer Schule angenommen zu werden haben Sie übertrieben, ich meine: sich selbst gegenüber auch, aber nun nimmt es doch einen ganz besonders guten Ausgang, wenn Sie in diese Schule kommen. Erstens kommt die Anregung von Ihrem Onkel, also aus der Familie, das gibt doch gute Stimmung, dann ist die Empfehlung des Dr. Ziegler[1] in der Schule wahrscheinlich nicht ohne Bedeutung und schließlich ist es doch – das nehme ich nämlich an – eine jüdische Schule, also besonders wohltätig für das im Augenblick ein wenig haltlose Kind (eine Benennung übrigens, die mehr Schmeichelei als sonstiges ist).

Also so war es in Karlsbad? Nun freilich. Was aber das »ganz hübsche Gesicht« betrifft, so habe ich es kaum gesehn. Jugend ist natürlich immer schön, man träumt von der Zukunft und erregt in den andern die Träume oder vielmehr man ist selbst ein Traum, wie sollte das nicht schön sein. Aber das ist doch eine Schönheit, die aller Jugend gemeinsam ist und die man sich persönlich anzueignen kein Recht hat. Mit dem »ganz hübschen Gesicht« aber meinen Sie etwas anderes und das habe ich nicht bemerkt. Die Frisur und die Schlangenarmbewegungen sind mir zwar aufgefallen, aber das war doch nur halb putzig, halb komisch, halb (Minze steht nämlich außerhalb der Naturgesetze und hat 3 Hälften) sogar unhübsch, in 2 Tagen wäre es vergessen gewesen. Aber dieses von ihr so verächtlich behandelte »ansonsten« stellte sich allmählich als etwas Wesentlicheres heraus.

Die mir drohenden Unterstreichungen des Sich-jung-fühlen-sollens treffen mich, Minze, nicht. Ich klage ja nicht darüber, daß ich mich alt fühle, eher über das Gegenteil oder besser überhaupt nicht. Sie wissen doch: alte Augen werden fernsichtig und über Mangel der Fernsicht sprach ich.

Nach Meran werde ich doch kaum fahren, es ist ein wenig zu teuer, vielleicht fahre ich in die Bayerischen Alpen. Mein Kopf hat, glaube ich, den Norden lieber, meine Lunge den Süden. Da aber gewöhnlich die Lunge sich opfert, wenn es dem Kopf zu arg wird, so hat allmählich auch der Kopf aus einer Art Erkenntlichkeit Verlangen nach Süden bekommen.

Was die Bilder betrifft, so lassen wir es bitte, Minze, dabei bleiben, schon deshalb, weil man im Dunkel (ich meine: wenn man einander nicht sieht,) einander besser hört. Und wir wollen einander gut hören. Deshalb wird es auch viel besser sein, wenn wir einander jetzt in Prag nicht sehn, weder absichtlich noch zufällig, das ist mein Ernst.

Aber von der Aufnahme in die Schule erfahre ich, nicht wahr, als einer der ersten. Das wird eine große Ehrung für mich sein.

Mit herzlichen Grüßen Ihr   Kafka

An Kurt Wolff

[Prag, Februar 1920]

Sehr geehrter Herr Wolff

unvermutet kam jetzt ein Telegramm von Kainzenbad, in welchem

man mir in Widerrufung früherer Meldungen anzeigt, daß für mich schon anfangs März ein Zimmer reserviert sei; es ist mir lieb wie einer Widerspenstigen Zähmung. Aber auch sonst ist es vielleicht gut, mein Zustand duldet eigentlich nicht viel Verzögerung und vielleicht ist es sogar gut, wenn ich während der ersten noch kalten Zeit in einem Sanatorium bin. Vielleicht findet sich später ein besserer Aufenthaltsort. Jedenfalls bitte ich, sehr geehrter Herr Wolff, sich vorläufig meinetwegen keine Mühe mehr zu geben und meiner herzlichen Dankbarkeit für alle Ihre Freundlichkeit sicher zu sein.
Ihr sehr ergebener
F Kafka

An M. E.

[Prag, Februar 1920]
Liebe Minze, gewiß darf man solche Briefe schicken und ganz besonders solche. Andere, zusammenhängendere, weniger zerstreute Briefe können oft wider Willen eine Hauptsache verdecken, ein solcher brüchiger, aus paar Stücken bestehender Brief verdeckt nichts, es liegt dann wirklich nur an der Blickkraft, wie viel man sieht, ein solcher Brief ist so vertraulich, als wäre man in einer gemeinsamen Wohnung, allerdings durch 1000 Zimmer getrennt, deren Türen aber in einer Reihe offenstehn, so daß man Sie, wenn auch natürlich nur schon sehr klein und undeutlich, im letzten Zimmer sieht und was man sieht, Minze, scheint weder sehr schön, noch sehr lustig, noch sehr gut.
Im übrigen, Minze, sind Sie (oder vielmehr wären es, wenn man es ausnützte) scharfsinnig und mit Recht rechthaberisch wie ein kleiner Rabbiner. Natürlich werden Sie den notwendigen Halt nicht in der Schule eingerammt bekommen, sondern müssen ihn in sich haben, aber vielleicht werden Sie ihn dort in sich finden, das wäre ganz gut denkbar. Denn so übersichtlich Minze äußerlich scheint, innerlich ist sie doch, wie eben jeder, unübersehbar unendlich und alles ist dort zu finden, was ehrlich gesucht wird.
Vor mir liegt ein Bericht über die »Ahlemer Gartenbauschule« mit Bildern. Nun dort ist es prachtvoll und zu meinem nächsten Geburtstag wünsche ich mir nichts Besseres als 19jährig zu werden und nach Ahlem – das ist nämlich Ihre Simonsche Schule – zu kommen. Die Gartenbauschule für Mädchen ist übrigens erst seit Kriegsende eingerichtet, bis dahin gab es nur eine Knabengartenbau-

und eine Mädchenhaushaltungsschule. Auch das verstärkt vielleicht die Hoffnung, daß Sie angenommen werden. Möge es bald sein!

Ihr Kafka

An Max Brod

[Prag, etwa März 1920]

Lieber Max, ich war gestern zu sehr von der Erzählung befangen und von der Unnachgiebigkeit des Denkens, aus dem sie hervorkommt, ich versäumte es darüber von Ottlas Kölner Sache[2] so zu reden, wie ich sie einschätze. Es liegt mir sehr viel daran, mehr als an Slowakei und Paris, ich würde zufriedener wegfahren, wenn es gelänge, ich weiß nicht, ob und was Du zur Verwirklichung dessen helfen könntest, jedenfalls wollte ich es Dir noch sagen. Vielleicht würde ein gutes Wort bei Frl. Löwy genügen oder dergl. Ich gelobe im Stillen tausend Kronen dem Nationalfond, was ja vielleicht keine eigentliche Bestechung des Schicksals wäre, denn ich will ja dafür nur Arbeits- und Mühe-Möglichkeit für Ottla. Mehr noch als die Sache selbst freut mich ja, daß die Sache starke Anziehungskraft für Ottla hat. Wenn es also möglich wäre – Franz

An Felix Weltsch

[Frühjahr 1920]

Lieber Felix, Dank für Deine Geduld. Aber vorige Woche war ich ganz besonders zerstreut, auch wollte ich es genau machen, also zweimal lesen, so verging die viele Zeit.

Die mir zweifellosen Kleinigkeiten habe ich gleich in den Fahnen richtiggestellt, diese Richtigstellungen mußt Du aber natürlich noch revidieren, dagegen glaube ich kaum einen Druckfehler übersehn zu haben. Andere kleine Fragen und Vorschläge habe ich in den beiliegenden Papieren notiert. Du findest die zugehörigen Stellen in den Fahnen am Rande angestrichen.

Es sind aber alles nur Kleinigkeiten, mit größeren Fragen wage ich nicht aufzutreten, nicht Dir gegenüber, nicht der Sache gegenüber. Als Erbauungsbuch[3] – und das ist es ja viel mehr als ich dachte – bedeutet es mir viel und wird mir viel bedeuten.

Vergiß mich bitte nicht, wenn neue Korrekturen kommen.

Dein Franz

[es folgt eine Liste von ca. 40 Verbesserungs-Vorschlägen und Fragen]

An M. E.

[Prag, März 1920]

Liebe Minze,

man liegt krank, hat zartes Fieber nach alter nicht mehr abzugewöhnender Gewohnheit, und dann kommen noch Sie und melden, daß man Sie in Ahlem nicht angenommen hat. Man hätte schon noch ein Plätzchen für Sie finden können, offenbar weiß man dort nicht, wie klein Sie sich zusammenrollen können. Inzwischen habe ich auch noch von etwas anderem Jüdischen gehört, Opladen bei Köln, aber auch dort ist alles besetzt und nur für das nächste mit April beginnende Jahr undeutliche Aussichten, vielleicht erfahre ich aber darüber noch Bestimmteres. Und Immenhof – oder hieß es anders? – hat gar nicht geantwortet? Und jetzt in Großpriesen praktizieren – von Großpriesen schweigen Sie beharrlich – und nächstes Jahr nach Ahlem gehn ist unausführbar? Warum? Inzwischen Gemüse auf Damenhüten pflanzen, ist ein schwacher Ersatz und kein sehr erfreulicher, da es in Teplitz vor sich geht. Ich kann Teplitz, das ich noch nie gesehen habe, nicht leiden. Es ist eben Ihr Heimatort und für einen nur irgendwie beunruhigten Menschen ist der Heimatort, selbst wenn er sich darüber gern täuscht, etwas sehr Unheimatliches, ein Ort der Erinnerungen, der Wehmut, der Kleinlichkeit, der Scham, der Verführung, des Mißbrauchs der Kräfte.

Der Heimatort bringt es auch in seiner gedanklichen Enge mit sich, daß Sie die Menschen und sich oder vielmehr die andern Mädchen und sich in einem solchen Gegensatz sehn. Gegensätze bestehn gewiß, weil eben die Welt hinsichtlich des Chaotischen mit Ihrem Kopf verwandt ist, aber so einfach wie Sie es tun – hier die andern Mädchen, hier ich – ist der Schnitt gewiß nicht zu führen. Böses Teplitz.

Mein Kranksein hat den Brief verzögert, es ist übrigens kein eigentliches Kranksein, aber allerdings auch kein Gesundsein und gehört zu jener Gruppe von Krankheiten, die nicht dort ihren Ursprung haben, wo sie zu stecken scheinen und vor denen die Ärzte deshalb noch hilfloser sind als sonst. Gewiß, es ist die Lunge, aber es ist auch wieder die Lunge nicht. Vielleicht fahre ich doch nach Meran oder auch nach dem Mond, wo überhaupt keine Luft ist und sich die Lunge deshalb am besten ausruhn kann.

Die Bilder haben mich sehr gefreut, zunächst deshalb, weil es doch

ein großes Zeichen des Vertrauens ist, daß Sie mir etwas so Kostbares, wie es das Bild des Vaters für Sie ist, borgen. Natürlich ist bei der Reproduktion manches verloren gegangen, es ist doch nur ein Bild aus zweiter Hand. Manches aber glaubt man doch zu erkennen, eine schöne Stirn, zarte Schläfen, Energie, ein mühseliges Leben. Merkwürdig ist die gezwungene Haltung der Hände.
Das Kind ist prachtvoll. Der Körper so schön tierhaft wie ein Seehund auf einer Eisscholle im Polarmeer, das Gesicht so schön menschlich, übrigens eher mädchenhaft, der Ausdruck der Augen, die Fülle des Mundes. Das mag allerdings ein guter Trost sein, gar wenn es das eigene Kind ist und der Neffe ist ja fast das Kind der Tante. Aber in Teplitz sollen Sie sich auch von den schönsten zwei Händchen nicht festhalten lassen. Ihr Kafka.

An M. E.

[Prag, März 1920]

Arme Minze, arme liebe Minze, ich will niemanden beschuldigen, absichtlich hat es wohl niemand gemacht, aber da man Sie offenbar sehr gern zuhause behalten möchte und Sie scheinbar gerade diesen Leuten, die die Reise nicht wollen, die Reisevorbereitungen überlassen haben, hat man wohl nicht alles getan, was man hätte tun können. Und warum kann die Schule die Einreisebewilligung nicht verschaffen? Und wenn sie die Einreisebewilligung nicht verschaffen kann (aber doch jedenfalls hofft, Sie, wenn Sie einmal dort sind, dort behalten zu dürfen), warum schreibt sie Ihnen dann nicht wenigstens einen Brief, aus welchem dem Konsulat nachgewiesen werden könnte, daß Sie dort nur 2, 3 Tage, etwa zwecks einer Vorstellung oder einer Prüfung bleiben wollen, und für 2, 3 Tage Aufenthalt bekämen Sie das Visum auch ohne Einreisebewilligung gewiß. Und wenn Sie ein paar Schultage versäumt haben, macht es doch nichts. Nur nachgeben würde ich jetzt nicht mehr, d. h. an meiner Stelle würde ich nachgeben oder schon längst nachgegeben haben, einem solchen schweren Angriff großer alter Verwandter, die von allen Seiten herbeikommen, würde ich nicht widerstehn, aber Sie sind doch kein Hase, Minze.

Das andere freilich – sehen Sie, Minze, dieses Leid kenne ich auch und alle kennen es und wie wenigen löst es sich in Gutem, aber wahrscheinlich kenne ich es in einer ganz bestimmten Art weniger als andere Menschen und Sie kennen es wieder viel mehr als andere Menschen und so will ich mich darin gar nicht mit Ihnen vergleichen und Ihr Leid tief respektieren wie jedes fremde Leid. Aber etwas verkennen Sie vielleicht. Jeder hat seinen beißenden nächtezerstörenden Teufel in sich und das ist weder gut noch schlecht, sondern es ist Leben: Hätte man den nicht, würde man nicht leben. Was Sie in sich verfluchen, ist also Ihr Leben. Dieser Teufel ist das Material (und im Grunde ein wunderbares), das Sie mitbekommen haben und aus dem Sie nun etwas machen sollen. Wenn Sie auf dem Land gearbeitet haben, so war das meines Wissens keine Ausflucht, sondern Sie haben Ihren Teufel hingetrieben so wie man ein Vieh, das sich bisher nur in den Gassen von Teplitz genährt hat, einmal auf eine bessere Weide treibt. Auf der Karlsbrücke in Prag ist unter einer Heiligenstatue ein Relief, das Ihre Geschichte zeigt. Der Heilige pflügt dort ein Feld und hat in den Pflug einen Teufel eingespannt. Der ist zwar noch wütend (also Übergangsstadium; solange nicht auch der Teufel zufrieden ist, ist es kein ganzer Sieg), fletscht die Zähne, schaut mit schiefem bösem Blick nach seinem Herrn zurück und zieht krampfhaft den Schwanz ein, aber unter das Joch ist er doch gebracht. Nun sind Sie ja, Minze, keine Heilige und sollen es auch nicht sein und es ist gar nicht nötig und wäre schade und traurig, wenn alle Ihre Teufel den Pflug ziehen sollten, aber für einen großen Teil von ihnen wäre es gut und es wäre eine große gute Tat, die Sie damit getan hätten. Ich sage das nicht, weil es nur mir so scheint, – Sie selbst streben im Innersten danach.

Sie schreiben, daß Sie – wenn die zwei Bewerber »nicht gar so unsympathisch« wären – heiraten würden, um »Ruhe und ein Heim« zu haben und vergleichen sich dann mit Ihrer Mutter. Das ist doch ein Widerspruch, hatte denn Ihre Mutter »Ruhe und Heim«? »Ruhe und Heim« können eben vielleicht nicht einfach in Müdigkeit als ein Geschenk hingenommen werden, sondern müssen verdient werden, müssen etwas sein, zu dem man sagen kann: Das ist mein Werk. Was für ein »Heim«, wenn in allen warmen Zimmerecken Ihre Teufel sitzen, keiner fehlt und alle werden immerfort mächtiger gerade um das, um das Sie schwächer werden.

Doch bestehe ich auf diesem letzteren nicht unbedingt, vielleicht sind Ihnen die zwei nur deshalb unsympathisch, weil Sie vor der Ehe überhaupt auch aus Trotz zurückschrecken. Und dann glaube ich doch, daß Sie in Einem gewiß anders sind als die Mutter; ein

eigenes Kind hätte für Sie eine entscheidende, vielleicht erlösende Bedeutung. Glauben Sie nicht?
Übrigens tröstet mich noch eines gegenüber Ihrem Brief: gewiß können Sie – leugnen Sie es nicht, Minze, – noch manchmal so lachen wie damals auf der Veranda (auf dem Balkon klangs nicht mehr so hell)
Ihr Kafka

An Kurt Wolff

[Prag, Ende März 1920]

Sehr geehrter Herr Kurt Wolff,
Bayern bleibt spröde. Das Zimmer hatte ich, aber das Visum wollte man mir für einen längeren Sanatoriumsaufenthalt ohne die Einreisebewilligung der bayerischen Gemeinde nicht geben. Ich telegraphierte nach Kainzenbad, man möge es mir verschaffen. Statt der Bewilligung telegraphierte man mir aber zurück, daß ab 15. d.M. Fremdensperre ist, ich solle mich an das Bezirksamt wenden, wohl um eine briefliche Eingabe zu machen und nach 4 Wochen eine abweisende Erledigung zu bekommen. Das war mir zuviel, ich kehrte alles Geld zusammen und fahre nach Meran, nicht gern im Grunde, denn wenn es auch für meine Lunge vielleicht besser ist, mein Kopf wollte nach Bayern und da er meine Lungenkrankheit dirigiert, wäre es auch irgendwie richtig gewesen.
Mit herzlichen Grüßen
Ihr Kafka
Sie erwähnen ein Sanatorium Schönberg in Württemberg, aber das ist wohl nicht die vollständige Adresse.

An M. E.

[Prag, Anfang April 1920]

Liebe Minze,
das Bild ist prachtvoll, 500 Kleopatren wert, es hat mir viel Freude gemacht. Die nachdenklichen (übrigens ein wenig ungleichen) Augen, der nachdenkliche Mund, die nachdenklichen Wangen, alles denkt nach, es gibt ja auch so viel nachzudenken in dieser merkwürdigen Welt. Als ich ein Kind war, hatten wir zuhause eine kleine Sammlung Bildchen Shakespeare'scher Frauen, eine, ich glaube es war Porcia, hat mir immer besonders gut gefallen, das Bild erinnert mich an die längst Vergessene, sie hatte auch kurze Haare.

Morgen fahre ich nach Meran. Daß ich allein fahre ist entgegen Ihrer Meinung (die eigentlich keine Meinung ist, sondern die Äußerung eines guten Herzens) das Beste daran, allerdings ist hier auch das Beste noch lange nicht gut.

Aus Meran werde ich Ihnen schreiben. Außer dem Bild ist das Schönste in Ihrem Brief die Nachricht, daß Sie auf Ahlem noch nicht verzichtet haben. Vielleicht erklärt sich Ihr Gesichtsausdruck auf dem Bild auch dadurch, daß die Augen von Teplitz weg in die Böhm.-Sächsische Schweiz gerichtet sind, denn das Bildchen scheint ja für die Reiselegitimation bestimmt gewesen zu sein.

Alles Gute

Kafka

An Max Brod und Felix Weltsch

[Meran, 10. April 1920]

Lieber Max, den ersten Abend in meinem neuen Zimmer, es scheint recht gut zu sein, die Qualen des Suchens, Sich-Entscheidens, vor allem des Abschiednehmens vom alten Zimmer (es scheint der einzige sichere Boden unter den Füßen und man stößt ihn fort wegen ein paar Lire und sonstiger Kleinigkeiten, die doch wieder erst bei sicheren Verhältnissen Wert bekommen), alle diese Qualen kann das neue Zimmer natürlich nicht aufwiegen, es ist auch nicht nötig, sie sind vorüber und ihr Urgrund bleibt, treibt tropischer als alle Vegetation hier.

Ich schreibe auf dem Balkon, halb acht Uhr abends (Sommerzeit) immerhin ein wenig kühl, der Balkon ist in einen Garten eingesenkt, fast ein wenig zu tief, ich hätte die Höhe lieber (aber finde einen hohen Balkon, wenn tausend solche Balkone und keiner weniger zu haben sind), aber es hat keinen sachlichen Nachteil, denn die Sonne scheint mir stark bis sechs Uhr abends her, das Grün herum ist schön, Vögel und Eidechsen kommen zu mir her.

Bisher habe ich in einem der ersten Hotels gewohnt oder vielleicht überhaupt in dem ersten, denn die andern gleichrangigen sind geschlossen. Die Gäste waren einige vornehme Italiener, dann noch ein paar andere Eindringlinge, der große Rest Juden, zum Teil getauft (aber was für abscheuliche jüdische Kräfte können bis ans Bersten in einem getauften Juden leben, erst in den christlichen Kindern der christlichen Mutter glättet es sich). Dort war z. B. ein türkisch-jüdischer Teppichhändler, mit dem ich meine paar hebräischen

Worte gewechselt habe, ein Türke an Gestalt, Unbeweglichkeit und Frieden, ein Duzfreund des Konstantinopler Großrabbiners, den er merkwürdiger Weise für einen Zionisten hält. – Dann ein Prager Jude, der bis zum Umsturz (im Vertrauen) Mitglied sowohl des Deutschen Hauses als der Měštanská Beseda gewesen ist, jetzt nur mit großer Protektion die Entlassung aus dem Kasino durchgesetzt hat (Streichung bis zur vollständigsten Unlesbarkeit) und seinen Sohn sofort in die tschechische Realschule hat übertreten lassen »er wird jetzt nicht deutsch, und nicht tschechisch können, wird er bellen«. Gewählt hat er »nach seiner Konfession«, natürlich. Aber das alles charakterisiert ihn gar nicht, berührt seinen Lebensnerv nicht von der Ferne, es ist ein guter, lebendiger, witziger, begeisterungsfähiger alter Herr.

Die Gesellschaft in meiner jetzigen Pension (ich fand sie zufällig, läutete zufällig an der Hausglocke nach langem hilflosem sonstigem Suchen, beachtete, wie mir jetzt einfällt, eine kurz vorher gegebene Warnung nicht, als mich eine aus der Fassung geratene Kirchgängerin, es war Ostermontag, auf der Gasse anschrie »Luther ist ein Teufel!«), die Gesellschaft also ist ganz deutsch-christlich, hervorstechend: ein paar alte Damen, dann ein gewesener oder gegenwärtiger, es ist ja das gleiche, General und ein ebensolcher Oberst, beide kluge, angenehme Leute. Ich hatte gebeten, mir im gemeinsamen Speisezimmer auf einem separierten Tischchen zu servieren, ich sah, daß auch sonst derartig serviert wurde, auch fällt das Vegetarische so weniger auf und vor allem, man kann besser kauen und es ist überhaupt sicherer. Allerdings auch komisch, besonders als sich herausstellte, daß, genau genommen, ich als einziger separiert saß. Ich machte später die Wirtin darauf aufmerksam, aber sie beruhigte mich, wußte auch etwas vom »Fletschern« und will, daß ich zunehme. Nun nötigte mich aber heute der Oberst, als ich ins Speisezimmer kam (der General war noch nicht da), so herzlich zum gemeinsamen Tisch, daß ich nachgeben mußte. Nun ging die Sache ihren Gang. Nach den ersten Worten kam hervor, daß ich aus Prag bin; beide, der General (dem ich gegenüber saß) und der Oberst kannten Prag. Ein Tscheche? Nein. Erkläre nun in diese treuen deutschen militärischen Augen, was du eigentlich bist. Irgendwer sagt: »Deutschböhme«, ein anderer »Kleinseite«. Dann legt sich das Ganze und man ißt weiter, aber der General mit seinem scharfen, im österreichischen Heer philologisch geschulten Ohr, ist nicht zufrieden, nach dem Essen fängt er wieder den Klang meines Deutsch zu bezweifeln an, vielleicht zweifelt übrigens mehr das Auge als das Ohr. Nun kann ich das mit meinem Judentum zu erklären versuchen. Wissenschaftlich ist er jetzt zwar zufriedengestellt, aber menschlich nicht. In demselben Augenblick, wahrscheinlich zufällig, denn alle können das Gespräch nicht gehört haben, aber vielleicht doch in irgendeinem Zusammenhang erhebt sich die ganze Gesellschaft zum Weggehn (gestern waren sie jedenfalls lange beisammen, ich hörte es, da meine Tür an das Speisezimmer grenzt). Auch der General ist sehr unruhig, aus Höflichkeit bringt er aber doch das kleine Gespräch zu einer Art Ende, ehe er mit großen Schritten wegeilt. Menschlich befriedigt mich ja das auch nicht sehr, warum muß ich sie quälen?, sonst ist es eine gute Lösung, ich werde wieder allein sein ohne das komische Alleinsitzen, vorausgesetzt, daß man nicht irgendwelche Maßregeln ausdenken wird. Im übrigen werde ich jetzt Milch trinken und schlafen gehn. Leb wohl! Dein Franz

Lieber Felix, meine kleinen Neuigkeiten gehören auch Dir. Was die Sonne betrifft, so habe ich nie geglaubt, im Grunde nie geglaubt, daß hier immerfort klare sonnige Tage sind und es ist auch nicht wahr, bisher, heute ist Donnerstag abend, waren ein-einhalb solche Tage und selbst die waren von einer allerdings äußerst angenehmen Kühle, sonst aber war Regen und fast Kälte. Wie kann man auch anderes erwarten so nah bei Prag, nur die Vegetation täuscht, bei einem Wetter, bei dem in Prag fast die Pfützen gefrieren, öffnen sich hier vor meinem Balkon langsam die Blüten.
Alles Gute! Grüßt bitte auch die Frauen und Oskar Dein Franz

Bitte könntest Du mir die Selbstwehr schicken? (Die Nummer mit Deinem Wunder-Aufsatz habe ich schon gelesen.)

An M. E.

[Ansichtskarte. Meran, April 1920]
Herzliche Grüße aus dem warmen Süden (warm nämlich, wenn der Ofen geheizt ist, an dem ich fast lehne), trotzdem schön, weil es wenigstens zwei Schritte (der Kopf mißt anders als die Füße) von Prag entfernt ist. Für den Fall, daß es Ahlemer Neuigkeiten geben sollte, meine Adresse: Südtirol, Meran-Untermais, Pension Ottoburg. Herzlich Ihr Kafka

An Max Brod

[Meran, Ende April 1920]

Mein lieber Max,
nichts von Dir gehört, schon so lange Zeit, allerdings durch meine Schuld, denn ich hätte recht gut dem ersten Brief, der irgendwie verloren gegangen zu sein scheint, einen zweiten nachschicken können. Oder vielmehr, ich hätte es nicht gut können, denn ich lebe hier zwar sehr behaglich, an Gewicht zunehmend, nur unter den üblichen Unruhe-Teufeln der Tage und Nächte, aber doch so, daß die präziseste Mitteilung über mein Leben sich nur durch Nichtschreiben erreichen läßt. Während Du wahrscheinlich, was ja nicht durchaus das Gegenteil ist, in der Überfülle der Arbeit die für das Schreiben nötige Auswahlmöglichkeit nicht hast. Gut siehst Du aber aus, das schreibt mir die Mutter, damit nimmt sie mir einige unbehagliche Gedanken, Gedanken an Wahlüberarbeitung, Wahlenttäuschung u. dgl.
Übrigens habe ich doch noch ein wenig von Dir gehört, mein Arzt, Dr. Josef Kohn (Prager Zionist), hat Dich auf seiner Herreise in München aussteigen gesehn, was mir besonders mit Rücksicht auf die Wahlzeit sehr erstaunlich war, bis er mir dann wieder einmal die Nachricht von Theaterlärm4 in München brachte. Was hat Orosmin schon alles hören müssen!
Gestern habe ich rekommandiert den beiliegenden Brief von Janowitz bekommen; scheint Dir meine beiliegende Antwort halbwegs entsprechend, schick sie weg, sonst ändere ich sie natürlich gern nach Deinem Wunsch. Das Ganze artet aber zu einem Geduldspiel aus, das erst dann zu einiger Lösung kommen kann, wenn er oder wir zu schimpfen anfangen. Wollen wir aber nicht grob werden, dann ist es besser, wenn wir uns zufrieden geben.
Grüße bitte herzlich von mir Felix, Oskar und die Frauen, Frau Elsa voran. Dein Franz

An Felix Weltsch

[Meran, April/Mai 1920]

Lieber Felix, Dank für Karte und Selbstwehr. Die Selbstwehr entbehrte ich wirklich schon als eine Mitteilung von Dir; daß Du mir eigens schreiben solltest, daran dachte ich gar nicht, Deine Arbeitsleistung und vor allem der Mut zu ihr und in ihr ist mir ja unbegreiflich. Und mit welcher Überlegenheit, Ruhe und Treue gegen

Dich Du das Ganze führst. Von Deinen persönlichen Schmerzen, die Du in der Karte erwähnst, ist – ich habe zwischen den Zeilen gesucht – nicht das Geringste zu merken; so die Zeitschrift zu führen, heißt sich schon bei Lebzeiten verklärt sehn. Und dabei kann ich die politische Kunst kaum beurteilen.

Letzthin sah ich bei einem hiesigen Bäcker Holzgethan einige Hefte der Selbstwehr auf dem Ladentisch, ein junger Mann borgte sich sie von der Besitzerin aus, es wurde überhaupt über Zeitungen gesprochen, mich einzumischen hatte ich keine Gelegenheit. Jedenfalls war ich hocherstaunt und wollte Dir gleich die interessante Beobachtung über die Verbreitung der Selbstwehr schreiben. Leider habe ich es versäumt und heute ist es zu spät, denn ich habe erfahren, daß das meine Hefte gewesen sind, die ich meinem Arzt, einem Prager Zionisten (vorher hatte ich sie noch einer alten Prager Dame geborgt), geborgt hatte, der sie beim Bäcker liegen ließ und nicht mehr wiederbekam.

Letzthin wollte ich Dir eine Nummer des hiesigen katholischen Blattes mit einem Leitartikel über Zionismus schicken, es schien mir aber damals zu langweilig. Es war eine Besprechung eines in Wien erschienenen Buches[5] von Wichtl über Zionismus und Freimaurerei. Der Zionismus ist hienach die von der Freimaurerei geschaffene, im Bolschewismus zum Teil schon aufgegangene Schöpfung zur Zerstörung alles Bestehenden und Aufrichtung der jüdischen Weltherrschaft. Beschlossen wurde das alles auf dem ersten Basler Kongreß, der zwar nach außen hin verschiedene lächerliche Sachen verhandelte, um äußerliche Billigung der Weltorganisation zu bekommen, im Innern aber nur über die Mittel zur Erreichung der Weltherrschaft beriet. Diese Geheimprotokolle sind glücklicherweise in einem Exemplar gestohlen worden und wurden von dem großen russischen Gelehrten Nilus[6] (von dem merkwürdiger Weise in dem Leitartikel nochmals ausdrücklich bemerkt wird »er hat wirklich gelebt und war ein großer russischer Gelehrter«) veröffentlicht. Stellen aus den Protokollen der »Weisen von Zion«, wie sich die Kongreßmitglieder selbst nennen, werden zitiert, sie sind gleichzeitig dumm und schrecklich wie der Leitartikel.

Deine Nachricht von Langer, dem ich vielmals danken lasse, hat mich sehr gefreut, ich weiß, daß es zum größten Teil kindliche Freude ist, aber ich habe sie schamlos. Das Kind ist offenbar nicht befriedigt worden und klettert die Leiter der Jahre zum Schwindligwerden hinauf.

Mir geht es hier gut, wenn ich nicht schlaflos bin, aber ich bin es sehr oft und sehr arg. Vielleicht ist die Bergluft daran schuld, vielleicht anderes. Wahr ist, ich lebe nicht sehr gern weder im Gebirge noch am Meer, es ist mir zu heroisch. Aber das sind doch nur Späße und die Schlaflosigkeit ist ernst. Ich bleibe trotzdem noch ein paar Wochen hier oder übersiedle in die Nähe von Bozen.

Herzliche Grüße Max, Oskar und den Frauen, auch Deinen Eltern und dem Bruder. Kommt nicht bald die große Zeit? Alles Gute der tapfern Frau. Dein Franz

An Max Brod

[Meran, Anfang Mai 1920]

Liebster Max, vielen Dank. München hatte ich mir ähnlich gedacht, die Details sind merkwürdig. Es ist verständlich, vielleicht verderben die Juden Deutschlands Zukunft nicht, aber Deutschlands Gegenwart kann man sich durch sie verdorben denken. Sie haben seit jeher Deutschland Dinge aufgedrängt, zu denen es vielleicht langsam und auf seine Art gekommen wäre, denen gegenüber es sich aber in Opposition gestellt hat, weil sie von Fremden kamen. Eine schrecklich unfruchtbare Beschäftigung, der Antisemitismus und was damit zusammenhängt, und den verdankt Deutschland den Juden.

Was meinen kleinen Kreis hier anlangt, so haben sich die Gegensätze längst gelegt, ich habe es damals übertrieben, die andern aber auch. Der General z. B. ist mir gegenüber freundlicher als zu andern, was mich übrigens nicht wundert, denn ich habe eine zweifellose gute gesellige Eigenschaft (leider nur diese eine auf Kosten aller andern): ich kann ausgezeichnet, aufrichtig und glücklich zuhören. Es muß sich allmählich in der Familie ausgebildet haben, eine alte Tante von mir hat z. B. ohne besondere innere Beteiligung ein außerordentliches Zuhör-Gesicht: offenen Mund, Lächeln, große Augen, fortwährendes Kopfnicken und unnachahmliche Halsstreckung, die nicht nur demütig ist, sondern auch das Ablösen der Worte von den Lippen des andern erleichtern will und erleichtert. Ich habe dann, ohne mich zu überheben, dem Ganzen Wahrheit und Leben gegeben, das Gesicht der Tante, es ist sehr groß, umgibt aber noch immer das meine. Der General deutet das aber unrichtig und hält mich deshalb für ein Kind, letzthin z. B. sprach er die Vermutung aus, daß ich eine schöne Bibliothek habe, korrigierte sich aber gleich im Hinblick auf meine Jugend und meinte, daß ich wohl anfange, mir schon eine Bibliothek anzulegen. Trotzdem man also nicht viel Rücksicht auf mich nehmen mußte, zeigt der Antisemitismus bei Tisch seine typische Unschuld. Ein Oberst verdächtigt bei mir privat den General (dem überhaupt von allen Seiten Unrecht geschieht) eines »dummen« Antisemitismus, spricht man von jüdischer Lumperei, Frechheit, Feigheit (Kriegsgeschichten geben viel Gelegenheit, auch schreckliche Dinge, z. B. ein kranker Ostjude, der am Abend vor dem Abmarsch ins Feld zwölf Juden Trippergift in die Augen spritzt, ist das möglich?), lacht man dabei mit einer gewissen Bewunderung und entschuldigt sich nachher auch noch bei mir, nur den jüdischen Sozialisten und Kommunisten verzeiht man nichts, die ertränkt man in der Suppe und zerschneidet man beim Braten. Aber auch nicht durchwegs, ein Fabrikant aus Kempten z. B. ist da (auch dort war ein paar Tage lang eine allerdings unblutige und unjüdische Räteregierung), der sehr gut zwischen Landauer, Toller und andern unterscheidet und von Lewin Imponierendes erzählt.

Mir ginge es gesundheitlich gut, wenn ich schlafen könnte, an Gewicht habe ich zwar zugenommen, aber die Schlaflosigkeit fährt mir besonders in der letzten Zeit dazwischen. Sie hat verschiedene Gründe wohl, einer ist vielleicht mein Briefwechsel mit Wien[7]. Sie ist ein lebendiges Feuer, wie ich es noch nie gesehen habe, ein Feuer übrigens, das trotz allem nur für ihn brennt. Dabei äußerst zart, mutig, klug und alles wirft sie in das Opfer hinein oder hat es, wenn man will, durch das Opfer erworben. Was für ein Mann allerdings auch er, der das erregen konnte.

Wegen der Schlaflosigkeit werde ich vielleicht früher kommen als ich dürfte. Nach München fahre ich kaum, so sehr mich der Verlag interessieren würde, es wäre ein passives Interesse.

Herzliche Grüße Dir, Deiner Frau und allen, Oskar besonders, dem ich noch nicht geschrieben habe, ich entschließe mich, trotzdem kein Hindernis vorliegt, so schwer zu notwendigerweise öffentlichen[8] Briefen. Dein F.

An M. E.

[Zwei Postkarten. Meran, Frühjahr 1920]

Liebes Fräulein Minze, erst heute bekam ich Ihren Brief nachgeschickt, die Beilage nicht einmal, sie wartet auf mich in Prag, ich werde sie wieder beleben. Für den Fall, daß ich es noch nicht gesagt haben sollte, sage ich es heute: Sie sind lieb und gut. Heute [war] ich auf diesem Schloß[9] oben, [erinnern] die Loggien nicht an den Schelesner Balkon, nur sind sie ein wenig großartiger und in der Ferne sieht man nicht die zwei kleinen Villen, sondern nichts weniger als die Ortlergruppe. Immerhin eine Loggia ist es und beim Vollmond mögen dort auch die alten Ritter gesessen haben. Alles Gute! Wozu vor allem Ahlem gehört.   Kafka

Ich schicke das Bild, weil es offenbar den letzten Wurf der Meta[10] darstellt.

An Max Brod

[Meran, Juni 1920]

Danke, Max, Dein Brief hat mir sehr wohl getan. Auch die Geschichte war zu rechter Zeit erzählt, ich habe sie zehnmal gelesen und zehnmal über ihr gezittert, sie auch mit Deinen Worten wiedererzählt.

Aber der Unterschied zwischen uns besteht. Siehst Du, Max, es ist doch etwas ganz anderes, Du hast eine ungeheure Festung, ein Ring ist vom Unglück eingenommen, aber Du bist im Innersten oder wo Du sonst zu sein Lust hast, und arbeitest, arbeitest gestört, unruhig, aber arbeitest, ich aber brenne selbst, ich habe plötzlich gar nichts, ein paar Balken, stützte ich sie nicht mit meinem Kopf, würden sie zusammenbrechen und nun brennt diese ganze Armut. Klagte ich? Ich klage nicht. Mein Anblick klagt. Und wessen ich gewürdigt bin, das weiß ich.

Die zweite Nachricht freut mich natürlich, zum Teil stammt sie schon aus meiner Zeit. Inzwischen habe ich diesem Menschen das Schlimmste getan, was ich ihm tun konnte, und vielleicht auf die schlimmste Weise. So wie ein Waldarbeiter in einen Baum hineinhackt (aber er hat den Befehl[11]). Du siehst, Max, Scham habe ich noch.

Gern wäre ich im Mai bei Dir gewesen und ich freue mich sehr auf Dich.

Nur eine Stelle stört Deinen Brief. Wo Du vom Gesund-werden sprichst. Nein, davon ist seit einem Monat keine Rede mehr. Übrigens hast Du ja die »Insel Carina«[12] geschrieben.   Dein Franz

Grüße Deine Frau.

Weißt Du zufällig etwas von Ottla? Sie schreibt mir wenig. Mitte Juli soll Hochzeit sein.

Oskar schreibe ich, aber was soll ich schreiben, da ich nur eines zu schreiben habe.

An Felix Weltsch

[Postkarte. Meran, Stempel: 12. VI. 1920]

Lieber Felix, vielen Dank, nein, ich habe die Weltbühne[13] nicht gelesen; wenn Du kannst, so hebe sie mir bitte auf. Aber die Selbstwehr kommt wieder nicht, nach der ersten Sendung, für die ich Dir ja schon gedankt habe, ist nichts mehr gekommen. Und gerade jetzt, wo Palästina nach einer Zeitungsnachricht von Beduinen überschwemmt ist und vielleicht auch der kleine Buchbinderarbeitstisch[14] in der Ecke zerschlagen.

Herzliche Grüße Dir und Deiner Frau.   Dein Franz

Auch Oskar, bitte, grüße. Ende des Monats komme ich.

An M. E.

[Prag, Sommer 1920]

Liebe Minze, woher hätte ich denn das alles wissen sollen. Jetzt auf einem Gut und im Herbst in Ahlem! Wenn Sie scharf nachgedacht hätten, womit Sie mir die größte Freude machen könnten, und zwar eine wirkliche Freude, die einen, wenn man müde, unausgeschlafen, welk geradezu (es ist aber nicht ganz so schlimm) ins Bureau kommt, frisch und zuversichtlich machen könnte, so hätte es nichts anderes sein können als Ihr Brief und das Bildchen. Man muß es ja natürlich nicht übertreiben, Sie heißen zwar Assistentin (Du schönes Wort! heute ist man noch ein gewöhnlicher Mensch und morgen ist man schon Assistentin), aber vielleicht ist es doch nur eine Art Sommerfrische und Sich-nützlich-machen (das ist aber keine Verdächtigung, es ist nur immer noch Staunen darüber, daß Sie etwas so Leichtes und doch gar nicht Leichtes verwirklicht haben sollten). Aber dann lese ich auf dem Bildchen Pfingstmontag und das ist doch schon lange her und noch immer sind Sie dort, das ist doch schon sehr viel. Und auch ein Schweinchen können Sie schon halten, würgen es zwar noch ein wenig, aber halten es doch gut und haben dazu auch braune, glänzende, kräftige Arme. Nein, wie viel lieber ist mir Minze auf dem Düngerkarren, als Kleopatra auf ihrem goldenen Thron.

Und vor Ahlem müssen Sie sich gewiß nicht fürchten. Wenn es dort auch vielleicht nicht so frei sein wird, wie in Ihrem jetzigen Leben (wie verwenden Sie die Freizeit?), so wird es doch fremdes Land sein, fremde Menschen, neue Dinge, neues Ziel, da ist es doch fast gut, zunächst ein wenig gebunden zu sein, man ginge doch sonst in Fransen. Und diese angebliche Freiheit in Teplitz war doch vielleicht eher ein Gebundensein mit den allerkürzesten Hand- und Fußketten, war eher Ohnmacht als Freiheit. Es ist ein Wunder, daß Sie dort losgekommen sind.

Gewiß sind Sie auch schon gesund und haben keine Rückenschmerzen mehr. Jetzt bei Ihrem Brief fällt mir ein, daß ich letzthin einmal Herrn Stransky und einmal Hr. Kopidlansky gesehn habe, aber ganz flüchtig, undeutlich wie im Traum, ich weiß nicht genau, wo; beide sahen nicht sehr gut aus. Mir geht es knapp leidlich, Meran hat mir gesundheitlich nichts geholfen. Es ist eben der »innere Feind«, der zehrt und keine eigentliche Erholung zuläßt. Ja wenn man ihn als lebendes Schweinchen auf den Schoß nehmen könnte, aber wer könnte den aus seiner Tiefe heraufholen. Doch ist das keine Klage; darüber klagen hieße über das Leben klagen und das wäre sehr dumm.

Herzliche Grüße und nochmals vielen Dank   Ihr Kafka

Übrigens müssen Sie, Minze, nicht glauben, daß ich mir nach dem Bild Milsau nicht jetzt auch schon ein wenig vorstellen kann. Etwa so: eben, gegen Süden mit sanft aufsteigenden Lehnen. Humusreicher schwarzer Lehmboden mit Kalk und Sand gemischt. Lehmuntergrund. Basaltformation. Nicht sehr groß, kaum 60 ha bebauter Boden, Weizen, Gerste, Zuckerrübe, Korn. Etwa 42 Häuser mit etwa 268 Einwohnern (und Minze). In die Kirche muß man nach Brunnersdorf gehn.

Genug erkannt nach einem so kleinen Bild, nicht? Und dabei hat man doch gar nicht recht Zeit sich umzusehn, denn es hält einen Ihr Blick, der kritische Blick der Bäuerin, die nach dem Wetter ausschaut.

An Max Brod

Freitag [Prag, Stempel: 7. VIII. 1920]

Lieber Max, wenn Du, Du so außerordentlich faul bist, dann ist es sicher, gutes Wetter vorausgesetzt, ein Glücksfall, bei mir wäre es nichts besonderes, ich bin immer faul, auf dem Land, in Prag, immer und am meisten sogar wenn ich beschäftigt bin, denn diese Beschäftigung ist ja keine, ist nur das dankbare In-der-Sonne-liegen des Hundes.

Das »Heidentum« habe ich gleich Montag in einem Zug gelesen, das »Lied der Lieder«[15] noch nicht, denn seitdem war Schwimmschulwetter. Über die selbstverständliche Fülle, dabei Geradlinigkeit und Durchdachtsein des Kapitels war ich immerfort von neuem erstaunt, trotzdem ich es erwartet hatte, denn dieses »Heidentum« ist ja zum Teil Deine geistige Heimat, trotzdem Du es nicht immer willst. Es ist prachtvoll, ich war Deine allerdings unkritischeste galizische Schülerin[16] und habe beim Lesen im Geheimen Dir oft die Hand gedrückt und Dich oft beim Arm genommen.

Dabei kann ich gar nicht sagen, daß ich mit Dir einverstanden bin oder richtiger gesagt: ich trage vielleicht nur Dein geheimes Einverständnis mit dem »Heidentum« offen. Überhaupt, wo Du aus Dir sprichst, bin ich Dir sehr nahe; wo Du zu polemisieren anfängst, bekomme ich oft auch Lust zu polemisieren (so gut ich es kann, natürlich).

Ich glaube nämlich an kein »Heidentum« in Deinem Sinn. Die Griechen z. B. kannten doch einen gewissen Dualismus sehr gut, was hätte sonst die Moira und vieles andere für einen Sinn gehabt? Nur waren es eben ganz besonders demütige Menschen – in religiöser Hinsicht –, eine Art lutheranischer Sekte. Sie konnten das entscheidend Göttliche gar nicht weit genug von sich entfernt denken, die ganze Götterwelt war nur ein Mittel, das Entscheidende sich vom irdischen Leib zu halten, Luft zum menschlichen Atem zu haben. Ein großes nationales Erziehungsmittel, das die Blicke der Menschen festhielt, weniger tief war als das jüdische Gesetz, aber vielleicht demokratischer (hier waren kaum Führer und Religionsbegründer), vielleicht freier (es hielt fest, aber ich weiß nicht, womit es hielt), vielleicht demütiger (denn der Anblick der Götterwelt brachte nur zum Bewußtsein: also nicht einmal, nicht einmal Götter sind wir und wären wir Götter, was wären wir?). Am nächsten kommt man vielleicht Deiner Auffassung, wenn man sagt: Es gibt theoretisch eine vollkommene irdische Glücksmöglichkeit, nämlich an das entscheidend Göttliche glauben und nicht zu ihm streben. Diese Glücksmöglichkeit ist ebenso Blasphemie wie unerreichbar, aber die Griechen waren ihr vielleicht näher als viele andere. Aber auch das ist noch nicht Heidentum in Deinem Sinn. Und Du hast auch nicht bewiesen, daß die griechische Seele verzweifelt war, sondern nur, daß Du verzweifelt wärest, wenn Du Grieche sein müßtest. Das stimmt allerdings für Dich und mich, aber auch hier nicht ganz. Eigentlich erlebt man in dem Kapitel dreierlei: Dein Positives, das hier unerschüttert bleibt und das ich auch im vorigen nicht anrühre, dann Deinen konzentrischen aufregenden Angriff auf das Griechentum und schließlich seine stille Selbstverteidigung, die im Grunde ja auch Du führst.

Mit Deiner Frau sprach ich vorgestern längere Zeit auf der Sophieninsel und auf dem Nachhauseweg. Sie war fröhlich, sehnsüchtig zwar, wie sie sagte, aber fröhlich. Eine Verlobungsgeschichte Deines Schwagers regte sie zwar ein wenig auf, regte sie aber unzweifelhaft auch ein wenig an, wie es eben solche Sachen, ich fühlte das an mir auch, immer tun.
Von Abeles kam lange nichts, ich fürchtete schon, es sei mißlungen, da kam gestern nachmittag doch seine Antwort, recht freundlich. Es fällt übrigens doch auf den Verlag Löwit zurück, denn Abeles geht am 2. August auf Urlaub und hat die Sache seinem Freund, einem Dr. Ornstein, Lektor des Verlages Löwit übergeben, sie wird, wie er versichert, »gewissenhaft durchgeführt werden«. Vom Geld schreibt er nichts, holt sichs also doch wohl bei Löwit. Gleichzeitig bittet er mich Dich zu verständigen, daß das Jahrbuch heuer doch nicht erscheint, er kennt eben Deine jetzige Adresse nicht und es liegt ihm viel daran, Dich »den Vielbeschäftigten rechtzeitig seines liebenswürdigen Versprechens zu entbinden«. Da wahrscheinlich Deine Frau etwas für das Jahrbuch abzuschreiben hat, war ich heute gegen abend bei ihr, habe sie aber, da sie nicht zuhause war, nur durch einen Zettel davon verständigt.
Mir geht es leidlich. Die Antwort nach Wien hat natürlich Zeit. Letzthin war Otto Pick bei mir, er erwähnte einen Engländer, der den »Volkskönig«[17] für Amerikaaufführungen aus dem Deutschen ins Englische übersetzen will. – Das ist alles und jetzt geh ich ins Bett. Ich höre: Du schläfst so gut. Allen Segen über Deinen Schlaf.
Franz

An Elsa Brod

[Prag, 7. August 1920]

Liebe Frau Elsa, der Wächter hat Sie leider nicht angetroffen. Wird gemeldet. Sonst wollte ich nur sagen, daß der jüdische Nationalkalender nach einem Brief von Otto Abeles heuer doch nicht herausgegeben wird, Sie also nichts abschreiben und hinschicken müssen.
Herzliche Grüße

Ihr F

An M. E.

[Prag, November/Dezember 1920]

Liebe Minze, Sie machen mir viel Freude, wirklich, und die Tage, an denen ich Ihre Karte und jetzt den Brief bekam, waren ausgezeichnet vor den andern. Diese Freude ist fast unabhängig von Ihnen selbst, zunächst freut mich nur die Tatsache, daß es jemandem gelingt, trotz aller Schwierigkeiten (an sich waren ja Ihre Schwierigkeiten nicht allzugroß, vergleichsweise aber ungemein groß) aus Teplitz, das ich mir für einen Menschen Ihrer Art grauenhaft denke, viel grauenhafter, als Sie selbst es jetzt fassen können, daß es also diesem Menschen gelingt herauszukommen in eine doch zweifellos viel größere Welt. Das macht wirklich Lebensmut weit um diesen Menschen herum. Daß es dann gerade Sie sind, um die es sich handelt, und daß ich von fernster Ferne am alleräußersten Zipfel auch irgendwie daran teilnehme, vergrößert natürlich die Freude noch.

Und nun, da Sie einmal dort sind, mögen Sie ruhig [gestrichen: Ahlem beschim] (nein das darf man vielleicht nicht schreiben) mit vielen Dingen in Ahlem auch unzufrieden sein, gewiß haben Sie recht, warum sollte es auch besonders gut sein, es ist eine westjüdische Sache, alle diese Sachen stehn ja meist auf Abbruch da, vielleicht werden Sie selbst noch einmal einen Balken von Ahlem nach Palästina tragen. Nein, das ist kein Scherz, allerdings auch nicht Ernst.

Aber wie es auch dort sein mag in Ahlem, jedenfalls fangen Sie dort an zu erkennen – jede Seite Ihres Briefes beweist das – daß die Welt, die geistige vor allem, viel größer ist als das verfluchte Dreieck Teplitz-Karlsbad-Prag. Und diese lebendig gewordene Erkenntnis ist ein Gewinn, wert für ihn zu frieren; bekommt man allerdings den Ofen, ist es dann noch viel besser. (Diese Ofengeschichte verblüfft mich allerdings wirklich und vielleicht verstehe ich manches aus Ahlem doch nicht ganz, solange ich im Schlafrock im geheizten Zimmer sitze mit etwa zehnmal mehr Essen, als ich bewältigen kann). (Ein wenig erschwert das schnelle Verständnis auch die Schrift, in Ahlem schreibt man so klein. Freilich im Bett, doch kommt das einem nicht immer gleich zu Bewußtsein, so bewegt und gesund ist der Brief.)

Gogol, Hafis, Li-tai-pe, eine zwar etwas zufällige Auswahl (die zwei letzteren offenbar in Übersetzungen von Bethge oder Klabund, die nicht allzu gut sind; von chinesischen Gedichten gibt es ein ausgezeichnetes kleines Übersetzungsbuch[18], ich glaube aber, es ist vergriffen und noch immer nicht neu erschienen, von Heilmann, in der Sammlung »Die Fruchtschale« Verlag Piper, ich habe es einmal einem Irgendjemand geborgt und nicht mehr bekommen), aber jedenfalls wie viel besser als die Dahn und Baumbach Schelesner Angedenkens. Wenn Sie einmal Zeit zum Lesen haben, borgen Sie sich – in jeder Leihbibliothek ist es zu haben – Lily Braun »Memoiren einer Sozialistin«[19] aus, zwei sehr dicke Bände, die Sie aber durchfliegen werden, man kann nicht anders. In Ihrem Alter, glaube ich, war sie auch schon nur auf sich gestellt und mit der Moral ihrer Klasse (eine solche Moral ist jedenfalls lügnerisch, darüber hinaus aber fängt das Dunkel des Gewissens an) hatte sie viel Leid, aber sie hat sich durchgekämpft wie ein streitbarer Engel.

Freilich lebte sie in ihrem Volk. Was Sie darüber sagen, nehme ich nicht als etwas Endgültiges, auch glaubte ich nicht, bei weitem nicht, daß Sie den einzelnen Juden wegen seines Judentums lieb haben sollen oder daß zwanzig jüdische Mädchen oder auch hundert, um Sie gruppiert, Ihnen den Halt eines Volkstums werden geben können, aber eine Ahnung der Möglichkeiten vielleicht. Und dann: vielleicht braucht die Frau wirklich das Volkstum weniger für sich, aber der Mann braucht es und so braucht es auch die Frau für ihn und ihre Söhne. So etwa.

Was Sie über Ihre Gärtnerzukunft sagen, verstehe ich noch nicht ganz, darüber würde ich gern noch etwas hören. Was für Siedlungen sind es, von denen Sie schreiben? Sind lauter Jüdinnen in der Anstalt? Und die Lehrer Juden? Von den Jungens schreiben Sie gar nicht. Wie weit ist Hannover? Man kann frei hinfahren? (Dieses Judentum übrigens, das so hochmütig auf die Deutschen hinunterschaut, ist mehr als ich wollte. Auch ist Deutschland mehr als Hannover.)

Gern würde ich übrigens einmal ein Weilchen, wenn große Gesellschaft ist (wie alt sind die Mädchen?), in Ihrem Zimmer sitzen (warum erwähnen Sie den Prospekt in Ihrem Brief?), womöglich auf dem Ofen, weil mir leicht kalt wird, und zuhören und mitsprechen und mitlachen (so gut ich es kann). Vorläufig allerdings fahre ich in etwa 14 Tagen nach Niederösterreich in ein Sanatorium, es geht mir aber erträglich. Glücklichen Kampf! Ihr Kafka

An Max Brod

[Prag, Stempel: 13. XII. 1920]
Das war sehr lieb von Dir, Max, ich will Dir gleich dafür danken. Als ich oben bei Deiner Frau war und den kleinen Zettel, die Grimmensteiner Aufenthaltsbewilligung[20], in der Hand drehte, war es mir wie ein großes Geschenk. Ich möchte es nicht ungeschehn machen, trotzdem ich nicht nach Grimmenstein fahre. Ich fahre nicht hin, weil ich mich nicht überwältigen kann oder vielmehr weil es mich überwältigt. Es war in keiner Hinsicht leicht die Reiserichtung zu ändern, jetzt ist es vorüber. Ich fahre nach Tatranské Matliary (Badedirektion Forberger), wenigstens vorläufig, sollte es dort nicht gut sein, übersiedle ich in das etwa eine Stunde davon entfernte Szontaghs Sanatorium, Nový Smokovec. Ich fahre am achtzehnten fort, hätte Dich noch gern in Prag gesehn, wollte aber doch nicht länger mehr warten.

Deine Frau hat viel und klug und bitter und süß, so wie sie in ihrer besondern, manchmal rührenden Art Bitterkeit und Süße im Urteil zu verteilen pflegt, von der Reise erzählt, ich hatte, auch aus den Kritiken, den Eindruck, daß der Erfolg[21] rein war und ohne Störung Deiner Absichten. »Esther« scheint merkwürdig für ihn vorgearbeitet zu haben.

Aus der Tatra schreibe ich Dir. Ottla fährt übrigens für ein paar Tage mit.

Alles Gute! Franz

Herzliche Grüße Deiner Schwester, Schwager und Thea.

An M. E.

[Ansichtskarte. Tatranské Matliary, Ende Dezember 1920]
Liebe Minze, Ihren Brief bekam ich gerade vor der Abreise. Merk-

würdige Dinge! Kaum sind Sie endlich im Schiff, geht es unter. Allerdings ist es nicht ganz klar, wenigstens aus Ihren Andeutungen verstehe ich es nicht ganz. Und was sind das für Ostseepläne? Die sind mir gar nicht deutlich geworden. Aber tapfer sind Sie und das ist schön. Seien Sie auch gut und lassen Sie mich weiter von meinem Liegestuhl aus [Sie] verfolgen. Ich vergaß in letzter Zeit zu fragen: Sie sind doch jetzt schon ganz [gesund]?

Herzliche Grüße Ihres   Kafka

An Max Brod

[Matliary, Stempel: 31. XII. 1920]

Lieber Max,
glaubst Du, daß mir bei Deinem Brief *nicht* heiß wird? Und die Reiche der Welt und ihre Herrlichkeit würde ich zwar, wenn man mir sie anbieten würde, auch nicht bekommen, aber nicht weil ich nicht nachgeben würde, sondern weil ich vor Gier schon beim Hinunterspringen mich totschlagen würde. Hat mich denn von Berlin etwas anderes abgehalten als große Schwäche und Armut, die das »Angebot« verhinderte, aber niemals mich verhindert hätte, dem »Angebot« zu erliegen. Mit allen Fäusten wäre ich losgegangen, Du kennst meinen Ehrgeiz nicht.

Bei Dir ist es anders, Du hattest die Möglichkeit (so wie Du die Lebenskraft Berlins anzusehen vorgibst, sehe ich Deine Kraft wirklich an) und hast ihr mit der für mich überzeugendst sichersten Entscheidung nicht nachgegeben. So sicher und überzeugend ist in dieser Richtung für mich Deine Entscheidung, daß ich sie genau so anerkennen würde, wenn sie jetzt anders ausfallen sollte. Übrigens schreibst Du von einer Übersiedlung nach Berlin noch nichts. Und merkwürdig ist auch an der Berliner Lockung, daß Dich die Intensität dort lockt, daß Du aber zu fühlen scheinst, Dein Prager Leben ließe sich nicht berlinisch intensivieren, sondern es müßte ein Berlinerisches Leben werden ganz und gar. Aber vielleicht hast Du in Berlin gar nicht den Befehl gehört, nach Berlin zu kommen, sondern nur, aus Prag fortzugehn.

Die Theatersache verstehe ich ohne nähere Erklärungen nicht, die Kritiken hat Berlin ebenso wie ich gelesen; Du hast selbst gesprochen; alles mögliche und unmögliche wird aufgeführt und vor den »Fälschern« schreckt man zurück?

F. war nicht bei Deinen Vorlesungen? Wegen ihres Zustandes wohl? In Berlin gewesen sein und F. nicht gesehen haben, kommt mir privat nicht richtig vor, trotzdem es natürlich bei mir auch so wäre. Ich habe für F. die Liebe eines unglücklichen Feldherrn zu der Stadt, die er nicht erobern konnte, die aber »trotzdem« etwas Großes – glückliche Mutter zweier Kinder – geworden ist. Von dem ersten Kind hattest Du keine Nachricht?
Was mich betrifft: ich habe hier einen guten Ort gefunden, gut nämlich, soweit man etwas haben will, was noch einen Anschein von Sanatorium hat und doch keines ist. Es ist keines, da es auch Touristen, Jäger und überhaupt jeden aufnimmt, keinen überflüssigen Luxus hat, sich nur bezahlen läßt, was wirklich gegessen wird, und ist doch ein Sanatorium, da es einen Arzt hat, Liegekurmöglichkeit, Küche nach Belieben, gute Milch und Sahne. Es liegt zwei km hinter Tatra-Lomnitz, also noch um zwei Kilometer näher an den großen Lomnitzer Spitzen, selbst ist es 900 m hoch. Guter Arzt? Ja, ein Spezialist. Wäre ich doch ein Spezialist geworden. Wie sich ihm die Welt vereinfacht! Die Schwäche meines Magens, die Schlaflosigkeit, die Unruhe, kurz alles, was ich bin und habe, geht ihm auf die Lungenerkrankung zurück. Solange sie nicht manifestiert war, hat sie sich eben in Schwäche des Magens, der Nerven maskiert. Manche Lungenerkrankungen – das glaube ich auch – kommen über solche Maskierungen gar nicht hinaus. Und da ihm das Leid der Welt so klar ist, hat er entsprechend in einem kleinen Ledertäschchen, nicht größer als eine Nationalfond-Büchse, immer auch das Heil der Welt bei sich und spritzt es ihr, wenn sie will, für zwölf Kronen ins Blut. Und wirklich ist er auch, damit alles zusammenpaßt, ein hübscher rotbackiger starker Mann mit einer jungen (offenbar jüdischen) Frau, die er liebt, und einem kleinen schönen Mädchen, das so merkwürdig klug ist, daß er davon gar nicht sprechen kann, eben weil es sein eigenes Kind ist und er sich nicht überheben will. Er kommt täglich zu mir, es ist sinnlos, aber nicht unangenehm.
Im Ganzen läßt sich sagen: wenn ich dieses Regime ein paar Monate körperlich und geistig (besonders am gleichen Ort) aushalte, werde ich der Gesundheit sehr nahekommen. Aber wahrscheinlich ist das ein Fehlschluß und bedeutet nur: wenn ich gesund bin, so werde ich gesund werden. In der ersten Woche habe ich 1 Kilo 60 zugenommen, was aber nichts beweist, denn in der ersten Woche gehe ich die Kur immer wie ein Löwe an.

Es sind an dreißig ständige Gäste hier, ich hielt die meisten für Nichtjuden, solche Vollungarn waren es, sie sind aber doch in der Mehrzahl Juden, vom Oberkellner angefangen. Ich rede sehr wenig und mit wenigen, zum größten Teil aus Menschenfurcht, aber auch weil ich es für richtig halte (daß einer, der Menschen fürchtet, es zeigt). Nur einer ist da, ein Kaschauer, fünfundzwanzigjährig, mit elenden Zähnen, einem schwachen meist zugekniffenen Auge, ewig verdorbenem Magen, nervös, auch nur Ungar, hat erst hier Deutsch gelernt, von Slowakisch keine Spur – aber ein Junge zum Verlieben. Entzückend im ostjüdischen Sinn. Voll Ironie, Unruhe, Laune, Sicherheit aber auch Bedürftigkeit. Alles ist ihm »interessant, interessant«, aber das bedeutet nicht das Gewöhnliche, sondern etwa »es brennt, es brennt«. Ist Sozialist, bringt aber aus seiner Kindererinnerung viel Hebräisches herauf, hat Talmud und Schulchan Aruch[22] studiert. »Interessant, interessant.« Aber fast alles vergessen. Er läuft in alle Versammlungen, hat Dich gehört, erzählt, daß Kaschau von der Rede entzückt war, hat auch Langer die Misrachigruppe gründen sehn.

Möge Dir Berlin noch nachträglich alles Gute bringen und schreib mir einmal ein Wort darüber. Oder machst Du nicht einmal eine slowakische Reise? Entsteht der Roman[23], von dem Du einmal sprachst?
Grüß von mir Deine Frau und alle. Für die Grimmensteiner Aufenthaltbewilligung habe ich Dir noch nach Berlin an die Ewerbuchhandlung gedankt, es schien und scheint mir eine ganz besondere Guttat gewesen zu sein.   Dein Franz

An Leo Baum[24]
[Ansichtskarte (Dürers »Eichhörnchen«). 1920]
Lieber Leo, ich war krank und so habe ich erst jetzt von Deinen lieben Eltern Nachrichten über Dich sammeln können. Ich bin glücklich, daß es Dir gut geht, allerdings habe ich niemals gezweifelt, daß es, (von selbstverständlichen, nebensächlichen, mit Mannesmut zu tragenden Widrigkeiten abgesehen) gut ausgehn wird. Schwierigkeiten hat es mir immer nur gemacht, meinen Neid zu bekämpfen, jetzt versuche ich es mit dem Gedanken an den »furchtbaren« Höllenstein, aber es geht nicht. – Bonus unterrichtet auch Dich schon?

Vor Jahren habe ich im »Kunstwart« manches von ihm mit großem Respekt gelesen. – Das Bild zeigt Dir, daß es schon zu Dürers Zeiten Waldschulen gegeben hat. Das eine Eichhörnchen hat eben ein Eßpaket von zuhause bekommen, der Kamerad hat sich vornehm umgedreht, schielt aber zurück. Das erste Eichhörnchen beeilt sich entsprechend.

Herzlichste Grüße! Alles Gute! Dein Kafka

1921

An Max Brod
[Matliary, 13. Januar 1921]
Liebster Max, in den letzten 3 Tagen war ich nicht sehr geeignet Matliary zu verteidigen oder überhaupt nur zu schreiben. Eine Kleinigkeit. Ein Gast, ein junger Mensch, krank aber fröhlich, singt ein wenig unter meinem Balkon oder unterhält sich auf dem Balkon über mir mit einem Freund (dem Kaschauer, der übrigens zu mir rücksichtsvoll ist wie eine Mutter zum Kind) – also diese Kleinigkeit geschieht und ich winde mich auf meinem Liegestuhl fast in Krämpfen, das Herz kann es nicht ertragen, in die Schläfen bohrt sich jedes Wort ein, die Folge dieser Nervenzerrüttung ist, daß ich auch in der Nacht nicht schlafe. Ich wollte heute wegfahren, nach Smokovec, sehr ungern, denn alles hier entspricht mir, auch mein Zimmer ist sehr ruhig, neben mir, unter mir, über mir niemand; was ich von Unbefangenen über Smokovec höre, bestätigt meine Abneigung (kein Wald ringsum, hier überaus schöner, vor 2 Jahren alles durch einen Cyklon umgeworfen, die Villen und Balkone liegen an einer städtischen staubigen belebten Straße) trotzdem hätte ich natürlich fahren müssen, aber man hat jetzt eine Einrichtung hier getroffen, welche mir von morgen ab voraussichtlich Ruhe verbürgt: statt der zwei Freunde oben eine stille Dame. Sollte es nicht sein, fahre ich gewiß. Übrigens fahre ich in einiger Zeit gewiß, schon aus meiner »natürlichen« Unruhe heraus.
Ich erwähne das alles erstens deshalb, weil ich davon so voll bin, als bestünde die Welt aus nichts anderem als dem Balkon über mir und seiner Unruhe, zweitens um Dir zu zeigen, wie unberechtigt Deine Vorwürfe gegen Matliary sind, denn Balkonunruhe (der Husten der Schwerkranken, das Läuten der Zimmerglocken!) ist in gedrängt vollen Sanatorien noch viel stärker und kommt nicht nur von oben, sondern von allen Seiten, einen andern Vorwurf kann ich aber gegen Matliary überhaupt nicht anerkennen (es wäre denn die allerdings nicht sehr große Eleganz meines Zimmers, aber das ist doch kein Einwand) und drittens erwähne ich es, um Dir meine augenblickliche innere Situation zu zeigen. Sie erinnert ein wenig an das alte Österreich. Es ging ja manchmal ganz gut, man lag am Abend auf dem Kanapee im schön geheizten Zimmer, das Ther-

mometer im Mund, den Milchtopf neben sich und genoß irgendeinen Frieden, aber es war nur irgendeiner, der eigene war es nicht. Eine Kleinigkeit nur, ich weiß nicht, die Frage des Trautenauer Kreisgerichtes war nötig und der Thron in Wien fing zu schwanken an, ein Zahntechniker, das ist er nämlich, studiert halblaut auf dem oberen Balkon und das ganze Reich, aber wirklich das ganze, brennt mit einemmal.
Aber genug von diesen endlosen Dingen.

Ich glaube nicht, daß wir in jener Hauptsache wesensverschieden sind, wie Du es darstellst. Ich würde es so fassen: Du willst das Unmögliche, mir ist das Mögliche unmöglich. Ich bin vielleicht nur eine Stufe unter Dir, aber auf der gleichen Treppe. Dir ist das Mögliche erreichbar; Du hast geheiratet; hattest keine Kinder, nicht weil es Dir unmöglich war, sondern weil Du nicht wolltest; Du wirst auch Kinder bekommen, hoffe ich; Du hast geliebt und bist geliebt worden, nicht nur in der Ehe, aber es hat Dir nicht genügt, weil Du das Unmögliche wolltest. Vielleicht habe ich aus dem gleichen Grund das Mögliche nicht erreichen können, nur traf mich dieser Blitz einen Schritt früher als Dich, noch vor der Erreichung des Möglichen und das ist allerdings ein großer Unterschied, aber ein Wesensunterschied ist es kaum.
Das Berliner Erlebnis scheint mir z. B. deutlich unmöglich. Daß es sich um ein Stubenmädchen handelt, setzt Dich gewiß nicht herab, im Gegenteil es zeigt, wie ernst Du das Verhältnis nimmst. Dieses Mädchen stand doch äußerlich ganz fern dem, was Dich in Berlin bezaubert hat, alles, was Du sonst erlebtest, mußte eigentlich das Mädchen hinabdrücken und trotzdem konnte sie sich infolge des Ernstes, mit dem Du das Verhältnis hinnahmst, so stark behaupten. Aber – nun sei mir nicht böse wegen dessen, was ich jetzt sage, vielleicht ist es dumm und falsch, vielleicht habe ich diesen Teil Deines Briefes unrichtig gelesen, vielleicht bin ich auch durch das inzwischen Geschehene widerlegt – nimmst Du so ernst, wie Du Dein Verhältnis zu dem Mädchen nimmst, auch das Mädchen selbst? Und heißt es nicht, etwas, was man nicht ganz ernst nimmt, ganz ernst lieben wollen, eben das Unmögliche wollen, so wie wenn einer, der einen Schritt nach vorn und dann wieder einen Schritt zurückgemacht hat, doch entgegen jedem Wirklichkeitsbeweis 2 Schritte nach vorn gemacht haben will, da er doch eben 2 Schritte

und nicht weniger gemacht hat. Ich denke dabei nicht an das, was Du von den Äußerungen des Mädchens sagst, das verträgt sich noch vielleicht sehr gut mit dem Ernst, aber wie kommt es, daß Du gar nicht daran denkst, was Du für das Mädchen bedeutest. Ein Fremder, ein Gast, ein Jude sogar, einer von den Hunderten, denen das schöne Stubenmädchen gefällt, einer dem man den zugreifenden Ernst einer Nacht zutrauen kann (und wenn er nicht einmal diesen Ernst hat), aber was kann denn mehr sein? Eine Liebe über Länder hinweg? Briefeschreiben? Auf einen sagenhaften Februar hoffen? Diese ganze Selbstauslöschung verlangst Du? Und daß Du Treue (das verstehe ich sehr gut, wirklich tiefe Treue) dem Verhältnis bewahrst, nennst Du auch Treue zum Mädchen? Ist das nicht ein Unmögliches über dem andern? Das Unglück, das darin liegt, ist allerdings schrecklich, das kann ich von der Ferne sehn, aber die Kräfte, die Dich in das Unmögliche treiben – seien es auch nur Kräfte des Verlangens –, sind sehr groß und können nicht verschwunden sein, wenn Du geschlagen zurückkommst, sondern halten Dich aufrecht für jeden neuen Tag.

Du sagst, daß Du meine Stellung nicht verstehst. Sie ist, wenigstens von dem Allernächsten aus, sehr einfach. Du verstehst sie nur deshalb nicht, weil Du etwas Gutes oder Zartes in meinem Verhalten voraussetzest, dieses aber allerdings nicht finden kannst. Ich verhalte mich in dieser Sache zu Dir etwa wie ein Primaner[1], der achtmal durchgefallen ist, zu einem Oktavaner, der vor dem Unmöglichen, der Matura steht. Ich ahne Deine Kämpfe, Du aber, wenn Du mich, den großen Menschen, über eine kleine Multiplikationsaufgabe gebeugt siehst, kannst das nicht verstehn. »Acht Jahre!« denkst Du, »das muß ein äußerst gründlicher Mensch sein. Noch immer multipliziert er. Aber selbst wenn er noch so gründlich ist, jetzt müßte er es schon können. Infolgedessen verstehe ich ihn nicht«. Aber daß mir der mathematische Verstand überhaupt fehlen könnte oder daß ich nur aus bleicher Angst nicht schwindle oder – das Wahrscheinlichste – daß ich aus Angst jenen Verstand verloren haben könnte –, das alles fällt Dir nicht ein. Und doch ist es nichts als gemeinste Angst, Todesangst. So wie wenn einer der Verlockung nicht widerstehen kann, in das Meer hinauszuschwimmen, glückselig ist, so getragen zu sein, »jetzt bist Du Mensch, bist ein großer Schwimmer« und plötzlich richtet er sich auf, ohne besonders viel Anlaß und sieht nur Himmel und Meer und auf den Wellen ist nur sein kleines Köpfchen und er bekommt eine entsetzliche Angst, alles andere ist ihm gleichgültig, er muß zurück und wenn die Lunge reißt. Es ist nicht anders.

Nun vergleiche aber noch Deines und Meines – oder vergleiche lieber meines nicht, aus Rücksicht – mit den alten großen Zeiten. Das einzige wirkliche Unglück war Unfruchtbarkeit der Frauen, aber selbst wenn sie unfruchtbar waren, erzwang man noch die Fruchtbarkeit. Unfruchtbarkeit in diesem Sinn – notwendiger Weise mich als Mittelpunkt genommen – sehe ich gar nicht mehr. Jeder Schoß ist fruchtbar und grinst nutzlos in die Welt. Und wenn man sein Gesicht versteckt, so ist es doch nicht, um vor diesem Grinsen sich zu schützen, sondern um sein eigenes nicht sehn zu lassen. Daneben bedeutet der Kampf mit dem Vater nicht viel, er ist ja nur ein älterer Bruder, auch ein mißratener Sohn, der bloß kläglich versucht, seinen jüngeren Bruder eifersüchtig im entscheidenden Kampf zu beirren, mit Erfolg allerdings. – Jetzt aber ist es schon ganz finster, wie es sein muß für die letzte Blasphemie.

Franz

[Randhinzufügung:] Du hast wohl keine Kopien des Schreiber-Aufsatzes[2], die Du mir borgen könntest? Ich würde sie bald zurückschicken.

Du mußt doch auch neue Korrekturen der Gedichte[3] haben? vielleicht auch schon des großen Buchs?

Grüße bitte von mir Felix und Oskar; wenn ich ruhiger werde schreibe ich ihnen. Ich lese nochmals, was Du über Matliary sagst, und sehe, daß ich es doch noch einzelweise beantworten muß:*
Du kennst die Slowakei, aber nicht die Tatra, hier waren doch die Sommerfrischen der Budapester, sie sind also rein und die Küche ist gut. Ich gebe zu, daß für uns ein deutsches oder österreichisches Sanatorium ein wenig behaglicher wäre, aber das sind doch nur Gefühle der ersten Tage, man gewöhnt sich bald ein, einer meiner Vorzüge übrigens, in dem Du mich (auch von zuhause aus tun sie es) also beirren willst.

Ich nehme die Sache so ernst, wie Du es, Max, verlangst, ich sehe

*[Noch nachträglich hinzugefügt:] Übrigens sind meine Pläne (hinter dem Rücken der Anstalt) viel großzügiger als Du denkst: bis März hier, bis Mai Smokovec, über den Sommer Grimmenstein, über den Herbst – ich weiß nicht.

sogar die Antithese noch schlimmer, es ist nicht Leben oder Tod, sondern Leben oder Viertel-Leben, Atmen oder nach Luft schnappend langsam (nicht viel schneller als ein wirkliches Leben dauert) sich zuendefiebern. Da ich das so sehe, kannst Du mir doch glauben, daß ich nichts unterlassen werde, was ich tun kann, um es halbwegs zum Guten zu wenden. Warum soll aber der Arzt – ? Ich habe in Deinem Brief den betreffenden Satz gleich beim ersten Lesen vor Schrecken mit dem Bleistift unleserlich zu machen gesucht. Am Ende ist es doch gar nicht so dumm, was er sagt, und gewiß nicht dümmer als was die andern sagen. Es ist sogar biblisch; wer den schöpferischen Lebensodem nicht voll aufnehmen kann, der muß in allem kranken.

Daß ich ohne Fleisch kuriert werden kann, habe ich allerdings bewiesen, in Zürau, wo ich fast kein Fleisch gegessen habe, und in Meran, wo man mich wegen meines guten Aussehens nach den ersten vierzehn Tagen nicht wiedererkannte. Allerdings fuhr dann der Feind dazwischen, aber den hält Fleischessen nicht ab und zieht Nichtfleischessen nicht an, der kommt jedenfalls.

Ich habe mich hier sehr gut erholt und wenn nicht auch hier manches mit M. nicht Zusammenhängendes gestört hätte, wäre ich noch weiter.

Es tut mir der Eltern wegen, jetzt auch Deinetwegen und schließlich auch meinetwegen (weil wir dann in dieser Hinsicht einig wären) leid, daß ich nicht gleich anfangs nach Smokovec gefahren bin, da ich aber nun schon hier bin, warum soll ich einen schlechten Tausch riskieren und nach kaum 4 Wochen von hier fort gehn, wo sich alle sehr anständig bemühn, mir alles zu geben, was ich nötig habe.

An Max Brod

[Matliary, Ende Januar 1921]

Liebster Max, noch ein Nachtrag, damit Du siehst, wie der »Feind« vorgeht, es sind ja gewiß innere Gesetze, aber es sieht fast wie nach äußeren Gesetzen eingerichtet aus. Vielleicht verstehst Du als körperlich Unbeteiligter es besser.

Ich hatte das Balkon-Unglück bei weitem nicht überwunden, der obere Balkon ist zwar jetzt still, aber meine angstgeschärften Ohren hören jetzt alles, hören sogar den Zahntechniker, obwohl er durch 4 Fenster und 1 Stockwerk von mir getrennt ist.

[folgt schematische Skizze der Zimmeranordnung]
und wenn er auch ein Jude ist, bescheiden grüßt und gewiß keine bösen Absichten hat, ist er für mich durchaus der »fremde Teufel«. Seine Stimme macht mir Herzbeschwerden, sie ist matt, schwer beweglich, eigentlich leise, aber dringt durch Mauern. Wie ich sagte, ich muß mich erst davon erholen, vorläufig stört mich noch alles, fast scheint es mir manchmal, daß es das Leben ist, das mich stört; wie könnte mich denn sonst alles stören?
Und nun geschah gestern folgendes: Es ist hier außer einem Kranken, den ich noch nie gesehen habe, nur ein Bettlägeriger, ein Tscheche, wohnt unter meinem Balkon, hat Lungen- und Kehlkopftuberkulose (eine der andern Varianten neben »Leben oder Tod«), fühlt sich durch seine Krankheit und weil außer ihm nur 2 Tschechen hier sind, die sich aber nicht um ihn kümmern, vereinsamt; ich habe ihn nur flüchtig zweimal auf dem Gang gesprochen und er ließ mich durch das Stubenmädchen bitten, ihn einmal zu besuchen, ein freundlicher stiller etwa fünfzigjähriger Mann, Vater zweier erwachsener Jungen. Ich ging knapp vor dem Nachtmahl zu ihm, um es kurz abzutun, und er bat mich, auch nach dem Nachtmahl für ein Weilchen noch zu kommen. Dann erzählte er mir von seiner Krankheit, zeigte mir den kleinen Spiegel, mit dem er, wenn Sonne ist, tief in der Kehle hantieren muß, um die Geschwüre zu belichten, dann den großen Spiegel, mit dem er sich selbst in die Kehle schaut, um den kleinen Spiegel richtig stellen zu können, dann zeigte er mir eine Zeichnung der Geschwüre, die übrigens zum erstenmal vor 3 Monaten aufgetreten sind, dann erzählte er kurz von seiner Familie, und daß er schon eine Woche ohne Nachricht und deshalb besorgt sei. Ich hörte zu, fragte hie und da, mußte den Spiegel und die Zeichnung in die Hand nehmen, »näher zum Auge« sagte er, als ich den Spiegel weit von mir hielt, und schließlich, es war kein besonderer Übergang, fragte ich mich (ich hatte schon früher manchmal solche Anfälle, immer fängt es mit dieser Frage an) »wie wäre es, wenn Du jetzt ohnmächtig würdest« und schon sah ich die Ohnmacht wie eine Welle über mich herkommen. Das Bewußtsein hielt ich, so glaube ich wenigstens, noch beim letzten Ende fest, aber wie ich ohne Hilfe aus dem Zimmer kommen sollte, war mir unvorstellbar. Ob er noch etwas gesprochen hat, weiß ich nicht, für mich war es still. Schließlich faßte ich mich, sagte etwas von einem schönen Abend, was eine Erklärung

dafür sein sollte, daß ich auf seinen Balkon hinausschwankte und dort in der Kälte auf dem Geländer sitzen blieb. Ich kam dort so weit, daß ich sagen konnte, mir sei ein wenig schlecht, und ohne Gruß aus dem Zimmer gehen konnte. Mit Hilfe der Korridorwände und eines Sessels im Zwischenstock kam ich in mein Zimmer.

Ich hatte dem Mann etwas Gutes tun wollen und hatte etwas sehr Schlechtes getan; wie ich früh hörte, hat er meinetwegen die ganze Nacht nicht geschlafen. Trotzdem kann ich mir keine Vorwürfe machen, vielmehr verstehe ich nicht, warum nicht jeder ohnmächtig wird. Was man dort in dem Bett sieht, ist ja viel schlimmer als eine Hinrichtung, ja selbst als eine Folterung. Die Folterungen haben wir ja nicht selbst erfunden, sondern den Krankheiten abgeschaut, aber so wie sie wagt doch kein Mensch zu foltern, hier wird jahrelang gefoltert, mit Kunstpausen, damit es nicht zu schnell geht und – das Besonderste – der Gefolterte wird selbst gezwungen, aus eigenem Willen, aus seinem armen Innern heraus, die Folterung in die Länge zu ziehn. Dieses ganze elende Leben im Bett, das Fiebern, die Atemnot, das Medizineinnehmen, das quälende und gefährliche (er kann sich durch eine kleine Ungeschicklichkeit leicht verbrennen) Spiegeln hat keinen andern Zweck, als durch Verlangsamung des Wachsens der Geschwüre, an denen er schließlich ersticken muß, eben dieses elende Leben, das Fiebern u. s. w. möglichst lange fortsetzen zu können. Und die Verwandten und die Ärzte und die Besucher haben sich förmlich über diesem nicht brennenden, aber langsam glühenden Scheiterhaufen Gerüste gebaut, um ohne Gefahr der Ansteckung den Gefolterten besuchen, abkühlen, trösten, zu weiterem Elend aufmuntern zu können. Und in ihrem Zimmer waschen sie sich dann voll Schrecken, wie ich.

Ich habe allerdings auch kaum geschlafen, aber ich hatte zwei Tröster. Erstens starke Herzschmerzen, wodurch ich an einen andern Folterer erinnert wurde, der aber viel milder, weil viel schneller ist. Und dann hatte ich unter einer Menge Träume zum Schluß diesen: Links von mir saß ein Kind im Hemdchen (es war, wenigstens nach meiner Traumerinnerung nicht ganz sicher, ob es mein eigenes war, aber das störte mich nicht), rechts Milena, beide drückten sich an mich und ich erzählte ihnen eine Geschichte von meiner Brieftasche, sie war mir verlorengegangen, ich hatte sie wiedergefunden, hatte sie aber noch nicht wieder aufgemacht und wußte also nicht, ob noch das Geld darin war. Aber selbst wenn es verloren war, das machte nichts, wenn ich nur die zwei bei mir hatte. – Nachfühlen kann ich jetzt das Glück, das ich gegen Morgen hatte, natürlich nicht mehr.

Das war der Traum, die Wirklichkeit aber ist, daß ich vor 3 Wochen (nach vielen ähnlichen Briefen, dieser aber war entsprechend der äußersten Notwendigkeit, die ein Ende für mich jetzt hatte und noch hat und noch haben wird, der entschiedenste) nur um eine Gnade bat: nicht mehr zu schreiben und zu verhindern, daß wir einander jemals sehn.

Übrigens habe ich auch diese Woche an Gewicht zugenommen, im Ganzen in 4 Wochen 3 kg 40. Grüß Felix und Oskar, bitte. Ist etwas aus Oskars sizilianischer Reise geworden? Und was machen beide? Ruth?

Bei nicht sehr gutem Licht auf dem Balkon am Abend:
Der Brief lag ein paar Tage, vielleicht weil ich noch eintragen wollte, was nächstens »geschehen« würde. Es war nichts allzu Schlimmes.
Nach Deinem heutigen Brief schäme ich mich sehr wegen dessen, was ich über Dich und das Mädchen gesagt habe. Wäre ich verheiratet und hätte ich meiner Frau etwas Gleichwertiges getan, würde ich, übertrieben ausgedrückt (aber nicht übertriebener als es die Prämisse ist), würde ich in den Winkel gehn und mich umbringen. Du verzeihst mir aber so sehr, daß Du es gar nicht erwähnst. Freilich hast Du in dem vorvorigen Brief allzu allgemein geschrieben, aber ich hätte die Allgemeinheiten anders durchblicken müssen, als ich es getan habe. Trotzdem, mein Grundgefühl demgegenüber ist nicht anders geworden, nur ist es nicht mehr so dumm-leicht beweisbar.

Vielleicht komme ich dem näher, wenn ich von mir spreche. Ich habe Deinen Brief nicht bei der Hand (und um ihn zu holen, müßte ich aus der schweren Verpackung hinauskriechen), aber ich glaube, Du sagst, wenn mir das Nach-Vollkommenheit-Streben das Erreichen der Frau unmöglich macht, müßte es mir ebenso auch alles andere unmöglich machen, das Essen, das Bureau u. s. w.

Das ist richtig. Zwar ist das Vollkommenheitsstreben nur ein kleiner Teil meines großen gordischen Knotens, aber hier ist jeder Teil auch das Ganze und darum ist es richtig, was Du sagst. Aber diese

Unmöglichkeit besteht auch tatsächlich, diese Unmöglichkeit des Essens u. s. w., nur daß sie nicht so grob auffallend ist wie die Unmöglichkeit des Heiratens.

Vergleichen wir einander in diesem: Beide haben wir ein Hindernis der Körperlichkeit. Du hast es herrlich überwunden. Als ich daran dachte, übten drüben auf dem Abhang Skiläufer, nicht die gewöhnlichen, die man hier sieht, Gäste aus dem Hotel oder Soldaten aus den nahen Baracken, sie sind ja schon imponierend genug, dieses ernste glatte Wandern auf der Landstraße, das Hinabgleiten von oben, das Hinaufmarschieren von unten, diesmal aber waren drei Fremde aus Lomnitz gekommen, sie sind wahrscheinlich auch noch keine Künstler, aber was konnten die! Ein Langer ging voraus, zwei Kleinere folgten. Es gab für sie keine Abhänge, keine Gräben, keine Böschungen, sie strichen über die Gegend, so wie Du über das Papier schreibst. Hinunter ging es zwar viel schneller, das war eben ein Rasen, aber auch den Abhang hinauf war es zumindest ein Fliegen. Und was sie beim Hinabfahren zeigten, ich weiß nicht, ob es schon wirklich der große Telemark-Schwung war (nennt man es so?), aber es war traumhaft, so gleitet der gesunde Mensch aus Wachen in Schlaf. Eine Viertelstunde etwa ging das so, fast schweigend (daher zum Teil meine Liebe), dann waren sie wieder auf der Landstraße und – man kann es nicht anders ausdrücken – stießen gegen Lomnitz hinunter.

Ich sah ihnen zu und dachte an Dich, so hast Du das Hindernis Deiner Körperlichkeit überwunden.

Ich dagegen – wollte ich weiter schreiben.

Aber nun kamen einige sehr schlechte Nächte, die ersten zwei aus zufälligen, vorübergehenden Ein-Nacht-Ursachen, die übrigen durch einen Abszeß, der mir mitten im Kreuz sitzt und mich bei Tag nicht liegen, bei Nacht nicht schlafen läßt. Es sind Kleinigkeiten und wenn nicht weitere von solcher Art kommen, werde ich den Schaden leicht wieder gut machen, ich erwähne es nur, um zu zeigen, daß, wenn es einen Irgendjemand gibt, der meine Gewichts- und Kraftzunahme verhindern will (bisher habe ich übrigens nur Gewichtszunahme bemerkt, 4 kg 20 in 5 Wochen), er fest auf mir im Sattel sitzt.

Die weiteren Vergleiche lasse ich heute, Max, ich bin zu müde, es ist auch zu umständlich, das Material ist so ungeheuer groß geworden im Lauf der Zeit und so wenig konzentriert, daß man notwendigerweise geschwätzig werden müßte, wenn man es wieder vornimmt.

Ob Du kommen sollst? Natürlich sollst Du kommen, wenn es ohne große Mühe möglich ist, aber ich sehe dafür keine Möglichkeit, es wäre denn, daß Du eine slowakische Reise machst. Aus Deinem Brief scheint hervorzugehn, daß Du es mit der Berliner Reise verbinden willst, über Oderberg etwa, nein, das wäre zu viel Mühe, das tue keinesfalls, auch meinetwegen nicht, das würde mir zuviel Verantwortung auferlegen. Oder könntest Du länger als 3 Tage bleiben, als Erholung für Dich?

Fast möchte ich wieder von dem Vorigen zu reden anfangen, so kocht die Geschwätzigkeit. Du unterstreichst »Angst wovor«. Vor so vielem, aber auf der irdischen Ebene vor allem Angst davor, daß ich nicht hinreiche, körperlich nicht, geistig nicht, die Last eines fremden Menschen zu tragen; so lange wir fast eins sind, ist es bloß eine suchende Angst »wie? wir sollten wirklich fast eins sein?« und dann wenn diese Angst ihre Arbeit getan hat, wird es eine bis in die letzte Tiefe überzeugte, unwiderlegbare, unerträgliche Angst. Nein, heute nichts mehr davon, es ist zuviel.
Du erwähnst Briefe von Dehmel[4], ich kenne nur die aus dem Dezemberheft, halbmenschhafte, ehemännische.
Ich muß noch darauf zurückkommen. Du schreibst: »Warum vor der Liebe mehr Angst haben als vor andern Angelegenheiten des Lebens?« und gleich vorher »In der Liebe habe ich das Intermittierend-Göttliche am ehesten, am häufigsten erlebt«. Diese beiden Sätze zusammengenommen sind so, wie wenn Du sagen wolltest: »Warum nicht vor jedem Dornbusch die gleiche Angst haben wie vor dem brennenden?«
Es ist ja so, wie wenn meine Lebensaufgabe darin bestanden hätte, ein Haus in Besitz zu nehmen. – Auch das bleibt ohne Abschluß, ein paar Tage war Pause, Müdigkeit, leichtes Fieber (wahrscheinlich vom Abszeß), rasender Schneesturm draußen, jetzt ist es besser, wiewohl heute abend eine neue Störung aufgetaucht ist, hoffentlich so unbedeutend, daß ich sie durch bloßes Registrieren unterdrücke, eine neue Tischnachbarin, ein älteres Fräulein, abscheulich gepudert und parfümiert, wahrscheinlich schwer krank, auch nervös aus den Fugen, gesellschaftlich geschwätzig, als Tschechin zum Teil auf mich

angewiesen, auch auf dem mir abgewandten Ohr schwerhörig (jetzt sind noch ein paar Tschechen da, aber sie fahren weg), eine Waffe habe ich, die mich hoffentlich schützen wird; sie hat heute, nicht mir gegenüber, den Venkov[5] als ihr liebstes Blatt genannt, besonders wegen der Leitartikel, entzückt denke ich daran den ganzen Abend. (Sie kommt übrigens von Smokovec und war in vielen Sanatorien und lobt nur eines über alle Maßen: Grimmenstein, es ist aber vom März ab an den Staat verkauft.) Die hinterlistigste Methode wäre vielleicht mit der Erklärung so lange zu warten, bis sie etwas sagt, was unmöglich zurückgenommen werden kann. Von Grimmenstein sagte sie: má to žid, ale výtečně to vede*, das hat wohl noch nicht genügt.

Du darfst übrigens, Max, nach allem, was ich schreibe, nicht glauben, daß ich an Verfolgungswahn leide, ich weiß es aus Erfahrung, daß kein Platz unbesetzt bleibt, und sitze *ich* nicht oben in meinem Sattel, so, nur dann, sitzt eben der Verfolger dort.

Aber jetzt schließe ich ab (sonst bekommst Du den Brief vor Deiner Abreise nicht) obwohl ich das, was ich wollte, nicht gesagt habe und erst recht nicht auf dem Umweg über mich den Weg zu Dir gefunden habe, der mir, am Anfang zumindest, dunkel-klar war. Es ist aber eben das Musterbild eines schlechten Schriftstellers, dem das Mitzuteilende wie eine schwere Seeschlange in den Armen liegt, wohin er tastet, nach rechts, nach links nimmt es kein Ende, und selbst was er umfaßt, kann er nicht ertragen. Und wenn es dann überdies noch ein Mensch ist, der vom Abendessen in sein stilles Zimmer zurückkommt und unter der peinlichen Nachwirkung einer bloßen Tischnachbarschaft fast körperlich zittert.

Und dabei denke ich während des ganzen Briefes vor allem an die zwei Varianten. Die erste scheint mir unmöglich, die Zeitung, eine Gazette des Ardennes, unmöglich, die Chefredakteurschaft unmöglich, die Arbeitslast (Du wärst wohl zwar nicht der einzige Musikreferent?) zu groß, die politische Stellungnahme (jeder Mitarbeiter einer solchen Zeitung hat Stellung genommen) zu stark, das Ganze Deiner unwürdig. Der einzige Vorteil wäre wohl das hohe Einkommen.

Aber das zweite, warum sollte das nicht möglich sein? Wofür die

---

* Der Besitzer ist ein Jude, er führt es aber ausgezeichnet.

Regierung zahlt? Sie ist so sehr improvisiert und so sehr im Notstand, daß sie gerade deshalb hie und da auch ganz Ausgezeichnetes macht. Und dieses wäre etwas derartiges, es wäre nichts als der Dank für das, was Du getan hast, und für das, was Du vielleicht (bestünde hinsichtlich dessen ein bürokratischer Zwang?, es gab ja ganze Jahre, wo es Dich zu nichts derartigem drängte) vielleicht tun wirst. Übrigens kommen ja derartige Dinge nicht nur in der Tschechoslowakei vor, es sind gute Nachwirkungen der Kriegspressequartierimprovisationen.

Merkwürdig – das muß man hinzufügen und es hat etwas von der Sicherheit Deiner Entscheidung hinsichtlich Berlins, wenn es auch nicht so ohne weiters überzeugend ist – merkwürdig, daß Du zögerst, Deine ganze Berufskraft, ich meine jene Kraft, die Du hier verankern willst, dem Zionismus zu geben.

Den Aufsatz, ich lege ihn bei, habe ich in einem Zug schnell mehrmals hintereinander gelesen, so rasant ist es geschrieben (bis auf ein paar ausweichende kleine Schnörkel über Geschäftspapiere), aber soll es eine Anklage sein, wohl nicht? Und soll es ganz genau Berlin treffen? Und nicht jede große Stadt, des Westens zumindest, wo notwendigerweise die »lebens«erleichternden Konventionen stärker und zuschnürender werden.

Du erwähnst Deinen Roman im Zusammenhang mit kabbalistischen Studien, besteht ein Zusammenhang?

Die Gedichte habe ich gestern bekommen, Du denkst an mich. Grüß bitte Felix und Oskar, auch sie sollen mich nicht vergessen, auch wenn ich nicht schreibe.

Übrigens bekam ich von M. vor etwa einer Woche noch einen Brief, einen letzten Brief. Sie ist stark und unveränderlich, etwa in Deinem Sinn, Du bist ja auch ein Unveränderlicher, aber nein, so sprechen die Frauen nicht von Dir. Nein doch, Du bist in gewissem Sinn, und das steht mir besonders hoch, auch den Frauen gegenüber unveränderlich.

BRIEFE AUS DEM JAHRE 1921

An M. E.

[Matliary, Januar/Februar 1921]

Liebe Minze, müde vom Tagwerk (es ähnelt der Gewächshausarbeit), das letzte Glas Milch ist noch nicht getrunken, die Temperatur zum letzten Mal noch nicht gemessen, das Thermometer steckt im Mund, liege ich auf dem Kanapee. Minze, wo laufen Sie in der weiten Welt herum? Ich glaube, wenn Sie ein Mann wären, wären Sie Robinson geworden oder Sindbad der Seefahrer und die Kinder würden Bücher über Sie lesen.

Wie kamen Sie von Ahlem fort? Im Guten oder im Bösen? Und die Gärtnerschule dort besteht nicht mehr? Und Ihre jetzige Firma nahm Sie als Lehrling ohne Vorbildung an? Auf 2 Jahre (worin besteht die 2jährige Verpflichtung?) gegen Kost und Wohnung?

Das sind noch einige Unklarheiten, aber sonst scheint das, was Sie gemacht haben, ausgezeichnet, tapfer und stolz zu sein. Ihr Brief besteht aus 2 Briefen, einem langen fröhlichen und einem kurzen traurigen, schon das zeigt, daß Sie auf eigenen Füßen gehn, denn der allgemeine Lauf der Welt, wie er sich etwa auf den Teplitzer Gassen abrollt, ist weder fröhlich noch traurig, sondern, ob er nun fröhlich oder traurig aussieht, immer nur eine trübe verzweifelte Mischung.

Ihr Brief kam gerade am letzten Tag eines verhältnismäßig guten Zeitabschnittes, ich las ihn noch auf dem Balkon, der ganz ähnlich ist dem in Schelesen, nur daß er ganz nahe den Schneebergen ist und dafür ein wenig ärmlicher und baufälliger, ich las den Brief also dort, glücklich über Ihr Glück, nicht ganz so unglücklich über Ihr Traurigsein, machte, die Füße allerdings im Fußsack, Ihre Fußwanderung auf den Brocken mit (einmal vor Jahren war ich wochenlang am Fuß des Brockens, im Sanatorium Jungborn[6], vielleicht sind Sie daran vorübergekommen, es ist nicht weit von Harzburg, wochenlang war ich dort und bin, trotzdem ich im Ganzen gesund war, doch nicht auf den Brocken gekommen, ich weiß nicht warum. Einer von dort machte einmal in einer warmen Nacht die Besteigung ganz nackt, nur den Mantel hatte er auf den Rücken geschnallt. Ich aber schlief lieber in meiner Lufthütte den damals noch süßen Schlaf und die Wanderin Minze war noch kaum auf der Welt oder doch, sie war schon paar Jahre da und ein mehr minder braves Teplitzer Schulmädchen).

Ja das war also der letzte gute Tag, aber dann wurde es schlimmer, allerlei, zuletzt Verkühlung und Bettlägerigkeit, drei Wochen eines wenig unterbrochenen Sturmwinds, jetzt ist es schon besser, im Himmel und auf Erden.

Liebe Minze, wieder eine Unterbrechung viele Tage lang, mir war nicht ganz gut, aber auch durchaus nicht schlecht, nur ein wenig zu müde, um die Hand zum Schreiben zu heben. Vielleicht war der Sturm daran schuld, immer wieder Sturm, in den Wäldern rauschte es wie wenn es die Ostsee wäre. Jetzt aber ist es paar Tage lang schön, starke Sonne bei Tag und Abend solcher Frost, daß, wenn man ohne Ohrenschutz paar Minuten draußen herumgeht, die Ohren plötzlich so zu brennen anfangen, daß man nicht mehr das Haus erreichen zu können glaubt, auch wenn man nur 200 Schritte davon entfernt ist. Mag es so bleiben.
Und Sie, Minze, Sie arbeiten so viel? Werden Sie es aushalten? Im pomologischen Institut in Prag bin ich mit vielen Gärtnern beisammen gewesen, die von ihren Erfahrungen erzählten. Alle waren darin einig, in Handelsgärtnereien sei die größte Arbeit. Dann war ich allerdings in der größten Handelsgärtnerei von Böhmen (Maschek, Turnau) und dort war es nicht gar so schlimm, es waren hauptsächlich Baumschulen und außerhalb der Expeditionszeit im Frühjahr und Herbst führten die Leute sogar ein sehr gutes Leben. Allerdings dieser Betrieb war schon ein wenig im Niedergang und weit entfernt von deutscher Präcisionswirtschaft.
Bücher? Haben Sie zum Lesen von Nicht-Gartenbaubüchern Zeit? Ich lasse Ihnen ein kleines Buch[7] schicken, dort haben Sie das Leben dieser kleinen Ostseeorte im vorigen Jahrhundert wunderbar. Und ich schreibe Ihnen wieder bald. Mut, Minze, Mut! Ihr Kafka

[seitliche Randbemerkung:] Was bedeutet das: »wenn die Ärzte recht behalten«.

An Ottla

[1921?]
Liebe Ottla, heute in der Nacht zwischen dem 31. I. und 1. II. wachte ich etwa um 5 Uhr auf und hörte Dich vor der Zimmertür »Franz« rufen, zart, aber ich hörte es deutlich. Ich antwortete gleich, aber es rührte sich nichts mehr. Was wolltest Du? Dein Franz

An Max Brod

[Matliary, Anfang Februar 1921]

Lieber Max, ich habe Dir an die Koschel-Adresse einen endlosen Brief geschickt, er dürfte aber erst am 1. Feber angekommen sein. Du wirst ihn ja vielleicht noch bekommen, sollte es aber nicht sein, ist nichts verloren, so wie er kein Ende hatte, hatte er auch keine Mitte, nur Anfang, nur Anfang. Ich könnte gleich wieder von neuem anfangen, aber was finge Berlin damit an.

Verzögert wurde der Brief durch die verschiedenen Störungen, die in ihm aufgezählt sind, die neueste steht noch nicht darin, die ahnte ich erst, als ich ihn wegschickte. Ich habe mich nämlich verkühlt oder vielmehr ich habe mich nicht verkühlt, ich wüßte nicht durch welche Einzelheit ich mich verkühlt haben sollte, das schlechte Wetter, ein schon 14 Tage fast ununterbrochen andauernder Sturmwind hat mich einfach ohne viel Umstände ins Bett geworfen. Ich lag 4 Tage, auch heute noch, erst jetzt abend bin ich für ein Weilchen aufgestanden. Schlimm war es nicht, es war mehr ein vorsichtsweises zu-Bett-Liegen, ich habe nur gehustet und gespuckt, außerordentliches Fieber hatte ich nicht, der Doktor, der heute die Lunge genau behorchte, sagte, es sei nichts Neues dort, sie sei eher besser als vor ein paar Tagen; immerhin bin ich müde davon und das Gewicht, das Ende der fünften Woche schon 4.20 Zunahme zeigte, wird morgen gewiß, im günstigsten Fall, nur das gleiche sein. Aber trotz aller genug großen Müdigkeit und aller Störungen will ich vorläufig nicht klagen, alles was bisher in den 6 Wochen geschehen ist, hätte zusammengenommen und fest geknetet noch kaum die Durchschlagskraft von 3 Meraner Tagen und Nächten, allerdings hatte ich damals vielleicht doch noch mehr Widerstandskraft.

Mittwoch.

Gestern abend wurde ich gestört, aber freundlich, es ist ein 21jähriger Medizinstudent[8] da, Budapester Jude, sehr strebend, klug, auch sehr literarisch, äußerlich übrigens trotz gröberen Gesamtbildes Werfel ähnlich, menschenbedürftig in der Art eines geborenen Arztes, antizionistisch, Jesus und Dostojewski sind seine Führer – der kam noch nach 9 Uhr aus der Hauptvilla herüber, um mir den (kaum nötigen) Wickel anzulegen, seine besondere Freundlichkeit zu mir kommt offenbar von der Wirkung Deines Namens her, den er sehr gut kennt. Bei ihm und dem Kaschauer hat natürlich die Möglichkeit Deines Herkommens großes Aufsehen gemacht.

Zu dieser Möglichkeit schrieb ich in dem Prager Brief, daß ich sehr froh wäre, wenn Du kämest, aber nur unter der Voraussetzung, daß Du sonst eine slowakische Reise machst oder aber daß Du für Deine Erholung, also für längere Zeit, kommen kannst. Sonst aber als besondere Reise, sei es von Prag aus oder von Brünn oder (Du schienst anzudeuten, daß Du es mit der Berliner Reise verbinden würdest) etwa von Oderberg oder sonst einem entfernten Ort fahre bitte nicht, das würde mir zuviel Verantwortung auferlegen.

Und sei glücklich und froh in Berlin! Schrieb ich etwas Böses über die Dehmel-Briefe, so hat das gewiß auf Dich keinen Bezug. Eine Frau lieben und unangefochten von Angst sein oder wenigstens der Angst gewachsen und überdies diese Frau als Ehefrau zu haben, ist ein mir derart unmögliches Glück, daß ich es – klassenkämpferisch – hasse. Auch kenne ich nur die Briefe im Dezemberheft.

Und was sollen überhaupt halbleere Befürchtungen gegen die Fülle des Lebens; sie ist in Deinem Buch, sie ist darin, wie sich die Zeiten und die Frauen darin sondern, und am stärksten allerdings in den ersten Gedichten, so mächtig wie im »Kuß« hast Du kaum noch gesprochen; ich fange das Buch eigentlich erst zu lesen an, mit klareren Augen, dem ersten schönen Tag seit Wochen und dem ersten Tag außerhalb des Betts, den ich jetzt beginne.

Solltest Du kommen, könntest Du nicht eines der kabbalistischen Werke, ich nehme an, daß es hebräisch ist, mitbringen? Dein F

An Max Brod

[Matliary, Anfang März 1921]

Liebster Max,

ich sehe, es wird kein Brief mehr, nun ich komme ja in 2 Wochen, ich kann dann vielleicht an der Hand Deines Briefes mündlich antworten.

Als ich diesen Brief bekam, der mir in manchem sehr naheging, habe ich ihn in Gedanken förmlich in einem Ausbruch beantwortet, aber zum Schreiben kam es nicht, ein paar Briefe lagen da, die zu beantworten waren (sie sind es noch heute nicht), der Budapester, von dem ich letzthin schrieb, nahm mich eine Zeitlang fast vollständig in Anspruch, vor allem aber steigerte sich die Müdigkeit, ich liege stundenlang im Liegestuhl in einem Dämmerzustand, wie ich ihn als Kind an meinen Großeltern angestaunt habe. Es geht mir

nicht gut, zwar der Arzt behauptet, die Sache in der Lunge sei um die Hälfte zurückgegangen, ich würde aber sagen, es sei weit mehr als doppelt so schlecht, niemals noch hatte ich solchen Husten, niemals solche Atemnot, niemals eine solche Schwäche. Ich leugne nicht, daß es in Prag noch viel schlechter geworden wäre; wenn ich aber bedenke, daß die äußern Umstände, von verschiedenen Störungen abgesehn, diesmal günstig genug waren, so weiß ich überhaupt nicht, auf welche Weise es irgendwie noch sich bessern könnte.
Aber es ist dumm und eitel, so zu reden und es so wichtig zu nehmen. Wenn man mitten in einem kleinen Hustenanfall ist, kann man nicht anders als es äußerst wichtig nehmen; wenn er aber nachgelassen hat, kann man anders und soll es. Wenn es dunkel wird, wird man noch eine Kerze anzünden, und wenn sie niedergebrannt ist, wird man still im Finstern sein. Eben weil im Hause des Vaters viele Wohnungen sind, soll man keinen Lärm machen.
Ich bin schon froh, daß ich von hier fortfahre, vielleicht hätte ich es schon vor einem Monat tun sollen, aber ich bin so schwer beweglich und habe hier von den verschiedensten Leuten so viel unbegreifliche Freundlichkeit erfahren, daß ich, wenn mein Urlaub noch länger dauern würde, noch länger hier bliebe, gar in dem jetzt endlich schön werdenden Wetter. In der Liegehalle im Wald konnte ich schon einigemal mit nacktem Oberkörper liegen und auf meinem Balkon einmal schon ganz nackt.
Durch das Obige könntest Du zu dem Glauben kommen, daß ich die Kur nicht ernst nehme. Im Gegenteil, ich nehme sie wütend ernst, ich esse sogar Fleisch, mit noch größerem Widerwillen als anderes, es war ein Fehler, daß ich bisher nicht unter Lungenkranken gelebt und der Krankheit eigentlich noch nicht in ihre Augen geschaut habe, erst hier habe ich das getan. Aber die letzte Gelegenheit, ein wenig gesund zu werden, war wahrscheinlich in Meran gegeben. – Nun aber endgiltig genug davon, ich schreibe es auf, um in Prag nicht mehr davon reden zu müssen.
Du schreibst von Salomo Molcho[9], als hätte ich schon jemals von ihm gehört. Ich habe doch viel versäumt in dem Vierteljahr.
Auf Wiedersehn!   Franz

Das Wickersdorfer Rundschreiben kommt gut zum Thema. Den Essig-Brief hatte ich schon vorher zufällig in einer Zeitung gelesen und Dir ihn als Beispiel besonderer Abscheulichkeit schicken wollen »die Äugchen, die so lieb im Herzen kitzeln«. Natürlich ist im Grunde nichts abscheulich daran, als daß der Brief jetzt veröffentlicht wird und weiters, daß den Briefschreiber schon die Würmer aufgefressen haben.

An Max Brod

[Matliary, Anfang März 1921]
Liebster Max,
hoffentlich bekommst Du diesen Brief gleichzeitig mit meinem gestrigen. Der gestrige gilt nicht, ich schrieb auch gar nicht, unter was für Voraussetzungen er geschrieben war. Ich lag auf meinem Kanapee, hingeschlagen von der Anstrengung des Essens, eine quälende Appetitlosigkeit läßt mir den Schweiß im Gesicht ausbrechen, wenn ich den Schrecken des gefüllten Tellers vor mir sehe, dabei esse ich seit 14 Tagen viel Fleisch, weil ein weniger fähiger Koch die mir zugetane Köchin ersetzt hat, dieses Fleisch wieder hat die Hämorrhoiden geweckt und ich hatte starke Schmerzen bei Tag und Nacht – nun so schrieb ich den Brief. Aber richtig ist er nicht gewesen. Denn wenn mir auch der Husten stärker, die Atemnot manchmal schwerer scheint, so steht doch dem gegenüber auch Positives: der Befund des Arztes, die jetzt allerdings stockende Gewichtszunahme und die günstige Temperatur. Nun wir werden uns ja bald sehn. Solche Übertreibungen zu schreiben! Wer führt einem die Hand? Dein F

An Max Brod

[Matliary, Mitte März 1921]
Liebster Max, eine Bitte um einen sehr großen Dienst, der übrigens gleich getan werden müßte. Ich will noch hier bleiben, nicht gerade hier, aber in der Tatra, im Sanatorium Dr. Guhr in Polianka wahrscheinlich, das man mir lobt, das allerdings auch viel teurer ist als Matliary.
Ich will bleiben aus folgenden Gründen:
1. Zunächst droht mir der Doktor hier mit der Möglichkeit vollständigen Zusammenbruchs, wenn ich jetzt nach Prag fahre, und verspricht mir, wenn ich bis zum Herbst bleibe, annähernde Gesundung, so daß dann jährlich 6 Wochen See oder Gebirge genügen,

um mich zu halten. Beide Prophezeiungen, die zweite mehr als die erste, sind übertrieben, immerhin, er quält mich jeden Morgen damit, väterlich, freundschaftlich, auf alle Arten. Und wenn ich auch weiß, daß seine Prophezeiungen in jeder Hinsicht viel weniger großartig wären, wenn er wüßte, daß ich nach Polianka übersiedeln will, so macht es doch Eindruck auf mich.

2. Von zuhause bitten mich alle zu bleiben, mit mehr Grund, als sie selbst wissen. Ich glaube, seitdem ich hier unter Lungenkranken lebe, fest daran, daß es zwar keine Ansteckungsmöglichkeit für gesunde Menschen gibt, das sind aber nur etwa Holzhacker im Walde oder die Mädchen in der hiesigen Küche (die mit den blossen Händen die Speisereste von den Tellern solcher Kranker wegessen, denen nur gegenüberzusitzen ich mich scheue), aber wohl kein einziger aus unseren Kreisen in der Stadt. Was für eine Widerlichkeit z. B. einem Kehlkopfkranken (Blutsverwandter der Lungenkranken, der traurigere Bruder) gegenüberzusitzen, der freundlichharmlos Dir gegenübersitzt, mit den verklärten Augen der Lungenkranken Dich ansieht und Dir dabei zwischen seinen gespreizten Fingern Eiterteilchen seiner tuberkulösen Geschwüre ins Gesicht hustet. Nicht ganz so schlimm, aber ähnlich würde ich zuhause sitzen, als »guter Onkel« zwischen den Kindern.

3. Vielleicht würde ich Frühjahr und Sommer in Prag ganz gut überstehn, wenigstens riet mir Dr. Kral brieflich, zu kommen, jetzt scheint er den Eltern gegenüber diesen Rat wieder zurückgenommen zu haben (diese Schwankungen erklären sich durch die Schwankungen *meiner* Schreibweise), aber richtiger wäre es doch vielleicht, auf einmal etwas halbwegs Entscheidendes zu tun, wenn es, wie dieser Doktor behauptet, wirklich sich bessert. Und wo könnte ich in der warmen Zeit besser untergebracht sein als im Hochgebirge (Polianka ist über 1100 m hoch). Ich wüßte, wo ich besser untergebracht wäre; in einem Dorfe mit einer leichten Arbeit, aber das Dorf kenne ich nicht.

4. Das Entscheidende ist aber mein subjektiver Zustand, der ist – natürlich gibt es noch unendlich viel Verschlechterungsmöglichkeiten – nicht gut, Husten und Atemnot sind stärker als sie jemals waren, mitten im Winter – es war ein schwerer Winter, nicht was Kälte anlangt, aber unaufhörliche wilde Schneestürme – war die Atemnot manchmal fast verzweifelt, jetzt bei schönem Wetter ist es natürlich besser. Ich sage mir nun: entweder hat mein subjektives

Befinden Recht, dann ist es gleichgültig, was mit meinem Posten geschieht, – nein hier irre ich ab, dann ist es erst recht nicht gleichgültig, was mit dem Posten geschieht, dann brauche ich ihn ganz besonders, aber wenn ich annähernd gesund werde, brauche ich ihn weniger.

Mein Urlaub geht am 20ten März zuende, zu lange habe ich überlegt, was ich tun soll, aus lauter Ängstlichkeit und Bedenken habe ich bis jetzt, zu den letzten Tagen gewartet, wo die Bitte um Urlaubsverlängerung fast nur unanständige Erpressung wird. Denn der eigentliche Gang der Sache hätte der sein müssen, daß ich zuerst den Direktor über seine Meinung gefragt, dann entsprechend der Antwort ein Gesuch gemacht hätte, dann dieses Gesuch dem Verwaltungsausschuß vorgelegt worden wäre u. s. f. Zu dem allen ist es nun natürlich viel zu spät, schriftlich kann nichts mehr gemacht werden, das Erpresserische kann nur durch eine mündliche Bitte gemildert werden, ich könnte also nach Prag fahren, aber soll ich die Zeit verfahren? Dann könnte ich Ottla bitten hinzugehn, aber soll ich sie in ihrem Zustand darum bitten? Auch will ich ihr das ganze nicht so ausführlich erklären wie Dir. Bleibst also nur Du, Max, dem ich die Last auflege. Die Bitte ist, daß Du so bald als möglich zu meinem Direktor, Dr. Odstrčil gehst mit dem ärztlichen Zeugnis, das ich beilege (ich bekomme es erst nachmittag, hoffentlich wird es so, wie wir es besprochen haben), am besten wird es wohl sein, gegen 11 Uhr vormittag hinzugehn; was zu sagen ist, weißt Du natürlich viel besser als ich, ich will nur sagen, wie ich es mir denke, etwa:
Ich bin zweifellos fähig ins Bureau zu gehn (zur Seite gesprochen: auch fähig für die Arbeit (!), die ich dort habe), aber das war ich auch, ehe ich herfuhr, ebenso zweifellos ist aber, daß ich im Herbst wieder wegfahren müßte, und wieder in ein wenig schlechterem Zustand als im letzten Herbst. Der Arzt verspricht mir nun dauernde Arbeitsfähigkeit, wenn ich 4-6 Monate bleibe, ich bitte also um einen weiteren Urlaub, zunächst etwa um 2 Monate, nach denen ich wieder ein detailliertes ärztliches Gutachten einschicken werde. Ich bitte um diesen Urlaub, wie er mir auch gegeben werden mag, mit ganzem, dreiviertel, halbem Gehalt, nur ganz gehaltlos soll man mich nicht lassen, auch mit der Pensionierung noch zuwarten. Übrigens kann man dieses $1/2$ Jahr auch aus der Vorrückung und der

Pensionierung streichen. Eine gewisse derartige eingeschränkte Urlaubsbewilligung wäre mir sogar eine Erleichterung, denn ich bin mir übergut dessen bewußt, was ich an Urlauben schon von der Anstalt bekommen habe. Die Art, wie ich jetzt um den Urlaub bitte, ist gewiß unpassend und nur damit zu entschuldigen, daß ich bis jetzt mich mit Bedenken herumgeschlagen und darum auch erst jetzt ausführlicher mit dem Doktor gesprochen habe. Ich weiß auch, daß zuerst ein Gesuch eingebracht werden muß u. s. w., aber vielleicht wäre es möglich, mich das Gesuch nachträglich einbringen zu lassen und, vorausgesetzt, daß mit einer Bewilligung sicher gerechnet werden kann, mich hier zu lassen, ohne daß ich am 20. den Dienst antreten muß. Ist das aber nicht möglich, könnte ich ja immerhin für einige Zeit nach Prag kommen.
Das also wäre etwa zu sagen und dann müßtest Du, Max, mir telegraphieren »Bleib dort« oder »Komm her«.
Nun noch einiges über den Direktor. Er ist ein sehr guter freundlicher Mensch, besonders zu mir war er außerordentlich gut, allerdings haben dabei auch politische Gründe mitgespielt, denn er konnte den Deutschen gegenüber sagen, er habe einen der ihrigen außerordentlich gut behandelt, aber im Grunde war es doch nur ein Jude.
Über die Gehaltsfrage sprich bitte nicht nachlässig, auch Reichtum meines Vaters erwähne nicht, denn erstens besteht er wahrscheinlich nicht und zweitens gewiß nicht für mich.
Die Unkorrektheit meines Vorgehens betone, denn an Korrektheit, an Wahrung seiner Autorität ist ihm viel gelegen.
Das Gespräch wird sicher ins Allgemeine abgelenkt werden, und zwar von ihm, gar da Du es bist, der kommt. Da könntest Du vielleicht – nicht um ihn zu bestechen, daran liegt mir nichts – aber um ihm eine Freude zu machen, denn ich fühle mich ihm wirklich sehr verpflichtet, flüchtig erwähnen, daß ich öfters von seiner geradezu schöpferischen Sprachkraft gesprochen und erst durch ihn das gesprochene lebendige Tschechisch bewundern gelernt habe. Vielleicht wirst Du nicht viel davon merken, es hat sich diese Kraft in seiner Rede, seitdem er Direktor ist, fast verloren, der Bureaukratismus läßt sie dort nicht mehr aufkommen, er muß zu viel sprechen. Übrigens ist er soziologischer Schriftsteller und Professor, aber davon mußt Du nicht wissen. – Du kannst natürlich sprechen wie Du willst, deutsch oder tschechisch.

Das wäre also die Aufgabe. Wenn ich daran denke, daß ich zu Deiner vielen Arbeit noch derartiges hinzufüge, habe ich mich – glaube mir – nicht sehr gern, aber man ist von Bedenken eingekreist, irgendwo muß man durchbrechen und Du, Max, mußt leiden. Verzeih mir Dein

Noch etwas: es wäre nicht unmöglich, daß Ottla aus eigenem etwas ähnliches eingeleitet hat, dann wäre es gut, vorher bei uns nachzufragen.

Vielleicht scheint es Dir, daß ich dem Bureau gegenüber zu ängstlich bin. Nein. Bedenke, daß das Bureau an meiner Krankheit ganz unschuldig ist, ferner daß es nicht nur unter meiner Krankheit, sondern schon unter ihrer 5jährigen Entwicklung gelitten hat, ja daß es sogar noch eher mich aufrecht gehalten hat, als ich bewußtlos durch die Tage nur taumelte.

Wenn ich hierbleiben sollte, dann sehe ich Dich also doch vielleicht hier, das wäre schön.

Grüße vielmals Deine Frau und Felix und die seine und Oskar und die seine.

An M. E.

[Matliary, Ende März 1921]

Liebe Minze,

zunächst und allererst, was ist das für ein »zartes Fieber«, mit dem Sie täglich aufwachen? Ist es wirkliches Fieber, mit dem Thermometer gemessen? Und in Ahlem war doch wohl ein Schularzt, haben Sie mit ihm gesprochen? Und mit dem Arzt in Barth? Ich weiß nicht, ohne weiter zu fragen, hatte ich seit jenem Bildchen mit dem Mistkarren ein großes Vertrauen zu Ihrer Gesundheit, so kräftig waren Sie dort, so viel gesünder als in Schelesen – und auch in Schelesen waren Sie doch im Ganzen gesund; wie schnaufte ich hinter Ihren langen Schritten her – schienen Sie dort. Und jetzt zartes Fieber? Aber es gibt kein zartes Fieber, es gibt nur abscheuliches Fieber. »Je eher und schöner das Leben vergeuden, desto besser« schreiben Sie. Mag es so sein, wenn Sie wollen. Aber glauben Sie mir, mit Fieber wird das Leben nicht »schön« vergeudet, ja nicht einmal »eher«. Ich bin hier nicht in einem eigentlichen Sanatorium, in einem Sanatorium mag der Eindruck noch viel stärker sein, aber auch hier sehe ich, wenn ich mich umschaue, nichts von schöner und schneller Vergeudung, man vergeudet nicht, man wird vergeudet. Und dagegen kann man sich mit Ihrer frischen Jugend wunderbar wehren und das müssen Sie. Vorausgesetzt, daß überhaupt ein Angriff vorliegt, was ich nicht weiß und gern nicht glauben will. Aber wenn wirkliches Fieber da ist, regelmäßig 37° oder darüber, mit dem Thermometer im Mund gemessen, dann müssen Sie sofort zum Arzt, das ist doch selbstverständlich. Dann fort mit Robinson, vorläufig wenigstens, auch Robinson wurde, als er einmal Fieber hatte, von einem Schiff abgeholt und erst als er wieder zuhause gesund geworden war, durfte er wieder wegfahren und wieder Robinson werden. In seinem Buch hat er dann dieses Kapitel gestrichen, weil er sich geschämt hat, aber um seine Gesundheit war er jedenfalls sehr besorgt, und was der große Robinson durfte, wird wohl auch die kleine Minze dürfen.

Sonst haben Sie, Minze, Recht, daß ich übertreibe, wenn ich Ihr jetziges Leben gar so schön finde, aber es geht nicht anders. Der Philosoph Schopenhauer hat zu dieser Frage irgendwo eine Bemerkung gemacht, die ich hier nur sehr beiläufig wiedergeben kann, etwa so: »Diejenigen, welche das Leben schön finden, haben es scheinbar sehr leicht zu beweisen, sie brauchen nichts weiter zu tun, als die Welt etwa von einem Balkon aus zu zeigen. Wie es auch sein mag, an hellen oder trüben Tagen, immer wird die Welt, das Leben schön sein, die Gegend, ob mannigfaltig oder einförmig, immer wird sie schön sein, das Leben des Volkes, der Familien, des Einzelnen, ob es leicht oder schwer ist, immer wird es merkwürdig und schön sein. Aber was ist damit bewiesen? Doch nichts anderes, als daß die Welt, wenn sie nichts weiter wäre als ein Guckkasten, wirklich unendlich schön wäre, aber leider ist sie das nicht, sondern dieses schöne Leben in der schönen Welt will auch wirklich durchgelebt werden in jeder Einzelheit jedes Augenblicks und das ist dann gar nicht mehr schön, sondern nichts als Mühsal«. So etwa Schopenhauer. Auf Ihren Fall angewendet, würde das heißen: Es ist zwar schön und merkwürdig und hat einen Schein von Großartigkeit, daß Minze dort im kalten Norden ihr Brot selbst verdient und am Abend des schweren Tages in Pferdedecken eingewickelt auf dem Strohsack liegt und Lisl nebenan schläft schon und draußen schneit es und es ist naß und kalt und morgen kommt wieder ein schwerer Tag – das alles ist schön vom Balkon einer Tatra-Villa aus,

aber am Abend mit dem Blick in die Petroleumlampe neben sich ist es gar nicht mehr schön und fast ein wenig zum Weinen
so ähnlich wollte ich damals weiter schreiben, aber dann wurde ich unterbrochen, nicht durch Sturm und Bettlägerigkeit diesmal, im Gegenteil, es waren jetzt 7 vollkommene Tage mit unaufhörlicher Sonne, mit Nacktliegen im Wald knapp neben tiefem Schnee, mit Ohne-Mantel-Gehn und ein wenig freierem Atmen, aber Menschen haben mich unterbrochen mit ihrem Leid, so als wenn ich helfen könnte. Für solche Dinge gilt diese kleine ewige Geschichte: Grillparzer wurde einmal in eine Gesellschaft eingeladen, in der er mit Hebbel zusammenkommen sollte. Grillparzer weigerte sich aber hinzugehn, denn »Hebbel fragt mich immer über Gott aus und ich kann ihm nichts sagen und dann ist er böse«.
Inzwischen kam Ihr zweiter Brief, ein wenig fröhlicher, wenn ich nicht irre. Trotz der verletzten Hand. (Ja mit den Gartenmessern umzugehn ist nicht leicht, ich habe immer lieber die Bäume verletzt als mich. Wenn ich mich aber doch geschnitten hatte, tröstete man mich: »Das ungeschickte Fleisch muß weg«.) Und zum Doktor gehn Sie; der sieht doch wohl nicht bloß die Hand an. 51 kg, wenig, wenig.
Was die Ostseebäder anlangt, gewiß, sie sind schön, ich kenne flüchtig nur eines im äußersten Westen: Travemünde, dort bin ich einen heißen Tag lang traurig und unentschlossen herumgewandert in dem Gedränge der Badenden, es war etwa einen Monat vor Kriegsausbruch – aber jetzt hinzufahren, Minze, das wäre doch, von allem andern abgesehn, ganz gegen unsere Verabredung, laut der wir einander doch niemals wiedersehen wollten. Wobei allerdings das »niemals« ebenso übertrieben ist, wie Ihr Robinsontraum. Ich wünsche Ihnen zwar auch einen großen Garten und blauen Himmel und Süden

Liebe Minze, wieviel Tage sind seit dem Vorigen vergangen, ich kann sie gar nicht zählen, und was seither geschehen ist, ich kann es gar nicht sagen. Wahrscheinlich gar nichts, ich kann mich z. B. nicht erinnern, in der ganzen Zeit ein eigentliches Buch gelesen zu haben, dagegen dürfte ich oft in einem vollständigen Dämmerzustand gelegen haben, ähnlich dem, wie ich ihn als Kind an meinen Großeltern angestaunt habe. Die Tage vergingen dabei, von mir unbeachtet, sehr schnell, zum Schreiben war keine Zeit, die Karte an die Eltern mußte ich mir abzwingen und Ihnen, Minze, zu schreiben, war mir so, wie wenn ich mich anstrengen sollte, Ihnen über ganz Deutschland hinweg die Hand entgegenzustrecken, was doch auch unmöglich ist.

Das Ergebnis der Zeit ist übrigens für mich, daß ich, während ich schon am 20. März in Prag sein wollte, noch länger hier bleibe. Der Doktor hier droht mir mit allem Bösen, wenn ich fahre, und verspricht mir alles Gute, wenn ich bleibe, so bleibe ich also noch einige Zeit. Aber lieber als hier auf dem Balkon oder in der Waldliegehalle zu liegen (die Wälder sind noch durch Schnee versperrt), würde ich irgendwo in einem Garten arbeiten »im Schweiße des Angesichtes«, denn dazu sind wir bestimmt, das fühlt im Grunde jeder, der es nicht tut. Sie tun es, wohl Ihnen! Es ist wahrscheinlich in vielem nicht schön, wie sollte es das auch sein, es ist doch die Erfüllung eines Fluches, aber dem Fluch ausweichen ist noch viel schlimmer.

Hoffentlich scheint über Ihrer Arbeit die Sonne so wunderbar, wie über meinem Liegen (seit 2 Tagen kann ich nachmittag nackt auf meinem Balkon liegen, ganz nackt wie ein Kind unter den Augen einer unsichtbaren großen Mutter) und die Ostseebäder sind schön, gewiß, aber sehen will ich Sie erst in Ihrem eigenen Garten (mag er im Süden sein an einem See, ich werde die Reise zum Gardasee oder zum Lago maggiore nicht scheuen), mit Ihrem Mann und Kindern, eine ganze Reihe lang, um wieviel schöner ist das als die schönsten Wolfshunde. Übrigens, warum muß es ein europäischer See sein, auch der Kinereth- oder der Tiberias-See sind schön. Die beiliegenden Ausschnitte – ihrer Bedeutung entsprechend zerlesen – handeln ein wenig davon.

Das kleine Buch von Fontane hat Sie vielleicht hinsichtlich des Ostseelebens enttäuscht, auch muß man vielleicht Fontane auch sonst kennen, um diese Erinnerungen gut zu verstehn, besonders seine Briefe, vor allem aber weiß ich nicht genau, wo ich dieses eigentliche Ostseeleben gefunden habe, in diesen Erinnerungen oder in einem Roman von ihm, überdies weiß ich den Titel dieses Romans nicht bestimmt, »Cecile« oder »Unwiederbringlich« oder anders, ich weiß nicht, ich könnte das erst in Prag feststellen.

Im April Geburtstag? Aber Sie sind doch gar nicht wetterwendisch, wie kamen Sie in den April hinein? Den wievielten?

Den Vertrag lege ich bei, er klingt klug und nicht so grausam wie ich fürchtete.

Und nun will ich bald etwas über das Fieber hören. Ihr Kafka

An Max Brod

[Postkarte. Matliary, Stempel: 31. III. 1921]

Lieber Max, mir war nicht ganz gut und ist noch immer nicht gut, die Verdauung. Entweder kommt es vom Fleischessen oder von noch anderem, das wird sich erst in ein paar Tagen zeigen, dann schreibe ich Dir ausführlich. Du hast mir allerdings geschrieben, aber immer nur von mir, nichts von Dir, von Deinem Amt, den Reisen, von Leipzig, von Felix und Oskar. In ein paar Tagen also schreibe ich. Leb wohl   Dein Franz
Grüß bitte Deine Frau von mir; wie lange ich schon von Prag fort bin, fällt mir dabei ein.

An Max Brod

[Matliary, Mitte April 1921]

Liebster Max, wie könnte Dir jetzt die Novelle[10] nicht gelingen, da Du die Ruhe hast um die Spannung zu ertragen und die Novelle geboren werden muß als ein gutes Kind des Lebens selbst. Und wie verständig ordnet sich Dir alles an, auch im Amt. Im früheren Amt warst Du ein fauler Beamter, denn Deine Arbeit außerhalb des Amtes galt nicht, konnte höchstens geduldet und verziehen werden, diesmal aber ist sie die Hauptsache, gibt erst dem, was Du im Amt arbeitest, den eigentlichen, keinem andern Beamten erreichbaren Wert, so daß Du immer auch im Amtssinne sehr fleißig bist, selbst wenn Du dort gar nichts tust. Und schließlich und vor allem, wie Du, wirklich mit mächtiger Hand Deine Ehe führst und Leipzig daneben und hindurch und Dich in beiden, überzeugt durch die Kraft der Wirklichkeit, auch wenn man es nicht begreift. Alles Gute auf Deinen schweren, hohen, stolzen Weg!

Ich? Wenn sie so aneinandergereiht sind, die Nachrichten über Dich, Felix und Oskar, und ich mich damit vergleiche, so scheint es mir, daß ich umherirre wie ein Kind in den Wäldern des Mannesalters.

Wieder sind Tage vergangen in Müdigkeit, im Nichtstun, im Anschauen der Wolken, auch in Ärgerem. Es ist wirklich so, alle seid Ihr in den männlichen Stand aufgerückt. Unmerklich, die Eheschließung entscheidet hier nicht einmal, es gibt vielleicht Lebensschicksale mit historischer Entwicklung und solche ohne sie. Manchmal stelle ich mir zum Spiel einen anonymen Griechen vor, der nach Troja kommt, ohne daß er jemals dorthin wollte. Er hat sich dort noch nicht umgesehn, ist er schon im Getümmel, die Götter selbst wissen noch gar nicht, um was es geht, er aber hängt schon an einem trojanischen Streitwagen und wird um die Stadt geschleift, Homer hat noch lange nicht zu singen angefangen, er aber liegt schon mit glasigen Augen da, wenn nicht im trojanischen Staub so in den Polstern des Liegestuhles. Und warum? Hekuba ist ihm natürlich nichts, aber auch Helena ist nicht entscheidend; so wie die andern Griechen, von Göttern gerufen, ausgefahren sind und, von Göttern beschützt, gekämpft haben, ist er infolge eines väterlichen Fußtritts ausgefahren und unter väterlichem Fluch hat er gekämpft; ein Glück, daß es noch andere Griechen gegeben hat, die Weltgeschichte wäre eingeschränkt geblieben auf zwei Zimmer der elterlichen Wohnung und die Türschwelle zwischen ihnen.

Die Krankheit, von der ich schrieb, war ein Darmkatarrh, so außerordentlich wie ich ihn noch nie gehabt habe, ich war überzeugt, es sei Darmtuberkulose (was Darmtuberkulose ist, weiß ich, ich habe zugesehn, wie der Cousin von Felix daran gestorben ist); an einem Tage hatte ich an 40° Fieber, es ist aber, glaube ich, ohne Schaden vorübergegangen, auch der Gewichtsverlust wird gutzumachen sein. Nebenbei: der gefolterte Mann, von dem ich einmal schrieb, hat ein Ende gemacht, offenbar halb absichtlich, halb zufällig ist er im fahrenden Schnellzug zwischen 2 Waggons hinuntergefallen, zwischen die Puffer. Übrigens ist er schon fast besinnungslos von hier fortgegangen, früh morgens, wie zu einem kleinen Spaziergang, ohne Uhr, Brieftasche und Gepäck, hat dann den Spaziergang bis zur Elektrischen ausgedehnt, weiter bis Poprad, weiter in den Schnellzug, alles in der Richtung nach Prag, zum Osterbesuch seiner Familie, aber dann hat er die Richtung geändert und ist hinuntergesprungen. Wir alle sind hier mitschuldig, nicht an seinem Selbstmord, aber an seiner Verzweiflung in der letzten Zeit, jeder hat sich vor ihm, einem sehr geselligen Menschen, gescheut, und in der rücksichtslosesten Weise, lauter Ellbogen-Männer beim Schiffsuntergang. Den Arzt, die Krankenschwester und das Stubenmädchen nehme ich aus, in dieser Hinsicht habe ich große Achtung vor ihnen. Übrigens kam später ein ähnlicher Kranker, er ist aber schon weggefahren.

In einem zufällig mir in die Hand gekommenen Prager Tagblatt (ein Mährisch-Ostrauer Turist war ein paar Tage hier und hat mir, ohne daß wir sonst eigentlich mit einander gesprochen hätten, in der freundlichsten Weise immerfort Haufen von Zeitungen aufgedrängt, gelesen hat er hier, wie man mir sagte, »Im Kampf um das Judentum«[11]) las ich, daß Haas die Jarmila geheiratet hat, mich überrascht es nicht, ich traute Haas immer Großes zu, aber die Welt wird es überraschen. Weißt Du etwas Näheres?

Du schreibst von einem Ämtchen, das sich vielleicht für mich finden ließe, das ist lieb von Dir und auch sehr behaglich zu lesen, aber ist doch nicht für mich. Hätte ich 3 Wünsche frei, würde ich mir unter Vernachlässigung der dunklen Begierden wünschen: annähernde Gesundung (die Ärzte versprechen sie, aber ich merke nichts von ihr, wie oft ich auch in den letzten Jahren zur Kur hinausgefahren bin, immer war mir weit besser als jetzt nach mehr als 3 Monaten Kur, und was im Laufe der 3 Monate sich gebessert hat, ist gewiß mehr das Wetter als die Lunge, allerdings, das ist nicht zu vergessen, meine früher über den ganzen Körper vagierende Hypochondrie sitzt jetzt versammelt in der Lunge), dann ein fremdes südliches Land (es muß nicht Palästina sein, im ersten Monat habe ich viel in der Bibel gelesen, auch damit ist es still geworden) und ein kleines Handwerk. Das heißt doch nicht viel gewünscht, nicht einmal Frau und Kinder sind darunter.

An Max Brod

[Matliary, Mitte April 1921]

Liebster Max, gleich wie ich das Buch bekommen habe, habe ich es an diesem Tag zweimal, fast dreimal gelesen, dann gleich weggeborgt, damit es schnell weiter gelesen werde; nachdem ich es bekommen habe, habe ich es zum viertenmal gelesen und jetzt wieder weggeborgt, solche Eile hatte ich. Aber es ist verständlich, denn das Buch ist so lebendig und wenn man einige Zeit im dunklen Schatten gestanden ist und solches Leben sieht, drängt man sich hinein. Es ist kein eigentlicher Nachruf[12], es ist eine Hochzeit zwischen euch beiden, lebendig und traurig und zum Verzweifeln wie eben eine Hochzeit ist für die, welche heiraten, und glücklich und zum Augenaufreißen und zum Herzklopfen für die, welche zusehn, und wer könnte zusehn, ohne selbst dabei zu heiraten, und liege er auch im allereinsamsten Zimmer. Und dieses Lebendige steigert sich noch dadurch, daß nur Du davon berichtest, der überlebende Starke, und dies so zart tust, daß Du den Toten nicht übertönst, sondern er mitsprechen und sich hörbar machen kann mit seiner tonlosen Stimme und sogar die Hand Dir auf den Mund legen kann, um Deine Stimme, wo es in seinem Sinne nötig ist, zu dämpfen. Wunderbar ist das. Und trotzdem ist, wenn man will – so gibt sich das Buch dem Willen des Lesers hin, so sehr gibt es ihm Willensfreiheit bei aller innern Kraft – doch wieder nur der Lebende, der Sprecher in aller Riesenhaftigkeit, die Leben gegenüber dem Tode hat für die Lebenden, es steht da wie ein Grabmal, aber zugleich wie die Säule des Lebens und am unmittelbarsten ergreifen mich Stellen, die wahrscheinlich für Dich unwesentlich sind, etwa wie diese: »War nun ich verrückt oder war er es?« Hier steht der Mann, der Treue, der Unveränderliche, das immer offene Auge, die nicht versiegende Quelle, der Mann, der – ich drücke es paradox aus, meine es aber geradewegs – das Begreifliche nicht begreifen kann.

Das war gestern, ich wollte noch einiges sagen, heute aber kam ein Brief von M. Ich soll Dir nichts von ihm sagen, denn sie habe Dir versprochen, mir nicht zu schreiben. Ich schicke das voraus, und damit ist es ja in Beziehung auf M. so, wie wenn ich Dir nichts gesagt hätte; das weiß ich. Was für ein Glück, Max, Dich zu haben. Ich muß Dir aber von dem Brief schreiben aus folgendem Grunde. M. schreibt, daß sie krank ist, lungenkrank, das war sie ja schon früher, kurz ehe wir zusammenkamen, aber damals war es leicht, ganz unwesentlich, in dieser scheuen Art, mit der die Krankheit manchmal kommt. Jetzt soll es schwerer sein, nun, sie ist stark, ihr Leben ist stark, meine Phantasie reicht nicht aus, M. krank mir vorzustellen. Auch hattest Du ja andere Nachrichten über sie. Immerhin, sie hat ihrem Vater geschrieben, er war freundlich, sie kommt nach Prag, wird bei ihm wohnen und später nach Italien fahren (einen Vorschlag des Vaters, nach der Tatra zu fahren, hat sie abgelehnt, aber jetzt in der Mitte des Frühjahrs nach Italien?). Daß sie bei ihrem Vater wohnen wird, ist sehr merkwürdig; wenn sie so versöhnt sind, wo bleibt ihr Mann?

Aber wegen dem allen würde ich Dir davon nicht schreiben, es handelt sich natürlich nur um mich. Es handelt sich darum, daß Du mich von M's Aufenthalt in Prag (von dem Du ja wohl erfahren wirst) und von seiner Dauer verständigst, damit ich nicht etwa um diese Zeit nach Prag komme, und daß Du mich verständigst, wenn

M. doch vielleicht in die Tatra fahren sollte, damit ich rechtzeitig von hier fortfahre. Denn eine Zusammenkunft, das würde nicht mehr bedeuten, daß sich die Verzweiflung die Haare rauft, sondern daß sie sich Striemen kratzt in Schädel und Gehirn.

Du sollst aber, wenn Du mir diese Bitte erfüllst, nicht dabei wieder sagen, daß Du mich nicht verstehst. Schon vor längerer Zeit wollte ich Dir darüber schreiben, war zu müde, habe es wohl auch schon öfters angedeutet, es wird Dir nichts Neues sein, aber grob habe ich es noch nicht herausgesagt. Es ist auch an sich nichts Besonderes, eine Deiner frühesten Geschichten beschäftigt sich damit, allerdings freundlich, es ist eine Erkrankung des Instinkts, eine Blüte der Zeit, es gibt je nach der Lebenskraft Möglichkeiten, sich damit irgendwie abzufinden, ich finde entsprechend meiner Lebenskraft keine Möglichkeit oder doch die Möglichkeit mich zu flüchten, allerdings in einem Zustand, der es dem Außenstehenden (übrigens noch mehr mir selbst) unverständlich macht, was hier noch gerettet werden soll, aber man läuft ja nicht immer, um sich zu retten, auch die Asche, die der Wind aus dem Brandhaufen fortbläst, fliegt nicht weg, um sich zu retten.

Ich rede nicht von den glücklichen, in dieser Hinsicht glücklichen Zeiten der Kindheit, als die Tür noch geschlossen war, hinter der das Gericht beriet (der alle Türen füllende Geschworenen-Vater ist seitdem längst hervorgetreten), später aber war es so, daß der Körper jedes zweiten Mädchens mich lockte, der Körper jenes Mädchens, in das ich (deshalb?) meine Hoffnung setzte, gar nicht. Solange sie sich mir entzog (F) oder solange wir eines waren (M), war es nur eine Drohung von ferne und nicht einmal gar so ferne, sobald aber irgendeine Kleinigkeit geschah, brach alles zusammen. Ich kann offenbar, meiner Würde wegen, meines Hochmuts wegen (auch wenn er noch so demütig aussieht, der krumme Westjude!) nur das lieben, was ich so hoch über mich stellen kann, daß es mir unerreichbar wird.

Das ist wohl der Kern des Ganzen, des allerdings ungeheuer angewachsenen Ganzen bis zu der »Todesangst« hin. Und es ist nicht alles nur Überbau dieses Kernes, sondern auch Unterbau gewiß.

In diesem Zusammenbruch war es dann aber schrecklich, davon kann ich nicht reden. Nur eines: im Hotel Imperial hast Du Dich getäuscht; was Du für Begeisterung hieltest, war Zähneklappern. Glück waren nur die der Nacht entrissenen Bruchstücke von vier

Tagen, die förmlich unangreifbar im Kasten schon eingesperrt waren, Glück war das Stöhnen nach dieser Leistung.

Und nun habe ich hier wieder ihren Brief, in dem nichts verlangt wird als eine einmalige Nachricht, auf die keine Antwort erfolgen soll, einen schläfenzermarternden Nachmittag hinter mir, eine Nacht vor mir, mehr aber wird es nicht werden. Sie ist mir unerreichbar, damit muß ich mich abfinden, und meine Kräfte sind in einem solchen Zustand, daß sie es jubelnd tun. So kommt zu dem Leid noch die Schande, es ist etwa so wie wenn Napoleon zu dem Dämon, der ihn nach Rußland rief, gesagt hätte: »Ich kann jetzt nicht, ich muß noch die Abendmilch trinken« und wenn er dann, als der Dämon noch fragte: »Wird denn das lange dauern?« gesagt hätte: »Ja, ich muß sie fletschern.«
Jetzt also verstehst Du es?

An Max Brod
[Matliary, April 1921]
Lieber Max, solltest Du meinen letzten Brief (über Schreiber und über M.) nicht bekommen haben? Es wäre möglich, daß er falsch adressiert war. Leid täte es mir, wenn ihn ein Fremder in die Hand bekommen hätte.
Vielen Dank für das Feuilleton, das Pariser Tagebuchblatt. Du weißt nicht was für Freude Du mir damit machst, sonst würdest Du mir alles schicken, was von Dir erscheint. Nicht einmal was in der Selbstwehr erscheint, erfahre ich vollständig, von dem Kuh-Aufsatz z. B. (ein wenig wild, ein wenig in hohen Tönen, ein wenig eilig, aber eine solche Freude zu lesen) kenne ich nur den zweiten Teil. Und solche Kritiken wie über Racine[13] schreibst Du öfters? (Hübsch übrigens, wie Du in der ersten Spalte einschläfst und in der letzten beim Aufwachen Dich ärgerst, daß so wenig Publikum da ist. Merkwürdig auch, wie Du mit einer Art Verzweiflung, aber glücklich darüber, daß Du lebst, auf diesem alten Grab den Zweck von Racine suchst, was doch unmöglich ist, denn damit gerät man in alle Windrichtungen zugleich, wenn man nicht eben zur Seite tritt und so schön phantasiert, wie Du dort.)
Dank auch dafür, was Du über den Mediziner sagst, er verdient es, allerdings vielleicht wird er doch noch länger außerhalb der Stadt

bleiben müssen, als bis zum Herbst, dabei sieht man ihm von seiner Krankheit gar nichts an, ein großer, starker, breiter, rotwangiger, blonder Mensch, im Kleid ist er fast zu stark, hat gar keine Beschwerden, hustet nicht, hat nur manchmal erhöhte Temperatur. Nachdem ich ihn äußerlich ein wenig vorgestellt habe (im Bett, im Hemd, mit zerrauftem Haar, mit einem Jungengesicht wie aus Hoffmanns Kindererzählungs-Kupferstichen und dabei ernst und angespannt und doch auch in Träumen – so ist er geradezu schön), ihn also vorgestellt habe, bitte ich für ihn um zweierlei. Das erste kannst Du wohl ohne viel Mühe aus Deiner Erfahrung beantworten. Auf was kann er in Prag, was Unterstützung oder Lebenserleichterung anlangt, hoffen? Er hat zwei Empfehlungen, eine verschlossene von einem Budapester Rabbiner an den Rabbiner Schwarz gerichtete und eine sehr gute von der Budapester Kultusgemeinde an die Prager, mit dem Anhang einer besonders herzlichen eines Rabbiners Edelstein, dessen Schüler er war. Nur fürchte ich freilich, solche Empfehlungen hat jeder Ausländer, der nach Prag kommt. Dann: Würde es für seine Zulassung zur Universität und sein sonstiges Leben eine wesentliche Erleichterung bedeuten, wenn er die tschechoslowakische Staatsbürgerschaft erwerben würde? (Das könnte er vielleicht, er hat einen unverfänglichen Namen: Klopstock und sein – längst gestorbener – Vater stammte aus der Slowakei.)...

Du fragst nach meiner Gesundheit. Die Temperaturen sind günstig, Fieber ist äußerst selten, selbst 36,9 ist bei weitem nicht täglich, und das alles im Mund gemessen, wo es zwei bis drei Zehntel wärmer ist als in der Achselhöhle; wären nicht zu viel Schwankungen, könnte man sie fast normal nennen, freilich liege ich ja meistens. Husten, Auswurf, Atemnot sind schwächer geworden, aber schwächer genau seitdem das Wetter besser geworden ist, also eher eine Wetter- als Lungenverbesserung. Zugenommen habe ich etwa 6 1/2 kg. Ärgerlich ist, daß ich nicht zwei Tage hintereinander, selbst abgesehen von der Lunge und der Hypochondrie, vollständig gesund bin. Deine Ratschläge mißachte ich durchaus nicht. Aber die Lokopansalbe ist hier unbekannt, die hübsche, zarte, hohe, blonde, blauäugige Apothekerin in Lomnitz sah mich prüfend an, ob ich sie nicht zum Narren halte, es kann sich ja auch wirklich jeder zum Zeitvertreib einen komischen Namen erfinden und fragen, ob diese Salbe zu haben ist. Die Injektionen – nun, Dr. Kral ist dafür, mein Onkel dagegen, der hiesige Doktor dafür, Dr. Szontagh in Smokovec dagegen und ich allerdings dirimiere in diesem Konsilium dagegen, daran kannst Du doch, Max, nichts aussetzen, besonders da Du in Deinem Buch doch auch warnst. Den Aufsatz über Impfungen habe ich schon vorher gelesen, die Ostrauer Morgenzeitung ist die einzige, die ich fast täglich jetzt bekomme, auch diese medizinische, übrigens zum Teil deutlich von einem Humoristen geschriebene Beilage lese ich. (Sie dürfte übrigens auch die einzige fachwissenschaftliche Lektüre des hiesigen, mir aber sehr lieben Arztes sein.) In dem Aufsatz stehn die üblichen künstlichen Statistiken, die gegenüber den Einwänden der Naturheilkunde (»Kein Geimpfter ist vor dem Tode glücklich zu preisen«) belanglos sind, die Medizin untersucht die schädlichen Folgen in ganz beschränkter Zeit, dafür hat die Naturheilkunde nur Verachtung. Es ist auch glaubwürdig, daß die Tuberkulose eingeschränkt wird, jede Krankheit wird schließlich eingeschränkt. Es ist damit so wie mit den Kriegen, jeder wird beendet und keiner hört auf. Die Tuberkulose hat ihren Sitz ebensowenig in der Lunge, wie z. B. der Weltkrieg seine Ursache im Ultimatum. Es gibt nur eine Krankheit, nicht mehr, und diese eine Krankheit wird von der Medizin blindlings gejagt wie ein Tier durch endlose Wälder. – Aber vernachlässigt habe ich Deine Ratschläge nicht. Wie konntest Du das denken. Franz

An Oskar Baum

[Matliary, Frühjahr 1921]

Lieber Oskar, Du hast mich also nicht vergessen. Fast möchte ich *Dir* Vorwürfe machen, daß *ich* Dir nicht geschrieben habe. Aber Schreiben ist hier in dieser großen Untätigkeit für mich fast eine Tat, fast ein neues Geborenwerden, ein neues Herumarbeiten in der Welt, dem doch unwiderruflich wieder der Liegestuhl folgen muß und – man schreckt zurück. Womit ich aber nicht den Eindruck erwecken will, daß ich mir darin Recht gebe, nein, gar nicht.

Von Dir habe ich fast gar nichts gehört, nur von Deinem Weininger-Vortrag gelesen (gibt es noch immer kein freies Manuskript, keine Korrektur dieses Aufsatzes?), Gerüchte über Kritikerstellen, sonst nichts. Ich erzähle Max immer nur mit vollem Mund von mir, gebe ihm fast keine Gelegenheit, von anderem zu schreiben. Und was mag alles in diesen Jahren der Zwischenzeit geschehen sein, einige sizilianische Reisen könntest Du gemacht haben, und wie viel gearbeitet, und Leo könnte schon fast an der Universität sein. Im Liegestuhl ist es schwer, die Zeit zu bestimmen, man glaubt, daß es vier Monate gewesen sind, aber mit dem Verstand erkennt man gut, daß viele Jahre vergangen sind.

Man wird zum Trost auch entsprechend alt. Jetzt ist z. B. eine kleine Budapesterin weggefahren (Aranka hat sie geheißen; jede dritte heißt so, und jede zweite Ilonka, schöne Namen sind es, auch Clarika heißt manche, und alle werden nur mit dem Vornamen angesprochen: »Wie geht es, Aranka?«). Diese Budapesterin ist also weggefahren, sehr hübsch war sie nicht, ein wenig schief aufgesetzte Wangen, nicht fehlerlos eingefaßte Augen, dicke Nase, aber jung war sie, eine solche Jugend!, und alles hat diesem schönen Körper gepaßt, und fröhlich und herzlich war sie, alle waren in sie verliebt, ich habe mich absichtlich von ihr zurückgehalten, mich ihr nicht vorgestellt, sie war etwa drei Monate hier, ich habe kein direktes Wort mit ihr gesprochen, was in einem so kleinen Kreis nicht ganz einfach ist. Und jetzt am letzten Tag beim Frühstück (Mittagmahl und Nachtmahl esse ich allein in meinem Zimmer) kommt sie zu mir und fängt in ihrem umständlichen Ungarisch-Deutsch eine längere Rede an: »Ich erlaube mir, Herr Doktor, mich von Ihnen zu verabschieden« u. s. w., nun, wie man eben errötend und unsicher zu einem alten Würdenträger spricht. Und die Knie haben mir ja auch wirklich dabei geschlottert.

Das Buch freue ich mich wieder zu lesen, es ist aus Gründen, die in einem gewissen Sinn unkontrollierbar sind, eines meiner Lieblinge unter Deinen Büchern, es ist so gut darin zu leben, warm, wie in der Ecke eines Zimmers, wo man vergessen ist und um so stärker alles miterleben kann, was geschieht. Leider mußte ich es verborgen, aber morgen bekomme ich es wieder. Meine Tischnachbarin, diesmal Ilonka, hat es gesehn und mich so darum gebeten, daß ich es ihr borgen mußte, um so lieber, als sie offenbar in ihrem ganzen Leben noch kein gutes Buch gelesen hat. Ihr Hübsches ist eine zarte, fast durchscheinende Haut, da wollte ich sehn, wie sie aussehn wird, wenn sie von der Freude über Dein Buch illuminiert ist.

Herzlichste Grüße Dir, Frau, Kind und Schwester.   Dein Franz

An Max Brod

[Matliary, Anfang Mai 1921]

Lieber Max, noch immer nicht verständlich? Das ist merkwürdig, aber desto besser, denn es war unrichtig, unrichtig als Einzelfall, unrichtig wenn man es nicht auf das ganze Leben ausdehnt. (Ausdehnt? Also verwischt? Ich weiß nicht.) Du wirst mit M. sprechen, ich werde dieses Glück nie mehr haben. Wenn Du zu ihr über mich sprichst, sprich wie über einen Toten, ich meine, was mein »Außerhalb«, meine »Exterritorialität« betrifft. Als Ehrenstein[14] letzthin bei mir war, sagte er etwa, in M. reiche mir das Leben die Hand und ich hätte die Wahl zwischen Leben und Tod; das war etwas zu großartig (nicht hinsichtlich M's, aber hinsichtlich meiner) gesagt, aber im Wesen wahr, dumm war nur, daß er an eine Wahl-Möglichkeit für mich zu glauben schien. Gäbe es noch ein Delphisches Orakel, hätte ich es befragt und es hätte geantwortet: »Die Wahl zwischen Tod und Leben? Wie kannst Du zögern?«

Du schreibst immer vom Gesundwerden. Das ist ja für mich ausgeschlossen (nicht nur hinsichtlich der Lunge, auch hinsichtlich alles andern, in der letzten Zeit geht z. B. wieder eine Unruhe-Welle über mich, Schlaflosigkeit, Leiden unter dem kleinsten Geräusch und sie entstehen förmlich in der leeren Luft, davon könnte ich lange Geschichten erzählen, und wenn schon alle Tages- und Abendmöglichkeiten erschöpft sind, schließt sich dann wie heute in der Nacht eine kleine Gruppe von Teufeln zusammen und unterhält sich fröhlich um Mitternacht vor meinem Haus. Früh sind es dann die Angestellten, welche abend von einer christlich-sozialen Versammlung nachhause kamen, gute, unschuldige Leute. So wie der Teufel kann sich niemand maskieren) das also ist ausgeschlossen, sieh nur diesen widerwillig lebenden Körper an, den das Gehirn, erschreckt darüber, was es angerichtet hat, nun wieder gegen sich zum Leben zwingen will, widerwillig lebend, er kann nicht essen und eine Abszeßwunde, gestern wurde der Verband abgenommen, braucht einen Monat lang große Verbände, ehe sie unschlüssig heilt (der fröhliche Doktor hat allerdings Hilfe bei der Hand: Arseninjektionen, ich danke) das also ist ausgeschlossen, aber ist auch nicht das Höchst-Wünschbare.

Du schreibst von Mädchen, kein Mädchen hält mich hier (besonders nicht die auf dem Bild, auch sind sie schon seit Monaten fort) und nirgends wird mich eines halten. Merkwürdig wie wenig Scharfblick Frauen haben, sie merken nur, ob sie gefallen, dann ob man Mitleid mit ihnen hat und schließlich ob man Erbarmen bei ihnen sucht, das ist alles, nun es ist ja im allgemeinen auch genug. Ich verkehre eigentlich nur mit dem Mediziner, alles andere ist nur nebenbei, will jemand etwas von mir, sagt er es dem Mediziner, will ich etwas von jemandem, sage ich es ihm auch. Trotzdem, Einsamkeit ist das nicht, gar keine Einsamkeit, ein halb-behagliches Leben, äußerlich halb behaglich in einem wechselnden Kreis äußerst freundlicher Leute, freilich, ich ertrinke nicht vor aller Augen und niemand muß mich retten und auch sie sind so freundlich, nicht zu ertrinken, auch hat manche Freundlichkeit ganz deutliche Gründe, so z. B. gebe ich viel Trinkgeld (verhältnismäßig viel, es ist alles billig genug), was notwendig ist, denn der Oberkellner hat letzthin an seine Frau nach Budapest einen öffentlich bekanntgewordenen Brief geschrieben, in dem er zwischen den Gästen je nach ihren Trinkgeldern so etwa unterscheidet: »zwölf Gäste können bleiben, die andern aber kann der Teufel holen« und nun fängt er an, die andern namentlich mit Anmerkungen litaneiartig aufzuzählen: »die liebe Frau G. (übrigens wirklich eine liebe junge kindliche Bauernfrau aus der Zips) kann der Teufel holen u. s. w.« Ich war nicht darunter: werde ich geholt, wird es ganz gewiß nicht wegen zu kleinen Trinkgeldes sein.

Oskar ist also doch bei der »Presse«, nicht beim »Abendblatt«? Ist das Blatt also doch so, daß man ihm dazu raten konnte? Die Stunden hat er aufgegeben? Könntest Du mir einmal eine Nummer mit einem Aufsatz Oskars schicken? Ich habe das Blatt noch nicht gesehn. Paul Adler ist auch dabei? Und Felix? Solche Dinge gab es doch irgendwie schon. Es steigert sich? Es greift ihn im Kern an? Das tat es doch bisher nicht eigentlich, im Grunde lebte er immerhin noch in Rom und nur an den asiatischen Grenzen wurde mit den Barbaren gekämpft. Ist es schlimmer geworden? Das Kind? Jetzt wird doch Sommerwohnung sein? Lebe wohl Franz

An Ottla Davidová

[Matliary, Anfang Mai 1921]
Liebste Ottla und Věruška (? die Mutter schrieb den Namen so, was ist das für ein Name? Věra etwa oder Vjera so wie Frau

Kopals Tochter heißt? Was für Überlegungen gingen der Namensgebung vor?) also ein Weg bitte! Frau Forberger braucht für ihren Bruder, den Markensammler,

           100 Stück 2 Heller Eilmarken
           100 Stück 80 Heller Marken ⎫ mit dem Bild
           100 Stück 90 Heller Marken ⎭ von Hus

Laß Dir bitte das Geld von meinem Geld geben, man wird es mir hier bezahlen. Diese Marken werden Ende Mai außer Geltung gesetzt, müssen also sofort gekauft werden und sind angeblich nur in Prag zu haben.

Ist der Weg für Euch zwei zu schwer (wie soll man auch mit dem Kinderwagen in die Hauptposthalle hinauffahren? Hast Du einen schönen Wagen? Ist Frau W. ein wenig neidisch?), dann könnte vielleicht Pepa so gut sein (ja fährt er denn nicht nach Paris?). Ihm kannst Du dann auch das beiliegende Feuilleton der Brünner Lidové Noviny zur Beurteilung vorlegen; hält er die Sache für gut, natürlich müßte man auch noch mit Dr. Kral sprechen, könnte er sich vielleicht auch noch erkundigen, wo man Plätze für die Sanatoriumsschiffe bekommen kann und wie teuer das Ganze ist. Mußt ihm nicht gleich sagen, daß es leider in der Nummer vom ersten April stand, es stand ganz ernst drin, ein armer Kranker hier hat es voll Hoffnungen dem Doktor zur Beurteilung gegeben, der brachte es mir, ich solle es durchlesen, weil er tschechisch nicht versteht, und ich war damals von dem Darmkatarrh so geschwächt, daß ich wirklich ein, zwei Stunden daran glaubte.

Das sind die äußern Anlässe, im übrigen wollte ich Dir schon längst schreiben, aber ich war zu müde oder zu faul oder nur zu schwer, das ist ja kaum zu unterscheiden, auch habe ich immer irgendeine Kleinigkeit, jetzt z. B. wieder einen wilden Abszeß, mit dem ich kämpfe. Daß Ihr zwei so flink seid, freut mich, aber Ihr sollt nicht zu flink sein, hier ist eine junge Bauersfrau, mittelkrank, übrigens lustig und lieb und hübsch in ihrer dunklen Tracht mit dem hin und her wehenden Ballerinenrock, die ist von ihrer Schwiegermutter immer zu sehr zur Arbeit angehalten worden, trotzdem der Arzt dort immer gewarnt und gesagt hat:

        Junge Frauen muß man schonen
           so wie goldene Zitronen

was zwar nicht ganz verständlich, aber doch sehr einleuchtend ist, weshalb ich mich auch zurückhalte, neue Wege zu erfinden.

Immerhin, ein Weg wird notwendig werden, zum Direktor, es ist, um sich die Lippen zu zerbeißen. Am 20. Mai läuft der Urlaub ab (er hat Dich wirklich von der Urlaubsbewilligung verständigt?) was dann? Wohin ich dann fahre oder ob ich etwa noch bis Ende Juni hier bleibe, ist eine nebensächlichere Überlegung. (Seit dem Darmkatarrh, der meiner Meinung nach vom Fleisch kam, ist es so eingerichtet, daß ein Fräulein in der Küche ich glaube einen großen Teil ihrer Zeit damit verbringt, nachzudenken, was man mir kochen könnte. Beim Frühstück macht man mir Vorschläge in betreff des Mittagessens, bei der Jause inbetreff des Nachtmahls. Letzthin träumte das Fräulein aus dem Fenster hinaus, ich dachte, sie träume von ihrer Heimat Budapest, bis sie dann plötzlich sagte: »Ich bin aber wirklich gespannt, ob Ihnen abend das Salatgemüse schmecken wird.«)

Wie soll ich aber wieder den Urlaub verlangen? Und wo ist ein Ende abzusehn? Es ist sehr schwer. Vielleicht einen Urlaub mit halbem Gehalt verlangen? Ist es leichter, um einen solchen Urlaub zu bitten? Es wäre leicht um Urlaub zu bitten, wenn ich mir und andern sagen könnte, daß die Krankheit etwa durch das Bureau verschuldet oder verschlimmert worden ist, aber es ist ja das Gegenteil wahr, das Bureau hat die Krankheit aufgehalten. Es ist schwer und doch werde ich um Urlaub bitten müssen. Ein Zeugnis werde ich natürlich vorlegen können, das ist sehr einfach. Nun, was meinst Du?

Doch darfst Du nicht glauben, daß man sich hier immerfort mit solchen Gedanken abgibt, gestern habe ich z. B. gewiß den halben Nachmittag mit Lachen verbracht, und zwar nicht mit Auslachen, sondern mit einem gerührten, liebenden Lachen. Leider ist die Sache nur anzudeuten, unmöglich in ihrer ganzen Großartigkeit zu vermitteln.

Es ist hier ein Generalstabshauptmann, er ist dem Barackenspital zugeteilt, wohnt aber wie manche Offiziere hier unten, weil es oben in den Baracken zu schmutzig ist, das Essen läßt er sich von oben holen. Solange viel Schnee war, hat er ungeheure Skitouren gemacht, bis nahe an die Spitzen, oft allein, was fast tollkühn ist, jetzt hat er nur 2 Beschäftigungen, Zeichnen und Aquarellmalen ist die eine, Flötenspiel die andere. Jeden Tag zu bestimmten Stunden malt und zeichnet er im Freien, zu bestimmten Stunden bläst er Flöte in seinem Zimmerchen. Er will offenbar immer allein sein (nur wenn er zeichnet, scheint er es gern zu dulden, wenn man zusieht), ich respektiere das natürlich sehr, ich habe bisher kaum fünfmal mit ihm gesprochen, nur wenn er mich etwa von der Ferne ruft oder wenn ich unerwartet irgendwo auf ihn stoße. Treffe ich ihn beim Zeichnen, mache ich ihm ein paar Komplimente, die Sachen sind auch wirklich nicht schlimm, gute oder sehr gute dilettantische Arbeit. Das wäre alles, wie ich sehe, noch immer nichts Besonderes, ich sage ja und weiß es: es ist unmöglich, das Wesen des Ganzen mitzuteilen. Vielleicht wenn ich versuche zu beschreiben, wie er aussieht: Wenn er auf der Landstraße spazieren geht, immer hoch aufgerichtet, langsam bequem ausschreitend, immer die Augen zu den Lomnitzer Spitzen erhoben, den Mantel im Wind, schaut er etwa wie Schiller aus. Wenn man in seiner Nähe ist und das magere faltige (zum Teil vom Flötenblasen faltige) Gesicht ansieht, mit seiner blassen Holzfärbung, auch der Hals und der ganze Körper ist so trocken hölzern, dann erinnert er an die Toten auf dem Bild von Signorelli[15] ich glaube es ist unter den Meisterbildern), wie sie dort aus den Gräbern steigen. Und dann hat er noch eine dritte Ähnlichkeit. Er kam auf die phantastische Idee, mit seinen Bildern in der Haupt-

nein, es ist zu groß, ich meine innerlich. Kurz, er veranstaltete also eine Ausstellung, der Mediziner schrieb eine Besprechung in eine ungarische Zeitung, ich in eine deutsche, alles im Geheimen. Er kam mit der ungarischen Zeitung zum Oberkellner, damit er es ihm übersetze; diesem war es zu kompliziert, er führte daher in aller Unschuld den Hauptmann zu dem Mediziner, er werde es am besten übersetzen. Der Mediziner lag gerade mit ein wenig Fieber im Bett, ich war bei ihm zu Besuch, so fing es an, aber genug davon; wozu erzähle ich es, wenn ich es nicht erzähle.
Übrigens, um wieder an das Vorige anzuknüpfen, Du darfst auch nicht glauben, daß man immerfort lacht, wirklich nicht.
Die Rechnung von Taussig lege ich jetzt bei, ferner einen Ausschnitt für Elli, Felix betreffend, auch für die Deine kann es in Betracht kommen nach zehn Jahren, das ist nicht sehr lang, man dreht sich auf dem Liegestuhle einmal von links nach rechts, schaut auf die Uhr und die zehn Jahre sind vorüber, nur wenn man in Bewegung ist, dauert es länger.
Elli und Valli lasse ich natürlich wieder ganz besonders grüßen.

Wie meinst Du es? Ich lasse sie grüßen, weil grüßen leicht ist und schreibe ihnen nicht, weil schreiben schwer ist? Gar nicht. Ich lasse sie grüßen, weil sie meine lieben Schwestern sind, und schreibe ihnen nicht besonders, weil ich Dir schreibe. Am Ende wirst Du sagen, daß ich auch Deine Tochter nur grüßen lasse, weil Schreiben schwer ist. Und doch ist schreiben nicht schwerer als alles andere, eher ein wenig leichter.
Leb wohl mit den Deinen   F
Bitte grüße das Fräulein von mir

An Dr. Josef David

[Matliary, etwa Mai 1921]
Lieber Pepa,
schön, schön hast Du das gemacht, jetzt setze ich nur noch ein paar kleine Fehler hinein, nicht etwa damit überhaupt irgendwelche Fehler darinstehn, denn, verzeih, Fehler wird mein Direktor auch in Deinem Brief finden und würde sie in jedem finden, ich tue es nur, damit eine angemessene Zahl von Fehlern darin steht.
Hier bemühe ich mich, ruhig zu leben, kaum bekomme ich mal eine Zeitung in die Hand, nicht einmal die »Tribuna« lese ich, ich weiß auch weder, was die Kommunisten machen, noch was die Deutschen sagen, nur was die Magyaren sagen, höre ich, aber ich verstehe es nicht; leider sagen sie sehr viel und ich wäre glücklich, wenn es weniger wäre. Wozu ein Gedicht, Pepa, strenge Dich nicht an, wozu ein neues Gedicht? Es hat doch schon Horaz viele schöne Gedichte geschrieben und wir haben erst eineinhalb gelesen. Übrigens ein Gedicht von Dir, das habe ich schon. Es ist hier in der Nähe eine kleine Militär-Kranken-Abteilung und Abend zieht das die Straße entlang und nichts als diese »Panther« und immer »drehen sie sich«. Die tschechischen Soldaten sind übrigens nicht die ärgsten, sie laufen Ski und lachen und schreien wie Kinder, allerdings wie Kinder mit Soldatenstimmen, aber da sind auch ein paar ungarische Soldaten dabei und einer von ihnen hat fünf Worte von diesen Panthern gelernt und offenbar hat er darüber den Verstand verloren; wo immer er auftaucht, brüllt er das Lied. Und die schönen Berge und Wälder im Umkreis schauen all dem so ernsthaft zu, als ob es ihnen gefiele.
Das alles ist aber nicht schlimm, es dauert täglich nur ein Weilchen,

viel ärger sind in dieser Hinsicht die teuflischen Lärmstimmen im Hause, aber auch das läßt sich überwinden, ich will nicht klagen, es ist die Tatra hier und die Berge des Sabinerlands sind anderswo und vielleicht nirgends.

Bitte grüße Deine Eltern und Schwestern von mir. Wie ist das mit dem Nationaltheater ausgefallen? Dein F

[Dieser Brief ist in tschechischer Sprache geschrieben und wurde vom Herausgeber übersetzt.]

An Max Brod

[Matliary, Ende Mai/Anfang Juni 1921]

Liebster Max – meine Schuld ist schon so groß, so viel habe ich von Dir bekommen, so viel hast Du für mich getan und ich liege da steif und still, gequält bis ins Innerste von dem Mann, der in den Nebenzimmern Öfen aufstellt und dabei jeden Tag, auch an Feiertagen, um 5 Uhr früh mit Hämmern, Gesang und Pfeifen anfängt und es bis 7 Uhr abends ununterbrochen fortsetzt, dann ein wenig ausgeht und vor 9 Uhr sich schlafen legt, was ich zwar auch tue, aber ohne einschlafen zu können, weil die andern Leute eine andere Zeiteinteilung haben und ich wie der Vater von Matliary bin, der erst einschlafen kann, wenn auch das letzte quietschende Stubenmädchen im Bett ist. Und natürlich, es ist nicht gerade dieser Mann, der mich stört (das Stubenmädchen hat ihm heute mittag, trotzdem ich sie mit Gewalt zurückgehalten habe – was will ich im Liegestuhl Faulender einem ausgezeichneten Arbeiter verbieten? – das Pfeifen verboten und nun hämmert er bis auf einzelne Vergessenheitsunterbrechungen ganz ohne Pfeifen und verflucht mich wahrscheinlich, aber, um die Wahrheit zu sagen, angenehmer ist es mir doch), wenn er aufhören wird, ist jedes lebende Wesen hier bereit und fähig, ihn abzulösen und wird es tun und tut es. Aber es ist auch nicht der Lärm hier, um den es sich handelt, sondern der Lärm der Welt und nicht einmal dieser Lärm, sondern mein eigenes Nichtlärmen.

Doch auch abgesehn von der schon lange dauernden Unausgeschlafenheit wollte ich Dir auch vor der Begegnung mit M. nicht mehr schreiben, ich verstricke mich immer ohnmächtig in Lügen wenn ich über sie schreibe und ich wollte Dich – nicht so sehr

Deinetwegen, als meinetwegen – nicht mehr beeinflussen. Nun hast Du sie also gesehn. Auf welche Weise sie mit ihrem Vater versöhnt ist, kann ich nicht verstehn, darüber weißt Du wohl auch nichts. Daß sie nicht schlecht aussieht, glaubte ich zu wissen. Strba liegt etwa am entgegengesetzten Ende der Tatra (der höchste Ort, aber kein eigentliches Sanatorium). Verzeih mir, was ich Dir hier auferlegt habe, es geschah in der ersten besinnungslosen Aufregung über ihren damaligen Brief, allerdings, ich hätte Dich auch nach Überlegung darum gebeten. Daß sie Dir gleich von ihrem Brief erzählen würde, daran zweifelte ich nicht, sie hatte aber ein Recht, von mir zu verlangen, über den Brief zu schweigen. Was Du über den »überflüssigen« Brief schreibst und darüber, »daß es auf diese Art nicht mehr weitergehe«, scheint doch darauf hinzudeuten, daß sie von mir nichts mehr wissen will. (Ich verstricke mich in Lügen, wie ich sagte.) »Die Urteile ins Gesicht«, ja, das ist das Wesentliche, über das man sich, als Außenstehender natürlich, gegenüber einem Mädchen von ihrer Art, zuerst klar sein muß. Du schmeckst das Falsche heraus, ich konnte es nicht, trotzdem ich lauerte. Dabei übertreibe ich den Wahrheitsgehalt solcher Urteile nicht, sie sind nicht fest, ein Wort beschwichtigt sie, ein Schiff unter einem solchen Steuermann wollte ich nicht sein, aber mutig sind sie, groß, und führen zu den Göttern, wenigstens den olympischen.

Ich glaube auch nicht, daß ich Dir von M's Verhältnis zu Deiner Frau etwas Ausdrückliches gesagt habe. Auch dieses Urteil M's ist öfters begrenzt und fast widerrufen worden. An einen Zusammenhang mit Lisl Beer kann ich mich nicht erinnern, wohl aber an eine Bemerkung M's, wonach sie einmal mit Haas und Deiner Frau beisammen war, Deine Frau von Dir erzählte und diese bestimmte Art demütiger Bewunderung M. so hassenswert erschien. Sei hier nicht so streng zu M., Max. Es ist ja hier ein schwieriger Fall, den ich oft durchdacht habe. Versuche die Freundinnen Deiner Frau zusammenzuzählen, die Du für zweifellose Freundinnen hältst, und Du wirst vielleicht nur solche Freundinnen finden, welche Deine Frau im Grunde mißachtet. Ich kann darüber freier sprechen als irgendjemand. In einem gewissen gesellschaftlichen, sozialen Sinn (gerade in jenem Sinn, welcher für die Vereinsamung Deiner Frau entscheidend ist) bin ich Deiner Frau ungemein ähnlich (was aber nicht Nähe bedeutet), so ähnlich, daß man bei flüchtigem Hinsehn sagen könnte, daß wir gleich sind. Und diese Ähnlichkeit beschränkt sich, wie ich glaube, nicht einmal nur auf das heutige Ergebnis, sondern umfaßt auch die ursprüngliche Anlage, die Anlage guter, strebender, aber irgendwie befleckter Kinder. Nun besteht aber zwischen uns doch ein mit meinem bloßen wissenschaftlichen Auge zwar nicht wahrnehmbarer, aber jedenfalls tatsächlicher Unterschied, eine Kleinigkeit, ein wertloses Nichts, das aber doch hinreicht, um mich, ohne daß ein anderes soziales Material vorliegen würde, jemandem, der wie z. B. M. Deine Frau zu hassen behauptet, liebenswürdig zu machen. Freilich hat sich auch Deine Frau infolge der Ehe weiter ins Leben vorgewagt als ich, niemandem wird es einfallen, meinen Wert an meiner Lebensstellung zu messen, und wem es einfallen wird, wird es nicht glauben.

Mit Staša mag M. wieder ausgesöhnt sein, das hat sich im Laufe des Halbjahres auch ein oder zweimal wiederholt, übrigens hat Staša mir gegenüber einen scharfen Blick gehabt, gleich bei der ersten Begegnung hat sie erkannt, daß ich nicht verläßlich bin. Doch haben solche Frauengeschichten niemals großen Eindruck auf mich gemacht oder vielmehr allzugroßen. Wenn ich solche Geschichten höre, wie: sie ist prachtvoll, er ist nicht prachtvoll, er liebt sie, sie liebt ihn, sie ist untreu, er müßte sich vergiften – das alles in einem einheitlichen, tief überzeugten, leidenschaftlichen Geiste vorgetragen, dann kommt in mir unwiderstehlich ein gefährliches, nur scheinbar knabenhaftes, in Wirklichkeit lebenzerstörendes Gefühl herauf.

Ich wollte sagen: alles das kommt mir [bricht ab]

Der erste ruhigere Tag nach einer wohl 14tägigen Marterzeit. Dieses einigermaßen Außerhalb-der-Welt-Leben, das ich hier führe, ist an sich nicht schlechter als ein anderes, es liegt kein Grund vor, sich zu beklagen; schreit mir aber in dieses Außerhalb-der-Welt die Welt grabschänderisch herein, komme ich außer Rand und Band, dann schlage ich mit der Stirn wirklich an die doch immer nur angelehnte Tür des Wahnsinns. Eine Kleinigkeit genügt, um mich in diesen Zustand zu bringen, es genügt, daß unter meinem Balkon mit dem mir zugekehrten Gesicht ein junger halbfrommer ungarischer Jude im Liegestuhl liegt, recht bequem gestreckt, die eine Hand über dem Kopf, die andere tief im Hosenschlitz und immer fröhlich den ganzen Tag Tempelmelodien brummt. (Was für ein Volk!) Es genügt irgendetwas derartiges, anderes kommt eiligst dazu, ich liege auf meinem Balkon wie in einer Trommel, auf die man oben und unten, aber auch von allen Seiten losschlägt, ich verliere den Glauben daran, daß es noch irgendwo auf der Oberfläche der Erde Ruhe gibt, ich kann nicht wachen, nicht schlafen, selbst wenn einmal ausnahmsweise Ruhe ist, kann ich nicht mehr schlafen, weil ich zu sehr zerrüttet bin. Ich kann auch nicht schreiben und Du machst mir Vorwürfe, aber ich kann ja nicht einmal lesen. Da habe ich vor 3 Tagen (mit Hilfe des Mediziners) eine schöne, nicht allzu entfernte Waldwiese gefunden, es ist eigentlich eine Insel zwischen 2 Bächen, dort ist es still, dort bin ich in 3 Nachmittagen (vormittag sind dort freilich Soldaten) soweit gesundet, daß ich heute dort sogar flüchtig eingeschlafen bin; das feiere ich heute durch einen Brief an Dich.

Du fährst an die Ostsee, wohin? Letzthin las ich von vielen schönen billigen Ostseebädern. Thiessow, Scharbeutz, Nest, Haffkrug, Timmendorfer Strand, Niendorf waren empfohlen, keines teurer als 30-40 M täglich. Mit wem fährst Du? Mit der Frau, allein oder mit der andern? Ich denke auch manchmal an die Ostsee, aber es ist mehr Träumen als Denken.

Deine Schwester hat mir freundlich geschrieben und die Salbe habe ich bekommen. Ich freue mich sehr sie zu haben, im Winter war die Plage arg (jetzt schützen mich die Luftbäder), doch kann die Salbe, wenn sie wirklich so kräftig wirkt und Furunkel verhindert, leicht das werden, was man eine Geißel der Menschheit nennt, denn dem Höllenhund kann man durch Salben die Zahl der Köpfe nicht vermindern, nur vermehren.

Zu dem vorigen wollte ich noch sagen, daß mir alle diese Frauengeschichten komisch, anmaßend, wichtigtuerisch vorkommen, erbarmungslos lächerlich, verglichen mit der kläglichen Körperlichkeit, die da spricht. Sie spielen ihre Spiele, aber was kümmert es mich.

Dabei habe ich auch hier ein, zwei kleine Spaziergänge mit einem Mädchen am Morgen im Wald gemacht, von denen immerhin gilt, was man von den Tafeln der Könige sagt: sie bogen sich unter der Fülle. Und es geschah gar nichts, kaum ein Blick, das Mädchen merkte vielleicht gar nichts, und es ist auch nichts und schon lange vorüber und wird auch, ganz abgesehn davon, daß die Konstellation sehr günstig ist, nichts im Gefolge haben. Im Übrigen ist es kein besonderes Wunder, wenn

[2 Randbemerkungen:]
Ich schicke vorläufig dieses, morgen die Fortsetzung.
Ich schreibe Dir so bruchstückweise, die Schlaflosigkeit – ohne aktuelle Ursache, nur Erbe früherer Zeiten – läßt es nicht anders zu.
Dank für das Telegramm.

An Felix Weltsch

[Matliary, Stempel: 5. VI. 1921]

Lieber Felix, bitte keine »Mauern des Nichtschreibens«, nichts dergleichen, ich schreibe Max, also auch Dir und Max schreibt mir und die Selbstwehr schickst Du mir, also schreibst auch Du. Daß Dir ... ist – ich kann das Wort unmöglich aufschreiben – tut mir sehr leid, in Deinen Aufsätzen ist davon freilich keine Spur, also auch in Deinem Denken nicht.
Die Selbstwehr hat sich hier einen neuen Abonnenten erworben, den ich hiermit anmelde: der hiesige Arzt Dr. Leopold Strelinger, Tatranské Matliary P. Tatranská Lomnica. Vom nächsten Heft an lass sie ihm bitte schicken. Ich habe nichts dazu getan als ihm ein paar Hefte geborgt. Er war entzückt, zu meinem Erstaunen, denn er schien mir sonst mit ganz anderen Dingen beschäftigt.
Herzliche Grüße Dir, Frau und Kind   Dein F

An Robert Klopstock

[Matliary, Juni 1921]

Mein lieber Klopstock,
Liegehalle, in der alten Schlaflosigkeit, mit der alten Hitze in den Augen, der Spannung in den Schläfen:
... ungläubig in dieser Hinsicht war ich nie, aber erstaunt, ängstlich, den Kopf voll so vieler Fragen als es Mücken auf dieser Wiese gibt. In der Lage etwa dieser Blume neben mir, die nicht ganz gesund ist, den Kopf zwar zur Sonne hebt, wer täte das nicht? aber voll geheimer Sorgen ist wegen der quälenden Vorgänge in ihrer Wurzel und in ihren Säften, etwas ist dort geschehn, geschieht noch immer dort, aber sie hat nur sehr undeutliche, quälend undeutliche Nachricht darüber und kann doch nicht jetzt sich niederbeugen, den Boden aufkratzen und nachsehn, sondern muß es den Brüdern nachtun und sich hoch halten, nun sie tut es auch, aber müde.

Ich könnte mir einen andern Abraham[16] denken, der – freilich würde er es nicht bis zum Erzvater bringen, nicht einmal bis zum Altkleiderhändler – der die Forderung des Opfers sofort, bereitwillig wie ein Kellner zu erfüllen bereit wäre, der das Opfer aber doch nicht zustandebrächte, weil er von zuhause nicht fort kann, er ist unentbehrlich, die Wirtschaft benötigt ihn, immerfort ist noch etwas anzuordnen, das Haus ist nicht fertig, aber ohne daß sein Haus fertig ist, ohne diesen Rückhalt kann er nicht fort, das sieht auch die Bibel ein, denn sie sagt: »er bestellte sein Haus« und Abraham hatte wirklich alles in Fülle schon vorher; wenn er nicht das Haus gehabt hätte, wo hätte er denn sonst den Sohn aufgezogen, in welchem Balken das Opfermesser stecken gehabt?

am andern Tag: noch viel über diesen Abraham nachgedacht, aber es sind alte Geschichten, nicht mehr der Rede wert, besonders der wirkliche Abraham nicht, er hat schon vorher alles gehabt, wurde von der Kindheit an dazu geführt, ich kann den Sprung nicht sehn. Wenn er schon alles hatte und doch noch höher geführt werden sollte, mußte ihm nun, wenigstens scheinbar, etwas fortgenommen werden, das ist folgerichtig und kein Sprung. Anders die oberen Abrahame, die stehn auf ihrem Bauplatz und sollen nun plötzlich auf den Berg Morija; womöglich haben sie noch nicht einmal einen Sohn und sollen ihn schon opfern. Das sind Unmöglichkeiten und Sarah hat Recht, wenn sie lacht. Bleibt also nur der Verdacht, daß diese Männer absichtlich mit ihrem Haus nicht fertig werden und – um ein sehr großes Beispiel zu nennen – das Gesicht in magischen Trilogien verstecken, um es nicht heben zu müssen und den Berg zu sehn, der in der Ferne steht.

Aber ein anderer Abraham. Einer, der durchaus richtig opfern will und überhaupt die richtige Witterung für die ganze Sache hat, aber nicht glauben kann, daß er gemeint ist, er, der widerliche alte Mann und sein Kind, der schmutzige Junge. Ihm fehlt nicht der wahre Glaube, diesen Glauben hat er, er würde in der richtigen Verfassung opfern, wenn er nur glauben könnte, daß er gemeint ist. Er fürchtet, er werde zwar als Abraham mit dem Sohne ausreiten, aber auf dem Weg sich in Don Quixote verwandeln. Über Abraham wäre die Welt damals entsetzt gewesen, wenn sie zugesehen hätte, dieser aber fürchtet, die Welt werde sich bei dem Anblick totlachen. Es ist aber nicht die Lächerlichkeit an sich, die er fürchtet – allerdings

fürchtet er auch sie, vor allem sein Mitlachen – hauptsächlich aber fürchtet er, daß diese Lächerlichkeit ihn noch älter und widerlicher, seinen Sohn noch schmutziger machen wird, noch unwürdiger, wirklich gerufen zu werden. Ein Abraham, der ungerufen kommt! Es ist so wie wenn der beste Schüler feierlich am Schluß des Jahres eine Prämie bekommen soll und in der erwartungsvollen Stille der schlechteste Schüler infolge eines Hörfehlers aus seiner schmutzigen letzten Bank hervorkommt und die ganze Klasse losplatzt. Und es ist vielleicht gar kein Hörfehler, sein Name wurde wirklich genannt, die Belohnung des Besten soll nach der Absicht des Lehrers gleichzeitig eine Bestrafung des Schlechtesten sein.
Schreckliche Dinge – genug.
Sie klagen über das einsame Glück und wie ist es mit dem einsamen Unglück? – wirklich, es ist fast ein Paar.

Von Hellerau kommt nichts, es macht mich trübsinnig. Wenn Hegner nachdenkt, so hätte er doch gleich eine Karte schicken können mit der Mitteilung, daß er nachdenkt. Unser Interesse an Hellerau[17] ist unlöslich eines.
    Ihr K

An Max Brod

[Matliary, Juni 1921]
Liebster Max, den Fortsetzungszettel habe ich vor ein paar Tagen weggelegt, plötzlich fiel mir nämlich ein, ob Du nicht mir böse bist; damals als ich den Brief schrieb, hatte ich nicht im entferntesten daran gedacht, auch war es ja in der Theorie eine viel tiefere Verbeugung vor Deiner Frau, als ich sie im Leben wagen würde; dann aber fiel mir die Möglichkeit ein, nun ist es also glücklicherweise nicht so. Allerdings, mein Beispiel war falsch, M. haßt ja fast alle Jüdinnen, und Literatur mag auch mitgewirkt haben, aber auch Dein Gegenbeispiel ist schwach, diese »christlichen« Freundschaften schöpfen kaum den ethnographischen Reiz aus, wie sollten sie tiefer gehn, vor allem aber habe ich ja nicht so sehr das Negativum, das Fehlen der Freundschaften, betonen wollen; die Theorie also bleibt, bleibt so fest wie der Pfahl in meinem Fleisch.
So weit schon das Buch? Und so glücklich? Und ich weiß gar nichts davon, so fern, so fern. Und auch an der Ostsee werde ich nichts davon erfahren. Jetzt darf ich es offen sagen, ich hätte mir nichts

besseres gewußt, als mit Dir zu fahren. Ganz verschweigen konnte ich es nicht, offen sagen auch nicht, denn eine Art Krankentransport wäre es immerhin gewesen. Wenn ich mich z. B. in dieser Hinsicht an Deine Stelle zu versetzen suche, sehe ich, daß mich die Lungenkrankheit, wenn ich gesund wäre, beim Nächsten sehr stören würde, nicht nur wegen der immerhin bestehenden Ansteckungsmöglichkeit, sondern vor allem, weil dieses fortwährende Kranksein schmutzig ist, schmutzig dieser Widerspruch zwischen dem Aussehn des Gesichtes und der Lunge, schmutzig alles. Dem Spucken anderer kann ich nur mit Ekel zusehn und habe selbst doch auch kein Spuckfläschchen, wie ich es haben sollte. Nun aber, alle diese Bedenken entfallen hier, der Arzt verbietet mir unbedingt an ein nördliches Meer zu fahren, ein Interesse, mich während des Sommers hier zu halten hat er nicht, im Gegenteil, er erlaubt mir auch wegzufahren, in Wälder, wohin ich will, aber an das Meer nicht; auch an das Meer darf ich übrigens fahren und soll es sogar, aber nach Nervi, im Winter. So ist es. Und ich habe mich schon sehr gefreut, auf Dich, die Fahrt, die Welt, das Meeresrauschen. Auch die Bäche um die Wiese rauschen, auch die Bäume, und es beruhigt auch, aber es ist nicht verläßlich, kommen Soldaten – und jetzt sind sie immerfort dort und machen aus der Waldwiese ein Wirtshaus – dann lärmt Bach und Wald mit ihnen, es ist ein Geist, ein Teufel in ihnen allen. Ich versuche von hier fortzukommen, wie Du rätst, aber gibt es Ruhemöglichkeit irgendwo anders als im Herzen? Gestern war ich z. B. in Taraika, einem Wirtshaus in den Bergen, über 1300 m hoch, wild und schön, ich hatte große Protektion, man wollte alles mögliche für mich tun, trotzdem eine Überfülle von Gästen kommen wird, man wollte mir vegetarisch kochen, viel besser als hier, wollte mir das Essen aus dem hochgelegenen

Das sind schon alte Geschichten, es war dort mehr Lärm von Touristen und Zigeunermusik als hier, so bin ich also wieder hier geblieben, unbeweglich, wie wenn ich Wurzeln geschlagen hätte, was doch gewiß nicht geschehen ist. Vor allem freilich, ohne im allgemeinen viel daran zu denken, fürchte ich mich vor der Anstalt, so lange war ich noch nicht von ihr fort – außer Zürau, aber dort war es anders, dort war ich anders, auch hielt mich noch ein wenig der alte Oberinspektor – meine Schuld ihr gegenüber ist so ungeheuerlich, so unbezahlbar, daß sie sich nur noch weiter vergrößern kann, eine andere Veränderungsmöglichkeit gibt es für sie nicht. Nun, ich pflege Fragen dadurch zu lösen, daß ich mich von ihnen auffressen lasse, vielleicht tue ich es hier auch.

Für die Ausschnitte habe ich Dir noch gar nicht gedankt, in allen ist Glück und Zuversicht und die von ihnen leicht geführte Hand. Um wie viel trüber sind Oskars Arbeiten, gewunden, oft mühselig, besonders in einem gewissen gesellschaftlichen Sinn mangelhaft, im Ganzen freilich kann er auch das, der unbeugsame Mensch. Felix vernachlässigt mich, die Selbstwehr läßt er mir seit einigen Nummern nicht mehr schicken und auch der hiesige Arzt, Dr. Leopold Strelinger, den ich ihm als neuen Abonnenten gemeldet habe, hat sie noch nicht bekommen.

Vor längerer Zeit habe ich »Literatur«[18] von Kraus gelesen, Du kennst es wohl? Nach dem damaligen Eindruck, der sich seither natürlich schon sehr abgeschwächt hat, schien es mir außerordentlich treffend, ins Herz treffend zu sein. In dieser kleinen Welt der deutsch-jüdischen Literatur herrscht er wirklich oder vielmehr das von ihm vertretene Prinzip, dem er sich so bewunderungswürdig untergeordnet hat, daß er sich sogar mit dem Prinzip verwechselt und andere diese Verwechslung mitmachen läßt. Ich glaube, ich sondere ziemlich gut, das, was in dem Buch nur Witz ist, allerdings prachtvoller, dann was erbarmungswürdige Kläglichkeit ist, und schließlich was Wahrheit ist, zumindest so viel Wahrheit, als es meine schreibende Hand ist, auch so deutlich und beängstigend körperlich. Der Witz ist hauptsächlich das Mauscheln, so mauscheln wie Kraus kann niemand, trotzdem doch in dieser deutsch-jüdischen Welt kaum jemand etwas anderes als mauscheln kann, das Mauscheln im weitesten Sinn genommen, in dem allein es genommen werden muß, nämlich als die laute oder stillschweigende oder auch selbstquälerische Anmaßung eines fremden Besitzes, den man nicht erworben, sondern durch einen (verhältnismäßig) flüchtigen Griff gestohlen hat und der fremder Besitz bleibt, auch wenn nicht der einzigste Sprachfehler nachgewiesen werden könnte, denn hier kann ja alles nachgewiesen werden durch den leisesten Anruf des Gewissens in einer reuigen Stunde. Ich sage damit nichts gegen das Mauscheln, das Mauscheln an sich ist sogar schön, es ist eine organische Verbindung von Papierdeutsch und Gebärdensprache (wie plastisch ist dieses: Worauf herauf hat er Talent? oder dieses den Oberarm ausrenkende und das Kinn hinaufreißende: Glauben *Sie!* oder dieses die Knie an einander zerreibende: »er schreibt. Über wem?«) und ein Ergebnis zarten Sprachgefühls, welches erkannt hat, daß im Deutschen nur die Dialekte und außer ihnen nur das allerpersönlichste Hochdeutsch wirklich lebt, während das übrige, der sprachliche Mittelstand, nichts als Asche ist, die zu einem Scheinleben nur dadurch gebracht werden kann, daß überlebendige Judenhände sie durchwühlen. Das ist eine Tatsache, lustig oder schrecklich, wie man will; aber warum lockt es die Juden so unwiderstehlich dorthin? Die deutsche Literatur hat auch vor dem Freiwerden der Juden gelebt und in großer Herrlichkeit, vor allem war sie, soviel ich sehe, im Durchschnitt niemals etwa weniger mannigfaltig als heute, vielleicht hat sie sogar heute an Mannigfaltigkeit verloren. Und daß dies beides mit dem Judentum als solchem zusammenhängt, genauer mit dem Verhältnis der jungen Juden zu ihrem Judentum, mit der schrecklichen inneren Lage dieser Generationen, das hat doch besonders Kraus erkannt oder richtiger, an ihm gemessen ist es sichtbar geworden. Er ist etwas wie der Großvater in der Operette, von dem er sich nur dadurch unterscheidet, daß er statt bloß oi zu sagen, auch noch langweilige Gedichte macht. (Mit einem gewissen Recht übrigens, mit dem gleichen Recht, mit dem Schopenhauer in dem fortwährenden von ihm erkannten Höllensturz leidlich fröhlich lebte.)

Besser als die Psychoanalyse gefällt mir in diesem Fall die Erkenntnis, daß dieser Vaterkomplex, von dem sich mancher geistig nährt, nicht den unschuldigen Vater, sondern das Judentum des Vaters betrifft. Weg vom Judentum, meist mit unklarer Zustimmung der Väter (diese Unklarheit war das Empörende), wollten die meisten, die deutsch zu schreiben anfingen, sie wollten es, aber mit den Hinterbeinchen klebten sie noch am Judentum des Vaters und mit den Vorderbeinchen fanden sie keinen neuen Boden. Die Verzweiflung darüber war ihre Inspiration.

Eine Inspiration, ehrenwert wie irgendeine andere, aber bei näherem Zusehn doch mit einigen traurigen Besonderheiten. Zunächst konnte das, worin sich ihre Verzweiflung entlud, nicht deutsche Literatur sein, die es äußerlich zu sein schien. Sie lebten zwischen drei Unmöglichkeiten, (die ich nur zufällig sprachliche Unmöglichkeiten nenne, es ist das Einfachste, sie so zu nennen, sie könnten aber auch ganz anders genannt werden): der Unmöglichkeit, nicht zu schreiben, der Unmöglichkeit, deutsch zu schreiben, der

Unmöglichkeit, anders zu schreiben, fast könnte man eine vierte Unmöglichkeit hinzufügen, die Unmöglichkeit zu schreiben (denn die Verzweiflung war ja nicht etwas durch Schreiben zu Beruhigendes, war ein Feind des Lebens *und* des Schreibens, das Schreiben war hier nur ein Provisorium, wie für einen, der sein Testament schreibt, knapp bevor er sich erhängt, – ein Provisorium, das ja recht gut ein Leben lang dauern kann), also war es eine von allen Seiten unmögliche Literatur, eine Zigeunerliteratur, die das deutsche Kind aus der Wiege gestohlen und in großer Eile irgendwie zugerichtet hatte, weil doch irgendjemand auf dem Seil tanzen muß. (Aber es war ja nicht einmal das deutsche Kind, es war nichts, man sagte bloß, es tanze jemand)[19] [bricht ab.]

[Ein dem vorigen Brief Max Brods beigelegter Fragebogen, von Franz Kafka ausgefüllt und retourniert.]

Fragebogen
Gewichtszunahme?	8 kg
Totalgewicht?	über 65 kg
objektiver Lungenbefund?	Geheimnis des Arztes, angeblich günstig
Temperaturen?	im allgemeinen fieberfrei
Atmung?	nicht gut, an kalten Abenden fast wie im Winter
Unterschrift:	Die einzige Frage die mich in Verlegenheit bringt

An Ottla Davidová
[Postkarte. Matliary, Stempel: 8. VIII. 21]

Mein erster Ausflug.
Věra habe ich gleich erkannt, Dich mit Mühe, nur Deinen Stolz[20] habe ich gleich erkannt, meiner wäre noch größer, er ginge gar nicht auf die Karte. Ein offenes ehrliches Gesicht scheint sie zu haben und es gibt glaube ich nichts Besseres auf der Welt als Offenheit, Ehrlichkeit und Verläßlichkeit.   Dein

BRIEFE AUS DEM JAHRE 1921

An Max Brod

[Postkarte. Matliary, Stempel: 23. VIII. 21]

Lieber Max, ja, ich lag jetzt eine Woche fast, mit Fieber im Bett, keine Verkühlung, einer jener Lungenzufälle, gegen die man sich nicht schützen kann. Es ist schon bis auf den Husten vorüber, auch habe ich dadurch noch einige letzte Sonnentage gewonnen, auch reiße ich mich so nicht in einem von Matliary los (wobei nicht Matliary das Wichtige ist, sondern die Bewegung), sondern stückweise, wie es mir entspricht. Ende der Woche bin ich wahrscheinlich in Prag, dann bin ich gleich bei Dir, hoffentlich bist Du nicht schon in Karlsbad.

Dein

An Elli Hermann[21]

[Herbst 1921]

Liebe Elli, eigentlich hätte ich einen weniger ablehnenden Brief erwartet, wenigstens einen fröhlicher entschiedenen. Siehst Du denn das Glück nicht ein? Oder kennst Du eine bessere Erziehungsmöglichkeit? Es gibt radikalere, persönlicher geführte, vielleicht bedeutendere Schulen z. B. Wickersdorf, es gibt glattere, fremdartigere, von hier aus nicht zu beurteilende Schulen im weiteren Ausland, es gibt blutsnähere und vielleicht wichtigere Schulen in Palästina, aber in der Nähe und weniger riskant wohl keine außer Hellerau. Zu jung, weil ihm ein paar Monate zum zehnten Jahr fehlen? Es werden Siebenjährige aufgenommen, es gibt ja drei Vorschuljahrgänge. Man kann zu jung sein für das Erwerbsleben, für das Heiraten, für das Sterben, aber zu jung für eine zarte, zwanglose, alles Gute entfaltende Erziehung? Zehn Jahre sind wenig, aber unter Umständen ein hohes Alter, zehn Jahre ohne Körperübung, ohne Körperpflege, in Wohlleben, vor allem in Wohlleben ohne Übung der Augen und und Ohren und Hände (außer beim Ordnen des Liftgeldes), im Käfig der Erwachsenen, die sich doch im Grunde, es geht nicht anders im gewöhnlichen Leben, an den Kindern nur austoben – solche zehn Jahre sind nicht wenig. Freilich bei Felix können sie nicht so schlimm wirken, er ist kräftig, ruhig, klug, fröhlich, aber diese zehn Jahre sind überdies in Prag verbracht, in dem von Kindern nicht abzuhaltenden besondern Geist, der gerade in Prager wohlhabenden Juden wirkt, ich meine natürlich nicht einzelne Menschen, sondern diesen fast mit Händen zu greifenden allgemeinen Geist, der sich in jedem je nach Anlagen verschieden äußert, der in Dir ist, so wie in mir, diesen kleinen, schmutzigen, lauwarmen, blinzelnden Geist. Vor dem das eigene Kind retten können, was für ein Glück!

F.

An Elli Hermann

[Herbst 1921]

Liebe Elli, nein, Energie ist das nicht, laß Dich dadurch weder erschrecken (so als ob ich Dir durch Energie etwas gegen Deinen Willen abzwingen könnte), noch ermutigen (so als ob ich den Dir fehlenden Willen, Felix wegzuschicken, den Willen, den Du gern hättest und der Dir fehlt, als ob ich durch Energie diesen Willen ersetzen könnte), es ist keine Energie, höchstens Energie in Worten und auch diese wird aufhören, hört sogar schon auf, Energie ist es nicht, eher ist es das, was Du erstaunlich gut fühlst, aber unrichtig deutest, wenn Du schreibst, daß auch Du aus »unserem Milieu« heraus willst und deshalb (deshalb!) Felix nicht wegschicken kannst. Du willst aus unserem Milieu hinaus und dies mit Hilfe des Felix, beides ist gut und möglich, Kinder sind zur Rettung der Eltern da, theoretisch verstehe ich gar nicht, wie es Menschen ohne Kinder geben kann, aber wie willst Du dieses »Hinauskommen« erreichen? Eben durch eine typische Tat gerade dieses Milieus, durch Geiz (ich gebe ihn nicht fort!), durch Verzweiflung (was wäre ich ohne ihn!), durch Hoffnungslosigkeit (er wird nicht mehr mein Sohn sein!), durch Sich-selbst-Belügen, durch Scheingründe, durch Verschönerung der Schwäche, durch Verschönerung des »Milieus« (»Leben erträglich machen«, »Verantwortung tragen«, »selbst aus der Entfernung kann das Beispiel solcher Mütter« u. s. f.) Das alles täte ich an Deiner Stelle natürlich auch und noch viel »großartiger«.

Aus der Geschichte der »Aufklärung« lese ich außer dem Schönen und Rührenden, das in ihr ist, noch Folgendes heraus: Erstens: Du bist zu spät gekommen, 2. Felix ist mit der Geschichte des Prager Jungen nicht zu Dir gekommen, 3. Auch über Věra hat er Dich nicht ausgefragt, sondern verhört, denn die Erklärung des Jungen besaß er ja. 4. Du konntest als Erklärung natürlich nur ein Abstraktum verwenden, die Liebe. Schon das ist schlimm (der Vorteil der Storchgeschichte ist ja ihre, überdies nicht nachzuprüfende und ziemlich ferne Realität), noch schlimmer ist, daß dieses Abstraktum neben die für den Jungen fürchterlich überraschende Realität der

Schwangerschaft gestellt ist. Gut, Du lügst nicht, nur verschweigt er außerdem auch nichts. 5. Sehr gut war Deine Bemerkung, alles könne man, wenn man wolle, lächerlich und schlecht machen. Leider kann man das aber nicht nur durch Worte machen, sondern auch durch Taten und das schlecht gemachte Gute schaut dem Allerschlechtesten dann zum Verwechseln ähnlich. Was bleibt dann von Deiner Bemerkung? Und hat der Brüxer Junge in seinem Umkreis nicht Recht? 6. Du hast dann einen Zusammenhang hergestellt zwischen Deiner Erklärung und jener der Jungen, es würde mich interessieren, wie Du das gemacht hast, aber an und für sich kann das ja nicht schwer sein, jeder macht das notgedrungen in seinem Leben irgendwie. Ich rede nicht von den Frauen, aber in allen Männern ringsherum steckt doch der Brüxer Junge, nur daß die Gemeinschaft bei dem Jungen, auf welche Art sie sich auch zeigen mag, immerhin geheiligt ist durch die Scheu vor den ihm übergeordneten Dingen und durch den Erkenntnisdrang. Darum bin ich auf Seite des Jungen gegenüber den Männern und in gewissem Sinn auch gegenüber Deiner Aufklärung, denn nur der Junge ist der unbestechliche Wahrheitssucher und der rücksichtslose Vermittler und hinsichtlich dessen, was ihm noch an Wissen und Erfahrung fehlt, kann man zu ihm das Vertrauen haben, daß er das Fehlende kraft der ihm innewohnenden Gemeinheit, denn er ist ja Blut vom Blute der andern, annähernd richtig erfühlt.

Sieh z. B. die zwei Jungen, die mich belehrt haben, sie wissen heute gewiß nicht mehr als damals, allerdings waren es, wie sich gezeigt hat, besonders einheitliche konsequente Charaktere. Sie belehrten mich gleichzeitig, der eine von rechts, der andere von links, der rechte lustig, väterlich, weltmännisch, mit einem Lachen, das ich später bei Männern aller Lebensalter, auch bei mir, genau so gehört habe (es gibt gewiß auch ein freies, ein anderes Lachen über den Dingen, von einem Lebenden habe ich es aber noch nicht gehört), der linke sachlich, theoretisch, das war viel abscheulicher. Beide haben längst geheiratet und sind in Prag geblieben, der rechte ist schon viele Jahre von Syphilis bis zur Unkenntlichkeit zerstört, ich weiß nicht, ob er noch lebt, der linke ist Professor für Geschlechtskrankheiten und Gründer und Vorsitzender eines Vereines zur Bekämpfung der Geschlechtskrankheiten. Gegeneinander abschätzen will ich sie nicht, übrigens waren sie nicht etwa Freunde, damals sind sie nur zufällig zwecks meiner Belehrung zusammengekommen.

Aber verhältnismäßig ist ja das alles ziemlich unwesentlich, Deine Aufklärung und die des Jungen. Es kommt nur darauf an, wie er selbst, wenn sein Körper sich zu rühren anfängt, sich entscheiden wird. Ich denke dabei nicht an bestimmte Taten oder Unterlassungen, sondern an den Geist, der ihn führen wird. Und er wird sich im allgemeinen, wenn nicht übermenschlich starke Anlagen eingreifen, so entscheiden, wie sein Leben bis dahin gewesen ist. Ist sein Leben übersättigt, geistig und körperlich weich gebettet, großstädtisch überreizt, glaubenslos und gelangweilt gewesen, dann wird er sich entsprechend entscheiden, und wenn Du die ganze Zeit über jeden Augenblick, was ja zeitlich und geistig unmöglich ist, mit liebenden Ermahnungen hinter ihm her bist. Du kannst ja z. B. nicht einmal das scheinbar Leichteste tun, nämlich die Langweile, diese Einbruchsstelle aller bösen Geister, verhindern. Das hast Du selbst zugestanden und ich habe ihn ja auch in Zuständen gesehn, die in dieser Hinsicht trostlos waren. Diese Zustände müssen aber von Jahr zu Jahr schlimmer und gefährlicher werden, weil sie für ihn und Dich unkenntlicher werden. In der Kinderzeit waren sie undeutlich und man konnte zur Not etwas dagegen tun, allmählich aber schauen gerade die Zustände (im geistigen Sinn) schlimmster Langweile wie allerbeste Unterhaltung aus, er liest, er lernt Musik, er spielt Fußball, alles das muß nicht, aber kann entsetzliche Langweile und Führungslosigkeit enthalten, an sich weder ihm noch andern, aber in den Folgen erkennbar.

An Elli Hermann

[Herbst 1921]

...[22] Ich habe für mich (unter vielen andern) einen großen Zeugen, den ich hier aber nur zitiere, eben weil er groß ist, und dann, weil ich es gestern gerade gelesen habe, nicht weil ich die gleiche Meinung zu haben wagte. In der Beschreibung zu Gullivers Reise in Liliput (dessen Einrichtungen sehr gelobt werden) sagt Swift: »Die Begriffe von den gegenseitigen Pflichten der Eltern und Kinder sind gänzlich von den unsrigen verschieden. Da nämlich die Verbindung der Männer und Weiber, wie bei allen Tiergeschlechtern, auf Naturgesetzen beruht, behaupten sie durchaus, daß Männer und Frauen nur deshalb sich vereinigen; die Zärtlichkeit gegen die Jungen folge aus demselben Grundsatz; deshalb wollen sie nicht zugestehn, ein

Kind sei für sein Dasein den Eltern verpflichtet, welches ohnedies wegen des menschlichen Elends keine Wohltat sei; auch bezweckten die Eltern keine Wohltat, sondern dächten an ganz andere Dinge bei ihren verliebten Zusammenkünften. Wegen dieser und anderer Schlußfolgen sind sie der Meinung, Eltern dürfe man am wenigsten unter allen Menschen die Erziehung der Kinder anvertrauen.« Er meint damit offenbar, ganz entsprechend Deiner Unterscheidung zwischen »Mensch« und »Sohn«, daß das Kind, wenn es Mensch werden soll, möglichst bald, wie er sich ausdrückt, der Tierheit, dem bloß tierischen Zusammenhang entzogen werden muß.

Du gibst selbst zu, daß bei Deinem Zögern Eigennutz mitwirkt. Ist aber dieser Eigennutz nicht sogar als Eigennutz etwas verkehrt? Wenn Du z. B. die Wintersachen über den Sommer nicht zum Kürschner geben willst, weil Deinem Gefühl nach die Sachen, wenn Du sie im Herbst zurückbekommst, Dir innerlich fremd wären, und wenn Du daher die Sachen selbst aufbewahrst, so werden sie Dir allerdings im Herbst vollständig, innerlich und äußerlich gehören, werden aber von Motten zerfressen sein. (Das ist keine Bosheit, wirklich nicht, nur ein Beispiel, ein naheliegendes.) ...

So sehe ich also Deine Bedenken, vollständig könnte ich überhaupt nur ein Gegenargument anerkennen, das Du aber nicht erwähnst. Vielleicht denkst Du es aber. Es ist dieses: Wie kann mein Rat hinsichtlich der Erziehung von Kindern anderer etwas wert sein, wenn ich nicht einmal imstande war, mir einen Rat dafür zu geben, wie man eigene Kinder bekommt. – Dieses Argument ist unwiderleglich und trifft mich vollständig, aber so ausgezeichnet es auch ist, so glaube ich doch, daß es mehr mich trifft, als diesen meinen Rat. Laß es meinen Rat nicht entgelten, daß er von mir kommt.

An Elli Hermann

[Herbst 1921]

... Nicht das, was Du hervorhebst (Kinder müssen für ihr Dasein den Eltern nicht dankbar sein), ist die Hauptsache bei Swift. In dieser Knappheit behauptet das ja im Grunde auch niemand. Das Hauptgewicht liegt auf dem Schlußsatz: »Eltern darf man am wenigsten unter allen Menschen die Erziehung der Kinder anvertrauen.« Allerdings ist das, wie auch die zu diesem Satz führende Beweisführung, viel zu gedrängt gesagt und ich werde es Dir deshalb ausführlicher zu erklären suchen, doch wiederhole ich, daß das alles nur Swifts Meinung ist (der übrigens Familienvater war), meine Meinung geht zwar auch in der Richtung, nur wage ich nicht, so entschieden zu sein.

Swift meint also:

Jede typische Familie stellt zunächst nur einen tierischen Zusammenhang dar, gewissermaßen einen einzigen Organismus, einen einzigen Blutkreislauf. Sie kann daher, auf sich allein angewiesen, nicht über sich hinaus, sie kann aus sich allein keinen neuen Menschen schaffen, versucht sie es durch Familienerziehung, ist es eine Art geistiger Blutschande.

Die Familie ist also ein Organismus, aber ein äußerst komplizierter und unausgeglichener, wie jeder Organismus strebt auch sie fortwährend nach Ausgleichung. Soweit dieses Streben nach Ausgleichung zwischen Eltern und Kindern vor sich geht (die Ausgleichung zwischen den Eltern gehört nicht hierher), wird sie Erziehung genannt. Warum das so genannt wird, ist unverständlich, denn von wirklicher Erziehung, also dem ruhigen, uneigennützig liebenden Entfalten der Fähigkeiten eines werdenden Menschen oder auch nur dem ruhigen Dulden einer selbständigen Entfaltung ist hier keine Spur. Vielmehr ist es eben nur der meist unter Krämpfen vorsichgehende Versuch der Ausgleichung eines zumindest während vieler Jahre zur schärfsten Unausgeglichenheit verurteilten tierischen Organismus, den man zum Unterschied vom einzelnen Menschentier das Familientier nennen kann.

Der Grund der unbedingten Unmöglichkeit einer sofortigen gerechten Ausgleichung (und nur eine gerechte Ausgleichung ist wirkliche Ausgleichung, nur sie hat Bestand) innerhalb dieses Familientieres ist die Unebenbürtigkeit seiner Teile, nämlich die ungeheuerliche Übermacht des Elternpaares gegenüber den Kindern während vieler Jahre. Infolgedessen maßen sich die Eltern während der Kinderzeit der Kinder das Alleinrecht an, die Familie zu repräsentieren, nicht nur nach außen, sondern auch in der inneren geistigen Organisation, nehmen also dadurch den Kindern das Persönlichkeitsrecht Schritt für Schritt und können sie von da aus unfähig machen, jemals dieses Recht in guter Art geltend zu machen, ein Unglück, das die Eltern später nicht viel weniger schwer treffen kann als die Kinder.

Der wesentliche Unterschied zwischen wirklicher Erziehung und

Familienerziehung ist: die erstere ist eine menschliche Angelegenheit, die zweite eine Familienangelegenheit. In der Menschheit hat jeder Mensch Platz oder zumindest die Möglichkeit auf seine Art zugrundezugehn, in der von den Eltern umklammerten Familie aber haben nur ganz bestimmte Menschen Platz, die ganz bestimmten Forderungen und überdies noch den von den Eltern diktierten Terminen entsprechen. Entsprechen sie nicht, werden sie nicht etwa ausgestoßen – das wäre sehr schön, ist aber unmöglich, denn es handelt sich ja um einen Organismus –, sondern verflucht oder verzehrt oder beides. Dieses Verzehren geschieht nicht körperlich wie bei dem alten Elternvorbild in der griechischen Mythologie (Kronos, der seine Söhne auffraß, – der ehrlichste Vater), aber vielleicht hat Kronos seine Methode der sonst üblichen gerade aus Mitleid mit seinen Kindern vorgezogen.

Der Eigennutz der Eltern – das eigentliche Elterngefühl – kennt ja keine Grenzen. Noch die größte Liebe der Eltern ist im Erziehungssinn eigennütziger als die kleinste Liebe des bezahlten Erziehers. Es ist nicht anders möglich. Die Eltern stehn ja ihren Kindern nicht frei gegenüber, wie sonst ein Erwachsener dem Kind gegenübersteht, es ist doch das eigene Blut – noch eine schwere Komplikation: das Blut beider Elternteile. Wenn der Vater (bei der Mutter ist es entsprechend) »erzieht«, findet er z. B. in dem Kind Dinge, die er schon in sich gehaßt hat und nicht überwinden konnte und die er jetzt bestimmt zu überwinden hofft, denn das schwache Kind scheint ja mehr in seiner Macht als er selbst, und so greift er blindwütend, ohne die Entwicklung abzuwarten, in den werdenden Menschen, oder er erkennt z. B. mit Schrecken, daß etwas, was er als eigene Auszeichnung ansieht und was daher (daher!) in der Familie (in der Familie!) nicht fehlen darf, in dem Kinde fehlt, und so fängt er an, es ihm einzuhämmern, was ihm auch gelingt, aber gleichzeitig mißlingt, denn er zerhämmert dabei das Kind, oder findet z. B. in dem Kind Dinge, die er in der Ehefrau geliebt hat, aber in dem Kinde (das er unaufhörlich mit sich selbst verwechselt, alle Eltern tun das) haßt, so wie man z. B. die himmelblauen Augen seiner Ehefrau sehr lieben kann, aber aufs höchste angewidert wäre, wenn man plötzlich selbst solche Augen bekäme, oder findet z. B. in dem Kind Dinge, die er in sich liebt oder ersehnt und für familiennotwendig hält, dann ist ihm alles andere an dem Kinde gleichgültig, er sieht in dem Kind nur das Geliebte, er hängt sich an das

Geliebte, er erniedrigt sich zu seinem Sklaven, er verzehrt es aus Liebe.

Das sind, aus Eigennutz geboren, die zwei Erziehungsmittel der Eltern: Tyrannei und Sklaverei in allen Abstufungen, wobei sich die Tyrannei sehr zart äußern kann (»Du mußt mir glauben, denn ich bin deine Mutter!«) und die Sklaverei sehr stolz (»Du bist mein Sohn, deshalb werde ich dich zu meinem Retter machen«), aber es sind zwei schreckliche Erziehungsmittel, zwei Antierziehungsmittel, geeignet, das Kind in den Boden, aus dem es kam, zurückzustampfen.

Die Eltern haben eben für die Kinder nur die tierische, sinnlose, sich mit dem Kinde immerfort verwechselnde Liebe, der Erzieher hat für das Kind Achtung, und das ist im Erziehungssinn unvergleichbar mehr, selbst wenn keine Liebe mitsprechen sollte. Ich wiederhole: im Erziehungssinn; denn wenn ich die Elternliebe eine tierisch sinnlose nenne, so ist das an sich keine Minderbewertung, sie ist ein ebenso unerforschliches Geheimnis wie die sinnvoll schöpferische Liebe des Erziehers, nur in Hinsicht der Erziehung allerdings kann diese Minderbewertung gar nicht groß genug sein. Wenn sich N. eine Henne nennt, so hat sie ganz recht, jede Mutter ist es im Grunde, und die, welche es nicht ist, ist entweder eine Göttin oder aber wahrscheinlich ein krankes Tier. Nun will aber diese Henne N. nicht Hühnchen, sondern Menschen zu Kindern haben, darf also ihre Kinder nicht allein erziehn.

Ich wiederhole: Swift will die Elternliebe nicht entwürdigen, er hält sie sogar unter Umständen für stark genug, um die Kinder vor eben dieser Elternliebe zu schützen. Eine Mutter, die in irgendeinem Gedicht ihr Kind aus den Pranken des Löwen rettet, sollte dieses Kind nicht vor ihren eigenen Händen schützen können? Und tut sie es denn ohne Lohn oder, was richtiger ist, ohne die Möglichkeit eines Lohnes? In einem andern Schullesebuchgedicht, das Du gewiß kennst, heißt es von dem Wanderer, der nach vielen Jahren in das Heimatdorf zurückkommt und den niemand mehr erkennt außer der Mutter: »das Mutterauge hat ihn doch erkannt«. Das ist das wirkliche Wunder der Mutterliebe und eine große Weisheit ist hier ausgedrückt, aber nur eine halbe, denn es fehlt die Hinzufügung, daß, wenn der Sohn zu Hause geblieben wäre, sie ihn niemals erkannt hätte, daß das tägliche Zusammensitzen mit dem Sohn ihr ihn völlig unkenntlich gemacht hätte und daß dann das

Gegenteil des Gedichts geschehen wäre und jeder andere ihn besser erkannt hätte als sie. (Freilich hätte sie ihn dann auch gar nicht erkennen brauchen, denn er wäre niemals zu ihr zurückgekommen.) Du wirst vielleicht sagen, daß der Wanderer erst nach dem elften Lebensjahr in die Welt gegangen ist, ich aber weiß ganz bestimmt, daß ihm noch ein paar Monate zum zehnten Jahr gefehlt haben, oder anders ausgedrückt, daß es keine Mutter war, die habsüchtig die Verantwortung tragen wollte, habsüchtig die Freuden und, was vielleicht noch schlimmer ist, die Schmerzen teilen wollte (nichts soll er ganz haben!), keine Mutter, die Veranstaltungen getroffen hatte, um von ihrem Sohn gerettet zu werden, die also zu ihm Vertrauen hatte (Mißtrauen ist pragerisch, übrigens ist Vertrauen und Mißtrauen gleicher Weise in den Folgen riskant, Mißtrauen aber überdies in sich selbst), und die gerade deshalb gerettet wurde durch die Heimkehr ihres Sohnes. (Dabei war ja vielleicht von allem Anfang an ihre Gefahr nicht so unmäßig groß, denn es war keine Prager Judenfrau, sondern irgendeine fromme Katholikin aus der Steiermark.)

Was ist also zu tun? Nach Swift sind die Kinder den Eltern fortzunehmen, d. h. der Ausgleich, den jenes »Familientier« braucht, soll zunächst provisorisch dadurch erreicht werden, daß man durch Wegnahme der Kinder die endgültige Ausgleichung auf eine Zeit verschiebt, bis die Kinder, von den Eltern unabhängig, an Körper und Geisteskraft ihnen ebenbürtig sind und dann die Zeit für den wirklichen, für den liebenden Ausgleich gekommen ist, nämlich das, was Du »Rettung« nennst und was andere »Dankbarkeit der Kinder« nennen und so selten finden.

Übrigens versteht Swift einzuschränken und hält die Wegnahme der Kinder armer Leute nicht für unbedingt notwendig. Bei armen Leuten dringt nämlich gewissermaßen die Welt, das Arbeitsleben von selbst unhinderbar in die Hütte (so wie z. B. bei der Geburt Christi in der halboffenen Hütte gleich die ganze Welt dabei war, die Hirten und die Weisen aus dem Morgenlande) und läßt nicht die dumpfe, giftreiche, kinderauszehrende Luft des schön eingerichteten Familienzimmers entstehn.

Auch leugnet natürlich Swift nicht, daß Eltern unter Umständen eine ausgezeichnete Erziehungsgemeinschaft darstellen können, aber nur für fremde Kinder. So also etwa lese ich die Swiftsche Stelle.

An Robert Klopstock

[Prag, 2. September 1921]

Lieber Robert, die Fahrt[23] war sehr bequem, ich erwähne es nur wegen der Menge traumhaft ineinander spielender Zufälle, die mir einen guten Platz verschafften. Der Zug war ganz überfüllt, zuerst konnte man noch hie und da auf einem Koffer sitzen, später konnte man kaum mehr stehn. In Vrutky sollten zwei leere Waggons angeschlossen werden, dort würde also Platz sein. In Vrutky steige ich aus, laufe zu den Waggons, alles überfüllt, außerdem alte schmutzige Wagen, laufe wieder zu meinem Waggon zurück, finde ihn nicht gleich, steige in einen andern ein, es ist ja gleichgültig, alles ist voll. In diesem Waggon drücken sich unter andern drei Frauen an den Wänden herum, sie fahren aus Lomnitz nach Prag, eine von ihnen, eine alte Lehrerin, kenne ich flüchtig aus Matlar, wo sie einmal Ing. G., da anderswo kein Platz war, zu meinem Tisch geführt hat. Jetzt im Waggon mache ich ihnen einige kleine Dienste. Die Lehrerin, mit der vereinigten wütenden Alte-Frauen- und Lehrerinnen-Energie beschließt von Abteilung zu Abteilung zu gehn und sich doch einen Platz zu erzwingen. Tatsächlich findet sie in einer entfernten I. Klasse Abteilung einen Platz, durch irgend einen Zufall wird dort auch noch ein zweiter Platz frei, jetzt sind also zwei Frauen untergebracht, die dritte zieht auch mit ihnen. Gleich darauf geschieht in jenem Coupé folgendes: Von den übrigen vier Reisenden sind zwei Eisenbahnunterbeamte oder dergl., sie überreden mit großer Mühe den Kondukteur (da sie selbst nur Anspruch auf zweite Klasse haben), das Coupé für ein solches zweiter Klasse zu erklären, dieses Verwandlungsrecht hat der Kondukteur in Ausnahmefällen. Endlich stimmt er zu, dadurch sind aber die andern Passagiere, da sie auf erste Klasse Anspruch haben, gekränkt und verlangen ein leeres Coupé erster Klasse, der Kondukteur verschafft es ihnen, dadurch sind wieder zwei Plätze frei, einer für die dritte Frau und einer – da sich die Frauen für die Dienste dankbar zeigen wollen – für mich, sie rufen mich durch den überfüllten Gang, ich weiß gar nicht wie, denn sie kennen nicht nur meinen Namen nicht, sondern die Lehrerin kann sich, wie sich später herausstellt, gar nicht erinnern, wann sie zuerst mit mir gesprochen hat. Jedenfalls höre ich, wie sie mich rufen und übersiedle hin, gerade klebt der Kondukteur eine große 2 an die Glastür.
Von der Reisenahrung waren das Beste die Pflaumen, ausgezeichnete Pflaumen.

Einige Veränderungen in Prag, z. B. der Tod eines alten merkwürdigen Onkels. Er ist vor ein paar Monaten gestorben, vor ein paar Tagen habe ich ihm die erste Karte aus Matlar geschickt: »Herzliche Grüße vor baldigem Wiedersehn«.

Auf den ersten Anhieb hat sich herausgestellt, daß ich durch Verwandte eine sehr gute Verbindung mit Prof. Münzer habe. Wenn überhaupt die Möglichkeit einer derartigen Anstellung[24] besteht, wird sie für Sie zu erreichen sein, gar wenn man es rechtzeitig – also z. B. jetzt für Feber – vorzubereiten anfängt. Schicken Sie mir nur irgendwelche Dokumente, den Brief des Professors udgl.

Vielleicht fahre ich noch für drei Monate in ein deutsches Sanatorium.

Alles Gute und Dank für alles Gute! Ihr K

An M. E.

[Prag, Anfang September 1921]

Liebe Minze, nur gleich in Eile; ich bekam Ihre 2 Briefe erst jetzt, da ich bis jetzt in Matliary war und Post mir nicht nachgeschickt wurde. Wann kommen Sie? Ich werde mich inzwischen verschiedentlich zu erkundigen suchen. Aber bitte Minze, wenn Sie kommen, überraschen Sie mich nicht, ich ertrage Überraschungen so schlecht, das lange Kranksein zehrt an den Nerven, die kleine Spinne, die jetzt an der Wand hinläuft, erschreckt mich, wie erst die große Minze, die Arbeiterin, wenn sie plötzlich hereinkäme. Also bitte, Minze, vorher schreiben, wo und wann wir uns sehen können. Auf baldiges Wiedersehn! Ihr Kafka

An M. E.

[Prag, Anfang September 1921]

Liebe Minze, Sie kommen also Mitte September, das ist sehr gut (Ende September oder Anfang Oktober werde ich wohl von Prag wieder fortfahren), vielleicht könnten Sie es vermeiden, am 13. oder 14. zu kommen, da ist meines Vaters Geburtstag, läßt es sich aber nicht vermeiden, können Sie auch an diesen Tagen kommen. Sie sind jeden Tag willkommen. Wenn Sie an einem Wochentag vormittag kommen, werde ich kaum auf dem Bahnhof sein können (ich muß für die vielen Almosen meiner Anstalt wenigstens

paar Wochen beim Schreibtisch sitzen), dann kommen Sie eben vom Bahnhof zu mir ins Bureau (Pořič 7) »sich vorstellen«, ich bin dort bis 2 Uhr; der Portier ruft mich hinunter. Schade, daß Sie nicht diese Woche gekommen sind, Sie hätten bei meiner jüngsten Schwester (deren Mann diese Woche verreist ist und die im gleichen Hause wie ich wohnt) schlafen können, um sich nicht allzu sehr zu ermüden durch das fortwährende Reisen, auch hätten Sie den Kongreß[25] in Karlsbad sehn können.
Jedenfalls aber schreiben Sie mir bitte vorher, wann Sie kommen, auf welchem Bahnhof, welche Stunde. (Sie hatten einmal eine befreundete Familie in Prag, die haben Sie nicht mehr?)
Alles Gute   Ihr K

An Robert Klopstock

[Prag, Anfang September 1921]

Lieber Robert, nicht einmal Ihren rekommandierten Brief habe ich noch bestätigt...
Mit Pick habe ich gesprochen, er weiß sogar von meinem Brief an Hegner. Hegner hat – was man nicht voraussehn konnte – die gute, den andern allerdings etwas nervös machende Gewohnheit, wenn er nicht »Ja« sagen kann, überhaupt zu schweigen. Nebenbei hat er einmal zu Pick gesagt: »Kafka schreibt mir, ich soll einen Freund von ihm ein Jahr lang in der Druckerei anstellen. Was soll ich auf so etwas antworten?« Mit dieser rhetorischen Frage war unsere Angelegenheit erledigt. Holzmann hat aber – wie Pick sagt – gar nichts zu fürchten, wird sogar herzlich empfangen werden. Vielleicht haben Sie schon Nachricht darüber.
Mir geht es gesundheitlich nicht sehr gut; wenn ich nicht gleich nach der Rückkehr aus dem Bureau mich ins Bett legen würde und dort schon bliebe, könnte ich nicht bestehn. Die ersten Tage habe ich es nicht getan und es hat sich gerächt. Dabei ist ja noch sehr schönes Wetter. Auch müde bin ich, nicht einmal die Hand kann ich heben, um Ansichtskarten nach Matlar zu schicken. Grüßen Sie bitte alle.
In Flauberts Tagebüchern lese ich diese schöne Anekdote: Eines Tages besuchte Chateaubriand mit einigen Freunden den See von Gaube (einen einsamen Bergsee in den Pyrenäen); alle saßen beim Essen auf derselben Bank, wo wir (Flaubert) gefrühstückt haben. Die Schönheit des Sees versetzte alle in Entzücken. »Ich möchte

hier immer leben« sagte Chateaubriand. »Oh, Sie würden sich hier zum Sterben langweilen« erwiderte eine Dame aus der Gesellschaft. »Was heißt das«, erwiderte der Dichter lachend, »ich langweile mich immer.« Nicht das Geistreiche der Geschichte freut mich eigentlich, es ist ja auch nicht außerordentlich, aber die Fröhlichkeit, das geradezu majestätische Glück des Mannes.
Alles Gute

Ihr Kafka

An Robert Klopstock

[Postkarte. Prag, Stempel: 7. IX. 1921]
Lieber Robert, wie ist denn das: ich hätte gar nicht geschrieben? Zwei Briefe und eine Karte, es kann doch nicht alles verloren sein... – Ich bin müde und schwach und alle sind hier stark und frisch. Eben ist Ernst Weiß hier gewesen, gar nicht böse, freundlich, und auch im Ganzen sanfter als sonst. Er erhält sich sichtbar nur durch seinen Willen gesund und sehr gesund. Wenn er wollte, könnte er ebenso krank sein, wie nur irgendjemand sonst.
Viele Grüße

K

An Robert Klopstock

[Prag, Mitte September 1921]
Lieber Robert, ich antworte nur vorläufig, Montag dann ausführlicher, zunächst bin ich noch ein wenig taumelig von dem Brief, dann will ich es auch noch überlegen und schließlich mich mit Max (der schon längst in Prag ist, – der Kongreß ist schon vor ein paar Tagen geschlossen worden und er war nicht einmal bis zum Schluß dort) und Ottla... beraten. Heute – das ist aber wie gesagt noch nicht endgültig – würde ich aus Angst vor der Stadt raten, jedenfalls die Berlangligeter Möglichkeit zu ergreifen und wenn sie nicht da ist, sie möglich zu machen suchen, allerdings für den Winter, die paar Tage bis Mitte Oktober sind natürlich wertlos. Sollte B. oder Smokovec nicht möglich sein (der englische Fabrikant?), dann bleibt vielleicht nur Prag meines Wissens, denn Norddach, selbst wenn es möglich wäre, könnte doch nicht in ein paar Tagen erzielt werden und wenn es erzielt werden kann, dann wohl leichter von Prag... Das also vorläufig, mir geht es ja ganz gut, eben messe ich 36.8 um sechs Uhr abends.

Ihr K

An Robert Klopstock

[Prag, Mitte September 1921]

Lieber Robert, es ist ja nicht so schlimm, es ist bloß nicht gut und ich fahre gewiß, wahrscheinlich nach Görbersdorf, es scheint dort nicht teurer zu sein als in Matlar, freilich wäre ich lieber irgendwohin weiter gefahren, an den Rhein oder nach Hamburg, ich habe aber keine richtigen Antworten von dort bekommen. Über 37.3 geht die Temperatur nicht, aber über 37 ist sie täglich.

Warum schreiben Sie nichts von sich? Gesundheit, Smokovec, Empfehlungsbrief, Aussee udgl.

Ilonka hat Chokolade geschickt, das ist sehr lieb von ihr; wie eine kleine Vasallin schickt sie den Tribut und wagt gar nichts dazu zu sagen. Wie still sie war und in der Erinnerung ist sie noch stiller geworden.

. . .

Letzthin war Janouch[26] hier, nur für einen Tag vom Land, er hat sich brieflich angezeigt, er ist gar nicht böse und besonders Ihr Brief hat ihm viel Freude gemacht. Er kam zu mir ins Bureau, weinend, lachend, schreiend, brachte mir einen Haufen Bücher, die ich lesen soll, dann Äpfel und schließlich seine Geliebte, eine kleine freundliche Förstertochter, er wohnt draußen bei ihren Eltern. Er nennt sich glücklich, macht aber zeitweise einen beängstigend verwirrten Eindruck, sieht auch schlecht aus, will einen Maturakurs machen und dann Medizin (»weil es eine stille, bescheidene Arbeit ist«) oder Jus (»weil es zur Politik führt«) studieren. Welcher Teufel heizt dieses Feuer?

Holzmann wird in Heidelberg studieren? Bei Hegner war er also nicht? Schade. Dann gehört er schon zum Teil Stefan George, es ist kein schlechter, aber ein strenger Herr.

Was machen die Matlarer, Glauber vor allem, seine Poprader Pläne, wie hat die Münchner Akademie geantwortet? Ist Szinay schon dort?

Viele Grüße Ihres K

An Robert Klopstock

[Ansichtskarte (Matlar). Prag, Stempel: 16. IX. 1921]

Da ich in Gedanken in Matlar bin (und keine andere Karte habe) schicke ich eine aus Matlar. Telegraphiert habe ich nicht, weil ich niemanden habe, der hinuntergeht und der Aufzug verdorben ist, dann weil mein Brief schon angekommen sein muß, dann weil ich mich schäme über meine Gesundheit gar zu telegraphieren, dann weil es teuer ist, dann weil es doch erlaubt sein muß ohne Strafe dem eigensten Arzt gegenüber ein wenig übertrieben zu klagen: wem gegenüber dürfte man es dann? und schließlich weil schon ein Brief daliegt, der aber erst weggeschickt werden kann, bis die Stellen, die von der Gesundheit handeln, unleserlich gemacht sind. K.

An Robert Klopstock

[Postkarte. Prag, Stempel: 23. IX. 1921]
Lieber Robert, ... aus dem Schnupfen ist ein starker Husten geworden, heute war ich nicht im Bureau, morgen gehe ich zwar hoffentlich wieder, aber jetzt gerade ist ein Telegramm der Gärtnerin aus Pommern (die auch gar nicht böse ist) angekommen, in dem sie sich für morgen anzeigt, sie bleibt nur einen Tag, immerhin werde ich alle Kräfte zusammennehmen müssen und dabei ist sie freundlich und lieb und geduldig. Sie will einen Rat, aber die guten Ratschläge hängen zwischen den Sternen – darum ist dort so dunkel – wie soll man sie herunterholen.
Es freut mich, daß Barl. vielleicht doch gelingen wird. Von Max werde ich in dieser Hinsicht jetzt kaum etwas erreichen können, er ist sehr beschäftigt und gequält ...
An das Meer kann ich nicht, woher sollte ich das Geld nehmen? Auch wenn ich es »nehmen« wollte, könnte ich nicht. Auch ist es mir zu weit, aus Gesundheit will ich bis ans Ende der Welt fahren, aus Krankheit höchstens zehn Stunden. K
Wie geht es Szinay? Grüßen Sie Glauber!

An Robert Klopstock

[Prag, Ende September 1921]
Lieber Robert, gut, daß ich noch ein paar Tage Zeit habe, zum Professor zu gehn. Der Pommersche Besuch ist recht gut abgelaufen, war auch ganz kurz, nun aber ist etwas Größeres geschehn, die Briefschreiberin, deren scharfe regelmäßige Schrift Sie kennen, ist in Prag und es beginnen die schlaflosen Nächte.

Wenn Frl. Irene es so auffaßt, wie Sie im letzten Brief, dann ist es ja gut, bleibt nur die Trauer um den Zipser Ehemann, aber sie wäre wohl für ihn zu zart gewesen. Ich freue mich ja sehr, daß sie hinauskommt. Es war wie ein Würfelspiel, zuerst schien es, daß Ihr Schüler Hellerau gewinnen werde, dann hatte mein Neffe Aussichten, dann Sie (mit mir als Anhang), dann Holzmann und schließlich gewinnt es Frl. Irene, von der wir gar nicht wußten, daß sie mitspiele. Ist ein Telegramm von Dresden schon gekommen?

Ihre Cousine bleibt längere Zeit in Berlin? Malt dort?
Nach Barl. komme ich nicht, Robert. Ich hätte noch lange in der Tatra bleiben können, aber wieder zurückzukommen, das wäre mir so, wie wenn ich mich mit meiner eigenen Krankheit, die dort geblieben ist (ohne daß ich deshalb weniger hätte), wieder anstecken wollte. Ich will die Krankheit wieder anderswo tragen. Auch wollen die Ärzte ein regelrechtes Sanatorium mit Abreibungen, Packungen, Quarzlampe und besserer Kost, dabei ist es in Görbersdorf nicht teuerer als in Matlar, freilich auch nach Görbersdorf zu fahren, freut mich nicht. Unser Genferseeplan war doch der beste.

Wunderbar ist es wie der Wille mit der Krankheit spielt, freilich auch wie schrecklich mit dem Willen gespielt wird. Seit zwei Tagen huste ich kaum, das wäre nicht so merkwürdig, aber ich spucke auch kaum und habe in Mengen gespuckt. Aber mir wäre lieber, ich hustete ehrlich, statt diesen »Pneumothorax« zu tragen.

Mit der Selbstwehr und der Kongreßzeitung geht es mir so wie Ihnen, ich bekomme sie auch nicht. Kommen Sie nicht nach Matlar?

Ist denn Szinay lungenkrank? Wohin geht er, nach Unterschmecks? (Ach so, Unterschmecks, das ist ja kein Lungenkurort?) Und Frau G.? Fährt Frl. Ilonka irgendwohin?
Leben Sie wohl Ihr K

An Robert Klopstock
[Prag, September/Oktober 1921]
Lieber Robert, heute nur Frl. Irenens Sache. Ich war also bei Pick, er wußte nichts..., aber Paul Adler war dort, sehr bereitwillig, hat

mir dann in einer Gesellschaft, in die ich allerdings gehn mußte, die beiliegenden zwei Briefe geschrieben; er ist ein ausgezeichneter Mensch; daß er es auch in dieser Hinsicht ist, hätte ich nicht erwartet. Der eine Brief ist an Prof. Dreher gerichtet, er ist ein Kunst-Akademieprofessor, etwa 45 Jahre alt, sehr freundlich, ebenso wie seine Frau, er ist ein Freund des in beiden Briefen erwähnten Gross, welcher Direktor der Kunstgewerbeakademie ist. Sollte die Adresse Dresden A Waisenhausgasse 7 nicht genau stimmen, ist sie jedenfalls in der Kunstakademie genau zu erfragen. Er könnte zwar auch in der Kunstakademie selbst aufgesucht werden, zuhause ist es aber vorteilhafter, weil Frl. Irene dann gleich mit der Frau bekannt wird und unter weiblichen Schutz kommt. Georg von Mendelssohn kenne ich flüchtig, er erinnert sich meiner gewiß nicht, ihn aber kann man nicht vergessen, ein riesiger langer nordländisch aussehender Mensch mit einem kleinen, entsetzlich energischen Vogelgesicht, man erschrickt vor seinem Wesen, seiner kurz abgehackten Rede, seiner scheinbar für jeden möglichen Fall ablehnenden Haltung, aber man muß nicht erschrecken, er meint es nicht böse, zumindest nicht im Durchschnitt seines Verhaltens und ist unbedingt zuverlässig. Er steht im Mittelpunkt des deutschen Kunstgewerbes, hat in Hellerau eine Kunstschmiede und gehört wohl in jeder Hinsicht zu den »Wissenden« des Kunstgewerbes.

Da ich diese zwei Briefe bekommen hatte (in denen natürlich abgesehn von ihrer Liebenswürdigkeit aller möglicher Unsinn steht, über den des guten Zwecks wegen Frl. Irene wohl hinwegsehn wird, wie auch ich es tue) halte ich es für das Richtigste, sich jetzt nur auf Dresden zu beschränken. Frl. Irene wird dort, je nachdem sich ihr die Dinge zeigen, Gelegenheit haben, in einer kleineren persönlicher geleiteten Schule oder in der Kunstgewerbeschule selbst zu lernen, außerdem ist es eine schöne, angenehme und vor allem verhältnismäßig sehr gesunde Stadt (viel gesünder, gartenstadtmäßiger als München) und doch auch am nächsten zur Heimat.

Ich habe deshalb das Gesuch nur dorthin geschickt; kommt keine Antwort oder eine ablehnende macht es nichts, die Empfehlungsbriefe werden es wieder gutmachen und kommt eine günstige Antwort, kann man sich den neuen Freunden in Dresden schon mit etwas ausweisen. Das Geld und die Marken der andern Gesuche schicke ich deshalb in der Beilage vorläufig zurück. Dem Gesuch nach Dresden habe ich 20 Kronen beigelegt, 10 Kronen schien mir zu wenig.

Ich schreibe Ihnen, weil mir Hunsdorf postalisch irgendwie unzuverlässig vorkommt, vielleicht ist das Frl. auch schon in Matlar. Herzliche Grüße dem Frl. und Ihnen K

Damit Frl. Irene den Briefschreiber ein wenig kennen lernt, lege ich eine Kritik von ihm bei. Ist denn Hunsdorf Post? Das Telegramm soll ja hinkommen.

[auf separatem Bogen:]
Und jetzt noch ein paar Worte *im Vertrauen* zu Ihnen: Solange es sich nur um das hoffnungslose Experiment einer Gesuchseinsendung handelte, hat es mich interessiert, aber doch nur von der Ferne, so wie es z. B. bei Jules Verne interessiert, wenn man die leichtsinnigen Kinder auf dem Schiff spielen sieht; das Schiff wird sich doch nicht zufällig losreißen, sagt man sich, und etwa ins Weltmeer hinaustreiben, aber die entfernteste Möglichkeit dessen besteht doch und das ist eben interessant. Jetzt aber da es ernst wird und ich selbst mit hinein verflochten bin, ist es nicht mehr interessant. Ihr Urteil in dem Brief halte ich nicht für richtig, wohl aber jenes des Münchner Rektors. Aber auch das ist nicht das Entscheidende, selbst wenn gar kein lebendiges Talent hier aufzufinden wäre – und das scheint, nicht so sehr für meine unwissenden Augen als für meine Menschenkenntnis tatsächlich der Fall zu sein – wäre es an sich nicht so schlimm, die Zucht der Schule, der Einfluß des Lehrers, die Verzweiflung des eigenen Herzens könnten doch etwas Brauchbares erreichen, das alles aber nur in früher Jugend, im Alter Frl. Irenes nicht mehr. Gewiß, sie lebte ihr Leben lang dort in dem Zipser Urwald (so erscheint es ja von der Geistesbeweglichkeit der Dresdner Herren aus gesehn) und diese zarte Ungeschicklichkeit, Scheu, menschliche, künstlerische, allseitigste Unerfahrenheit hat einen gewissen Materialwert, die radikale Änderung der Lebensweise wird stark wirken, eine gewisse immerhin bestehende Robustheit wird diese Wirkung ohne Schaden zu ertragen wissen, aber leider, wegen des Alters, auch ohne Nutzen. Und welche Verantwortung trägt man, wenn man sie so hinaustreibt. Gerade jetzt in den Jahren, in denen sie sich noch durch eine Heirat retten könnte, wird sie im Ausland sein, erkennen, daß diese Hoffnung auch vergeblich war, beschämt zurückkommen und erst jetzt sehn, daß wirklich alles verloren ist. Ich bin unglücklich bei der Vorstellung,

daß sie auf der Reise nach Dresden hier durchkommen wird, ich sie sehen werde (zum Zeigen der Stadt bin ich übrigens zu schwach) und so werde tun müssen, als hätte ich Zuversicht. Und wenn ich mir vorstelle, wie der Kunstakademieprofessor, der gute Sachse, sagt: »Nun also liebes Fräulein, zeigen Sie uns Ihre Arbeiten« und die Frau Kunstakademieprofessor steht auch dabei, möchte ich mich schon jetzt, trotzdem ich auch dann örtlich weit von der Szene entfernt sein werde, vor den Schrecken der Welt in ein Erdloch verkriechen. Die Empfehlungsbriefe sind schön, noch schöner wäre es, sie zu zerreißen.

Ich war gestern noch in einer Gesellschaft, die zusammengekommen war, um eine neue junge Rezitatorin zu hören (deren künstlerische Zukunft – sie lernt bei Reinhardt – mir übrigens nicht viel weniger verzweifelt vorkommt als die Frl. Irenens) –, dann war ich aus Schwäche noch im Kaffeehaus, kam nervenzitternd nachhause, ich ertrage jetzt nicht einmal die Blicke der Menschen mehr (nicht aus Menschenfeindschaft, aber die Blicke der Menschen, ihre Anwesenheit, ihr Dasitzen und Herüberschauen, das alles ist mir zu stark) hustete mich stundenlang* in einen Morgenschlaf hinüber und wär am liebsten aus dem Leben hinausgeschwommen, was mir wegen der scheinbaren Kürze der Wegstrecke leicht schien.

Zu Münzer gehe ich erst in ein, zwei Tagen.

Warum geht das Fräulein nicht lieber in eine Gartenbauschule? Übrigens, vielleicht gäbe es etwas derartiges auch in Dresden.
Eben sehe ich, daß Frl. Irene nicht 28 Jahre alt ist, wie ich dachte, sondern 26, diese Kleinigkeit gibt doch vielleicht ein wenig Hoffnung.

*nicht telegraphieren! Ich habe nicht stundenlang gehustet, sondern stundenlang nicht geschlafen und dabei auch ein wenig gehustet.

An Robert Klopstock
[Zwei Postkarten. Prag, Stempel: 3. X. 1921] Sonntag
Lieber Robert,
ich verstehe nicht die Nachrichtenlosigkeit, eine Karte und ein Brief müssen doch angekommen sein. Bis Donnerstag bin ich ganz

in Anspruch genommen, in Wirklichkeit weniger als in Gedanken, dann kommt wieder die Ruhe. Es geht mir besser, als ich im ersten großen Schrecken befürchtete, aber Gefahren bleiben und steigen...
Herzliche Grüße K

[Randbemerkung:] Wo bleibt Frl. Irene?
[Einen mitgesandten Fragebogen mit den von Klopstock vorgeschriebenen Rubriken »Temperatur, Husten etc.« hat Kafka unausgefüllt gelassen.]

An Ludwig Hardt [27]

[Prag, Anfang Oktober 1921]

Verehrter Herr Hardt,
ich bin nachmittag um 6 Uhr unten im Blauen Stern. Ich komme so spät und gehe bald wieder, weil ich meine wenigen Kräfte sparen will, um bestimmt Mittwoch abend kommen zu können. Natürlich kann ich nicht voraussetzen, daß Sie gerade in dieser zufälligen Stunde Zeit haben werden; haben Sie keine Zeit, dann schicken Sie mich brieflich fort, ich werde beim Portier nachfragen. Sollte ich Sie auf diese Weise Dienstag nicht mehr sehen können, dann bitte ich Sie nur um eines: Wäre es möglich und wären Sie so freundlich, Mittwoch die Kleistsche Anekdote in das Programm aufzunehmen?
Ihr herzlich ergebener Kafka

[Nachschrift mit Bleistift:]
Verehrter Herr Hardt, eben kam Ihr Brief, gewiß wäre der Abend das Beste, aber ich getraue mich nicht, an zwei Abenden gleich nacheinander bei diesem regnerischen Wetter auszugehen. Ich werde deshalb doch versuchen Sie um 6 Uhr zu treffen. Gelingt es nicht, werde ich versuchen um halb neun zu kommen, doch werde ich hinsichtlich dessen um sechs Uhr noch einen Zettel beim Portier lassen. Was für Kompliziertheiten! Nehmen Sie es mir, bitte, nicht übel.

An Robert Klopstock

[Postkarte. Prag, Stempel: 4. X. 1921]
Lieber Robert, bitte nicht böse sein oder, was dasselbe ist, nicht so unruhig. Unruhig bin ich auch, aber anders. Die Lage ist klar, mit

uns beiden spielen die Götter, aber es sind andere bei Ihnen, andere bei mir, das müssen wir mit Menschenanstrengung auszugleichen suchen. Ich kann nicht viel über die Hauptsache sagen, sie ist, auch für mich selbst, eingesperrt in das Dunkel der Brust, sie liegt dort wohl neben der Krankheit auf gemeinsamem Lager. Donnerstag oder Freitag werde ich wieder allein sein, dann schreibe ich Ihnen darüber vielleicht, ausführlich allerdings auch dann nicht, es gibt, mich eingeschlossen, keinen Menschen, der etwas Ausführliches darüber erfahren könnte. – Ein wenig, und wenig ist bei mir leider viel, bin ich noch von einem (allerdings, aber hier gibt es kein allerdings, bewundernswerten) Rezitator in Anspruch genommen, der für ein paar Tage hier ist.

Ihr K

An Robert Klopstock

[Prag, Anfang Oktober 1921]

Lieber Robert, es geht nicht, meine Schwester war dort. Ein neuer Paß würde 191 Kč kosten, abgesehen davon aber, daß dies, für ein Nichts gezahlt, ein ungeheurer Preis wäre, wollten sie nicht einen neuen Paß ausstellen, der alte sei noch sehr gut, sie hätten schon viel schlechtere Pässe gehabt u. s. f. Allerdings es sei nicht richtig gewesen, die Blätter einzunähn, aber auch das mache nichts, übrigens haben sie jetzt zur Sicherheit alle Blätter mit Stampiglien versehn, mehr war nicht zu erreichen. Man hätte höchstens die Wahrheit sagen können, aber dann hätte man eben den großen Preis zahlen müssen.

Gestern war Frl. Irene hier, mein Verdacht gegen die Angelegenheit ist nicht beseitigt, es ist ein wahnwitziges Unternehmen, so wahnwitzig, daß es nicht einmal schön ist zuzuschauen. Ich werde entzückt sein, wenn es halbwegs gut ausgeht, ich werde nicht nur im Einzelfall widerlegt sein, mein ganzes Weltbild wird beeinflußt sein. Heute mittag ist sie weggefahren, vielleicht war sie vormittag noch mit Hardt zusammen und hat von ihm eine Empfehlung bekommen. – Ich denke ja bei dem Ganzen sehr an mich, es ist so, wie wenn ich etwa heute meinem Traum nachgeben und mich bei einer Skautstruppe zehnjähriger Jungen anmelden wollte.

Von Ihnen wußte Frl. Irene kaum etwas zu erzählen, nichts von Barl., nichts von Matlar, nichts von Frau G. – Aber lieb und zart ist sie natürlich, daran will ich mit meinem groben Urteil nicht rühren.

Ein wenig Ruhe habe ich schon, bin aber jetzt sehr müde von den Anstrengungen der letzten Tage, Gesamtzustand nicht zu schlecht. Alles Gute!
Ihr K

An Robert Klopstock

[Postkarte. Prag, Stempel: 8. X. 1921]

Lieber Robert, um einen Tag wurde es verlängert, nun ist es vorüber. Jetzt ist noch Hardt da, bewunderungswürdig in vielem, sehr liebenswert in manchem. Dienstag fährt er weg, dann wird es still sein, ich bin in diesen Tagen während des Tages kaum gelegen, bin aber nicht sehr müde, im Husten sogar sehr kräftig. Morgen fahre ich ein tschechisches Sanatorium mir ansehn, in Görbersdorf wird erst Ende November ein Zimmer frei, auch sind sie antivegetarianisch. Nun muß es ja hinsichtlich Barl. endlich entschieden sein? Und Frl. Irene?

Sie mögen Leid haben, Robert, natürlich, aber dann können Sie andern die Schuld geben und wenn Sie wollen, müssen Sie niemandem die Schuld geben, desto besser, was für ein freies, schönes Leben.
Ihr K

An M. E.

[Ansichtskarte. Prag, Stempel: 11. X. 1921]

Der Faulenzer und die Arbeiterin[28]

Liebe Minze, lange war ich untergetaucht, habe einfach Ihr schönes Bildchen mit Freude eingesteckt, zwei Karten und den Brief gelesen, als säßen Sie vor dem Kanapee und erzählten mir, und im übrigen habe ich mich mit einigen aufregenden, erschöpfenden Besuchen beschäftigt, war hie und da auch im Bett, hatte keinen Augenblick Zeit, sei es infolge von Beschäftigung, sei es infolge Müdigkeit, und wußte allerdings auch, daß es zwischen uns nicht entscheidet, ob ich heute oder morgen schreibe, denn wir werden nicht nervös, wenn einer einmal nicht schreibt, jeder weiß doch vom andern, ein wie eisern fester Mensch er ist. – Aus der holländischen Reise wird nichts? Schade, schade. – Ich bleibe noch ein wenig in Prag. Herzlichste Grüße auch den Freundinnen
Ihr K

Meiner Schwester (die Sie herzlich grüßen läßt) Adresse:
Ottilie David Prag Altstädter Ring 6

An Robert Klopstock

[Prag, Mitte Oktober 1921]

Lieber Robert, immerfort sind Sie mit mir unzufrieden. Das kann mir unmöglich gesund sein. Ich bin genau der Gleiche, der ich in Matlar war und doch waren Sie dort nicht immerfort mit mir unzufrieden, freilich das Beisammenleben verwischt wohltätig die Linien. Man könnte aus dem Ganzen schließen, daß, wenn Sie mir vollständig auf die Schliche kämen, Sie überhaupt nichts mehr von mir wissen wollten.

Der Vergleich mit Ihrer Cousine droht mir immer wie eine Rute. Und doch habe ich gewiß mit Ihrer Cousine nichts Entscheidendes gemeinsam außer Sie selbst. In früheren Jahren pflegte mein Vater, wenn ich irgendeine scheinbare Dummheit, in Wirklichkeit aber die Folgerung aus einem Grundfehler machte, zu sagen: »Der ganze Rudolf!«, womit er mich mit einem für ihn äußerst lächerlichen Stiefbruder meiner Mutter verglich, einem unenträtselbaren, überfreundlichen, überbescheidenen, einsamen und dabei fast geschwätzigen Menschen. Im Grunde hatte ich kaum etwas Gemeinsames mit ihm, außer dem Beurteiler. Aber die quälende Wiederholung des Vergleiches, die fast körperliche Schwierigkeit, einem Weg, an den man früher gar nicht dachte, nun um jeden Preis auszuweichen, und schließlich des Vaters Überzeugungskraft oder, wenn man will, seine Verfluchung, brachten es doch zustande, daß ich mich dem Onkel wenigstens näherte.

Die ganze Pneumothoraxgeschichte war doch nur Scherz, ich war mit andern Dingen als mit meiner Lunge beschäftigt, die Lunge hat die Berechtigung dessen eingesehn und war ein Weilchen lang stiller, sie hat sich seitdem dafür schon wieder entschädigt.

Daß Sie allein sind, ist freilich nicht gut, trotzdem man auch das nicht mit Bestimmtheit sagen kann. Sie studieren? Wie sind die Temperaturen?

Wissen Sie nichts von Ilonka, Frau Galgon? Szinay ist also lungenkrank, ist das möglich?

Alles Gute!

Ihr K

[Randnotiz:] Von was für einem Buch sprachen Sie, das ich Ihnen versprochen hätte?

BRIEFE AUS DEM JAHRE 1921

An Robert Klopstock

[Prag, Oktober 1921]

Lieber Robert, hier ist der Paß, ich war auch wieder krank, darum ist auch das wieder verspätet. Hoffentlich können Sie ihn schon bald gebrauchen. Das Schlimmste ist ja in Ihrem Fall nicht die Krankheit, so traurig und unbegreiflich das Fieber auch ist, sondern daß sie zusammentrifft mit jenen manchmal Sie überkommenden Verzweiflungsanfällen, die wiederum herkommen aus dem Nichts, aus der Jugend, aus dem Judentum und aus dem allgemeinen Leid der Welt. Trost gibt im gewöhnlichen Tagesleben eigentlich nur die Erfahrung, daß man, so unglaublich es ist, doch wieder hinauskommt aus den bodenlosen Abgründen manchen Augenblicks.

Ihr K

An Robert Klopstock

[Prag, November 1921]

Lieber Robert, ich verstehe den Brief vielleicht nicht ganz; heißt es, daß die Engländer auch zu einer Kur in der Tatra kein Geld geben, trotzdem doch der Professor, soweit ich mich erinnere, Ihnen fast die Zusage machte, daß Sie in der Tatra bleiben können? Und wollen Sie nun sofort nach Prag, in die Stadt? An einem warmen Nachmittag durch die innere Stadt zu gehn und sei es noch so langsam, ist für mich so, wie wenn ich in einem lange nicht gelüfteten Zimmer wäre und nicht einmal mehr die Kraft hätte, das Fenster aufzustoßen, um endlich Luft zu bekommen. Und hier ständig sein? Im Seziersaal? Im Winter, in geheizten, ungelüfteten Zimmern? Und dies ohne Übergang, gleich aus der reinen Bergluft? Meinen Sie es so, daß Sie gleich kommen wollen? ...

Des Mädchens Brief ist schön, ebenso schön wie abscheulich, das sind die verführerischen Nachtstimmen, die Sirenen haben auch so gesungen, man tut ihnen unrecht, wenn man glaubt, daß sie verführen wollten, sie wußten, daß sie Krallen hatten und keinen fruchtbaren Schoß, darüber klagten sie laut, sie konnten nicht dafür, daß die Klage so schön klang.

Mit Mädchenbriefen sind Sie also gut versehn. Wer Heddy ist, weiß ich gar nicht. Armer Glauber. Aber vielleicht beschleunigt es eine günstige Entwicklung, das Mädchen muß sich doch eigentlich seiner annehmen, sich also gegen den Vater stellen, dabei ihre eigenen Bedenken gegen die Hauptsache zurückstellen u.s.f.

Die Selbstwehr ist seitdem noch nicht erschienen, die Kongreßzeitung geht manchmal zu mir, manchmal nach Matlar, sie war bis auf die letzte Nummer (aber auch die würde Sie kaum interessieren, es handelt sich um Vorschläge für intensive Bodenbearbeitung) nicht lesenswert, trockene Auszüge der Reden.

Die Kinder machen mir Freude. Gestern z. B. saß die vorletzte Nichte (ihr Bild habe ich Ihnen einmal gezeigt) auf dem Fußboden, ich stand vor ihr. Plötzlich bekam sie aus äußerlich unerkennbarem Grund große Angst vor mir und lief zu meinem Vater, der sie aufs Knie nehmen mußte. Die Augen hatte sie voll Tränen und zitterte. Da sie aber sehr sanft und zart und freundlich ist, beantwortete sie doch, durch des Großvaters Arm allerdings auch schon ein wenig gesichert, alle Fragen, also z. B., daß ich der Onkel Franz bin, daß ich brav bin, daß sie mich sehr gern hat udgl., aber immerfort zitterte sie dabei noch, vor Angst.

Herzliche Grüße

Ihr K

An Robert Klopstock

[Prag, November 1921]

Lieber Robert,

nun hört die Furcht allmählich schon auf, es war aber doch arg. Ärgerlich sind die Temperaturen. Und ohne besonderen Grund? Liegen Sie zumindest so viel wie im Sommer? Und wie ist Ihre Stellung in Matlar? . . .

Von Frl. Irene hatte ich einen Brief, geschrieben vor Beginn der Probezeit. Offenbar ist man dort sehr freundlich zu ihr, auch die beiden von Hardt ihr genannten Mädchen scheinen sich ihr anzuschließen, trotzdem in dieser Hinsicht Hardt, wie er mir privat sagte, von diesen ganz anders gearteten feurig geistigen russischen Jüdinnen nicht viel erhoffte. Hoffentlich geschieht es nicht nach dem alten Gesetz: Wem nicht zu helfen ist, dem wollen alle helfen (Sie kennen die »Räuber«? Dem Mann, welchem geholfen werden kann, hilft nur der große Held, die Menge wirft sich auf die Unrettbaren). Wenn es Frl. Irene nur gut ginge! Ihr Brief war aufregend.

Lesen Sie »Bocksgesang«[29] in der Prager Presse? Äußerst interessant ist es. Dieser Kampf mit den Wellen und immer wieder kommt er hervor, der große Schwimmer. Morgen sollte ich ihn sehn, ich gehe aber nicht hin.

Die Selbstwehr schicke ich Ihnen Montag, es tut nichts, wenn Sie ein wenig nach ihr hungern, nachdem Sie sie früher oft mißachtet haben. Auch das Lehrbuch schicke ich.
Von der neuen Kur ist noch nichts zu sagen. Der Arzt erhaben kindlich lächerlich wie die meisten. Nachher habe ich sie dann sehr gern. Es kommt doch nur darauf an, daß sie das Beste tun, was sie können, und je weniger das ist, desto rührender ist es. Und manchmal überraschen sie ja doch.
Alles Gute! Ihr K
Grüßen Sie Glauber und Szinay.

An Robert Klopstock
[Prag, Anfang Dezember 1921]
Lieber Robert, was sind Sie doch für ein Mensch! Fräulein Irene ist aufgenommen. Ein Mädchen, das in 26 Jahren (offenbar entsprechend ihren Anlagen) keine andere Kunstarbeit gemacht hat, als die schlechte Kopie einer schlechten Ansichtskarte, keine andere Ausstellung gesehn hat als die von Hauptmann Holub[30], keinen Vortrag gehört hat außer den von Saphir, keine Zeitung gelesen hat außer die Karpathenpost – dieses Mädchen ist aufgenommen, schreibt halbglückliche Briefe nicht ohne Feinheit, ist die Freundin eines offenbar bedeutenden Mädchens. Wunder über Wunder und von Ihnen heraufgezaubert. Ich wärme mich daran in diesem traurigen Winter.
Ihr K

An Robert Klopstock
[Prag, Anfang Dezember 1921]
Lieber Robert, merkwürdig die Geschichte Ihres Onkels, wie von Pallenberg gespielt. Die Luft des Zimmers spürt man in Ihrem Brief. Was aber nachher kam, haben Sie mir nicht geschrieben, nur was die Staatsbürgerschaft betrifft.
Die Berufswahl – nun, daß Sie etwas anderes als Arzt werden sollten, daran habe ich nie gedacht, seitdem ich Sie nur ein wenig kenne. Daß das eine Beschäftigung nur für Wohlhabende sei, stimmt wahrscheinlich für Mitteleuropa, für die übrige Welt und besonders für Palästina[31], das sich so erfreulich in Ihren Gesichtskreis zu schieben beginnt, nicht. Und eine physische Beschäftigung ist es doch auch. Und dann Halb- und Halb-Berufe, d. h. Berufe ohne Ernst sind abscheulich, ob

sie physisch oder geistig sind, und werden, wenn sie menscherfassend sind, herrlich, ob physisch oder geistig. Das ist schrecklich einfach zu erkennen und es ist schrecklich schwer, den lebendigen Weg hindurch zu finden. Für Sie übrigens nicht einmal so schwer, denn Sie sind Arzt. Hauptsächlich gilt es ja nur für die Durchschnittsmasse der Juristen, daß sie erst zu Staub zerrieben werden müssen, ehe sie nach Palästina dürfen, denn Erde braucht Palästina, aber Juristen nicht. Ich kenne flüchtig einen Prager, der nach ein paar Jahren Jusstudium es gelassen hat und Schlosserlehrling geworden ist (gleichzeitig mit dem Berufswechsel hat er geheiratet, hat auch schon einen kleinen Jungen), ist jetzt fast ausgelernt und fährt im Frühjahr nach Palästina. Freilich gilt bei solchem Berufswechsel gewöhnlich, daß die Lehrzeit Unstudierter drei Jahre, die Lehrzeit Studierter sechs und mehr Jahre beträgt. Übrigens war ich letzthin in einer Ausstellung von Lehrlingsarbeiten, wo aus allen Handwerken nach ein- bis zweijähriger Lehrzeit schon erstaunliche Leistungen (allerdings Unstudierter) zu sehen waren.

Daß Ihre Cousine nicht in Berlin bleibt, ist merkwürdig; es bedeutet doch etwas, als halbwegs freier Mensch Berlin zu verkosten. Es spricht sehr für die Kunst Ihrer Cousine oder sehr gegen sie, daß sie so leicht Berlin verläßt. Das andere aber, daß sie nicht über die Tatra fährt und nicht mit mir sprechen will, das ist nicht merkwürdig und wundert mich nicht.

Wenn Sie »Jawne und Jerusalem«[32] von Bergmann nicht haben, werde ich es Ihnen schicken.

Wie leben Sie jetzt? Was arbeiten Sie? Bei meinem Cousin war ich noch nicht wieder. Ich fange auch an zu den Leuten zu gehören, die keine Zeit haben. Der Tag ist genau eingeteilt zwischen Liegen, Spazierengehn und dgl., nicht einmal zum Lesen habe ich Zeit und Kraft. Nach ein paar fieberfreien Tagen jetzt wieder Fieber. Der Arzt hat mir nur einen Tee verschrieben, der, wenn ich den Arzt richtig verstanden habe, kieselsäurehaltig ist und Kieselsäure soll, wie er irgendwo (hoffentlich in keiner humoristischen Zeitschrift) gelesen hat, die Vernarbung befördern. Vielleicht versuchen Sie ihn auch. Ich schreibe Ihnen das Rezept ab, wenn ich hinauf in meine Wohnung komme, ich schreibe jetzt in der Wohnung meiner Schwester, mein Zimmer, die kalte Hölle, ist ungeheizt.

Herzliche Grüße, auch Glauber und Steinberg.   Ihr K

Schreiben Sie mir von Ilonka und Frau Galgon.

Einen Brief und das Lehrbuch müssen Sie von mir bekommen haben.

An Robert Klopstock

[Prag, Dezember 1921]

Lieber Robert, übertreiben Sie nicht ein wenig im Urteil über Ilonka? Sie ist ängstlich, von der Welt bedrückt, traut ihrem Urteil nicht, hat aber genug gute Nerven, um sich nach fremdem Urteil zu verhalten, hoffentlich hat sie diese Nerven. Und ist freilich zart genug, daraus keine Heldentat zu machen, sondern den Jammer sich und andern einzugestehn, leider hat sie diese Zartheit. Übrigens halte ich es nicht durchaus für ein Unglück, daß sie dem Vater gefolgt hat; wer seinem Urteil traut, muß nicht immer recht haben, wer aber seinem Urteil nicht traut, hat wohl immer recht. Und außerdem ist die Ehe, meistens wenigstens, ein verhältnismäßiges Glück, nur den Brautstand muß man überstehn. Darin habe ich Ilonka in meinem Brief zu bestärken gesucht. Wissen Sie etwas Neues von ihr? Und warum schreiben Sie kein Wort von Frau Galgon?

Sie übertreiben hinsichtlich Ilonkas, ich hinsichtlich Irenens. Ich übertreibe vor Glück, daß ein solcher Kindertraum irgendwo in meiner Nähe wenigstens der Form nach gelebt wird, daß es soviel Naivität, infolgedessen soviel Mut, infolgedessen soviel Möglichkeiten auf der Welt gibt. Bei den Einzelheiten müßte man sich aber nicht so aufhalten, trotzdem gerade sie es sind, die mich glücklich machen. Was ist denn hier Kraus, Kokoschka u.s.w.? Diese Namen nennt man in diesen Kreisen Dresdens täglich so oft wie in Matlar die Lomnitzer Spitzen und bestenfalls im gleichen Sinn: die ewige Monotonie der Berge müßte einen verzweifeln lassen, wenn man sich nicht manchmal zwingen könnte, sie schön zu finden. Die »wundertätigen« Briefe (Robert!) waren drei Bleistiftzettel, in denen ich ihr und mir gratulierte.

Mein Zustand ist nicht schlechter als in Matlar im Winter; Temperatur und Gewicht sind nicht ganz so gut wie in Matlar, sonst aber ist keine Verschlechterung, gewiß nicht. Als Werfel hier war, war mir wohl etwas schlechter als jetzt, das war aber nicht der Grund des Verbotes. Der Arzt ist überhaupt gegen den Semmering, weil er zu rauh ist, überhaupt gegen jeden dauernden gewaltsamen Wechsel, außerdem gegen eine Unterbrechung seiner Behandlung. In gewissem Widerspruch dazu steht allerdings, daß er Ende Jänner mit seiner Familie nach Spindelmühle fährt (Riesengebirge) und mich mitnehmen will, allerdings nur für vierzehn Tage.

Haben Sie in der Prager Presse den Artikel von Upton Sinclair über
Dr. Abram gelesen, ich hielt es für einen Spaß, aber man leugnet es.
...
In Ihrer Sache ist teils durch meine Nachlässigkeit, teils ohne meine
Schuld, noch nichts geschehn. Zuerst hat es mein Cousin übernommen,
der mit Münzer durch seine Frau verwandt ist, aber der Cousin
kränkelte immerfort und ist jetzt ernstlich krank. Ich nahm also
die Papiere von dort und gab sie Felix Weltsch, vielleicht höre ich
Sonntag etwas darüber. Ihr K

Grüßen Sie Glauber, Szinay, Steinberg. Und Holzmann? Er hat
Ihnen George geschickt?

Unter den Zeitungen, die ich Ihnen schicke, ist ein »Reformblatt«
mit einem Aufsatz über Röntgenbehandlung. Sollte etwas Bemerkenswertes
darin sein, schreiben Sie mir bitte gelegentlich ein paar
Worte darüber, die Zeitungen sind schon eingepackt, ich will sie
nicht auseinandernehmen.

An Robert Klopstock

[Prag, Dezember 1921 / Januar 1922]

Lieber Robert, so sehr sicher ist die Bestätigung der Abramschen
Dinge, die ich habe, nicht. Meine Schwester hat nur mit Rudolf Fuchs
darüber gesprochen, welcher ihr sagte, das wären bekannte Dinge,
der sogenannte Abramismus, auch Bücher wären schon darüber geschrieben.
Daß er Spaß gemacht hat, glaube ich nicht; wo er vom
Abramismus gehört hat, ob etwa in der Redaktion, weiß ich nicht.
Ich selbst spreche mit niemandem außer mit Max (manchmal mit Oskar
und Felix) und meinem Arzt, die beiden wissen nichts davon,
allerdings haben sie auch den Aufsatz nicht gelesen. (Können Sie mir
die Nummer des Blattes sagen?) Mein Arzt (der übrigens daran schuld
ist, daß ich den ersten Anfang dieses Briefes, in dem ich mich über den
Arzt ausgeschwätzt habe, wegwerfen mußte) ist jünger als ich, leidenschaftlicher
Arzt, interessiert sich auch besonders für Krebs, hat mir
auf meine Erzählung hin ein Buch über Radioaktivität gezeigt, das
er gerade studiert hat, von Abram weiß er aber nichts.

Ihre Selbstvorwürfe wegen Abram! Solche Dinge, solche Bekenntnisse
sind es, die mir die Welt seit jeher fern halten. Wenn wirklich
das Auftreten einer solchen Sünde etwas Außerordentliches, Ver-

einzeltes, besonders Schreckliches ist, dann verstehe ich nicht nur nicht die Welt, das ist selbstverständlich, dann aber ist sie aus anderem Stoff als ich. Für mich wäre eine solche Sünde nichts als ein Tropfen in dem Lebensstrom, auf dem ich fahre, glücklich, wenn ich nicht ertrinke. Eine solche Sünde hervorheben scheint mir das Gleiche, wie wenn jemand die Abfallwässer von London untersuchen und eine einzige tote Ratte in ihnen finden würde und auf Grund dessen zu dem Schlusse käme: »London muß eine äußerst widerliche Stadt sein«.

Die Angst wegen des Arbeitsstoffes ist immer wohl nur ein Stocken des Lebens selbst. Man erstickt im allgemeinen nicht, weil es an Luft, sondern weil es an Lungenkraft mangelt.

Ihre Erklärung der Abramschen Dinge ist sehr gut, nur die Elektronen verstehe ich nicht, nicht einmal den Namen.

Das Reformblatt ist gewiß ein sehr lächerliches Blatt, aber die Lächerlichkeit entwertet es nicht, sondern ist nur eine Hinzugabe. Die Bestrebungen dieses Blattes und anderer ähnlicher sind vielleicht lebendiger als ihre Träger und warten nur in diesem Halbdunkel auf ihre Zeit...

Alles Gute Ihr K

Wie ist die Gesundheit und die Arbeit? Und warum noch immer nichts über Frau Galgon?

An M. E.

[Ansichtskarte (Spitzwegs »Hochzeiter«).
Prag, Winter 1921/22]

Sehr lieb ist es, Minze, daß Sie mich nicht vergessen haben, wobei ich allerdings Ihre Karte nicht als ein Verzeihen meines langen Schweigens auffasse – verzeihen ist leicht – sondern als ein Verstehen meines besonderen Falles oder richtiger: kein deutliches Verstehn, sondern ein verständiges Dulden. Und das ist doch wirklich sehr lieb. Sind Sie ein wenig froher als damals, da Sie mir zum letztenmal schrieben und ich wahrhaftig nichts zu antworten wußte? Ich pflege mit der Stirn oft an eine solche Grenze zu schlagen.

Herzliche Grüße Ihres K

An Robert Klopstock

[Prag, Ende Januar 1922]
Lieber Robert, wieder ein Tadelbrief, soweit ich ihn verstehe (das Deutsch – nicht dieses ist aber der Grund des Nichtverstehns – ist ein wenig sonderbarer als früher, nicht etwa falsch, gar nicht, aber sonderbarer, so als wären Sie wenig mit Deutschsprechenden beisammen), müssen Sie mich immerfort tadeln? Tue ich das nicht selbst genug? Brauche ich darin Hilfe? Aber gewiß brauche ich darin Hilfe. Und Sie haben auch an sich recht, aber ich bin so sehr damit beschäftigt, einem imaginären Balken nachzujagen, in dem fortwährenden realen Schiffbruch, daß ich gegen alles andere wahrscheinlich nicht anders als böse sein kann. Besonders was Briefe anlangt, Briefe von Mann wie von Frau. Briefe können mich freuen, mich rühren, mir bewunderungswürdig scheinen, aber sie waren mir früher viel mehr, zu viel, als daß sie jetzt eine wesentliche Form des Lebens für mich sein könnten. Ich bin nicht von Briefen getäuscht worden, aber mich habe ich mit Briefen getäuscht, mich förmlich jahrelang im voraus gewärmt an der Wärme, die schließlich erzeugt wurde, als der ganze Haufen Briefe ins Feuer kam ...

Maxens Roman[1] hat für mich große Bedeutung gehabt. Schade, daß ich nicht imstande bin einiges (z. B. die Spionagegeschichte, die Jugendtagebuchgeschichte) vor Ihren Augen wegzuziehn, damit Sie in die Tiefe des Buches sehen können. Wenigstens meiner Meinung nach hindern das jene Geschichten, aber für den Roman, das ist eben seine Schwäche, sind sie doch nötig. Geben Sie sich Mühe hindurchzuschn, es steht dafür.
Über Bocksgesang sagten Sie nichts.
Die Münzermitteilungen haben Sie wohl bekommen.
Einige Zeitschriften schicke ich morgen, vom Feuerreiter[2] bekam ich nur das erste Heft.
Freitag fahre ich nach Spindelmühle, für vierzehn Tage. Mögen diese besser sein als die letzten schlaflosen drei Wochen, das ging an Grenzen, die ich in Matlar noch nicht berührt habe.
Wie richten Sie Ihre Zukunft ein? Wohnung habe ich noch nicht, aber bei der Ymca sind, wie mir Max (der dort vor ein paar Tagen

einen Vortrag gehalten hat) erzählte, schöne stille angenehme Tag- und Studierräume für Studenten, Liegeräume, Badezimmer u.s.w., aber kein Nachtlager.
Leben Sie wohl und grüßen Sie schön Glauber. Ihr K

An Robert Klopstock
[Postkarte. Spindelmühle, Ende Januar 1922]
Lieber Robert, in Spindelmühle, unter äußerlich ausgezeichneten Verhältnissen, in den ersten Tagen auch sonst gut, jetzt schlaflos, schlaflos bis zur Verzweiflung. Sonst aber kann ich rodeln und bergsteigen, hoch genug und steil, ohne besondern Schaden, das Thermometer wird nicht beachtet. Ottla hat Ihnen wohl schon geschrieben, wann das Semester beginnt. Leben Sie wohl und auf Wiedersehn! Wie Sie jetzt nach eineinhalb Jahren Bergleben und wüstem Bergleben sich in die Stadt werfen werden! Ihr K

An Max Brod
[Ansichtskarte. Spindelmühle, Stempel: 31. I. 1922]
Lieber Max, der erste Eindruck war sehr gut, viel besser als in Matlar, im zweiten Eindruck erwachen dann die Geister des Ortes, doch bin ich sehr zufrieden, es könnte gar nicht besser sein; wenn es so bleibt, werde ich mich erholen. Bin schon gerodelt, werde es vielleicht sogar mit den Skiern versuchen. Lebwohl. Du hast mir in den letzten Tagen viel geholfen. Ich erwarte die Schandauer Nachricht.
Dein

An Max Brod
[Postkarte. Spindelmühle, Ankunftstempel: 8. II. 1922]
Liebster Max, schade, schade, daß Du nicht für *ein paar Tage* kommen kannst, wir würden, wenn das Glück es wollte, den ganzen Tag bergsteigen, rodeln, (Skilaufen auch? Bisher habe ich fünf Schritte gemacht) und schreiben und besonders durch das letztere das Ende, das wartende Ende, ein friedliches Ende herbeirufen, beschleunigen, oder willst Du das nicht? Mir geht es wie im Gymnasium, der Lehrer geht auf und ab, die ganze Klasse ist mit der Schularbeit fertig und schon nachhause gegangen, nur ich mühe mich noch damit ab, die Grundfehler meiner mathematischen Schularbeit weiter auszu-

bauen und lasse den guten Lehrer warten. Natürlich rächt sich das wie alle an Lehrern begangene Sünden.
Bis jetzt habe ich fünf gute, die sechste und siebente Nacht aber schon schlecht verbracht, mein Inkognito ist gelüftet. Dein

An Johannes Urzidil
[Spindelmühle, Stempel: 17. II. 1922]
Sehr geehrter Herr Urzidil,
meinen herzlichen Dank für das Buch[3]. Es hat mich im Wesen, aber auch im Aufbau sehr an Iwan Iljitsch erinnert! Zuerst Werfels sehr einfache und schreckliche Wahrheit (wahr auch der unheimliche »freudig Lug-Gewillte«), dann das Sterben dieses jungen Menschen, der drei Tage- und Nächte-Schrei, man hat in Wirklichkeit keinen Laut davon gehört, und wenn es hörbar gewesen wäre, wäre man ein paar Zimmer weiter gegangen, es gibt keinen anderen »Ausweg« als diesen und schließlich Ihr männliches und deshalb trostreiches Nachwort, zu dem man sich natürlich am liebsten schlagen würde, wenn es nur nicht, wie es in der Natur des Trostes liegt, zu spät käme, nach der Hinrichtung. Es ist bei Iwan Iljitsch nicht anders, nur ist es hier im »Vermächtnis« noch deutlicher, weil jedes Stadium sich besonders personifiziert.
Mit herzlichen Grüßen   Ihr Kafka

An M. E.
[Ansichtskarte »Winter im Riesengebirge«.
Wien, Stempel: 22. II. 1922]

Herzliche Grüße aus einem Sonnenbad   Kafka

Liebe Minze, aus Prag schreibe ich Ihnen, ich hatte schlechte Zeiten, nicht von der Lunge her, von den Nerven. Ihre Briefe bekam ich erst in allerletzter Zeit, da sie ins Bureau adressiert waren, in das ich schon lange nicht gehe. Alles Gute!   Ihr Kafka

An Robert Klopstock

[Prag, Stempel: 23. II. 1922]

Lieber Robert, ich war eben einige Tage länger in Spindelmühle, wollte von dort nicht mehr schreiben, müde Tage, kurz nach meiner Ankunft kam das Telegramm, die Mutter beantwortete es, daher der sonderbare Wortlaut, dann kam das Telegramm von Pick (mit dem ich böse bin oder er mit mir, er weiß von mir nichts, als daß wir vorgestern auf der Gasse an einander vorübergegangen sind), dann die Briefe, alles eine quälende Beschämung für mich, verzeihen Sie. Heute vormittag kam der Paß, ich ging gleich hin, es ist nicht so einfach, nichts ist so einfach, man sagte mir, dieser Paß sei bis zur Höchstdauer der Geltung eines Passes verlängert, es müsse daher ein neuer Paß ausgestellt werden und für den sei eine neue Photographie nötig. Ich behaupte nicht, daß ein befehlshaberischer oder ein diplomatischer Mensch die Verlängerung dieses Passes nicht doch erreicht hätte, meine Klage wegen Ihrer Budapester Reise, des direkten Zuges, Ihrer Armut wurde nur freundlich, aber ohne sonstige Wirkung angehört. Sie müssen also, Robert, die Photographie schicken, Armutszeugnis haben Sie nicht? Was steht auf der Note des Sanatoriums? Warum haben Sie das beigelegt? Herzliche Grüße
 Ihres K

An Robert Klopstock

[Postkarte. Prag, Stempel: 1. III. 1922]

Lieber Robert, es ist ja gar nichts, es ist ja, wenn nur ein wenig Einsicht in die wahren Verhältnisse in Ihren Briefen sich zeigt, alles sofort gut. Sie müssen eben nur wissen, daß Sie an einen armen kleinen von allen möglichen bösen Geistern besessenen Menschen schreiben (ein unzweifelhaftes Verdienst der Medizin ist es, daß sie statt des Begriffes der Besessenheit den tröstenden Begriff der Neurasthenie eingeführt hat, wodurch sie allerdings die Heilung erschwert, und außerdem die Frage offen gelassen hat, ob Schwäche und Krankheit die Besessenheit herbeiführen oder ob nicht vielmehr Schwäche und Krankheit ein Besessenheitsstadium schon sind, die Präparierung des Menschen zum Ruhe- und Lust-Lager der unsaubern Geister) und den man quält, wenn man das nicht anerkennt, mit dem sich aber doch sonst erträglich auskommen läßt. – Beim Paßamt ist es mir heute ganz mißlungen, trotzdem ich dort heute

früher war als voriges Mal, ist es so sehr überfüllt gewesen, daß man mich weggeschickt hat. Ich werde morgen früher hingehen. Für die Gebührenbefreiung ist wenig Hoffnung, meine Schwester hat ja, wie sie mir jetzt sagt, schon vorigesmal es vergebens versucht. Und nun schicken Sie mir statt des Armutszeugnisses eine Photographie, auf der Sie aussehn wie ein junger Adeliger, irgendein Sohn Ludendorffs.
Herzlichst

K

An Robert Klopstock

[Prag, Frühjahr 1922]
Lieber Robert, lange nicht geschrieben, ich weiß, aber ich muß erst der Beschämung, die Sie mir manchmal, lieb und böse, in Ihren Briefen auflegen, Zeit geben, zu vergehn.
Am merkwürdigsten war mir immer, daß Sie hie und da – im letzten Brief nimmt es aber ein zu großes Ausmaß an, – über Ihre Stellung zu den Menschen »den lieben guten« wie Sie schreiben, klagten. Ich fühle übrigens für mich dieses »lieb und gut« sehr ähnlich wie Sie, lese ich es aber geschrieben und nicht von mir geschrieben, kommt es mir mehr lächerlich als wahr vor, ein der Menschheit dargebrachter Geburtstagswunsch mit allen zugehörigen, die Worte überwältigenden Hintergedanken.

Nun ist schon Ihr dritter Brief da, so vieles unbeantwortet und ich weiß nichts und bin nur müde. Ich kann nur sagen, kommen Sie, treten Sie aus dem Sie ausdörrenden Matlar unter Menschen, unter Menschen, die Sie ja, weit über Ihre eigenen Feststellungen hinaus, wunderbar zu behandeln, zu beleben, zu führen wissen und Sie werden leicht erkennen, daß dieses Phantom, das sich erst in Ihren Briefen gebildet hat, in Ihren Briefen unter Ihrer Hand, das noch in Matlar nicht bestand, das ich sein soll und vor dem ich zum Davonlaufen, zum ewigen Schweigen erschrecke (nicht etwa, weil es schrecklich an sich wäre, aber in Bezug auf mich), Sie werden ganz ohne Leid erkennen, daß es nicht existiert, sondern nur ein schwer erträglicher, in sich vergrabener, mit fremdem Schlüssel in sich versperrter Mensch, der aber Augen hat, zu sehn und sich über jeden Schritt vorwärts, den Sie machen werden, sehr freuen wird und über Ihre große Auseinandersetzung mit der auf Sie einströmenden

Welt. Sonst? Ich habe, um mich vor dem, was man Nerven nennt, zu retten, seit einiger Zeit ein wenig zu schreiben angefangen, sitze von sieben Uhr abends etwa beim Tisch, es ist aber nichts, eine mit Nägeln aufgekratzte Deckung im Weltkrieg und nächsten Monat hört auch das auf und das Bureau fängt an.
Frohe Tage in Budapest!
Und Grüße für Ilonka! Traurig ist es trotz allem. Diese negativen Heldentaten: entloben, verzichten, den Eltern trotzen – es ist so wenig und versperrt so viel. Ihr K

Ich habe einige Bücher, die ich Ihnen gern zu lesen geben würde, aber es ist so umständlich und riskant sie zu schicken, da sie nicht mir gehören.

An Robert Klopstock

[Prag, Mai/Juni 1922]

Lieber Robert, die Übersetzung habe ich Felix gegeben, er weiß aber nicht, ob er sie bringen wird, es stand angeblich etwas ähnliches schon, allerdings ohne so viel interessante Einzelheiten, im Prager Tagblatt, jedenfalls läßt er danken.
Eben habe ich einen Brief an ein Fräulein geschrieben, den ersten seit langer Zeit, es handelt sich freilich nur um eine demütige Bitte wegen ihres Klavierspiels, das mich verzweifelt macht. So viel Ruhe wie ich brauche gibt es nicht oberhalb des Erdbodens. Wenigstens für ein Jahr wollte ich mich mit meinem Heft verstecken und mit niemandem sprechen. Die kleinste Belanglosigkeit zerrüttet mich.
Das Bureau soll erst Ende des Monats beginnen. Aber der Arzt macht jetzt Einwendungen, ich weiß nicht wie es werden wird, freilich, die Lunge hat den Frühling meinem Gefühl nach nicht so gut überstanden wie den Herbst und Winter.
Fräulein Irene, deutlich verjüngt, verschönt (bis auf eine häßliche Tatramütze, mit der sie ihr schönes Haar verdeckt, auch in Matlar trug sie immer eine häßliche ich glaube weiße Mütze, diesmal eine graue, ich wagte es ihr aber nicht zu sagen) war hier und mag von meiner manchmal besinnungslosen Müdigkeit wenig Freude gehabt haben. Ich hatte aber Freude von Fräulein Irene und gratulierte Ihnen im Stillen zu Ihrer Tat.

Wie soll man es mit Ihrer Wohnung hier machen? Ich habe noch immer keinen Ausweg gefunden; hoffentlich gelingt es noch.

Ihr K

Vielleicht interessiert Sie die beiliegende Besprechung. Freilich wenn sie Lust zum Lesen des Buches machen will, verfehlt sie den Zweck, wenigstens bei mir.

An Max Brod

[Zwei Postkarten.
Planá nad Lužnici, Ankunftstempel: 26. VI. 1922]

Lieber Max, ich bin gut untergebracht, allerdings mit unglaublichen Bequemlichkeitsopfern Ottlas4, aber auch ohne diese Opfer wäre es gut hier, »soweit ich bisher sehe« (weil man sich nicht »versprechen« darf), mehr Ruhe als auf irgendeiner Sommerfrische bisher, »soweit u. s. w.« Zuerst, auf der Fahrt hatte ich Angst vor dem Land. In der Stadt soll nichts zu sehen sein, nach Blüher? Nur in der Stadt ist etwas zu sehn, denn alles, was an dem Waggonfenster vorbeidrängte, war Friedhof oder hätte es sein können, lauter Dinge die über den Leichen wachsen, während sich doch die Stadt sehr stark und lebendig davon unterscheidet. Hier aber, am zweiten Tag, ist es doch recht gut; mit dem Land zu verkehren ist merkwürdig, der Lärm ist da, nicht am ersten Tag, erst am zweiten, ich bin mit dem Schnellzug gekommen, er wahrscheinlich mit dem Lastzug. Ich verbringe die Zeit des verhinderten Nachmittagsschlafes damit, daran zu denken, wie Du Franzi neben dem Neubau schriebst. Viel Glück zu Deiner Arbeit, laß den Strom strömen. – Im Bureau fand ich einen eineinhalb Monate alten, sehr freundlichen, sehr beschämenden Brief. Meine Selbstverurteilung hat zwei Ansichten, einmal ist sie Wahrheit, als solche würde sie mich glücklich machen, wenn ich die widerliche kleine Geschichte5 aus Wolffs Schublade nehmen und aus seinem Gedächtnis wischen könnte, sein Brief ist mir unlesbar, dann aber ist die Selbstverurteilung unvermeidlich auch Methode und macht es z. B. Wolff unmöglich, in sie einzustimmen, und zwar nicht aus Heuchelei, die er ja mir gegenüber gewiß nicht anzuwenden nötig hat, sondern kraft der Methode. Und ich staune immer darüber, daß z. B. Schreiber, dessen Selbstverurteilung doch auch beides war, Wahrheit und unvermeidlich auch Methode, nicht mit der Wahrheit (Wahrheit bringt keine Erfolge, Wahrheit zerstört nur das Zerstörte), mit der Methode keine Erfolge gehabt hat. Vielleicht deshalb, weil ihm wirkliche Notlage in die Quere kam, welche derartige Spinnweberfolge nicht entstehen läßt.

Was für Untersuchungen! Es gibt Dinge, über die nur der Revisor meditieren darf, mit dem Schlußwort: »Was habe ich denn erzählt?«

Dein

An Robert Klopstock

[Postkarte. Planá, Stempel: 26. VI. 1922]

Lieber Robert, die Fahrt dank Ihrer Hilfe war sehr gut, nur daß das Fräulein im Coupé mir die Enttäuschung darüber nicht verziehen hat, daß Sie nicht mitgefahren sind, wie es anfangs scheinen wollte. Hier bin ich sehr gut aufgenommen worden, Ottla, die Sie herzlich grüßen läßt, sorgt für mich nicht weniger als für Věra und das ist doch sehr viel, aber da es in Planá lebendige Menschen und Tiere gibt, ist auch hier Lärm, der aus dem Schlaf schreckt und den Kopf verwüstet, sonst aber ist es außerordentlich schön mit Wald und Fluß und Gärten. Auch mit Ohropax, dessen Besitz zumindest ein wenig tröstet, und das, ins Ohr gesteckt, heute morgen das sonntägliche Waldhornblasen eines Bauernjungen zwar nicht unhörbar gemacht hat, ihn aber veranlaßt hat, endlich aufzuhören. Warum stört jede Freude des einen die Freude des andern. Auch mein Beim-Tisch-Sitzen hat Ottla aus ihrem bisherigen großen zweifenstrigen warmen Zimmer in ein kleines kühles mit Kind und Mädchen getrieben, während ich im großen Zimmer throne und unter dem Glück einer vielköpfigen Familie leide, die mit unschuldigem Lärm fast unter meinem Fenster Heu wendet.

Wie leben Sie? Ihr K

An Felix Weltsch

[Postkarte. Planá, Ende Juni 1922]

Lieber Felix, irre ich nicht, bist Du schon in Schelesen? Einmal nanntest Du, glaube ich, den Juli als Arbeitsmonat. Möge er es großartig werden! Ich konnte mich gar nicht mehr von Dir verabschieden, zudem hatte ich damals im Theater die Dummheit gemacht, Dir das Textbuch zu borgen, wodurch ich zweierlei erreichte: daß Du Dich gar nicht mehr um mich kümmertest und außerdem, daß ich das Textbuch nicht mehr bekam. Aber der Abend war schön, nicht? Schließlich das Stück[6] doch noch schöner als die Aufführung? Diese Szene z. B.: draußen klingelt der Schlitten, Chlastakoff, der schnell noch zwei Geliebte gewonnen und darüber die Abfahrt fast vergessen hat, erinnert sich und eilt mit den zwei Frauen aus der Tür. Die Szene ist wie ein Lockmittel, hingeworfen den Juden. Es ist nämlich den Juden unmöglich, diese Szene sich ohne Sentimentalität vorzustellen, ja sogar unmöglich, sie ohne Sentimentalität nachzuerzählen. Wenn ich sage: »draußen klingelt der Schlitten« so ist das sentimental, auch Maxens Kritik war sentimental, das Stück aber hat keine Spur davon. – Mir geht es hier leidlich, wäre nur nicht, hoffentlich merkst Du es in Schelesen nicht, so viel Lärm auf der Welt. – Alles Gute Dir und Frau und Kind

Dein F.

An Oskar Baum

[Planá, Ende Juni 1922]

Lieber Oskar, also ich melde mich bereit, um den 20. Juli herum wegzufahren, wenn Du mir schreibst. Den Paß habe ich, wunderbar ist die neue Paßausgabereform, unerreichbar sind für die sich nachtastende Deutung die Steigerungen, deren die Bureaukratie fähig ist, und zwar notwendige, unvermeidliche Steigerungen, hervorgehend aus dem Ursprung der Menschennatur, dem ja, an mir gemessen, die Bureaukratie näher ist als irgendeine soziale Einrichtung, sonst die Einzelheiten zu beschreiben ist zu langwierig, für Dich nämlich, der nicht zwei Stunden im Gedränge auf einer Bureautreppe glücklich war über einen neuen Einblick ins Getriebe und der bei der Übernahme des Passes bei Beantwortung einer belanglosen Frage gezittert hat in wirklichem tiefem Respekt (auch in gewöhnlicher Angst, allerdings aber auch in jenem tiefen Respekt).

Also vergiß mich nicht in Georgental, aber überanstrengt Euch auch nicht beim Wohnungsuchen. Findet sich nichts, wird es für mich traurig sein, aber kein Unglück, einem pensionierten Beamten steht ja die Welt offen, soweit sie nicht mehr als tausend Kronen monatlich verlangt.

An Max Brod
[Planá, Ankunftstempel: 30. VI. 22]
Lieber Max, es ist nicht leicht, aus Deinem Brief den Kern der trüben Stimmung herauszufinden, die mitgeteilten Einzelheiten genügen kaum. Vor allem: die Novelle lebt, genügt das nicht, das eigene Leben zu beweisen? (Nein, dafür genügt es nicht.) Aber genügt es nicht, um davon zu leben? Dazu genügt es, genügt, um in Freuden und sechsspännig zu leben. Das andere? E. schreibt unregelmäßig, aber wenn es nichts weiter ist, wenn der Inhalt untadelig ist? Rosenheims Brief, ein diplomatischer Fehler des Dreimaskenverlags, nicht? Also auch diplomatisch gutzumachen. Die Schreckensnachrichten? Meinst Du etwas anderes als Rathenaus Ermordung? Unbegreiflich, daß man ihn so lange leben ließ, schon vor zwei Monaten war das Gerücht von seiner Ermordung in Prag, Prof. Münzer verbreitete es, es war so sehr glaubwürdig, gehörte so sehr zum jüdischen und zum deutschen Schicksal und steht in Deinem Buch genau beschrieben. Aber das ist schon zu viel gesagt, die Sache geht über meinen Gesichtskreis weit hinaus, schon der Gesichtskreis hier um mein Fenster ist mir zu groß.

Politische Nachrichten erreichen mich jetzt – wenn mir nicht ärgerlicherweise doch eine andere Zeitung geschickt wird, die ich verschlinge – nur in der ernstlich ausgezeichneten Form des Prager Abendblatt. Liest man nur dieses Blatt, so ist man über die Weltlage so unterrichtet, wie man etwa über die Kriegslage durch die Neue Freie Presse unterrichtet war. So friedlich wie damals der Krieg, ist jetzt nach dem Abendblatt die ganze Welt, es streichelt einem die Sorgen weg, ehe man sie hat. Jetzt erst sehe ich die wirkliche Stellung Deiner Artikel innerhalb des Blattes. Vorausgesetzt, daß man Dich liest, kannst Du Dir keine bessere Umgebung wünschen, von den Seiten her mischt sich nichts Verwirrendes in Deine Worte, es ist völlig still um Dich. Und es ist eine so schöne Art des Verkehrs mit Dir, die Aufsätze hier zu lesen. Ich lese sie auch auf die Stimmung hin, Smetana[7] und Strindberg schienen mir gedämpft, aber »Philosophie« klar und gut. Das Problematische der »Philosophie« scheint mir übrigens deutlich jüdische Problematik zu sein, entstanden aus dem Wirrwarr, daß die Eingeborenen einem, entgegen der Wirklichkeit, zu fremd, die Juden einem, entgegen der Wirklichkeit, zu nah sind und man daher weder diese noch jene in richtigem Gleichgewicht behandeln kann. Und wie sich dieses Pro-

blem erst auf dem Land verschärft, wo auch die ganz Fremden grüßen, aber nur manche, und wo man keine Möglichkeit mehr hat, etwa einen alten ehrwürdigen Mann, der mit einer Axt über der Schulter auf der Landstraße vorübermarschiert, nachträglich, so sehr man sich anstrengt, mit dem Gegengruß zu überholen.
Es wäre schön hier, wenn Ruhe wäre, es ist doch ein paar Stunden Ruhe, aber bei weitem nicht genug. Keine Komponierhütte. Ottla ist aber wunderbar fürsorglich (läßt Dich grüßen, Dein Gruß hat sie in ihrer Trauer über einen etwas mißlungenen Kuchen sehr getröstet). Heute z. B. ein unglücklicher Tag, ein Holzhacker hackt der Hausfrau schon den ganzen Tag Holz. Was er unbegreiflicherweise den ganzen Tag mit den Armen und mit dem Gehirn aushält, kann ich mit den Ohren gar nicht aushalten, nicht einmal mit Ohropax (das nicht ganz schlecht ist; wenn man es ins Ohr steckt, hört man zwar genau so viel wie früher, aber mit der Zeit wird doch eine leichte Kopfbetäubung erzielt und ein schwaches Gefühl des Geschütztseins, nun, viel ist es nicht). Auch Kinderlärm und sonstiger. Auch mußte ich heute für ein paar Tage das Zimmer wechseln, dieses Zimmer, das ich bisher hatte, war sehr schön, groß, hell, zweifenstrig, mit weiter Aussicht und es hatte in seiner vollständig armen, aber unhotelmäßigen Einrichtung etwas, was man »heilige Nüchternheit« nennt.
An einem solchen lärmvollen Tag, und es werden mir jetzt einige bevorstehn, einige gewiß und viele wahrscheinlich, komme ich mir wie aus der Welt ausgewiesen vor, nicht einen Schritt wie sonst, sondern hunderttausend Schritte. – Kaysers[8] Brief (ich habe ihm nicht geantwortet, es ist zu kleinlich wegen der doch hoffnungslosen außerdeutschen Veröffentlichungen zu schreiben) hat mich natürlich gefreut (wie leckt Not und Eitelkeit solche Dinge auf!), aber unberührt von meiner Methode ist er nicht, auch ist die Geschichte erträglich, ich sprach von der an Wolff geschickten Geschichte, der gegenüber ein unbefangener Mensch nicht im Zweifel sein kann. – Grüße an Dich und die zwei Frauen. An Felix auch, von dem ich mich leider gar nicht verabschieden konnte.   Dein

[Randbemerkungen:]
Frau Preissová[9] wohnt angeblich hier. Ich hätte große Lust, einmal mit ihr zu sprechen, ebenso groß ist allerdings die Angst und das Unbehagen vor einer solchen Unternehmung. Vielleicht ist sie sehr

hochmütig, vielleicht genau so verzweifelt über jede Störung wie ich. Nein, ich will nicht mit ihr sprechen.
Was wirst Du Kayser antworten? Hauptmann ist Dir doch so nah, Du wirst es Dir nicht verweigern können, über ihn zu schreiben.

An Robert Klopstock

[Planá, Stempel: 30. VI. 1922]

Lieber Robert, besten Dank für die Zeitungen, es ist aber nicht nötig, sie zu schicken, das Abendblatt bekomme ich täglich, eine ausreichende Zeitung und durch Maxens Aufsätze überreich und auch die Ausschnitte des Romans bekomme ich wenigstens manchmal. Dagegen würde ich Sie wohl bitten, wenn eine neue Fackel[10] erscheinen sollte – sehr lange ist sie schon ausgeblieben – und sie nicht zu teuer ist, nach dem Durchlesen sie mir zu schicken, diese süße Speise aller guten und bösen Triebe will ich mir nicht versagen. – Secessio Judaica[11], schreiben Sie nicht darüber? Ich wäre sehr froh, wenn Sie es täten, wenn nicht deutsch, dann ungarisch. Ich kann es nicht; versuche ich es, gleich sinkt mir die Hand, trotzdem natürlich ich, wie jeder, manches dazu zu sagen hätte, irgendwo in meiner Geschlechterfolge wird doch hoffentlich auch ein Talmudist sitzen, aber er muntert mich nicht genug auf, so tue ich es bei Ihnen. Es muß sich ja nicht um eine Widerlegung handeln, nur um eine Antwort auf den Anruf, es muß doch sehr locken und es lockt, einmal auf dieser deutschen und doch nicht ganz fremden Weide seine Tiere weiden zu lassen, nach Judenart.   Ihr K.

An Robert Klopstock

[Planá, Anfang Juli 1922]

Lieber Robert, darin haben Sie natürlich völlig Recht, beschäftigt Sie anderes in dieser alleinherrschenden Weise, dann hat nichts anderes daneben Platz und Sie und alle andern haben zu folgen. Mit meinem Vorschlag wollte ich auch nicht zu einem in jedem Fall entscheidenden Wettkampf auffordern, etwa zum Kampf zwischen Goliath und David, sondern nur zur seitlichen Beobachtung des Goliath, zur beiläufigen Feststellung der Kräfteverhältnisse, zur Revidierung der eigenen Bestände, also zu einer Arbeit des Ausruhns, zu einer Arbeit, die immer gemacht werden kann und für

die gar keine Zeit ist in dem glückselig-verzweifelten, morgendlichen Zustand, in dem Sie sich befinden und in dem alles notwendigerweise aufs Repräsentative geht. Auch die Kritikerstellung wäre dafür wahrscheinlich nicht geeignet. Außerdem bei einem christlich-sozialen Blatt? Haben Sie wegen der Übersetzung von Maxens Büchern schon eine Antwort?
Sonderbar, dieser große Brief des so verschlossenen Mädchens. Ich kann mir keine Vorstellung von ihm machen.
Für die Prager Presse danke ich, den Abendblattroman brauche ich nicht, lesen Sie ihn?
Die Schwester hält sich jedenfalls in Hellerau auf, vielleicht ist sie heute dort, Frau Neustädter hat ihr geantwortet.
Von Oskar kommt kein Wort, er hat mich in seinem Thüringer Glück vergessen. Ihr K.

An Oskar Baum

[Planá, 4. Juli 1922]

Lieber Oskar, seid Ihr aber gute, präzise und einfühlsame Menschen. Alles was Du mir vorbereitet hast und was Du mir rätst, ist nötig und ist ausgezeichnet. Ich werde also kommen, vielleicht nicht gerade am Fünfzehnten, aber wohl vor dem Zwanzigsten, es ist mir sogar willkommen, früher kommen zu können, denn mein Madrider Onkel ist für den August angesagt, ohne daß noch das Datum feststünde, und so könnte es geschehen, daß ich etwa am 20. August (er bleibt gewöhnlich vierzehn Tage) in Prag wieder sein müßte, um ihn zu sehen. Den genauen Tag meiner Ankunft zwischen 15. und 20. Juli werde ich Euch noch telegraphieren, wenn Ihr so gut seid, zu allem andern auch noch die Vermittlung mit der Wirtin zu übernehmen. Auch noch aus andern Gründen ist mir das Datum sehr angenehm, denn hierher, wo es übrigens recht schön bei Ottla ist, kommen um diese Zeit Gäste, der Platz würde vielleicht etwas beengt, dagegen kann ich dann noch Ende August herkommen; Ottla bleibt wahrscheinlich bis Ende September.
Du merkst vielleicht, daß ich Nötiges und Unnötiges durcheinanderschreibe, und das hat seinen guten oder schlechten Grund. Von allem andern abgesehn, was mich nach Georgental treibt (die Freude, mit Dir, mit Euch ein wenig zusammenzuleben; in der Nähe Deiner Arbeit zu sein; ein wenig Züraucr Zeit zu verkosten,

die mir, mit allem was ich damals war, weit verschwunden ist; ein wenig die Welt zu sehn und mich davon zu überzeugen, daß es auch noch anderswo atembare Luft gibt – selbst für meine Lungen – eine Erkenntnis, durch die zwar die Welt nicht weiter wird, aber irgendein nagendes Verlangen beruhigt), abgesehen von dem allen habe ich einen äußerst wichtigen Grund, zu fahren – meine Angst. Du kannst Dir diese Angst gewiß irgendwie vorstellen, aber bis in ihre Tiefe kannst Du nicht kommen, dafür bist Du zu mutig. Ich habe, aufrichtig gesagt, eine fürchterliche Angst vor der Reise, natürlich nicht gerade vor dieser Reise und überhaupt nicht nur vor der Reise, sondern vor jeder Veränderung; je größer die Veränderung ist, desto größer zwar die Angst, aber das ist nur verhältnismäßig, würde ich mich nur auf allerkleinste Veränderungen beschränken – das Leben erlaubt es allerdings nicht –, würde schließlich die Umstellung eines Tisches in meinem Zimmer nicht weniger schrecklich sein als die Reise nach Georgental. Übrigens nicht nur die Reise nach Georgental ist schrecklich, auch die Abreise von dort wird es sein. Im letzten oder vorletzten Grunde ist es ja nur Todesangst. Zum Teil auch die Angst, die Götter auf mich aufmerksam zu machen; lebe ich hier in meinem Zimmer weiter, vergeht ein Tag regelmäßig wie der andere, muß natürlich auch für mich gesorgt werden, aber die Sache ist schon im Gang, die Hand der Götter führt nur mechanisch die Zügel, so schön, so schön ist es, unbeachtet zu sein, wenn bei meiner Wiege eine Fee stand, war es die Fee »Pension«. Nun aber diesen schönen Gang der Dinge verlassen, frei unter dem großen Himmel mit dem Gepäck zum Bahnhof gehn, die Welt in Aufruhr bringen, wovon man freilich nichts merkt als den Aufruhr im eigenen Innern, das ist schrecklich. Und doch muß es geschehn, ich würde – es müßte nicht allzulange dauern – das Leben überhaupt verlernen. – Also zwischen dem Fünfzehnten und Zwanzigsten. Grüße alle. Dank auch Deiner Frau Sekretärin. – Daß ich noch am gleichen Abend in Georgental sein werde, ist ausgezeichnet. Das ist wohl *Georgental-Ort*?

Dein Franz

An Max Brod

[Planá, Stempel: 5. VII. 1922]

Lieber Max, nach einer schlaflosen Nacht, der ersten in Planá, bin ich zwar zu allem andern unfähig, aber Deinen Brief kann ich vielleicht besser verstehn als sonst, besser als Du, vielleicht aber überspitze ich es und verstehe ihn zu gut, denn Dein Fall ist doch insofern von meinem verschieden, als er zwar auch nicht wirklich, aber wirklichkeitsnäher ist als der meine. Mir ist folgendes geschehn: Ich sollte, wie Du weißt, nach Georgental fahren, ich hatte niemals einen Einwand dagegen; wenn ich einmal sagte, es würden dort zu viel Schriftsteller sein, so war das vielleicht eine Vorahnung des Kommenden, aber als Einwand war es nicht ernstlich, war es nur Koketterie, im Gegenteil, in der Nähe bewundere ich jeden Schriftsteller, (darum wollte ich auch zur Preissová, von der mir auch Deine Frau abgeraten hat), ich bewundere zwar jeden Menschen, aber den Schriftsteller besonders, vor allem den mir sonst persönlich unbekannten Schriftsteller, unvorstellbar ist mir, wie er sich in diesem luftigen und schrecklichen Reich so behaglich eingerichtet hat und wie er dort so geordnete Wirtschaft führt; die meisten Schriftsteller, die ich kenne, kommen mir, wenigstens in Person, behaglich vor, auch Winder[12] z. B. Und zudritt wäre es für meine Verhältnisse sogar besonders angenehm, es würde gar nicht auf mich ankommen, ich könnte mich zur Seite halten und wäre doch nicht allein, wovor ich mich fürchte. Und hätte auch sonst in Oskar, den ich lieb habe und der gut zu mir ist, einen Rückhalt. Und ich würde wieder ein neues Stück Welt sehn, zum ersten Mal seit acht Jahren wieder Deutschland. Und billig ist es und gesund. Und hier ist es zwar schön bei Ottla und besonders jetzt, da ich mein altes Zimmer wieder habe, aber gerade gegen Ende des Monats und im nächsten Monat kommen Gäste aus des Schwagers Familie, der Platz wird wieder ein wenig beengt sein, es wäre sehr gut, wenn ich wegfahre, und zurückkommen kann ich ja wieder, denn Ottla bleibt bis Ende September. Hier ist also keine Verstandes- und Gefühlslücke, die Reise ist unbedingt zu empfehlen. Und nun ist gestern ein sehr lieber, ausführlicher Brief Oskars gekommen, ein schönes stilles Zimmer mit Balkon, Liegestuhl, guter Ernährung, Gartenaussicht für 150 M täglich ist gefunden, ich brauche nur anzunehmen oder vielmehr ich habe schon im voraus angenommen, denn ich hatte ja gesagt, daß ich, wenn etwas derartiges gefunden wird, bestimmt komme.

Und was geschieht nun? Ich habe, um es zuerst ganz allgemein zu sagen, Angst vor der Reise, ich ahnte es schon, als in den letzten Tagen das Ausbleiben des Oskarschen Briefes mir Freude machte.

Aber es ist nicht Angst vor dem Reisen selbst, ich bin doch auch, allerdings nur 2 Stunden und dort sind es zwölf, hierher gefahren und das Fahren selbst war mir langweilig aber sonst gleichgültig. Es ist nicht Reiseangst, wie man es letzthin z. B. von Myslbeck[13] las, der nach Italien fahren wollte und schon bei Beneschau umkehren mußte. Es ist nicht Angst vor Georgental, wo ich mich, wenn ich doch hinkommen sollte, gewiß sofort, noch am gleichen Abend eingewöhnt haben werde. Es ist auch nicht Willensschwäche, bei welcher der Entschluß erst dann eintreten will, wenn der Verstand alles genau ausgerechnet hat, was meist unmöglich ist. Hier ist ein Grenzfall, wo der Verstand wirklich rechnen kann und immer wieder zu dem Resultat kommt, daß ich fahren soll. Eher ist es Angst vor der Veränderung, Angst davor, die Aufmerksamkeit der Götter durch eine für meine Verhältnisse große Tat auf mich zu lenken.

Als ich heute in der schlaflosen Nacht alles immer wieder hin- und hergehn ließ zwischen den schmerzenden Schläfen, wurde mir wieder, was ich in der letzten genug ruhigen Zeit fast vergessen hatte, bewußt, auf was für einem schwachen oder gar nicht vorhandenen Boden ich lebe, über einem Dunkel, aus dem die dunkle Gewalt nach ihrem Willen hervorkommt und, ohne sich an mein Stottern zu kehren, mein Leben zerstört. Das Schreiben erhält mich, aber ist es nicht richtiger zu sagen, daß es diese Art Leben erhält? Damit meine ich natürlich nicht, daß mein Leben besser ist, wenn ich nicht schreibe. Vielmehr ist es dann viel schlimmer und gänzlich unerträglich und muß mit dem Irrsinn enden. Aber das freilich nur unter der Bedingung, daß ich, wie es tatsächlich der Fall ist, auch wenn ich nicht schreibe, Schriftsteller bin und ein nicht schreibender Schriftsteller ist allerdings ein den Irrsinn herausforderndes Unding. Aber wie ist es mit dem Schriftstellersein selbst? Das Schreiben ist ein süßer wunderbarer Lohn, aber wofür? In der Nacht war es mir mit der Deutlichkeit kindlichen Anschauungsunterrichtes klar, daß es der Lohn für Teufelsdienst ist. Dieses Hinabgehen zu den dunklen Mächten, diese Entfesselung von Natur aus gebundener Geister, fragwürdige Umarmungen und was alles noch unten vor sich gehen mag, von dem man oben nichts mehr weiß, wenn man im Sonnenlicht Geschichten schreibt. Vielleicht gibt es auch anderes Schreiben, ich kenne nur dieses; in der Nacht, wenn mich die Angst nicht schlafen läßt, kenne ich nur dieses. Und das Teuflische daran scheint mir sehr klar. Es ist die Eitelkeit und Genußsucht, die immerfort um die eigene oder auch um eine fremde Gestalt – die Bewegung vervielfältigt sich dann, es wird ein Sonnensystem der Eitelkeit – schwirrt und sie genießt. Was der naive Mensch sich manchmal wünscht: »Ich wollte sterben und sehn, wie man mich beweint«, das verwirklicht ein solcher Schriftsteller fortwährend, er stirbt (oder er lebt nicht) und beweint sich fortwährend. Daher kommt eine schreckliche Todesangst, die sich nicht als Todesangst äußern muß, sondern auch auftreten kann als Angst vor Veränderung, als Angst vor Georgental. Die Gründe für die Todesangst lassen sich in zwei Hauptgruppen teilen. Erstens hat er schreckliche Angst zu sterben, weil er noch nicht gelebt hat. Damit meine ich nicht, daß zum Leben Weib und Kind und Feld und Vieh nötig ist. Nötig zum Leben ist nur, auf Selbstgenuß zu verzichten; einziehn in das Haus, statt es zu bewundern und zu bekränzen. Dagegen könnte man sagen, daß das Schicksal ist und in niemandes Hand gegeben. Aber warum hat man dann Reue, warum hört die Reue nicht auf? Um sich schöner und schmackhafter zu machen? Auch das. Aber warum bleibt darüber hinaus das Schlußwort in solchen Nächten immer: Ich könnte leben und lebe nicht. Der zweite Hauptgrund – vielleicht ist es auch nur einer, jetzt wollen sich mir die zwei nicht recht sondern – ist die Überlegung: »Was ich gespielt habe, wird wirklich geschehn. Ich habe mich durch das Schreiben nicht losgekauft. Mein Leben lang bin ich gestorben und nun werde ich wirklich sterben. Mein Leben war süßer als das der andern, mein Tod wird um so schrecklicher sein. Der Schriftsteller in mir wird natürlich sofort sterben, denn eine solche Figur hat keinen Boden, hat keinen Bestand, ist nicht einmal aus Staub; ist nur im tollsten irdischen Leben ein wenig möglich, ist nur eine Konstruktion der Genußsucht. Dies ist der Schriftsteller. Ich selbst aber kann nicht weiterleben, da ich ja nicht gelebt habe, ich bin Lehm geblieben, den Funken habe ich nicht zum Feuer gemacht, sondern nur zur Illuminierung meines Leichnams benützt.« Es wird ein eigentümliches Begräbnis werden, der Schriftsteller, also etwas nicht Bestehendes, übergibt den alten Leichnam, den Leichnam seit jeher, dem Grab. Ich bin genug Schriftsteller, um das in völliger Selbstvergessenheit – nicht Wachheit, Selbstvergessenheit ist erste Voraussetzung des Schriftstellertums – mit allen Sinnen genießen oder, was dasselbe ist, erzählen zu wollen, aber das wird nicht mehr geschehn. Aber warum rede ich nur vom wirklichen Sterben. Im Leben ist es ja das Gleiche. Ich sitze hier in der bequemen Haltung des Schriftstellers, bereit zu allem Schönen, und muß untätig zusehn – denn was kann ich anderes als schreiben –, wie mein wirkliches Ich, dieses arme, wehrlose (das Dasein des Schriftstellers ist ein Argument gegen die Seele, denn die Seele hat doch offenbar das wirkliche Ich verlassen, ist aber nur Schriftsteller geworden, hat es nicht weiter gebracht; sollte die Trennung vom Ich die Seele so sehr schwächen können?) aus einem beliebigen Anlaß, einer kleinen Reise nach Georgental[14], (ich wage es nicht stehn zu lassen, es ist auch in dieser Weise nicht richtig) vom Teufel gezwickt, geprügelt und fast zermahlen wird. Mit welchem Recht erschrecke ich, der ich nicht zuhause war, daß das Haus plötzlich zusammenbricht; weiß ich denn, was dem Zusammenbruch vorhergegangen ist, bin ich nicht ausgewandert und habe das Haus allen bösen Mächten überlassen?

Ich habe gestern Oskar geschrieben, zwar meine Angst erwähnt, aber meine Ankunft zugesagt, der Brief ist noch nicht weggeschickt, inzwischen war die Nacht. Vielleicht warte ich noch eine Nacht ab; überstehe ich es nicht, müßte ich doch abschreiben. Damit ist dann entschieden, daß ich aus Böhmen nicht mehr hinausfahren darf, nächstens werde ich dann auf Prag eingeschränkt, dann auf mein Zimmer, dann auf mein Bett, dann auf eine bestimmte Körperlage, dann auf nichts mehr. Vielleicht werde ich dann auf das Glück des Schreibens freiwillig – auf die Freiwilligkeit und Freudigkeit kommt es an, – verzichten können.

Um diese ganze Geschichte schriftstellerisch zu pointieren – nicht ich pointiere, die Sache tut es – muß ich hinzufügen, daß in meiner Angst vor der Reise sogar die Überlegung eine Rolle spielt, ich würde zumindest durch einige Tage vom Schreibtisch abgehalten sein. Und diese lächerliche Überlegung ist in Wirklichkeit die einzige berechtigte, denn das Dasein des Schriftstellers ist wirklich vom Schreibtisch abhängig, er darf sich eigentlich, wenn er dem Irrsinn entgehen will, niemals vom Schreibtisch entfernen, mit den Zähnen muß er sich festhalten.

Die Definition des Schriftstellers, eines solchen Schriftstellers, und die Erklärung seiner Wirkung, wenn es eine Wirkung überhaupt gibt: Er ist der Sündenbock der Menschheit, er erlaubt den Menschen, eine Sünde schuldlos zu genießen, fast schuldlos.

Vorgestern war ich zufällig auf dem Bahnhof (mein Schwager wollte wegfahren, fuhr dann aber nicht), zufällig wurde hier der Wiener Schnellzug angehalten, weil er auf den nach Prag fahrenden Schnellzug warten sollte, zufällig war Deine Frau dort, eine angenehme Überraschung, wir sprachen ein paar Minuten miteinander, sie erzählte von dem Abschluß der Novelle.

Fahre ich nach Georgental, bin ich in zehn Tagen in Prag, liege glücklich auf Deinem Kanapee und Du liest vor. Fahre ich aber nicht –
Ich habe Oskar abtelegraphiert, es ging nicht anders, der Aufregung war nicht anders beizukommen. Schon der gestrige erste Brief an ihn kam mir sehr bekannt vor, so pflegte ich an F. zu schreiben.

An Oskar Baum

[Planá, 5. Juli 1922]

Lieber Oskar, der inliegende Brief ist gestern am 4. Juli gleich nach Erhalt Deines Briefes geschrieben worden. Er war in beider Hinsicht gegenüber der Wirklichkeit gedämpft, sowohl hinsichtlich der Freude nach Georgental zu kommen, als auch hinsichtlich der Angst, die zwei Dinge widersprechen einander zu sehr, wollte man sie in einen Brief bringen, mußte man sie dämpfen. Ich traf dann Ottla, als ich mit dem Brief zur Post ging. Sie riet mir, das Datum der Ankunft lieber bestimmt festzusetzen, das leuchtete mir ein; da ich keinen Bleistift mithatte, nahm ich wieder den Brief nach Hause mit. Aufgeregt war ich allerdings immerfort, dann kam die Nacht, wie ich gefürchtet hatte, gänzlich schlaflos, die erste in Planá. Bis zum Fünfzehnten sind noch etwa zehn Nächte, und selbst wenn ich gleich fahren wollte, wären es doch drei oder vier, das könnte ich nicht aushalten, ich kann also nicht fahren. So wie es da steht, ist es freilich gänzlich unverständlich. Ich habe heute Max schon eine Abhandlung darüber geschrieben – noch ehe ich wußte, ob ich Dir telegraphiere –, damit will ich Dich verschonen, nicht zu alledem, was ich Dir Leids antue, auch noch dies, es geht auch nicht gut, es hier auszubreiten. Qualitativ ähnliches habe ich ja schon an mir erlebt, quantitativ noch nicht, es ist auch für mich eine schreckliche Steigerung und bedeutet zum Beispiel, daß ich aus Böhmen nicht mehr hinausfahren darf, morgen kann eine neue, übermorgen eine weitere, in einer Woche eine letzte Einschränkung kommen. Denkt daran und Ihr werdet mir vielleicht verzeihen können. Es wäre mir eine Beruhigung, wenn Frau Horn mir ein Strafgeld festsetzen würde, das ich sogleich schicken würde. Lebt wohl! Euer F

Ich telegraphiere Euch heute: Kann leider überhaupt nicht kommen, Brief folgt.
Ottla sucht die Angst zum Teil (mehr wagt auch sie nicht) durch körperliche Schwäche zu erklären, eine sehr milde Erklärung, wenn man bedenkt, daß ich voriges Jahr vielleicht noch schwächer war und doch in die häßliche Tatra fuhr (aus der ich mich dann allerdings auch nicht losmachen konnte) und daß auch die körperliche Schwäche, die ja vorhanden ist, auf eine geistige zurückgeht.

An Felix Weltsch

[Planá, Anfang Juli 1922]
Lieber Felix, was Du über meinen Lärm sagst, ist fast richtig, allerdings habe ich die Meinung von Dir übernommen und sie ist eine meiner paar Hilfskonstruktionen geworden, eines jener verhältnismäßig ungeheuren Gerüste, mit welchen ich an meinem elenden Verschlag arbeite, daß infolge der Dichte der Welt jeder überwundene Lärm von einem neuen erst zu überwindenden in unendlicher Reihe abgelöst wird. Nun ist das aber nur fast richtig und damit auf das was Du anführst, antworten zu wollen, wäre Unsinn oder Gemeinheit, vielmehr ist dieser Lärm – nicht in der Art der Beschreibung liegt das, sondern in der Tatsache – gleichzeitig ein schreiender Vorwurf für alle, denen an Dir gelegen ist, die sich hier schwach und hilflos zeigen und sehenden Auges eine Verantwortung scheuen, dafür aber und dadurch eine noch schwerere auf sich nehmen. Der Lärm hat auch etwas Fascinierend-Betäubendes; wenn ich – ich habe glücklicherweise manchmal zwei Zimmer zur Auswahl – in dem einen Zimmer sitze und, so wie Du es auch beklagst, einer Säge gegenüber sitze, die zeitweise erträglich ist, dann aber, wenn sie die Kreissäge arbeiten läßt, in der letzten Zeit geschieht das fortwährend, einen das Leben zu verfluchen zwingt, wenn ich dann in diesem Unglückszimmer sitze, kann ich nicht fort, ich kann zwar ins Nebenzimmer gehn und muß es auch, denn es ist

nicht auszuhalten, aber übersiedeln kann ich nicht, nur hin und her gehn und etwa in dem zweiten Zimmer feststellen, daß auch dort Unruhe ist und vor dem Fenster Kinder spielen. So ist die Lage. Immerfort hoffe ich, daß, wie es einmal schon geschehen ist, die Kreissäge plötzlich zu arbeiten aufhören wird, ich kenne flüchtig den dortigen Buchhalter, sogar das gibt mir einige Hoffnung, er weiß zwar nicht, daß mich seine Kreissäge stört und kümmert sich auch sonst nicht um mich und ist überhaupt ein verschlossener Mensch und wenn er auch der offenste Mensch wäre, er könnte die Kreissäge nicht einstellen, wenn Arbeit für sie ist, aber ich schaue verzweifelt aus dem Fenster und denke doch an ihn. Oder ich denke an Mahler, dessen Sommerleben irgendwo beschrieben war, wie er täglich um halb sechs, er war damals sehr gesund und schlief ausgezeichnet, im Freien badete und dann in den Wald lief, wo er eine »Komponier-Hütte« hatte (das Frühstück war dort schon vorbereitet) und bis ein Uhr mittag dort arbeitete und die Bäume, die später in der Säge so viel Lärm machen, in Mengen still und lärmabwehrend um ihn standen. (Nachmittag schlief er dann und erst von vier Uhr ab lebte er mit seiner Familie und nur selten hatte seine Frau das Glück, daß er abend etwas von seiner Morgenarbeit verriet.) Aber ich wollte von der Säge erzählen. Ich allein komme von ihr nicht los, es muß die Schwester kommen und unter unglaublichen Bequemlichkeitsopfern ihrerseits das andere Zimmer mir einräumen (das allerdings auch keine Komponierhütte ist, aber davon will ich jetzt nicht sprechen), nun bin ich für eine Zeit die Säge los. So müßte man Dich auch einmal in ein stilles Zimmer hinüberführen.

Der erste Eindruck Deines Briefes war prachtvoll, ich drehte ihn zuerst in der Hand, froh ihn zu haben und im flüchtigen Darüberhinschauen sah ich nur zwei Stellen, an der einen Stelle stand etwas von Ethik, an der andern »Ruthchen ist wunderbar«, da war ich natürlich sehr zufrieden. Freilich habe ich auch noch andere Briefe von Dir, etwa den über den Elternabend (besonders schön) oder den über Rathenau (hast Du das Feuilleton von H. über Rathenau gelesen?, eine erstaunliche Geschmacklosigkeit des sonst so Unfehlbaren, diese Ironie, mit der ein Gesuchsteller seinen ermordeten Wohltäter behandelt, unwillkürlich hat man den Eindruck, dieser Berichterstatter, der über einen Toten so ebenbürtig ironisch spricht, müsse wenigstens zum Teil selbst tot sein. Dabei zur Krö-

nung des Ganzen ist es ja Selbstironie, denn wenn H. erwartet hat, daß Rathenau sagen wird: »Wir Rathenaus sind Arbeitspferde«, so habe ich ebenso fest vertraut, daß H. noch irgendwo schreiben wird: »Ich armer Hund von Subredakteur.« Dabei will ich H. nicht weh tun, ich hätte es gewiß in gleichem Sinn und viel schlechter geschrieben, ich hätte es nur nicht veröffentlicht, vielleicht aber nur deshalb, weil es eben viel schlechter geschrieben gewesen wäre).
Ich hätte noch einiges zu sagen und zu fragen im Zusammenhang damit, daß ich – denke! – aus »Angst« nicht nach Deutschland fahre, trotzdem ich Oskar gebeten habe, mir ein Zimmer dort zu besorgen und er das lieb und vorzüglich gemacht hat. Es ist nicht Angst vor der Reise, schlimmer, es ist allgemeine Angst.
Herzliche Grüße, ohnmächtige Wünsche, Grüße für Frau und Kind. Dein F
(Grüße von Ottla)

An Max Brod
[Planá, Stempel: 12. VII. 1922]
Liebster Max, eben laufe ich herum oder sitze versteinert, so wie es ein verzweifeltes Tier in seinem Bau tun müßte, überall Feinde, vor diesem Zimmer Kinder und vor dem zweiten auch, gerade wollte ich schon weggehn, da ist, wohl nur augenblicksweise, Ruhe und ich kann Dir schreiben. Du darfst nicht glauben, daß es in Planá vollkommen oder annähernd vollkommen schön ist und daß dies der Hauptgrund meines Bleibens ist. Zwar die Wohnung selbst ist, was häuslichen Frieden betrifft, fast ingeniös eingerichtet, die Einrichtung müßte nur benützt werden und Ottla, die allersorgsamste, tut es auch, von ihr, dem Kind und dem Mädchen habe ich, obwohl wir doch Wand an Wand wohnen, nicht die leiseste Störung Tag und Nacht, aber gestern z. B. nachmittag spielen Kinder vor meinem Fenster, knapp unter mir eine böse Gruppe, weiter links eine artige, lieb anzusehende, aber der Lärm beider ist gleichwertig, treibt mich aus dem Bett, verzweifelt aus dem Haus, mit schmerzenden Schläfen durch Feld und Wald, ganz hoffnungslos, nachteulenartig. Und lege ich mich abend in Frieden und Hoffnung nieder, werde ich um $^{1}/_{2}4$ geweckt und schlafe nicht wieder ein. Auf dem nahen Bahnhof, der aber nicht sehr störend ist, werden fortwährend Stämme verladen, dabei wird immer gehämmert, aber

milde und pausenweise, diesen Morgen aber, ich weiß nicht, ob das nicht jetzt immer so sein wird, wurde schon so frühzeitig angefangen und durch den stillen Morgen und das schlafdurstige Hirn klang das ganz anders als bei Tag. Es war sehr schlimm. Und dann stehe ich morgens auf, es ist gar keine Ursache aufzustehn mit diesem Zustand der Schläfen. Dabei aber habe ich noch großes Glück. Es sind seit ein paar Tagen etwa zweihundert Prager Schulkinder hier untergebracht. Ein höllenmäßiger Lärm, eine Geißel der Menschheit. Ich begreife nicht, wie es kommt, daß die Leute in dem davon betroffenen Ortsteil – und es ist der größte und vornehmste Teil des Ortes – nicht irrsinnig geworden aus ihren Häusern in die Wälder flüchten, und zwar müßten sie recht weit flüchten, denn der ganze Rand dieser schönen Wälder ist verseucht. Ich bin im Ganzen noch davon verschont geblieben, aber jeder Augenblick kann Überraschungen bringen, wie es schon manche kleinere gab, und manchmal schaue ich suchend und erwartungsvoll aus dem Fenster als der arme Sünder, der ich bin. Ich verliere jeden Sinn auch für guten Lärm, und wie man etwa in Theatern nur des Lärmes halber zusammenkommt, wird mir bald unbegreiflich werden. Nur die Kritiken, die besonders schönen, die Du jetzt schreibst oder die besonders schön hier zu lesen sind, werde ich hoffentlich immer verstehn. Wüßte man nichts als das Gedruckte, müßte man glauben, daß hier einer aus der tiefen Ruhe der Nacht und des Arbeitstages am Abend auftaucht und allein, innerlich fröhlich, beglückt mit den allerbesten Augen und Ohren, durch die Theater irrt, dabei immerfort in strengem Bezug zu einem fortwährend Leben spendenden Geheimnis. Die schöne Untersuchung über Jirásek, oder auch nur eine solche glückselige Kleinigkeit wie die über Pottasch und Perlmutter[15] (war an jenem Abend alles in Ordnung?). Oder über die Arena, trotzdem hier der kleine Absatz über die Bänke mich etwas stört, nicht zufällig, sondern grundsätzlich. Ich weiß nicht worin wir hier ein wenig auseinandergehn. Fehlt mir hier irgendein Blick oder Beurteilungsvermögen?

Was Du über meinen Fall sagst, ist richtig, nach außen präsentiert es sich so, das ist ein Trost und zu gelegener Stunde auch eine Verzweiflung, denn es zeigt, daß von den Schrecknissen nichts durchdringt und alles mir aufbewahrt bleibt. Diese Finsternis, die nur ich sehn muß, aber auch ich bei weitem nicht immer, schon am nächsten Tage nach jenem Tag nicht mehr. Aber ich weiß, daß sie da ist und auf mich wartet, wenn – nun, wenn ich nicht mit mir ein Einsehn habe. Wie schön und auch richtig Du alles erklärst und wenn Du mich so nach Berlin einladest, fahre ich gewiß und wäre ja möglicherweise auch mit Baum gefahren, wenn wir gleich von Prag zusammen weggefahren wären. Und meine körperliche Schwäche ist ja auch noch, wie Ottla es tut, in Rechnung zu stellen und die Häßlichkeit des Valutareisenden, der ohne andern Grund als nur, weil es billig ist, hinfährt und die nicht unberechtigte Angst vor Unruhen – viele Ursachen und doch nur eine, eine die ich einmal als Kind irgendwo in Stecknadelgröße zu sehn glaubte und von der ich jetzt weiß, daß es nichts gibt als sie.

Und das Schreiben? (Das übrigens hier unter-mittel-mäßig weitergeht, sonst nichts, und immerfort von Lärm gefährdet.) Möglich, daß meine Erklärung für Dich gar nicht stimmt und nur daher kommt, daß ich Dein Schreiben möglichst nahe an dem meinen haben will. Und dieser Unterschied besteht gewiß, daß ich, wenn ich einmal, außer durch Schreiben und was mit ihm zusammenhing, glücklich gewesen sein sollte (ich weiß nicht genau, ob ich es war), ich dann gerade des Schreibens gar nicht fähig war, wodurch dann alles, es war noch kaum in der Fahrt, sofort umkippte, denn die Sehnsucht zu schreiben hat überall das Übergewicht. Woraus aber nicht auf grundlegende eingeborene ehrenhafte Schriftstellereigenschaft zu schließen ist. Ich bin von zuhause fort und muß immerfort nachhause schreiben, auch wenn alles Zuhause längst fortgeschwommen sein sollte in die Ewigkeit. Dieses ganze Schreiben ist nichts als die Fahne des Robinson auf dem höchsten Punkt der Insel.

Um mich noch ein wenig durch Klagen zu erleichtern: heute von $^1/_24$ an wieder die Verladerampe, Hämmern, Rollen der Stämme, Rufe der Verlader, gestern um 8 Uhr früh war es endgültig dann zu Ende, heute aber brachte der Lastzug eine neue Ladung, so daß es wahrscheinlich auch am Vormittag, der bisher meist schön war, so weitergehen wird. Um die Pause auszufüllen, wurde eben jetzt etwa hundert Schritte von mir ein Göpel in Gang gebracht, meist liegt er still oder wird von vernünftigen Pferden bedient, die keine Zusprache brauchen, heute aber wurden Ochsen eingespannt und denen muß man jeden Schritt mit Hott und Hüöh und sakramenská pakáž* erklären. Was soll das Leben noch?

* »Verdammtes Gesindel!«

Die Wannseevilla, Max! Und mir bitte ein stilles Dachzimmer (weit vom Musikzimmer), aus dem ich mich gar nicht fortrühren will; man wird gar nicht merken, daß ich dort bin.

Aber vorläufig sind nur diese Leiden, immer wieder; was war dieser Anlaß? Es ist nicht auszudenken, aber wenn man es erfährt, stimmt es immer, über alle Trostmöglichkeiten hinweg. Aber wie ist es möglich, daß Du leidest und gleichzeitig über den Schwanenteich träumst[16]. (Zauberhaft ist es, ich habe es jetzt wieder gelesen – das Hinweggleiten über die gesamte Melancholie – die Schwermut über die Kanapees hingelagert – das alte russische Schloß – die Tänzerin – das Ertrinken im See – alles.) – Es muß sich in den letzten Tagen doch wieder wesentlich gebessert haben. (Juchhu! schreit eben ein Junge unter meinem Fenster, die Ketten am Bahnhof rasseln, nur die Ochsen machen eine Pause, es wird ein harter Vormittag werden, es ist nämlich kühl, sonst schützt mich die Sonne vor den Kindern. Heute hätte ich vielleicht die Kraft, nach Georgental zu fahren.) Freilich so körperlich gelitten wie diesmal hast Du nie, wenn Du es auch leugnest. Diese körperlichen Leiden kann ich E. nicht verzeihen, auch wenn sie an ihnen unschuldig sein sollte; schon wegen des von Dir hergestellten Zusammenhanges nicht.

Auch ich bekam einen Klagebrief von Felix. Ich glaube, ihm wäre am leichtesten von uns allen zu helfen, und niemand hilft ihm.

Hast Du meine Karte bekommen? Kannst Du die Novelle noch in Prag lassen? Hast Du über Hauptmann geschrieben?

Alles Gute, mehr als bisher!

F

[Nachschrift:] Weißt Du etwas von Klopstock? er hat mir seit einiger Zeit nicht geschrieben; sehr verständlich angesichts meiner unbefriedigenden Antworten.

Wie war (in intimer Hinsicht) der Elternabend? Wie hat meine Schwester gesprochen? Hat man Schüler für nächstes Jahr[17]? – Eben bringt mir Ottla die Nachricht, daß sie (unaufgefordert, von mir gar nicht aufmerksam gemacht, unten in der Küche auf dem Hof kann sie überdies die Kinder kaum hören) die Kinder weggeschickt hat und daß sie – es ist die artige Gruppe – bereitwilligst gegangen sind. Bleibt die Verladerampe und der unausgeschlafene Kopf und die verhältnismäßig späte Stunde, ein verlorener Tag, durch Ottlas Sorgfalt erträglicher gemacht. – Nein, eben ist die unartige, unbeherrschbare, weil der Hausfrau als Tante gehörige Gruppe vor meinem Fenster. Du fragst nach dem Wald, der Wald ist schön, dort kann man Ruhe finden, aber keine »Komponierhütte«. Ein Gang durch den (übrigens sehr mannigfaltigen) Wald am Abend, wenn der Lärm der Vögel sich dämpft (an Mahlers Stelle hätten mich vielleicht die Vögel gestört) und es nur noch hie und da ängstlich zwitschert (man könnte glauben, es sei Angst vor mir, aber es ist Angst vor dem Abend) und das Sitzen auf einer bestimmten Bank am Waldrand vor einer großen Aussicht (hier herrschen aber schon meistens die entsetzlichen Stimmen der Prager Kinder), das ist sehr schön, aber nur wenn eine ruhige Nacht und ein ruhiger Tag vorherging.

An Robert Klopstock

[Postkarte. Planá, Mitte Juli 1922]

Lieber Robert, das ist es ja eben, ich bin noch in Planá und bleibe hier, trotzdem Oskar in wunderbarer Fürsorglichkeit ein offenbar sehr schönes Zimmer dort in Georgental gefunden hat. Aus Angst, nicht aus Reiseangst, aus allgemeiner Angst kann ich nicht fahren, habe abtelegraphiert und bleibe. Bleibe, trotzdem es bei sonstiger großer Schönheit für meine Verhältnisse kopfschwirrend unruhig hier ist. Nun es gibt kein Ausweichen, in die Fläche nicht.
Wie ging es Ihnen? Kolloquium? Abschied von Hermann? (Halbjahresrechnung 2700 K, für den Vater 1900 K. Was man auch gegen meine Lunge sagen mag, unergiebig ist sie nicht.)
Herzliche Grüße von mir und Ottla   Ihr K.

An Oskar Baum

[Prag, 16. Juli 1922]

Lieber Oskar, nur ein paar Worte heute: äußerlich bin ich wegen meines Nichtfahrens gerechtfertigt, ich hätte, wie sich jetzt herausstellt, auf keinen Fall zu Euch fahren können. Am Fünfzehnten hätte ich nach dem ersten Plan fahren sollen, aber am Vierzehnten nachmittag bekam ich in Planá ein Telegramm, daß mein Vater, in Franzensbad schwer erkrankt, nach Prag transportiert worden ist. Ich fuhr gleich nach Prag, noch am Vierzehnten abends wurde der Vater operiert, es ist wahrscheinlich nichts Bösartiges, nichts Organisches; Klemmung des Darms infolge Nabelbruchs oder etwas derartiges (ich wage Ärzte nicht zu fragen, und wenn sie trotzdem antworten, verstehe ich sie nicht), aber immerhin, eine sehr schwere Operation, ein Siebzigjähriger, geschwächt durch knapp vorhergehende, vielleicht mit dem Leiden zusammenhängende Kränklichkeit, ein krankes Herz überdies; bis heute, zwei Tage nach der Operation, geht es allerdings bezaubernd gut.

Aber ich will noch von meinem Nichtfahren sprechen. Ich hatte mir Deine Karte genau zu untersuchen vorgenommen, auf jedes Wort hin und auf alle Hintergedanken jedes Wortes hin. Zum ersten und auch noch zum zweiten Male gelesen, war ja die Karte äußerst lieb und beruhigend. Später aber – ich kam mit der Untersuchung nicht zu Ende, weil ich nach Prag fahren mußte – stockte ich doch hie und da, besonders bei der »Fürsorgeattacke«. Wie wagst Du, Oskar, ein solches Wort hinzuschreiben? Eine Fürsorgeattacke (ich kann das Wort nicht einmal schreiben, mit qu soll es wohl geschrieben werden?), bei der ich Tag für Tag zu Dir hinaufkomme, Dich bei der Arbeit störe und die günstigsten Eisenbahnverbindungen Dir abzubetteln suche, in der geheimen Hoffnung, daß man, wenn ich nur oft genug frage, vielleicht auch nur mit der Elektrischen Georgental erreichen kann. Also nichts von Fürsorgeangriff, bitte! Und mißverstehe mein Leid nicht damit, daß Du glaubst, nur die Schönheit von Planá habe mich gehindert zu kommen. Planá ist ja schön, aber ich suche Ruhe vor der Schönheit und ich habe dort schon vor und nach der imaginären Georgentaler Reise Lärmtage erlebt, daß ich mein Leben verflucht habe und viele Tage brauchte, um die Lärmangst, das niemals erfolglose Lauern auf den Lärm, die Verwirrung im Kopf, die Schmerzen in den Schläfen loszuwerden, worauf dann allerdings die Wirkung der Maßnahmen Ottlas, der Allersorgsamsten, sich wieder abgeschwächt hatte und neuer schrecklicher Lärm bereit war. – Genug für heute und alles Gute Dir und Euch.

Dein F

Warum schweigt Frau Horn?

An Max Brod

[Planá, Stempel: 20. VII. 1922]
Liebster Max, ich hatte gestern vormittag keine Zeit mehr zu Dir zu kommen und es war schon notwendig für mich wegzukommen, des unregelmäßigen Lebens war übergenug (für das regelmäßige

Leben ist allerdings Planá weniger geeignet als Prag, aber nur wegen des Lärms, sonst keineswegs, ich muß das immer wiederholen, damit es mir »oben« nicht abgestritten wird), trotzdem wäre ich vielleicht doch geblieben, wenn ich gesehen hätte, daß der Vater mich irgendwie nur benötigt. Das war aber gestern gar nicht der Fall. Seine Zuneigung zu mir hat Tag für Tag (nein, am zweiten Tag war sie am größten, dann hat sie immerfort) abgenommen und gestern konnte er mich nicht schnell genug aus dem Zimmer bekommen, während er die Mutter zum Dableiben zwang. Für die Mutter beginnt jetzt übrigens eine besondere, neue, aufreibende Leidenszeit, auch wenn sich alles so schön weiterentwickelt wie bisher. Denn während der Vater bisher, unter dem Druck der schrecklichen Erinnerungen, das Daliegen im Bett immerhin noch als Wohltat empfand, fängt für ihn die große Qual des Liegens [jetzt an] (er hat eine Narbe auf dem Rücken, die ihm seit jeher langes Liegen fast unmöglich gemacht hat, dazu kommt die Schwierigkeit jeder Lageveränderung des schweren Körpers, das unruhige Herz, der große Verband, die Wundschmerzen beim Husten, vor allem aber sein unruhiger, aus sich selbst hilfloser, verfinsterter Geist), eine Qual, die meiner Meinung nach alles Vorhergehende übertrifft, diese Qual schlägt nun schon bei gebessertem Gesamtbefinden nach außen, gestern machte er schon hinter der hinausgehenden, wie ich glaube, wunderbaren Schwester eine Handbewegung, die in seiner Sprache nur »Vieh!« bedeuten konnte. Und diese seine Lage, die in ihrer ganzen kahlen Schrecklichkeit vielleicht nur mir ganz verständlich ist, wird nun günstigstenfalls noch zehn Tage dauern, und was davon auf die Mutter abwälzbar ist, wird voll und reichlich abgewälzt werden. Zehn solche Tag- und Nachtwachen, wie sie jetzt der Mutter bevorstehn!

Ich hatte also keine Zeit zu Dir zu kommen, aber ich wäre wahrscheinlich auch nicht gekommen, wenn ich Zeit gehabt hätte, allzusehr hätte ich mich geschämt für den Fall, daß Du mein Heft[18] schon gelesen haben solltest, dieses Heft, das ich Dir nach Deiner Novelle zu geben gewagt hatte, obwohl ich weiß, daß es doch nur da ist zum Geschrieben-, nicht zum Gelesenwerden. Nach dieser Novelle, die so vollkommen, so rein, so geradegewachsen, so jung ist, ein Opfer, dessen Rauch oben wohlgefällig sein muß. Nur weil sie mir so teuer ist, bitte ich Dich, den Anfang, nicht nur den allerersten, sondern bis zur Professorsfamilie und dann den allerletzten

Schluß noch einmal durchzusehn. Der Anfang irrt, wenigstens für den, der das Ganze nicht kennt, ein wenig umher, so als suchte er die zur Erholung angenehmen, das Ganze aber schädigenden Nebenerfindungen, die ja wirklich im Ganzen völlig abgewehrt sind, in jenem Anfang aber ein wenig wetterleuchten. Der Schluß aber atmet zu lange aus, während der Leser, der noch mit dem Atem kämpft, dadurch verwirrt die Blickrichtung ein wenig verliert. Mit dem sage ich aber nichts gegen die Brieform, die mich schon überzeugt hat. Ich weiß ganz und gar nicht, wie sich diese Novelle in meine Ansicht vom »Schriftsteller« einfügt, mache mir darüber keine Sorgen und bin glücklich darüber, daß die Novelle vorhanden ist. Aber gute Nahrung hat gestern meine Ansicht bekommen, als ich auf der Fahrt ein Reclambändchen »Storm: Erinnerungen« las. Ein Besuch bei Mörike. Diese beiden guten Deutschen sitzen im Frieden dort beisammen in Stuttgart, unterhalten sich über deutsche Literatur, Mörike liest »Mozart auf der Reise nach Prag« vor (Hartlaub, Mörikes Freund, der die Novelle schon sehr gut kennt, »folgte der Vorlesung mit einer verehrenden Begeisterung, die er augenscheinlich kaum zurückzuhalten vermochte. Als eine Pause eintrat, rief er mir zu: ›Aber, i bitt Sie, ist das nun zum Aushalte‹. – Es ist 1855, es sind schon alternde Männer, Hartlaub ist Pfarrer), und dann sprechen sie auch über Heine. Über Heine ist schon in diesen Erinnerungen gesagt, daß für Storm die Pforten der deutschen Literatur durch Goethes Faust und Heines Buch der Lieder, diese beiden Zauberbücher, aufgesprungen sind. Und auch für Mörike hat Heine große Bedeutung, denn unter den wenigen, ihm sehr teueren Autogrammen, die Mörike besitzt und Storm zeigt, ist auch »ein sehr durchkorrigiertes Gedicht von Heine.« Trotzdem sagt Mörike über Heine – und es ist, obwohl es hier wohl nur Wiedergabe einer landläufigen Ansicht ist, zumindest von einer Seite her eine blendende und noch immer geheimnisvolle Zusammenfassung dessen, was ich vom Schriftsteller denke und auch was ich denke, ist in einem andern Sinn landläufige Ansicht: »Er ist ein Dichter ganz und gar« sagte Mörike »aber nit eine Viertelstund' könnt' ich mit ihm leben, wegen der Lüge seines ganzen Wesens.« Den Talmudkommentar dazu her!

Dein

[Nachschrift:] Du sagtest, Du wärest in Not wegen des Materials für das Abendblatt. Ich wüßte etwas, was sich hoch lohnen würde:

Für den Bildhauer Bilek schreiben. Darüber nächstens. Das Husdenkmal in Kolin kennst Du doch? Hat es auf Dich auch einen so ausschließlichen großen Eindruck gemacht?

An Robert Klopstock

[Planá, Stempel: 24. VII. 1922]

Lieber Robert, Sie müssen nicht so verzweifelt sein wegen dieses scheinbaren Mißlingens, das ich allerdings nicht durchschauen, aber auf meine Art doch nachfühlen kann. Wenn wir auf dem richtigen Wege wären, wäre auch ein solches Versagen grenzenlos verzweifelt, aber da wir doch nur auf einem Weg sind, welcher erst zu einem zweiten führt und dieser zu einem dritten u. s. f. und dann noch lange nicht der richtige kommt und vielleicht gar nicht, wir also ganz der Unsicherheit, aber auch der unbegreiflich schönen Mannigfaltigkeit ausgeliefert sind, ist die Erfüllung der Hoffnungen und insbesondere solcher Hoffnungen das immer unerwartete, aber dafür immer mögliche Wunder.

Was mich betrifft, Stille, Stille würde ich brauchen, kann leider auch der Ihrigen dort[19] nicht glauben und würde zumindest den Springbrunnen abdrehn. Und die Angst, die mich nicht fahren läßt, ich kenne sie schon lange, sie ist lebendiger als ich und wird es beweisen. – Fahren hätte ich übrigens gar nicht können, mein Vater ist operiert worden (Nabelbruch mit Darmklemmung), vor neun Tagen, es nimmt einen wunderbar guten Verlauf. – Max hat von Ihrem letzten Besuch noch herzlicher und vorbehaltloser gesprochen als früher. Ihr K.

Ohne Ohropax bei Tag und Nacht ginge es gar nicht.

An Max Brod

[Planá, Ende Juli 1922]

Liebster Max, schon viertel zehn abend, fast zu spät zum Schreiben, aber der Tag ist zum Teil infolge der Kinder, weil nur die von ihnen gelassenen Pausen brauchbarer Tag sind, zum Teil infolge der Schwäche und Nachlässigkeit oft zu kurz, Ottla sagt mit Bezug darauf, daß ich mich noch zum zweitenmal werde pensionieren lassen müssen.

Aber das sind Kleinigkeiten. Wie bist Du aber geplagt. Was für eine große, durch nichts zu verwirrende, nicht einmal durch die Novelle zu besänftigende Phantasie arbeitet gegen Dich. Den »Familienrat«, den Du ja auch widerrufst, verstehe ich allerdings nicht ganz. E's Verhältnis zu Dir ist doch keine Neuigkeit in der Familie, die drei Schwestern und der Schwager sind doch mit oder gegen ihren Willen gewonnen, es bliebe also nur der Vater und wohl Bruder, von der Ferne sieht es allerdings, soweit Deine Erzählungen mich belehrt haben, nur wie eine kleine, kaum sehr erfolgreiche Intrigue der Leipziger Schwester aus, die ich mir in dieser Hinsicht sehr tätig vorstelle.

Den Brief der Berlinerin hätte ich gern gelesen, nun siehst Du, sie hat doch geantwortet. Wieder so gesprächig und vertrauend und zu weiterem Schreiben verlockend wie letzthin? Der »echte korrekte Mensch« ist einerseits ein vorahnendes Zitat aus der Novelle, andererseits aber eine Einladung, sich ihn wirklich anzusehn; eine Spur Selbstquälerei, abgesehn natürlich von verständlicher Angst – Du hast Dir ihn so hoch aufgebaut, höher als den Bergmenschen der Novelle – hindert Dich daran.

Ich weiß nicht genau, ob Du meinen letzten Brief bekommen hast. Du erwähnst die Novelle gar nicht – für deren Bruchstück in der Zeitung ich Dir sehr danke, auch für die Paraphrasen, es würde mich, ohne daß ich jetzt eine genaue Vorstellung davon hätte, wie dies zu tun wäre, locken, einen Kommentar zur Novelle einmal zu schreiben. – Mörike nicht – letzthin blätterte ich bei André in einer Literaturgeschichte der letzten Zeit[20] Verlag Diederichs, (von Otto von der Leyen oder ähnlich), gemäßigte deutsche Stellung, der Hochmutston darin scheint persönliches Eigentum des Verfassers zu sein, nicht seiner Stellung anzugehören.

3/4 8 früh, die Kinder, ([Nachtrag:] die dann von Ottla doch vertrieben wurden), sind schon da, nach einem erstaunlich guten Tag, dem gestrigen, sind sie schon so bald hier, nur zwei erst und ein Kinderleiterwagen, aber es ist genug. Sie sind mein »Familienrat«; wenn ich – schon aus der Mitte des Zimmers sehe ich sie – feststelle, daß sie da sind, ist mir, als hebe ich einen Stein und sehe dort das Selbstverständliche, Erwartete und doch Gefürchtete, die Asseln und das ganze Volk der Nacht, es ist aber sichtlich eine Übertragung, nicht die Kinder sind die Nächtlichen, vielmehr heben sie in ihrem Spiel den Stein von meinem Kopf und »gönnen« auch mir einen Blick hinein. Wie überhaupt weder sie noch der Familienrat das Schlimmste sind, beide sind wohl eingespannt ins Dasein; das Schlimme, woran sie unschuldig sind und was sie eher geliebt als gefürchtet machen sollte, ist, daß sie die letzte Station des Daseins sind. Hinter ihnen beginnt, ob sie nun durch ihren Lärm scheinbar schrecken oder durch ihre Stille scheinbar beglücken, das von Othello angekündigte Chaos. Hier sind wir von einer andern Seite her bei der Schriftstellerfrage. Es ist vielleicht möglich, ich weiß es nicht, daß ein das Chaos beherrschender Mann zu schreiben beginnt; das werden heilige Bücher sein; oder daß er liebt; das wird Liebe sein, nicht Angst vor dem Chaos. Lieschen ist im Irrtum, allerdings nur im terminologischen: erst in der geordneten Welt beginnt der Dichter. Deutet das Lesen der »Anna«, die zu lesen ich mich übrigens schon lange freue, darauf hin, daß Du doch etwas über Hauptmann geschrieben hast? – Nun solltest Du aber auch die »Osterfeier« lesen, vielleicht auf der Reise?

Zu der Literaturgeschichte: ich hatte nur eine Minute Zeit in ihr zu blättern, es wäre interessant, sie genauer zu lesen, sie scheint eine Begleitmusik zur Secessio Judaica und es ist erstaunlich, wie innerhalb einer Minute einem allerdings sehr günstig voreingenommenem Leser mit Hilfe des Buches die Dinge schön sich ordnen, etwa die Menge halb bekannter, gewiß ehrlicher, dichterischer Männer, die in einem Kapitel »Unser Land« auftauchen, nach Landschaften geordnet, deutsches Gut, jedem jüdischen Zugriff unzugänglich, und wenn Wassermann Tag für Tag um 4 Uhr morgens aufsteht und sein Leben lang die Nürnberger Gegend von einem Ende zum andern durchpflügt, sie wird ihm nicht antworten, schöne Zuflüsterungen aus der Luft wird er für ihre Antwort nehmen müssen. Es ist kein Namensverzeichnis in dem Buch, deshalb wohl habe ich Dich nur einmal, nicht unfreundlich, erwähnt gefunden; ich glaube, es war ein Vergleich eines Romanes von Löns und des Tycho; Tycho wurde mit aller Achtung verdächtig dialektisch gefunden. Ich bin sogar gelobt, allerdings nur halb, als Franz Koffka (offenbar Friedrich Koffka), der ein schönes Drama geschrieben haben soll.

Auch Bilek erwähnst Du nicht, gern würde ich ihn in Deinen Arm betten. Ich denke seit jeher an ihn mit großer Bewunderung. Zuletzt hat mich freilich, wie ich gestehen muß, erst wieder eine Bemerkung in einem mit andern Dingen sich beschäftigenden Feuilleton in der »Tribuna« (von Chalupný glaube ich) an ihn erinnert. Wenn es möglich wäre, diese Schande und mutwillig-sinnlose Verarmung

Prags und Böhmens zu beseitigen, daß mittelmäßige Arbeiten wie der Hus von Šaloun oder miserable wie der Palacký von Sucharda ehrenvoll aufgestellt werden, dagegen zweifellos unvergleichliche Entwürfe Bileks zu einem Žižka- oder Komenskýdenkmal unausgeführt bleiben, wäre viel getan und ein Regierungsblatt wäre der richtige Ansatzpunkt. Ob freilich jüdische Hände die richtigen sind, das auszuführen, das weiß ich nicht, aber ich weiß keine andern Hände, die das könnten, und Deinen traue ich alles zu. Deine Bemerkungen zum Roman beschämen und freuen mich, so wie ich etwa Věra erfreue und beschäme, wenn sie, was häufig genug geschieht, in ihrem torkelnden Gang sich unversehens auf ihren kleinen Hintern setzt und ich sage:»Je ta Věra ale šikovná«*. Nun weiß sie zwar unwiderleglich, denn sie spürt es hinten, daß sie sich unglücklich gesetzt hat, aber mein Zuruf hat solche Gewalt über sie, daß sie glücklich zu lachen anfängt und überzeugt ist, das Kunststück wahren Sich-Setzens soeben ausgeführt zu haben.

Die Mitteilung des Herrn Weltsch[21] dagegen ist wenig zwingend, er ist eben a priori überzeugt, daß man den eigenen Sohn nicht anders als loben und lieben kann. In diesem Fall aber: was wären hier für Begründungen des Augenleuchtens. Ein heiratsunfähiger, keine Träger des Namens beibringender Sohn; pensioniert mit 39 Jahren; nur mit dem exzentrischen, auf nichts anderes als das eigene Seelenheil oder Unheil abzielenden Schreiben beschäftigt; lieblos; fremd dem Glauben, nicht einmal das Gebet für das Seelenheil ist von ihm zu erwarten; lungenkrank, hat sich die Krankheit überdies nach des Vaters äußerlich ganz richtiger Ansicht geholt, als er zum erstenmal für einige Zeit aus der Kinderstube entlassen, sich, zu jeder Selbständigkeit unfähig, das ungesunde Schönbornzimmer ausgesucht hatte. Das ist der Sohn zum Schwärmen. F

Was macht Felix? Mir hat er nicht mehr geantwortet.

An Robert Klopstock

[Planá, Ende Juli 1922]

Lieber Robert, nun dann ist es also gut. Ich wäre gar nicht zu meinen Befürchtungen gekommen (denn Nichtschreiben an sich ist nichts Schlimmes, ich kann freilich auch nicht sagen: etwas Gutes,

---

* »Ist die Věra aber geschickt.«

denn meine Lust zum Nichtschreiben war kaum jemals durch eine bessere Lust hervorgerufen, wie es bei Ihnen zu sein scheint und sein möge) hätte nicht immerfort die Zeitungsnachricht in mir gebohrt, daß unter den Studenten, die bei der Ymca gegessen haben, zum Ende des Schuljahres eine Typhusepidemie ausgebrochen ist und manche Studenten den (angeblich vier Wochen zur Entwicklung benötigenden) Keim mit in die Ferien genommen haben. Nun also, davor sind wir bewahrt worden. Dafür auf bewahrt für Kämpfe, wie Sie sie andeuten. Viel Glück dazu und Ruhe und Wald und Menschenleere! Mir geht es – mit Unterbrechungen – leidlich. Meine Karte, in der ich Ihnen von der Operation meines Vaters schrieb, haben Sie wohl bekommen? Ihr K

An Max Brod

[Planá, Ankunftstempel: 31. VII. 22]

Liebster Max, noch schnell einen Gruß vor der Reise (soweit es unten Hausfrau, Neffen und Nichte – der Hausfrau nämlich – erlauben). In Deiner Reihenfolge:

Bilek: daß Du das wirklich versuchen willst, was ich nur als eigentlich phantastischen Wunsch auszusprechen wagte, zu mehr reicht die Kraft nicht, freut mich ungemein. Es wäre meiner Meinung nach ein Kampf von dem Rang des Kampfes für Janáček, soweit ich das verstehe (fast hätte ich geschrieben: des Kampfes für Dreyfus) wobei nicht Bilek der Janáček oder Dreyfus des Kampfes wäre (denn ihm geht es angeblich und wahrscheinlich erträglich, in jenem Aufsatz stand, daß er Arbeit hat, schon die siebente Kopie einer Statuette »Der Blinde« ist bestellt worden, unbekannt ist er ja auch nicht, in jenem Aufsatz – der sich im allgemeinen mit den staatlichen Aufwendungen für Kunst beschäftigte – war er sogar »velikán«* genannt, Originalität würde nicht den Wert des Kampfes für ihn ausmachen, würde nicht den Wert des Kampfes hinunterdrücken), sondern die plastische Kunst selbst und das Augenglück der Menschen. Wobei ich freilich immer nur an den Koliner Hus denke (nicht eigentlich so sehr an die Statue in der Modernen Galerie und das Grabmal auf dem Vyšehrader Friedhof und immerhin noch mehr an diese als an die in der Erinnerung mir verschwimmende Menge

---

* »großer Mann«.

nicht leicht zugänglicher Kleinarbeit in Holz und Graphik, die man früher von ihm sah), wie man aus der Seitengasse hervorkommt und den großen Platz mit den kleinen Randhäuschen vor sich liegen sieht und in der Mitte den Hus, alles, immer, im Schnee und im Sommer, von einer atemraubenden, unbegreiflichen, daher willkürlich scheinenden und in jedem Augenblick wieder von dieser mächtigen Hand neu erzwungenen, den Beschauer selbst einschließenden Einheit. Etwas ähnliches erreicht vielleicht durch den Segen des Zeitablaufs das Weimarer Goethehaus, aber für den Schöpfer dessen kann man nur schwer kämpfen und die Tür seines Hauses ist immer geschlossen.

Sehr interessant müßte aber sein zu erfahren, wie es zu der Aufstellung des Husdenkmals kam; soweit ich mich aus den Erzählungen meines verstorbenen Cousins erinnere, war die ganze Stadtvertretung schon vor der Aufstellung dagegen und nachher noch viel mehr und wohl bis heute.

Die Novelle: schade, daß ich die endgiltige Fassung nicht erfahren kann.

Lieschen ist freilich viel verständlicher als M. Daß so etwa die Mädchen sind, haben wir in der Schule gelernt, freilich haben wir auch nicht gelernt, daß sie zu lieben und auf diese Weise unverständlich zu machen sind.

Felix: unwahrscheinlich der Zauber-Psychiater, aber F. würde freilich das Unwahrscheinlich-Schönste verdienen. – Warum sollte er den »Juden« nicht übernehmen können, das wäre doch außerordentlich schön, und wenns nicht ginge, außerordentlich traurig. Freilich trägt es augenblicklich weniger als die »Selbstwehr«, aber doch so viel, daß er vielleicht auskommen könnte (wobei ich voraussetze, daß der Jude, wenn er von Heppenheim redigiert werden konnte, auch von Prag redigiert werden kann) und die Stellung wäre repräsentativ und würde ihm doch viel weniger Arbeit geben als die Selbstwehr. Freilich, die schöne Selbstwehr wäre in Gefahr, das merkt man an der Epsteinschen Zwischenzeit, aus der man nur etwa solche Dinge in Erinnerung behalten wird: »Der russische Chaluz[22] tritt auf den Plan«, die Selbstwehr kann nicht nebenbei, muß so aufopfernd gemacht werden, wie Felix es tut. – Was mich betrifft, ist es leider nur Spaß oder Halbschlaf-Einfall, bei der Vakanz des »Juden« an mich zu denken. Wie dürfte ich bei meiner grenzenlosen Unkenntnis der Dinge, völligen Beziehungslosigkeit zu Menschen, bei dem Mangel jedes festen jüdischen Bodens unter den Füßen an etwas derartiges denken? Nein, nein.

Hauptmann: Der Aufsatz im Abendblatt war ungemein schön und auf den Rundschauaufsatz[23] freue ich mich sehr. Nur weiß ich nicht, wie Du, außer mit dem unkontrollierbaren Recht der Liebe, Jorinde und Anna (nach Deiner Nacherzählung) in Beziehung setzen kannst. Jorinde ist ganz anders, gleichzeitig verständlicher und geheimnisvoller als Anna. Anna hat den eindeutigen Fall getan, die Beweggründe sind rätselhaft, der Fall ist unzweifelhaft. Ihr größtes Geheimnis ist das Selbstgericht und die Selbstbestrafung, ein Geheimnis, das sie mir gewissermaßen verständlicher macht als Jorinde, nicht etwa kraft meiner Fähigkeiten, aber kraft meiner Forderung. Jorinde dagegen hat ja gar nichts Böses getan, hätte sie es getan, würde sie es ja ihrer Art nach ebenso gestehn wie Anna, aber da sie nichts zu gestehn hat, kann sie nichts gestehn, wobei freilich ihrem Wesen nach – was man aber vielleicht bei Anna vor dem Fall auch hätte sagen können – es unmöglich scheint, daß sie mit Überzeugung von sich sagt: »Ich habe Unrecht getan«. Darin liegt vielleicht ihr Rätsel, das aber gewissermaßen sich nicht entfalten kann, denn sie hat ja nichts Böses getan. Fast kommt man auf diesem Wege dazu, aktuell rätselhaft nur ihren Geliebten zu finden, der seine Schwäche – die unleugbar da ist und darin besteht, daß er den Verkehr mit dem Mechaniker nicht beenden kann, was nicht nur eine augenblickliche Schwäche ist, sondern Voraussicht weiterer Schwäche, daß er nämlich, wenn er diesen Verkehr doch beenden könnte, für einen neuen, ihn ebenso störenden, Platz schaffen würde – bis zur Verfinsterung der ganzen Welt übertreibt. Ihn stört fast ebenso wie der Mechaniker die Unschuld Jorindes und Unschuld heißt hier Unzugänglichkeit. Er ist, wie Du es übrigens gewiß auch gesagt hast, förmlich auf der Jagd nach etwas, was Jorinde nicht besitzt, zu dem sie vielmehr nur die versperrte Tür darstellt, und wenn er an ihr rüttelt, so tut er ihr auch sehr weh, denn sie kann doch nicht geben, was sie nicht besitzt, er aber freilich kann nicht nachlassen, denn er will das, was sie versperrt und von dem sie selbst gar nichts weiß und auch von niemandem, auch von ihm nicht, bei größter Anstrengung und Belehrung etwas erfahren könnte.

Nach Misdroy werde ich Dir wohl schreiben, aber an E. nicht, es wäre Komödie und würde auch von ihr so angesehen werden. Dagegen werde ich, wenn ich schreibe, Dir schreiben, so daß Du den

Brief zeigen kannst, und das wird gar keine Komödie sein. Übrigens geht jetzt die Post nach Deutschland sehr langsam.
Leb wohl! F

Schreib mir bitte von Berlin und auch von Misdroy je eine Karte.

[Nachschrift:] Der Fall Bilek ist merkwürdiger als der Fall Janáček, erstens war damals noch Österreich, die böhmischen Verhältnisse gedrückt, und zweitens war ja Janáček wirklich, wenigstens in Böhmen, gänzlich unbekannt, Bilek aber ist sehr bekannt, sehr geschätzt und hunderttausende sehn ihn, wie er zwischen den zehn Bäumen seines verstaubten Villengartens abends spazieren geht.

An Max Brod
[Planá, Anfang August 1922]
Liebster Max, ich war jetzt fast 4 Tage in Prag und bin wieder hierher in den verhältnismäßigen Frieden zurückgekommen. Diese Einteilung, ein paar Tage in der Stadt, ein paar Monate auf dem Lande, wäre die für mich vielleicht richtige. Vier Tage im Sommer in der Stadt sind freilich schon sehr viel, länger könnte man sich z. B. gegen die halbnackten Frauen dort kaum wehren, erst im Sommer sieht man dort eigentlich in Mengen ihre merkwürdige Art Fleisch. Es ist leichtes, viel-Wasser-haltiges, zart aufgedunsenes, nur ein paar Tage lang frisches Fleisch; in Wirklichkeit hält es freilich doch lange aus, aber das ist nur ein Beweis für die Kürze des Menschenlebens; wie kurz muß das Menschenleben sein, wenn solches Fleisch, das man sich wegen seiner Hinfälligkeit, wegen seiner nur für den Augenblick modellierten Rundung (die allerdings, wie Gulliver entdeckt hat – ich kann es aber meistens nicht glauben, – durch Schweiß, Fett, Poren und Härchen entstellt ist) kaum anzurühren getraut, wie kurz muß das Menschenleben sein, wenn solches Fleisch einen großen Teil des Lebens überdauert.
Hier im Ort sind die Frauen ganz anders, es gibt zwar auch viele Sommerfrischler hier, z. B. eine ungemein schöne, ungemein dicke blonde Frau, die, so wie etwa ein Mann an seiner Weste rückt, alle paar Schritte sich strecken muß, um Bauch und Brüste in Ordnung zu bringen, angezogen ist sie wie ein schöner Giftschwamm und riecht – die Menschen haben keinen Halt – wie der beste

eßbare Pilz (ich kenne sie natürlich gar nicht, kenne fast niemanden hier) –, aber über die Sommerfrischler sieht man hinweg, sie sind entweder komisch oder gleichgültig, aber von den einheimischen Frauen bewundere ich die meisten. Sie sind niemals halbnackt, und trotzdem sie kaum mehr als ein Kleid haben, sind sie immer vollständig angezogen. Dick werden sie erst im spätesten Alter und üppig ist nur hie und da ein junges Mädchen (eine Stallmagd etwa in einem halbverfallenen Hof, an dem ich abends öfters vorübergehe, sie steht dann manchmal in der Stalltür und kämpft förmlich mit ihren Brüsten), die Frauen aber sind trocken, eine Trockenheit, in die man sich wahrscheinlich nur von der Ferne verlieben kann, Frauen, die gar nicht gefährlich scheinen und doch prachtvoll sind. Es ist ja eine besondere Trockenheit, die von Wind, Wetter, Arbeit, Sorgen und Gebären herkommt, aber doch gar nicht städtisches Elend ist, sondern ruhige aufrechte Fröhlichkeit. Neben uns wohnt eine Familie, sie müßte gar nicht Veselý* heißen; die Frau ist 32 Jahre alt und hat sieben Kinder, darunter fünf Jungen, der Vater ist Mühlenarbeiter, hat meistens Nachtarbeit. Dieses Ehepaar verehre ich. Er sieht, wie Ottla sagt, wie ein palästinensischer Bauer aus, nun, es ist möglich: mittelgroß, etwas bleich, die Bleichheit ist aber beeinflußt von dem schwarzen Schnauzbart (einer von den Bärten, von denen Du einmal geschrieben hast, daß sie die Energie aufsaugen), still, zögernde Bewegungen, wäre nicht seine Ruhe, könnte man sagen, daß er schüchtern ist. Die Frau, eine jener Trockenen, immer jung, immer alt, blauäugig, fröhlich, faltenreiches Lachen, trägt auf unbegreifliche Weise diesen Haufen Kinder durchs Leben (ein Junge geht in die Realschule in Tábor) und leidet natürlich ununterbrochen, einmal als ich mit ihr sprach, kam ich mir mit ihr fast verheiratet vor, denn auch mir machen die Kinder vor dem Fenster Leid, aber nun beschützt mich auch sie. Freilich, es ist schwer, der Vater muß oft bei Tag schlafen, dann müssen die Kinder aus dem Haus und dann bleibt für sie kaum etwas anderes übrig als der Platz vor meinem Fenster, ein Stück grasbewachsener Straße und ein Stück eingezäunter Wiese mit ein paar Bäumen, die der Mann wegen seiner Ziegen gekauft hat. Einmal an einem Vormittag versuchte er dort zu schlafen, er lag dort zuerst auf dem Rücken, die Arme unter dem Kopf. Ich saß beim Tisch und sah

---

* das ist »fröhlich«.

immerfort nach ihm hin, konnte kaum von ihm fortsehn, konnte nichts anderes machen. Wir brauchten beide Stille, das war eine Gemeinsamkeit, aber die einzige. Wenn ich meinen Anteil an der Stille ihm hätte opfern können, hätte ich es gern getan. Es war übrigens nicht still genug, andere Kinder, nicht die seinen, lärmten, er drehte sich um und versuchte mit dem Gesicht in den Händen einzuschlafen, es war aber nicht möglich, er stand dann auf und ging nachhause.

Ich erzähle Dir da aber, Max, wie ich allmählich merke, Geschichten, die Dich gar nicht interessieren können, und erzähle sie nur deshalb, um überhaupt etwas zu erzählen und mit Dir in irgendeiner Verbindung zu sein, denn ich bin sehr trübselig, lustlos aus Prag zurückgekommen. Ursprünglich wollte ich Dir gar nicht schreiben, für den Lärm und das Unglück der Stadt, so wie Du dort gelebt hast, mögen Briefe passen, aber dort oben in der Meeresstille wollte ich Dich nicht stören, die Karte, die Du mir zuletzt aus Prag schicktest, bestärkte mich auch darin. Nun aber, da ich aus Prag zurückgekommen bin, ein wenig traurig wegen des immerfort leidenden Vaters (vielleicht wird es doch gut ausgehn, schon seit einer Woche geht er täglich spazieren, Schmerzen, Unbehagen, Unruhe, Angst hat er aber immerfort), traurig wegen der großartig tapferen, geistig sehr starken, aber in ihrer Pflege sich immer mehr zerstörenden Mutter, traurig noch wegen einiger anderer, viel weniger wichtigen, aber fast noch mehr bedrängenden Dinge, denke ich, weil ich nun schon bei der Selbstzerstörung halte, auch an Dich, habe heute von Dir geträumt, vielerlei, von dem ich aber nur behalten habe, daß Du aus einem Fenster geschaut hast, entsetzlich mager, das Gesicht ein genaues Dreieck –, und da das alles so ist (und ich auch durch das »widernatürliche« Leben der letzten Tage aus dem verhältnismäßigen Gleichmaß gerüttelt bin und sofort den Weg, wenn es bisher einer war, knapp vor meinen Füßen abbrechen sehe) schreibe ich Dir doch, trotz der äußeren Bedenken und der innern Schwierigkeiten. Es könnte nämlich nach der Art, wie Du die letzte Zeit in Prag verbracht hast, immer auf der Lauer nach Leipziger Briefen (und manchmal nach dem Kommen eines Briefes mehr leidend als vorher) wohl sein, daß Du ähnlich aussiehst wie in meinem Traum, es wäre denn, daß Du – was ich von Herzen Dir wünsche – auf dem Urlaub Dich schon ein wenig erholt hast. Möglich wäre es ja, da Du doch jetzt statt der fortwähren-

den Qual der Briefe das Glück fortwährender lebendiger Mitteilung hast. Fräulein S. wollte ich gern grüßen, aber ich kann nicht, ich kenne sie immer weniger. Ich kenne sie als die wunderbare Freundin nach dem, was Du von ihr erzählst, ferner kenne ich sie als die zwar unverständliche, aber niemals anzuklagende Göttin der Novelle, schließlich aber auch als die Briefschreiberin, die an Deiner Zerstörung arbeitet und *dabei leugnet, es tun zu wollen.* Das sind zu viel Widersprüche, daraus ergibt sich kein Mensch, ich weiß nicht, wer an Deiner Seite geht, und ich kann sie nicht grüßen. Du aber leb wohl und komm gesund zurück.
F

An Max Brod
[Planá, Stempel: 16. VIII. 1922]
Lieber Max, ich werde zusammenstellen, was ich besser zu verstehn glaube als Du, und dann das, was ich nicht verstehe. Vielleicht wird sich dann herausstellen, daß ich gar nichts verstehe, was leicht möglich wäre, denn die Fülle ist groß, die Ferne auch, dazu kommt die Sorge um Dich, dem es ja vielleicht noch schlechter geht, als Du zugestehst, aus dem allen kann sich nur ein nebelhaftes Bild ergeben.
Zunächst und vor allem verstehe ich nicht, warum Du die Vorzüge W's so hervorhebst, etwa um (mit dem ruhigen Schreiben ist es zuende, es ist Gewitter, mein Schwager, ein wenig verlassen, ist gekommen und sitzt bei meinem Tisch, meinem Tisch? es ist ja seiner, und daß das schöne Zimmer mir überlassen ist und die dreigliedrige Familie in einem Zimmerchen – abgesehen von der großen Küche allerdings – beisammenschläft, ist eine unbegreifliche Wohltat, besonders wenn ich daran denke, wie an den ersten Tagen, als die Einteilung noch anders war, mein Schwager am Morgen fröhlich sich in seinem Bette streckte und als das Schönste an der Sommerwohnung es bezeichnete, daß man gleich beim Aufwachen vom Bett aus eine so große Aussicht hat, die Wälder in der Ferne u. s. w. und schon ein paar Tage später schlief er im kleinen Zimmer mit dem Hof des Nachbars als Aussicht und dem Kamin der Säge – ich erwähne das alles, um – nein, der Zweck bleibe unausgesprochen) – nun aber was Dich betrifft. W. hat nach allem durchaus keine Übermacht, aber die Wage scheint, wenigstens im Augenblick, so sorgfältig austariert, als es nötig ist, um alle entsetzlich zu quälen. W. hat

keine Übermacht, er kann nicht heiraten, er kann nicht helfen, er kann nicht E. zur Mutter machen oder: wenn er es könnte, hätte er es schon getan und es hätte sich Dir gegenüber viel gewalttätiger angekündigt. Also nichts von den anständigen Motiven dort und von den bösen hier. Er liebt E. und Du liebst sie; wer will hier entscheiden, da nicht einmal E. völlig es kann. Er hat für sich die Gestalt und Lockung der Jugend, gar für eine ältere Frau, das ist sehr viel, besonders wenn auch das Judentum nicht so sehr Dich belastet, als ihn verklärt. Aber Du hast doch offenbar viel mehr und Dauernderes, hast männliche Liebe, männliche Hilfe und gibst unaufhörlich bald Traum bald Wirklichkeit des Künstlertums. Was kann Dich also in dieser Hinsicht verzweifelt machen? Offenbar nicht die Aussichten Deines Kampfes, sondern der Kampf selbst und seine Zwischenfälle. Darin hast Du freilich Recht; das könnte ich gar nicht, nicht die leichteste Andeutung dessen könnte ich ertragen, aber wie vieles erträgst Du, wovor ich davonlaufe oder das vor mir davonläuft. Hier bin ich wahrscheinlich dazu gekommen, Dich zu überschätzen, hier habe ich kein auch nur halbwegs verständiges Urteil über Deine Kraft.

Dann das zweite: E. lügt, und lügt grenzenlos, etwas was freilich mehr ein Beweis für ihre Not ist als für ihre Lügenhaftigkeit. Und es scheint auch, daß es eine Art nachträgliche Lügenhaftigkeit ist, so etwa, daß sie behauptet, sie sage ihm nicht Du, was wahr ist, aber gleich darauf sagt sie es ihm wirklich, teilweise auch durch jene Behauptung verführt und unfähig jetzt die Behauptung zurückzunehmen. Immerhin, das hätte ich nicht erwartet und verstehe es noch immer nicht, verstehe dabei auch nicht, wie Du von Selbstdemütigung sprechen kannst, da es doch eigentlich der Zusammenbruch ihres Gebäudes ist und Bitte an Dich, als Mann und Helfer es irgendwie gutzumachen. Sie flüchtet ja ganz zu Dir, wenigstens wenn Du bei ihr bist, der Brief, den sie trotz Deiner Bitten geschrieben hat, war ja, wenn ich es recht verstehe, nur allzusehr in Deinem Sinn geschrieben, ähnlich wie die gequälte und doch auch wahre Karte an mich.

Lasse ich alle erschwerenden Nebenumstände weg, deren allerdings der Fall übergenug hat, sehe ich das Grundschema so: Du willst das Unmögliche aus einer nicht nachlassenden Bedürftigkeit, das wäre noch nichts Großes, das wollen viele, aber Du dringst weiter vor als irgendjemand, den ich kenne, kommst bis knapp ans Ziel, nur knapp heran, nicht ganz ans Ziel, denn das ist ja das Unmögliche, und an dieser »Knappheit« leidest Du und mußt Du leiden. Es gibt Steigerungen des Unmöglichen, auch Graf von Gleichen[24] hat etwas Unmögliches versucht – auf die Frage nach dem Gelingen antworten wahrscheinlich nicht einmal Gräber –, aber so unmöglich wie Deines war es nicht, er hat sie nicht im Morgenland gelassen und mit ihr eine Ehe über das Mittelländische Meer hinweg geführt. Aber auch dieses Letztere wäre möglich, wenn er wider Willen an seine erste Ehefrau gebunden wäre, so daß, was bei ihr Sehnsucht oder Leere oder Zufluchtsbedürftigkeit oder der Teufel Mieze ist, bei ihm, zum Dank und Trost, Verzweiflung über seine erste Ehe wäre, aber das ist doch hier nicht der Fall, Du bist nicht verzweifelt und Deine Frau erleichtert Dir sogar das schwere Leben. Dann aber bleibt meiner Meinung nach, wenn Du Dich vor Selbstzerstörung bewahren willst (ich erschauere, wenn ich daran denke, daß Du auch nachhause schreiben mußt), nichts anderes übrig, als das Ungeheuerliche (aber gegenüber dem, was Du in den letzten Jahren gelitten hast, zunächst nur äußerlich Ungeheuerliche) zu versuchen und wirklich E. nach Prag zu nehmen oder wenn dies aus verschiedenen Rücksichten zu peinlich wäre, Deine Frau nach Berlin zu nehmen, also nach Berlin zu übersiedeln und offen, zumindest offen für Euch drei, zu dritt zu leben. Dann entfällt fast alles bisherige Böse (mag auch neues unbekanntes Böse herankommen): die Angst vor W., die Angst vor der Zukunft (die jetzt nach Überwindung des W. doch bliebe), die Sorge um Deine Frau, die Angst wegen der Nachkommenschaft und sogar wirtschaftlich wird Dein Leben leichter sein (denn die Kosten der Erhaltung E's in Berlin würden ja jetzt die bisherige Last wohl verzehnfachen). Nur ich würde Dich aus Prag verlieren. Aber warum sollte nicht, wo für zwei Frauen um Dich Platz ist, auch noch irgendwo ein Platz für mich sein. Vorläufig würde ich Dich schon sehr gern heil aus diesen Höllenferien zurückgekommen sehn.   F.

[Nachschrift:] Deine Frau: vielleicht wäre es gar nicht so verzweifelt schwer, sie für den Plan zu gewinnen. Ich sprach jetzt in Prag mit Felix, er glaubt, daß es unmöglich sei, daß sie nichts wisse (d. h. daß sie verhältnismäßig fröhlich dulde). Es fällt mir auch der Brief Storms ein, den sie einmal mit Vorliebe zeigte.

An E. S.

[Entwurf eines Briefes. Planá, August 1922]
Herzlichen Dank für Karte und Brief, sie haben mich gar nicht überrascht, es war mir als wäre es gar nicht der erste Brief, so viel habe ich schon von Ihnen gehört und so vertraut ist mir Ihr Name. Nur daß ich Sie noch nicht gesehn und gehört habe ist ein Mangel, aber auch der ist nicht immer fühlbar, so sehr leben Sie in Maxens Erzählungen. Und ich werde mich auch weiterhin damit begnügen müssen, denn an die Ostsee zu fahren, erlaubt mir der Arzt nicht. Sehr gerne aber würde ich mit Ihnen zusammenkommen, weil in einer so beziehungsreichen und doch schweigsamen Entfernung leicht Mißverständnisse entstehen und selbst Briefe können hier eher schaden als helfen. So droht schon aus Ihrem lieben Brief ein solches, an sich unvermeidliches Mißverständnis. Gesichter in der Ferne, gar solche, die man nur aus Photographien kennt, formen sich in der Vorstellung ohne Schwierigkeit böse und feindselig, Franz heiße ich auch, da scheint die Kanaille nicht weit, im Augenblick überzeugt es fast mich selbst. In Wirklichkeit aber – wie kann Ihnen jemand böse sein, dem an Maxens Leben und Arbeit gelegen ist, wie könnte es dieser Jemand anstellen, zu Ihnen in ein anderes Verhältnis zu kommen als das der tiefen Dankbarkeit. Maxens Leben und Arbeit beruht auf der Freude darüber, daß Sie leben und blühen, ihn von Ihnen abdrängen zu wollen, hieße ihn aus der Arbeit und aus dem Leben treiben wollen; muß nicht die Einigkeit, die sich daraus zwischen Ihnen und Max und mir ergibt eine vollkommene sein? Freilich es kommen Tage, wie jene vor der letzten Reise, da verkehrt sich das Bild, eben das, was ihm Leben gibt, scheint es ihm dann nehmen zu wollen, ich wage mich nicht in die unmittelbaren Anlässe einzumischen, sehe natürlich auch, daß viel sinnlose Selbstquälerei vorliegt, erklärlich nur durch die Not des in seinem Teuersten bedrohten Menschen – aber wie es auch sein mag, wenn Sie, verehrtes Fräulein, ihn damals oder bei ähnlichen Gelegenheiten gesehen hätten – diesen Anblick können Sie nie haben, der ist mir vorbehalten, bei Ihnen ist Max immer schon getröstet – zerrüttet, in zwei drei Tagen erschreckend abgemagert, mit schlaflosen Augen, gegen alles gleichgültig, nur für das eine nicht, was ihm Schmerz bereitet, dennoch mit seiner auch dann ihn nicht verlassenden Energie weiterarbeitend und sich so auch weiter zerstörend, wenn Sie das sehen würden, verehrtes Fräulein, dann würden

Sie gewiß, soviel glaube ich von Ihnen zu wissen, sich nicht damit begnügen, was ich tue, nämlich still und hilflos und bestenfalls fast unter den gleichen Schmerz mich drückend bei ihm zu sitzen, sondern Sie wären noch viel mehr und hilf- und trostreicher als ich an Maxens Seite. Schade, schade, daß Sie in solchen Augenblicken nicht da sind und gewiß würden Sie mir dann nicht schreiben.
Dies zu Ihrem lieben Brief. Darüber hinaus habe ich wie ich höre die Aufgabe, über die Kaffeehauszusammenkunft mit Frl. F. zu berichten und wie ich gleichzeitig höre, nicht zu berichten, sondern den Bericht von Max listiger Weise mir diktieren zu lassen. Da sich diese zwei Aufgaben nicht verbinden lassen, müssen Sie sich, verehrtes Fräulein, mit der Bemerkung begnügen, daß diese Zusammenkunft eine der bedeutungslosesten Angelegenheiten meines Lebens gewesen ist.

An Robert Klopstock

[Planá, Stempel: 5. IX. 1922]
Lieber Robert, ich war ein paar Tage in Prag und finde jetzt Ihre Karte hier. Ich bleibe in Planá wohl noch einen Monat, man muß von Zeit zu Zeit nach Prag um den Wert von Planá zu erkennen oder vielmehr man erkennt ihn immer, nur hat man nicht immer die Kraft ihn zu würdigen. Sie schwanken, ob Sie nach Prag kommen sollen? Nun jedenfalls sollen Sie in eine Stadt, das ist ganz gewiß, ich fliehe sie ja nur, weil ich ihr nicht gewachsen bin, weil mich die paar winzigen Zusammenkünfte, Gespräche, Anblicke, die ich dort habe, fast ohnmächtig machen. Trotzdem werde ich Oktober und November wohl in Prag bleiben, dann aber wollte ich gern zu einem Onkel aufs Land, wenn es sich ermöglichen ließe. Um zu Ihrer Zukunft etwas zu sagen, müßte ich wissen, was es für Angebote sind, die man Ihnen macht. Nicht unter allen Umständen, nur unter vielen ist Prag der beste Ort für Sie. – Max ist schon in Prag, seine Adresse Břehová ul. 8. – Schreiben Sie mir über die Angebote. Ihr K

An Max Brod

[Planá, Ankunftstempel: 11.IX.22]

Lieber Max – rede nicht von »richtigem Instinkt«, der mich geführt hat, etwa wenn ich nicht nach Deutschland fuhr. Es war etwas anderes. Jetzt bin ich etwa eine Woche wieder hier, diese Woche habe ich nicht sehr lustig verbracht (denn ich habe die Schloßgeschichte offenbar für immer liegen lassen müssen, konnte sie seit dem »Zusammenbruch«, der eine Woche vor der Reise nach Prag begann, nicht wieder anknüpfen, obwohl das in Planá Geschriebene nicht ganz so schlecht ist wie das, was Du kennst), nicht sehr lustig, aber sehr ruhig, ich wurde fast dick, wie ich überhaupt am ruhigsten bin, wenn ich mit Ottla allein bin, ohne Schwager und Gäste. Gestern nachmittag, wieder sehr ruhig, gehe ich an der Küche der Hausfrau vorüber, wir kommen in ein kleines Gespräch, sie ist (eine komplizierte Erscheinung), nachdem sie bisher formell freundlich, aber kalt, böse, hinterlistig gegen uns gewesen ist, in den letzten Tagen, vollständig unerklärbar, offen, herzlich, freundlich zu uns geworden, wir kommen also in ein kleines Gespräch, über den Hund, über das Wetter, über mein Aussehn (jak jste přišel, měl jste smrtelnou barvu*) und irgendein Teufel bläst mir ein, damit zu protzen, daß es mir sehr gut hier gefällt und daß ich am liebsten überhaupt hier bliebe und daß mich nur die Rücksicht auf das Essen im Gasthaus davon abhält, ihre Bemerkung, daß mir vielleicht bange wäre, lehne ich als lächerlich ab, und nun geschieht etwas, was völlig unvorsehbar war, nach unserem ganzen Verhältnis (auch ist sie eine reiche Frau): sie bietet sich an, mir das Essen zu geben, so lange ich will, bespricht auch schon Details, das Abendessen u. dergleichen. Ich danke hocherfreut für das Angebot, alles ist entschieden; ich werde gewiß den ganzen Winter hierbleiben, nochmals danke ich und gehe. Sofort, noch während ich die Treppe in mein Zimmer hinaufgehe, erfolgt der »Zusammenbruch«, es ist der vierte hier in Planá. (Der erste war an einem Lärmtag der Kinder, der zweite, als Oskars Brief kam, der dritte, als es sich darum handelte, daß Ottla schon am 1. September nach Prag übersiedeln und ich noch einen Monat bleiben und im Gasthaus essen soll). Das Äußere eines solchen Zustandes muß ich nicht beschreiben, das kennst Du auch, doch mußt Du an das Höchstgesteigerte denken, was Du in

---

* »Als Sie kamen, hatten Sie die Farbe des Todes.«

Deiner Erfahrung hast, dort wo es sich schon danach umsieht, wie es umklappen könnte. Vor allem weiß ich, daß ich nicht werde schlafen können, der Schlafkraft wird das Herz herausgebissen, ja ich bin schon jetzt schlaflos, ich nehme die Schlaflosigkeit förmlich vorweg, ich leide, wie wenn ich schon die letzte Nacht schlaflos gewesen wäre. Ich gehe dann aus, kann an nichts anderes denken, nichts als eine ungeheuere Angst beschäftigt mich und in helleren Augenblicken noch die Angst vor dieser Angst. An einem Kreuzweg treffe ich zufällig Ottla, es ist zufällig die gleiche Stelle, wo ich sie mit meinem Antwortbrief für Oskar getroffen habe. Diesmal verläuft es ein wenig besser als damals. Es ist jetzt nämlich sehr wichtig, was Ottla sagen wird. Sagt sie nur das kleinste Wort der Zustimmung zu dem Plan, dann bin ich ohne Erbarmen zumindest für einige Tage verloren. Denn ich selbst, was mich selbst betrifft, habe ja aus mir heraus nicht den geringsten Einwand gegen den Plan, es ist vielmehr die Erfüllung eines großen Wunsches, allein, ruhig, gut versorgt, nicht teuer, den Herbst und Winter in dieser mir ungemein angenehmen Gegend zu verbringen. Was ist denn einzuwenden? Nichts als die Angst und die ist doch kein Einwand. Infolgedessen bin ich, wenn Ottla nichts einwendet, gezwungen, mit mir darum zu kämpfen, ein Vernichtungskampf, der überdies gewiß nicht damit enden wird, daß ich bleibe. Nun also zum Glück sagt Ottla sofort, daß ich nicht bleiben darf, die Luft ist zu rauh, die Nebel u. a. Damit ist die Spannung gelöst und ich kann das Geständnis machen. Es bleibt zwar noch die Schwierigkeit wegen der Annahme des Angebotes, aber die ist nach Meinung der Ottla gering, mir scheint sie allerdings ungeheuer, weil mir die Maße der ganzen Sache ins Ungeheure gehn. Vorläufig bin ich jedenfalls ein wenig beruhigt oder vielmehr nur der Verstand, soweit er an der Sache beteiligt ist, ich selbst bin nicht beruhigt, zuviel ist herauf beschworen, das jetzt aus Eigenem schon lebt und nicht mehr mit einem Wort zu beruhigen ist, sondern schon einen gewissen Zeitablauf benötigt. Ich gehe dann allein in den Wald, wie jeden Abend; im dunklen Wald ist meine liebste Zeit; diesmal aber weiß ich von nichts anderem als dem Schrecken; den ganzen Abend hält es an und in der Nacht kann ich nicht schlafen. Erst am Morgen im Garten, im Sonnenschein löst es sich ein wenig, als vor mir Ottla mit der Hausfrau gelegentlich darüber spricht, ich mich ein wenig einmische und zu meinem großen Staunen (das völlig außerhalb des

Verstandes stattfindet) diese anderswo weltbewegende Angelegenheit hier durch ein paar flüchtig gewechselte Sätze ins Reine gebracht wird. Ich stehe da wie Gulliver, wenn die Riesenfrauen sich unterhalten. Es scheint sich sogar herauszustellen, daß die Hausfrau das Angebot nicht allzu ernst genommen hat. Ich aber behalte hohle Augen noch den ganzen Tag.

Was ist das nun? Soweit ich es durchdenken kann, ist es nur eines. Du sagst, ich solle mich an Größerem zu erproben suchen. Das ist in gewissem Sinne richtig, andererseits aber entscheiden doch die Verhältniszahlen nicht, ich könnte mich auch in meinem Mauseloch erproben. Und dieses eine ist: Furcht vor völliger Einsamkeit. Bliebe ich hier allein, wäre ich völlig einsam. Ich kann nicht mit den Leuten hier sprechen, und täte ich es, wäre es Erhöhung der Einsamkeit. Und ich kenne andeutungsweise die Schrecken der Einsamkeit, nicht so sehr der einsamen Einsamkeit, als der Einsamkeit unter Menschen, etwa in der ersten Zeit in Matliary oder an ein paar Tagen in Spindlermühle, doch davon will ich nicht reden. Wie ist es aber mit der Einsamkeit? Im Grunde ist doch die Einsamkeit mein einziges Ziel, meine größte Lockung, meine Möglichkeit und, vorausgesetzt, daß man überhaupt davon reden kann, daß ich mein Leben »eingerichtet« habe, so doch immer im Hinblick darauf, daß sich die Einsamkeit darin wohlfühle. Und trotzdem die Angst vor dem, das ich so liebe. Viel verständlicher ist die Angst um Erhaltung der Einsamkeit, die gleichwertig an Stärke ist und auf Anruf sofort bei der Hand (»Zusammenbruch« als die Kinder schrien, als Oskars Brief kam) und verständlicher sogar noch die Angst vor dem gewundenen Mittelweg und diese Angst ist noch die schwächste der drei. Zwischen diesen zwei Ängsten werde ich zerrieben – die dritte hilft nur nach, wenn man merkt, daß ich flüchten will – und schließlich wird noch irgendein großer Müller hinter mir herzanken, daß sich bei der vielen Arbeit nichts Nahrhaftes ergeben hat. Jedenfalls, ein Leben wie es etwa mein getaufter Onkel geführt hat, wäre mir ein Grauen, obwohl es auf meinem Weg liegt, allerdings nicht als Ziel, aber das war es auch ihm nicht, erst in der letzten Verfallszeit. Bezeichnend ist es übrigens, daß mir in leeren Wohnungen so wohl ist, aber doch nicht in ganz leeren, sondern in solchen, welche voll Erinnerungen an Menschen sind und vorbereitet für weiteres Leben, Wohnungen mit eingerichteten ehelichen Schlafzimmern, Kinderzimmern, Küchen, Wohnungen, in die früh Post für andere eingeworfen, Zeitung für andere eingesteckt wird. Nur darf niemals der wirkliche Bewohner kommen, wie es mir letzthin geschehen ist, denn dann bin ich schwer gestört. Nun, das ist die Geschichte der »Zusammenbrüche«.

Deine guten Nachrichten freuen mich, vorvorgestern, als der Brief kam, konnte ich mich noch freuen, heute auch wieder langsam. Nach Berlin fahre ich jetzt noch nicht mit. Ottla ist ja fast nur meinetwegen noch für einen Monat hiergeblieben, da sollte ich jetzt wegfahren? (warum fährst Du am 30. Oktober?) Auch will ich doch zu der Uraufführung fahren und zweimal zu fahren scheint mir zu großartig. Und was E. betrifft, so haßt sie mich doch und ich fürchte fast ihr zu begegnen, und was Dich betrifft, so ist doch mein Einfluß, wenn es einen gibt, aus dem Verborgenen jedenfalls stärker, als wenn ich hervortrete.
Was mir an Speyer[25] nicht gefallen hat, sagst Du selbst. Das Schulgut, die anfängliche Christine und Blanche ist ungemein schön, löst den verhärtetesten Sinn, aber dann sinkt seine Hand, man kommt mit dem Lesen diesem Sinken kaum nach. Es gibt dann freilich auch noch genug ehrenwerte Stellen, aber nicht mehr, andererseits kündigt sich der späte Niedergang doch auch in der ersten Hälfte schon an, etwa die bequeme Charakterisierung der Mitschüler oder das Einleitungskapitel. Wenn einer in der Novembernacht zum Zweck von Vergleichen zwischen tibetanischer und deutscher Stille das Fenster aufmacht, möchte man es ihm am liebsten wieder zuschlagen. Hier sind Übertreibungen Storm'scher Stimmung.
Auch »Anna« hat mich ein wenig bedrückt und jedenfalls mir wenig Freude gemacht. Überdies habe ich es fast zweimal gelesen, einmal für mich, und dann noch an sechzehn Gesänge für Ottla. Ich erkenne ja das Meisterliche im Bau, in den geistreichen und lebendigen Gesprächen, in vielen Stellen, aber was für ein Schwall ist das Ganze! Und keiner der Menschen, außer Just, lebt für mich. Dabei denke ich gar nicht an das vollkommen Lächerliche, unwürdige Komödie, an Erwin z. B. der nie gelebt hat, nie gestorben ist und immerfort aus seiner Grabattrappe gezerrt wird (wir können nur noch mit Lachen von ihm lesen), oder an Thea oder an die Großmutter. Aber fast alle andern auch, man wird seines armen Lebens gewiß piesen Nichtlebenden gegenüber. Du liebst nicht Anna, sondern E., und liebst nicht Anna E's wegen, sondern liebst E's wegen wie-

der nur E. und selbst Anna kann Dich daran nicht hindern. Am liebsten sind mir die Herrnhuter und so unbedingt, wie Du es dargestellt hast, ist nicht Partei gegen sie genommen: »und sie hatten im Auge unleugbar ein seltsames Glänzen, tief und gut«.
Viel Glück in Berlin! F

An Robert Klopstock
[Planá, September 1922]
Lieber Robert, die Feder ist mir fast ungewohnt in der Hand, so lange habe ich schon nicht geschrieben. Diesmal ist aber der Anlaß wichtig genug, um es doch zu versuchen. Ohne jeden Zweifel rate ich Ihnen, das Wintersemester in Berlin zu verbringen, und zwar aus folgenden Überlegungen:
Eine solche Gelegenheit, sorgenlos in Berlin zu leben und nach Willkür zu arbeiten, ist völlig einmalig und deshalb auf keinen Fall zu verwerfen. (Wofür zahlt Ihnen Dr. Steinfest? Es ist ein Geschenk?)
Das »Abenteuer« zu bestehn, das darin liegt, den Studienort wieder zu wechseln, fällt Ihnen leicht; nützen Sie auch diese große innere Möglichkeit aus!
Der Wert von Prag ist fragwürdig. Abgesehn von allem deutlich Persönlichen hat Prag auch noch etwas besonders Verlockendes, das kann ich verstehn, ich glaube, es ist eine Spur von Kindlichkeit in den Geistern. Diese Kindlichkeit ist aber so sehr gemischt mit Kindischem, Kleinlichem, Ahnungslosem, daß es für den Fremden zwar keine erstrangige, aber doch eine Gefahr bedeutet. Prag ist nützlicher, wenn man von Berlin kommt, was übrigens meines Wissens noch niemand in großem Stil gemacht hat. Jedenfalls ist Prag eine Medizin gegen Berlin, Berlin eine Medizin gegen Prag, und da der Westjude krank ist und sich von Medizinen nährt, darf er, wenn er sich in diesem Kreis bewegt, an Berlin nicht vorübergehn. Das habe ich mir immer gesagt, ich hatte aber nicht die Kraft, die Hand aus dem Bett nach dieser Medizin zu strecken, auch suchte ich sie mir, zu Unrecht, mit dem Gedanken zu entwerten, daß es ja nur eine Medizin sei. Heute ist Berlin übrigens mehr, es gibt, glaube ich, auch einen stärkeren Ausblick nach Palästina als Prag.
Was Max betrifft, so wird die Verbindung mit ihm in diesem Winter fast besser in Berlin als in Prag aufrechtzuhalten sein, denn aus einem bestimmten Grunde wird Berlin jetzt seine zweite Heimats-

stadt sein. Auch könnten Sie ihm dort vielleicht Dienste leisten, die für ihn unschätzbar wären. (Übrigens wird er dort auch eine Uraufführung haben, zu der ich wahrscheinlich kommen werde.)
Ich, nun ich werde zwar, bis auf ein paar Wochen, die ich bei meinem Onkel sein werde (in Mähren, es ist fast weiter von Prag entfernt, als Berlin), in Prag bleiben, da ich geistig nicht transportabel bin. Es wird mir aber ein sehr lieber Gedanke sein, Sie irgendwo als meinen Quartiermacher zu haben. – Das alles gilt nur für den Winter. Vielleicht genügt ein Winter in Berlin (wollte nicht auch Ihre Cousine im Winter in Berlin sein?), dann kommen Sie als ein gereister Mann, der vergleichen kann, nach Prag zurück (wenn Sie dann noch dazu Lust haben und nicht eine süddeutsche Universität vorziehn), dazu wird es auch passen, daß Ihr Gönner vom Mai ab in Prag ist. – Als Voraussetzung des Ganzen nehme ich auch an, daß Sie sich gesundheitlich wohlfühlen, sonst würden Sie ja nicht mit solchen Plänen spielen. – An Empfehlungen für Berlin wird es Ihnen von Seiten des Max und Felix nicht fehlen, von mir an Ernst Weiß, wenn Sie wollen. Die Hilfe des reichen Herrn werden Sie allerdings trotz des Geldes des Dr. Steinfest in Anspruch nehmen müssen, mit 10.000 Mark ist nach einem Bericht des Dr. Weiß kaum auszukommen.
Und in Prag sehen wir uns (am 1. Oktober bin ich dort wohl schon bestimmt) auf Ihrer Durchreise nach Berlin und besprechen noch das Nötige. Fährt Frl. Irene wieder nach Dresden? Wo ist Glauber? In Lomnitz? Grüßen Sie ihn bitte von mir! Und Szinay? – Meine kleine Nichte kommt nicht nach Hellerau, natürlich. Immerhin habe ich erreicht, daß die Schwester mit dem Schwager und den Kindern in Hellerau waren, allerdings habe ich gerade durch diesen Zwischensieg jede Hoffnung auf den endgültigen Sieg verloren. Frau Neustädter hat sehr abgeschreckt, sie hatte boshafterweise an dem Tag gerade Schnupfen und Geschwüre im Gesicht, Herr Neustädter, der Engländer, eine Hilfslehrerin, eine Dalcroze-Schülerin haben zwar sehr gefallen, konnten aber gegen den Schnupfen nicht aufkommen; die Schüler waren auf einem Ausflug, es war Sonntag. Es ist eben so, daß die Schwester nicht die Kraft hat, den Entschluß zu fassen, ich kann es ihr nicht übelnehmen, ich will seit Monaten einen 10 Minuten-Ausflug mit der Bahn machen und es wird mir nicht gelingen.
Alles Gute! Ihr F

An Oskar Baum

21.9.1922

Lieber Oskar, Dank für Deinen Brief, den ich über Planá (ich bin schon seit Montag in Prag) bekommen habe, ich fürchtete sehr, daß Du mir böse bist, und fürchte es noch, denn wie kann man gegenüber einer solchen Aufführung gut bleiben, es wäre denn, daß man angestrengt bedenkt, um wie viel näher ich diese schreckliche Aufführung am Leibe habe. Ich komme in den allernächsten Tagen; in Planá ging es mir, mit einigen zählbaren Unterbrechungen, recht gut, erst zum Schluß war ich fast froh, daß ich wegfuhr. Was gäbe es Schöneres, als den Winter dort zu bleiben, für die Schlafhelden, dazu gehöre ich nicht, ich würde es dort nicht ertragen zwischen den freigelassenen Naturgeistern, und Du, von der Musiksaison gehalten, wärst bestenfalls für ein paar Tage gekommen. Glücklich Leo! Gepriesen seine Eltern! So wachsen und gesund und kräftig und geschickt und körperlich erfahren werden und dabei von der Mädchenüberzahl angeschaut werden, welche die Entwicklung durch ihr Anschauen lockt und leitet! Borg Dir von Max »Schwermut der Jahreszeiten« von Speyer aus, wo ein Schulgut beschrieben ist. Demgegenüber möchte man sich, dessen Erziehung im Grunde genommen sich vollständig im einsamen, überkalten oder überheißen Knabenbett vollzogen hat, sagen: »Ich bin verflucht«. Es stimmt nicht ganz, aber man bekommt Lust es zu sagen.
Herzliche Grüße Dir, der Frau und Schwester.   Dein F

An Robert Klopstock

[Prag, Herbst 1922]

Lieber Robert, ein paar Worte, das Fräulein wartet. Nach dem Bericht Frl. Irenes hatte ich den Eindruck, daß das eigentlich Schlimme vorüber ist und daß also das Krankenhaus nicht mehr in Betracht kommt. Immerhin, wenn Sie sich irgendwelche allerkleinste Erleichterung vom Krankenhaus versprechen, könnten wir es doch versuchen (die Bedienung bei Ihnen zuhause ist gewiß sehr schlecht), das wäre gar kein Bittgang, ich würde zu meinem Kollegen gehn und es durch ihn auf sehr stolze Weise vermitteln lassen ... Also äußern Sie sich. Von Dr. Hermann habe ich Auskunft heute bekommen, aber sehr kurze undeutliche, von leichter Grippe sprach er, morgen gehe ich zu ihm.

Wie hoch ist das Fieber? Genau.
Ihren Brief hatte ich schon beantwortet, als Frl. Irene gestern hier war. Mit dem Fieber war aber die Sache noch belangloser geworden als sie früher gewesen war, die Antwort liegt bei mir.
Alles Gute Ihr K
Sagen Sie offen, was Sie brauchen.

An M. E.

[Prag, Herbst 1922]

Liebe Minze, Ihr Brief hat mir große Freude gemacht, denn er zeigt, daß Sie den Hindernissen, die ich zu kennen glaube und den gewiß noch bestehenden mir unbekannten nicht nachgegeben haben und Ihr selbständiges tapferes Leben weiterführen. Die Einladung[26] nehme ich natürlich an; wie sollte ich sie nicht annehmen. Sie als Hausfrau, dann Ruhe, Wald und Garten. Freilich meine Transportabilität, nicht so sehr die körperliche als die geistige, ist beschränkt. Im Sommer z. B. hätte ich nach Thüringen zu Freunden fahren sollen und brachte es, trotzdem es mir körperlich recht gut ging, nicht zustande. Das ist schwer zu erklären. Aber vielleicht gelingt es mit Kassel. Was ist es übrigens für eine Villa und für ein Grund? Eine Handelsgärtnerei? Oder nur ein Ruhesitz, das doch wohl nicht? Und allein können Sie doch dort nicht wohnen, mit was für Leuten wohnen Sie? Es gibt in den »Studien« von Stifter eine Geschichte »Zwei Schwestern« von einer großartigen gärtnerischen Leistung eines Mädchens, kennen Sie die Geschichte? Merkwürdigerweise spielt sie am Gardasee, von dem, glaube ich, einmal in ähnlichem Zusammenhang die Rede zwischen uns war. Es scheint ein Traum zu sein, den mancher träumt.
Die Beichte. Dazu ausgewählt sein, sie anhören zu dürfen, ist schon eine unausweichliche ernste Verpflichtung, nur bitte erhoffen Sie nichts davon: was müßte das für ein Mann sein, von dem man etwas erhoffen dürfte, wenn man ihm beichtet. Einem Menschen beichten oder es in den Wind rufen, ist meist das Gleiche, so gut der arme schwache Wille auch sein mag. In der Verwirrung des eigenen Lebens sich herumtreiben und von den Verwirrungen eines andern hören, was könnte man anderes sagen, als: »Allerdings so ist es, so geht es zu«, was freilich ein Trost sein mag, aber kein hoher. Schreiben Sie aber, liebe Minze, wenn es Sie drängt. Respekt und Teilnahme bis

an die Grenze meiner Kräfte wird es bei mir gewiß finden.
Sie fragen nach meiner Krankheit, so schlimm ist sie nicht, wie sie vor der geschlossenen Tür des Krankenzimmers aussieht, aber ein wenig brüchig ist das Gebäude, doch ist es jetzt schon besser und war noch vor 2 Monaten sogar recht gut. Es ist eben eine etwas verwirrte Kriegslage. Die Krankheit selbst, als Kampftruppe angesehn, ist das gehorsamste Geschöpf der Welt, ihre Augen sind nur auf das Hauptquartier gerichtet, und was man dort befiehlt, das tut sie, doch ist man oben oft unsicher in den Entschlüssen und auch sonst gibt es Mißverständnisse. Die Teilung zwischen Hauptquartier und Truppe sollte aufhören.
Leben Sie wohl, liebe Minze, und alles Gute zu Ihren Reisen und Unternehmungen Ihr Kafka

An den Verlag Kurt Wolff

[Prag, Eingangsstempel: 21. Okt. 1922]
Sehr geehrter Verlag!
Meinen besten Dank für die zwei Bücher und besonders für die mir vermittelten Grüße, die ich herzlich erwidere.
Ich bitte bei dieser Gelegenheit, wie schon einige Male, in Vormerkung zu nehmen, daß meine Adresse nicht mehr Pořič 7 sondern ausschließlich
    Prag, Altstädter Ring 6
ist. Nicht nur, daß es mir aus andern Gründen unangenehm ist, noch immer Sendungen nach Pořič 7 zu bekommen, so erreichen mich auch diese Sendungen meist erst nach langen, manchmal monatelangen Verspätungen. Auch die Bücher bekam ich wieder verspätet. Ich bitte also diese Adreßänderung freundlichst zu beachten.
Zufällig erfahre ich von dritter Seite, daß die »Verwandlung« und das »Urteil« in ungarischer Übersetzung 1922 in der Kaschauer Zeitung Szebadság und der »Brudermord« in der Osternummer 1922 des »Kassai Naplo« gleichfalls in Kaschau erschienen sind. Der Übersetzer ist der in Berlin lebende ungarische Schriftsteller Sandor Márai. War Ihnen das bekannt? Jedenfalls bitte ich weiterhin das Recht der Übersetzung ins Ungarische einem mir gut bekannten ungarischen Literaten Robert Klopstock vorzubehalten, der gewiß vorzüglich übersetzen wird.
Hochachtungsvoll ergeben F Kafka

An Robert Klopstock

[Prag, 22. November 1922]

Lieber Robert, wann werden Sie mich endlich ohne Übermalung so sehn wie ich wirklich bin, ohnmächtig hier auf dem Kanapee liege. Oben auf der äußersten Turmspitze der Russischen Kirche mir gegenüber klettern, arbeiten und singen Bauspengler in Wind und Regen, ich staune sie durch das offene Fenster an wie Riesen der Vorwelt; wenn ich ein Zeitgenosse bin, was können sie anderes sein als Riesen der Vorwelt. Kein anderer Grund für mein Nichtschreiben als dieser oder doch noch einer: Ohnmacht, Sie zu überzeugen.

Vielen Dank. Allmählich gräbt man sich doch mit kleinen Hilfen hie und da diesen großen Menschen[27] aus dem ungarischen Dunkel, allerdings assistieren dabei gewiß in Mengen falsche Vorstellungen und vor allem falsche Analogien. Eine solche Übersetzung erinnert ein wenig an die Klagen der Geister über die quälende Unfähigkeit der Medien. Hier die verbündete mediale Unfähigkeit des Lesers und des Übersetzers. Aber die Prosa ist eindeutiger und man sieht ihn dort doch aus etwas größerer Nähe. Manches verstehe ich nicht, aber das Ganze geht mir ein, es macht – wie immer in solchem Fall – glücklich darüber, daß er da war und ist und deshalb irgendwie mit ihm verwandt – »mit niemandem verwandt« heißt es, also auch darin verwandt. Die Gedichtübersetzungen sind offenbar jämmerlich, nur hie und da ein Wort, ein Ton vielleicht. Um das Verhältnis zum Original festzustellen, habe ich als Maßstab das Verhältnis zwischen mir und den Bauspenglern.

Gegen den Herausgeber sind Sie etwas ungerecht. Was liegt an dem Gewinn, den er hat. Und was ist gegen das Schmarotzen einzuwenden, wenn es offen, ehrlich, aus eingeborener Fähigkeit und zum allgemeinen Nutzen geschieht. Sind wir nicht auch Schmarotzer und ist nicht er unser Anführer? Übrigens ist auch der Anblick des Beisammenseins der Zwei sehr eindringlich und erkenntnisfördernd, des einen, der so viel spricht und des andern, der so viel schweigt. Auch stehn, wenigstens für mich, Neuigkeiten in dem Nachwort.

Mein Leben war, glücklicher Weise, in der letzten Zeit sehr gleichförmig. Nur Max kommt manchmal, einmal war Werfel hier, um mich auf den Semmering einzuladen, das war sehr lieb, aber der Arzt hat mir nicht erlaubt zu fahren, schließlich hatte ich vier Tage lang Besuch. Das ist alles.

Nun nähert sich bald der Jahrestag meiner Ankunft in Matlar und des Kennenlernens des reichen dicken jungen Herrn, der warm zwischen schönen Frauen mit der Weihnachtsnummer der Neuen Freien Presse saß.
Leben Sie wohl.   Ihr K.
Es kam Ihr Expreßbrief. Es gibt offenbar keinen andern Weg für Sie, mich zu erkennen, als durch den Haß, den endlich mein Verhalten in Ihnen erzeugen muß.

Grüßen Sie Glauber, bitte.

Was macht Frau Galgon?
Frl. Ilonka hat mir letzthin geschrieben.

An Max Brod
                                                            [Prag, Dezember 1922]
Lieber Max, in der Hauptsache zu Deiner Information, weil Werfel zu Dir kommen wird, nebenbei um mich in Gedanken von Dir trösten zu lassen:
Gestern war Werfel mit Pick bei mir, der Besuch, der mich sonst sehr gefreut hätte, hat mich verzweifelt gemacht. W. wußte ja, daß ich »Schweiger«[28] kenne, ich sah also voraus, daß ich von ihm werde reden müssen. Wenn es nur ein gewöhnliches Mißfallen wäre, um ein solches kann man sich herumwinden; für mich aber bedeutet das Stück viel, es geht mir sehr nahe, trifft mich abscheulich im Abscheulichsten, ich hatte nicht im entferntesten daran gedacht, daß ich Werfel würde einmal etwas darüber sagen müssen, war mir selbst sogar über die Gründe des Widerwillens nicht ganz im Klaren, denn für mich hatte es angesichts des Stücks nicht die geringste innere Disputation gegeben, sondern nur das Verlangen, es abzuschütteln. Bin ich für »Anna« von Hauptmann vielleicht ertaubt, so bin ich für diese Anna und den Rattenkönig um sie herum hellhörig bis zur Qual; nun diese Gehörerscheinungen hängen ja zusammen. Wenn ich heute die Gründe meines Widerwillens zusammenfassen soll, dann etwa derart: Schweiger und Anna sind (wie natürlich auch ihre nahe Umgebung: die schreckliche Strohschneider, der Professor, der Dozent) keine Menschen (erst in der weiteren Umgebung: Kooperator, Sozialdemokraten, entsteht ein wenig Schein-

leben). Um dies erträglich zu machen, erfinden sie eine ihre Höllenerscheinung verklärende Legende, die psychiatrische Geschichte. Nun können sie aber ihrer Natur nach wieder nur etwas ebenso Unmenschliches erfinden, wie sie selbst sind, und der Schrecken verdoppelt sich. Aber er verzehnfacht sich noch durch die scheinbare, alle Seitenblicke vermeidende Unschuld des Ganzen.

Was sollte ich Werfel sagen, den ich bewundere, den ich sogar in diesem Stück bewundere, hier allerdings nur wegen der Kraft, diesen dreiaktigen Schlamm durchzuwaten. Dabei ist mein Gefühl dem Stück gegenüber so persönlich, daß es vielleicht nur für mich gilt. Und er kommt in reizender Freundlichkeit zu mir und ich soll ihm, wenn er einmal nach Jahren kommt, mit solchen unausgetragenen, unaustragbaren Beurteilungen empfangen. Aber ich konnte nicht anders und schwätzte mir ein wenig Ekel vom Herzen. Aber ich litt den ganzen Abend und die ganze Nacht an den Folgen. Außerdem habe ich vielleicht Pick beleidigt, den ich in meiner Aufregung kaum bemerkte. (Über das Stück habe ich übrigens erst nach Picks Weggang gesprochen.)

Gesundheitlich geht es mir besser.

Alles Gute im Leben und auf der Bühne. F.

An Franz Werfel

[Vermutlich nicht abgeschickt. Prag, Dezember 1922]
Lieber Werfel, nach meiner Aufführung bei Ihrem letzten Besuch konnten Sie nicht wieder kommen, das wußte ich ja. Und ich hätte Ihnen gewiß schon geschrieben, wenn mir nicht das Brief-Schreiben allmählich so schwer würde wie das Reden und wenn nicht sogar das Brief-Wegschicken Schwierigkeiten machen würde, denn einen Brief hatte ich für Sie schon fertig. Es ist aber unnütz, alte Dinge wieder aufzunehmen; wohin käme man, wenn man niemals davon ablassen würde, alle seine alten Kläglichkeiten immer wieder zu verteidigen und zu entschuldigen. Nur dieses, Werfel, was Sie ja wohl auch selbst wissen müssen: Wenn es sich um ein gewöhnliches Mißfallen gehandelt hätte, dann wäre es doch vielleicht leichter zu formulieren gewesen und wäre dann überdies so belanglos gewesen, daß ich darüber ganz gut hätte schweigen können. Es war aber Entsetzen und das zu begründen ist schwer, man sieht verstockt und zäh und widerhaarig aus, wo man nur unglücklich ist. Sie sind

gewiß ein Führer der Generation, was keine Schmeichelei ist und niemandem gegenüber als Schmeichelei verwendet werden könnte, denn diese Gesellschaft in den Sümpfen kann mancher führen. Darum sind Sie auch nicht nur Führer, sondern mehr (Sie haben Ähnliches selbst in dem schönen Vorwort zu Brands Nachlaß gesagt, schön bis auf das Wort von dem »freudig Lug-Gewillten«) und man verfolgt mit wilder Spannung Ihren Weg. Und nun dieses Stück. Es mag alle Vorzüge haben, von den theatralischen bis zu den höchsten, es ist aber ein Zurückweichen von der Führerschaft, nicht einmal Führerschaft ist darin, eher ein Verrat an der Generation, eine Verschleierung, eine Anekdotisierung, also eine Entwürdigung ihrer Leiden.

Aber nun schwätze ich wieder, wie damals und das Entscheidende zu denken und zu sagen bin ich unfähig. Bleibe es dabei. Wäre nicht meine Teilnahme, meine höchst eigennützige Teilnahme an Ihnen so groß, ich würde nicht einmal schwätzen.

Und nun die Einladung; hat man sie als Dokument in der Hand, bekommt sie ein noch großartigeres wirklicheres Aussehn. Hindernisse sind die Krankheit, der Arzt (den Semmering lehnt er wieder unbedingt ab, Venedig im Vorfrühling nicht unbedingt) und wohl auch das Geld (ich müßte mit tausend Kronen monatlich auskommen können), aber das Haupthindernis sind sie gar nicht. Von dem Ausgestrecktsein im Prager Bett zu dem aufrechten Herumgehn auf dem Markusplatz ist es so weit, daß es nur die Phantasie knapp überwindet, aber das sind ja erst die Allgemeinheiten, darüber hinaus etwa die Vorstellung zu erzeugen, daß ich z. B. in Venedig in Gesellschaft mittagesse (ich kann nur allein essen), das verweigert sogar die Phantasie. Aber immerhin, ich halte die Einladung fest und danke Ihnen vielmals.

Vielleicht sehe ich Sie im Jänner. Leben Sie wohl!   Ihr Kafka

An Max Brod

[vermutlich Dezember 1922]

Liebster Max, ich kann nicht kommen, an den letzten zwei Abenden hatte ich ein wenig Fieber (37.7) bei Tag dann viel weniger oder gar keines, immerhin wage ich nicht auszugehn. Viel Glück zu den Berliner Kämpfen und auch sonst. Herzlichen Gruß der Reisenden, die ich noch immer nicht habe erzählen hören können.   Dein F.

Goethe kaufe mir bitte nicht, 1. habe ich kein Geld, brauche alles und mehr für den Arzt 2. habe ich keinen Platz für Bücher 3. habe ich immerhin fünf lose Bändchen Goethe.

An Max Brod

[wahrscheinlich 1922]

Lieber Max, ich komme nicht, ich muß um sieben Uhr essen, sonst schlafe ich dann gar nicht, die Drohung mit der Injektion ist wirksam. Außerdem habe ich gerade heute (wie gerade täglich) mit etwas nicht Leichtem fertig zu werden. Manchmal ist mir wie einem Gladiator im Training, er weiß nicht, was man mit ihm beabsichtigt, aber nach dem Training zu schließen, das man ihm auferlegt, wird es vielleicht ein großer Kampf werden vor ganz Rom.

An Max Brod

[wahrscheinlich 1922]

Lieber Max, nicht kommen! Ich habe etwas Fieber und liege im Bett. Dr. Thieberger[29] habe ich nicht verständigt. Könntest Du es nicht tun, falls Du es für nötig hältst? Ich schicke Dir hier zwei Nummern der Česká Stráž und eine Česká Svoboda. Die Svoboda hat über die Namenfrage eine andere Auffassung, sogar zwei andere Auffassungen (Notiz und Gedicht).
Herzliche Grüße   Dein Franz

An Max Brod

[wahrscheinlich 1922]

Lieber Max, bitte, damit kein Irrtum entsteht; es kommt mir vor, als hätte ich gesagt, unser Fräulein wolle nur nachmittag ins Theater gehn, das ist nicht richtig, auch Abendkarten sind willkommen, sogar womöglich noch willkommener.   F

An M. E.

[Prag, Winter 1922/23]

Liebe Minze, erst heute, ich glaube es kaum, danke ich für die Blumen, die mir solche Freude gemacht haben, den Trost der Wohnung, die Mahnung an Kassel. Es sind aber höchst unruhige Tage, der Mutter wurde plötzlich und dringendst eine schwere Operation verordnet und nun kann sie trotz aller Dringlichkeit wegen eines dazwischen gekommenen andern mit der Hauptsache allerdings zusammenhängenden Leidens nicht ausgeführt werden und wird unter schmerzhaftesten Prozeduren von Tag zu Tag verschoben. Schreckliche Medicin, schreckliche Erfindung der schrecklichen Menschen.

Bis es vorüber ist, schreibe ich; schicken Sie mir doch Ihre Adresse oder genügt Wilhelmshöhe bei Kassel.

Alles Gute

Ihr Kafka

Nun sind sogar diese paar Zeilen liegen geblieben und kommen wohl zu spät nach Teplitz. Die Operation, eine außergewöhnlich schlimme, ist gestern gewesen.

1923

An Oskar Baum

[Prag, Mitte Januar 1923]

Ihr Lieben, meine Glückwünsche; ihr Bösen, warum habt Ihr mich nicht rechtzeitig davon verständigt, ich komme auch mit Max und Felix nur selten zusammen, nur zufällig habe ich vor ein paar Tagen von dem Fest[1] erfahren, habe es aber auf den Sechzehnten verlegt, erst gestern habe ich erfahren, und sollte es schon ein Leben lang wissen (auch darin bin ich nicht rechtzeitig verständigt worden, aber daran seid Ihr unschuldig), daß das Fest nur am Samstag sein kann, habe gestern gefröstelt, konnte nicht ausgehn, mich nicht näher erkundigen und so ist das ganze ohne mich geschehn, und auch die Bücher sind wahllos und zufällig, nur meine sonstige Beteiligung an dem in seiner wirklichen Größe alle meine Vorstellungen übersteigenden Fest ist von Datum und Vorbereitung unabhängig. Lebt wohl, vielleicht komme ich doch endlich einmal zu Euch.

F

Wenn Leo etwas von den Büchern nicht gefällt oder kennt, so kann er es bei Calve umtauschen, es sind z.B. in dieser Bücherei[2] noch recht gute Bändchen, z.B. Tiefseeexpedition, Darwin, Sven Hedin, Nansen oder vielleicht gefällt ihm etwas in einer ähnlichen[3], bei Brockhaus erschienenen, auch bei Calve vorrätigen Bücherei.

An M. E.

[Prag, Januar/Februar 1923]

Liebe Minze,

Meinen letzten Brief werden sie wohl in Teplitz nicht mehr bekommen haben. Er handelte von einer schweren Operation meiner Mutter; die Operation ist nun vorüber und die Mutter scheint sich langsam, sehr langsam zu erholen.

Diese Dinge und andere hinderten mich, Ihnen früher zu schreiben und nun sind Sie inzwischen wirklich in Ihrem winterlichen Garten. Daß es schwer ist, Minze, wie sollte ich das nicht wissen. Es ist ein ganz verzweifeltes jüdisches Unternehmen, aber es hat, so weit ich sehe, Großartigkeit in seiner Verzweiflung. (Vielleicht ist es übrigens gar nicht so verzweifelt, wie es mir heute nach einer selbst für meine Verhältnisse ungewöhnlich schlaflosen, zerstörenden Nacht erscheint.) Man kann nicht die Vorstellung abweisen, daß ein Kind verlassen in seinem Spiel irgendeine unerhörte Sessel-Besteigung oder dergleichen unternimmt, aber der ganz vergessene Vater doch zusieht und alles viel gesicherter ist als es scheint. Dieser Vater könnte z.B. das jüdische Volk sein*. Können Sie übrigens hebräisch oder haben Sie es wenigstens jemals zu lernen begonnen? Ihr Bräutigam ist Jude? Zionist?

Sorge macht mir eigentlich in dem ganzen Unternehmen nur die körperliche Müdigkeit, von der Sie manchmal schreiben. Ist es die Spur einer Krankheit? Oder nur oder zum größten Teil jene selbstverständliche Müdigkeit, die mit dem wunderbaren, mir versagten Schlafe endet?

Wenn ich in besserer Geistesverfassung bin, schreibe ich wieder. Leben Sie recht wohl.

Ihr Kafka

* Dies würde auch das Ihnen unverständliche, aus eigener Kraft nicht hervorzubringende, fortwährende Sich-Sträuben gegen die Gleichgültigkeit erklären helfen.

An M. E.

[Prag, März 1923]

Liebe Minze

eine schöne große übergroße Überraschung und das allernatürlichste, allervernünftigste allerselbstverständlichste auf der Welt. Die Menge Fragen, die man bei einer solchen Überraschung hat, ist nicht niederzuschreiben, ich werde mich sehr freuen, Sie in Prag zu sehn. Grüßen Sie Ihren Bräutigam von mir und bleiben Sie fröhlich und stark in der großen Umwälzung!

Ihr K

An Robert Klopstock

[Prag, Ende März 1923]

Lieber Robert, ich kann nur das Frühere antworten, daß z.B. eben ein Brief wie Ihr letzter ein Beweggrund der Angst ist oder daß es die Ungeduld ist oder daß es etwa die Bemerkung ist: ».... nicht festhalten können, wenn auch am meisten von uns allen« eine Bemerkung, in der doch nicht eine Spur irgendeiner Wahrheit ist.

Vor allem aber ist es unabhängig davon die Angst vor einer für den Augenblick – von der Zukunft rede ich gar nicht – untrennbaren, betont, ausgesprochen (stillschweigende Vereinbarungen nehme ich aus), mit allen Sakramenten der Untrennbarkeit versehenen, vor dem Himmel sich großartig hinpflanzenden Verbindung. Sie ist mir unmöglich mit Männern wie mit Frauen. Was will man auf der Wanderschaft, in der Bettlerschaft mit so großen Dingen. Es gibt jede Minute unausweichliche, entzückt ausgenützte Gelegenheit zu schamlosester Großtuerei, warum noch weitere Gelegenheiten suchen. Und überdies ist der Verlust vielleicht nicht so groß als er manchmal scheint; fühlt man etwas wie eine Gemeinsamkeit des Wegs, ist darin Verbindung genug, das andere überlasse man den Sternen.

Und alle diese Angst, über die Sie mich so ausfragen, als ob sie Sie beträfe, betrifft ja doch nur mich. Wenn hier etwas durch Buße oder etwas derartiges zu erreichen wäre, müßte ich sie mir auferlegen. Aber ist denn etwas gar so Merkwürdiges bei dieser Angst? Ein Jude und überdies deutsch und überdies krank und überdies unter verschärften persönlichen Umständen – das sind chemische Kräfte, mit denen ich mich anbiete, sofort Gold in Kiesel oder Ihren Brief in den meinen zu verwandeln und dabei Recht zu behalten.

An Robert Klopstock

[Prag, Ende März 1923]

Es ist vielleicht besser den Brief schriftlich zu beantworten.

Im Ganzen enthält er das, was ich schon vorher wußte und was Sie wenden mögen, wie Sie wollen, ohne daraus etwas anderes machen zu können als das, was es ist: Sie sind von der Substanz enttäuscht und behaupten sich und mir gegenüber, von der Relation enttäuscht zu sein. Das ist natürlich nicht nur für Sie eine Qual, sondern auch eine große Qual, die Sie mir antun. Sie nähern sich ja gewiß der Aufdeckung dieses Irrtums, aber vorläufig scheint noch einige Zeit bis dahin nötig zu sein, Rettung wird ja auch die Aufdeckung nicht bringen, wie überhaupt hier nur Enttäuschung zu finden ist; je tiefer man gräbt, desto tiefere Enttäuschung.

Unrecht haben Sie, wenn Sie eine so einschneidende Unterscheidung zwischen Matlar und Prag machen. Sie waren in Matlar ebenso fortwährend enttäuscht. Auch die dortigen »großen Gebirge« sind wahrhaftig nicht jene, zwischen denen das Paradies lag.

Was die Bemerkung hinsichtlich [ein durchgestrichenes, unleserlich gemachtes Wort] betrifft, so ist das verhältnismäßig eine unwesentliche Kleinigkeit, aber warum ich dabei Unrecht gehabt haben soll, wenn Sie etwas, was ich in Geschwätzigkeit Ihnen als großes Geheimnis anvertraut habe, vor einem Dritten (mag es auch nur das ganz uninteressierte Frl. Irene gewesen sein) mit einer Art Behagen laut erzählen und als ich Sie zurückhalten will, es noch mit Lust und Lächeln wiederholen – warum ich dabei Unrecht gehabt haben soll, kann ich nicht verstehn.

Recht haben Sie aber mit dem, was Sie über die Frage nach der Traurigkeit sagen. Das war allerdings eine unehrliche Verlegenheitsfrage, aber warum soll gerade ich solche Verlegenheitsfragen nicht stellen dürfen, ich, für den sie erfunden worden sind?

Die angebliche »Unebenbürtigkeit« besteht darin, daß wir verzweifelte Ratten, die den Schritt des Herrn hören, nach verschiedenen Richtungen auseinander laufen, z. B. zu den Frauen, Sie zu irgendjemandem, ich in die Literatur, alles allerdings vergeblich, dafür sorgen wir schon selbst durch die Auswahl der Asyle, durch die Auswahl der besondern Frauen u.s.w. Das ist die Unebenbürtigkeit.

Dabei kann ich zugeben, daß zwischen mir in Matlar und Prag doch ein Unterschied besteht. Ich habe inzwischen, nachdem ich durch Wahnsinnszeiten gepeitscht worden bin, zu schreiben angefangen und dieses Schreiben ist mir in einer für jeden Menschen um mich grausamsten (unerhört grausamen, davon rede ich gar nicht) Weise das Wichtigste auf Erden, wie etwa einem Irrsinnigen sein Wahn (wenn er ihn verlieren würde, würde er »irrsinnig« werden) oder wie einer Frau ihre Schwangerschaft. Das hat mit dem Wert des Schreibens, wie ich auch hier wiederhole, gar nichts zu tun, den Wert erkenne ich ja übergenau, aber ebenso auch den Wert, den es für mich hat... Und darum halte ich das Schreiben in zitternder Angst vor jeder Störung umfangen und nicht nur das Schreiben, sondern auch das dazu gehörige Alleinsein. Und wenn ich etwa gestern sagte, daß Sie nicht Sonntag abend, sondern erst Montag kommen sollen und Sie zweimal fragten: »abend also nicht?« und ich also wenigstens auf die zweite Frage antworten mußte und sagte: »Ruhen Sie sich einmal aus«, so war das eine restlose Lüge, denn ich meinte mein Alleinsein.

Dieser Unterschied also besteht sehr stark gegenüber Matlar, sonst aber keiner, freilich auch nicht der, daß ich hier weniger »machtlos« (wie Sie es richtig ausdrücken) wäre, als ich es in Matlar war.

Das Inliegende ist abend bei halbwegs guter Festigkeit geschrieben worden. In der zum Teil schlaflosen, zum Teil schlafzerstörten Nacht habe ich einen andern Brief noch ausgedacht, der mir aber jetzt am hellen Tag doch auch wieder unzeitgemäß scheint. Nur dieses: Jedenfalls verdient die Wahrheit und Schönheit Ihres Briefes und die Wahrheit und Schönheit Ihres Blicks, daß ich mit meiner Wahrheit und meiner Häßlichkeit antworte. Das habe ich aber auch seit jeher getan, mündlich und schriftlich, seit dem ersten Nachmittag im Liegestuhl, seit dem ersten Brief nach Iglo und es ist eben das allerquälendste, daß Sie mir nicht glauben (während ich Ihnen glaube) oder noch ärger, daß Sie mir sowohl glauben als nicht glauben, aber sowohl mit dem Glauben als dem Nichtglauben mich schlagen und jedenfalls immerfort mit der an den Lebensnerv gehenden Frage: »Warum sind Sie nicht anders als Sie sind?« mich anbohren, anbrennen.

Übrigens enthält Ihr Brief doch eine Neuigkeit, die mir erst im Zusammenhang mit Ihrem Stottern vor dem Doktor klar wird, die ich aber doch nicht glaube. Seit jeher stand in Besprechungen und Briefen folgendes zwischen uns fest: In Budapest können Sie nicht studieren, aus drei Hauptgründen, weil Sie in die Welt müssen, weil Sie in der Nähe Ihrer Cousine nicht leben können, vor allem aber wegen der politischen Verhältnisse. Fast in allen Briefen haben Sie das wieder bekräftigt. So heißt es noch in dem Brief, in welchem Sie den Paß zuletzt verlangten, daß die Aufenthaltsbewilligung des Preßburger Ministeriums unbedingt in den neuen Paß hinübergenommen werden müsse, weil ein Aus-Ungarn-nicht-Hinauskommen unter den gegenwärtigen Verhältnissen den Tod bedeutet. (Das erschien mir zwar übertrieben, aber es genügte jedenfalls, daß Sie von ferne daran glaubten, um Budapest als Studienort für Sie auszuschließen.) Und in dem allerletzten Brief aus Budapest heißt es wieder, daß Sie neben der Cousine nicht leben können. Budapest also war unmöglich, das erkannte ich an, aber von mir war dabei keine Rede, von mir war erst dann die Rede, als es sich darum handelte, unter den Universitäten außerhalb Budapests zu wählen. Daß Sie dann mit Rücksicht auf mich und Sonstiges Prag wählten, hielt ich für richtig, aber alles nur unter der Voraussetzung, daß Budapest unmöglich war, aber unmöglich ohne Rücksicht auf mich. Darin will nun Ihr gestriger Brief eine Änderung herbeiführen. Darin haben Sie Unrecht.

An Robert Klopstock

[Postkarte. Prag, Mitte April 1923]

Lieber Robert, ich muß Sie mißverstanden haben, ich habe Sie schon seit einigen Tagen zurückerwartet und darum vor allem nicht geschrieben. Sagten Sie denn nicht, daß Sie zur Pallenbergvorstellung am 12. gewiß schon hier sein werden und nun sind die Vorstellungen verschoben, werden Mittwoch, Donnerstag und Freitag sein und Sie werden noch immer nicht in Prag sein und ich werde nicht, wie ich wollte, unter Ihrem Schutz ins Stehparterre gehn können. Trotzdem ist es natürlich sehr gut, daß Sie länger geblieben sind, das zeigt deutlich der Unterschied zwischen den zwei Briefen. Weil sich nicht gleich die Tore aller überraschten Herren geöffnet hatten, waren Sie schon verzweifelt. Das Hauptergebnis ist die Ankunft Bergmanns, er bleibt vier Wochen, Sie werden ihn sehn, es ist aufregend und verlockend mit ihm beisammen zu sein. – Der erwartete hebräische Brief ist ausgeblieben, auch deshalb habe ich noch nicht geschrieben. – Alle Gegrüßten lassen grüßen, auf die Nachricht von dem Gruße wollte Věra in mein Zimmer, weil sie noch nicht weiß, daß man brieflich grüßen kann und dachte, Sie wären bei mir. – Das Paket ist gekommen. Dank.

An Oskar Baum

12. 6. 1923

Lieber Oskar, für den bei meinem Kopfzustand wahrscheinlichen Fall, daß ich in den allernächsten Tagen nicht kommen sollte, hier die Übersetzung des Briefes: »Adresse: The workers bank Ltd. Jaffa-Tel Awiw-P. O. B. 27 (das ist das Postfach). – Bezugsnummer des Briefes: 2485. – Dr. Bergmann schrieb uns, daß E. W. ihm versprochen habe, sich für die Aktien der Arbeiterbank zu interessieren und Aktien unter Ihren Bekannten zu verkaufen. Wir kommen hiemit, Sie an Ihr Versprechen zu erinnern und Sie um Mitteilung zu ersuchen, ob Sie von uns Informationen oder Propagandamaterial benötigen. Wir werden es uns angelegen sein lassen, alles, was Sie wün-

schen, sofort zu schicken und überhaupt werden wir uns bemühen, von hier aus Ihre Arbeit, wie wir nur können, zu unterstützen, wenn Sie uns nur verständigen, ob Sie unserer Unterstützung bedürfen. Wir erwarten Ihre Antwort, in Hochachtung – «
Den Brief lasse ich mir auf ein paar Tage zur Propaganda. Einem meiner Schwäger gegenüber (der Palästina leugnet) sind Papiersorten das stärkste Argument. Ich will es mit dem Brief versuchen.
Herzliche Grüße   Dein F

An Oskar Baum
[Sommer 1923]
Lieber Oskar, ich habe es noch am gleichen Abend mit Schrecken durchgelesen, mit Schrecken unter dem stählernen Tierblick und wie sie auf dem Sofa näher heranrutscht⁴. Solche Dinge liegen uns allen wahrscheinlich nahe, aber wer kann das so? Ich habe es vor Jahren ohnmächtig auch versucht, aber statt mich zum Schreibtisch vorzutasten, habe ich mich lieber unter das Sofa verkrochen, wo ich noch immer zu finden bin. Tröstend ist in Deiner Geschichte das zweite sanfte Rätsel, das versöhnen will. Es ist freilich zu schwach, um zu versöhnen, es gibt keinen Ausblick auf eine Hoffnung, sondern nur auf ihren Verlust. Menschlich ist es wenig, auch zu unwirklich, sonst aber scheint es mir sehr schön, diese sanfte Umrahmung des fressenden Feuers.
Der Anfang war mir ein wenig zu unruhig von außen her, zu hotel- und detektivmäßig, es ist aber schwer zu sagen, ob es anders sein soll, vielleicht ist gerade das sehr nötig, zumindest ist es ausgezeichnet, daß man an seinem Zimmer vorübergeht und die Wildheit sich dort in Ruhe austoben kann. Ich hätte diese Aussetzung wahrscheinlich auch weder gefühlt noch bemerkt, wenn ich Dich nicht einer Vorliebe für solche Anfänge verdächtigt und nur aus diesem Verdacht, aus keinem andern Grund die Notwendigkeit hier ein wenig bezweifelt hätte.
Vielen Dank.   Dein F

An Max Brod
[Postkarte. Ostseebad Müritz, Stempel: 10. VII. 1923]
Sie ist reizend. Und so ganz und gar auf Dich konzentriert. Es gab keinen Anlaß, aus dem nicht auf Dich Bezug genommen wurde. Ein Ostseezug, vielleicht bist Du darin. Da und dort ist sie mit Dir gewesen. Erst nach einem Weilchen verstehe ich, warum sie sich den Hradschin beschreiben läßt. Betrachtungen wie: »es ist merkwürdig, wie man die Ansichten eines geliebten Menschen übernimmt, auch wenn sie den bisherigen eigenen entgegengesetzt waren« wiederholen sich häufig. Eine wirklich starke Ursprünglichkeit, Geradheit, Ernsthaftigkeit, kindlich liebe Ernsthaftigkeit. Ich fuhr mit ihr zur jüdischen Kinderkolonie der Pua nach Eberswalde, aber Emmys Hausgott siegte und wir blieben in Bernau stecken. Die größte Freude machte ihr dort ein Storchnest, das sie unbegreiflich schnell entdeckte. Sie war sehr gut zu mir. – Hier geht es mir leidlich, wie immer in den ersten Tagen. Eine Kolonie des Jüdischen Volksheims, gesunde, fröhliche blauäugige Kinder, machen mir Freude.
Herzlichen Gruß Dir und der Frau   Franz

An Robert Klopstock
[Postkarte. Müritz, Stempel: 13. VII. 1923]
Lieber Robert, die Reise und Berlin mit einiger Mühe überstanden, aber alle Mühe, durch die man den Gespenstern für einen Augenblick entläuft, ist süß, man sieht förmlich, wie man um die Ecke verschwunden ist und wie sie ratlos dastehn. Nicht lange freilich, die Jagdhunde, sie scheinen schon die Spur zu haben. – Das Meer war in den ersten Tagen sehr beglückend. Hebräisch wird viel weniger gelernt als in Prag. Allerdings ist eine Kolonie des Jüdischen Volksheims Berlin hier mit vielen Hebräisch-Sprechenden, gesunde, fröhliche Kinder. Es ist ein Ersatz für Puas Kolonie, zu der ich nicht vordringen konnte. Ich wußte nicht, daß Eberswalde fast zwei Stunden von Berlin entfernt ist und fuhr erst Nachmittag hin (nicht allein), blieb dann in der Hälfte des Wegs in Bernau stecken und schrieb von dort der Pua. Ich war nur einen Tag in Berlin, müde und ein wenig fiebrig.
Herzliche Grüße   F
Grüße den Freunden und Bekannten.

An den Verlag Kurt Wolff
[Postkarte. Müritz, Stempel: 13. VII. 1923]
An den Kurt Wolff-Verlag!
Eine Anfrage vom 12. v. M., auf die Sie sich beziehn, habe ich nicht bekommen, offenbar deshalb, weil sie wie auch Ihre letzte Karte, noch nach Pořič 7 adressiert war, trotzdem ich den Verlag schon viele Male ersucht habe, nicht an jene Adresse zu schreiben, sondern nur nach *Prag, Altstädter Ring 6/III.* »Ein Hungerkünstler« ist in der »Neuen Rundschau« im vorigen Jahr im Oktober- oder Novemberheft erschienen.
Hochachtungsvoll Dr. Kafka

An Hugo Bergmann
[Müritz, Juli 1923]
Lieber Hugo[5],
vielen Dank für Deinen Gruß und Wunsch. Es war die erste hebräische Schrift, die ich aus Palästina bekam. Der Wunsch in ihr hat vielleicht große Kraft. Um meine Transportabilität zu prüfen, habe ich mich nach vielen Jahren der Bettlägerigkeit und der Kopfschmerzen zu einer kleinen Reise nach der Ostsee erhoben. Ein Glück hatte ich dabei jedenfalls. 50 Schritte von meinem Balkon ist ein Ferienheim des Jüdischen Volksheims in Berlin. Durch die Bäume kann ich die Kinder spielen sehn. Fröhliche, gesunde, leidenschaftliche Kinder. Ostjuden, durch Westjuden vor der Berliner Gefahr gerettet. Die halben Tage und Nächte ist das Haus, der Wald und der Strand voll Gesang. Wenn ich unter ihnen bin, bin ich nicht glücklich, aber vor der Schwelle des Glücks.
Leb recht wohl Dein Franz
Grüße von mir Deine tapfere Mutter und die Kinder.

An Else Bergmann
Müritz, 13. 7. 1923
Liebe Frau Else,
die kleine Vorprobe zur größeren Reise wäre überstanden, weder sehr schlecht, noch sehr ruhmvoll, immerhin weniger eine Vorprobe zu größeren, als vielmehr zur großen Reise. – Werden Sie nicht ein wenig den Garten lassen und irgendwohin ans Meer

kommen? Das Meer ist wahrhaftig in den 10 Jahren, seitdem ich es nicht mehr gesehen habe, schöner, mannigfaltiger, lebendiger, jünger geworden. Aber mehr Freude macht mir noch eine Ferienkolonie des Berliner Jüdischen Volksheims, gesunde, fröhliche Kinder, an denen ich mich wärme. Heute werde ich mit ihnen Freitag-Abend feiern, ich glaube zum ersten Mal in meinem Leben.
Leben Sie wohl und grüßen Sie den Kleinen Ihr K.

An Else Bergmann

[Müritz, Juli 1923]

Liebe, liebe Frau Else,
nicht nur die Schwierigkeit, den alle paar Tage wechselnden Posttarif zu erfahren, verzögert den Brief. Ich weiß, daß ich jetzt ganz gewiß nicht fahren werde – wie könnte ich denn fahren – aber daß mit Ihrem Brief förmlich das Schiff an der Schwelle meines Zimmers anlegt und Sie dort stehen und mich fragen und mich so fragen, das ist nichts Geringes. Übrigens sagen Sie selbst – unbegreiflich nahe mit der abseitigen Sache beschäftigt – zum Teil die Antwort auf Ihre Frage. Es wäre, vorausgesetzt, daß etwas derartiges überhaupt für mich durchführbar wäre, keine eigentliche Palästinafahrt jetzt geworden, ganz und gar nicht – dazu, was es geworden wäre, kann ich jetzt nicht kommen, denn eben kommt Ihr Einschreibebrief in der dummen, dummen Sache. Erstens: hätte ich gewußt, daß das Buch überhaupt irgendeinen Wert für Sie hat, wäre mir nicht eingefallen, darum zu schreiben und ich wäre einfach stolz und froh gewesen, daß es mit Ihnen nach Palästina schwimmt. Zweitens: Das Buch wäre mir gar nicht eingefallen, wenn es hier, wo ich ein wenig in gärtnerischer Atmosphäre bin, nicht mit besonderem Lob erwähnt worden wäre. Drittens: wie es die Mutter auch gemacht haben mag – so wie ich wollte, leider gewiß nicht, was daran schlecht war, war gewiß nicht gegen Sie persönlich gerichtet, bitte glauben Sie es, sondern gegen die »palästinensische Gefahr«. Und damit verlassen wir diese Sache, allerdings nicht ohne die Bitte, daß Sie dem Buch, wenn Sie es benützen, die Freude ansehen, mit der es Ihnen im Namen seines früheren Besitzers dient, trotzdem Sie es ihm wahr und wahrhaftig abgekauft haben. –
Also zurück: es wäre keine Palästinafahrt geworden, sondern im geistigen Sinne etwas wie eine Amerikafahrt eines Kassierers, der

viel Geld veruntreut hat, und daß die Fahrt mit Ihnen gemacht worden wäre, hätte die geistige Kriminalität des Falles noch sehr erhöht. Nein, so hätte ich nicht fahren dürfen, selbst wenn ich es hätte können – wiederhole ich, und: »alle Plätze sind schon vergeben« fügen Sie hinzu. Und wieder fängt die Lockung an und wieder antwortet die absolute Unmöglichkeit und so ist es, wie traurig es auch ist, letzten Endes doch sehr recht. Und die Hoffnung bleibt für später und Sie sind gut und stören sie nicht.

Leben Sie wohl und bleiben Sie mir gut Ihr K.

An Robert Klopstock

[Postkarte. Müritz, Stempel: 24. Juli 1923]

Robert, was ist denn wieder? Gestern kam das Paket (wie kamen Sie zu Puas alter Sendung?) und das Anmerkungsbuch (gerade überlegte ich, ob ich mir eines kaufen sollte), aber keine Nachricht. Drückt wieder die schwere Luft der Tatra? Ist es unmöglich, dort hebräisch zu lernen? Ich glaube an die Macht der Orte oder richtiger an die Ohnmacht des Menschen. Mitteilbares habe ich eigentlich nichts, zu Zeigendes viel, Mit-zu-Erlebendes viel. Um es zu ermöglichen, träumte ich Sie letzthin her. Die Kolonie, die Kolonie, diese jungen Menschen. Wie übertreiben Sie, Robert, den Wert Prags für Sie, den Wert der vereinzelten Menschen für Sie, die Sie dort kennen. Anders muß man leben, als wir dort. Sie müssen Ihr Leben anders einrichten im nächsten Jahr, vielleicht von Prag fortgehn z. B. in die schmutzigen Berliner Judengassen. – Was mich betrifft, so bedeutet das alles nicht, daß ich schlafe. Böse heutige Nacht. Nur manchmal weht ein wenig Dämmern vom Hause der Kolonie herüber. Ihr F

Grüße für Glauber und die andern.

An Robert Klopstock

[Ansichtskarte. Müritz, Stempel: 2. VIII. 1923]

Lieber Robert, morgen schreibe ich, heute schicke ich nur Puas vorläufige, morgen allerdings schon sich ändernde Adresse: Müritz, Jüdisches Volksheim.

Alles Gute F

[Anschrift mit hebräischem Gruß und Namenszeichnung: Pua.]

An Tile Rössler[6]

[Müritz, Stempel: 3.VIII.1923]

Meine liebe Tile, die Post hat Deine Briefe verwirrt, der zweite kam Mittag, der erste nachher am Abend, den Abendbrief bekam ich am Strand, Dora war dabei, wir hatten gerade ein wenig Hebräisch gelesen, es war der erste sonnige Nachmittag seit langer Zeit und wohl für lange Zeit, die Kinder lärmten, ich konnte nicht in meinen Strandkorb gehn, weil dort der Schwager eine vom Fußballspiel verletzte Zehe behandelte, so stand ich also und las Deinen Brief, während Felix über mich hinweg, um mich herum, durch mich hindurch mit Steinen einen Pfahl zu treffen versuchte, der hinter mir stand. Und doch hatte ich Ruhe Deinen Brief zu lesen, mich zu freuen, daß Dir nach uns bange ist, aber auch froh zu sein, daß Du, wenigstens nach meinem augenblicklichen Gefühl, durch das Wegfahren bei weitem nicht so viel verloren hast, als Du glaubst. Es gefällt mir nicht mehr so gut hier wie früher; ich weiß nicht ganz genau, ob daran nur meine persönliche Müdigkeit, die Schlaflosigkeit und die Kopfschmerzen schuld sind, aber warum war das alles früher geringer? Vielleicht darf ich nicht zu lange an einem Ort bleiben; es gibt Menschen, die sich ein Heimatgefühl nur erwerben können, wenn sie reisen. Es ist ja äußerlich alles, wie es war, alle Menschen im Heim sind mir sehr lieb, viel lieber, als ich es ihnen zu zeigen imstande bin, und besonders Dora, mit der ich am meisten beisammen bin, ist ein wunderbares Wesen, aber das Heim als solches ist mir nicht mehr so klar wie früher, eine sichtbare Kleinigkeit hat es mir ein wenig beschädigt, andere unsichtbare Kleinigkeiten arbeiten daran, es weiter zu beschädigen, als Gast, als Fremder, als ein müder Gast überdies, habe ich keine Möglichkeit zu sprechen, mir Klarheit zu verschaffen, und so falle ich ab, bis jetzt war ich an jedem Abend dort, aber heute, trotzdem es der Freitagabend ist, werde ich, wie ich fürchte, nicht hingehn.

So bin ich gar nicht sehr unzufrieden damit, daß meine Schwester (ihr Mann ist sie abholen gekommen) nicht erst am 10., sondern schon ein paar Tage früher wegfährt, und ich werde, weil es bequemer und billiger ist, und vor allem deshalb, weil ich allein hier nicht bleiben will, mit ihnen fahren. In Berlin werde ich, wenn ich nicht gar zu müde bin, ein oder zwei Tage bleiben und dann sehe ich Dich gewiß, aber auch wenn ich nicht bliebe, sondern gleich nach Marienbad zu meinen Eltern weiterfahren würde (um dann für einen Tag auch nach Karlsbad zu fahren und statt Tile leider nur den Herrn Chef zu sehn), sehen wir einander bald, denn ich hoffe bald wieder nach Berlin zu kommen.

Letzthin hatte ich Besuch hier, eine gute Freundin, die Palästinenserin, von der ich Dir erzählte. Sie kam gleichzeitig mit Frieda Behr, die sie von früher her kannte, und wohnte im Heim. Der Besuch ging schnell vorüber, sie war kaum einen Tag hier, aber von ihrer Selbstsicherheit, ihrer ruhigen Fröhlichkeit blieb eine Aufmunterung zurück. Du mußt sie einmal in Berlin kennen lernen.

Es ist sehr hübsch, daß Du »Schaale« schreibst, so wie man, glaube ich, »Frage« im Jargon schreibt. Ja, die Schale soll auch eine Frage an Dich sein, nämlich diese: »Du, Tile, wann zerschlägst Du mich endlich?«

Um die Vase, die ich von Dir habe, muß ich manchmal mit Christl kämpfen, der dreijährigen Tochter unseres Wirts, einer jener kleinen, blonden, weißhäutigen, rotwangigen Blumen, wie sie hier in allen Häusern wachsen. Wann sie zu mir kommt, immer will sie sie haben. Unter dem Vorwand, ein Vogelnest auf meinem Balkon ansehn zu wollen, drängt sie sich ein, kaum aber ist sie beim Tisch, streckt sie schon die Hand nach der Vase; sie macht nicht viele Umstände, erklärt nicht viel, wiederholt nur immer streng: die Vase! die Vase!, und besteht auf ihrem guten Recht, denn da ihr die Welt gehört, warum nicht auch die Vase? Und die Vase fürchtet sich wohl vor der grausamen Kinderhand, aber sie muß sich nicht fürchten, ich werde sie immer verteidigen und niemals hergeben.

Grüß bitte alle meine Freunde vom Heim, besonders Bine, der ich schon längst geschrieben hätte, wenn ich nicht den Ehrgeiz hätte, ihr für ihr schönes Hebräisch auch mit Hebräisch, allerdings einem weniger schönen zu danken, und wenn ich in der Unruhe, in der ich jetzt bin, die Sammlung für die hebräische Kraftanstrengung gefunden hätte.

Auch alle meine Verwandten lassen Dich vielmals grüßen, besonders die Kinder. Als Dein Mittagsbrief kam, entstand ein großer Streit zwischen Felix und Gerti, wer Deinen Brief früher lesen dürfe. Es war schwer zu entscheiden, für Felix sprach sein Alter und die Tatsache, daß er den Brief vom Briefträger gebracht hatte, Gerti führte für sich an, daß sie mit Dir noch besser befreundet gewesen sei als Felix. Leider entschied die Gewalt und Gerti ließ

auf die ihr eigentümliche großartige Weise die Unterlippe hängen.
– Hast Du schon Grieg gehört? Das ist eigentlich die letzte ganz
deutliche Erinnerung, die ich an Dich habe; wie Klavier gespielt
wird, und Du ein wenig gebeugt, ein wenig verregnet dastehst und
Dich vor der Musik demütigst. Mögest Du dieser Haltung immer
fähig bleiben! Lebe recht wohl! Dein K.

Und die Stimme? Der Arzt? – Meine Adresse in Prag, wohin ich
allerdings erst in etwa 14 Tagen kommen werde, ist Altstädter
Ring No. 6 III Stock.

An Robert Klopstock

[Müritz, Anfang August 1923]
Mein lieber Robert, niemals kann ich aus eigener Erfahrung verstehn, niemals auch werde ich die Möglichkeit haben zu verstehn, daß man als ein sonst fröhlicher, im wesentlichen sorgenloser Mensch nur an der Lungenkrankheit zugrundegehn kann. Irren Sie wirklich nicht hinsichtlich Glaubers? Ist es wirklich so weit, wie er nur immer behauptet hat, ohne daß jemand es ihm glauben wollte? Und nun noch dieser regnerische Sommer, die baufällige »Tatra«, die unerbittlichen Berge, das ist schlimm. Für ihn und Sie.
Hinsichtlich Ihrer Krankheit mache ich mir keine Sorgen. Sie sind nachlässig beim Essen, nachlässig hinsichtlich der Verkühlung, da kann leicht etwas geschehn, ohne daß es etwas bedeutet.
Mein Kopf und Schlaf ist schlecht, besonders in den letzten Tagen, frei war mein Kopf schon lange nicht, die Kolonie, die mir am Anfang nur Schlaf gegeben hat, nimmt mir ihn jetzt auch sehr, wird mir ihn aber vielleicht wieder einmal geben, es ist eben ein lebendiges Verhältnis.
Montag morgen fahren wir von hier fort, ich könnte freilich noch bleiben, wenn ich allein bleiben könnte. Von der Kolonie allein könnte ich in diesem Sinne nicht leben, denn dort bin ich nur Gast. Und nicht einmal ein eindeutiger Gast, was mich schmerzt, nicht eindeutig, denn mit der allgemeinen Beziehung kreuzt sich eine persönliche.
Aber was es da an störenden Einzelheiten auch geben mag, und wenn es auch zur Lebenserhaltung nicht hinreicht, das wichtigste in Müritz und über Müritz hinaus ist mir die Kolonie.
In Berlin bleibe ich ein, zwei Tage, bin ich nicht zu müde, mache

ich das Wagnis und fahre für einen Tag nach Karlsbad, d. h. von Berlin über Karlsbad nach Prag, was vielleicht nicht sehr teuer ist. Das Wagnis ist gedankenmäßig deshalb nicht so groß wie es in meiner Terminologie aussieht, weil ich in Gedanken mich schon daran gewöhnt hatte, nach Marienbad zu den Eltern zu fahren, die Eltern aber wegen des schlechten Wetters schon früher nach Prag fahren, so daß ich sie dort nicht mehr treffen würde. Es ist also deshalb für mich in gewissem Sinn ein kleineres Wagnis, über Karlsbad als direkt nach Prag zu fahren, so wie etwa der Kaiser von Rußland auch seine Reisepläne nicht willkürlich ändern durfte, denn nur auf den schon vorbereiteten Strecken war er vor Überfällen geschützt. Meine Lebenshaltung ist nicht minder großartig.
Und späterhin, nach Prag? Das weiß ich nicht. Hätten Sie Lust nach Berlin zu übersiedeln? Näher, ganz nahe den Juden?[7]   K
Gibt es etwas, was man einen akuten Lungenspitzenkatarrh nennt? Grüßen Sie, wer zu grüßen ist.

An Max Brod
[Berlin, Stempel: 8.VIII.1923]
Lieber Max, so lange habe ich nun schon nichts Eigentliches von Dir gehört. Wenn ich Dir jetzt ein paar Tage vor dem Wiedersehen hier im Berliner Gasthausgarten schreibe und jetzt im Hotel fortsetze, so ist es, um eine körperliche Verbindung mit Dir zu haben, noch ehe ich Dir die Hand reiche. Du warst sehr verschlossen in Deiner Ostseezeit. Wie mag es Dir gehn? Was mich betrifft: ich weiß nicht, wie mir ist. Jedenfalls fühle ich die böse Wirkung des erst eintägigen Alleinseins fast mit jeder neuen Stunde stärker. Dabei bin ich gar nicht allein, gestern abend z. B. war ich mit drei ostjüdischen Freundinnen bei den »Räubern«, einer Aufführung, welcher ich freilich nicht viel mehr anmerkte als meine große Müdigkeit. Zu Emmy werde ich kaum gehn, ich bin zu schwach, wozu noch beiträgt, daß ich nicht genau weiß, wie Emmy von mir denkt und in solchen Fällen alles fürchte. Dann auch noch dieses fortwährend drohende Berlin. Übermorgen komme ich wahrscheinlich zu Dir. Grüß die Frau und Felix und Oskar, von denen ich gar nichts gehört habe. Jetzt fällt mir ein: vielleicht bist Du beim Kongreß und ich treffe Dich gar nicht an. Das wäre gut für Dich und traurig für mich.   F

An Robert Klopstock
[Postkarte. Schelesen, Stempel: 27.VIII.1923]
So ist es also vorüber[8]. Was mögen Sie, Robert, und was mag er durchgemacht haben. Merkwürdig, daß (natürlich ohne sonstigen Vergleich) die zwei fröhlichsten Menschen, die es damals in Matlar gab, zuerst gestorben sind. Übrigens ist es unmöglich, sich mit solchen Dingen wirklich zu befassen, solange man noch aufrecht bei Tisch sitzt und das Herz einen noch knapp erträglichen Takt schlägt. Darüber gibt es eine unmenschlich-großartige Geschichte im Maggid[9], die von der Ader, die nur in der Todesfurcht zu sehen ist. – Ich war nicht in Karlsbad, bin jetzt in Schelesen bei Ottla. Puas Adresse: Berlin W 57 Viktoria Heim II Steinmetzstraße 16. Max ist in Prag. Hinsichtlich Berlins schreibe ich Ihnen. Wenn es dort nur nicht immerfort ärger würde. – Leben Sie wohl, ruhn Sie sich aus, grüßen Sie alle
F

An Max Brod
[Postkarte. Schelesen, Stempel: 29. VIII. 1923]
Lieber Max, sehr gerne würde ich ein paar Worte darüber hören, wie Du lebst und arbeitest. Die trübe Notiz über das Zurückkehren habe ich gelesen, sie bedeutet hoffentlich nichts Allgemeines. Über mich ist nichts zu sagen, ich mühe mich ab, ein wenig zuzunehmen – als ich hierherkam, habe ich $54^1/_2$ gewogen, ich habe noch niemals so wenig gewogen – aber es geht kaum, zu viel Gegenkräfte, nun, es ist ein Kampf. Die Gegend ist mir recht lieb und das Wetter war bisher freundlich, aber ich muß ein kostbarer Besitz der Gegenkräfte sein, sie kämpfen wie der Teufel oder sind es. Leb wohl, grüß Felix und Oskar.
F

An Max Brod
[Postkarte. Schelesen, Stempel: 6. IX. 1923]
Lieber Max, ich glaube nicht an den Ruin, Du hast leider manchmal meine Art des Blickes, aber glücklicherweise immer Deine Entschlußkraft. Warum Ruin? Hängen stärkste menschliche Beziehungen so sehr von äußeren Dingen ab? Wenn E. vorübergehend jetzt in den schlimmsten Zeiten etwa eine Stelle bei einem Kind annehmen würde, so wäre das zwar traurig, aber wäre es Ruin? Wenn

Du von Wut sprichst, so ist das eine Redeweise, welche weder Dir noch Deiner Sache entspricht. Es ist dumm von mir, über Dinge zu sprechen, die Dir gewisser sind als mir, aber ich bin wirklich dumm und unsicher im Kopfe und deshalb freut es mich, ein wenig eine Sicherheit auszusprechen wie etwa diese: Wut hat ein Kind, wenn sein Kartenhaus einstürzt, weil ein Erwachsener den Tisch rückt. Aber das Kartenhaus ist doch nicht eingestürzt, weil der Tisch gerückt wurde, sondern weil es ein Kartenhaus war. Ein wirkliches Haus stürzt nicht ein, selbst wenn der Tisch zu Brennholz zerhackt wird, es braucht überhaupt kein fremdes Fundament. Das sind so selbstverständliche ferne und herrliche Dinge. – An E. habe ich zwei Karten geschickt und nächsten Freitag vormittag bin ich bei Dir. Wann fährst Du nach Berlin? Wieviel kostet jetzt die Fahrt? Grüß Felix und Oskar, bitte.

An Carl Seelig[10]

[Schelesen, September 1923]

Sehr geehrter Herr,
ich bin für ein paar Tage auf dem Lande, Ihr Brief wurde mir nachgeschickt. Meinen herzlichen Dank für die freundliche Einladung. Leider kann ich mich jetzt an der Bücherfolge nicht beteiligen. Was aus früherer Zeit an Geschriebenem vorliegt, ist gänzlich unbrauchbar, ich kann es niemandem zeigen; in letzter Zeit aber bin ich weit abseits von Schreiben getrieben worden. Lassen Sie mir aber die Möglichkeit, später einmal vielleicht mich zu melden.
An Ihren Brief vor etwa zwei Jahren erinnere ich mich wohl, verzeihen Sie die alte Schuld. Es ging mir damals so schlecht, daß ich nicht einmal antworten konnte.
Ebensowenig wie der ersten kann ich Ihrer zweiten Aufforderung entsprechen, beide hängen ja auch zusammen und nicht nur äußerlich. Um ihnen zu entsprechen, ist zumindest eine gewisse Verantwortungskraft nötig, die mir augenblicklich fehlt. Auch könnte ich gewiß nur Namen nennen, die Ihnen gut bekannt sind.
Eine geringe Ausbeute, die Ihr liebenswürdiger Brief gemacht hat, nichtwahr? Es liegt nicht an ihm, daß es so ist.
Mit herzlichem Gruße
Ihr ergebener   Franz Kafka

An Robert Klopstock

[Postkarte. Schelesen, Stempel: 13. IX. 1923]

Lieber Robert, sollte wirklich die mensa für Sie nicht zu erreichen sein? Das wäre freilich schlimm, da werden wir etwas veranstalten müssen. Mit Max werde ich jedenfalls sprechen. Ist die Karinthy-Geschichte damals im Tagblatt erschienen? – Daß Sie schon in diesem Semester nach Berlin gehen sollten, daran dachte ich nur im ersten Rausch des Heims, unter den gegenwärtigen Verhältnissen wäre es zu schwierig, aber für später muß es in Sicht bleiben, dieses vereinsamte Prager Leben dürfen Sie nicht weiterführen, ein wenig Literatur im Kaffeehaus, ein wenig Streit mit dem Zimmerkollegen, eine bittere Mischung von Trauer und Hoffnung zwischen uns beiden, die Beziehung zu Max, das alles ist zu wenig oder nicht zu wenig, aber keine gute Nahrung, wenn mir auch freilich als einem Prager alles viel trüber erscheint als es in Wirklichkeit sein mag, aber selbst mit dieser Korrektur bleibt es noch trübe, an dem Ausblick gemessen, den man im Heim bekam. Palästina wäre mir ja auch sonst unerreichbar gewesen, angesichts der Berliner Möglichkeiten wäre es aber nicht einmal dringend. Freilich ist auch Berlin fast unerreichbar (Temperaturerhöhung habe ich auch und sonstiges) und es besteht die Gefahr, daß die Reise nach Palästina zur Reise nach Schelesen einschrumpft. Mag es wenigstens dabei bleiben und sich nicht zum Schluß nur die Reise mit dem Aufzug vom Altstädter Ring in mein Zimmer ergeben. Meine Mutter aber ist in Paris.   F

An Max Brod

[Postkarte. Schelesen, Stempel: 13. IX. 1923]

Lieber Max, ich komme wahrscheinlich noch nicht Freitag, ich wollte zu Vaters Geburtstag kommen, aber es ist zu schön, das Wetter nämlich, nicht meine Temperaturerhöhungen, und so bleibe ich. Schade, daß ich das Abendblatt nicht direkt hierher habe kommen lassen, so bekomme ich es nur sehr spät und unvollständig. Besonders schön war Borchardt, wie er unter Deinem Schutze stand und wie dieser Schutz mächtig war. Leb wohl.   F.

Klopstock schreibt: Jetzt bekomme ich wieder das Abendblatt – und warte so auf die Zeitung, auf Maxens Artikel, wie auf eine Begegnung mit einem lang nicht gesehenen sehr lieben und guten Freund.

An Max Brod

[Postkarte. Schelesen, Stempel: 14. IX. 1923]

Liebster Max, »daß äußere Dinge menschliche Beziehungen nicht beeinflussen«, so großrednerisch habe ich es wahrhaftig nicht gemeint, obwohl es mir sonst eine Lust ist, meinen Gegensatz mir zu vergegenwärtigen. Diesmal aber habe ich nicht nur von menschlichen Beziehungen gesprochen, sondern von den stärksten, und nicht von den stärksten äußern Dingen etwa von Schmerzen und Folterungen, sondern nur vom Marksturz, und nicht von einem beliebigen Menschen, sondern von Dir, und nicht von der Ausschließung von Beeinflussungen, sondern von der Ausschließung des »Ruins«. Das alles, Max, laß bitte auch weiter gelten und sei mir nicht böse. Was mich betrifft: eine kleine Gewichtszunahme ist da, äußerlich kaum zu merken, dafür aber jeden Tag irgendein größerer Mangel, es rieselt im Gemäuer, wie Kraus sagt. Erst gestern blieb ein alter Mann vor mir stehn und sagte: »Sie sind wohl nicht recht im Zeug?« Natürlich kamen wir dann auch auf die Juden zu sprechen, er ist Gärtner in einer jüdischen Villa, so weit ganz gute Leute, aber furchtsam wie alle Juden. Furcht ist ihre Natur. Dann ging er um einen zweiten Rückenkorb einer riesigen Menge trockenen Holzes in den Wald und ich begann meinen Puls zu zählen, weit über 110.

Glück zu Deiner Arbeit. F

An Robert Klopstock

[Postkarte. Prag, Stempel: 23. IX. 1923]

Lieber Robert, es ging nicht gut länger, ich fahre morgen, wenn nicht in den nächsten zwölf Stunden ein großes Hindernis aus dem finstern Hinterhalt mir entgegengeworfen wird, nach Berlin, aber nur für ein paar Tage, wahrscheinlich bin ich, wenn Sie herkommen, auch wieder hier. Mit Max konnte ich nur ganz flüchtig sprechen, er ist nämlich heute Samstag nach Berlin gefahren, vielleicht sehe ich ihn dort. Es fällt mir jetzt nur noch ein, von zwei Zeitschriften »Vers und Prosa« Verlag Rowohlt, Herausgeber Hessel, und von Ha-Auhel Das Zelt, Wien I Christinengasse 4, Herausgeber Höflich, habe ich Aufforderungen bekommen, ihnen wertvolle junge Schriftsteller zu nennen. Hätten Sie Lust? Leben Sie wohl! Ich bin natürlich ein wenig unruhig. F

An Robert Klopstock
[Postkarte. Berlin-Steglitz, Miquelstr. 8, Stempel: 26. IX. 1923]
Lieber Robert, hier wäre ich also. Bestimmtes ist natürlich noch nicht zu sagen. Mit Max habe ich hier gesprochen. Beim Abendblatt ist nichts, vier ungarische Redakteure sitzen unbeschäftigt im Pressdepartement, dagegen – und das wäre ja im Grunde auch viel besser – ist Max bereit und gewiß auch fähig, bei der Mensa die Freikarte für Sie durchzusetzen, er wird es sehr gern tun, Sie sollen gleich nach Ihrer Ankunft zu ihm kommen. Wissen Sie übrigens, daß Münzer schwer krank ist, Darmkrebs? Wenigstens sagte es mir meine Mutter.
Bis sich hier die Verhältnisse, die persönlichen meine ich, geklärt haben, schreibe ich ausführlicher oder, wahrscheinlicher, erzähle es mündlich. Meine Karte aus Prag haben Sie?

An Oskar Baum
[Postkarte. Berlin-Steglitz, Stempel: 26. IX. 1923]
Lieber Oskar, ich war jetzt eineinhalb Tage in Prag und nicht bei Dir, trotz dem großen Verlangen, Euch endlich zu sehn. Wie hätte ich aber kommen können vor der tollkühnen Tat, die darin besteht, daß ich für ein paar Tage nach Berlin gefahren bin. Innerhalb meiner Verhältnisse ist das eine Tollkühnheit, für welche man etwas Vergleichbares nur finden kann, wenn man in der Geschichte zurückblättert, etwa zu dem Zug Napoleons nach Rußland. Vorläufig geht es äußerlich leidlich, so wie übrigens auch damals. Wirst Du vielleicht in der nächsten Zeit nach Berlin kommen? (Das Bildhauerdrama!) Oder werden Dich Deine Kurse zurückhalten, von denen ich noch nicht weiß, ob man über sie traurig sein oder ob man sie ruhig hinnehmen soll.
Herzliche Grüße Dir und den Deinen F
Wenn Du einmal Aufträge für Berlin hast –

An Max Brod
[Postkarte. Berlin-Steglitz, Stempel: 28. IX. 1923]
Lieber Max, gestern, Donnerstag, war sie bei mir, es war meine erste gesellschaftliche Veranstaltung, die »Eröffnung des Hauses« und es wurden dementsprechend einige schwere Fehler gemacht,

die ich allerdings auch nächstens zum Teil nicht gutzumachen
wüßte. Sie hat sie freilich lieb und zart übersehn, aber nebenbei
könntest Du doch vielleicht gelegentlich noch nachhelfen. Zunächst
lud ich sie einfach telephonisch ein, um 5 zu kommen, eine
Formlosigkeit, die dadurch leider noch formloser wurde, daß man
damals leider im Telephon fast nichts verstand als ihr Lachen. Außerdem
hätte ich es vielleicht trotz allgemeinen Schwächezustandes
besser gemacht, wenn ich gewußt hätte, daß man in ihre Pension
gehn darf, ich hielt das für verboten, im Juli hatte es ganz diesen
Anschein. Ferner brachte sie ein paar Blumen, ich hatte keine. Ferner,
aber das war schon vielleicht kein Fehler, war Dora da und sie
war auch für die Veranstaltung unumgänglich. Das schlimmste
war freilich, daß ich bei der Ankunft schlief, einzigartigerweise
schlief. Sonst verlief es aber, glaube ich, leidlich; ein wenig unruhig,
nervös, fast überarbeitet scheint sie, aber tapfer und entsetzlich sehnsüchtig.
Für Sonntag wurde die Möglichkeit des Besuches des jüdischen
Erntefestes besprochen, ein Wagnis, nicht weniger für sie
als mich. Ich tue es wohl nicht.
Alles Gute! F

An Max Brod
[Postkarte. Berlin-Steglitz, Stempel: 2. X. 1923]
Lieber Max, eben warte ich auf Emmy, wir wollen einen kleinen
Vormittagsspaziergang machen in dieser schönen Gegend. Sonntag
nachmittag war ich bei ihr, machte wieder einige schwere Fehler,
schäme mich schon, immer das Gleiche zu wiederholen. Hauptgrund
freilich ist, daß ich, wenn ich dort unten etwa am Zoo aussteige,
einen großen Teil der Atemfähigkeit verliere, zu husten anfange,
noch ängstlicher werde als sonst, alle Drohungen dieser
Stadt sich gegen mich vereinigen sehe. Auch suche ich mich hier
draußen gegen die wirklichen Qualen der Preise zu schützen,
man hilft mir darin sehr, in der Stadt versagt das, gestern z. B.
hatte ich einen starken Anfall des Zahlenwahns und ich verstehe
viel besser Deine Sorgen, Du armer lieber unermüdlicher, unerschütterlicher
Kopf. Mein Zimmer, das mit 28 Kronen monatlich
gemietet war, kostete im September schon über 70 Kronen,
im Oktober wird es zumindest 180 Kronen kosten. Ich verstehe
auch gut, daß E. Trost braucht, aber in ihrem Zimmer schien

sie mir mutiger, kräftiger und, über Deine »letzte Rose« gebeugt, glücklich. – Übrigens kam sie heute nicht, hat abtelephoniert, kommt morgen, ist sehr lieb. – Inzwischen habe ich, was ich bis jetzt schon tagelang vermieden habe, den Steglitzer Anzeiger durchgesehn. Schlimm, schlimm. Es liegt aber Gerechtigkeit darin, mit dem Schicksal Deutschlands zusammenzuhängen, wie Du und ich. F
Nebenbei: Du hast leider auf die Mutter nicht beruhigend gewirkt.

An Max Brod
[Postkarte. Berlin-Steglitz, Stempel: 8. X. 1923]
Lieber Max, Emmy habe ich jetzt ein paar Tage nicht gesehn, einmal waren wir im Botanischen Garten recht freundschaftlich beisammen, wieder überwog der Eindruck der Tapferkeit den der Unruhe. Seitdem ist schlechteres Wetter, Steglitz lockt nicht mehr zu Spaziergängen und vor der Stadt fürchte wieder ich mich. Gestern Sonntag war E., wie mir telephoniert wurde, ein wenig unwohl. Übrigens war gleichzeitig auch mir nicht ganz gut, ein Husten, harmlos der Qualität nach, ärgerlich in der Quantität, kostete mich eine Nacht, ich blieb den Sonntag im Bett und er ist vorüber. Vielleicht erfahre ich heute etwas über E. – Über meine Zeiteinteilung ist noch nichts zu sagen, unmerklich, untätig verfliegen mir die Tage. Anders Dr. Weiß, mit dem ich gestern, er war bei mir, zum erstenmal sprach. Tätig, nervös, die Nervosität des Starken, verbittert-fröhlich, sogar erfolgreich (Eröffnung des Schauspieler-Theaters mit der Bergner als Tanja), außerdem machte ich ihm aufs Geratewohl Hoffnung, daß vielleicht in dem Cyklus Deiner Prager Besprechungen auch Nahar[11] an die Reihe kommt, er glaubts nicht. – Klopstock geht es, glaube ich, sehr schlecht, hält sich für »verkommen«, wagt deshalb nicht, zu Dir zu gehn, »seine Artikel erfüllen mich aber mit immer neuer Freude und die immer zunehmende Ehrfurcht mit der ich seine Sachen lese, wiedergeben mir selbst einen Teil der schon sinkenden Würde.«
Herzlichst F
Grüß Felix und Oskar.

An Carl Seelig

[Berlin-Steglitz, Herbst 1923]

Sehr geehrter Herr,
nun kann ich Ihnen doch etwas vorlegen, was Sie vielleicht freuen wird. Gewiß kennen Sie den Namen Ernst Weiß und wahrscheinlich auch etwas von seinen neueren, für mich manchmal unbegreiflich starken, wenn auch schwer zugänglichen Büchern (Tiere in Ketten, Nahar, Stern der Dämonen, Atua)[12]. Nun hat er aber außer diesen erzählenden Schriften auch eine Sammlung von Aufsätzen bereit, die er unter dem Titel »Credo quia absurdum« herausgeben würde. Diese Aufsätze haben meinem Gefühl nach alle Vorzüge seiner erzählenden Schriften, ohne sich abzuschließen wie jene.
Ich lege als Probe vor die Aufsätze: »Goethe als Vollendung« und den Titelaufsatz: »Credo quia absurdum«, außerdem, um Ihnen eine Vorstellung von seiner gegenwärtigen Arbeit zu machen, das erste Kapitel eines Romans: Daniel.
Einige Titel der in dem Aufsatzbuch zu vereinigenden Stücke wären:

        Mozart, ein Meister des Ostens
        Die Ruhe in der Kunst   Aktualität
        Das Leben des Rubens
        Daumier
        Ein Wort zu Macbeth
        Der Genius der Grammatik
        Rousseau
        Der neue Roman
        Cervantes
        Über die Sprache
        Frieden, Erziehung, Politik[13]

Ihre Meinung über eine Herausgabe des Buches teilen Sie bitte mir oder vielleicht noch besser gleich ihm direkt (Dr. Ernst Weiß, Berlin W 30, Nollendorfstraße 22a) mit. Jedenfalls bitte ich, die drei Beilagen, die er dringend benötigt, zurückzuschicken.
Mit besten Grüßen Ihr ergebener   Franz Kafka

An Felix Weltsch

[Postkarte. Berlin-Steglitz, Stempel: 9. X. 1923]
Lieber Felix, vielen Dank für die »Selbstwehr«, ich bin doch länger geblieben als ich dachte und hätte sie schwer entbehrt. Bei Lise war

ich noch nicht, die Tage sind so kurz, sie vergehn mir noch schneller als in Prag und glücklicher Weise viel unmerklicher. Daß sie so schnell vergehn, ist freilich traurig, es verhält sich eben so mit der Zeit, hat man einmal die Hand von ihrem Rad genommen, saust es an einem vorüber und man sieht für die Hand keinen Platz mehr. Über die nächste Umgebung der Wohnung komme ich kaum hinaus, diese ist freilich wunderbar, meine Gasse ist etwa die letzte halb städtische, hinter ihr löst sich das Land in Gärten und Villen auf, alte üppige Gärten. An lauen Abenden ist ein so starker Duft, wie ich ihn von anderswoher kaum kenne. Dann ist da noch der große Botanische Garten, eine Viertelstunde von mir, und der Wald, wo ich allerdings noch nicht war, keine volle halbe Stunde. Die Einfassung des kleinen Auswanderers ist also schön. – Noch eine Bitte, Felix; wenn Du kannst, nimm Dich ein wenig (Stellenvermittlung) des armen Klopstock an.

Herzliche Grüße Dir und den Deinen F

An Max Brod

[Postkarte. Berlin-Steglitz, Ankunftstempel: 16. X. 1923]
Lieber Max, Emmy hat es Dir wahrscheinlich schon gesagt, ich will nicht nach Prag, nicht jetzt, vielleicht in 2 Monaten. Deine Befürchtungen sind grundlos: die Zeitungen lese ich nicht, schlimme Folgen der Zeit am eigenen Leibe habe ich bis jetzt nicht gespürt, ich lebe, was das Essen betrifft, ganz genau, aber ganz genau so wie in Prag, bei schlechtem Wetter bleibe ich in meinem Zimmer, der Husten, den ich nur zufällig erwähnte, hat sich nicht wiederholt. Schlimmer ist allerdings, daß in der allerletzten Zeit die Nachtgespenster mich aufgespürt haben, aber auch das ist kein Grund zur Rückfahrt; soll ich ihnen erliegen, dann lieber hier als dort, doch ist es noch nicht so weit. Übrigens werde ich Dich ja bald sehn. Wirst Du so gut sein, mir eine Handtasche mit Wintersachen mitzubringen. Man würde sie als Dein Mitgepäck aufgeben, hier würdest Du den Schein dem Gepäckzustellungsdienst übergeben, nur in Bodenbach würdest Du allerdings Plage damit haben. Würdest Du es tun wollen? Mit E. war ich einigemal beisammen. Sie schien mir wieder fröhlicher und stärker, besonders, wenn sie mit Prag telephoniert hatte. Dein F

Drei Aufsätze, die mir E. gab, haben mir große Freude gemacht.

An Robert Klopstock
            [Postkarte. Berlin-Steglitz, Stempel: 16. X. 1923]
Lieber Robert, Frýdek, ein guter Ausweg; daß Sie ihn gefunden haben, freut mich sehr. Wann soll die Prüfung geschehn? – Hinsichtlich meiner, unnötige Besorgnisse: wenn es nur irgendwie geht, will ich sehr gern den Winter hier verbringen. Wäre mein Fall ganz neu in der Geschichte, wäre die Besorgnis berechtigt, aber es gibt ja Vorgänger, auch Columbus z. B. hat die Schiffe nicht gleich nach ein paar Tagen wenden lassen. – Was mein Essen betrifft: ich esse nicht in großer Gesellschaft, habe also nur Gelegenheit zu innerer Scham. Übrigens ist hier in Steglitz das Leben friedlich, die Kinder wohl aussehend, die Bettelei nicht beängstigend, der Fundus aus früheren reichen Zeiten immer noch großartig und in gegenteiligem Sinne beschämend. Vor der innern Stadt freilich halte ich mich zurück, war nur dreimal dort, mein Potsdamer Platz ist der Platz vor dem Steglitzer Rathaus, noch er mir zu lärmend, glücklich tauche ich dann in die wunderbar stillen Alleen.
Alles Gute   F
An Max und Felix habe ich geschrieben, gehn Sie zu ihnen.

An Max Brod
            [Berlin-Steglitz, Ankunftstempel: 25. X. 1923]
Lieber Max, es ist wahr, ich schreibe nichts, aber nicht deshalb, weil ich etwas zu verbergen hätte (soweit das nicht mein Lebensberuf ist) und noch viel weniger deshalb, weil ich nicht nach einer vertrauten Stunde mir Dir verlangen würde, einer Stunde, wie wir sie, so scheint es mir manchmal, seit den oberitalienischen Seen nicht mehr gehabt haben. (Es hat einen gewissen Sinn, das zu sagen, weil wir damals jene, der Sehnsucht vielleicht gar nicht werte, aber wirklich unschuldige Unschuld hatten und die bösen Mächte, in gutem oder schlimmem Auftrag, erst die Eingänge leicht betasteten, durch die sie einmal einzubrechen sich schon unerträglich freuten.) Wenn ich also nicht schreibe, so hat das vor allem, wie es bei mir in den letzten Jahren immer zum Gesetz wird, »strategische« Gründe, ich vertraue Worten und Briefen nicht, meinen Worten und Briefen nicht, ich will mein Herz mit Menschen, aber nicht mit Gespenstern teilen, welche mit den Worten spielen und die Briefe mit hängender Zunge lesen. Besonders Briefen vertraue ich nicht und

es ist ein sonderbarer Glaube, daß es genügt, den Briefumschlag zuzukleben, um den Brief gesichert vor den Adressaten zu bringen. Hier hat übrigens die Briefzensur der Kriegszeit, die Zeit besonderer Kühnheit und ironischer Offenheit der Gespenster, lehrreich gewirkt.

Aber ich schreibe auch deshalb wenig (noch etwas vergaß ich zum Vorigen zu sagen: manchmal scheint mir überhaupt das Wesen der Kunst, das Dasein der Kunst allein aus solchen »strategischen Rücksichten« erklärbar, die Ermöglichung eines wahren Wortes von Mensch zu Mensch), weil ich ja, wie es natürlich ist, mein Prager Leben, meine Prager »Arbeit«, von der auch nur sehr wenig zu sagen war, fortsetze. Du mußt auch bedenken, daß ich hier halb ländlich lebe, weder unter dem grausamen, noch aber auch unter dem pädagogischen Druck des eigentlichen Berlin. Das ist auch verwöhnend. Ich war einmal mit Dir bei Josty, einmal bei Emmy, einmal bei Pua, einmal bei Wertheim, um mich photographieren zu lassen, einmal um mir Geld zu holen, einmal um mir eine Wohnung anzusehn – das sind gewiß alle meine Ausflüge nach Berlin in diesen vier Wochen gewesen und von fast allen kam ich elend zurück und tief dankbar, daß ich in Steglitz wohne. Mein »Potsdamer Platz« ist der Steglitzer Rathausplatz, dort fahren zwei oder drei Elektrische, dort vollzieht sich ein kleiner Verkehr, dort sind die Filialen von Ullstein, Mosse und Scherl, und aus den ersten Zeitungsseiten, die dort aushängen, sauge ich das Gift, das ich knapp noch ertrage, manchmal (gerade wird im Vorzimmer von Straßenkämpfen gesprochen) augenblicksweise auch nicht ertrage –, aber dann verlasse ich diese Öffentlichkeit und verliere mich, wenn ich noch die Kraft dazu habe, in den stillen herbstlichen Alleen. Meine Straße ist die letzte annähernd städtische, dann löst sich alles in den Frieden von Gärten und Villen auf, jede Straße ist ein friedlicher Gartenspazierweg oder kann es sein.

Mein Tag ist ja auch sehr kurz, ich stehe zwar gegen 9 Uhr auf, aber liege viel, besonders nachmittag, ich brauche das sehr. Ein wenig lese ich hebräisch, in der Hauptsache einen Roman von Brenner[14], aber es wird mir sehr schwer, doch ist trotz aller Schwierigkeit das Lesen von bisher 30 Seiten keine Leistung, mit der man sich rechtfertigen kann, wenn für vier Wochen Rechenschaft gefordert wird. *Dienstag.* Als Roman freut mich übrigens das Buch nicht sehr. Ich hatte vor Brenner seit jeher Ehrfurcht, ich weiß nicht genau warum, Gehörtes und Phantasiertes mischten sich darin, immer wurde von seiner Trauer gesprochen. Und »Trauer in Palästina«? –

Sprechen wir lieber von der Berliner Trauer, weil sie näher ist. Eben unterbricht mich das Telephon, Emmy. Sie hätte schon Sonntag kommen sollen, schade daß sie nicht kam, es war auch sonst Besuch da, der sie zerstreut hätte, eine kleine Müritzer Bekannte und ein junger Berliner Maler, zwei schöne junge Menschen von gefangennehmendem Liebreiz, ich hatte viel davon für Emmy gehofft, die jetzt so tief in den Aufregungen des Tages und in jenen der Liebe ist. (Glaube übrigens nicht, daß ich Gesellschaften gebe, es ergab sich zufällig und einmal, ich fürchte mich vor Menschen genau so wie in Prag.) Aber sie kam nicht, war verkühlt. Dann sprachen wir gestern telephonisch miteinander, sie war aufgeregt, Berliner Aufregungen (Furcht vor Generalstreik, Schwierigkeiten des Geldwechselns, die aber gerade nur beim Zoo und vielleicht nur gestern zu bestehen schienen, heute z. B. wurde am Bahnhof Friedrichstraße ohne jedes Gedränge gewechselt), Berliner Aufregungen mischten sich mit Prager Leiden (ich konnte nur sagen: Max schreibt etwas vom neunten) und die Berliner sind hier wirklich ansteckend, ich hatte nach dem Telephongespräch noch in der Nacht mit ihnen zu kämpfen. Jedenfalls versprach sie aber heute abend zu kommen und ich hoffte, inzwischen tröstende Kraft angesammelt zu haben, aber nun telephoniert sie, daß sie nicht kommen kann, gibt Gründe für ihre Aufregung an, es ist aber offenbar nur einer, die andern lagern sich nur als Verzierung herum, das Datum Deiner Reise. Die Hochzeit wird als Verhinderungsgrund nicht anerkannt, »soll er zur Abwechslung auch einmal andern die Herzen brechen«. Ähnliches glaube ich auch schon in Prag bei ähnlichen Gelegenheiten gehört zu haben. Armer, lieber Max! Glücklich-unglücklicher! Wenn Du mir irgendeinen Rat geben zu können glaubst, was ich bei E. nützen kann, ich werde es gewiß tun, ich selbst weiß augenblicklich nichts. Ich fragte, ob ich morgen zu ihr kommen könnte, sie sagte, sie wisse nicht, wann sie zuhause sein werde (alles sehr freundlich und aufrichtig), früh nehme sie eine Stunde, nachmittag sei sie bei einer Freundin, »die auch verrückt ist« (sie hatte mir schon von ihr erzählt), schließlich einigten wir uns darauf, morgen wieder telephonisch miteinander zu sprechen. Das ist alles, wenig und viel.

Mittwoch. Eben um 9 Uhr habe ich wieder mit E. gesprochen, es scheint viel besser zu stehn, das heutige telephonische Abendgespräch mit Dir wirft seinen Trost voraus. Wahrscheinlich kommt sie heute abend. Neues telephonisches Gespräch, neue Änderung. E. läßt sagen, daß sie schon mittag kommt. Immer denke ich daran, wie die Liebe und die Musik E. erhöht, aber gelöst haben muß, daß sie, die früher in einem harten Leben höchst tapfer gelebt hat, jetzt in einem trotz aller Berliner Schrecken äußerlich doch viel leichteren Leben unter dem Äußerlichen so sehr leidet. Ich für meinen Teil verstehe dieses letztere sehr gut, viel besser noch als sie, aber ich hätte ja ihr früheres Leben nicht ertragen.

Noch zu Deinen Fragen: Von dem geringen Hebräischen sprach ich schon. Außerdem wollte ich in die kaum eine Viertelstunde entfernte berühmte Gärtnerschule in Dahlem gehn, ein Hörer, ein Palästinenser, ein Bekannter von D. (Diamant ist der Name), hat mich aber durch seine Informationen, mit denen er mich aufmuntern wollte, abgeschreckt. Für den praktischen Unterricht bin ich zu schwach, für den theoretischen zu unruhig, auch sind die Tage so kurz und bei schlechtem Wetter kann ich ja nicht ausgehn, so ließ ich es sein.
Nach Prag wäre ich gewiß gefahren, trotz der Kosten und der Mühe, schon nur um mit Dir beisammenzusein und endlich Felix und Oskar einmal zu sehn (in einem Brief an E. steht ein schrecklicher Satz über Oskar, ist das nur eine stimmungsmäßige Bemerkung oder eine Tatsache?), aber Ottla riet mir ab und schließlich auch die Mutter. Es ist auch besser so, ich wäre dort noch nicht Gast, hoffentlich kann ich so lange fort bleiben, daß ich es werde.

Dein F

Gib mir einen Rat wegen Deines Bruders Hochzeit. Grüß die Schwester und den Schwager von mir.
Bis November kann ich wegen der Wintersachen gut warten.
Worin bestehen Deine Arbeiten? Der Roman ruht?

An den Verlag Kurt Wolff
   [Postkarte. Berlin-Steglitz, Eingangsstempel: 26. Okt. 1923]
Sehr geehrter Verlag,
den Rechnungsabschluß habe ich erhalten, die Büchersendung wäre mir sehr willkommen. Könnte ich auf die Auswahl der

Bücher Einfluß haben? Ich lebe jetzt zeitweise in Berlin (bei Moritz Hermann, Berlin-Steglitz, Miquelstraße 8), dies würde wohl die Sache erleichtern? Hochachtungsvoll F. Kafka

An Robert Klopstock

[Postkarte. Berlin-Steglitz, Stempel: 25. X. 1923]

Lieber Robert, hoffentlich leben Sie dort unter den Freunden friedlich nach der Prager Hetze (übrigens schrieb mir Max, der Sie im Vorübergehn einmal gesehen hat, daß Sie nicht schlecht aussehn, daran halte ich mich, wenn ich an Sie denke) und vielleicht läßt die Chemie auch noch etwas für Hebräisch übrig. Ich komme darin sehr langsam vorwärts, die Ferien und Schelesen haben mich viel und besonders das regelmäßige verzweifelte Lernen vergessen lassen, jetzt bin ich vier Wochen hier und habe 32 Seiten in einem Roman von Brenner gelesen, also jeden Tag eine Seite. »Schechól uchischalón«* heißt das Buch, lösen Sie diese chemische Formel. Ein für mich in jeder Hinsicht schweres Buch und nicht sehr gut. Pua hat mir zweimal beim Lesen geholfen, jetzt habe ich sie aber schon fast vierzehn Tage nicht gesehn. – Eine der hier möglichen Unternehmungen ist gescheitert, sie war allerdings noch kaum in scheiterungsfähigem Stadium. Nahe von mir in Dahlem ist eine berühmte Gärtnerschule, in die ich eintreten wollte; Informationen eines dort lernenden Palästinensers, der mich aufmuntern wollte, haben mich abgeschreckt. Zur praktischen Gärtnerarbeit bin ich zu schwach, zur theoretischen zu unruhig, ich werde die Unruhe in andere Richtungen schicken müssen.

Das große Butterpaket kam in ausgezeichnetem Zustand an, vielen Dank.

Wie geht es Ihrer Mutter und dem Bruder?

Grüßen Sie Steinberg!

An Max Brod

[Berlin-Steglitz, Ankunftstempel: 27. X. 1923]

Lieber Max, nur ein paar Worte zu Deiner Karte, meinen Brief hast Du ja inzwischen bekommen. E. war also Mittwoch Mittag bei mir, ich habe sie eigentlich durch ein Brot hergelockt, das in Steg-

---

* In hebräischer Kursivschrift. — »Unfruchtbarkeit und Scheitern«.

litz leicht, in Berlin am Dienstag, nicht aus wirklichem Mangel, sondern aus andern undurchsichtigen, bei den hiesigen Zuständen täglich neu sich bildenden Ursachen schwierig zu haben war, (übrigens nur Dienstag, E. hat dann auch das Brot nicht für sich behalten, sondern es der Schwester geschenkt). Nun, E. war aufgeregt, was allerdings nicht hindert, daß sie zwischendurch auch munter war und gelacht hat. Aber diese Aufregung nur auf die Berliner Zustände zurückzuführen, das geht nicht. Die Aufregung und die Berliner Zustände hängen eben nur so zusammen, daß ein eintägiger Brotmangel, eine einmalige Schwierigkeit beim Geldwechseln genügt, um die Tür für allen andern Jammer zu öffnen. Und diesem andern Jammer, nicht dem ersten, ist schwer zu begegnen. Übrigens hatte ich schwächliche Ausreden zu allem, nur zu dem einen nicht, wenn sie sagte, daß sie im Grunde auf alles verzichte und sich vollständig damit zufrieden geben würde, wenn Du nur alle vier Wochen für zwei Tage kämest. Was ist dazu zu sagen? Besonders, wenn sie hinzufügt, daß Du zu der Winkler-Zeit, wenn es nötig oder nur nützlich oder auch nur angenehm gewesen wäre, sofort auf ihre Bitte oder auch nur auf ein Wort, eine Andeutung hin gekommen wärest, über alle Hochzeiten hinweg. Und daß sie doch nicht mehr verlangt, als daß Du kommst. Nun, man kann auch darauf gut antworten, aber es ist in diesem Fall nicht passend.

Aber das alles ist ja für den Augenblick nicht mehr aktuell. Nach dem Telephongespräch mit Dir rief mich E. an, fröhlich, glückstrahlend, alles sei gut, etwas von »neugeboren« sagte sie, aber einen bessern, stärkern Ausdruck. Ich führte die Wendung hauptsächlich darauf zurück, daß sie vom Schauspielertheater engagiert ist – eine, wie es auch sei, wirklich ausgezeichnete, geradezu befreiende Sache – nach Deiner Karte sehe ich aber, daß die Abwälzung ihres Leides auf Dich auch viel zur »Neugeburt« beigetragen hat. Der Prager oder Aussiger Plan scheint mir nicht richtig und sehr gefährlich, nur in der Arbeit und der Musik ist Rettung, die äußern Verhältnisse sind bis jetzt bei weitem nicht so schlimm, wie Du glaubst, im allgemeinen vielleicht, im besondern gewiß nicht, ich lebe z. B. bis jetzt, was das Essen betrifft, genau so wie in Prag, Butter schickt man mir allerdings, aber auch sie ist zu haben. Nur um Dir eine Vorstellung von den Preisen zu geben; gerade an dem Telephongesprächstag aß ich zu Mittag in der Stadt, in einem vegetarischen Restaurant in der Friedrichstraße (ich esse sonst immer zuhause, seitdem ich hier bin, war es das zweite Gasthausessen), ich mit D. Wir hatten: Spinat mit Setzei und Kartoffeln (ausgezeichnet, mit guter Butter gemacht, an Menge allein schon sättigend), dann Gemüseschnitzel, dann Nudeln mit Apfelmus und Pflaumenkompot (davon gilt dasselbe wie vom Spinat), dann ein Pflaumenkompot extra, dann einen Tomatensalat und eine Semmel. Das Ganze hat mit übermäßigem Trinkgeld etwa 8 Kronen gekostet, das ist doch nicht schlimm. Vielleicht war es eine Ausnahme, von Zufällen des Kursstandes beeinflußt, die Teuerung ist wirklich sehr groß, abgesehen vom Essen sich irgendetwas zu kaufen, ist unmöglich, aber wie gesagt, Essen gibt es noch in Berlin, und recht gutes. Darüber mach Dir keine Sorgen.

Grüß Felix und Oskar, sag ihnen ein gutes Wort von mir.

Vielleicht gehe ich heute mit E. ins Theater, »Volksfeind« mit Klöpfer. Ich war bis jetzt noch keinen Abend von zuhause fort.

An Robert Klopstock

[Berlin-Steglitz, Oktober 1923]

Lieber Robert, ich bekomme den Brief Mittwoch vormittag; wenn Sie die Geschichte Freitag haben sollen, müssen wir uns beeilen, ich und die Post. Im übrigen macht es mir durchaus nur Freude, Ihre Übersetzungen durchzusehn, schicken Sie nur, was Sie haben. Die Geschichte selbst scheint mir recht gut, nur habe ich bei diesen Geschichten von K.[15] meistens einen unangenehmen Nebeneindruck, so als ob dieser Einfall, an sich selbst erträglich gut, immer der letzte wäre, wie wenn der arme Mann immer seinen letzten Kreuzer ausgeben würde und man außer der Münze auch noch die leere Tasche zu sehen bekäme. Ich weiß nicht, woran das liegt, da doch sein Reichtum zweifellos ist. – Die Übersetzung ist sehr gut. Nur ein paar Bemerkungen: Der Titel ist richtig, wäre aber nicht stärker, einfach: »Ohne Kopf« oder »Kopflos.«

6) ich würde »schleppen« wählen, auch »ziehen« enthält Qual und ist abseitiger. »bewegen« wäre ohne diese Qual – Dieses Ganze: »ziehen« und »Spur hinterlassen« erinnert zu sehr an kriechende Raupen.

feinen Zeuges Stoff – klingt nicht schlecht, aber Zeug und Stoff ist das gleiche;

was ist das: Glaubender?

Die andern Dinge habe ich im Text eingetragen.

Das Krausbuch[16] habe ich bekommen, schön, lieb und verschwenderisch war es, daß Sie es geschickt haben, es ist lustig, wenn es auch nur eine Nachgeburt der »Letzten Tage«[17] ist. Sonst lese ich nur wenig und nur hebräisch, keine Bücher, keine Zeitungen, keine Zeitschriften oder doch: die »Selbstwehr«. Warum schicken Sie nicht der »Selbstwehr« etwas, die Ihnen weit offensteht. Ich hätte gedacht, daß Sie schon am 1. November in Prag sein wollten. Ja, Wien ist schön, nach der Berliner Zeit übersiedeln wir dann nach Wien, ja?

Ich verkehre mit sehr wenigen Menschen, mit Dr. Weiss habe ich einmal gesprochen, mit Pua seit fünf Wochen nicht, sie ist ganz verschollen, antwortet auf Karten nicht.

Mein Gesundheitszustand ist erträglich.

Am 15. November übersiedle ich in eine neue Wohnung, in der Nähe. Die Adresse schicke ich nächstens.

Leben Sie wohl, alles Gute Ihren Träumen und Arbeiten

Ihr F

»Schechol uchischalon« sind zwei Hauptworte, die ich auch nicht ganz verstehe, jedenfalls versuchen sie den Inbegriff des Unglücks darzustellen. »Schechol« heißt wörtlich Kinderlosigkeit, also vielleicht Unfruchtbarkeit, Fruchtlosigkeit, sinnlose Anstrengung, und »Kischalon« heißt wörtlich: Straucheln, Fallen.

An Robert Klopstock

[Postkarte. Berlin-Steglitz, Stempel: 31. X. 1923]
Lieber Robert, bitte, nicht übertreiben hinsichtlich Berlins. Daß ich hierhergefahren bin, war ungeheuerlich, aber weitere Ungeheuerlichkeiten sind dem hier vorläufig nicht gefolgt, also soll man es nicht durch Lobsprüche schrecken. Es ist nicht einmal ausgeschlossen, daß mich die unheimliche Teuerung – vorläufig nicht, wohl aber wenn sie sich weiter mit gleicher Unermüdlichkeit steigert – vertreibt. Bis jetzt geht es mir äußerlich gut, man kann nicht besser versorgt sein, als ich es bin. – Daß Sie eine neue Übersetzung von Klarissa[18] gemacht haben, hat mir einen schmerzhaften Stich gegeben. Sie war doch vorzüglich übersetzt, warum noch einmal diese Arbeit, besonders jetzt, da ich – vielleicht ist es eine Täuschung dann aber eine starke – in Ihren letzten Briefen ein solches Verlangen und darüber hinaus eine solche Kraft zu eigener Arbeit fühle

wie niemals früher. Es wäre vielleicht gar nicht übel, wenn Sie sich nach dem Rigorosum wieder nach Frýdek, in die Stille flüchten könnten. Trotzdem, wie ich in der »Selbstwehr« lese, gerade heuer eine Überfülle hebräischer Dinge dort[19] geplant ist. Hier muß ich zu solchen Dingen stundenlang fahren, dort hätte ich es hundert Schritte vom Haus und doch unerreichbar weit.

Ihr F.

An Max Brod
[Postkarte. Berlin-Steglitz, Stempel: 31. X. 1923]
Liebster Max, ich schreibe Dir erst morgen, wenn ich auch weiß, was E. tun wird. Freilich, schwer ist die Sache, bestürzend schwer, obwohl man, da von beiden Seiten höchste Bereitwilligkeit letzten Endes vorhanden ist, an eine leichte Ausgleichsmöglichkeit glauben sollte. Manches verstehe ich auch nicht ganz; einmal in vier Wochen herzukommen wäre zu teuer. Aber die 14 Tage in Bodenbach wären doch viel teurer. Ich verstehe vorläufig auch nicht, wie gerade Bodenbach nervenberuhigend wirken soll. Ein kleines fremdes Landstädtchen im Spätherbst, und dort allein leben, ohne Arbeit und Bekannte, auf flüchtige Besuche aus Prag angewiesen sein und schließlich doch wieder nach Berlin – angenommen daß dies die Ursache aller Leiden wäre – zurückkehren müssen. Nun, der Beschluß ist ja noch nicht endgültig und morgen schreibe ich.

Dein F

Von Klopstock höre ich, daß er eine neue (!) Übersetzung von »Klarissa« gemacht hat und sie vier Agenturen schicken wird.

An Max Brod
[Berlin-Steglitz, Ankunftstempel: 2. XI. 1923]
Liebster Max, Du kommst also, wie ich von E. hörte. Wie ich es schon im zweiten Brief und in der Karte sagte, ich kann auch nur das für das Richtige halten. Nun ist auch über alles andere damit Zusammenhängende nichts weiter zu schreiben, denn wir werden einander ja bald sehn. Ich bin übrigens heute auch nicht im Besitze aller Geisteskräfte, zu viel mußte ich abgeben an ein ungeheueres Ereignis: ich werde am 15. November übersiedeln. Ein sehr vorteilhafter Umzug wie mir scheint. (Ich fürchte mich fast, diese Sache, die meine Hausfrau erst am 15. November erfahren wird, zwischen

ihren über meine Schultern hinweg mitlesenden Möbeln aufzuschreiben, aber sie halten, wenigstens einzelne, zum Teil auch mit mir.)
Was die Erbschaft betrifft, so ist das wirklich Gerede, aber ein, wie es scheint, verbreitetes, denn auch Else Bergmann hat mir schon davon geschrieben. Die Wahrheit ist, daß die Erbschaft brutto etwa 600.000 Kronen beträgt, auf welche außer der Mutter noch drei Onkel Anspruch haben. Das wäre nun freilich noch immer schön, aber leider sind die Hauptbeteiligten die französische und die spanische Regierung und Pariser und Madrider Notare und Advokaten.
Hinsichtlich der Freundin magst Du Recht haben, ein- bis zweimal huschte an solchen Stellen die Freundin durch das Gespräch. Übrigens hat E. neben der Zuneigung zu dieser Freundin auch eine sehr starke Abneigung ihr gegenüber, die man nur unterstützen müßte.
Bei Deinen Befürchtungen wegen der Zukunft vergißt Du, daß Du jetzt doch auch wertbeständiges Geld von Wolff bekommen mußt, der übrigens wahrhaftig ungeheuerliches Geld verdient haben muß.
Aus dem Theaterbesuch mit E. ist vorläufig nichts geworden, die Teuerung ist wirklich ungeheuerlich, zwei Theater kamen für mich in Betracht, Lessingtheater (»Rausch«[20], Kortner, Gerda Müller), und Schillertheater (»Volksfeind« mit Klöpfer), das erstere ist aber unbezahlbar, das letztere auf Tage hinaus ausverkauft und bei jedem Wetter kann ich nicht gehn.
Lebwohl und möge uns – unschuldig oder schuldig – noch einmal die Luganosonne scheinen. F.

An Valli Pollak

[Berlin-Steglitz, November 1923]
Liebe Valli,
der Tisch steht beim Ofen, eben bin ich vom Ofenplatz weggerückt, weil dort zu warm wird, selbst dem ewig kalten Rücken, meine Petroleumlampe brennt wunderbar, ein Meisterwerk sowohl der Lampenmacherei als auch des Einkaufs (sie ist aus einzelnen Stücken zusammengeborgt und zusammengekauft, freilich nicht von mir, wie brächte ich das zustande! eine Lampe mit einem Brenner, groß wie eine Teetasse, und einer Konstruktion, die es ermöglicht, sie anzuzünden, ohne Zylinder und Glocke abzunehmen; eigentlich hat sie nur den Fehler, daß sie ohne Petroleum nicht brennt, aber das tun wir andern ja auch nicht) und so sitze ich und

nehme deinen jetzt so alten, lieben Brief vor. Die Uhr tickt, sogar an das Ticken der Uhr habe ich mich gewöhnt, höre es übrigens nur selten, gewöhnlich dann, wenn ich besonders billigenswerte Dinge tue, sie hat, die Uhr, gewisse persönliche Beziehungen zu mir, wie überhaupt manche Dinge im Zimmer, nur daß sie jetzt, seitdem ich gekündigt habe (oder genauer: seitdem mir gekündigt worden ist, was in jeder Beziehung gut ist und im übrigen eine komplizierte seitenlang beschreibbare Angelegenheit ist), sich zum Teil von mir abzuwenden anfangen, vor allem der Kalender, von dessen Aussprüchen ich schon einmal den Eltern schrieb. In der letzten Zeit ist er wie verwandelt, entweder ist er ganz verschlossen, man braucht z. B. dringend seinen Rat, geht zu ihm, er aber sagt nichts weiter als: Reformationsfest, was ja wahrscheinlich einen tieferen Sinn hat, aber wer kann ihn auffinden; oder aber er ist bösartig ironisch, letzthin z. B. las ich etwas und hatte dazu einen Einfall, der mir sehr gut oder vielmehr bedeutungsvoll vorkam, so sehr, daß ich den Kalender darüber fragen wollte (nur bei so zufälligen Gelegenheiten antwortet er im Laufe seines Tags, nicht etwa, wenn man zu bestimmter Stunde pedantisch das Kalenderblatt abreißt), »Manchmal findet auch ein blindes Huhn usw.« sagte er; ein anderesmal war ich entsetzt über die Kohlenrechnung, worauf er sagte: »Glück und Zufriedenheit ist des Lebens Seligkeit«, darin liegt freilich neben der Ironie eine beleidigende Stumpfsinnigkeit, er ist ungeduldig, er kann es schon gar nicht aushalten, daß ich wegkomme, vielleicht aber ist es auch nur, daß er mir den Abschied nicht schwer machen will, vielleicht wird hinter dem Kalenderblatt meines Ausziehtages ein Blatt kommen, das ich nicht mehr sehen werde und auf dem irgend etwas stehn wird, wie: »Es ist bestimmt in Gottes Rat usw.«. Nein, man darf doch nicht alles aufschreiben, was man von seinem Kalender denkt, »er ist doch auch nur ein Mensch«.

Wenn ich dir in dieser Weise von allem schreiben wollte, womit ich in Berührung komme, käme ich natürlich zu keinem Ende und es bekäme den Anschein, als wenn ich ein sehr bewegtes Gesellschaftsleben führen würde, in Wirklichkeit ist es aber sehr still um mich, übrigens niemals zu still. Von den Aufregungen Berlins, den schlimmen und den guten, erfahre ich wenig, von den ersteren natürlich mehr. Weiß übrigens Peppa, was man in Berlin sagt, wenn man gefragt wird: »Wie gehts?« Ach, er weiß es ja gewiß, ihr wißt alle über Berlin mehr als ich. Nun auf die Gefahr hin, etwas ganz

Veraltetes zu sagen, sachlich ist es ja noch immer aktuell, man sagt: »Mies mal Index.« Und dieses: Einer erzählt begeistert vom Leipziger Turnfest: » – der ungeheure Anblick, wie die 750.000 Turner einmarschiert sind!« Der andere sagt, langsam rechnend: »Na, was ist denn das, dreieinhalb Friedensturner.«

Wie geht es (das ist schon gar kein Witz mehr, aber hoffentlich auch nichts Trauriges) in der jüdischen Schule? Hast du den Aufsatz des jungen Lehrers in der »Selbstwehr« gelesen? Sehr gut gemeint und eifrig. Wieder habe ich gehört, daß es Arnstein sehr gut geht und Frl. Mauthner soll das ganze palästinensische Turnen reformiert haben. Dem alten Ascherman mußt du seinen Geschäftssinn nicht übelnehmen, es ist immerhin schon etwas Ungeheures, seine Familie auf den Rücken zu nehmen und durch das Meer nach Palästina zu tragen. Daß so viele es tun von seiner Art, ist kein kleineres Meerwunder als jenes im Schilfmeer.

Marianne und Lotte danke ich vielmals für ihre Briefe. Merkwürdig wie ihre Schriften, nebeneinandergestellt, vielleicht nicht ihre Wesensunterschiede, aber fast ihre Körperunterschiede darstellen, wenigstens scheint es mir so in diesen letzten Briefen. Marianne fragt, was mich aus ihrem Leben besonders interessiert, nun: was sie liest, ob sie noch tanzt (hier, in dem jüdischen Volksheim lernen alle Mädchen rhythmisches Tanzen, allerdings unentgeltlich) und ob sie noch die Brille trägt. Lotte soll ich von Anni G. grüßen. Ein liebes, schönes, kluges Kind (Lotte nämlich, aber auch Anni), sie lernt fleißig Hebräisch, kann schon fast lesen und ein neues Liedchen singen. Macht auch Lotte Fortschritte?

Nun ist aber schon allerhöchste Zeit, schlafen zu gehn. Nun war ich fast einen ganzen Abend bei euch und aus der Stockhausgasse in die Miquelstraße ist es so weit. Lebt wohl. . . . .

An Max Brod

[Berlin-Steglitz, Ankunftstempel: 5. XI. 1923]
Liebster Max, eine kurze Darstellung dessen, wie sich die Sache in einem heute allerdings aus verschiedenen Gründen etwas erschütterten Kopfe malt; das Material dazu habe ich hauptsächlich aus dem gestrigen, Donnerstägigen Gespräch mit E., die etwa von sieben bis zehn bei mir war, übrigens gerade zu der Zeit, als Dein Brief kam, den ich vor ihr nicht aufmachen wollte.

Darin hast Du gewiß recht: wenn die Berliner Verhältnisse so wären wie etwa voriges Jahr, das Leben leicht, die Möglichkeiten groß, angenehme Zerstreuungen u.s.w., dann wäre es sehr wahrscheinlich zu einem solchen Ausbruch nicht gekommen, aber nicht deshalb, weil in dem Vulkan kein Feuer wäre, es hätte sich nur andere Wege gesucht; das hätte unter Umständen friedliche Zeiten ergeben, dauernde gewiß nicht, denn es ist ein Mittelpunkts-Leid da, in welchem sich mancherlei mischt und das zu verschiedenen Zeiten – gar unter dem offenbar übermächtigen Einfluß Deiner Gegenwart – einen ganz verschiedenen Anblick gibt, aber immer da ist. Dazu kann man sich so verhalten, daß man sich mit dem äußerlichen Frieden begnügt. Das wäre ja auch wirklich sehr viel, denn schließlich kann ja auch nach diesem vorläufigen Frieden durch erwartete oder unerwartete Dinge einmal der wirkliche Friede kommen. Diesen vorläufigen Frieden kann nun das heutige Berlin nicht zustandebringen, auch wenn Du Dich übermenschlich anstrengst und Du scheinst das leider wirklich zu tun. Da es aber Berlin nicht kann, muß man nachhelfen und diese Nachhilfe wäre Dein Kommen alle vier Wochen. Das würde besser nähren als die besten Kistchen. Du mußt keine andern unmittelbaren Anlässe für den letzten Ausbruch suchen. Noch vor vierzehn Tagen beschränkte sich die Forderung nur auf Dein Kommen, erst jetzt ist sie so ungeheuerlich gestiegen. Ich glaube deshalb auch, daß sie sich durch Deinen persönlichen Einfluß wieder einschränken lassen wird und nur in dieser Hoffnung habe ich gestern den für Dich vielleicht schrecklichen, innerhalb meines Vorstellungskreises aber erlösenden Vorschlag gemacht, daß Ihr Euch in diesen letzten Tagen nicht mehr mit dem Hin und Her der Briefe und Telephongespräche quält, sondern alles dem Aug-in-Aug-Sein überlaßt, von dem sich dann wieder der »vorläufige Friede« erhoffen läßt.

Die jetzige Hauptforderung E's ist ungeheuerlich, das fühle ich, Max, tief mit Dir. Aber es ist nicht nur Eifersucht, obwohl auch diese nicht »sinnlos« wäre, wie Du schreibst. Es ist nicht nur Eifersucht – ich sage das nicht deshalb, weil Du es etwa nicht weißt, ich sage das, um Dir in diesem sonderbaren, versteckten, rätselhaften Leid nah zu sein – es ist auch Unmöglichkeit des Verstehns, so wie es auf Deiner Seite Unmöglichkeit der Erklärung ist. Du kannst doch nicht glauben, daß Du E. widerlegt hast, wenn Du sagst, »daß nur Pflicht mich hier in der Ehe festhält«. Was weiß sie alles an Unwiderleg-

lichem dazu zu sagen! Und an Selbstverständlichem. Es ist eben nicht nur »Pflicht«, aber es läßt sich im Augenblick nicht anders ausdrücken. Du darfst aber auch nicht hoffen, damit etwas zu widerlegen.
Übrigens sah E., vielleicht noch unter dem Einfluß des, wie sie sagte, »beglückenden« Telephongesprächs (das später durch Deinen Brief gänzlich widerrufen worden sein soll), recht gut aus, hatte auf der Probe Erfolg gehabt, hatte außerdem die Aussicht in einem Kirchenkonzert mitzusingen, so daß der Gesamteindruck durchaus nicht verzweifelt war, nur hie und da brach es hervor, dann waren es entweder Fragen die »Pflicht« betreffend, oder es war Angst vor der Beeinflussung und Einschläferung durch Dich, wenn Du hier sein wirst.

Der Mutter habe ich allerdings vor einiger Zeit geschrieben, daß Du nach Berlin kommen wirst; ich werde es jetzt widerrufen, aber auch sonst hätte es keine Bedeutung, ich kann mich doch geirrt haben. Wenn Du die Sachen mitnehmen kannst, – eine Last bleibt es, wie man es auch einrichtet – dann bring sie bitte; unbedingt nötig ist es aber nicht, es würde sich wohl auch sonst eine Gelegenheit finden, sie herzuschaffen. Bringst Du sie, dann gib einfach den Gepäckschein dem Bahnzustellungsdienst mit meiner jetzigen Adresse. Vielleicht werde ich Dir aber noch rechtzeitig meine neue (ab 15. November geltende) Adresse schicken, damit der Koffer der Einfachheit halber gleich hingebracht wird. Aber wichtiger als alles das ist, daß wir uns nun bald wiedersehn.
F

An den Verlag Kurt Wolff
[Postkarte. Berlin, Eingangsstempel: 19. Nov. 1923]
Sehr geehrter Verlag
besten Dank für Ihre Karte vom 29. Okt. und das Verlagsverzeichnis. Auf diese Weise geht es aber nicht. Das Verzeichnis enthält viel Verlockendes und dieses ist meist teuer. Was eine »entsprechende Auswahl« sein soll, weiß ich nicht. Ich bitte Sie deshalb, mir doch zu sagen, für wie viel Goldmark Sie mir ursprünglich Bücher zu schicken beabsichtigten. Danach werde ich dann gleich auswählen.
Hochachtungsvoll F. Kafka
Meine jetzige Adresse: Berlin-Steglitz, Grunewaldstraße 13, b. Hr. Seifert

BRIEFE AUS DEM JAHRE 1923

An Felix Weltsch
[Postkarte. Berlin-Steglitz, Stempel: 18. XI. 1923]
Lieber Felix, vielen Dank für die regelmäßige Zusendung und dafür, daß Du Dich unser hier annimmst, so schwer es Dir vielleicht fällt. Ich bin übrigens übersiedelt, veranlasse bitte die Umadressierung: *Berlin-Steglitz, Grunewaldstraße 13 bei Herrn Seifert*, und noch etwas; schreib mir bitte, wieviel ich schuldig bin, ich werde dann gleich meine Schwester anweisen, es zu bezahlen. Die Zusendung meines Prager Exemplars stell bitte ein, falls Du es nicht schon getan hast, ich bleibe wohl noch einige Zeit hier, trotz der besinnungslosen Teuerung. Bei Deinen Verwandten war ich noch immer nicht, so gerne ich es wollte, es wird mir zu schwer, in dieser Jahreszeit und bei der Kürze der Tage herumzuwandern. Zweimal in der Woche und nur bei gutem Wetter gehe ich ein wenig in die Hochschule für die Wissenschaft des Judentums, das ist schon das Äußerste, was ich zustandebringe. Herzlichste Grüße Dir, den Deinen und den Baumischen   Dein F

An Max Brod
[Postkarte. Berlin-Steglitz, Stempel: 25. XI. 1923]
Lieber Max, die letzten Tage habe ich mich viel mit Dir beschäftigt, die Mutter hat mir die Besprechungen aus dem Abendblatt geschickt, was für schöne frische lebendige Dinge, immerfort im Sattel. – Heute ist Ottla hier, ich glaube, zufrieden mit allem, was sie sieht. Was Dich betrifft, hab ich keine Angst. – Geld habe ich jetzt und werde im Laufe der Woche E. die 400 Kronen geben. Wie bewährt sich Euere neue Geldüberweisungsmethode? – Krank war ich nicht, es flackert eben nur das Lämpchen ein wenig, sonst ist es bis jetzt nicht schlimm. Es hat mich allerdings verhindert, zu E's Theater zu gehn, auch D. war unglücklicherweise an dem Tag nicht ganz wohl. Aber vielleicht wird das Stück Weihnachten wiederholt. – Was Du über die Mängel des Beisammenseins in Berlin sagst, ist wahr. Aber es ist auch ein Mangel meiner selbst, mehr als ein Mangel Berlins. Bleibe uns die Hoffnung auf Besseres erhalten. Übrigens habe ich das Gefühl, daß Du jetzt – von unvermeidlichen Störungen Deines komplizierten und durch seine Heldenhaftigkeit doch einfachen Lebens abgesehn – frei und sicher lebst, wie kaum jemals früher, auch die Aufsätze beweisen es. – Streichle Felix und Oskar ein wenig für mich. – Alles Gute!   F
Dora grüßt schön.

BRIEFE AUS DEM JAHRE 1923

An den Verlag Kurt Wolff

[Berlin-Steglitz, Ende November 1923]

Sehr geehrter Herr Meyer,

aus der Zeit, die seit Ihrer freundlichen Karte wieder verstrichen ist, können Sie entnehmen, wie schwer mir die Sache wird. Es ist aber auch ein zu großes und zu einmaliges Ereignis in diesen Zeiten, Bücher aus der Fülle auswählen zu dürfen.

Es würde sich also um folgende Bücher handeln (wobei ich die Einschränkung mache, daß ich mich dort, wo der Einband teuer ist, also besonders bei den Stundenbüchern sehr gern mit kartonierten Exemplaren begnüge):

Hölderlin	Gedichte
Hölty	Gedichte
Eichendorff	Gedichte
Bachhofen	Japanischer Holzschnitt
Fischer	Chinesische Landschaft
Perzynski	Chinesische Götter
Simmel	Rembrandt
Gauguin	Vorher und Nachher
Chamisso	Schlemihl
Bürger	Münchhausen
Ein Band	von Hamsun
Kafka	1 Heizer
1 oder 2	Betrachtung / Verwandlung / Landarzt / Strafkolonie

Das ist also die Liste, es ist trotz aller Gegenmühe wieder viel zu viel geworden, aber da auch zehn weitere Versuche nicht besser ausfallen würden, mag es jetzt schon so weggehn.

Mit bestem Dank und Gruß

ergeben   Kafka

Berlin-Steglitz
Grunewaldstraße 13 bei Hr. Seifert

An Max Brod
[Postkarte. Berlin-Steglitz, Stempel: 17. XII. 1923]
Liebster Max, lange habe ich nicht geschrieben, es gab für mich Störungen verschiedenster Art und verschiedenstartige Müdigkeit, wie man sich eben (als pensionierter Beamter) durchkämpft in der wilden Fremde und, was noch schwieriger ist, in der wilden Welt überhaupt. Die Aufregungen, in denen ich damals mit Deinem Feuilleton meine unglückliche Hand bewährte, sind wohl schon vorüber, waren übrigens schon damals vorüber, denn den Tag nachher bekamst Du ja, wie mir E. sagte, eine gute, um Verzeihung bittende Karte, darum trug auch ich dann nicht mehr schwer daran. Die Geldsorgen verstehe ich jetzt sehr gut, nur verstehe ich jetzt nach dem Miterleben und Mißverstehn der Novemberkrise, die Du damals so viel besser deutetest als ich, nicht, warum Du Dich von der Dezemberkrise als solcher (Eifersucht, Telephonschwierigkeiten u. s. w.) so sehr fortreißen ließest, als wäre sie im Wesen etwas anderes als die Krise im November, die durch Euer Beisammensein sich derart schön löste, daß es ein Präjudiz für alle Zeiten gab. Jedenfalls aber, wenn Du irgendeinen Auftrag hast und die Gefahr einer Dummheit meinerseits nicht zu sehr befürchtest, vergiß mich nicht. – Was bedeutet die Bemerkung über Dein Stück? Ist es schon aufgeführt worden? Ich lese (wegen der Teuerung) keine Zeitung, auch die Sonntagszeitung habe ich aufgegeben (von neuen Steuern erfährt man ja sowieso von der Hausfrau überrechtzeitig) und so weiß ich von der Welt viel weniger als in Prag. So würde ich z. B. gern etwas über »Vincenz«[21] von Musil erfahren, wovon ich nichts weiß als den Titel, den ich lange nach der Premiere auf dem Weg zur Hochschule (meinem Weltgang) auf dem Theaterzettel las. Aber ein wesentliches Leid ist das wahrhaftig nicht. Übrigens: mit Viertel oder Blei kannst Du wegen Deines Stückes in keine Beziehung treten? es sind doch fast Freunde. – An Oskar hätte ich wegen seiner Rundschauerzählung längst schreiben sollen, aber die Sache ist noch im Gang, sozusagen.
Grüße von Dora, die gerade entzückt ist von dem Aufsatz über Křička.

An Oskar Baum
[Postkarte. Berlin-Steglitz, Dezember 1923]
Mein lieber Oskar, was für einen miserablen Advokaten hast Du! Was nützt sein guter Wille? Bei soviel Miserabilität kann er nur

schaden. Entzückt, wahrhaftig entzückt war ich, einen Auftrag und einen so aussichtsreichen von Dir zu haben. Nun lief ich freilich nicht selbst zum Telephon (wie denn! zum Telephon! Es steht freilich auf meinem Tisch), drängte aber mit aller Kraft jemanden andern hin. Zwei Anrufe mißglückten, ich nahm das als Zeichen, daß man schlauer vorgehn müsse, schrieb einen Brief und schickte ihn durch einen sehr guten Bekannten hin. Es war so gedacht, daß K. zu mündlichen Zugeständnissen gezwungen werden sollte. K. aber, noch schlauer, verschwand im Nebenzimmer und brachte einen diktierten Brief zurück. »Es tue ihm sehr leid –, aber Sondernummern und redaktionelle Schwierigkeiten –, bisher nicht möglich –. Nun sei aber eine neue Idee aufgetaucht (ich weiß bis heute nicht, ob sie sich auf Deine Geschichte bezieht), über die er sehr gern mit mir sprechen würde, ich solle zu ihm kommen oder antelephonieren.« Das war unbewußt schlau, denn beides ist mir unmöglich. Ich, noch schlauer, schicke einen zweiten Brief, wieder durch meinen Bekannten, erkläre darin die zwei Unmöglichkeiten, bitte aber dringendst, daß er sich über Deine Geschichte mit meinem Bekannten genau ausspricht. Aber die Schlauheiten türmen sich über einander. Auf diesen zweiten Brief hin sagt er, daß er im Laufe der Woche zu mir hinauskommen werde. Nun ist er fein heraus, denn er kommt nicht; in der nächsten Woche frage ich wieder (d. h. wieder nicht ich) bei ihm wegen der Geschichte an, worauf er sagt, daß er erst nach Weihnachten kommen werde; was aber die Geschichte betreffe, so sei sie unbedingt angenommen, aber über die Veröffentlichungszeit könne er nichts sagen. – Sonderbar, wie sich eine so große Aktion in den Lauf der Welt einschieben kann, zart, ohne das Allergeringste zu verändern. Oskar, Lieber, bitte sei mir nicht böse!
Herzlichste Grüße Dir und den Deinen   F.

An Robert Klopstock
                [Postkarte. Berlin-Steglitz, Stempel: 19.XII.1923]
Lieber Robert, zuerst Fragen nach Roberts Art, aber wichtigere als er sie stellt: Mensa? Zähne? Übersetzungen? Sonstiger Verdienst? Zimmer? Prüfungen? Das würde vorläufig genügen. Was mich betrifft, so dürfen Sie doch, Robert, nicht glauben, daß mein Leben ein solches ist, wo man im beliebigen Augenblick die Freiheit und

Kraft hat, zu berichten oder auch nur zu schreiben, da es doch Abgründe gibt, in die man versinkt ohne es zu merken, um dann wieder erst lange Zeit emporzukriechen, besten Falls. Situationen zum Schreiben sind das nicht. – Daß Sie in die Iwriah gehen wollen, ist sehr gut, vielleicht nicht nur in die Hebräischkurse, sondern auch zu der Talmudstunde (einmal wöchentlich!, Sie werden es nicht ganz verstehn, was tut es? Aus der Ferne werden Sie es hören, was sind es sonst, als Nachrichten aus der Ferne). Die Hochschule für jüdische Wissenschaft ist für mich ein Friedensort in dem wilden Berlin und in den wilden Gegenden des Innern. (Gerade werde ich nach meinem Zustand gefragt und kann vom Kopf nichts sagen, als daß er »löwenmäßig frisiert« ist.) Ein ganzes Haus schöne Hörsäle, große Bibliothek, Frieden, gut geheizt, wenig Schüler und alles umsonst. Freilich bin ich kein ordentlicher Hörer, bin nur in der Präparandie und dort nur bei einem Lehrer und bei diesem nur wenig, so daß sich schließlich alle Pracht wieder fast verflüchtigt, aber wenn ich auch kein Schüler bin, die Schule besteht und ist schön und ist im Grunde gar nicht schön, sondern eher merkwürdig bis zum Grotesken und darüber hinaus bis zum unfaßbar Zarten (nämlich das Liberalreformerische, das Wissenschaftliche des Ganzen). Aber genug davon. – Daß Sie Pua sehen werden, ist sehr gut, vielleicht erfahre ich dann etwas über sie. Sie ist mir unerreichbar seit Monaten. Was habe ich ihr nur getan? – Alles Gute   F
Ein anderer Hörer will noch einen Gruß mitschicken:

[Gruß und Unterschrift D.]

An den Verlag Kurt Wolff
[Postkarte. Berlin-Steglitz, Stempel: 31.XII.1923]
Sehr geehrter Verlag
Unter dem 4. l. M. schrieben Sie mir, daß eine Büchersendung für mich schon unterwegs sei. Heute sind fast 4 Wochen vergangen, ich habe aber noch nichts bekommen. Wären Sie so freundlich nachforschen zu lassen, was mit der Sendung geschehen ist.
Hochachtungsvoll   F Kafka

Berlin-Steglitz, Grunewaldstraße 13 (bei Seifert)

1924

An Max Brod

[Berlin-Steglitz, Mitte Januar 1924]

Lieber Max, zuerst schrieb ich nicht, weil ich krank war (hohes Fieber, Schüttelfrost und als Nachkrankheit ein einziger ärztlicher Besuch für 160 Kronen, D. hat es dann später auf die Hälfte hintergehandelt, jedenfalls habe ich seitdem zehnfache Angst vor Krankwerden, ein Platz zweiter Klasse im jüdischen Krankenhaus kostet 64 Kronen pro Tag, womit aber nur das Bett und die Kost bezahlt ist, also wohl weder Bedienung noch Arzt), dann schrieb ich nicht, weil ich glaubte, daß Du auf der Durchreise nach Königsberg Berlin passierst, übrigens sagte damals auch E., daß Du in drei Wochen kommst, um bei ihrem Vorsprechen dabei zu sein, und als auch dann diese Meinung vorüber war (wie ist Königsberg ausgefallen? Daß man gegen Bunterbart[1] ablehnend ist, den ich nun schon endlich gern lesen möchte, muß noch nichts Schlimmes sein, bei Klarissa war es doch anfänglich auch so, freilich, Klarissa hätte dem zweiten Stück den Weg machen sollen), als also auch das vorüber war und Deine Herreise so weit verschoben ist, daß man mit E. – ich weiß nicht, wie sie sich diesmal verhält, – seufzen könnte, schrieb ich nicht wegen leichter Sinnestrübung, verursacht durch Verdauungsbeschwerden u. dgl. Jetzt aber hat mich Deine Karte geweckt. Natürlich werde ich bei E. in der Grenze meiner Kräfte und Geschicklichkeit alles zu machen versuchen, wenn auch die Gegnerschaft der alten, offenbar ebenso launischen wie hartköpfigen Dame, der es auch an Sinn für Intrigen nicht zu fehlen scheint, immerhin etwas bedeutet. Mir kommt zuhilfe und schadet mir allerdings auch etwas, daß ich mich eigentlich freue, E. und ihre Sache auf dem Gebiet der Schauspielerei zu haben, das mir nicht so ganz unzugänglich ist, wie die Kehlkopf- Brust- Zungen- Nasen- und Stirngeheimnisse, aber mein Wort verliert dadurch an Wert, wenn es sonst irgendwelchen gehabt haben sollte. Das Haupthindernis ist aber meine Gesundheit, heute war z. B. ein telephonisches Gespräch mit E. vereinbart, ich kann aber nicht gut in das kalte Zimmer hinübergehn, denn ich habe 37.7 und liege im Bett. Es ist nichts besonderes, ich habe das öfters ohne weitere Folgen, der Wetterumschlag mag auch daran beteiligt sein, morgen ist es voraussichtlich vorüber.

immerhin ist es ein schweres Hindernis der Bewegungsfreiheit und außerdem schwebt die Ziffer des ärztlichen Honorars in feurigen Buchstaben über meinem Bett. Vielleicht werde ich aber doch morgen vormittag in die Stadt zur Hochschule fahren und mich bei E. aufhalten können, sie immerfort herausschleppen bei diesem Wetter, – sie scheint auch ein wenig verkühlt zu sein – geht auch nicht gut. Ferner habe ich den Plan, E. vielleicht mit der Rezitatorin Midia Pines, von der ich Dir einmal erzählte, zusammenzubringen. Sie kommt für ein paar Tage nach Berlin, wird im Graphischen Kabinett Neumann einen Vortrag haben (sie spricht auswendig die Lebensgeschichte des Einsiedlers aus den Brüdern Karamasow) und mich wahrscheinlich besuchen. Vielleicht wird das auf E. eine gute exemplifikatorische Wirkung haben, die Pines ist auch Sprachlehrerin, ein junges Mädchen. Und vorsprechen werde ich mir natürlich von E. sehr gerne lassen, habe sie auch schon längst aus aufrichtigem Herzen darum gebeten (schon nur um Verse von Goethe nach langer Zeit zu hören), nur die äußern Umstände haben es bisher verhindert, zu denen auch gehört, daß wir aus unserer wunderschönen Wohnung am 1. Feber, als arme zahlungsunfähige Ausländer vertrieben werden. Du hast recht, an das »warme satte Böhmen« zu erinnern, aber es geht doch nicht gut, ein wenig ist man doch festgerannt. Schelesen ist ausgeschlossen, Schelesen ist Prag, außerdem hatte ich Wärme und Sattheit 40 Jahre und das Ergebnis ist nicht für weitere Versuche verlockend. Schelesen wäre auch mir und wahrscheinlich auch uns zu klein, auch habe ich mich an das »Lernen« nicht etwa gewöhnt, abgesehen davon daß es gar kein Lernen ist, sondern nur eine formale Freude ohne Untergrund, aber einen Mann, der etwas von den Dingen versteht, in der Nähe zu haben, würde mir eine gewisse Aufmunterung bedeuten, es würde sich mir wahrscheinlich mehr um den Mann als um die Dinge handeln. Jedenfalls wäre das in Schelesen nicht möglich, aber vielleicht wirklich – das fiel mir bei Deiner Bemerkung ein – in irgendeiner böhmischen oder mährischen Landstadt, ich werde darüber nachdenken. Wäre das Wesen nur nicht so hinfällig, man könnte ja die Erscheinung fast aufzeichnen: links stützt ihn etwa D.; rechts etwa jener Mann; den Nacken könnte ihm z. B. irgendein »Gekritzel« steifen; wenn jetzt nur noch der Boden unter ihm gefestigt wäre, der Abgrund vor ihm zugeschüttet, die Geier um seinen Kopf verjagt, der Sturm über ihm besänftigt, wenn das alles geschehen würde, nun, dann ginge es ja ein wenig. Ich dachte auch schon an Wien, aber zumindest 1000 Kronen für die Reise ausgeben, (ich sauge sowieso meine, ganz entzückend sich verhaltenden Eltern aus, neuerdings auch die Schwestern) überdies Prag passieren und außerdem ins Unsichere fahren ist zu riskant. So ist es vielleicht doch ganz vernünftig noch ein Weilchen hier zu bleiben, umsomehr als die schweren Nachteile Berlins immerhin eine erfreuliche und erzieherische Wirkung haben. Vielleicht fahren wir dann einmal gemeinsam mit E. von hier weg. – Alles Gute, besonders zum Roman, zu dem Du, wie ich höre, endlich zurückkehren willst.   Dein F.

Dank für das Liebesgabenpaket. Wir haben uns ein wenig geschämt, es zu behalten, der Inhalt war auch nicht sehr verlockend, wenn auch allen Lobes wert, D. hat einen großen Kuchen backen lassen und ihn in das jüdische Waisenhaus getragen, wo sie voriges Jahr Näherin war. Für die Kinder, die dort ein bedrücktes freudloses Leben führen, soll es ein großes Ereignis gewesen sein. Ich habe, um Dich nicht mehr damit zu belästigen, einige Adressen meiner Schwester Elli geschickt, sie sollen alle beschickt werden.

Letzthin war Kaznelson mit Frau bei mir. Frau Lise sagte, ihre Mutter hätte Dich Weihnachten in Bodenbach gesehn; ob Du hier warst? Nein sagte ich. Sofort, schlagfertig, wie von Dir souffliert, sagte Kaznelson: »Wahrscheinlich ist er nach Zwickau gefahren.« Er kam mir in diesem Augenblick geradezu verdächtig vor.

Dora kennt Manfred Georg aus Breslau gut (er ist jetzt in Berlin) und wäre neugierig, ein paar Urteilsworte von Dir über ihn zu hören. Du kennst ihn doch, wenn ich nicht irre, und wenn ich weiters nicht irre, ist der Aufsatz über Dich in dem Sammelbuch[2] von ihm.

Sehr schön, sehr aufmunternd, kraftgebend und mehrmals zu lesen ist das, was Du über Werfel[3] schreibst. Aber warum heroisch? Eher genießerisch, nein doch heroisch, heroisches Genießen. Wäre nur nicht der Wurm in allen Äpfeln der eigentliche Genießer.

Schön, schön das Theater Poiret[4]. Beschränken wir uns einmal nur auf diese Aufsätze, was für ein Schriftsteller bist Du doch! Wie oft habe ich schon den Aufsatz über Musorgski gelesen (und kann den Namen noch immer nicht schreiben), etwa als ein Kind, das sich am Pfosten der Saaltür festhält und in ein großes fremdes Fest hineinschaut.

Kennst Du die »Feuerprobe«[5] von Weiss, ich habe sie nun schon wochenlang, ich habe sie eineinhalbmal gelesen, sie ist prachtvoll und noch schwieriger als alles andere, obwohl sie sehr persönlich sein will und in Drehungen und Windungen freilich auch wieder nicht sein will. Ich habe ihm noch gar nicht gedankt, solche Lasten habe ich einige auf dem Gewissen. Um sie ein wenig von mir abzuwälzen: hast Du schon über »Nahar« geschrieben?

Grüß bitte vielmals Felix und Oskar von mir (von Kayser habe ich nichts weiter gehört und werde wohl auch nichts mehr hören).

Weißt Du etwas von Klopstock? Ist im Abendblatt etwas von ihm erschienen?

An Robert Klopstock

[Postkarte. Berlin-Steglitz, Stempel: 26. I. 1924]
Lieber Robert, ich vermutete Sie noch immer in B., erst aus einem Brief von Max erfuhr ich, daß Sie schon in Prag sind, auch von vier Übersetzungen schrieb er, die von Ihnen erschienen sind und von denen ich nichts wußte. Auch schicken Sie mir keine mehr zur Durchsicht; wer hat die Arbeit weggenommen? Inzwischen war Irene hier und hat ein wenig von Ihnen erzählt; was war das für eine Prüfung, die Sie ihr gegenüber Weihnachten als gut bestanden erwähnten? Bei Midia war ich nicht, abend habe ich fast immer Temperaturerhöhung, bei solchen Gelegenheiten geht dann immer der »andere Schüler«, er war entzückt von Midia. Von mir ist wenig zu erzählen, ein etwas schattenhaftes Leben, wer's nicht geradezu sieht, kann nichts davon merken. Augenblicklich haben wir Wohnungssorgen, eine Überfülle von Wohnungen, aber die prachtvollen ziehn unerschwinglich an uns vorüber und der Rest ist fragwürdig. Wenn man etwas verdienen könnte! Aber für Bis-zwölf-im-Bett-Liegen gibt hier niemand etwas. Ein Bekannter, ein junger Maler, hat jetzt einen schönen Beruf, um den ich ihn schon manchmal beneidet habe, er ist Straßenbuchhändler, gegen zehn Uhr vormittag bezieht er den Stand und bleibt bis zur Dämmerung; und

es gab schon zehn Grad Frost und mehr. Um die Weihnachtszeit verdiente er zehn Mark täglich, jetzt drei bis vier.

An Felix Weltsch

[Postkarte. Berlin-Steglitz, Stempel: 28. I. 1924]
Lieber Felix, ich schreibe Dir zwar (aus Angst, die Selbstwehr könnte einmal ausbleiben, sie, die so pünktlich jetzt immer kommt, die Treueste der Treuen in Pünktlichkeit und Inhalt, zu dem Unpünktlichsten der Abonnenten) immer nur wenn ich übersiedle, aber die Korrespondenz hat auch so Anlage, lebhaft zu werden. Am 1. Feber (also schon für die nächste Nummer) ist meine Adresse: Berlin-Zehlendorf, Heidestraße 25-26, bei Frau Dr. Busse. Ich tue vielleicht Unrecht (und bin schon von vornherein durch die entsetzlich hohe, für die Wohnung zwar gar nicht ungebührliche, für mich aber in Wirklichkeit unerschwingliche Miete gestraft), in das Haus eines toten Schriftstellers zu ziehn, des Dr. Carl Busse (1918 gestorben), der zumindest zu Lebzeiten gewiß Abscheu vor mir gehabt hätte. Erinnerst Du Dich vielleicht an seine monatlichen Sammelkritiken in Velhagen & Klasings Monatsheften? Ich tue es trotzdem, die Welt ist überall voll Gefahren, mag diesmal aus dem Dunkel der unbekannten noch diese besondere hervortreten. Übrigens entsteht merkwürdiger Weise selbst in einem solchen Fall ein gewisses Heimatsgefühl, welches das Haus verlockend macht. Verlockend macht allerdings nur deshalb, weil ich in meiner bisherigen schönen Wohnung als armer zahlungsunfähiger Ausländer gekündigt worden bin.
Herzliche Grüße Dir und den Deinen

An Lise Kaznelson

[Postkarte. Berlin-Steglitz, Ende Januar 1924]
Liebe Frau Lise, bitte, nicht böse sein, daß ich den Dank für Ihre Sendung gleich mit der Erinnerung an meine kleine Buchhändlerin verbinde. Es ist so hübsch Wohltäter zu sein und es ist so leicht (man bittet bloß jemanden zu telephonieren und läßt weiter Dr. Kaznelson bitten bei Buchhändlern nachzufragen) und da es so leicht ist, hat man keine Lust damit aufzuhören und quält die Mitmenschen, die sich quälen lassen. Aber nun verspreche ich, wenn Dr. Kaznelson

so gut sein will und mir über den letzten Versuch, den er noch machen wollte, Auskunft gibt, für diesmal mit dem Wohltun aufzuhören. Jedenfalls herzlichen Dank Ihnen beiden.

Grüße den Ihrigen K.

Meine Adresse ist vom 1. Feber ab Berlin-Zehlendorf, Heidestraße 25-26, bei Frau Dr. Busse.

An Ludwig Hardt

[Berlin-Zehlendorf, Anfang Februar 1924]

Mein lieber Ludwig Hardt, vielen Dank für das Telegramm, »im Geister-Saal«[6] lesen Sie, heißt es dort, nicht ohne Verstand. Nun so fern ich von Berlin auch bin, so fern doch nicht, daß ich von den Vorträgen nicht auch ohne Telegramm gewußt hätte, nur leider, nur leider, ich kann nicht kommen. Nicht nur, weil ich heute nachmittag übersiedelt bin mit dem ganzen Krimskrams der mächtigen Wirtschaft, die ich führe (die Übersiedlung war noch einfach genug dank der Hilfe der freundlichen Überbringerin Frl. R. F.), sondern vor allem deshalb weil ich krank bin, fiebrig und die ganzen Berliner vier Monate abends nicht aus dem Hause war. Aber könnte ich Sie hier in Zehlendorf einmal sehn nach so langer Zeit? Zum morgigen Abend kommt ein Frl. Dora Diamant, um diese Möglichkeit mit Ihnen zu besprechen. Leben Sie wohl und Segen über Ihren Abend. K.

An Ludwig Hardt

[Berlin-Zehlendorf, Anfang Februar 1924]

Lieber Ludwig Hardt, eben bekomme ich den Bericht einer Unglücklichen: der Portier hat die Frage, ob Hardt schon angekommen sei, mißverstanden und ihn selbst zum Telephon gerufen; ich vermehre das Unglück durch die Erinnerung daran, daß H. vor dem Vortrag zu schlafen pflegt (was doch wahr ist), tröste dann aber wieder damit, daß H. nichts stören kann (was doch noch wahrer ist). Nicht einmal ein geschwätziger Brief am Schluß eines Vortragsabends. Jetzt aber kurz: ich kann nicht kommen, bin krank, schickte schon gestern einen Brief durch eine Besucherin des abgesagten Vortrags. Könnten Sie vielleicht einmal herauskommen, damit ich Sie einmal sehe nach so langer Zeit? Sehr Erfreuliches werden Sie hier nicht zu sehen bekommen, immerhin –

Frl. Dora Diamant, die Überbringerin, hat die Vollmacht und mehr als das, die Möglichkeit der Zehlendorfer Reise zu besprechen. Wird es möglich sein?

Ihr K.

An Robert Klopstock

[Berlin-Zehlendorf, Stempel: 29. II. 1924]
Mein lieber Robert, es geht nicht, ich kann nicht schreiben, kann Ihnen kaum danken für alles Gute, womit Sie mich überhäufen (die prachtvolle Chokolade, die ich erst vor ein paar Tagen bekam oder vielmehr, um die Wahrheit nicht zu verschleiern, die wir bekamen und dann die Fackel, mit der ich die Ihnen schon bekannten entnervenden Orgien abendlich getrieben habe, einmal während der Onkel[7] und Dora entzückt, anders wohl entzückt als ich, bei einer Krausvorlesung waren) und unter welchen die Geschenke noch das Geringste sind. Zwei angefangene Briefe und eine Karte treiben sich schon längst irgendwo in der Wohnung herum, Sie werden sie nie bekommen. Letzthin suchte ich Ihren vorletzten Brief, konnte ihn nicht finden, nun fand er sich in einem hebräischen Buch, in dem ich ihn aufgehoben hatte, weil ich in dem Buch täglich ein wenig las, nun aber hatte ich es schon einen Monat lang nicht aufgemacht, in der Hochschule war ich noch länger nicht. Hier freilich draußen habe ich es sehr schön, werde aber wohl fortmüssen. Sehr schade, daß es auch Ihnen nicht sehr gut geht, das ergibt dann keinen Ausgleich. Es ist mir unbegreiflich, wovon Sie leben. Zahlt wenigstens S.? Und gibt die Mensa Karten? Sehr unrecht, daß Sie den Auftrag für D. durchtrieben haben. Aufträge machen uns glücklich. – Ihre Gesundheit scheint trotz aller Plage – fassen wir das Zarte zart an – wenigstens nicht allzu schlecht zu sein. Mit diesem Besitz läßt es sich doch vorwärts gehn.
Leben Sie recht wohl

Ihr F

An Robert Klopstock

[Berlin-Zehlendorf, Anfang März 1924]
Lieber Robert, nein, keine Reise, keine so wilde Tat, wir werden auch ohne das zusammenkommen, auf stillere, den schwachen Knochen entsprechendere Art. Vielleicht – eigentlich denken wir ernstlich daran – kommen wir bald nach Prag, käme ein Wiener Waldsanatorium in Betracht, dann gewiß. Ich wehre mich gegen ein

Sanatorium, auch gegen eine Pension, aber was hilft es, da ich mich gegen das Fieber nicht wehren kann. 38 Grad ist zum täglichen Brot geworden, den ganzen Abend und die halbe Nacht. Sonst, trotzdem, ist es ja sehr schön hier, auf der Veranda zu liegen und zuzusehn, wie die Sonne an zwei der Schwere nach so verschiedenen Aufgaben arbeitet: mich und die Birke neben mir zu natürlichem Leben zu wecken (die Birke scheint Vorsprung zu haben). Sehr ungern gehe ich von hier fort, aber den Gedanken ans Sanatorium kann ich doch nicht ganz abweisen, denn da ich wegen des Fiebers schon wochenlang nicht außerhalb des Hauses war, im Liegen mich zwar genug stark fühle, aber irgendwelche Wanderungen noch vor dem ersten Schritt den Charakter der Großartigkeit annehmen, ist manchmal der Gedanke, sich lebend-friedlich im Sanatorium zu begraben, gar nicht sehr unangenehm. Und dann doch wieder sehr abscheulich, wenn man bedenkt, daß man sogar in diesen für die Freiheit vorbestimmten paar warmen Monaten die Freiheit verlieren soll. Aber dann ist wieder der stundenlange Morgen- und Abendhusten da und das fast täglich volle Fläschchen, – das arbeitet wieder für das Sanatorium. Aber dann z. B. wieder die Angst vor den dortigen, schrecklichen Essenspflichten.

Nun kam Ihr späterer Brief, Sie stimmen also zu, oder nur gezwungen? Es freut mich, daß Sie sich korrigieren und den Onkel nicht mehr einfach als »kalten Herrn« ansehn. Wie könnte auch Kälte einfach sein? Schon da es wahrscheinlich immer nur eine historisch erklärbare Erscheinung ist, muß sie kompliziert sein. Und dann: was ihn kalt erscheinen läßt, ist wahrscheinlich dies, daß er seine Pflicht erfüllt und das »Junggesellen-Geheimnis« hütet.

An Ihre Erzählungen von dem kranken Mädchen erinnere ich mich wohl. War sie es nicht, in deren Träumen auch Abraham umging? Viel habe ich an Sie gedacht beim Lesen von Holitschers[8] Lebenserinnerungen, sie erscheinen in der »Rundschau«, die zweite und dritte Fortsetzung habe ich gelesen. Zwar ist zwischen Ihnen und ihm gar keine unmittelbare Beziehung festzustellen, als eben Ungarn und das uns allen gemeinsame Judentum, aber ich halte mich gern an Örtlichkeiten fest und glaube aus ihnen mehr zu erkennen als sie zeigen. Übrigens hat H. seiner Meinung nach gar kein Ungartum in sich, er ist nur Deutscher, von solchen Budapestern haben Sie mir kaum erzählt. Sehr schön in den Erinnerungen das Auftauchen Verlaines, das Auftauchen Hamsuns. Mitbeschämend für ihn und den

Leser die besondere Art seiner Judenklage. So wie wenn man in einer Gesellschaft stundenlang die Elemente eines gewissen Leids erörtert und weiterhin ihre Unheilbarkeit unter allgemeiner Zustimmung festgestellt hätte und nachdem alles fertig ist, fängt einer aus der Ecke über eben dieses Leid jämmerlich zu klagen an. Und doch schön, aufrichtig bis zu grotesker Jammerhaftigkeit. Trotzdem, man fühlt: es ginge noch weiter.

Bei mir kommen zur Verstärkung des Genusses noch »literarische« Jugenderinnerungen, das Aussaugen der Langenschen Verlagskataloge bis auf den Grund und immer von neuem, weil sie unerschöpflich waren und weil ich die Bücher, von denen sie handelten, meist nicht bekommen konnte und meist auch nicht verstand. Der Glanz von Paris und von Literatur, der für mich jahrelang um Holitscher und die Titel seiner Romane war, und nun klagt der alternde Mann die Not dieser ganzen Zeit aus sich heraus. Er war unglücklich damals, aber man denkt: wäre man doch einmal auch so unglücklich gewesen, man hätte es doch einmal in dieser Art versuchen wollen. Übrigens erklärt dort Hamsun – was offenbar nur um mich zu trösten, aber recht grob und ungeschickt erfunden ist –, daß ihm der Winter in Paris sehr zugesetzt habe, sein altes Lungenleiden sich wieder melde, er in ein kleines Sommersanatorium oben in Norwegen fahren müsse und daß Paris überhaupt zu teuer sei.

Nun kommt die Davos-Überraschung, wie schwer das alles ist und was für entsetzliche Summen ich für mich aus andern werde pressen müssen. Und Sie, Robert, klagen über die 1000 K. Was für ein verwöhnter, selbständiger, freier Edelmann Sie sind.

Nun werden wir uns ja wohl sehn, der Onkel schlug mir zwar vor, ich solle von hier direkt nach Innsbruck fahren, ich erklärte ihm aber heute, warum ich es vorziehen würde, über Prag zu fahren. Vielleicht stimmt er zu.

An Robert Klopstock
    [Postkarte. Sanatorium Wiener Wald, Ortmann,
            Nieder-Österreich, Stempel: 7. IV. 1924]
Lieber Robert, nur das Medizinische, alles andere ist zu umständlich, dieses aber – sein einziger Vorteil – erfreulich einfach. Gegen

Fieber dreimal täglich flüssiges Pyramidon – gegen Husten Demopon (hilft leider nicht) – und Anästesinbonbons: Zu Demopon auch Atropin, wenn ich nicht irre. Hauptsache ist wohl der Kehlkopf. In Worten erfährt man freilich nichts Bestimmtes, da bei Besprechung der Kehlkopftuberkulose jeder in eine schüchterne ausweichende starräugige Redeweise verfällt. Aber »Schwellung hinten«, »Infiltration« »nicht bösartig« aber »Bestimmtes kann man noch nicht sagen«, das in Verbindung mit sehr bösartigen Schmerzen genügt wohl. Sonst: gutes Zimmer, schönes Land, von Protektion habe ich nichts bemerkt. Pneumothorax zu erwähnen hatte ich keine Gelegenheit, bei dem schlechten Gesamtzustand (49 kg in Winterkleidern) kommt er ja auch nicht in Betracht. – Mit dem übrigen Haus komme ich gar nicht in Verkehr, liege im Bett, kann ja auch nur flüstern (wie schnell das ging, etwa am dritten Tag in Prag begann es andeutungsweise zum erstenmal), es scheint ein großes Schwatznest zu sein von Balkon zu Balkon, vorläufig stört es mich nicht.

An Max Brod
    [Postkarte. Sanatorium Wiener Wald, Stempel: 9. IV. 1924]
Lieber Max, es kostet und wird unter Umständen entsetzliches Geld kosten, Josefine9 muß ein wenig helfen, es geht nicht anders. Biete sie bitte Otto Pick an (aus »Betrachtung« kann er natürlich drucken, was er will), nimmt er sie, dann schicke sie bitte *später* der »Schmiede«, nimmt er sie nicht, dann *gleich*. Was mich betrifft, es ist doch offenbar der Kehlkopf. Dora ist bei mir, grüß Deine Frau und Felix und Oskar.   F
[Aus einer Nachschrift von Dora Diamant geht hervor, daß der Zustand des Patienten sehr ernst ist.]

An Robert Klopstock
    [Postkarte. Sanatorium Wiener Wald, Stempel: 13. IV. 1924]
Lieber Robert, ich übersiedle in die Universitätsklinik des Prof. Dr. M. Hajek, Wien IX Lazarettgasse 14. Der Kehlkopf ist nämlich so angeschwollen, daß ich nicht essen kann, es müssen (sagt man) Alkoholinjektionen in den Nerv gemacht werden, wahrscheinlich auch eine Resektion. So werde ich einige Wochen in Wien bleiben. Herzliche Grüße   F.

Ich fürchte mich vor Ihrem Kodein, heute habe ich das Fläschchen nicht nur schon verbraucht, sondern nehme nur Codein 0.03. »Wie mags drinnen ausschauen?« fragte ich jetzt die Schwester. »Wie in der Hexenküche« sagte sie aufrichtig.

An Robert Klopstock

[Postkarte. Wien, Stempel: 18. IV. 1924]

Robert, lieber Robert, keine Gewalttaten, keine plötzliche Wiener Reise, Sie kennen meine Angst vor Gewalttaten und fangen doch immer wieder an. Seitdem ich aus jenem üppigen, bedrückenden und doch hilflosen (allerdings wunderbar gelegenen) Sanatorium weggefahren bin, geht es mir besser, der Betrieb in der Klinik (bis auf Einzelheiten) hat mir gut getan, die Schluckschmerzen und das Brennen sind geringer, es wurde bisher keine Injektion gemacht, nur Menthol-Öl-Bespritzungen des Kehlkopfs. Samstag will ich, wenn kein besonderes Unglück dazwischen fährt, in Dr. Hoffmanns Sanatorium, Kierling b. Klosterneuburg, Niederösterreich.

An Max Brod

[Kierling, wahrscheinlich 20. April 1924]

Liebster Max, eben bekomme ich Deinen Brief, der mich ungemein freut, so lange schien es mir, hätte ich kein Wort von Dir gesehn. Vor allem verzeih den brieflichen und telegraphischen Lärm, der meinetwegen rings um Dich gemacht worden ist. Es war zum großen Teil unnötig, von schwachen Nerven veranlaßt (wie groß ich rede und habe heute schon einigemal grundlos geweint, mein Nachbar ist in der Nacht gestorben) und dann allerdings auch von dem bösen bedrückenden Sanatorium im Wiener Wald. Hat man sich einmal mit der Tatsache der Kehlkopftuberkulose abgefunden, ist mein Zustand erträglich, vorläufig kann ich wieder schlucken. Auch der Aufenthalt im Krankenhaus war nicht so schlimm, wie Du Dir ihn vorzustellen scheinst, im Gegenteil, in mancher Hinsicht war er ein Geschenk. Von Werfel habe ich auf Deinen Brief hin verschiedenes sehr Freundliches erfahren: Den Besuch einer ihm befreundeten Ärztin, die auch mit dem Professor sprach, dann hat er mir auch die Adresse des Prof. Tandler angegeben, der sein Freund ist, dann hat er mir den Roman[10] (ich war gräßlich hungrig nach

einem Buch, das für mich in Betracht kam) und Rosen geschickt, und obwohl ich ihn hatte bitten lassen, nicht zu kommen (denn für Kranke ist es hier ausgezeichnet, für Besucher und in dieser Hinsicht auch für die Kranken abscheulich), scheint er nach einer Karte heute doch noch kommen zu wollen, abend fährt er nach Venedig. Ich fahre jetzt mit Dora nach Kierling.
Vielen Dank auch für alle mühseligen literarischen Geschäfte, die Du für mich so prachtvoll durchgeführt hast.
Alles Gute Dir und allem, was zu Deinem Leben gehört   F
Meine Adresse, die vielleicht von Dora den Eltern undeutlich angegeben wurde:
Sanatorium Dr. Hoffmann
Kierling bei Klosterneuburg, Nieder-Österreich

An Max Brod
[Postkarte. Kierling, Stempel: 28.IV.1924]
Liebster Max, wie gut Du zu mir bist und was ich Dir alles verdanke in diesen letzten Wochen. Über das Medizinische wird Dir Ottla berichten. Ich bin sehr schwach, aber hier recht gut aufgehoben. Tandler haben wir bisher nicht in Anspruch genommen, es wäre vielleicht durch ihn ein Freiplatz oder ein billiger Platz in dem sehr schön gelegenen Grimmenstein zu erreichen, aber ich kann jetzt nicht reisen, vielleicht hätte es auch sonst Nachteile. Dr. Blau[11] werde ich nächstens für seinen Empfehlungsbrief danken, nicht? Das Freiexemplar ist mir sehr lieb, nur bekomme ich es nicht, bisher habe ich die Nummern von Donnerstag und Freitag bekommen, sonst nichts, auch die Osternummer noch nicht, die Adresse ist undeutlich, einmal steht Kieburg, sei so lieb und fahr dazwischen, vielleicht könnte man mir auch die Osternummer* noch schicken. Mit den zwei Sendungen, besonders mit der zweiten hast Du mir eine große Freude gemacht und die Reclambücher sind wie für mich vorbestimmt. Es ist ja nicht so, daß ich wirklich lese (doch, Werfels Roman lese ich unendlich langsam, aber regelmäßig), dazu bin ich zu müde, Geschlossensein ist der natürliche Zustand meiner Augen, aber mit Büchern und Heften spielen macht mich glücklich.
Leb wohl, mein guter lieber Max   F.
* eben bekam ich sie von zuhause, die Zusendung scheint schon in Ordnung zu kommen.

An Max Brod
[Postkarte. Kierling, Stempel: 20. V. 1924]
Liebster Max, nun ist also auch noch das Buch da, großartig schon anzusehn, grell gelb und rot mit etwas Schwarz, und sehr verlockend und überdies umsonst, offenbar ein Geschenk der Firma Taubeles[12] – es muß in irgendeinem Rest des Alkoholrausches – und da ich jetzt jeden Tag ein bis zwei Injektionen bekomme, die Räusche sich kreuzen, bleibt immer ein Rest – gewesen sein, daß ich Dich, von Doras Unschuld angetrieben, gerade und frech um »Beschaffung« des Buches bat. Hätte ich doch lieber eine kräftige Alkoholinjektion dazu verwendet, während Deines Besuches, auf den ich mich so gefreut hatte und der so trübselig verlief, etwas menschenähnlicher zu werden. Allerdings ein böser Ausnahmstag wars nicht, das mußt Du nicht glauben, er war nur schlechter als der vorherige, in dieser Art aber geht die Zeit und das Fieber weiter. (Jetzt versucht es Robert mit Pyramidon.) Neben diesen und andern Klagedingen gibt es natürlich auch einige winzige Fröhlichkeiten, aber deren Mitteilung ist unmöglich oder eben vorbehalten einem Besuch wie dem von mir so kläglich verdorbenen. Leb wohl, Dank für alles F
Grüß Felix und Oskar.

AUS DEN GESPRÄCHBLÄTTERN[1]

Da bekommt man einen Begriff von Schwindsucht in der Mitte ein facettierter Stein, zur Seite die Sägen, sonst alles leerer, trockener Auswurf.

[Zeichnung]

Weil ich viele Stunden mit dem Kehlkopf nichts gemacht habe, schmerzt es so?

Verhaltenen Reiz habe ich immer.

Sie haben von Schweninger, dem Arzt Bismarcks nichts gehört? Er stand zwischen Schulmedizin und ganz selbstständig gefundener Naturheilkunde, ein großer Mann, der es mit Bismarck sehr schwer hatte, weil er ein großartiger Fresser und Säufer war.

Die kleinen Mengen und der fortwährende Drang beweisen, daß es dort ein Hindernis vollständiger Reinigung gibt, das beseitigt werden sollte, ehe man mit Mitteln zu sperren sucht.

Irgendwo in den heutigen Zeitungen ist eine ausgezeichnete kleine Notiz über die Behandlung gepflückter Blumen, so schrecklich durstig sind sie, noch so eine Zeitung

Schräg, das ist fast meine Idee, damit sie mehr trinken können, Blätter weg.

Bißchen Wasser, diese Pillenstücke stecken im Schleim wie Glassplitter.

Wenn die Nudeln nicht so sanft gewesen wären, hätte ich gar nicht essen können, alles auch das Bier hat mich gebrannt.

Bibliothek der Reisen und Abenteuer
Verlag Brockhaus Leipzig

Nr. 27 Arthur Berger, Auf den Inseln des ewigen Frühlings.
Ich habe aus dieser Bibliothek schon einige Bücher gehabt, es sind meist Excerpte aus großen Werken für Jungens, sehr gut. Es wird

wohl vorrätig sein im großen Sortiment, etwa Lechner (Graben), aber Heller z. B. nicht, man muß die Nase dafür haben, was ich aber bei der Hitze nicht von ihnen verlangen kann. Warten Sie damit, bis die Kleider kommen.

Aber es ist ja nur eine dumme Beobachtung. Wie ich zu essen anfing, senkte sich im Kehlkopf irgendetwas, worauf ich wunderbar frei war und schon an alle möglichen Wunder dachte, aber es ging gleich vorüber.

Glauben, daß ich einmal einen großen Schluck Wassers einfach wagen könnte.

Mit wenig verschluckt man sich vielleicht leichter.

Besonders möchte ich mich der Pfingstrosen annehmen, weil sie so gebrechlich sind.

Und Flieder in die Sonne.

Frag, ob es gutes Mineralwasser gibt, nur aus Interesse.

Haben Sie einen Augenblick Zeit? Dann bespritzen Sie bitte die Pfingstrosen ein wenig.

Kennen Sie sich, Herr Doktor, in Weinen aus? Haben Sie schon Heurigen getrunken?

Und gar jetzt in diesem Zustande, von dem zu erholen, wenns gelingt, ich Wochen brauchen werde.
Bitte schauen Sie nach, ob die Pfingstrosen den Vasengrund nicht berühren. Darum muß man sie in Schalen halten.

Ein Vogel war im Zimmer.

Guter Rat: eine Scheibe Zitrone hineinlegen in den Wein.

Kann man in dem Bach nicht baden, auch Luftbad

Einmal zum Spaß könnte ich Mineralwasser

8 Tage werde ich es noch aushalten, vielleicht, hoffentlich, es sind solche Nuancen.

Ich will ihm folgsam sein, besonders wenn es angenehm ist, nach der Limonade, erzähle noch, wie Deine Mutter getrunken hat, nur Wasser, lange Schmerzen, Durst. Aber früher, wenn sie das gute Wasser bekam, hatte sie Freude.

Sie hatte niemals eine Nebenkrankheit, welche ihr das Trinken zeitweilig verboten hat?

Haben Sie schon die Bücher von der Schmiede[2] gesehn?

Studienreise für R.[3] Staatliches Stipendium 6 Wochen

Ein Drittel aus der Mitte gestrichen.

Können die Schmerzen auch zeitweilig aufhören? ich meine, längere Zeit?

Geben Sie bitte Acht, daß ich Sie nicht anhuste.

Brief Schmiede

Wie ich euch plage, das ist ganz verrückt.

Bismarck hat auch einen eigenen Arzt gehabt, auch geplagt.

Der Arzt war auch ein großer Mann.

Die habe ich immer mehr gefürchtet als alles andere, *lieber die Medizinen und alles andere auslassen*; nach dem heutigen Vormittag – aber es täuscht ja alles – wirken die Bonbons, abgesehen von dem nachfolgenden endlosen Brennen, besser als Einspritzung. Ich kann nicht gleich nach der Auflösung, weil da das große Brennen ist. Das Bessere äußert sich darin, daß die Schmerzen, die ja auch nach der Einspritzung kommen, hier dumpfer sind, so wie wenn die Wunden, über die das Essen fließt, ein wenig zugedeckt wären. Ich will nur die Wirkung beschreiben. Übrigens habe ich es nur heute Vormittag gefühlt. Es kann ja alles falsch sein.

Immer wieder Angst.

Natürlich habe ich dadurch mehr Schmerzen, weil ihr so gut zu mir seid, in der Hinsicht ist eben das Spital sehr gut.

Den Mann neben mir[4] haben sie getötet, jeder Assistent ist auf einen Sprung hingekommen und hat ohne zu fragen
Mit Lungenentzündung haben sie ihn herumgehn lassen 41 stark. Großartig war es, wie dann in der Nacht alle Assistenten in ihren Bettchen waren und nur der Geistliche mit seinen Gehilfen da war. Er mußte nicht beichten. Nach der letzten Ölung ist der Geistliche wieder

Mich strengt heute das Reden an.

So traurig bin ich ja nur, weil diese wahnsinnige Essensmühe unnütz ist.

Hier, jetzt, mit diesen Kräften soll ich es schreiben
Jetzt erst schicken sie mir das Material[5].

Man sieht ja zu deutlich wie ein Medizinteufel dem andern[6] den Weg macht.

Das Schlechte soll schlecht bleiben, sonst wirds noch schlechter.

Kennen Sie Giesshübl? Ort bei Karlsbad   Quelle   Wälder

Wenns kein Thema gäbe, dann gäbe es Gesprächsstoff.

Wie viel Jahre wirst Du es aushalten? Wie lange werde ich es aushalten, daß Du es aushältst?
Jetzt will ich es lesen.
Es wird mich zu sehr aufregen, vielleicht, ich muß es doch von neuem erleben[7].

AUS DEN GESPRÄCHBLÄTTERN

Warum waren wir in keinem Biergarten
Langer Weg
Wein – Meran   Bier   Mücke

Wenn ein Weilchen still ist, bin ich froh.
                 [Zeichnung. (Italien und Sizilien)]

Ein See mündet doch nicht.

Milch ist sehr gut, aber es ist schrecklich, es wird wieder so spät, aber ich kann nichts dafür. Es ist ein allgemeiner Klageruf.

Das Schlimme ist, daß ich nicht ein einziges Glas Wasser zu mir nehmen kann, ein wenig sättigt man sich auch an dem Verlangen.

Und die wunderbaren Erinnerungen an Gieshübl, z. B. einem wunderschönen kleinen Waldort bei Karlsbad.

Wenn es wahr ist, und es ist wahrscheinlich – daß mein gegenwärtiges Essen ungenügend ist, um von innen her eine Besserung herbeizuführen, dann ist ja alles aussichtslos, von Wundern abgesehn.

Ich kann auch den gegenwärtigen Essenstand nicht lange erhalten bei den Schmerzen und dem Husten.

Der Vater freut sich, aber ärgert sich auch über Expreßbriefe.

Sehen Sie den Flieder, frischer als ein Morgen.

Dem Mädchen muß man von dem Glas sagen, sie kommt manchmal bloßfüßig[8].

Ergo bibamus   Trinken wir also[9].

Das gefällt mir nicht, zuviel Arbeit; erfordert zu viel Kenntnisse. Zimmerblumen sind ganz anders zu behandeln.

Ich bin schon so vergiftet, daß der Körper die reine Frucht schon kaum verstehen kann.

AUS DEN GESPRÄCHBLÄTTERN

Man kann es[10] aus dem Gefäß essen, das ist auch gut, aber nicht rein, aber da ich nur wenig essen werde, ist es am besten, alles durchzuquirlen und ein wenig für mich ins Glas zu geben.
Das kann ich ohne Wasser nicht hinunterschlucken. Joghurt hätte mir vollständig genügt, genügt ja jedem, gar bei diesem Fieber. Es ändert sich mit dem Wetter, bei heißem Wetter ist es noch viel besser, dicker, außerdem ist es bei heißem Wetter noch besser, nicht so zart und fest.

Daß die Ameisen es nicht aufessen.

Jetzt sind wir ein schönes Stück zurück von dem Tag, an dem wir in dem Wirtshausgarten

Es war so wie eine Verabredung im Halbschlafe. Mir wurde versprochen, daß es mir gelingen werde, den Lärm zu überschlafen, daß ich aber dagegen etwas anderes versprechen müßte, ich versprach es, habe aber vergessen

Sie kann nicht essen, also keine Schmerzen. Sie[11] will wieder zurückkommen?

Immer dieses »vorläufig«, das kann ich ja auch von mir anwenden. Wir reden vom Kehlkopf immer so, als könne es sich nur zum Guten entwickeln, das ist aber doch nicht wahr.
Es wirkt natürlich auch die Stimmung mit, das aufregende Gesprächsthema z. B.

Wie konnten wir so lange ohne R. sein?

Jetzt habe ich geträumt, daß R. bei der Tür ist und ich ihm ein Zeichen geben soll, daß ich irgendwie fertig bin, gleichzeitig aber wußte ich, daß Du [Dora] auf der Terrasse bist, und wollte Dich durch das Zeichen nicht stören. Schwieriger Fall.

Selbst wenn ich mich wirklich von allem ein wenig erholen sollte, von den Betäubungsmitteln gewiß nicht.

Wer hat telephoniert? ob es nicht Max war?

Unendlich viel Auswurf, leicht und am Morgen doch Schmerzen, im Rausch ging mir durch den Kopf, daß für diese Mengen und die Leichtigkeit irgendwie der Nobelpreis

Darum liebt man die Wasserjungfrauen

Wir werden uns ein kleines Buch über diese Sachen kaufen, das muß man genau wissen

Jetzt aber vorläufig genug Blumen.
Zeig mir die Aglaja, zu grell, um mit andern beisammen zu stehn.
Rotdorn ist zu versteckt, zu sehr im Dunkel.
Mehr von Wasser. Obst

Du lobst so willkürlich, wenn ich genug gegessen habe, heute habe ich viel gegessen und Du tadelst, ein anderesmal lobst Du ebenso ungerecht.

Wo ist der ewige Frühling?

Heißt es in der Zeitung nicht: grünliche durchsichtige Schalen?

Gestern Abend hat noch eine Biene den weißen Flieder ausgetrunken.
Sehr schief schneiden, dann können sie den Boden berühren.

In Waben esse ich ihn gern, das gibt es aber wohl nur im Herbst, und außerdem sind helle schöne Waben sehr selten.

Goldregen kann man nicht bekommen?

Er hat noch kein Wasser heute getrunken. Und wie wir hier leben, das wäre im Wiener Wald unmöglich gewesen.

Könnte ich heute vielleicht ein wenig Gefrorenes versuchen

Getreuer Eckart – ein guter weiser väterlicher Schutzgeist.

Wie leicht ging es damals im Bett, wenn Sie kamen, und dabei hatte ich nicht einmal Bier, allerdings Kompott, Obst, Fruchtsaft,

Wasser, Fruchtsaft, Obst, Kompott, Wasser, Fruchtsaft, Obst, Kompott, Wasser, Limonaden, Apfelwein, Obst, Wasser[12].

Wie wunderbar das ist, nicht? der Flieder – sterbend trinkt er, sauft er noch.

Das gibt es nicht, daß ein Sterbender trinkt.

Selbst wenn es zur Vernarbung kommt – verzeihen Sie die ekelhafte Fragerei, aber Sie sind doch mein Arzt, nicht? – dauert das Jahre, ebenso lange wird man auf schmerzloses Essen warten müssen.

rhetorische Frage

Bei dieser Trinkfähigkeit kann ich noch nicht mit dem Vater in den Zivilschwimmschul-Biergarten gehn[13].

In früheren Jahren Venedig Riva Desenzano auch allein Norderney, Helgoland Onkel Siegfried

An die Ostsee hätte ich mit ihr einmal (mit ihrer Bekannten) fahren sollen, habe mich aber wegen Magerkeit und sonstiger Ängstlichkeit geschämt[14].
Soweit es wert war, mich zu verstehen. So war sie in allem.
Sie war nicht schön, aber schlank, edler Körper, den hat sie nach Berichten (Schwester von Max, ihre Freundin) behalten.

Gib mir einen Augenblick die Hand auf die Stirn, damit ich Mut bekomme.

Diese Zeitung kommt in 3 Exemplaren 2 mal in der Woche.

Jedes Glied müde wie ein Mensch.

Warum habe ich es im Spital nicht einmal mit Bier versucht
Limonade es war alles so grenzenlos.

So geht die Hilfe wieder ohne zu helfen weg[15].

Sehr geehrter Herr Verleger!

Hier schicke ich postwendend die Korrektur für die "Arcadia" zurück. Ich bin glücklich darüber, daß Sie mir noch die zweite Korrektur geschickt haben, denn auf Seite 61 steht ein schrecklicher Druckfehler: "Braut" statt "Brust"

Mit bestem Dank
Ihr herzlich ergebener
Dr F. Kafka

8 III 12

Brief Franz Kafkas an Kurt Wolff (Seite 114)

ANHANG

ANMERKUNGEN DES HERAUSGEBERS

Die meisten Briefe Kafkas sind von ihm nicht datiert worden. – Die Festsetzung des vermutlichen Datums erfolgte auf Grund des Poststempels, wenn dieser leserlich und das Kuvert des Briefes zufällig erhalten war, oder auf Grund des Inhalts. Alle Zusätze des Herausgebers, also insbesondere diese vermuteten Datierungen, stehen in eckigen Klammern. – Wo durch eine Datierung nur etwa das Jahr der Niederschrift bestimmt werden konnte, wurde der Brief am Schluß des jeweiligen Jahres eingeordnet. Ich kann durchaus nicht behaupten, dabei immer die völlig richtige Reihenfolge hergestellt zu haben; doch annäherungsweise wurde vielleicht das Bestmögliche erreicht. Für wichtige Hilfe bei der Ordnung der Briefe wie bei der Arbeit an den Tagebuch- und Fragment-Bänden bin ich Frau Ester Hoffe zu vielem Dank verbunden.
Sprachfehler, Pragismen, orthographische Fehler sowie Interpunktionsversehen Kafkas habe ich nicht in gleichem Ausmaß berichtigt wie bei der Herausgabe seiner dichterischen Werke. Nur in dringendsten Fällen habe ich eingegriffen.
Klaus Wagenbach sei für seine stets bereitwillige Unterstützung bei der letzten Einordnung und Korrektur gedankt.

1900

1] Frau Selma Robitschek sandte dem Herausgeber dieser Briefe spontan die Abschrift und später die Photokopie des Albumblattes aus London. Sie war so freundlich, dieses wohl früheste Dokument, das wir über Kafka besitzen, durch das folgende Begleitschreiben zu erläutern:
»Wer ich bin? Die Tochter des Oberpostmeisters Kohn aus Roztok bei Prag. Kennen Sie Roztok, den Wald? Erinnern Sie sich an den steilen Weg dahin und wie man plötzlich auf der herrlichsten Waldlichtung steht, das hohe Gras voll Himmelschlüssel, Marientränen, Glockenblumen und mitten darin eine sehr sehr alte Eiche! Unter dieser Eiche sind wir Kinder, Franz und ich, oft gesessen und er hat mir Nietzsche vorgelesen, was und ob ich es verstand, Dr. Brod, es liegen 55 Jahre dazwischen, wir haben uns gegenseitig angeschwärmt,

wie man damals war, ich war schön und er war sehr klug und beide waren wir so himmlisch jung. Kafkas wohnten einen Sommer lang bei uns im 1. Stock. Und unser Garten lief in einen hohen Berg aus. Oben stand eine Bank und des Abends gingen wir oftmals, Franz eine brennende Kerze in der Hand, zu dieser Bank – man sah so weit, das ganze Tal, das silberne Band der Moldau, am andern Ufer Klettau und Bruky beleuchtet und er wollte mich überreden, meinen Vorsatz zu studieren auszuführen. Aber es nützte nichts, mein Vater erlaubte es nicht – man hat damals den Vätern gefolgt – und so kamen wir auseinander.«

1902

1] Oskar Pollak war Franz Kafkas Mitschüler im Gymnasium. Die Freundschaft setzte sich auch noch in den Jahren des Hochschulstudiums eine Zeitlang fort. – Oskar Pollak, 1883 in Prag geboren, studierte zuerst Chemie, dann Philosophie, Archäologie und endgültig Kunstwissenschaft, ging als Kunsthistoriker nach Rom, arbeitete vor allem über römisches Barock. Aus seinem Nachlaß erschien in den »Quellenschriften zur Geschichte der Barockkunst in Rom« ein Werk »Die Kunsttätigkeit unter Urban VIII.« (Wien, 1928-31). Bei Kriegsausbruch meldete er sich als Freiwilliger und fiel als Fähnrich am 11. Juni 1915 am Isonzo. Die hier veröffentlichten Briefe Kafkas fanden sich im Nachlaß Oskar Pollaks, wo ich sie im Einvernehmen mit der Witwe Pollaks studieren konnte. Einiges Unwesentliche, dem Umfang nach sehr wenig, habe ich bei der ersten Publikation der Briefe Kafkas 1937 weggelassen und kann es leider jetzt nicht mehr ergänzen, da die Originalbriefe während der Besetzung Prags wahrscheinlich verlorengegangen sind.

2] *Kunstwart* – Monatshefte für Kunst, Literatur und Leben. Herausgegeben von Ferdinand Avenarius. 1887 ff.

3] Villenort in der Nähe Prags.

4] Kafka wollte zuerst Germanistik studieren, wandte sich dann mit Unbehagen ab und resignierte auf die damals in Prag, in seinem Kreise, übliche Art, indem er als »Brotstudium« Jus wählte. Zu seiner Enttäuschung hat der Professor für deutsche Literatur an der Prager deutschen Universität, August Sauer, viel beigetragen. Gegen ihn fand sich im gestrichenen Teil dieses Briefes eine heftige Polemik. Kafkas Plan, in München Germanistik weiter zu studieren, von dem hier die Rede ist, wurde nicht verwirklicht.

1903

1] Schloß Ober-Studenec bei Ždirec. Dort hatte Oskar Pollak eine Hofmeisterstelle angenommen. – Aus diesem im Original zwölf Seiten umfassenden Brief, der unter anderem auch die ausführliche Kritik eines Prager Vortrags von Professor Schultze-Naumburg enthält, sind hier nur Teile publiziert. – Wie im vierten Brief an den gleichen Adressaten ist der Gegensatz Stadt – Land ein Hauptthema Kafkas. In einem andern Brief an Oskar Pollak schreibt Kafka: »...während doch in Wahrheit wir die Halbverschütteten sind, Du aber gute Luft zum Atmen hast in diesem grünen Frühling. Darum ist es anmaßend und ein wenig sündhaft, Dir aus der Stadt zu schreiben, außer man rät Dir, weise wie die Städter für andere sind, Dich an die Landwirtschaft zu machen. Dagegen ist es klug und sorglich, sich vom Lande schreiben zu lassen. Das werde ich tun.«

2] Gustav Theodor Fechner und Meister Eckehart.

1904

1] Kafkas Mitschüler und Studienfreund Ewald Přibram, in den Briefen öfters erwähnt. – Züge seiner Persönlichkeit sind in der Figur des Gegenspielers in »Beschreibung eines Kampfes« deutlich erkennbar.

2] In meiner Kafka-Biographie (Frankfurt am Main, 1954) sind noch 15 weitere kleine Briefe oder Karten Kafkas an mich abgedruckt, die aus den Universitätsjahren und der ersten Zeit der Berufsarbeit stammen. – Einige wenige unwesentliche Billette habe ich weder dort noch hier aufgenommen. – In meiner Erinnerungsmappe ist den Postkarten Kafkas aus Zuckmantel eine weitere Ansichtskarte (»Waldpromenade«) beigelegt, die in einer mir unbekannten Frauenschrift die Worte enthält: »Das ist ein Wald und in diesem Wald kann man glücklich sein. Deshalb kommen Sie.« Es folgt eine unleserlich stenographierte Unterschrift, vielleicht: Ritschi Grader. Die Karte ist von Kafka selbst an mich adressiert.

3] »Ausflüge ins Dunkelrote« erschien dann 1909 in Berlin.

1906

1] »Tod den Toten!«. Stuttgart, 1906.

2] Lord Th. B. Macaulay, Lord Clive. In einer damals sehr verbreiteten »Schulbibliothek« englischer und französischer Autoren.
3] Ein Roman, an dem ich jahrelang arbeitete, ohne ihn je zu vollenden. Als Titel wäre auch »Die tausend Vergnügungen« in Betracht gekommen.

1907

1] Ich hatte in der Berliner Wochenschrift »Die Gegenwart« (9. 2. 1907) die Stilkunst Kafkas gerühmt, wiewohl Kafka damals noch nichts publiziert hatte.
2] »Die Opale« (1907) und »Der Amethyst« (1906), zwei von Franz Blei herausgegebene Zeitschriften. *Experimente* – eines meiner frühen Novellenbücher (Stuttgart, 1907). Darin stellt eine der Gestalten (Carus in der Novelle »Die Insel Carina«) Franz Kafka dar, wie ich ihn damals sah.
3] Kafka hatte eine Zeichnung für den Einband meines Buches »Der Weg des Verliebten« (Stuttgart, 1907) entworfen. Für dieses Buch war vorher der Titel »Erotes« geplant.
4] Einige Gedichte, die Kafka in einer anderen Zeitschrift gefunden haben mußte und die er mir, gewissermaßen als »Entschädigung«, mitsandte.
5] Komotau am Fuße des Erzgebirges, wo ich vorübergehend einen Posten in der Finanzbezirksdirektion erhalten hatte. Hierauf bezieht sich *das grüne Tuch des Tisches*.
6] Die Auffindung der Briefe an Hedwig W. ist einem glücklichen Zufall und dem besondern Eifer meiner Sekretärin Ester Hoffe zu danken. – Kafka lernte das Mädchen in Triesch (tschechisch: Třešt), einem kleinen Landstädtchen bei Iglau (Jihlava) in Mähren kennen, wo er bei seinem Onkel Dr. Siegfried Löwy, dem »Landarzt«, zur Sommerfrische weilte.
7] Es handelt sich um Kafkas verhängnisvollen Eintritt in das verhaßte praktische Berufsleben. Sein erster Posten, der einen unerträglich großen Teil seiner Kraft und Zeit beanspruchte, war in den »Assicurazioni Generali«. Im Juli des folgenden Jahres (1908) erhielt er eine ihm etwas mehr Freizeit lassende, aber ihn immer noch weit überlastende Stellung in einem halbstaatlichen Institut, der »Arbeiter-Unfall-Versicherungs-Anstalt für das Königreich Böhmen in Prag«.

8] Zwei Prager Tageszeitungen.
9] Die übliche ärztliche Untersuchung vor der definitiven Anstellung.
10] Beigelegt war eine kleine Prosadichtung, »Begegnung«, die Kafka später unter dem Namen »Die Abweisung« in sein erstes Buch aufnahm.
11] Ein Jugendfreund von mir, der wenige Monate später starb.

1908

1] Zwei Weinstuben.
2] Die Gasse, in der ich damals wohnte.
3] Schloß Nornepygge. Stuttgart, 1908.
4] »Uferdasein« (Stuttgart, 1908), das erste Buch des gemeinsamen Freundes.
5] Diderot, Rameaus Neffe.
6] Die Adressatin wurde später die Frau des Herausgebers. – »Orient« hieß das Kino, das wir (es war die Frühzeit des Films) mit Kafka besonders gern besuchten.
7] *Antonius* – gemeinsame Lektüre des Werkes von Flaubert im Originaltext.
8] Ein Nachtlokal.
9] *Vizeadmiral* – Operette von Karl Millöcker.

1909

1] Es ging hier um einen Posten für mich.
2] »Bohemia«, 11. 4. 1909; später in: Tagebuch in Versen. Berlin, 1910.
3] Trostbrief wegen einer zusätzlichen Arbeit, die mir mein damaliger Chef, Postdirektor Kalandra, zugeteilt hatte.
4] Ein Dorf in der Nähe von Prag. Beschreibung eines gemeinsamen Ausfluges: »Zirkus auf dem Lande«. Die Schaubühne, 1. Juli 1909.
5] *Epilog* – bezieht sich auf Baums großen Roman »Das Leben im Dunkeln« (Berlin, 1910), der in einem Blindeninternat spielt.
6] Der Maler und Graphiker Willi Nowak.
7] »Ein Besuch in Prag«. Bohemia, 1909, Nr. 278. (Über den Besuch der Nichte Flauberts, Caroline Commanville, in Prag.)
8] Großer Betrugsprozeß, der damals in Prag verhandelt wurde.

9] Dr. F. (Fleischmann) war ein Vorgesetzter Kafkas, der ihn leider öfters (ohne böse Absicht) zu wissenschaftlicher Spezialarbeit anzuregen suchte.

10] *Rauchberg* – Verwaltungsrechtler an der Prager Universität.

11] Ein Kaffeehaus.

12] Kafka mußte eine amtliche Inspektionsreise nach Westböhmen unternehmen. *Einreihung* – die versicherten Betriebe wurden in Kategorien, Gefahrenklassen »eingereiht«.

13] Direktor Eisner, einer der Leiter der »Assicurazioni Generali«, faßte bald eine besondere Vorliebe für den jungen Beamten und suchte, wenn auch vergeblich, ihm seine Arbeit zu erleichtern. Der hochgebildete, gütig-skeptische, literarisch sehr interessierte Mann (ein Cousin des Komponisten Adolf Schreiber) scheint Kafka mit einer der Figuren in einem Roman Robert Walsers verglichen zu haben, die so gern süß-beschaulichem Müßiggang frönen. – Kafka war damals ein eifriger Besucher der Prager Pferderennen in Kuchelbad (vergleiche die Skizze »Zum Nachdenken für Herrenreiter« in seinem ersten Buche, sowie eine Zeichnung im Anhang zur Biographie), lernte auch selbst reiten (vergleiche die Postkarte vom 10. III. 1910).

14] Robert Walser, Jakob von Gunten. Berlin, 1909.

15] Robert Walser, Geschwister Tanner. Berlin, 1907.

16] *Arco* – ein Literaten- und Künstler-Kaffeehaus in der Hybernergasse.

1910

1] Vergleiche Anmerkung 1906, 3 – *Milada* ist die Heldin dieses Romans.

2] Ein Chantant.

3] »Beschreibung eines Kampfes«. Die Bemerkung ist Kafkas Antwort auf meine begeisterte Zustimmung und meinen Dank für das erbetene und mir geschenkte Manuskript.

4] Eine Volksversammlung der tschechischen Realistenpartei, der auch der damalige Abgeordnete Masaryk angehörte. Kafka liebte es, Volksreden zu hören. – Die im Folgenden erwähnte Schauspielerin, die junge und schöne Sybil Smolová, hielten wir beide für eine besonders große Begabung. Sie wurde später in Berlin von Kerr entdeckt. »Čas« war die Tageszeitung Masaryks. Das Urteil des tschechischen Kritikers erschien Kafka zu zurückhaltend.

ANMERKUNGEN · BRIEFE 1910, 1911, 1912

5] Diese hochoffizielle Monatsschrift erschien damals in Prag. Matras war der Name des Redakteurs. Kafka sollte ein versicherungstechnisches Buch seines Chefs Robert Marschner, des Direktors der Arbeiter-Unfall-Versicherungs-Anstalt, den er sehr schätzte, rezensieren und suchte eine Publikationsmöglichkeit.
6] Gleichfalls Abwehr eines Lobes.
7] Es handelte sich um einen Vortrag für die Arbeiter-Unfall-Versicherungs-Anstalt.
8] Diese drei Ansichtskarten wurden von Kafka ohne Absatz, ineinander übergehend, geschrieben und zur gleichen Zeit abgesandt. So auch die Postkarten auf Seite 137, 275, 357 und 375.
9] Von unserer Pariser Reise kehrte Kafka wegen der in den Karten erwähnten Furunkel vorzeitig nach Prag zurück.
10] *Anatol* – Schauspiel von Arthur Schnitzler.
11] *Hochzeit* – der Schwester Elli.

1911

1] Die Schwester des Herausgebers.
2] *Hyperion* – Zweimonatsschrift, herausgegeben von Franz Blei und Carl Sternheim. München, 1908-1910.
3] Die Neue Rundschau. Berlin, 1890 ff.
4] Arthur Achleitner, bayrischer Heimatschriftsteller.
5] 1911 verbrachte ich mit Kafka die Ferien in Lugano, Mailand, Paris, von dort fuhr ich nach Prag zurück, Kafka in ein Sanatorium bei Zürich (Erlenbach), wo er bis zum Ende seines Urlaubs blieb.
6] Siehe »Tagebücher«. Frankfurt, 1951. Seite 97 ff.

1912

1] Hier ist vom Vortragsabend eines ostjüdischen Schauspielers die Rede. Das ganze Arrangement ist Kafka zu verdanken. (Siehe Biographie, Seite 139 ff.)
2] *Unglücklichsein* – ein Prosastück aus »Betrachtung«.
3] Es handelt sich um eine Verleumdung im Anschluß an ein am 17. 3. 1912 gegebenes Konzert. Ich befolgte damals den von Kafka gegebenen Rat.
4] Arnold Beer. Das Schicksal eines Juden. Berlin, 1912.
5] Vergleiche Anmerkung 1906, 1.

6] Siehe »Tagebücher«, Seite 651 ff.
7] *Höhe des Gefühls*: Szenen, Verse, Tröstungen. Leipzig, 1913. – *Jahrbuch*: »Arkadia«. Ein Jahrbuch für Dichtkunst. Herausgegeben von Max Brod. Leipzig, 1913. – »*Billig*«: siehe Biographie, Seite 147 ff. – »*Begriff*«: Max Brod und Felix Weltsch, Anschauung und Begriff. Grundzüge eines Systems der Begriffsbildung. Leipzig, 1913.
8] *Roman* – »Amerika«.
9] Siehe »Tagebücher«, Seite 654 ff.
10] *Stückchen* – für »Betrachtung«.
11] *Hyperion* – 1909, im achten Heft: »Gespräch mit dem Beter« und »Gespräch mit dem Betrunkenen«. (Jetzt im Band »Erzählungen«.)
12] *gemeinsamen Geschichte*: »Richard und Samuel«; siehe »Erzählungen«, Seite 296 ff. und »Hochzeitsvorbereitungen auf dem Lande«. Frankfurt, 1953, Seite 429 ff.
13] Das definitive Manuskript der »Betrachtung«, das ich dem Verlag Rowohlt einsandte. – *Fräulein*: F. B., später Kafkas Braut. Die Briefe an F. B. wurden vom Verlag Schocken Books, Inc., New York, erworben und sollen zu einem späteren Zeitpunkt veröffentlicht werden.
14] Der Verlag Ernst Rowohlt wurde ursprünglich von Ernst Rowohlt und Kurt Wolff gemeinsam geleitet. Am 1. November 1912 schied Ernst Rowohlt aus, der Verlag firmierte dann ab Februar 1913 als Kurt Wolff Verlag.
15] Ohne Wissen meines Freundes brachte ich eine Abschrift dieses Briefes (ohne das Nachwort) zur Kenntnis der Mutter, da ich ernstlich um Franzens Leben bangte. Die Antwort der Mutter und weitere zur Beurteilung der Lage wichtige Tatsachen, die den »Brief an den Vater« ergänzen, findet man auf Seite 113 ff. der Biographie.
16] Eine von Willy Haas herausgegebene Prager literarische Zeitschrift, von der einige Nummern erschienen. Sie enthielten auch Beiträge von Werfel und Kafka.
17] von F. B.
18] »Das Urteil«.

1913

1] Von Kafka falsch datiert, da »Das Urteil« erst am 22./23. September 1912 geschrieben ist, die erste Korrektur erst am 11. Februar 1913 erfolgte.

2] »Die Verwandlung«.

3] »Der jüngste Tag«, eine vom Verlag Kurt Wolff herausgegebene Sammlung, sollte eine Bücherei sein, die »Schöpfungen der jüngsten Dichter, hervorgebracht durch das gemeinsame Erlebnis unserer Zeit«, umfaßt. Es erschienen Bände von Werfel, Hasenclever, Hardekopf, Trakl, Viertel, Schickele, Edschmid, Kraft, Brod, Sternheim und anderen. – Kafkas Erzählung »Der Heizer«, das erste Kapitel des Romans »Amerika«, war Nummer 3 der Sammlung.

4] Die Adressatin ist die Schwester von Kafkas Hebräischlehrer Friedrich Thieberger (Schriftsteller, Religionsphilosoph) und wurde später die Frau des Dichters Johannes Urzidil.

5] Auf dem Umschlag des »Heizer« war, auf Vorschlag von Franz Werfel, ein Stahlstich aus dem neunzehnten Jahrhundert abgebildet, der die Hafenansicht von New York zeigt.

6] Max Brod, »Über die Schönheit häßlicher Bilder. Ein Vademecum für Romantiker unserer Zeit«. Leipzig, 1913.

7] Ein im Auftrag seines Amtes von Kafka geschriebener Artikel.

8] Lise Weltsch, Schwester des politischen Schriftstellers Robert Weltsch, später Frau des Beethoven-Forschers und Verlegers Siegmund Kaznelson.

9] Auf seiner Reise nach Riva verweilte Kafka kurze Zeit in Wien.

10] An die Freundschaft zwischen Kafka und dem Herausgeber schloß sich früh die zu dem Dichter Oskar Baum und dem Philosophen Felix Weltsch. Über diesen Bund zu viert vergleiche man die Biographie.

11] Felix Stössinger (Prag) wirkte in Wien und Berlin, zuletzt in Zürich, wo er 1954 starb. Er setzte sich entscheidend für Arno Nadels Lyrik ein. In seinem Buch »Revolution der Weltpolitik« errichtete er dem Leben und Denken Joseph Blochs, des Herausgebers der »Sozialistischen Monatshefte«, ein Denkmal. Stössingers letztes bedeutsames Werk ist seine Heine-Anthologie »Mein wertvollstes Vermächtnis«. – Ernst Weiß, der später Kafka eine Zeitlang sehr nahe stand, (siehe auch den Brief an Carl Seelig, Seite 450) nahm sich 1940 in Paris das Leben.

12] Tycho Brahes Weg zu Gott. Leipzig, 1916.

13] Abschied von der Jugend. Ein romantisches Lustspiel in drei Akten. Berlin, 1912.

14] *das bunte Buch* – Almanach des Verlages Kurt Wolff. Leipzig, 1914.

1914

1] Willy Haas, Die Verkündigung und Paul Claudel. Brenner, 1. Juli 1913.
2] Der große Dichter Robert Musil (»Die Verwirrungen des Zöglings Törleß«, »Die Schwärmer«, »Der Mann ohne Eigenschaften«) gehörte bald nach Erscheinen der »Betrachtung« zu den Bewunderern Kafkas.
3] Apothekersgattin in Prag, die einen literarischen Zirkel unterhielt, den auch Kafka öfters besuchte.
4] František Langer, der Prager Dramatiker, dessen Drama »Peripherie« von Max Reinhardt aufgeführt wurde.
5] Mitglied der ostjüdischen Schauspieltruppe, von der in Kafkas »Tagebüchern« viel berichtet wird (vergleiche auch Biographie).
6] Kafkas jüngste Schwester, zu der er besonderes Vertrauen hatte.
7] Aus dem Italienischen – parvola loggia – ins Tschechische, von dort ins Deutsche übernommenes Wort. Bezeichnet einen langen Balkon, der in vielen älteren Prager Häusern an der Hof-Innenseite hinlief.

1915

1] Es handelt sich offenbar um ein entliehenes Buch der Universitäts-Bibliothek, deren Beamter Felix Weltsch war.
2] »Die Verwandlung«.
3] Monatsschrift, erschien ab September 1913 in Leipzig. Zuerst von E. E. Schwabach, ab 1915 von René Schickele herausgegeben. Die »Verwandlung« erschien in der Oktober-Nummer 1915.
4] *die »Neuen Christen«* – einer meiner Romanpläne.
5] Ernst Feigl gewann später durch seine volkstümlichen, von echtem Mitleid mit den Ärmsten getragenen Gerichtssaalberichte im »Prager Tagblatt« einen klangvollen Namen.
6] Siehe den Brief an den Verlag Kurt Wolff vom 30. IX. 1916.
7] Der Adressat dieses Briefes und einiger folgender ist jedenfalls Georg Heinrich Meyer, Prokurist im Verlag Kurt Wolff. Über ihn siehe: Hermann Vogel, Bohemien Georg Heinrich Meyer. »Das Antiquariat«, 1952, Nr. 21/22. – Franz Blei hatte eine gewichtige Stimme bei der Verleihung des Fontanepreises.

8] »In der Strafkolonie«.

9] *Napoleon* – Erzählung von Carl Sternheim. (Band 19 des »Jüngsten Tag«.)

1916

1] Stadt und Prämonstratenserstift bei Marienbad.

2] Auf Veranlassung Kafkas beteiligte sich seine Braut an praktischer zionistischer Erziehungsarbeit in diesem »Jüdischen Volksheim«, aus dem sich später das Kinderdorf Ben-Schemen (Lehrfarm) in Palästina entwickelte.

3] Ich teilte Kafka mit, daß laut Zeitungsnachricht der Belzer Rabbi, ein Haupt der Chassidim, in Marienbad angekommen sei. Kafka fühlte sich (wie auch das Tagebuch bezeugt) zu allem, was die chassidische Bewegung betraf, in einer seltsamen Mischung von Begeisterung, Neugierde, Skepsis, Zustimmung und Ironie hingezogen. Er begab sich gleich zu unserem gemeinsamen Freund Georg Mordechai Langer, – einem merkwürdigen einsamen Menschen, der, in Prag, in westjüdischer Kultur geboren und erzogen, dennoch jahrelang als echter Chassid am »Hofe« des »Belzers« gelebt hatte. Sein Bruder ist der bereits erwähnte Dichter František Langer. G. M. Langer schrieb in deutscher und tschechischer Sprache über Themen der Kabbala, ferner publizierte er zwei Bände hebräischer Gedichte. Eines der Gedichte ist eine Elegie auf den Tod Kafkas. Langer entkam 1939 den Nazis in Prag, fuhr unter unsäglichen Qualen auf einem Illegalenschiff nach Palästina, wo er noch eine Zeitlang lebte, dann aber an den Folgen der Reisestrapazen 1943 starb.

4] Soll heißen: Gabaim

5] *Aissé*: Erzählung von René Schickele. – *Schuhlin*: Erzählung von Carl Sternheim. – *Fledermäuse*: Erzählung von Gustav Meyrink.

6] Kurt Wolff stand während des Krieges im Felde.

7] »In der Strafkolonie«.

8] Landarzt in Triesch. (Vergleiche den Brief Seite 36 ff.) Kafka bewahrte dem etwas sonderlinghaften Manne, der Zeiteinteilung und Zeitausnützung über alles schätzte, eine mit gutmütigem Spott gemischte Liebe und sehr viel Respekt.

1917

1] Der Lyriker Gottfried Kölwel wurde mit seinem ersten Gedichtband (»Gesänge gegen den Tod«, 1914) von Martin Buber an Kurt Wolff empfohlen und gehörte seitdem zu den Autoren des Verlages. – Er lernte Kafka im November 1916 anläßlich der Vorlesung von »In der Strafkolonie« in der Buchhandlung Goltz in München kennen. – *Pulver:* der Schriftsteller und spätere Graphologe Max Pulver.

2] Von Kafka falsch datiert; die Vorlesung in München fand erst November 1916 statt (siehe auch den Brief an Kurt Wolff vom 11. X. 1916).

3] Dies und auch die anderen Gedichte erschienen dann im Band »Erhebung«. München, 1918.

4] Moritz Heimann, Politische Voraussetzungen etcetera. Die Neue Rundschau, Juni 1917.

5] Später in der Sammlung »Ein Landarzt«.

6] Bezieht sich auf den Gang zum Arzt, die erste Feststellung von Kafkas Krankheit. Daraufhin nahm er Urlaub von seinem Amt, löste die Verlobung und wohnte längere Zeit auf dem Lande, im Dorf Zürau, wo seine Schwester Ottla damals den Versuch machte, selbständig (von den Eltern entfernt) die einem Schwager gehörige Besitzung zu bewirtschaften. – Das ländliche Milieu kehrt im Schloß-Roman wieder, dessen visuelle Grundidee bis zu der Ansichtskarte aus Friedland (1. II. 1911) zurückreicht.

7] *aber im Gegensatz zu mir schon ausstudiert* – Kafka pflegte sein ephebenhaftes Aussehen auf solche Art zu bespötteln, tatsächlich war er damals natürlich schon längst Doktor. – *etwas für Euch verschaffen* – In diesem letzten Kriegswinter machte Kafka Anstrengungen, seinen Freunden in der Stadt einigen Proviant aus seinem ländlichen Wohnort zu besorgen.

8] Professor Pick, der als erster Kafkas Tuberkulose konstatierte.

9] Wilhelm Stekel, Krankhafte Störungen des Trieb- und Affektlebens. Berlin, 1917.

10] Die große tschechische Erzählerin – ihr Hauptwerk: »Babička« (»Großmütterchen«).

11] Felix Weltsch, Organische Demokratie. Leipzig, 1918.

12] Ein Naturarzt, Fabrikant in Warnsdorf, den Kafka versuchsweise konsultierte.

13] *Jüdisches Echo* – Zeitschrift, herausgegeben von Meta Moch. 1914 ff.

14] Eine Königin Esther. Drama in einem Vorspiel und drei Akten. Leipzig, 1918.

15] Siehe »Hochzeitsvorbereitungen auf dem Lande«, Seite 154 ff.

16] »Der Jude«, eine von Martin Buber ab März 1916 herausgegebene Monatsschrift.

17] Ein Couplet-Sänger.

18] Meine Übersetzung von Janáčeks Oper »Jenufa«. – *Abraham Grünberg* – ein Flüchtling aus Warschau, junger hebräischer Schriftsteller. Er starb in Prag. – *Selbstwehr* – von Felix Weltsch redigierte Prager zionistische Wochenschrift, zu deren eifrigsten Lesern Kafka gehörte.

19] *Reichenberger* – Kapellmeister der Wiener Hofoper, der meine Übersetzung verschlimmbessert hatte; sie wurde, gegen meinen Protest, mit diesen Retouchen gedruckt. Einige der ärgsten Geschmacklosigkeiten konnte ich nach heftigen Kämpfen doch noch ausmerzen.

20] Der Philosoph Max Scheler.

21] Der Schriftsteller Hans Blüher.

22] Der Wiener Psychoanalytiker und Philosoph Otto Gross.

23] Helena Racowitzová, Láska a smrt Ferdinanda Lassallea. Prag, 1912.

24] Thomas Mann, Palestrina. Die Neue Rundschau, Oktober 1917.

25] Anspielung auf den Prager neuromantischen Dichter Hugo Salus.

26] Der Literarhistoriker August Sauer.

27] *Zuckerkandl* – Ordinarius für Nationalökonomie an der Prager Universität.

28] Lydia Holzner, Leiterin eines Mädchenbildungsinstitutes in Prag.

29] »Die Aktion«, herausgegeben von Franz Pfemfert, erschien seit 1911.

30] Max Brod, Radetzkymarsch. Die Aktion, September 1917.

31] H. Teweles schrieb unter dem Pseudonym Bob für das Prager Tagblatt.

32] Anton Kuh, Wiener Feuilletonist.

33] *Dame* – Ida Boy-Ed; das Buch hieß: Das Martyrium der Charlotte von Stein. Versuch ihrer Rechtfertigung. Stuttgart, 1916.

ANMERKUNGEN · BRIEFE 1917

34] Der bereits erwähnte Professor Zuckerkandl, ein weitläufiger Verwandter Clemenceaus. Felix Weltsch hatte Kafka am 17. Oktober 1917 geschrieben: »Ein Gespräch mit dem Hofrat Zuckerkandl über – Dich. Er hat Dich als Dichter in den Himmel gehoben. Seine Schwiegermutter hat in einem Kurort von einer befreundeten Dame von einem Dichter Franz Kafka gehört, in den man unbedingt eingetreten sein muß. Sie wünschte sich das Buch und bekam es. So las auch der Hofrat vier Seiten und war begeistert: ›Ich muß ihn doch kennen, wenn er unser Doktor ist‹.«

35] Der Prager Dramatiker Paul Kornfeld.

36] *Der Mensch* – Monatsschrift, herausgegeben von Leo Reiss. Brünn, 1918/19.

37] Bezieht sich auf eine ferne trübe Zeit, die ich als Staatsbeamter in Komotau verbracht hatte. – Der aktuelle Anlaß unserer Zusammenkunft, die schließlich doch zustande kam, war eine Rede von mir im Komotauer Zionistenverein. Kafka kam von dem nahen Zürau nach Komotau.

38] Bezieht sich auf Kafkas wiederholt verlängerten Krankenurlaub, dem später die Pensionierung folgte. – Im Folgenden setzt sich Oskar Baum für den Kriegsblinden P. ein, Kafka gibt Ratschläge.

39] Hauptfigur des Romans »Die Tür ins Unmögliche«. München, 1919.

40] In Frankfurt fand ein Leseabend statt; ich hatte Kafka gebeten, sich zu beteiligen.

41] *Die Jüdische Rundschau* – Zeitschrift, herausgegeben von Hans Klötzel, später von Robert Weltsch. 1896 ff.

42] »Ein Bericht für eine Akademie«.

43] Der Dichter Rudolf Fuchs.

44] *Daimon* – Zweimonatsschrift, Februar 1918 ff. Redakteur: Jakob Moreno Levy.

45] *Donauland* – Monatsschrift. Herausgegeben von Karl Muth. Oktober 1917 ff.

46] Hans Blüher, Die Rolle der Erotik in der männlichen Gesellschaft. Band 1. Der Typus inversus. Jena, 1917.

47] Meine Frau versuchte sich dieses eine Mal als Rezitatorin, mit starkem Erfolg. Sie las den »Bericht für eine Akademie«. Es war dies die erste öffentliche Vorlesung von Werken Kafkas.

48] *Marsyas* – Eine Zweimonatsschrift. Herausgegeben von Theodor Tagger (Ferdinand Bruckner). Herbst 1917 ff.

49] Ludwig Fromer, Salomon Maimons Lebensgeschichte. München, 1911. Bei Georg Müller in der gleichen »Sammlung menschlicher Dokumente« erschienen wie die »Bekenntnisse«.
50] »Der Anbruch. Flugblätter aus der Zeit. Herausgegeben von Otto Schneider und Ludwig Ullmann«. Ab Ende 1917, kurz danach wieder eingegangen.
51] »Holzapfel's Panideal. Ein Weg der Erneuerung. Erste Folge«. Bern, 1917:
52] »Der Artist. Central-Organ des Circus, der Varietébühnen, reisenden Kapellen und Ensembles«. 1883 ff.
53] *Hudební Revue* – Tschechische Monatsschrift, von Karel Stecker und Karel Hoffmeister herausgegeben.
54] Dr. Josef Körner, der Herausgeber des Schlegelschen Nachlasses und Verfasser des »Bibliographischen Handbuches«.
55] Friedrich Wilhelm Foerster, Pädagoge und Pazifist.

1918

1] Ernst Troeltsch, Luther und der Protestantismus. Die Neue Rundschau, Oktober 1917.
2] *Tagebuch* – von Leo Tolstoi.
3] Figur in: Max Brod, Das große Wagnis. München, 1920.
4] *Die versunkene Glocke* – Drama von Gerhart Hauptmann.
5] *Olga* und *Irene* – zwei Figuren aus »Jüdinnen« von Max Brod.
6] »Eine kaiserliche Botschaft«.
7] Franz Pfemfert, Herausgeber der »Aktion«.
8] Ludwig Rubiner, Auswahl aus dem Tagebuch von Leo Tolstoi 1895-1899. Zürich, 1918. – Leo Tolstoi, Tagebuch. Vollständige von W. Tschertkow autorisierte Ausgabe in sechs Bänden. München (bei Georg Müller), 1917 ff.
9] Walther Fürth, Mitglied des Kreises, der sich im Café Arco traf.
10] Oskar Kraus, Professor für Philosophie in Prag. Er hatte Felix Weltsch, seinen ehemaligen Schüler, wegen der im Briefwechsel erwähnten politischen und literarischen Vorträge ironisch zur Rede gestellt; Kafka schlägt vor, ihm »sogar« von botanischen Vorlesungen zu berichten.
11] Die Uraufführung von »Eine Königin Esther«.
12] Von Kafka unrichtig erinnert. Das Buch erschien in Stuttgart (Axel Juncker Verlag), 1905.

13] Otto Pick, Lyriker und Erzähler, Übersetzer Čapeks, František Langers und anderer. Redakteur der »Prager Presse«.
14] Paul Adler, der damals noch in Hellerau wohnende Prager Dichter, prinzipientreuer Verweigerer des Kriegsdienstes. Ein Freund und Propagator Theodor Däublers, ewiger Diskussionspartner Jakob Hegners.
15] Die bereits erwähnte Zeitschrift »Der Mensch«, die Johannes Urzidil redigierte.
16] April 1918 erschien von Felix Weltsch ein Aufsatz »Organische Demokratie« in der »Neuen Rundschau«.
17] Alfred von Meissner, Geschichte meines Lebens. Teschen, 1884.
18] Unsere Literaten und die Gemeinschaft. Der Jude, Oktober 1916.
19] Das im Entstehen begriffene »Heidentum, Christentum, Judentum«.
20] In Kafkas Elternhaus lebte eine Gouvernante, die alle vier Kinder miterzogen hatte und dann als eine Art Vertrauensperson im Hause blieb und immer voll echter Teilnahme für Franz war. Sie entstammte einer tschechisch-jüdischen Familie, ich habe sie nie anders als Tschechisch sprechen hören. Man nannte sie immer nur »das Fräulein«.

1919

1] »Der Gruftwächter«, über den Kafka mit Oskar Baum während dessen Aufenthalt in Zürau, Januar 1918, gesprochen hatte.
2] Oskar Baums Drama »Das Wunder«. Berlin, 1920.
3] Bezieht sich auf einen Traum, in dem mich jüdische und zionistische Katastrophen quälten. Die Lage in Palästina war damals kritisch.
4] Fräulein Julie Wohryzek, mit der sich Kafka später verlobte. Die Verlobung wurde dann aufgelöst, besonders weil Kafkas Vater opponierte.
5] Max Brod, Die dritte Phase des Zionismus.
6] Wahrscheinlich das Drama »Die Fälscher«.
7] Mordprozeß gegen die Gräfin Tarnowska, der damals Aufsehen erregte. Paul *Wiegler* ist der bekannte Literarhistoriker und Essayist; Willy *Handl* war Theaterkritiker und schrieb den ebenso seltsamen wie meisterhaften Roman »Die Flamme«. Beide waren eine Zeitlang Redakteure der Prager deutschen Zeitung »Bohemia«,

in der Kafka vermutlich Betrachtungen über diesen Sensationsprozeß las.

8] Die Adressatin ist allem Anschein nach identisch mit dem »jungen Mädchen«, das am Schluß der Erinnerungen von Dora Gerrit (siehe Seite 332 der Biographie) erwähnt wird: »Er warnte, beschwor, lehrte sie, sich der Zukunft in Arbeit zu ergeben und alle Besserung in Wirken und Leisten zu erhoffen.« Kafka lernte Minze E. in dem kleinen nordwestböhmischen Dorf Schelesen kennen, das Kafka öfters besucht hat. Hier handelt es sich um seinen Aufenthalt im Winter 1919-20 in der Pension Stüdl, in der auch Minze E., nach langer Krankheit, Rekonvaleszenz suchte.

9] *Fern Andra* – eine in jenen Jahren berühmte Filmschauspielerin.

10] *Holzminden* – eine Schule für landwirtschaftliche Ausbildung.

11] Fräulein Stüdl, die Inhaberin der Pension, von den Gästen allgemein das »Gnu« genannt.

1920

1] *Dr. Ziegler* – Rabbiner der Gemeinde Karlsbad, bekannter Prediger und religiöser Schriftsteller.

2] Kafkas Schwester Ottla wollte sich in Köln zur Hachschara (landwirtschaftliche Vorbereitung für Palästina) melden, was Kafka eifrig unterstützte.

3] Felix Weltsch, Gnade und Freiheit. Untersuchungen zum Problem des schöpferischen Willens in Religion und Ethik. München, 1920.

4] Mein Einakter »Die Höhe des Gefühls« (Orosmin) wurde in München ausgezischt. Hierauf beziehen sich der Anfang und einige Betrachtungen des nachfolgenden Briefes.

5] Friedrich Wichtl, Freimaurerei – Zionismus – Kommunismus – Spartakismus – Bolschewismus. Hamburg und Wien, 1920.

6] Diese zuerst von Sergej Nilus in seinem Buch »Das Große im Kleinen oder Nahe ist der herandrängende Antichrist und das Reich des Teufels auf Erden« (1905) zitierten Protokolle wurden später von O. Friedrich und H. Strack als Fälschungen erwiesen.

7] Erste Erwähnung von Frau Milena Jesenská. Vergleiche »Briefe an Milena«. Frankfurt, 1952.

8] Dem blinden Dichter Oskar Baum mußten die Briefe vorgelesen werden.

9] Schloß Tirol. – Die hier und auch an anderer Stelle in eckige Klammern gesetzten Worte sind Konjekturen; die Karten liegen beschädigt vor.

10] Die Postkarte zeigt das Bild einer Hundefamilie; »Meta« hieß der Hund in der Pension Stüdl in Schelesen.

11] An dieser Stelle sind drei Zeilen von Kafka durchgestrichen, völlig unlesbar gemacht. Hierauf bezieht sich der nächste Satz.

12] Siehe Anmerkung 1907, 2.

13] Peter Panter [Kurt Tucholsky], In der Strafkolonie. Die Weltbühne, 3. 6. 1920.

14] Einer der Lebenspläne Kafkas war es, Buchbinder in Palästina zu werden.

15] »Lied der Lieder« – ein Kapitel aus »Heidentum, Christentum, Judentum«.

16] Erinnerungen an meine Lehrkurse für Flüchtlingskinder während des Weltkrieges. Kafka hatte, so oft er konnte, als Zuhörer teilgenommen.

17] Arno Dvořák, Der Volkskönig. Drama in fünf Akten. Deutsch von Max Brod. Leipzig, 1914.

18] Hans Heilmann, Chinesische Lyrik vom 12. Jahrhundert v. Chr. bis zur Gegenwart. München, 1905.

19] Lily Braun, Memoiren einer Sozialistin. Zwei Bände. München, 1909-1911.

20] Es handelt sich um die Erlaubnis zur Einreise nach Österreich, die für den Aufenthalt in einem österreichischen Sanatorium notwendig war.

21] Uraufführung »Die Fälscher« am Stadttheater Königsberg.

22] Systematisch angeordnetes Kompendium der jüdischen Ritualgesetze und des jüdischen Rechts von Josef Karo (1564).

23] Rëubéni – Fürst der Juden. Ein Renaissanceroman. München, 1925.

24] Leo, Oskar Baums Sohn, wurde in der Odenwaldschule erzogen. Bei der Wahl dieser Erziehungsmethode fern vom Elternhaus hatte Kafka seinen Einfluß energisch geltend gemacht. Siehe auch die späteren Briefe an seine Schwester Elli über diesen Gegenstand.

1921

1] In Österreich war Prima die unterste, Oktava die höchste Gymnasialklasse.
2] Adolf Schreiber – ein Musikerschicksal. Berlin, 1921.
3] Das Buch der Liebe. München, 1921.
4] »Dehmels Fahrten in den Alpen«. Die Neue Rundschau, Dezember 1920.
5] Parteiblatt der tschechischen Agrarier, das gelegentlich antisemitische Tendenzen nicht verhehlte.
6] Siehe »Tagebücher«, Seite 651 ff.
7] Theodor Fontane, Meine Kinderjahre.
8] Erste Erwähnung Robert Klopstocks. Kafka lernte Klopstock, einen jungen Studenten der Medizin, später Doktor und hervorragender Forscher, im Sanatorium Matlar in der Tatra (Tatranské Matliary) kennen. Es entstand eine Freundschaft, die bis zum Tode Kafkas dauerte. Klopstock pflegte, gemeinsam mit Kafkas Lebensgefährtin Dora Diamant (Dymant), den Freund im Sanatorium Hoffmann in Kierling bei Wien und verharrte bei ihm bis zum Tode.
9] Der Gegenspieler des »falschen Messias« Dawid Rëubéni.
10] Franzi oder eine Liebe zweiten Ranges. Ein Roman. München, 1921.
11] Max Brod, Im Kampf um das Judentum. Wien, 1920.
12] Mein Freund, der geniale Musiker Adolf Schreiber, hatte durch Selbstmord im Wannsee geendet.
13] Racines Bajazet. Prager Abendblatt, 15. 4. 1921.
14] Der Wiener Lyriker Albert Ehrenstein war außerhalb des Prager Kreises einer der ersten, die Kafkas Bedeutung erkannten.
15] *Signorelli*: Das Jüngste Gericht. Fresko im Dom zu Orvieto.
16] Bezieht sich auf Kierkegaards »Furcht und Zittern«.
17] Kafka versuchte, für Klopstock einen Posten in der Druckerei Hegner (Hellerau) zu erlangen.
18] Karl Kraus, Literatur oder Man wird doch da sehn. Eine magische Operette. Wien, 1921.
19] Diese Äußerung Kafkas zur Sprache wird verständlicher, wenn man bedenkt, daß mit ihr eine spezifische Situation dargestellt ist. Sie bezieht sich auf bestimmte literarische Erscheinungen in Wien, Prag und Berlin; vgl. »Franz Kafkas Glauben und Lehre«, Seite 77-80.

20] Der Stolz, von dem hier die Rede ist, bezieht sich auf Ottlas Baby, Věra.

21] Kafkas älteste Schwester. Da ihr Sohn Felix am 8. Dezember 1911 geboren wurde, kann der Brief ungefähr in den Herbst 1921 datiert werden.

22] Die Originalbriefe an die Schwester sind anscheinend während der deutschen Besetzung verlorengegangen, daher kann ich die Lücken in den seinerzeit genommenen Abschriften heute nicht mehr ausfüllen.

23] Bericht über die Reise Kafkas von Matliary, wo er zehn Monate zugebracht hatte, nach Prag.

24] Kafka wollte durch Professor Münzer einen Posten für Klopstock beschaffen oder zumindest seine Immatrikulation an der Prager Universität erwirken.

25] Der Zionisten-Kongreß.

26] *Janouch* – Vergleiche: Gustav Janouch, Gespräche mit Kafka. Frankfurt, 1951.

27] Der Rezitator Ludwig Hardt las häufig auch Prosa von Kafka.

28] Die Ansicht zeigt die Reproduktion einer Zeichnung von Aleš, betitelt »Podzim« (Der Herbst). In regnerischer Feldlandschaft treibt eine Bäuerin Gänse heim, ein kleiner Junge läßt einen Drachen steigen, die Bildsäule des heiligen Wenzel mit Fahne sieht vom Feldrain aus zu. Kafkas Aufschrift gibt eine humoristische Deutung – sei es nun, daß mit dem »Faulenzer« der Junge oder der heilige Wenzel gemeint ist.

29] *Bocksgesang* – Drama von Franz Werfel. Erschien dann in München, 1922, als Buch.

30] Nach Angabe von Robert Klopstock waren Holub und Saphir Lokalgrößen der Zipser Gegend. Die »Karpatenpost« war ein deutsches Wochenblättchen dieser Sprachinsel in den Karpaten. Klopstock merkt an, daß Kafka für dieses Blatt eine kleine Rezension über die von Maler Holub, einem Berufsoffizier der tschechoslowakischen Armee, ausgestellten dilettantischen Landschaftsbilder geschrieben hat. (Vergleiche den Brief an Ottla, Seite 325 f.).

31] Die zionistische Gesinnung Kafkas äußerte sich unter anderem darin, daß er für jeden Juden Palästina als das natürliche Betätigungsfeld ansah.

32] Hugo Bergmann, Jawne und Jerusalem. Gesammelte Aufsätze. Berlin, 1919.

1922

1] »Franzi« (siehe Anmerkung 1921, 10).

2] »Der Feuerreiter. Blätter für Dichtung, Kritik, Graphik.« Herausgegeben von Heinrich Eduard Jacob. 1921 ff.

3] Der Brief bezieht sich auf das von Johannes Urzidil herausgegebene, von Franz Werfel mit einem Vorwort versehene Buch »Karl Brand – Das Vermächtnis eines Jünglings« (Wien, 1920). Das Buch enthält den literarischen Nachlaß des jungen Prager Dichters Karl Brand, der 1918 nach längerer Krankheit an Schwindsucht starb. – Kafka zitiert Tolstois Erzählung »Der Tod des Iwan Iljitsch«.

4] Wieder bei der Schwester Ottla, diesmal in einer tschechischen ländlichen Gegend.

5] »Erstes Leid«. Kafka sandte Kurt Wolff im Mai 1922 diese Geschichte zum Abdruck im »Genius«.

6] *Stück* – Gogols »Revisor«. – *Kritik*: Gogols »Revisor«. Prager Abendblatt, 14. 6. 1922.

7] *Smetana*: Das Geheimnis. Prager Abendblatt, 23. 6. 1922. – *Strindberg*: Die böse Frau (Königin Christine). Prager Abendblatt, 27. 6. 1922. – *Philosophie*: Philosophie des Grüßens. Prager Abendblatt, 26. 6. 1922.

8] Rudolf Kayser, Redakteur der »Neuen Rundschau«. Die Korrespondenz bezog sich auf Kafkas »Hungerkünstler«, der dann im Oktober 1922 in der »Neuen Rundschau« erschien.

9] Gabriele Preissová, nach deren Drama Janáček das Libretto zu seiner Oper »Jenufa« schrieb.

10] »Die Fackel«. Herausgegeben von Karl Kraus. Ab 1899.

11] Das Buch Hans Blühers »Secessio Judaica« (Berlin, 1922), beschäftigte Kafka lebhaft. – *versuche ich es*: Vergleiche »Tagebücher«, Seite 582 f.

12] Ludwig Winder, Romancier. (»Die Reitpeitsche«, »Der Thronfolger«, »Die Pflicht«.)

13] Berühmter tschechischer Bildhauer. – Beneschau liegt unweit von Prag.

14] Hier hat Kafka einige Worte unleserlich gemacht.

15] »Pottasch und Perlmutter«. Prager Abendblatt, 28. 6. 1922. *Arena*: Smichover Arena. Prager Abendblatt, 6. 7. 1922.

16] Der Schwanensee. Prager Abendblatt, 11. 7. 1922. Eine Kritik über die Aufführung des Balletts von Tschaikowskij im Tschechischen Nationaltheater.

17] Bezieht sich auf die von den Prager Zionisten neu gegründete »Jüdische Schule«. – Kafkas zweitälteste Schwester Valli hielt bei dem erwähnten Elternabend eine bedeutsame Rede, ganz im Geist ihres Bruders.

18] Teile des Manuskriptes »Das Schloß«.

19] Nach Tatranská Kotlina adressiert.

20] Friedrich von der Leyen, Deutsche Dichtung in neuer Zeit. Jena, 1922.

21] Ich hatte Kafka geschrieben, der alte Herr Weltsch (Felix Weltschs Vater) habe mir erzählt, daß Franzens Vater mit Stolz und leuchtenden Augen von Franz gesprochen habe.

22] *Chaluz*: Pionier

23] Max Brod, Gerhart Hauptmanns Frauengestalten. Die Neue Rundschau, November 1922. – *Jorinde*: Figur in »Leben mit einer Göttin«.

24] Wilhelm Schmidtbonn, Der Graf von Gleichen. Schauspiel. Berlin, 1908.

25] Es geht um den Roman »Schwermut der Jahreszeiten« (Berlin, 1922) von Wilhelm Speyer, einem Autor, den Kafka sonst schätzte.

26] Minze E. hatte Kafka in ihre Villa in Wilhelmshöhe bei Kassel eingeladen.

27] Der ungarische Lyriker Andreas Ady wurde Kafka durch Vermittlung Klopstocks bekannt, der einiges für ihn übersetzte, ihm auch eine Sammlung übersetzter Verse und Prosastücke Adys schickte.

28] Franz Werfel, Schweiger. Ein Trauerspiel in drei Akten. München, 1922.

29] Friedrich Thieberger, der Hebräischlehrer Kafkas. (Siehe Anmerkung 1913, 4.)

1923

1] Der 13. Geburtstag des Sohnes Leo (Bar-mizwah).

2] Wissenschaftliche Volksbücher für Schule und Haus; Verlag George Westermann.

3] Bibliothek der Reisen und Abenteuer.

4] Bezieht sich auf eine Novelle Oskar Baums: »Das Ungetüm«, deren Abdruck in der »Neuen Rundschau« Kafka vermitteln wollte.

ANMERKUNGEN · BRIEFE 1923

5] Im Gymnasium war Hugo Bergmann Kafkas Mitschüler gewesen (vergleiche »Biographie«, ferner »Franz Kafkas Glauben und Lehre«), später Bibliothekar der Hebräischen Nationalbibliothek und Professor an der Hebräischen Universität in Jerusalem.

6] Kafka lernte das sechzehnjährige Mädchen in der Ferienkolonie des Berliner Jüdischen Volksheimes in Müritz kennen. – Über Dora (Diamant) vergleiche die Biographie. – Tile Rössler, jetzt eine der führenden Choreographinnen in Tel Aviv, bewahrt außer diesem Brief noch zwei schriftliche Erinnerungen von Kafkas Hand auf. Auf ein Schokoladenpaket, das er ihr sandte, schrieb der Dichter: »Nicht so süß, nicht so verführerisch wie M., aber anspruchsloser, fester und nahrhafter.« (M. ist die Abkürzung für Moissi), und zu einem Pappkarton mit Konfekt: »Nicht ihrer Güte wegen schicke ich Dir die Bonbons, sie sind wohl nicht viel wert, aber es sind Zauberbonbons, Du mußt sie gar nicht anrühren, bleib ruhig auf dem Kanapee, leg die offene Schachtel neben Dich und, so weit es auch von Steglitz ist, ich werde Dir doch Stück für Stück in den Mund stecken, so als säße ich neben Dir. Versuch es!« – Diese merkwürdige Beziehung wurde mit poetischer Lizenz von Martha Hoffmann in der Erzählung »Dina und der Dichter« (Tel Aviv, 1943) geschildert.

7] Aller Wahrscheinlichkeit nach ist hier das »Jüdische Volksheim« in Berlin gemeint.

8] Der Tod des Patienten und Arztes Dr. Glauber (Matliary), Klopstocks Freund, den Kafka sehr gern hatte.

9] Martin Buber, Der große Maggid und seine Nachfolge. Frankfurt, 1921. Die erwähnte Geschichte findet sich im Kreis der Erzählungen um den Rabbi Elimelech von Lisensk.

10] Carl Seelig, der bekannte Züricher Schriftsteller, Lyriker und Kritiker, der sich besonders für junge Begabungen wie Horst Schade, für große Autoren wie Ramuz einsetzte, Herausgeber des Gesamtwerkes von Georg Heym und von neuen Ausgaben der Werke von Novalis, Swift, Wilde und Walser, edierte im Verlag E. P. Tal (Wien), bei dem er Lektor war, eine Sammlung »Die zwölf Bücher«. Jeden Monat sollte ein Buch in 1000 numerierten Exemplaren publiziert werden; es erschienen unter anderem Werke von Maeterlinck, Hesse, Rolland, Barbusse, Stefan Zweig, Toller. – Seelig wandte sich an Kafka mit der Bitte, ein unveröffentlichtes Werk in dieser Sammlung erscheinen zu lassen, wofür der in jener

Inflationszeit hohe Betrag von tausend Franken geboten wurde. Ferner sollte Kafka mitteilen, welche junge begabte Autoren für diese Sammlung in Frage kämen.

11] Ernst Weiss, Tiere in Ketten – Teil 2: Nahar. Roman. Berlin, 1922.

12] Ernst Weiss, Tiere in Ketten. Berlin, 1918. – Stern der Dämonen. Roman. Berlin, 1922. – Atua. Drei Erzählungen. Berlin, 1923. – Der Roman »Daniel« erschien 1924 in Berlin.

13] Diese Aufsätze wurden dann fast sämtlich in den Sammelband »Das Unverlierbare«, Berlin, 1928, aufgenommen.

14] Bedeutender Dichter der hebräischen Arbeiterbewegung in Palästina. Seine Erzählungen wiesen einen tiefpessimistischen Grundton auf, der aber seinen Aufbauwillen nicht ankränkelte. Er fiel während der Unruhen des Jahres 1921 bei der Abwehr eines arabischen Überfalles in der Nähe Tel Avivs.

15] Klopstock übersetzte Karinthys witzige Kurzgeschichten aus dem Ungarischen ins Deutsche.

16] Karl Kraus, Untergang der Welt durch schwarze Magie. Wien, 1922.

17] Karl Kraus, Die letzten Tage der Menschheit. Tragödie in fünf Akten mit Vorspiel und Epilog. Wien, 1922.

18] Max Brod, Klarissas halbes Herz. Lustspiel in drei Akten. München, 1923.

19] *dort*: in Prag.

20] »*Rausch*« – Drama von August Strindberg.

21] Robert Musil, Vincenz und die Freundin bedeutender Männer. Posse in drei Akten. Berlin, 1924.

1924

1] Prozeß Bunterbart. Schauspiel. München, 1924.

2] Juden in der deutschen Literatur. Essays über zeitgenössische Schriftsteller. Herausgegeben von Gustav Krojanker. Berlin, 1922.

3] Gastspiel Ernst Deutsch. Prager Abendblatt, 10. 1. 1924. (Aufführung von Werfels »Schweiger«.)

4] Theater Poiret. Prager Abendblatt, 7. 12. 1923.

5] Ernst Weiss, Die Feuerprobe. Roman. Berlin, 1923.

6] Dieses Wort war statt des richtigen »Meister-Saal« telegraphiert worden.

ANMERKUNGEN · BRIEFE 1924

7] Kafkas Onkel Siegfried Löwy, Landarzt in Triesch, war wegen des bedenklichen Zustands Kafkas nach Berlin gefahren und erreichte schließlich die Übersiedlung in ein Sanatorium bei Wien.

8] Arthur Holitscher, Romancier, Essayist und Reiseschriftsteller. – »Lebensgeschichte eines Rebellen« erschien 1924 in Buchform, vorher, ab Januar 1924, in der »Neuen Rundschau«. In der »Neuen Rundschau« hatte Holitscher, ab März 1912, auch über seine Reise nach Kanada berichtet, ein Werk, auf das Kafka immer wieder hinwies und aus dem er gern einzelne Stellen vorlas. Dieses Buch hat möglicherweise an der Konzeption von Kafkas »Amerika« mitgewirkt.

Hamsun gehörte zu den Autoren, die Kafka am meisten liebte. Vor allem schätzte er die beiden Reisebeschreibungen (Kaukasus, Türkei), ferner die ersten Bücher und »Segen der Erde«.

Zum Folgenden sei bemerkt, daß Kafka sehr gern in Verlagskatalogen und Almanachen (Insel, S. Fischer, Georg Müller, A. Langen) las und die bloßen Büchertitel zum Ausgangspunkt von Phantasien machte.

9] »Josefine, die Sängerin, oder Das Volk der Mäuse« – diese Erzählung nebst drei anderen hatte Kafka dem Verlag »Die Schmiede« in Berlin 1923 überlassen. Das Buch, mit dem Titel »Ein Hungerkünstler«, erschien nach seinem Tode, die Umbruchabzüge erreichten ihn in Kierling. Die Korrektur des ersten Bogens war die letzte Arbeit, die er noch durchführte.

10] Franz Werfel, Verdi. Roman der Oper. Berlin, 1924.

11] Dr. Siegmund Blau, damals Chefredakteur des »Prager Tagblatt«, einer der frühen Bewunderer Kafkas. Er stammte aus Wien und hatte dort großen Einfluß, den er für den Schwerkranken geltend machte.

12] Buchhandlung im damaligen Prag, durch die ich das Buch (welches, ist mir entfallen) senden ließ.

ZU DEN GESPRÄCHBLÄTTERN

1] Während der schrecklichen qualvollen Todeskrankheit (Kehlkopftuberkulose) hatte man Kafka im Sanatorium Kierling empfohlen, nicht zu sprechen. Er hielt sich, von wenigen Ausnahmen abgesehen, streng an die Weisung. Mit Dora Diamant (Dymant) und Robert Klopstock, dem Medizinkandidaten, die ihn in hingebungsvoller Freundschaft bis zum letzten Augenblick pflegten, sowie auch mit dem Personal verständigte er sich meist durch Notizen auf Zetteln. Oft waren diese Notizen nur Andeutungen, die Freunde errieten den Rest. Aus den im Besitz von Dr. Robert Klopstock (New York) befindlichen Originalen wird im Folgenden eine kleine Auswahl veröffentlicht. Sehr vieles, was sich auf körperliche Zustände des Kranken bezieht, ist weggelassen. In den Anmerkungen zu diesem Teil schließe ich mich größtenteils an die von Dr. Klopstock beigefügten Erklärungen an. – Aus anderen dieser Notizblätter habe ich in der »Biographie« Proben zitiert. Alle Aufzeichnungen zeigen die bis zum Schluß anhaltende geistige Kraft, Herzensgüte und Phantasie des Dichters.

2] »Die Schmiede«, der Verlag, in dem eben Kafkas letztes Buch »Ein Hungerkünstler« gedruckt wurde, hatte Bücher zur Lektüre gesandt.

3] R. – Robert Klopstock. – Die folgende Notiz bezieht sich auf die Korrektur des »Hungerkünstlers«.

4] Ein Nachbar während der Zeit, in der Kafka sich in der Hajek-Klinik aufhielt.

5] Die Korrekturbogen des Buches »Ein Hungerkünstler«.

6] Diese Bemerkung bezieht sich darauf, daß man, nachdem die eine Medizin wirkungslos geworden ist, zu einer anderen greifen mußte. Kafka hatte stets Abneigung gegen jede Art von Medizin und empfand sie als etwas, das ihn langsam vergiften würde.

7] Robert Klopstock bemerkt hierzu: »Kafkas körperlicher Zustand zu dieser Zeit und die ganze Situation, daß er selbst im wahren Sinne des Wortes verhungerte, war wirklich gespenstisch. Als er die Korrektur beendete, was eine ungeheure, nicht nur seelische Anstrengung, sondern eine Art erschütternder geistiger Wiederbegegnung für ihn sein mußte, rollten ihm lange die Tränen herunter. Es war das erste Mal, daß ich eine Äußerung von Bewegung dieser Art in Kafka miterlebte. Er hat immer eine übermenschliche Macht der Beherrschung gehabt.« – Tatsächlich hat Kafka nur den ersten Druckbogen des Buches eigenhändig korrigiert.

8] Ein Glas war auf den Boden gefallen und zerbrochen.

9] Kafka hat Dora auf das Gedicht von Goethe aufmerksam gemacht und sie gebeten, es zu lesen.

10] Joghurt.

11] Eine Fliege im Zimmer.

12] Bezieht sich, wie Klopstock berichtet, auf die Tage in Prag, nach dem Berliner Aufenthalt und vor der Reise ins Sanatorium Wiener Wald. Damals spürte Kafka die ersten Symptome der Kehlkopferkrankung. Klopstock notiert hierzu: »In diesen Tagen schrieb er die Geschichte ›Josefine oder Das Volk der Mäuse‹, und als er eines Abends das letzte Blatt der Geschichte fertiggestellt hatte, sagte er mir: ›Ich glaube, ich habe zur rechten Zeit mit der Untersuchung des tierischen Piepsens begonnen. Ich habe soeben eine Geschichte darüber fertiggestellt‹. Ich habe aber nicht den Mut gehabt, sie von ihm zu verlangen, um sie zu lesen. Noch am selben Abend sagte er mir, daß er ein komisches Brennen im Halse fühle, beim Genießen gewisser Getränke, besonders Fruchtsäfte, und er äußerte seine Besorgnis, ob nicht sein Kehlkopf auch mit angegriffen sei.«

13] Vergleiche die in der »Biographie«, Seite 251f. zitierte Notiz über den Schwimmschulen-Besuch.

14] Hier ist offenbar die Frage gefallen, ob seine erste Verlobte ihn verstanden habe.

15] Nach dem Besuch eines Arztes.

M. B.

ZEITTAFEL

1883   3. Juli, geboren in Prag.

1889   bis 1893 Volksschule am Fleischmarkt.

1893   bis 1901 Altstädter deutsches Staatsgymnasium. Freundschaft mit Oskar Pollak, bis in die ersten Universitätsjahre.

1901   Beginn des juristischen Studiums an der deutschen Universität in Prag. Vorübergehend Plan, in München Germanistik zu studieren.

1902   Im Sommer in Liboch (Schelesen) und Triesch beim Onkel Landarzt (Dr. Siegfried Löwy). Erste Bekanntschaft mit Max Brod, wenige Jahre später mit Felix Weltsch und Oskar Baum.

1905   Im August in Zuckmantel.

1906   Ab April Konzipient im Büro des Advokaten Dr. Richard Löwy. Juni: Doktor juris. Im August wiederum in Zuckmantel. Vom 1. Oktober 1906 bis 1. Oktober 1907 Gerichtspraxis in Prag beim Strafgericht, dann beim Zivilgericht.

vor 1907   »Beschreibung eines Kampfes« und »Hochzeitsvorbereitungen auf dem Lande« geschrieben. Andere Jugendwerke (in Verlust geraten).

1907   Im Sommer in Triesch. Briefwechsel mit Hedwig W.
Plan, an der Exportakademie in Wien zu studieren. Im Oktober Antritt des Postens bei den »Assicurazioni Generali«.

1908   Eintritt in die Arbeiter-Unfall-Versicherungs-Anstalt. Amtliche Reisen nach Nordböhmen.

1909   Erste Veröffentlichung: Zwei Stücke aus »Beschreibung eines Kampfes« (in »Hyperion«).
Im September Riva, Brescia mit Max und Otto Brod.

1910   Beginn der Quarthefte (Tagebücher). Die ostjüdische Schauspieltruppe, ebenso im nächsten Jahr. Im Oktober in Paris mit Max und Otto Brod. Im Dezember in Berlin.

1911   Januar/Februar Dienstreise nach Friedland und Reichenberg. Im Sommer Zürich, Lugano, Mailand, Paris mit Max Brod. Dann Sanatorium Erlenbach bei Zürich (allein). – Reisetagebücher.

1912   Roman »Der Verschollene« (»Amerika«) begonnen. Im

Sommer Weimar (mit Max Brod), dann allein im Sanatorium Jungborn (Harz).
Lernt am 13. August F. B. kennen.
Am 14. August Manuskript der »Betrachtung«, die noch im gleichen Jahr erscheint, an den Verlag Rowohlt abgeschickt. »Das Urteil« und »Die Verwandlung« geschrieben. Sorgen wegen der Fabrik des Schwagers.

1913 »Der Heizer« erschienen.
Gartenarbeit in Troja bei Prag. Allein in Wien, Venedig, Riva. Die Schweizerin.

1914 Ende Mai Verlobung mit F. B. in Berlin. Juli Entlobung. Im Sommer Hellerau, Lübeck, Marienlyst (ein Teil der Reise mit Ernst Weiß). Kriegsausbruch. »In der Strafkolonie« geschrieben. Arbeit am »Prozeß«.

1915 Wiederbegegnung mit F. B. – Eigenes Zimmer in Prag (erst Bílková, dann Dlouhá třída). Weiterarbeit am »Prozeß«. Fahrt nach Ungarn, mit der Schwester Elli. Fontanepreis.

1916 Im Juli mit F. in Marienbad. »Das Urteil« und »Die Verwandlung« erschienen. Einige Landarzt-Erzählungen geschrieben. Im November Vorlesung der »Strafkolonie« in München.

1917 Wohnung in der Alchymistengasse, dann im Palais Schönborn. Weiterarbeit an den Landarzt-Erzählungen. Zweite Verlobung mit F.B. im Juli. Am 4. September Konstatierung der Tuberkulose. Büro-Urlaub und Wohnung bei seiner Schwester Ottla in Zürau. Aphorismen (Oktavhefte). Zweite Entlobung im Dezember in Prag.

1918 Zürau (Kierkegaard-Studium). Im Sommer in Prag. September Turnau, November Schelesen. Bekanntschaft mit Julie Wohryzek.

1919 »Ein Landarzt« und »In der Strafkolonie« erschienen. Im Sommer Prag. Verlobung mit J. W. Im Winter wieder in Schelesen mit Max Brod. »Brief an den Vater.«

1920 Krankenurlaub in Meran. Frau Milena Jesenská. Im Sommer und Herbst Büro in Prag. Dezember in der Tatra (Matliary). Erste Bekanntschaft mit Robert Klopstock.

1921 Bis September in Matliary, dann Prag.

1922 Januar/Februar in Spindelmühle, dann wieder Prag.
15. März aus dem »Schloß« vorgelesen. Im Mai zum letzten-.

mal mit Milena gesprochen. Pensionierung. Ende Juni bis September in Planá an der Luschnitz, mit seiner Schwester Ottla. Arbeit am »Schloß«. Prag.

1923 Juli in Müritz. Dora Diamant (Dymant). Berlin, Prag, Schelesen.

Ab Ende September mit Dora in Berlin-Steglitz. »Der Bau«, »Josefine«, »Eine kleine Frau«. Den Band »Ein Hungerkünstler« in Druck gegeben.

1924 Im März nach Prag, am 10. April ins Sanatorium Wiener Wald, Klinik Professor Hajek in Wien, schließlich Sanatorium Kierling bei Wien, mit Dora Diamant (Dymant) und Robert Klopstock.

Am 3. Juni gestorben; in Prag bestattet.

NAMENREGISTER

Kursivziffern verweisen auf Briefempfänger, gerade Ziffern auf eine Erwähnung des Namens in einem Brief. Anmerkungen sind durch die entsprechende Zahl in Klammern nach dem Seitenhinweis ausgewiesen.

Abeles, Otto 280, 281
Achleitner, Arthur 90
Adler, Paul 237, 323, 354, 510 (1918: 14)
Ady, Andreas 516 (27)
Aleš, Mikoláš 514 (28)
Arnim, Achim von 210, 211, 226, 227
– Bettina 255
Augustinus 203
Avenarius, Ferdinand 496 (2)

Bachhofer, Ludwig 467
Bassermann, Albert 84
Baum, Leo 84, 286f., 419, 428, 512 (24)
Baum, Oskar 60, 71, 73, 75, 79, 84, 87f., 92, 97, 98, 101, 112, 121, 162f., 165f., 173ff., 189f., 201, 202f., 209f., 221f., 222ff., 226, 233, 236, 242, 250, 275, 277, 299, 313, 320f., 323, 336, 367, 377, 381, 381f., 383, 386f., 390, 392, 387f., 394f., 419, 428, 433f., 434, 447, 455, 468, 468f., 474
Baumbach, Rudolf 256, 282
Bäuml, Max 52
Belzer Rabbi 142ff., 146, 505 (1916: 3)
Berger, Arthur 484
Bergmann, Else 436f., 437f., 461
Bergmann, Hugo 365, 433, 436, 517 (5)
Bergner, Elisabeth 449
Bethge, Hans 282
Bilek 398, 400, 401, 402, 405
Bismarck, Otto von 484, 486
Bizet, Georges 113, 117
Blau, Siegmund 482, 519 (11)
Blei, Franz 48, 132, 133, 135, 468, 506 (1915:7)
Blüher, Hans 179, 196, 375, 380, 400, 508 (46), 515 (11)
Bonus, Arthur 286
Borchardt, Rudolf 445

Boucher, Arthur 91
Bouilhet, Louis 74
Boy-Ed, Ida 507 (33)
Brand, Karl 371, 425, 515 (3)
Braun, Lily 282, 512 (19)
Brenner, Josef Chajim 453, 456, 518 (14)
Brod, Elsa (siehe auch Taussig) 113, 175ff., 197, 215f., 281, 508 (47)
Brod, Max 24f., 28ff., 30, 31, 32, 33f., 34, 35f., 36ff., 38, 46, 48, 49, 52, 54, 56f., 58, 59, 60, 61, 63f., 65, 66, 67f., 68, 69, 70, 71f., 72f., 73, 74f., 75, 76f., 77, 78f., 79f., 80f., 81f., 82f., 83, 84, 84ff., 86, 87, 88, 88f., 89ff., 92, 93f., 94, 95f., 97, 98f., 99, 100ff., 102f., 104f., 106, 107ff., 109f., 110, 111, 112, 113, 114f., 117, 118, 119, 120, 121f., 123, 125, 126f., 130f., 132, 135, 137, 138, 139ff., 141ff., 151, 155, 160ff., 163ff., 166f., 167, 170ff., 172f., 177ff., 181ff., 185f., 188ff., 190ff., 193, 194ff., 199, 199ff., 205f., 206f., 207ff., 212ff., 215f., 216f., 218, 219f., 221, 222ff., 228ff., 233, 233ff., 234ff., 237ff., 240f., 242, 243, 246f., 247, 248f., 250f., 251f., 253, 254f., 264, 269ff., 272, 274f., 276f., 279f., 283, 284ff., 288ff., 292ff., 302f., 303f., 305ff., 313ff., 315ff., 318ff., 320, 322f., 328ff., 332, 334ff., 339, 351, 353, 367, 369f., 370f., 375f., 377, 378ff., 380, 381, 382ff., 390ff., 395ff., 398ff., 402ff., 405ff., 408ff., 413ff., 417f., 422, 423f., 425f., 426, 428, 435f., 442, 443f., 445, 445, 446, 446, 447, 447f., 448f., 449, 451, 452ff., 456, 456ff., 460f., 463ff., 466, 468, 471ff., 480, 481ff., 482, 483
Brod, Otto 82f.

Brod, Sophie 88
Buber, Martin 224
Bürger, Gottfried August 467
Byron, Lord 30

Cassirer, Paul 237
Chamisso, Adelbert von 467
Châteaubriand, René de 350, 351
Clemenceau, Georges 187, 508 (34)
Commanville, Caroline 499 (1909: 7)

Dahn, Felix 256, 282
Dalcroze, Emile Jacques 418
Dante Alighieri 229, 234
Darwin, Charles 428
David, Josef 327f.
Dehmel, Richard 297, 303, 513 (4)
Diderot, Denis 61
Doré, Gustave 143
Dostojewskij, Fedor M. 151, 302, 472
Dreyfus, Alfred 402
Dürer, Albrecht 286, 287
Dvořák, Arno 512 (17)

Meister Eckart 20, 497 (1903:2)
Ehrenfels, Christian von 241
Ehrenstein, Albert 114, 135, 322, 513 (14)
Ehrenstein, Carl 114
Eichendorff, Josef Freiherr von 467
Ernst, Paul 102
Essig, Hermann 200, 304
Eulenberg, Herbert 227

Fanta, Bertha 126, 207
Fechner, Gustav Theodor 20
Feigl, Ernst 132f., 150, 151, 196, 504 (1915:5)
Feigl, Friedrich 151
Ficker, Ludwig 126
Fischer, Otto 467

525

Flaubert, Gustave 25, 177, 350, 499 (1908:7)
Fontane, Theodor 132, 312, 513 (7)
Foerster, Friedrich Wilhelm 209
Frank, Leonhard 135
Freud, Sigm. 169, 240
Fromer, Ludwig 203
Fuchs, Rudolf 196, 215, 367
Fürth, Walther 230

Gauguin, Paul 467
Georg, Manfred 473
George, Stefan 32, 352, 367
Gleim, Johann Wilhelm Ludwig 94
Goethe, Johann Wolfgang von 12, 25, 36, 84, 94, 186, 397, 403, 426, 472, 521 (9)
Gogol, Nikolaj W. 282, 376, 377, 515 (6)
Goldfaden, Abraham 92
Green, A. K. 88
Grieg, Edvard 441
Grillparzer, Franz 311
Grimm, Jacob und Wilhelm 169
Gross, Otto 179, 196, 507 (22)
Grünberg, Abraham 177, 507(18)

Haas, Willy 112, 126, 315, 329, 504 (1914:1)
Hafis 282
Hamsun, Knut 68, 467, 478, 479, 519 (8)
Handl, Willy 254, 510 (1919:7)
Hantke 200
Hardekopf, Ferdinand 149
Hardt, Ludwig, 358, 360, 363, 476f., 514 (27)
Hartlaub, Wilhelm 397
Hasenclever, Walter 149
Hauptmann, Gerhart 226, 380, 393, 400, 404, 416f., 423, 509 (1918:4), 516 (23)
Hebbel, Friedrich 27, 311
Hedin, Sven 428
Hegel, Georg Wilhelm Friedrich 238
Hegner, Jakob 334, 350, 352, 513 (17)
Heilmann, Hans 282, 512 (18)
Heimann, Moritz 156, 506 (4)
Heine, Heinrich 397
Hesiod 184
Hessel, Franz 446
Hiller, Kurt 201, 227
Hindenburg, Paul von 192, 199

Hoffmann, Heinrich 319
Höflich, Eugen 446
Hölderlin, Friedrich 467
Holitscher, Arthur 478 f., 519 (8)
Hölty, Ludwig 467
Holub, Anton 364, 514 (30)
Holzapfel, Rudolf Maria 206, 509 (1917:51)
Holzner, Lydia 184, 507 (28)
Homer 314
Horaz 327
Hus, Jan 398, 401, 402, 403

Ibsen, Henrik 458, 461

Jacob, Heinrich Eduard 135
Jacobsen, Jens Peter 41
Janáček, Leoš 177, 206, 207, 402, 405, 507 (18), 515 (9)
Janouch, Gustav 352, 514 (26)
Jirásek, Alois 391

Kafka, Elli 339f., 340ff., 342f., 343ff.
Kafka, Ottla 130, 247, 301, 323ff., 338
Kafka, Valli 461ff.
Karinthy, Friedrich 445, 458, 518 (15)
Karo, Josef 286, 512 (22)
Kassner, Rudolf 61, 225
Kayser, Rudolf 379, 380, 469, 474, 515 (8)
Kaznelson, Lise (siehe auch Weltsch) 473, 475f., 503 (8)
Kaznelson, Siegmund 473, 475, 503 (8)
Keller, Gottfried 91
Kierkegaard, Sören 190, 201, 224f., 230, 234ff., 237ff., 240, 513 (16)
Klaar, Alfred 189
Klabund 282
Kleist, Heinr. von 87, 96, 104, 358
Klöpfer, Paul 458, 461
Klopstock, Robert 319, 332ff., 348f., 350f., 351, 352f., 353f., 354ff., 357f., 358f., 359f., 360, 361, 362f., 363f., 364f., 366f., 367f., 369f., 370, 372f., 373f., 374f., 376, 380f., 393, 394, 398, 401f., 412, 417f., 419f., 421, 422f., 429f., 430ff., 433, 435, 438, 441f., 443, 445, 445, 446, 447, 449, 451, 452, 456, 458f., 459f., 460, 469f., 474, 474f., 477ff., 479f., 480f., 481, 483
Koffka, Friedrich 400

Kohn (Robitschek), Selma 9, 495f. (1900:1)
Kokoschka, Oskar 366
Kölwel, Gottfried 153f., 154f., 155, 506 (1, 3)
Komenský (Comenius), Johann Amos 401
Körner, Josef 207, 210f., 226ff., 255, 509 (1917:54)
Kornfeld, Paul 188, 216, 229, 508 (35)
Kortner, Fritz 461
Kraus, Karl 336f., 366, 380, 446, 459, 477, 513 (18), 515 (10), 518 (16, 17)
Kraus, Oskar 232, 509 (1918:10)
Krojanker, Gustav 518 (1924:2)
Kubin, Alfred 118, 130
Kuh, Anton 186, 318, 507 (32)

Landauer, Gustav 275
Langer, František 127, 504 (1914:4), 505 (1916:3)
Langer, Georg Mordechai 142 ff., 146, 194, 273, 286, 505 (1916:3)
Lasker-Schüler, Else 114
Lassalle, Ferdinand 507 (23)
Lenin, Wladimir Iljitsch 200
Lenz, Jakob Michael Reinhold 227, 228, 232
Lewin 275
Leyen, Friedrich von der 399, 516 (20)
Liebstöckl, Hans 236
Lissauer, Ernst 98
Li-Tai-pe 282
Löns, Hermann 400
Löwy, Jizchak 118, 129f., 173
Löwy, Siegfried 151f.
Ludendorff, Erich 373
Lukian 30
Luther, Martin 270, 509 (1918:1)

Macaulay, Thomas Babington 33, 498 (1906:2)
Mahler, Gustav 389, 394
Maimon, Salomon 203, 509 (49)
Maimonides, Moses 203
Mann, Thomas 31, 182, 200, 507 (24)
Márai, Sandor 421
Marc Aurel 25
Masaryk, Thomas 509 (1910:4)
Matras, Ferdinand 80, 501 (1910:5)
Meissner, Alfred von 247, 510 (17)

Mendelssohn, Georg von 355
Merck, Johann Heinrich 227
Mérimée, Prosper 117
Meyer, Conrad Ferdinand 91
Meyer, Georg Heinrich 504 (1915:7)
Meyrink, Gustav 35, 148, 505 (5)
Millöcker, Karl 63, 499 (1908:9)
Minze E. 256f., 258f., 259f., 261f., 263f., 265f., 266ff., 268f., 271, 275f., 277f., 281ff., 283f., 300f., 309ff., 349f., 360, 368, 371, 420f., 426f., 428f., 429, 511 (1919:8)
Moissi, Alexander 517 (6)
Mörike, Eduard 397, 399
Müller, Gerda 461
Münchhausen, Karl Friedrich Hieronymus Freiherr von 143, 467
Musil, Robert 126, 135, 468, 504 (1914:2)
Mussorgskij, Modest P. 473
Myslbeck, Josef Vaclav 384

Nansen, Fridtjof 428
Napoleon I. 318, 447
Němcová, Božena 170, 506 (10)
Nietzsche, Friedrich Wilhelm 495 (1900:1)
Nilus, Sergej 273, 511 (1920:6)
Nowak, Willi 73, 138, 499 (1909:6)

Palacký, František 401
Pallenberg, Max 364, 433
Pelagius 203
Perzynski, Friedrich 467
Pfemfert, Franz 230, 236, 509 (1918:7)
Pick, Otto 114, 236, 240, 280, 350, 354, 372, 423, 424, 480, 510 (13)
Pindar 184
Pines, Midia 472, 474
Pollak, Oskar 9ff., 11ff., 14ff., 17ff., 19ff., 22f., 25ff., 27f., 496 (1902:1), 497 (1903:1)
Preissová, Gabriele 379, 383, 515 (9)
Přibram, Ewald 24, 30, 33, 63, 65, 77, 497 (1904:1)
Pulver, Max 153, 506 (1)

Racine, Jean Baptiste 318
Racowitzová, Helena 180, 507 (23)
Rathenau, Walther 378, 389, 390

Rauchberg, Heinrich 75, 500 (10)
Reinhardt, Max 122, 357
Rosegger, Peter 90
Rosenheim, Richard 378
Rössler, Tile 439f., 517 (6)
Rowohlt, Ernst 96, 98, 103, 502 (14)
Rowohlt-Verlag 103f., 105, 106, 110
Rubens, Peter Paul 84
Rubiner, Ludwig 230, 236, 509 (1918:8)

Šaloun 401
Salus, Hugo 182, 507 (25)
Sauer, August 184, 496 (4)
Scheler, Max 179
Schelling, Friedrich Wilhelm Joseph von 238
Schickele, René 148, 149, 505 (5)
Schiller, Friedrich von 326, 363, 442
Schlegel, Friedrich und August Wilhelm 255
Schmidtbonn, Wilhelm 410, 516 (24)
Schnitzler, Arthur 83, 256, 501 (1910:10)
Schopenhauer, Arthur 310, 337
Schreiber, Adolf 291, 315, 318, 375, 513 (2, 12)
Schultze-Naumburg, Paul 497 (1903:1)
Schweninger, Ernst 484
Seelig, Carl 444, 450, 503 (11), 517 (10)
Shakespeare, William 84, 268
Signorelli, Luca 326, 513 (15)
Simmel, Georg 467
Sinclair, Upton 367
Smetana, Friedrich 378
Smolová, Sybil 80, 500 (4)
Speyer, Wilhelm 416, 419, 516 (25)
Spitzweg, Carl 368
Starke, Ottomar 135, 136
Stein, Charlotte von 186
Stekel, Wilhelm 169, 192, 506 (9)
Stendhal 38, 172
Sternheim, Carl 133, 134, 135, 148, 505 (1915:9, 1916:5)
Stifter, Adalbert 420
Storm, Theodor 397, 410, 416
Stössinger, Felix 120, 503 (11)
Strindberg, August 378, 461, 518 (20)

Sucharda 401
Swift, Jonathan 342, 343, 344, 346, 347, 405, 415
Sybel, Heinrich von 132

Taussig, Elsa (siehe auch Brod) 62f., 104, 499 (1908:6)
Teweles, Heinrich 186, 507 (31)
Thieberger, Friedrich 426, 503 (4), 516 (29)
Thieberger, Gertrud 113, 116f., 503 (4)
Toller, Ernst 275
Tolstoi, Leo N. 224, 230, 236, 371, 509 (1918:2), 515 (3)
Troeltsch, Ernst 218, 224, 509 (1918:1)
Tschaikowskij, Peter Iljitsch 516 (1922:16)
Tucholsky, Kurt 512 (13)

Urzidil, Johannes 241, 371, 503 (4), 515 (3)

Verlaine, Paul 478
Verne, Jules 356
Viertel, Berthold 468
Vrchlický, Jaroslav 234

W., Hedwig 38, 39f., 40f., 41f., 43, 44f., 45f., 46f., 47, 48f., 49ff., 51f., 54f., 65, 66f., 498 (6)
Walser, Robert 57, 75, 91, 500 (13, 14, 15)
Wassermann, Jakob 400
Wedekind, Frank 256
Weininger, Otto 320
Weiß, Ernst 120, 127, 131, 351, 418, 449, 450, 459, 474, 503 (11), 518 (11, 12)
Weltsch, Felix 53, 97, 98, 100f., 104f., 119, 122, 122ff., 130f., 131, 132, 138, 141, 146, 153, 156, 160, 167ff., 177, 179ff., 183ff., 186ff., 193f., 197ff., 203f., 215f., 218, 220, 227, 236f., 232f., 242, 243, 243ff., 244, 264, 269ff., 271, 272ff., 277, 299, 313, 323, 332, 336, 367, 374, 376f., 388ff., 393, 403, 428, 450f., 466, 475
Weltsch, Irma 156f.
Weltsch, Lise (siehe auch Kaznelson) 118, 125, 127, 128f., 450, 503 (8)
Weltsch, Robert 170, 220

527

Werfel, Franz 114, 179, 186, 196, 206, 213, 226, 302, 363, 366, 369, 371, 422, 423, 424, *424f.*, 473, 481, 482, 503 (5), 514 (29), 515 (3), 516 (28), 518 (3), 519 (10)
Wichtl, Friedr. 273, 511 (1920: 5)
Wiegler, Paul 254

Winder, Ludwig 383, 515 (12)
Wolff, Kurt 114, 115, 116, 117, *117f.*, *124f.*, 140, *150f.*, 155, 156, *157f.*, *158f.*, 159, 188, 192, 194, 212, 222, 227, 228, 229, 232, 236, 237, 245, 246, *260f.*, *262f.*, 268, 375, 379, 461
– Verlag 114, *124*, *127*, *133f.*, *134f.*, *135f.*, *146f.*, *147f.*, *148f.*, *150*, *155*, *228*, *245*, *246*, *421*, *436*, *455f.*, *465*, *467*, *470*, *502* (14)

Zech, Paul 114
Žižka, Johann 401
Zuckerkandl 184, 188, 507 (27), 508 (34)